21

21世纪法学系列教材

基础课系列

法学概论

（第三版）

主编 张云秀

副主编 巩献田

图书在版编目(CIP)数据

法学概论/张云秀主编.—3版.—北京:北京大学出版社,2008.11
(21世纪法学系列教材·基础课系列)
ISBN 978-7-301-02682-3

Ⅰ.法… Ⅱ.张… Ⅲ.法学-高等学校-教材 Ⅳ.D90

中国版本图书馆CIP数据核字(2008)第174799号

书　　　名:法学概论(第三版)
著作责任者:张云秀　主编
责 任 编 辑:冯益娜
标 准 书 号:ISBN 978-7-301-02682-3/D·0261
出 版 发 行:北京大学出版社
地　　　址:北京市海淀区成府路205号　100871
网　　　址:http://www.pup.cn
电　　　话:邮购部62752015　发行部62750672　编辑部62752027
　　　　　　出版部62754962
电 子 邮 箱:law@pup.pku.edu.cn
印　刷　者:北京京华虎彩印刷有限公司
经　销　者:新华书店
　　　　　　730毫米×980毫米　16开本　35印张　671千字
　　　　　　2006年1月第3版　2016年1月第15次印刷
定　　　价:39.00元

第三版前言

本书于1999年修订出版第二版以来已过去六年了。在这六年中,我国遵循依法治国的基本方略,进一步发展了社会主义民主,健全了社会主义法制,在建设社会主义法治国家的各项工作中,取得了长足进步。在法学理论研究方面,结合我国实际,涌现出许多新观点和新理论。为适应教学的需要,我们以马列主义、毛泽东思想、邓小平理论和“三个代表”的重要思想作为全书的指导思想,根据最新修订的法律、法规对《法学概论》第二版作进一步修改,其中有的章节的内容作了较大的增删和修改。但由于我们的水平所限,其缺点和错误在所难免,仍然恳请读者一如既往地提出宝贵意见,俾使该教科书得到进一步提高。

第三版的编写和修订工作由张云秀教授主持进行,参加本次编写和修订的有:张云秀(导论、第七、八、十、十一、十二章)、巩献田(第一、二、三、四、五章)、王铁(第六章)、郭自力(第九章)、张潇剑(第十三章)、孟宪伟(第十四章)。全书最后由张云秀、巩献田修改定稿。

在此次再版的过程中,还得到了北京大学出版社冯益娜等同志的支持和帮助,在此表示深切的谢意。

《法学概论》编写组

2005年10月

第二版前言

为使大学本科学生成为具有一定的法学知识的专门人才，我们于1984年为全校非法学专业的大学生开设了《法学概论》课程。在总结教学经验的基础上，于1986年编写了《法学概论》试用教材，由北京大学出版社出版。1994年又在该教材的基础上进行了较全面的修订，重新编写出版，至今时间又过去了五年，法制建设的巨大发展，大量法律的颁布、修订，作为集法学一般原理和各部门法学于一体的《法学概论》的修改就势在必行。

修改后的《法学概论》(第二版)力求在邓小平理论和党的基本路线指导下，贯彻党的第十五次全国代表大会提出的依法治国，建设社会主义法治国家的基本方略；概要介绍马克思主义法学基本原理，国内主要部门法、国际法学、国际私法学的基本知识和有关法律规定，注意从理论和实践的结合上说明问题，注重法学知识的科学性、系统性、完整性和思想性。但由于我们的水平有限，缺点和错误在所难免，恳求法学界同仁和读者批评指正。

《法学概论》编写组

1999年11月

新编《法学概论》前言

为使非法律专业的大学本科生成为具有一定法学知识的专门人材，我们于1984年为全校文、理科大学生开设了《法学概论》课程。在总结教学经验的基础上，于1986年编写了北京大学试用教材《法学概论》，由北京大学出版社出版。该教材受到学生普遍欢迎，对《法学概论》的教学起到了一定的推动作用。但是，由于近几年国家颁布了大量的重要法律、法规，法制建设取得巨大发展，法学理论研究也有长足进步，为适应教学的需要，有必要对该书进行全面修订、重新编写，以供教学使用。

新编《法学概论》力求反映党的十一届三中全会以来的方针政策和在建设具有中国特色社会主义理论指导下，贯彻党的基本路线；概要介绍马克思主义法学基本原理、国内主要部门法学、国际法学、国际私法学的基本知识和有关法律规定，注意从理论与实际的结合上说明问题，注重知识的系统性、完整性、思想性和科学性。但由于我们的水平所限，缺点和错误在所难免，恳切希望读者批评指正。

《法学概论》编写组

1994年7月

目　录

第三编 国际法

导　论

一

法学,又称法律学或法律科学。它同政治学、经济学、社会学、史学等一样,都属于社会科学,研究社会现象及其规律。法学是专门、系统、全面地研究法律这一特定社会现象及其发展规律的科学。也就是说法学不仅研究静态的法律规范,还研究动态的法律即法律的产生、本质、作用、形式、制定、实施和法律发展的一般规律。

我国早在先秦时期,就有“刑名法术之学”或“刑名之学”,至汉、唐又兴“律学”。在西方国家,法学一词源于拉丁文 Jurisprudentia,原意是法律的知识或法律的技术。我国使用法学一词,是从 19 世纪末西方文化传入以后才开始的。

法学的产生是以法律的产生为前提的。当法律产生并发展到一定阶段,出现了成文法和职业法学家以后,法学才逐渐形成和发展起来。正如恩格斯在《论住宅问题》一文中指出的“随着立法进一步发展为复杂和广泛的整体,出现了新的社会分工的必要性:一个职业法学家阶层形成起来了,同时也就产生了法学”。①

法学产生后,适应着不同阶级和不同的历史时期社会生活的实际需要而发展着。从法学历史发展的纵向来看,有奴隶主阶级法学、封建地主阶级法学、资产阶级法学和无产阶级法学。前三种法学都是建立在不同形式的生产资料私有制经济基础之上的,他们的共同任务主要是维护巩固私有制度,为确认和发展有利于剥削阶级的法律关系服务。无产阶级法学,即马克思主义法学,是建立在社会主义公有制的经济基础之上,是维护巩固社会主义公有制度,在建设社会主义物质文明的同时建设政治文明、精神文明,最终为进入共产主义而服务的。

从法学的发展来看,剥削阶级法学曾经为法学的发展提供了一些有价值的资料和合乎科学的观点、制度,有的法学家的法学思想在历史上曾经起过积极的进步作用。但是,从总的来看,剥削阶级法学家由于其阶级地位和所处的时代的局限性,他们没有也不可能对法律这一特定的社会现象作出真正的科学解释。

19 世纪中期,出现了马克思主义法学。马克思和恩格斯是马克思主义法学

---

① 《马克思恩格斯选集》第 3 卷,人民出版社 1995 年版,第 211 页。

的奠基人。他们在创建辩证唯物主义和历史唯物主义科学理论的同时,对以往的法学进行了剖析,为创建马克思主义法学奠定了基础。马克思主义法学的出现在法学领域中引起了革命变革。它同以往法学的区别,主要表现在以下几方面:

第一,以往法学有的脱离社会的经济研究法律,有的把法律看作是社会的基础,以唯心史观来解释法律这一特定社会现象。马克思主义法学运用唯物史观,科学地阐述了法律与经济的关系。它认为法律属于上层建筑,归根结底它是由经济基础决定的,社会的存在不决定于法律,而法律的存在却决定于社会。正如马克思在《〈政治经济学批判〉序言》中指出的:"法的关系正像国家的形式一样,既不能从它们本身来理解,也不能从所谓人类精神的一般发展来理解,相反,他们根源于物质的生活关系……"①这样就把以往的一些法学家所颠倒的法律与经济的关系,重新颠倒过来。

第二,以往法学大都混淆了法律与一般行为规范的区别,认为法律是从来就有的,也是永恒存在的。马克思主义法学认为法律不是从来就有的,也不是永远存在的,而是一个历史现象,有其产生、发展和消亡的过程。具体说,法律是随着私有制、阶级和国家的产生、发展而产生、发展的,到了共产主义社会,法律也将随着阶级和国家的消亡而消亡。

第三,以往法学家对法律本质作了形形色色的解释,但其共同的特点都是否认法律的阶级性,把法律说成是超阶级的、全民的意志体现。马克思主义法学认为,法律并不是超阶级的,它是在政治上占统治地位的阶级借助国家权力制定的,是为维护其阶级利益而服务的。

继马克思、恩格斯之后,列宁遵循马克思主义法学基本原理,在领导俄国社会主义革命斗争的过程中,有力地揭露了沙皇俄国的法律制度,深刻地批判了资产阶级法制的本质及其虚伪性。社会主义革命取得胜利后,在创建苏维埃国家政权的过程中,提出了一系列关于建设社会主义法制的理论,如关于废除旧法,创建体现无产阶级和广大人民意志的统一的社会主义法制。在创建社会主义法制时,不应仆从式地模仿资产阶级法律,也不应拒绝借鉴外国法律文化遗产,西欧各国文献和经验中所有保护劳动人民利益的东西一定要吸收进来。对国家工作人员则要求必须严格遵守社会主义法制,要运用法制同一切官僚主义作斗争,坚决惩办所有违法犯罪的行为等。列宁的法学理论,是在新的历史条件下,对马克思、恩格斯法学思想的重大丰富和发展,对社会主义国家的法制建设有着重要的指导意义。

新中国的法学是在马克思列宁主义法学理论指导下结合我国的实际创立和发展起来的。早在新民主主义革命时期,以毛泽东为代表的老一辈无产阶级革

---

① 《马克思恩格斯选集》第2卷,人民出版社1995年版,第32页。

命家在领导人民创建革命政权的过程中,就颁布了许多法律性文件,为捍卫和巩固革命根据地的政权,解决人民内部纠纷,为中华人民共和国成立后建立社会主义法制,积累了丰富的经验。新中国成立后,五十多年来,我国社会主义法制建设和法学发展,经历了一个复杂曲折的过程,正如中共中央《关于建国以来党的若干历史问题的决议》中所指出的,由于种种历史原因使我们没有能把党内民主和国家政治社会生活的民主加以制度化、法律化,或者说虽然制定了法律,却没有应有的权威,所以法学没有得到应有的发展。党的十一届三中全会,提出了发扬社会主义民主,健全社会主义法制的任务,我国法制建设进入了一个新阶段。我国法学的发展也随着社会主义法制建设的发展获得了巨大的发展。其后,在党的多次代表大会和全国人民代表大会的决议中一再提出要进一步扩大社会主义民主,健全社会主义法制,依法治国,建设社会主义法治国家。近几年,遵循依法治国的基本方略,我国加强了法制建设,立法获得了空前的发展。在法制建设的新形势下,对法学理论的发展提出了许多新课题,我国法学也进入了一个新的历史阶段,获得了蓬勃的发展。

二

随着社会生活的复杂化和法律调整的专门化,法学研究的范围日趋广泛,法学门类的划分也就十分复杂和多样。当前,我国法学界对法学的分类一般划分为以下几种:

(一) 国内部门法学

国内部门法学,是从法律的类别来划分的,法学研究的范围首先是国内各部门法,如宪法、行政法、民法、商法、经济法、婚姻法、刑法、民事诉讼法、行政诉讼法和刑事诉讼法等等。与此相适应就有宪法学、行政法学、民法学、商事法学、经济法学、婚姻法学、刑法学、民事诉讼法学、行政诉讼法学、刑事诉讼法学等法学分科。

(二) 理论法学

理论法学,是从认识论上来划分的。从认识论的角度,法学可分为理论法学和应用法学,理论法学有法学基础理论(法理学)、法社会学、比较法学等。上述的国内部门法学除宪法学外,多为应用法学。

(三) 法律史学

法律史学,研究中外法律制度和法律思想发展的历史及其规律的学科。主要有中国法制史、外国法制史、中国法律思想史、外国法律思想史等。

(四) 比较法学

比较法学,主要是对不同历史时期、不同国家的法律进行比较,从中找出法学发展规律及其特点的一门学科。有比较宪法学、比较民法学、比较刑法学等等。

（五）外国法学

外国法学，是专门研究某个国家法律的一门学科，如外国宪法学、外国民法学、外国刑法学等。

（六）国际法学

法学不仅要研究国内的部门法，还要研究国际法。广义的国际法包括国际公法、国际私法、国际经济法、国际贸易法等。从法学的分科来说，就有国际公法学、国际私法学、国际经济法学、国际贸易法学等。

（七）法学边缘学科

法学中有些学科与自然科学中的基础学科和应用学科有着密切联系，如刑事侦查学、法医学、司法精神病学，这些法学学科都与物理学、化学、医学等学科有着密切联系，又如司法统计学与数学有着直接关系。这就形成了法学边缘学科。

以上分类是从不同角度来划分的，它们之间存在着不同程度的交错。同时每一独立分科中，又可再划分不同层次的较低的分科。例如民法学还可再分为合同法学、知识产权法学、继承法学等。

法学是社会科学的一个独立学科，但是它与社会科学、自然科学中的某些学科，与哲学、经济学、心理学、数学等的关系十分密切。为了进一步认识法学这一社会现象，现将法学与社会科学、自然科学中的某些学科的关系，作一简要分析：

（一）法学与社会科学中其他学科的关系

社会科学是研究社会现象的科学，它包括政治学、经济学、伦理学、史学、文学、民族学和法学等学科。法学与社会科学中的上述学科都有不同程度的联系，尤其与经济学、政治学、社会学、伦理学的关系更为密切。

法学与经济学的关系。经济学是研究经济关系和经济活动规律的科学，它也有一个庞大的体系。法律作为上层建筑的重要组成部分，归根到底是由社会经济基础决定的，反过来又为经济基础服务。法学要研究法律如何适应经济的发展，为经济基础服务，以更好地制定和实施符合一定经济基础的法律，所以经济学为法学研究提供了重要条件，法学对促进经济学的发展也有着重要作用。

法学和政治学的关系。政治学是研究国家政权的组织、活动原则、政治制度、政府、政党、国家学说、政治思想等问题，其中主要是研究国家问题。法律是由国家制定、认可，以国家强制力保证实施的行为规范的总称。没有国家就没有法律，反过来，法律又是为掌握政权的阶级组织国家政权，实现国家权力，完成国家任务的重要工具，没有法律，国家也就不成其为国家。所以在很长的一个历史时期，法学与政治学是结合在一起的，直到19世纪，两者才分离，各自成为一门独立的学科。

法学和社会学的关系。社会学是研究各种社会现象、社会生活、社会关系和社会现实问题的一门综合性学科。法律制度的确立、法律的制定、修改和废除都与复杂的社会现象有着密切的关系。比如人口、家庭、婚姻、青少年犯罪等问题都是法学和社会学研究的重要课题，尽管社会学是综合各种社会因素进行研究，法学是研究社会现象中的一切法律关系，两者的侧重点不同，但法学与社会学之间在研究的内容上还是存在着密切联系，因此，二者研究的方法、成果是可以相互借鉴的。

法学与伦理学的关系。伦理学是研究人们社会道德规范的科学。法律和道德都是调整人们行为的规范的，两者相互联系相互补充。在古代和中世纪，法律规范、道德规范和宗教规范都是交织在一起的，只是到近代法律规范和道德规范、宗教规范才分开，法学与伦理学才成为两门学科，这主要是因两者研究的角度不同，伦理学偏重于道德规范的研究，法学则偏重于法律规范的研究。但是，对法律规范和道德规范之间的异同以及两者在治理国家中的作用，却是法学和伦理学共同研究的内容，故两者关系极其密切。

（二）法学与自然科学中部分学科的关系

自然科学是研究自然界物质形态、结构、性质和运动规律的科学，是人类改造自然实践经验的总结。它既包括物理学、化学、天文学、生物学等基础科学，也包括工业科学、农业科学、医学科学等应用科学。法学中的某些学科，尤其是边缘学科，不论同其基础学科，还是应用学科都有直接关系。如上所述法学中的刑事侦查学、法医学等学科都涉及到物理学、化学、生物学、医学等自然科学中的基础学科和应用学科，并受其发展水平的制约。所以说，法学与自然科学中的部分学科关系十分密切。

（三）法学与哲学、心理学的关系

哲学是关于世界观的学说，是人们对于整个世界即自然界、社会和思维的根本观点的体系。一定法学思想都是以一定哲学思想为指导的，法学的研究又为哲学研究提供材料，进一步验证和丰富哲学的内容。以往的法学多是以唯心主义哲学作为理论基础的。马克思主义法学是以马克思主义哲学即辩证唯物主义和历史唯物主义作为理论基础的，它对于马克思主义法学的研究和发展有着重要的意义。同时马克思主义法学又进一步丰富了马克思主义哲学。

心理学是从哲学中独立出来的一门学科，它是研究人的认识、感情、意志、能力、性格等心理规律和心理特性的科学。法学是研究规范人们行为的法律规范的科学，人们的行为则是受人的一定心理状态支配的，因此法学与心理学有着密切联系。特别是犯罪心理学，是心理学和法学之间的边缘学科，两者是相互联系,相互促进的。

(四)法学与数学的关系

数学是研究现实世界的空间形式和数量关系的科学。法学中的司法统计学是研究司法机关及其职务活动,进行各项统计的学科,如法院关于收案和结案及案件类型的统计等,所以法学中的司法统计学,实际上是数学与法学之间的边缘学科。数学对司法统计学的产生和发展无疑具有重要意义。反之,司法统计学的发展也促进了应用数学的发展。

三

法学概论是法学的组成部分,是法学主要学科的要略和梗概,或者说是综合性的概述,有的也称为法学通论或法学绪论。

《法学概论》是供非法律专业的大学学生学习法学用书。其内容除导论外分三编,即总论、分论、国际法,共十四章,内容比较广泛。导论主要概述法学研究的对象及其发展、法学的分类与其他学科的关系、法学概论的内容、学习方法和意义。第一编总论,主要讲述马克思主义关于法学的基本原理,法律的产生、本质、作用及其历史类型,社会主义法律的产生、本质和作用,社会主义法律制定和实施以及社会主义民主与法制,依法治国、建设社会主义法治国家等问题。这些基本理论,对学习各部门法和国际法起着指导意义。第二编分论,是对我国基本法的概述,它以宪法为核心,对主要部门法行政法、经济法、民法、合同法、婚姻法、刑法、民事诉讼法、行政诉讼法和刑事诉讼法调整的对象、建立的原则和基本内容作扼要的概述。第三编国际法,主要讲述国际公法和国际私法的概念、原则和基本内容。因国际法的主体、调整的社会关系和实现的方式不同于国内法,所以它不属于我国法律体系的组成部分,故单列一编进行论述。

法学概论的内容十分丰富,范围相当广泛,如何学好这门课程,古语说:“工欲善其事,必先利其器”,掌握学习的方法就是学好这门课程的一个十分重要的问题。主要有以下两点:

(一)坚持马克思主义唯物辩证法

马克思主义的唯物辩证法,是科学世界观和方法论的统一,是人类认识世界和改造世界的锐利思想武器,它对研究各门学科都具有普遍的指导意义,也是学习法学的根本方法。用唯物辩证法指导学习法学就应该将法学与经济联系起来考察,因为法律是属于上层建筑的重要组成部分,它由经济基础所决定,又反作用于经济基础。同时,法律还与上层建筑的其他组成部分如习惯、道德规范、民族传统文化等现象密切联系着,并且互相影响,所以,学习法学还应将法律与上层建筑的其他现象联系起来考察。运用唯物辩证法学习法学,还应坚持用发展的、全面的观点来看待法律这种现象,即法律不是从来就有的,有其产生、发展和消亡的过程。采取任何先验的、教条式的、片面的等唯心主义、形而上学的方法,都不可能得出合乎科学的结论。

(二)坚持理论联系实际的方针

理论联系实际是学习法学和法学概论的基本原则和根本要求。在理论方面就要坚持马克思主义、毛泽东思想、邓小平理论和"三个代表"重要思想。学习法学概论的目的在于应用,在当前,联系实际,就要很好运用上述马克思主义理论,密切联系我国所处的具体历史条件即社会主义初级阶段在政治、经济、思想、文化等方面的实际,就要联系党的基本路线,即以经济建设为中心,坚持四项基本原则,坚持改革开放的总方针和各项具体措施的实际。同时还应联系我国民主与法制建设的实际,以增强民主意识,提高对依法治国,建设社会主义法治国家基本方略的认识,善于运用所学的法学知识,分析、解决实际问题。

除上述两个基本学习方法外,还有一些科学方法,如系统论、控制论、信息论所谓"老三论"和耗散结构论、协同论和突变论的"新三论"等等,这些新科学方法论的一些思想、概念和方法,如整体性、目的性、定量化、重视信息和反馈等,对研究、学习法学都有一定启发,也是不应忽视的方法。但是,我们应在唯物辩证法指导下,应用上述新的方法。

学习法学概论的意义:

1. 学习法学概论有助于提高我们的法律意识,加强社会主义法制建设

社会主义法制包括立法、执法、司法、守法和法律监督几个重要环节。加强社会主义法制建设,不仅要加强社会主义立法,而且还要国家机关、企事业单位、社会组织严格依法办事,广大人民自觉地遵守社会主义法律。邓小平同志曾经指出:"法制建设的根本问题是教育人,法制教育要从娃娃抓起"。实践证明,人们的法制观念、法律意识,不能靠自发产生。提高法律意识,必须要通过各种形式进行法制宣传和教育。1985 年全国人民代表大会常务委员会通过的《关于在公民中基本普及法律常识的决议》指出:"大学、中学、小学以及其他各级各类学校,都要设置法制教育课程。"2001 年中共中央、国务院转发的中央宣传部、司法部关于"四五"法制宣传教育规划中指出:"一切有接受教育能力的公民,都要认真学习宪法和国家基本法律知识,不断增强社会主义民主法制意识,努力做到学法、知法、守法、用法、护法。"这也就是我们在非法律专业的大学生中开设法学概论课程的依据。认真学习法学概论,对提高法律意识,正确认识我国社会主义法律保护什么、制裁什么、反对什么、支持什么,对克服人们头脑中的无政府主义、法律虚无主义的错误思想,提高人民守法、用法、护法观念,对加强社会主义法制建设有着重要意义。

2. 学习法学概论有助于促进社会主义政治文明和精神文明建设

社会主义政治文明,是指民主的制度化、规范化、程序化和正确的民主、法制观念,政治文明的发展状况和进步程度,体现着人们对和谐社会和理想政治制度的追求。社会主义精神文明建设包括思想建设和文化建设两个方面,提高人们的社会主义法律意识和守法观念,既是文化建设,也是思想建设的重要内容。大量事实说明,一个国家的政治文明和精神文明水平的高低,与该国人们法制观念的强弱息息相关。在我国,广大群众是能够自觉地遵纪守法,正确行使法律规定的权利,严格履行法律规定的义务的。但是我们也不能不看到当前在社会上也出现了许多不文明、不道德和违法犯罪的行为,这同缺乏法律常识、民主法制观念淡薄是分不开的。要提高人们的政治文明和精神文明的观念,很重要的一环就是要学法、知法。开设法学概论课,对在校非法律专业的大学生,粗略了解我国政治制度和法律制度的梗概,明确我国政治法律的基本属性和任务,以及应当享有的权利和应尽的义务,对进一步促进社会主义政治文明、精神文明建设起着重要作用。

3. 学习法学概论有助于树立社会主义市场经济法制观念

自党的十四大提出建立社会主义市场经济体制以来,理论和实践已充分证明,建立社会主义市场经济体制是经济体制的根本性变革,它既涉及经济基础又涉及上层建筑的方方面面,它必然要求有社会主义法律来引导、规范和约束,法制建设必须要同市场经济体制建设同步进行,也正是从这个意义上说市场经济是法制经济。所以在社会主义市场经济迅速发展的大潮中,学习法学概论对明确各类市场主体的权利、义务;国家对经济宏观调控的有效措施和具体的法律规定,对树立市场经济法制观念,以适应市场经济发展的需要有着重要意义。

4. 学习法学概论有助于增强依法治国的法律意识

当前我国正在贯彻执行依法治国、建设社会主义法治国家的基本方略,要求国家公职人员和公民增强法学素养,遵守法律,严格依法办事,否则国家制定的一切法律也会由于公民的法治观念的淡薄,得不到遵守和执行。要增强公民依法治国的意识,十分重要的问题就是要提高人民的法学素养。因为公民只有具备了一定的法学素养,才能正确享受法律所赋予的权利,自觉履行法律规定的义务,从而提高人民遵守法律的积极性和自觉性。对国家公职人员来说,才能依法行使职权,严格依法办事,并能自觉地拒腐蚀而不沾,自觉地用法律规范自己的行为,不至于走上犯罪的道路而不能自拔。学习法学概论不仅可以对法律的一般概念、原理、原则、作用、法律规范及其发展的规律有所了解,还可以对治国总章程的宪法和一些基本的部门法如行政法、经济法、民法、刑法、诉讼法、国际法、国际私法等基本内容、原理和原则有所理解,这有助于在校的大学生将来步入社会,从事各项工作打下良好的基础,使国家制定的基本法律能够得到切实的遵守和执行,以实现依法治国,建设社会主义法治国家的基本方略。

第一编　总　论

第一章　法　律

第一节　法律的本质和特征

一、法律的本质

法律的本质,即法律的根本属性,是法学的根本问题之一。古往今来,无数法学家、思想家对于法律曾作过不少研究和探索,下过诸多定义和解释,试图探究和回答法的本质问题。但是,一切剥削阶级法学家、思想家,由于其阶级的和历史的局限性,都未能从实质上回答什么是法律的本质。科学地揭示法律的本质,是马克思主义在法学上的重大贡献。在《共产党宣言》这部伟大著作中,马克思和恩格斯在揭露资产阶级法律的本质时指出:“你们的观念本身是资产阶级的生产关系和所有制关系的产物,正像你们的法不过是被奉为法律的你们这个阶级的意志一样,而这种意志的内容是由你们这个阶级的物质生活条件来决定的。”①这一论述虽然是针对资产阶级法律而言的,但它对认识法律的本质具有普遍意义。

(一) 法律是统治阶级意志的体现

在阶级对立的社会中,法律是统治阶级意志的体现,这是马克思主义关于法律本质的基本观点,是纵观人类社会历史和运用唯物史观进行阶级分析所得出的正确结论。这是因为:

在阶级社会中,一定阶级的利益与其阶级意志是密不可分的,各阶级都有以本阶级共同利益为基础而形成的阶级意志,而阶级意志又转而体现和维护该阶级的阶级利益。阶级利益和阶级意志之间的差异乃至对立,是阶级间利害冲突的根本原因,是阶级社会的普遍规律。在统治阶级与被统治阶级之间,由于阶级利益是对立的,由此而产生的阶级意志根本上是对立的,从整体上讲他们之间不可能有什么一般的“共同意志”。占统治地位的阶级以全社会代表的身份,把

① 《马克思恩格斯选集》第1卷,人民出版社1995年版,第289页。

本阶级的意志加于其统治的国度,成为“国家意志”,而意志如果是国家的意志,就应该表现为政权机关所制定的法律。因此,由统治阶级的国家机关所制定的法律首先和主要是统治阶级意志的体现。

统治阶级之所以能把自己的意志上升为法律,是因为它掌握着国家政权,唯有它才能依靠国家政权将本阶级意志通过“国家意志”即法律的形式表现出来,迫使全社会普遍承认和遵守。被统治阶级由于不掌握国家政权,便不可能将自己的意志上升为法律。

统治阶级不仅可能而且需要将自己的意志通过法律表现出来。只有如此,其意志才能获得整个社会普遍遵守的权威性质,其阶级利益才能在实际生活中得以实现。

需要指出的是,统治阶级为了整个阶级的统治,对于被统治阶级的要求有时候不得不作出一定妥协和让步,表面看来也反映了被统治阶级的意志,法律似乎反映的是各个阶级“共同意志”。在这里把统治阶级由于“妥协”和“让步”而制定的法律说成不是统治阶级的意志显然是错误的,因为这种“妥协”和“让步”,是统治阶级同意了的,是为了维护本阶级更根本的和更长远的利益所必须的。归根结底,还是这个阶级表现的意志,只不过是它不可能不这样罢了。

(二) 法律是一定经济基础之上的上层建筑

经济基础是一定社会生产关系的总和,上层建筑是指建立在经济基础之上的政治、法律制度和社会意识形态。法律作为上层建筑的组成部分是由经济基础决定的,正如马克思恩格斯所指出的:法律所表现的统治阶级意志的内容是由统治阶级的物质生活条件决定的。这是马克思主义关于法律本质的又一个基本观点。

统治阶级的物质生活条件包括它所处历史时期内的地理环境、人口、生产方式等诸方面。其中,生产方式是最终决定法律的本质、内容和发展方向的主要因素,就是说,法律归根结底是由经济基础决定的。从法律的起源来看,它是私有制经济产生的结果,没有因生产力发展而导致的私有制经济基础的产生,就不会有法律的产生。从法律的本质来看,它是在经济上占统治地位的阶级意志的表现,有什么性质的经济基础,就有什么性质的法律。从法律的内容上看,任何一个社会的法律,总是被一定的经济内容所决定,反映当时经济关系所提出的要求。从法律的特点来看,不同类型法律所表现的不同特征,往往也与特定的社会经济结构有密切关系。从法律的发展变化来看,经济基础的根本变更必然要引起法律的根本变革,即使在同一社会形态下,经济基础的局部变化也决定着法律的相应变化。

总之,法律是一定经济关系的反映,任何统治阶级都不可能离开其赖以存在的经济基础而随心所欲地创制法律。离开了经济基础,体现统治阶级意志的法律既不可能产生,也不可能实施。

法律不仅由经济基础所决定,而且对经济基础具有反作用。这种反作用表现在:消灭旧的、不适合统治阶级需要的经济关系,确认适合其需要的经济制度;惩治破坏统治阶级现存经济关系和经济秩序的行为,保护其经济基础;调整各种经济关系,促进生产力发展,以巩固和发展经济基础。

(三) 法律是实现阶级统治的工具

法律的本质和目的是密切联系着的,在阶级对立的社会中既然法律是统治阶级意志的体现,那么统治阶级制定法律的根本目的就是建立、维护和发展有利于自己的社会关系和社会秩序,从而顺利地实现对整个社会的领导和管理,巩固自己的统治。这是理解法律本质的又一个重要方面。法律在这方面的主要功能表现在:

首先,确认和调整统治阶级与被统治阶级之间的统治与被统治的关系。统治阶级利用法律来确认和维护自己在经济上和政治上的统治地位,取缔和镇压被统治阶级的"不法"活动。除采取直接镇压的方法外,有时也不得不采取让步和妥协的方法,在法律上规定某些所谓保护人民的条款,借以欺骗和安抚被统治阶级。

其次,确认和调整统治阶级与其同盟者之间的关系。统治阶级往往以法律形式确认与同盟者的同盟关系,赋予同盟者以适当权利,同时解决与同盟者的矛盾,调整相互关系,以巩固其统治基础。

再次,确认和调整统治阶级内部的关系。由不同阶层、集团及其成员构成的统治阶级内部,虽然根本利益一致,但也存在矛盾和冲突。统治阶级总要通过法律解决其内部矛盾,增强内部团结,以作为阶级的整体共同对付被统治阶级。

二、法律的特征

法律的特征是指法律与上层建筑的其他组成部分,如道德规范、礼仪规范、宗教规范等相比较而言的特征,主要有以下四个方面:

(一) 法律是由调整人们行为或社会关系的一种特殊的社会规范构成的

规范即模式、规则。在人们日常生活中有各种各样的规范,如语言规范、技术规范、社会规范等。法律规范是社会规范的一种,是调整人们的社会关系的比较典型的、基本的行为规则。

法律作为一种社会规范,具有规范性、概括性的特点。

法律的规范性是指它规定了人们可以这样行为、必须这样行为或不许这样行为,从而为人们的行为提供了一个模式、标准或方向。

法律规范在逻辑上由行为模式和法律后果两部分构成。行为模式是指对大量实际行为的高度概括和理论抽象,作为某些行为的基本模式或标准,而非指某一具体行为。行为模式一般可分为三大类:可以这样行为的模式(按法律规定人们有权作出某种行为)、必须这样行为的模式(按法律要求人们有义务作出某种行为)和不许这样行为的模式(按法律要求人们有义务不作出某一行为)。法律后果是指法律对具有法律意义的行为赋予某种结果。一般分为两类:肯定式的和否定式的。肯定式的法律后果,指国家对这种行为承认其有效、合法并加以保护、赞许或奖励(如依法签订经济合同、依法纳税、正当防卫等)。否定式的法律后果,指国家对这种行为否定其有效性、加以撤销或制裁(如违法订立的合同、偷税漏税、各种犯罪行为等)。

法律规范在内容上大致可分为三类:授权性的即允许或授权人们可以这样行为的法律规范(如宪法规定公民的基本权利);命令性的即要求人们必须这样行为的法律规范(如宪法规定公民的基本义务);禁止性的即禁止人们这样行为的法律规范(如刑法关于惩治各种犯罪的规定)。后两类法律规范可合称为义务性规范,即通常所说的"令行禁止"。

法律的概括性是指它的对象是抽象的、一般的人,而不是具体的、特定的个人,它在同样的条件下可以反复适用而不是仅适用一次。这一特征表明国家机关在其权限内制定颁布的规范性文件(刑法、民法、行政法等)才是法律,而国家机关发出的非规范性文件如结婚证、毕业证、委任令、逮捕令、判决书等则不是法律,而是执行或适用法律所产生的文件。

(二) 法律由国家制定或认可,具有国家意志性

制定或认可法律是国家创制法律的两种方式,也是法律区别于其他社会规范的重要标志。

国家制定法律是指有权制定法律的国家机关制定规范性文件即成文法。就现代国家而言,它包括最高国家权力机关或立法机关制定法律,最高国家行政机关制定行政法规。国家认可法律是指国家根据需要赋予某些习惯具有法律上的效力,使之成为法律,通常所指习惯法或不成文法。

法律由国家制定或认可,表明它是以国家名义对人们行为的要求,体现的是"国家意志",即统治阶级的意志。同时,法律的国家意志性表明它与表现统治阶级意志的其他社会规范(道德规范、宗教规范等)的区别,后者不具有国家意志的属性。

(三) 法律是由国家规定人们的权利和义务

法律是以规定人们的权利和义务(或职权、职责)作为自己的主要内容。法律上的权利是指法律赋予人们的某种权益;法律上的义务是指法律规定人们必须履行的某种责任。这里所讲的"人们"是法律关系主体的代用语,它既包括自然人,也包括法人、国家机关以及其他社会组织。这里所讲的权利和义务除包括法律规定人们享有的权利和承担的义务外,也包括国家机关及其工作人员执行

职务所行使和承担的职权和职责。

历史和现实的法律实践反复证明,法律归根结底是由国家用规定权利和义务来规范人们的行为,调整各种社会关系,这一特征表明法律与其他社会规范的区别。

其他社会规范如道德规范、宗教规范、社会团体的规章、规则等,也往往有权利和义务的规定。但法律上的权利和义务与上述规范中权利和义务的不同在于:它是由国家确认并予以保障的,当人们在法律上的权利受到损害或威胁时,可以请求国家予以保护,而负有义务的人拒不履行法定义务时,相应的国家机关可以强制其履行。

(四) 法律是由国家强制力保证实施的,具有普遍的约束力

一般来说,社会规范都有某种强制性,但强制的主体、对象、性质、范围和方式等不尽相同。如政治组织或社会团体的规则、章程是由该组织的纪律来保证实施的,其强制的范围仅限于该组织的成员;道德规范是由社会舆论、人们内心的信念和教育的力量来维护的,违反道德一般要受社会舆论的谴责。法律不同于其他社会规范,它是由国家强制力保证实施的,具有特殊的强制性。这种强制性表现为通过国家执法机关的执法活动,对违法行为进行制裁或强制履行法定义务。这种强制不是只适用于少数人或个别情况,而是在其效力范围内具有普遍约束力。如宪法和法律是一切社会组织和个人必须遵守的行为准则,在全国范围内适用,任何组织或个人均不得违反,否则,要受到相应的法律制裁。

通过上述对法律本质和特征的叙述,可见法律是一定社会经济基础之上的上层建筑,是体现统治阶级的意志,由国家制定或认可,由国家强制力保证实施的行为规范体系,它通过规定人们在一定社会关系中的权利和义务来确认、保护和发展有利于统治阶级的社会关系和社会秩序,是统治阶级价值理念的必然反映和实现其阶级统治、建立符合其需要的和谐社会的重要工具。

第二节　法律的历史发展

一、法律的起源

(一) 原始社会的社会组织和社会规范

法律不是从来就有的,它是在人类社会发展到一定历史阶段上产生的。

在人类历史上,曾经存在过既无国家也无法律的原始社会。由于生产力十分低下,原始人无法单独地与自然界作斗争,只能以血缘关系为纽带共同占有生产资料、共同劳动、共同消费。与原始社会生产关系相适应,其上层建筑形式是原始的氏族组织和社会规范。

氏族是以血缘关系形成的人类社会最初的组织形式,是原始社会中最典型、最重要的社会组织。氏族以及由它发展而成的胞族、部落以及部落联盟,构成了原始社会的组织系统。氏族既是从事集体生产和共同消费的经济单位,又是维系氏族成员的相互关系和内部秩序的自我管理单位。氏族的公共事务由全体氏族成员参加的氏族议事会共同讨论决定,并选举氏族首长和军事首长主持日常事务和对外作战。氏族首领不脱离生产,也不享有任何特权,他们的威信靠氏族的习惯和氏族成员的信任来维持,其职务也可随时罢免。可见,氏族组织不是一部分人压迫另一部分人的机关,而是氏族成员共同进行管理的平等、民主的组织。

与氏族组织相伴存在的原始社会的规范,主要是习惯。它是人们在长期的生产和生活中逐渐形成并世代相袭、共信共行的行为规范。如禁止氏族内通婚,相互保护和进行血亲复仇,共同继承已故氏族成员的财产,共同举行宗教仪式和祭祀死者等等。正是这些习惯调整着人们相互关系,维持社会秩序。而对这种规范的遵守,不需要暴力强制,只靠历来的习俗和自幼养成的观念,靠社会舆论的力量和每个人的自觉就可以了。

(二) 法律产生的一般规律

原始社会末期,由于生产力的发展,出现了剩余产品,促成了畜牧业与手工业、手工业与农业分离的两次社会大分工,生产的分工又促成了商业的独立。在这个过程中,家庭私有制产生了。社会分工和交换关系的发展,巩固和促进了私有制的发展。氏族首领利用其地位和掌握的权力,侵占公共财产,逐渐富裕起来,随之成为专门从事管理和统治的特权阶级。少数富裕家庭也通过高利贷、土地买卖等方式剥削他人,从氏族中分化出来成为特殊阶层,这两部分人就是最初的奴隶主阶级。而大多数氏族成员则贫困下去,沦为受剥削的奴隶。剥削阶级和被剥削阶级之间的矛盾和冲突,使以血缘关系为基础的原始社会走向崩溃。原始的社会组织和社会规范已无法适应分裂为阶级以后的社会了。奴隶主阶级为了维护其统治地位,联合起来建立起新的社会组织——国家,并通过国家创制和执行一种新的行为规则,以确认和调整分裂为阶级以后的社会关系,维护奴隶主阶级的统治秩序。原始社会解体了,阶级社会开始了,国家和法律产生了。

可见,法律是原始社会生产力的发展,引起生产关系的变革,进而引起社会上层建筑变革的结果。法律是随着私有制、阶级和国家的产生而产生的,是适应社会分裂为阶级以后的需要而出现的,是奴隶主阶级为维护自身的利益通过国家政权制定或认可的。法律的产生是历史发展的必然。

与上述法律与私有制和阶级斗争的发展相伴随,法律规范形式也经历了特定的发展过程。概括地说,它经历了从原始社会的习惯到习惯法进而到成文法的变化过程。起初,当人们处理相互间的某种关系或某类事件时,首次找到一种解决方法并加以采用，于是形成了带有偶然性和任意性的“个别的社会调整”，其后，随着同类关系或事件的出现，人们又会援用首次采用的方法。久而久之，那种方法就成为习惯固定下来，成为人们共信共行的行为规范。就这样，对人们间的各种关系和事件需要解决时，经过往复寻找和不断取舍，逐步积累，众多的有效的方法便应运而生，各种调整相互关系的习惯规范大量出现，于是，使由个别调整过渡到经常的规范性的“一般的社会调整”。例如，在物质生活领域中，原始社会人们间最初是极为简单的以物易物的交换，表现为对这种关系的偶然和个别调整，当交换发展成为经常的现象，出现了商品交换后，便逐步形成了调整商品经济关系的较为稳定的行为规范，于是这种交换关系便由个别调整发展为规范性调整。及至社会分裂为阶级之后，统治阶级需要一种特殊的社会规范来维护其整个阶级的利益，原始社会的一般规范——习惯便逐渐转变为渗透了阶级内容的习惯法。随着社会的进一步发展，习惯法又发展为国家进行的广泛的立法，即成文法。上述过程表明，法律规范形式的演进是从个别调整发展为规范性调整，从一般规范性调整发展为法律调整，从习惯法调整发展为成文法调整。这正反映了法律这种行为规范从原始到成熟，从简单到复杂的发展历程。

（三）法律与原始社会习惯的主要区别

法律和原始社会习惯虽然都是调整人们相互关系的社会规范，但由于它们分别存在于有阶级和无阶级两种不同社会形态，存在着本质的不同，其主要区别是：

1. 从形成方式上看，原始社会习惯是人们在长期的共同生产和生活中自然形成的，而法律则是由统治阶级通过国家制定或认可的。

2. 从体现的意志上看，原始社会习惯反映和维护全体氏族成员的共同意志和利益，而法律则反映和维护统治阶级意志和利益。

3. 从存在的经济基础上看，原始社会习惯是建立在生产资料公有制和共同劳动和平等分配的基础上，阶级社会中的法律则是建立在生产资料私有制、剥削和奴役的基础上。

4. 从保证实施的方式上看，原始社会习惯是以传统和舆论的力量以及氏族首领的威信保证实现的，而法律则以国家暴力机器（警察、监狱、法庭等）为后盾，凭借国家强制力保证实施。

5. 从适用范围上看，原始社会习惯只适用于血缘关系组成的氏族、部落的成员，而法律则适用于本国领土内的一切居民。

6. 从实现的目的上看，原始社会习惯的目的在于维护无阶级差别、平等互助的社会关系和社会秩序，而法律的目的在于维护有利于统治阶级的社会关系和社会秩序。

二、法律的历史类型

(一) 法律历史类型的概念

法律自产生以来,已有几千年的历史,经历了不同的历史发展阶段。与一定国家和社会形态相联系,法律呈现出不同的历史类型。

法律的历史类型是指将人类历史上存在过的法律,按其经济基础和阶级本质所作的分类。根据这种分类方法,凡是建立在同一经济基础之上,反映同一阶级的意志的法律,便属于同一历史类型,反之,便属于不同的历史类型。

迄今为止,人类社会依次经历了原始社会、奴隶制社会、封建制社会、资本主义社会和社会主义社会。除了原始社会不存在国家和法律之外,与其余四种社会形态和国家类型相适应,依次出现了奴隶制、封建制、资本主义和社会主义四种类型的法律。前三者因其建立在私有制基础上,由剥削阶级国家制定,故称为剥削阶级类型的法律。

(二) 不同历史类型法律的本质及特征

奴隶制法律是人类历史上最早出现的剥削阶级类型的法律。它是由奴隶制国家制定或认可,体现奴隶主阶级意志,并由奴隶制国家强制力保证实施的行为规范的总和,是确认和维护有利于奴隶主阶级的社会关系和社会秩序、维护奴隶主阶级专政的工具。其基本特征是:严格维护奴隶主阶级的财产私有权,特别是对奴隶的人身占有权;公开采取野蛮、残酷的刑罚措施;公开确认自由民之间的不平等地位;保留了原始社会某些行为规则的残余。

封建制法律是继奴隶制法律之后出现的第二个剥削阶级类型的法律。它是由封建制国家制定或认可,体现封建主阶级意志,并由封建制国家强制力保证实施的行为规范的总和,是维护和发展有利于封建主阶级的社会关系和社会秩序,实现封建主阶级专政的工具。其基本特征是:严格维护封建土地所有制和农民对封建主的人身依附关系;公开维护封建等级制度和等级特权;以罪名繁多、量刑苛重、刑罚残酷、广为株连、刑讯逼供而著称。

资本主义法律是人类社会最后一个剥削阶级类型的法律,迄今已有几百年的历史。在资本主义法律中影响最大的是通常所称的英国法系(又称英美法系、普通法系)和大陆法系(又称民法法系、法典法系)。所谓法系,是指具有某种共性和共同历史传统的法律的总称。即根据这种共同性和历史传统的法律就构成一个法系。英国法系是指以英国中世纪以普通法为基础而发展起来的法律的总称。属于这一法系的除英美两国外,还有加拿大、澳大利亚、新西兰、爱尔兰以及亚非一些从前属于英国殖民地或附属国的国家。大陆法系是以罗马法为基础而发展起来的法律总称。它首先在欧洲大陆各国兴起,它的内容主要是民法,并以成文法典为主要形式,属于这一法系的主要是法国、德国、西班牙、荷兰、葡萄牙四国及其以前的殖民地国家和地区，还有日本、泰国、土耳其等国家。两大法系由于各自历史条件、传统、环境等不同而形成一些差别，但其本质则是相同的。它们都是由资本主义国家制定或认可，体现资产阶级意志，并由资本主义国家强制力保证实施的行为规范的总和，是维护和发展有利于资产阶级的社会关系和社会秩序，实现资产阶级统治的工具。资产阶级法律的基本特征是确认和维护资本主义私有制；维护资产阶级专政和代议制民主；宣扬资产阶级自由、平等和人权。

与剥削阶级法律相对立的是社会主义类型的法律。它是人类历史上新的最高类型的法律，社会主义法律所建立的基础，体现的意志，担负的使命，遵循的原则等方面与剥削阶级法律根本不同。它是由社会主义国家所创立的，体现工人阶级领导的广大人民的意志，并得到广大人民群众自觉遵守的行为规则，是维护社会主义社会关系和社会秩序，实现人民民主专政，促进社会主义物质文明、政治文明和精神文明建设的有力保障。

第三节　法律与经济、政治和道德的关系

一、法律与经济

经济是一个多义词，在日常生活中人们经常是从不同意义上加以使用，有时是指生产力或者生产力发展水平，即人们改造自然的能力；有时是指生产关系，即人们在生产中形成的相互关系；有时又是指生产、分配、交换、消费诸方面的总称。现在这里所讲的法律与经济，主要是法律与经济基础（生产关系的总和）之间的关系。

法律与经济基础的关系是法学理论中的一个最根本的问题，它与法律的本质、作用、发展规律有着密切的关系，不弄清这一问题就不能把握马克思主义法学理论的真谛。

（一）经济基础决定法律

总的来说，法律是由一定的经济基础所决定和产生的。在生产力水平低下的原始社会，其生产关系是氏族全体成员共同劳动，共同分配，没有剩余产品，也就不可能有私有制，人与人之间是平等的，法律产生既是不必要的，也是不可能的。但是随着私有制的产生、阶级的分化和国家的出现，生产关系发生了变化，出现了极少数的剥削者，那么作为剥削者的少数人就凭借国家政权以法律作为手段和工具维护自己的利益。

经济基础的性质和内容决定法律的性质和内容。一般来说，有什么性质和内容的经济基础，就会有什么样性质和内容的法律。奴隶制的经济基础形

成了奴隶制法律,封建制的经济基础就决定了封建制法律,资本主义的经济基础就要求资本主义性质法律的产生;与一切私有制为特征的社会形态相反,以生产资料公有制为基础的社会主义的经济基础必然需要与它相适应的社会主义的法律。

经济基础的变化导致法律性质和内容的变化。一种历史类型的法律发展为另一种历史类型的法律,就是说封建制法律取代奴隶制法律,资本主义法律取代封建制法律,社会主义法律取代资本主义法律,从根本上来说,就是经济基础发生了质的变化的结果。不同类型的社会经济基础,产生和形成不同的社会上层建筑,作为在这个经济基础上产生并体现其利益的阶级,除了组织自己的国家成为政治上的统治阶级为这个基础服务外,还把反映和代表统治阶级利益的意志,形成国家意志制定为法律,以此维护和巩固这个基础。当经济基础发生了变化,一般来说,法律也要相应地发生变化。

当然,经济基础决定法律是一个相当复杂的过程,法律从一定的经济基础产生出来,不是自发的、直接的简单过程,它还受立法者的主观情况和社会、政治、文化等客观情况和发展水平的限制。

(二)法律服务于经济基础

法律是由经济基础所决定的,但是一旦法律产生以后,它就不会对自己的基础持消极的、漠不关心的态度,就会反过来积极影响经济基础。

法律以自己的稳定性和权威性的特征,确认和维护自己的经济基础。统治阶级对于最能代表自己利益的根本经济制度,在法律上予以规定,使其具有神圣不可侵犯的性质,从而达到对于自己经济基础的维护。例如,资本主义法律规定"私有财产神圣不可侵犯"的原则,而社会主义法律则规定"社会主义的公共财产神圣不可侵犯"的原则,就是明显的例证。

法律具有概括性和国家强制性的特征,可以使统治阶级改造过时的、不适合生产力发展的生产关系,而对于破坏适合生产力发展的生产关系的行为予以抵制和法律制裁。一切进步的阶级在刚刚夺取政权的时候,无不采取法律手段改造旧的经济关系和维护新生的经济关系,从而促进社会生产力的发展。我们在建国初期,对于封建地主阶级土地所有制的废除和生产资料私有制的社会主义改造,也都是利用了法律手段。

法律以自己的预测性和科学性的特征,可以总结、发展和完善生产关系,促进社会生产力发展。一般来说,法律是人们实践经验的总结,人们既可以认识经济关系发展变化的规律,也可以认识法律调整的规律,所以法律具有预测性和科学性的特征。例如,围绕社会主义市场经济体制的建立,我国提出建立与社会主义市场经济体制相适应的法律体系,就体现了法律推动生产关系的完善,促进生产力的发展的作用。

（三）法律与社会生产力

人类社会的发展和进步，从最根本上来说，是由社会生产力发展的水平和结果引起的。一种社会制度之所以说它是先进的社会制度，一种生产关系之所以称它是先进的生产关系，就是它比其他社会制度和生产关系更能促进社会生产力的发展。所以，在1984年通过的《中共中央关于经济体制改革的决定》中指出："全党同志在进行改革的过程中，应该紧紧把握住马克思主义的这个基本观点，把是否有利于发展社会生产力作为检验一切改革得失成败的主要标准。"

法律与社会生产力的关系是相当密切的。

法律对生产力起作用，一般是通过经济基础作中介。也就是说，当法律服务的生产关系是适合生产力发展的时候，那么法律就促进生产力的发展和进步；当法律服务的生产关系是不适合生产力发展的时候，那么法律就束缚和阻碍生产力的发展。当然，也存在着法律直接对生产力发生作用的情况。例如，法律直接作用于生产力中的劳动者、直接作用于科学技术和自然资源等的情况，就是法律直接对生产力起作用。

生产力对于法律也发生很大的作用。科技进步和革命导致的生产力的发展开阔了法律调整的领域和范围，改进了法律调整的方法和工具，甚至也发展和丰富了法学研究的方式和手段。

二、法律与政治

关于政治这个概念，不论是西方的思想家和法学家，还是马克思主义经典作家，都有过许多的论述，但是，没有，也不会形成统一的理解和定义。列宁曾说过：政治就是参与国家事务，给国家定方向，确定国家活动的形式、任务和内容。政治是经济的集中表现，是各阶级之间的斗争。政治是一门科学，是一种艺术。邓小平也曾说，政治是国内外阶级斗争的大局，是中国人民和世界人民在现实斗争中的根本利害。社会主义现代化建设是我们当前最大的政治，因为它代表着人民的最大利益、最根本的利益。四个现代化就是中国最大的政治。

一般认为，在阶级存在的社会里，政治反映和体现的主要是一种阶级关系；政治的中心问题是国家政权问题，政治生活围绕国家权力以及国家与社会的关系进行；政治的内容和性质是由社会经济关系所决定，政治又服务于社会经济关系；现代社会的政治一般是由代表本阶级利益的政党来领导的，表现为政党政治；政治依其对于社会的进步和对于社会生产力发展所起的作用不同，区分革命、进步的政治和保守、反动的政治。

政治与法律相比，有自己的特征。具体来说，政治包括路线、方针、政策等，其制定由党的机关进行，法律的制定由国家机关进行；政治涉及的内容范围与法律不尽相同，不是所有政治的内容都要用法律来调整，也不是每项法律都有相同内容的政治与之相对应;政治主要体现为政策,主要约束党的组织和它的成员,而法律对所有公民都是普遍适用的。

法律与政治有着极为密切的关系。

(一)政治主导法律

政治表现为政治权力,政治权力的最高和最重要的主体是国家,法律是国家制定和认可的,所以法律的性质、内容和方向,无不直接由政治来主导。政治可以把法律作为手段和措施,贯彻国家的意志,实现国家的政治目标;政治可以提供法律实施的环境,保障法律的实施;政治的发展和变化,一般要引起法律的改变。

政治的实施一般和主要是通过政党政策的贯彻执行,而法律往往是政党政策的定型化、条文化和规范化。中国共产党改革开放的基本国策和"一国两制"的方针,制定为法律的事例就是最好的例证。

(二)法律制约政治

政治虽然主导法律,但是法律对于政治也起着制约作用,对政治发生重大影响。法律体现国家意志,人们可以通过法律原则和规范来巩固作为政治主体——国家的权力和维护国家机构的正常运行,可以用法律规定和保障政治的方向、方针和政策,维护政治的性质。政治主体的地位和权利要依赖法律来确认和调整,政治的行为、目标和要求要依靠法律来规范和实现,政治的变化要通过法律来反映和体现,政治措施和手段要由法律来保障和维护。

中国共产党在自己的纲领中,规定了"党必须在宪法和法律的范围内活动"的原则,这充分说明法律对于政治的制约作用。中国共产党只有认真贯彻在宪法和法律范围内活动的原则,用宪法和法律来规范其组织和各级领导人以及所有党员的行为和活动,依法治国,才能带领广大人民实现社会主义现代化建设的政治目标和完成历史所赋予的任务。

三、法律与道德

道德是一种社会意识形式,是指以善与恶、荣誉与耻辱、正义与非正义为评价方式调整人与人之间相互关系的标准、原则和规范的总和。道德包含两个方面。在客观方面,是指一定的社会关系对其社会成员的客观要求,包括道德关系、道德理想、道德原则、道德标准和道德规范等等;它体现在社会生活的各个领域,表现为政治道德、职业道德、社会公德和家庭伦理道德等方面。在主观方面,是指包括道德行为或者道德活动主体的道德意识、道德信念、道德判断、道德情感、道德修养等;它是社会对于道德的客观要求通过道德教育和社会舆论转化为每个社会成员的道德品质的具体反映和体现。

道德归根结底决定于一定社会的物质生活条件,并受社会政治、文化、思想传统、风俗习惯等诸多因素的影响。道德是具体的、历史的道德,在阶级存在的社会中,道德具有阶级的属性;道德观念、原则和规范不是固定不变的,它随着社会的发展而变化。

道德具有与法律不同的特征,具体来说:道德形成的条件和法律不同,道德在原始社会中是人们自然形成的,而法律是在阶级社会中国家机关自觉制定的;道德规范的内容与法律不相同,法律既规定了人们的权利,也规定了人们的义务,而道德主要规定人们对社会和他人应尽的义务;道德与法律的规范结构不同,法律规范的结构非常严谨、详细,并对于违反者规定了具体制裁措施,而道德的规范结构比较原则、抽象,没有具体制裁措施的规定;道德与法律的调整范围不尽相同,有的领域和问题是道德和法律所共同调整的,有的只需要道德调整,法律不能和无需调整,有的法律调整的领域道德无法调整或无法作出道德评价;道德与法律实施的力量不同,道德的实施主要靠人们的道德信念、良心和社会舆论,法律要靠国家强制力为后盾;道德与法律的前途不同,以国家强制为特征的法律将随着阶级的消灭和国家的消亡而消亡,有些原来意义上的法律规范将变为人们自觉遵守的社会生活准则,而道德规范将不会消亡,它将进一步发展和完善。

道德与法律的关系是非常密切的。一般情况下,一个国家中只有一种法律体系,而道德体系就有许多;一个阶级有一种道德,甚至一个阶级的不同阶层也各有其不同的道德。道德与法律的关系在这里仅指统治阶级的道德和国家法律的关系,具体来说:

(一)道德有助于法制建设

统治阶级所提倡的道德与法律同属于社会经济基础之上的上层建筑,都是统治阶级的意志和利益的反映和表现,道德和法律是互相作用、互相影响、相辅相成的。立法的内容可以受到统治阶级道德的肯定评价和支持;在法律实施中,道德可以有助于法律的执行和遵守,对于守法行为,可以作出道德的肯定性评价予以提倡、表扬,对于违法的行为和活动,可以作出道德的否定性评价予以批评、谴责;道德教育和修养本身就包括了法律意识和法制观念的教育和加强。所以,道德对于法律的制定和实施,对于法律意识和法制观念的养成起着重要作用。

(二)法律有利于道德建设

道德建设离不开法律,法律有助于道德建设。"法律是最低限度的道德"。统治阶级可以把自己最重要、最基本的道德原则和规范制定为法律的内容,以此来提倡和推行统治阶级的道德;同时,法律可以为道德教育和道德养成提供一个有利的环境和秩序,可以利用法律对于那些严重背离统治阶级道德、影响统治阶级根本利益的行为和活动予以规范和调整;法律以自己具有国家强制性的特征,弘扬、鼓励统治阶级认为高尚的道德行为,树立榜样,作出示范,从而影响人们的道德信念，促使整个社会道德风气的变化。

需要注意的是，由于法律和道德调整范围的区别，有些领域的问题只能由道德来调整，利用法律来调整是不可以的，其结果往往事与愿违，例如属于思想领域的问题、涉及私生活方面的某些问题等就不适宜法律调整。但是，有些必须由法律来调整和解决的问题，仅仅依靠道德调整，也是错误的，比如涉及严重违法甚至构成了犯罪的，就不能仅仅靠道德调整。

第四节 社会主义法律的本质和特征

一、社会主义法律的本质

社会主义法律是在无产阶级夺取国家政权之后，在废除剥削阶级法律的基础上，由无产阶级专政的社会主义国家制定或认可的行为规范，是工人阶级（通过共产党）领导下的广大人民意志的集中体现。

我国是工人阶级领导的以工农联盟为基础的人民民主专政的社会主义国家，这就决定了在我国掌握政权的阶级与剥削阶级国家有着本质的差别，广大人民成了国家的主人。现阶段，工人、农民、知识分子和包括全体社会主义劳动者、社会主义事业的建设者、拥护社会主义的爱国者和拥护祖国统一的爱国者都属人民的范畴，由他们的代表民主选举参加、组成并掌握国家政权，享有管理国家的根本权力。因此，广大人民能够把体现自己共同意志的要求，通过国家机关制定为法律，并保证它的贯彻执行。社会主义法律制定的过程，就是工人阶级和广大人民不断把自己的意志变为法律的过程，社会主义法律实施的过程，也就是把人民的共同要求、愿望不断实现的过程。法律必然反映广大人民的意志。我国宪法、法律和法规的规定和实施都可说明这一点。

目前我国正处于社会主义初级阶段。在这一历史阶段中，我国法律的本质仍然是广大人民共同意志的体现。首先，这是由社会主义初级阶段的经济结构和阶级结构决定的。目前我国实行的是以公有制包括全民所有制和集体所有制经济为主体，个体经济、私营经济等非公有制经济共同发展的基本经济制度和坚持按劳分配为主体、多种分配方式并存的分配制度。这种经济结构集中体现了我国社会主义市场经济发展的需求，能够促进生产力发展，符合广大人民日益增长的物质文化生活水平的需要。在阶级结构中，剥削阶级作为一个阶级已不复存在，人民的范围比历史上任何时期都更为扩大。工人、农民、知识分子成为社会主义建设的三支基本力量，包括全体社会主义劳动者、社会主义事业的建设者、拥护社会主义的爱国者和拥护祖国统一的爱国者的广泛的爱国统一战线不断巩固和发展。敌对势力和敌对分子只占极少数。这种阶级结构反映了以工人阶级为领导、以工农联盟为基础的人民民主专政更加巩固。与此相适应，建立在这一经济结构和阶级结构之上的社会主义法律必然是全国人民共同意志的体现。其次，社会主义初级阶段法律所体现的人民的共同意志，是在中国共产党的领导下，在建设中国特色社会主义理论和党的基本路线指导下形成的。这一共同意志的内容反映了广大人民的意愿和要求，表现在国家生活的各个方面，记载于我国的宪法和法律之中。例如，在领导力量问题上，在建设中国特色社会主义事业中，必须坚持中国共产党的领导；在根本任务问题上，社会主义初级阶段必须大力解放和发展生产力，消灭剥削，消除两极分化，最终达到共同富裕；在祖国统一问题上，必须坚持"一国两制"，实现祖国和平统一大业；在根本目标问题上，要把我国建成富强、民主、文明的社会主义现代化国家。这些原则和内容，体现了广大人民的根本的、长远的利益，因而成为广大人民的共同意志。

需要说明的是，建国后，我国社会的发展经过两个时期，从新中国成立到1956年，是新民主主义向社会主义转变时期，与这一时期的社会性质、经济结构和阶级结构相适应，这一时期法律是属于社会主义类型的，但还不是完全社会主义的，带有过渡性，它所反映的主要是以工人阶级为首的广大劳动人民的意志。1956年以后，我国进入了社会主义历史时期，经济结构、阶级结构发生了巨大变化，与之相适应，我国法律已变为完全社会主义的，成为工人阶级领导下的广大人民共同意志的体现。

二、社会主义法律的基本特征

社会主义法律不仅在本质上与剥削阶级法律根本对立，而且具有自己鲜明的特征。

（一）社会主义法律具有广泛的人民性，这种人民性与其阶级性相统一

法律的人民性，是指法律反映广大人民的根本利益，具有广泛的群众基础和强大的生命力。剥削阶级法律由于体现和维护少数剥削者利益，不可能真正反映社会公意。而在我国社会主义社会，剥削阶级已经消灭，广大人民是国家的主人，成为我国社会主义法律最广泛的主体，享有管理国家的根本权力和广泛的民主权利，人民通过国家机关制定法律，法律反映的是人民的共同意志。社会主义法律的人民性也是社会主义法律区别于剥削阶级法律的最本质、最显著的标志。

社会主义法律还具有阶级性，这是由我国现阶段阶级关系和阶级斗争的特点决定的。"在我国，剥削阶级作为阶级已经消灭，但是阶级斗争还将在一定范围内长期存在。"社会上还存在少数敌视和破坏我国社会主义制度的敌对势力和敌对分子。社会主义法律还担负着惩办和改造敌人，处理敌我矛盾的任务。在这种斗争中，法律只能代表广大人民的意志，而决不反映少数敌对分子的意志。随着社会主义事业的发展，人民范围的进一步扩大，敌对势力的衰弱，社会

主义法律的人民性和阶级性将获得更广泛的统一。

（二）社会主义法律是共产党的正确主张和人民意志的统一

中国共产党的政策和主张是以马克思主义为指导，以建设中国特色社会主义为目标，根据我国的国情，在总结人民群众实践经验的基础上提出和制定的，它集中反映了人民的利益和意志，成为国家一切活动的出发点和归宿。而作为人民意志直接体现的社会主义法律是根据党的政策制定的，是党的政策的定型化、条文化、具体化。党的政策和国家法律在本质上是一致的，即都是以人民的根本利益和意志为出发点和归宿，这是我国社会主义法律的特点和优点之一。

（三）社会主义法律是权利和义务的统一

在私有制社会，由于剥削的存在和阶级的对立，剥削者与被剥削者之间没有也不可能实现权利与义务的统一。

我国广大人民在政治、经济、法律上是平等的。宪法明确规定："任何公民享有宪法和法律规定的权利，同时必须履行宪法和法律规定的义务。"这就把权利和义务相一致的原则用根本大法的形式固定下来，表明在我国不允许只享受权利而不负担义务或只负担义务而不享受权利的现象存在，更不允许任何人有超越宪法和法律之上的特权。这种权利义务的一致性，体现了人们在法律上的真正平等地位。

（四）社会主义法律是强制性和自愿性的统一，这是社会主义法律在实施上所具有的特征

一切法律都有国家强制性，都要由国家强制力保证其实施。但不同类型的国家，这种强制的性质、对象、方式及在法律实施中的作用是不同的。社会主义法律仍具有强制性，这是因为在我国社会中，还存在少数敌视和破坏社会主义的敌对势力和敌对分子，要对他们实行专政，法律的强制是必不可少的。在人民内部，还有违法犯罪现象和犯罪分子存在，为了教育改造他们，也必须给以必要的强制。

应当指出的是，我国社会主义法律的实施，对于广大人民来说，对绝大多数群众来说，主要不是靠强制，而是靠人民群众对法律在思想上认同和行动上自觉遵守。这是因为，社会主义法律是广大人民利益和意志的集中体现，人民与法律的关系是协调一致的，自觉维护和遵守法律是实现人民自身利益的保证。

三、社会主义法律与共产党的政策

共产党是国家的领导者，党的领导是政治领导，即政治方向、路线、政策的领导。法律是在党的领导下由特定的国家机关制定并实施的。由此必然产生法律与政策的关系问题。正确认识和处理二者的关系具有重大的理论和实践意义。

（一）党的政策对社会主义法律具有指导作用

党的政策对社会主义法律具有指导作用，首先，党的政策是制定社会主义法律的依据。党对国家事务实行政治领导的主要方式是使党的主张，即党的路线、方针、政策经过法定程序变成国家意志，上升为法律。这是党在领导国家的实践中总结出来的一条重要的成功的经验。党的政策是以马克思主义为指导，在总结实践经验的基础上，为实现一定的任务而形成的行动准则，具有实践性、科学性和预见性的特点，能够代表广大人民的根本利益和要求。因此，它成为国家生活和各项活动的指导和依据。作为规范国家生活和各项活动的法律，其制定当然离不开党的政策的指导，否则就会脱离实际，背离人民利益而走偏方向。其次，党的政策对法律的实施也有重要的指导作用。由于党的政策在方向、任务、内容等方面对法律的决定作用，因此，在法律实施中，坚持以党的政策为指导，就能牢牢把握法律的基本精神，防止盲目性和片面性，能自觉地、全面地理解和执行法律，保证法律的正确实施。还应指出，党的政策一般具有及时反映客观形势的特点，执行法律时以党的政策为指导，能够促使我们根据形势的需要，在坚持法律基本精神的前提下，及时调整法律实践中的某些措施或方法，使其更符合客观实际的需要。

（二）社会主义法律是实现党的政策的重要手段

法律是根据党的政策制定的，体现了政策的精神和内容。因此，执行法律就是在实现党的政策。实践证明，法律在实现党的政策过程中，发挥着特殊的、积极的作用。主要表现在：其一，由于法律是党的政策的定型化、条文化、规范化，为人们提供了具体、明确的行为规则，告诉人们必须做什么，不许做什么，可以做什么，指导人们如何正确行使权利和自觉履行义务。这就使人们在遵守和执行法律的同时，加深了对党的政策的理解，从而增强了执行党的政策的自觉性。其二，由于法律是一种国家意志，具有普遍约束力，是规范国家生活的行为准则，具有广泛的影响力，因此，党的政策经国家机关制定为法律后，就具有了国家意志的属性和在整个国家中普遍遵行的效力，它不仅成为党的组织及其成员必须遵守的行为规则，而且成为各种社会组织和全体公民必须遵守的行为规则。这就使党的政策产生更深更广的影响，发挥更大的效力。其三，由于法律具有国家强制力的属性，政策具有党内约束力的属性，因此，法律化的党的政策，又获得了国家强制力的保证实施，对于保证贯彻党的政策更加有力，因而法律是实现党的政策的重要保证。

（三）正确理解社会主义法律和党的政策的关系

上述两点是法律与党的政策关系的基本概括，也是认清二者关系的主要之点。但这并非二者关系的全部。全面正确地理解二者的关系，还必须明确法律与政策的一致性和区别，避免在法律与政策问题上的错误倾向。首先，法律与政策的一致性表现在：它们都是建立在社会主义经济基础之上的上层建筑，并为巩固和发展社会主义经济基础服务;都体现工人阶级领导下的广大人民的意志;都是以马克思主义和党的基本路线为指导;都是为建设富强、民主、文明的现代化国家为目标。两者的区别在于:(1) 制定的主体不同。法律是由国家制定的,具有国家意志的属性,党的政策是由党的组织制定的,是党的意志和主张的体现,不具有国家意志的属性。党的政策要成为法律,还要有一个转化为国家意志即法律的过程。(2) 表现形式不同。法律多以条文形式出现,其规定明确、具体,如宪法、法律、行政法规、地方性法规等。党的政策多带有一般号召性和原则的指导性,采用纲领、决议、声明、纪要等形式。(3) 实施的方式不同。法律靠国家强制力保证实施,具有普遍约束力,党的政策仅对党的组织和党员具有约束力,一般靠宣传教育和党的纪律保证实施。(4) 调整的社会关系范围不完全相同。法律调整对国家和社会生活有重大影响的社会关系,而党的政策调整的社会关系比法律广泛,也并非所有的政策都要制定为国家法律。从上述法律与政策的一致性和区别来看,二者是既有联系又有区别的社会规范,既不能把二者对立起来,也不能简单等同起来,既要克服轻视法律的作用,以政策代替法律的错误倾向,也要避免轻视和背离党的政策的错误倾向。

第五节 社会主义法律的作用

一、法律的一般作用

法律的作用是指法律对社会发生影响的体现,它和法律的本质和目的是密切相关的。因而,不同阶级、学派的思想家、法学家对法律作用的解释总会受其阶级地位的制约而不会相同。但就一般而言,法律作为社会关系的调节手段或工具,在任何社会都有其特定的作用。在研究法律的作用时,我们可以从规范作用和社会作用两个角度进行分析。

法律的规范作用是指法律作为一种行为规范,明确告诉人们可以怎样行为,必须怎样行为,不许怎样行为,从而为人们的行为提供标准和模式,使人们按法律规范要求行事。这种作用可分为指引、评价、教育、预测、强制五个方面。所谓指引作用,是指法律有指引人们如何行为的功能。前已讲过,法律规范可以分为授权性和义务性两种。而这两种规范又代表了法律规范的两种指引形式。义务性规范代表确定的指引,即法律明确规定人们必须这样行为或不许这样行为,如果违反这种规定,就应承担某种否定性的法律结果。授权性规范代表有选择的指引,即法律规定人们可以这样行为,如果依法这样行为,将带来某种肯定性的法律后果。这两种指引就其目的来说,无非是防止人们作出违反法律规定和指引的行为,鼓励人们从事法律所允许的行为。评价作用是指法律作为一种社会规范,具有判断、衡量他人行为是合法还是违法的功能。法律既然是调整人们行为的规范,就必然蕴含着对行为是合法还是违法的评价,而这种评价作为统一的标准为人们所承认,则可起到既要求自己也要求他人按法律办事的作用。教育作用是指通过法律的制定和实施而对人们今后的行为所发生的影响。这种作用的对象是一般人的行为。它包括:对违法行为的制裁而起到教育本人和他人的作用,避免触犯法律;对合法行为的肯定或褒扬而起到示范作用,鼓励人们自觉遵守法律。预测作用是指法律有为人们提供可以预先估计到将如何行为的功能。这种作用使人们在作出某一行为之前,就可通过原已积累的对法律的认识和实践经验,预测到作为与不作为可能带来的法律后果,从而决定是否从事该项行为。强制作用是指法律有对违法犯罪行为实施制裁、惩罚的功能。这种强制作用是由国家强制力保证其实施的,对于维护社会成员的正当权益和社会秩序是必不可少的。当然,这种强制的性质、目的以及对社会成员实施强制的范围,在不同的社会是有差别的。

法律的社会作用是指法律作为一种社会规范,在调节社会关系方面的作用。这种作用是与法律的本质和目的紧密联系的。法律的社会作用大体上可归纳为两大方面,即维护阶级统治和执行社会公共事务。具体说来,在维护阶级统治方面,法律的重要作用在于确认和维护以生产资料所有制为基础的社会经济制度和统治阶级对被统治阶级的专政。在执行社会公共事务方面,法律担负着发展经济、文化教育、科学技术以及规范和管理其他社会公共事务的职能。如各国制定的有关自然资源、环境保护、交通通讯以及维护基本社会秩序的法律;有关发展生产力和科学技术的法律;有关使用机器设备、制作工艺等技术要求的法律;有关对产品质量与规格、劳动组织与保护、服务质量与要求的法律;有关文化事务的管理的法律等。随着社会的发展和进步,执行社会公共事务职能的法律必然会日益增多。

二、社会主义法律的社会作用

我国社会主义法律的社会作用,可以概括为以下三个方面:

(一) 确认和维护我国社会主义经济制度,促进和保障经济体制改革,规范和完善社会主义市场经济体制,发展社会生产力

1. 确认和维护我国社会主义经济制度

社会主义法律作为社会主义经济基础的上层建筑现象之一,它决定于社会主义经济基础,同时它必须反作用于或服务于社会主义的经济基础。那么,作为我国社会主义法律的首要作用和任务,就是确认、维护和保障社会主义经济制度,从而发展和巩固社会主义经济基础,发展社会生产力。

我国宪法明确规定了我国社会主义的经济制度。在所有制方面,首先确认

和规定作为我国社会主义经济基础是社会主义公有制经济，全民所有制是国民经济的主导力量。《宪法》第6条规定：“中华人民共和国的社会主义经济制度的基础是生产资料的社会主义公有制，即全民所有制和劳动群众集体所有制。”“国家在社会主义初级阶段，坚持公有制为主体、多种所有制经济共同发展的基本经济制度。”第7条规定：“国有经济，即社会主义全民所有制经济，是国民经济的主导力量。国家保障国有经济的巩固和发展。”第8条规定：“农村集体经济组织实行家庭承包经营为基础、统分结合的双层经营体制。农村中的生产、供销、信用、消费等各种形式的合作经济，是社会主义劳动群众集体所有制经济。”“城镇中的手工业、工业、建筑业、运输业、商业、服务业等行业的各种形式的合作经济，都是社会主义劳动集体所有制经济。国家保护城乡集体经济组织的合法的权利和利益，鼓励、指导和帮助集体经济的发展。”其次，确认和规定了个体经济、私营经济在我国的法律地位和社会主义市场经济中的作用。《宪法》第11条规定：“在法律规定范围内的个体经济、私营经济等非公有制经济，是社会主义市场经济的重要组成部分。”“国家保护个体经济、私营经济等非公有制经济的合法的权利和利益。国家鼓励、支持和引导非公有制经济的发展，并对非公有制经济依法实行监督和管理。”

社会主义法律确认了我国社会主义初级阶段的分配制度。我国《宪法》第6条规定：“社会主义公有制消灭人剥削人的制度，实行各尽所能、按劳分配的原则。”我国现阶段实行的是“坚持按劳分配为主体、多种分配方式并存的分配制度”。

对于我国社会主义基本经济制度的确认和维护，是我国社会主义经济关系的必然要求，也是社会主义现代化建设的必要条件，同时也是包括宪法和其他法律、法规在内的我国整个社会主义法律所应起和必须起的作用。

2. 促进和保障经济体制改革

社会主义制度本身是一种新生事物，它必然有许多缺陷和不完善的方面，在自己成长和发展的过程中，必然随着实践的发展和人们认识的深化，不断地予以改革，逐步完善。我国在上世纪50、60年代建立的经济体制是适应当时的社会经济情况的，它在当时是必要的，对于“建立了独立的比较完整的工业体系和国民经济体系，取得了旧中国根本不可能取得的巨大成就，为我们建设富强、民主、文明的现代化的社会主义国家奠定了必不可少的物质基础”，发挥了它应有的历史作用，功不可没。但是，对于长期形成的那种同社会生产力发展要求不相适应的模式、那种高度集中统一的经济体制不改革，就严重影响社会主义劳动者的积极性，束缚社会生产力的发展，就不能更好地显示社会主义制度的优越性，也不可能实现社会主义现代化。我国社会主义经济体制的改革是巩固、完善和发展社会主义制度的必然要求，是社会主义制度的内在要求。

我国社会主义法律在促进和保障社会主义经济体制改革方面起着极大的作用。早在1984年中国共产党第十二届三中全会通过的《中共中央关于经济体制改革的决定》就指出："经济体制的改革和国民经济的发展使越来越多的经济关系和经济活动准则需要用法律形式固定下来。国家立法机关要加快经济立法，法院要加强经济案件的审判工作，检察院要加强对经济犯罪行为的检察工作，司法部门要积极为经济建设提供法律服务。"

经济体制改革的社会主义方向、方针和政策的确认和保障，改革的成果的保护和巩固，改革的秩序和环境的规范和治理，社会主义法律起着其他任何方面都不可替代的作用。

3. 规范和完善社会主义市场经济体制

江泽民在中国共产党第十五次全国代表大会上的报告指出："建设有中国特色的经济，就是在社会主义条件下发展市场经济，不断解放和发展生产力。"中国共产党十四届三中全会通过的《关于建立社会主义市场经济体制若干问题的决定》指出："社会主义市场经济体制的建立和完善，必须有完备的法制来规范和保障。要高度重视法制建设，做到改革开放与法制建设的统一，学会运用法律手段管理经济。"并且提出要加快经济立法，建立适应社会主义市场经济的法律体系；搞好立法规划，抓紧制定规范市场主体、维护市场秩序、加强市场宏观调控、完善社会保障的法律。

发展商品经济是社会主义经济发展的必然，运用市场手段、以市场为基础来配置社会资源、建立社会主义市场经济体制是我国经济体制改革的目标。而市场经济在一定意义上说，就是法制经济；尤其是社会主义市场经济更是如此。所以，我国社会主义法律在规范和保障我国社会主义市场经济方面的作用，随着市场经济体制的逐步建立、发展和完善，就越发显得重要。

（二）确认和保障社会主义政治制度，规范和推进政治体制改革，社会主义政治文明建设推动维护和发展公民的各项权利

政治文明，人们一般认为它属于精神文明的范畴。2002年11月，党的十六大报告提出"发展社会主义民主，建设社会主义政治文明，是全面建设小康社会的重要目标"。早在1985年5月我国著名科学家钱学森等人在提出复杂的社会系统时，就提出了经济的社会形态、政治的社会形态和意识的社会形态的三个基本社会形态的观点，而政治的社会形态是指社会政治制度，包括国家政权性质、管理体制、法律制度等，并提出，"社会主义文明的协调发展需要社会主义政治文明建设"①。胡锦涛在2003年2月指出，建设社会主义政治文明，是我们党领

① 许国志主编，顾基发、车宏安副主编：《系统科学》，上海科技教育出版社2000年版，第307—308页。

导人民坚持和发展人民民主长期实践的必然结论，提出建设社会主义政治文明是我们党对自己一贯坚持和实行的发展人民民主的方针的新总结、新概括。建设社会主义政治文明，必须坚持社会主义方向。最根本的是要坚持党的领导、人民当家作主和依法治国的有机统一；要坚持走有中国特色的政治发展道路；要坚持和发展我国社会主义政治制度的特点和优势。政治文明建设涉及政治思想、政治制度、政治管理、法制建设等方面。[①] 可以认为，政治文明包括政治思想、政治制度和政治行为三个方面。在我们党和政府进行的反腐倡廉活动中，政治监督的思想、制度，特别是监督的实际行为问题显得尤为重要。

社会主义法律是社会主义上层建筑之一，它属于社会主义政治。社会主义法律在确认社会主义政治制度，规范和推进政治体制改革，推进政治文明建设，维护和发展公民的各项民主权利方面发挥着至关重要的作用。

1. 确认和保障我国人民民主专政的国家制度，维护国家的社会主义性质

我国《宪法》第1条规定："中华人民共和国是工人阶级领导的、以工农联盟为基础的人民民主专政的社会主义国家。社会主义制度是中华人民共和国的根本制度。禁止任何组织或者个人破坏社会主义制度。"历史一再证明，只有社会主义才能救中国，只有社会主义才能发展中国，只有社会主义才能实现现代化。我国包括宪法在内的法律和法规对于确认和保障我国的人民民主专政的国体，维护国家社会主义的性质方面发挥着重要作用。

我国宪法首先确认了我国人民的法律地位和行使权力的机关以及管理国家的途径和形式。《宪法》第2条规定："中华人民共和国的一切权力属于人民。人民行使权力的机关是全国人民代表大会。人民依照法律规定，通过各种途径和形式，管理国家事务，管理经济和文化事业，管理社会事务。"宪法规定了公民的基本权利和义务，其他的法律和法规，对于各项具体权利的享有及其相应的法律义务有比较详细和具体的规定。

人民民主专政是一个问题的两个方面，在人民内部实行民主，对于敌对分子和敌对势力就必须实行专政。我国剥削阶级作为完整的阶级已经不再存在，阶级矛盾已经不是我国社会的主要矛盾。但是，阶级斗争并没有消灭，尤其是国际范围内的阶级斗争更没有消灭。专政的范围大大缩小了，专政的对象不同于过去了，但是专政的任务仍旧存在。所以，宪法还规定"禁止任何组织和个人破坏社会主义制度"，"镇压叛国和其他危害国家安全的犯罪活动"的内容；在我国《刑法》第2条规定有"中华人民共和国刑法的任务，是用刑罚同一切犯罪作斗争，以保卫国家安全，保卫人民民主专政的政权和社会主义制度"的内容，并且

① 胡锦涛：《关于建设社会主义政治文明》，《十六大以来重要文献选编》上，中央文献出版社2005年版，第142—148页。

规定了包括背叛国家罪,分裂国家罪,武装叛乱、暴乱罪等在内的10个罪名,并且还制定了危害国家安全法及其实施细则等。

2. 规范和推进政治体制改革

人民代表大会制度是我国促进和保障社会主义政治文明建设的根本政治制度,是根据马克思主义的基本原理,结合我国国情的一种国家政体,是马克思主义的国家学说的创造性应用和发展。历史证明,这种制度对于人民参加管理国家,行使民主权利,调动全国各族人民的积极性、主动性和创造性,保证其社会和国家主人翁的地位,体现社会主义制度的本质,比起西方国家的所谓的"三权分立"的政治体制来具有无比的优越性。社会主义法律在确认和完善我国根本政治制度方面的作用是极为重要的。但是,正如经济体制一样,社会主义国家的政治体制也需要不断的发展和完善,需要不断改革。

正如党的第十六次全国代表大会的报告所指出的,发展社会主义民主政治,建设社会主义政治文明,是全面建设小康社会的重要目标。必须在坚持四项基本原则的前提下,继续积极稳妥地推进政治体制改革,扩大社会主义民主,健全社会主义体制,建设社会主义法治国家,巩固和发展民主团结、生动活泼、安定和谐的政治局面。发展社会主义民主政治,最根本的是要把坚持党的领导、人民当家作主和依法治国有机统一起来。那么,社会主义法律在政治体制改革中就发挥着其他任何规范和手段所不能替代的作用。社会主义法律本身除了作为一种治国方略所必须具备的前提条件外,同时,对于我国坚持和完善社会主义民主制度、改革和完善党的领导方式和执政方式、推进政府机构改革、完善和加强对权力的制约监督制度和维护社会稳定等方面,都起着不可估量的作用。

3. 维护和保障公民的各项权利

没有民主就没有社会主义,就没有社会主义现代化。社会主义民主是社会主义的一个重要特征。社会主义法制就是社会主义民主的制度化和法律化,社会主义民主是社会主义法制的前提和基础,社会主义法制是社会主义民主的确认和保障;没有社会主义民主就没有社会主义法制,没有社会主义法制确认和保障的民主,不是社会主义民主。我国社会主义法律在维护和保障公民民主权利和其他各项权利方面起着非常重大的作用。

我国宪法除了规定国家的根本政治制度、基本的经济制度,为保证我国公民的政治权利、人身权利和经济权利等的享有提供可靠的宪法依据外,还专章规定了公民的基本权利和义务,规定了国家司法机关——人民法院和人民检察院。其他法律和法规,如包括民法、婚姻法、劳动法、经济法、刑法等法律实体法以及包括刑事诉讼法、民事诉讼法和行政诉讼法的程序法对于公民各项权利的确认和行使提供了具体的法律依据和保障。我国社会主义法律对于公民权利保障方面的作用,随着党中央提出的"依法治国、建设社会主义法治国家"治国方略的有力实施,将会愈来愈为人们所认识和理解。

（三）确认和维护文化建设的社会主义方向,促进和保障社会主义精神文明建设,培育社会主义新人

我国社会主义文化是我国社会主义经济和政治在观念形态上的反映,并为我国社会主义经济和政治服务。目前,在对外开放的条件下,我们一方面必须借鉴、吸收和学习外国文化中的一切优秀的文明成果、合理成分和科学因素,但是"我们必须保持清醒的头脑,坚决抵制外来腐朽思想的侵蚀,决不允许资产阶级生活方式在我国泛滥",决不可以让"资本主义文化中对我们有害的东西畅行无阻"。我们的任务是建设立足中国现实、继承历史文化优秀传统、吸收外国文化有益成果的社会主义精神文明。那么,社会主义法律在我国社会主义文化建设方面就起着非常重要的作用。

1. 规定和保障我国文化建设的社会主义性质和方向

我国社会主义法律规定了我国教育科学文化事业的社会主义性质,规定了国家的教育方针,规定了文化事业"为人民服务、为社会主义服务"的方向,规定了发展科学事业,普及科技知识,奖励科技成果和发明创造等。社会主义法律对于科学教育文化事业的发展和进步,无论是社会主义性质和方向,还是包括知识分子在内的各项方针政策,都有明确的规定。这样,对于我国教育科学文化事业的健康发展和繁荣进步,对于科学技术的现代化将起非常大的作用。

2. 保障和促进我国社会主义精神文明建设

社会主义精神文明是社会主义社会的重要特征,是社会主义现代化建设的重要目标和重要保证。物质文明建设和政治文明建设为精神文明建设提供物质基础和政治保障,精神文明建设为物质文明建设和政治文明建设提供智力支持和方向保证。我国《宪法》第24条规定:"国家通过普及理想教育、道德教育、文化教育、纪律和法制教育,通过在城乡不同范围的群众中制定和执行各种守则、公约,加强社会主义精神文明的建设。"我国社会主义法律在保障和促进社会主义精神文明建设方面起着巨大作用。

我国宪法明确规定,"国家提倡爱祖国、爱人民、爱劳动、爱科学、爱社会主义的公德,在人民中进行爱国主义、集体主义和国际主义、共产主义的教育,进行辩证唯物主义和历史唯物主义的教育,反对资本主义的、封建主义的和其他的腐朽思想"。这就以根本大法的形式规定了我国社会主义精神文明建设的任务和内容,对于培养"有理想、有道德、有文化、有纪律"的社会主义新人提供了最高的法律依据和保障。

3. 治理和维护我国社会主义精神文明建设的环境和秩序

我国正在建立和完善的市场经济体制,不仅是同社会主义基本经济制度、政治制度结合在一起,而且同社会主义精神文明结合在一起。我们坚持对外开放

的基本国策,资本主义腐朽的东西不可避免地也会乘虚而入,这就发生一个社会主义精神文明建设的环境和秩序(包括文化市场)的治理和维护的问题,就存在一个如何能够保护主旋律占主导地位,如何保证不能让有害的、低格调的东西充斥市场,冲淡主旋律,如何对有害的东西、文化垃圾制止和清理的问题。所以,必须大力发展先进文化,支持健康有益文化,努力改造落后文化,坚决抵制腐朽文化。我国社会主义法律对于这些任务起着举足轻重的作用。

此外,我国社会主义法律在我国的对外交往方面,在奉行独立自主的和平外交政策,维护我国的独立主权、领土完整和民族尊严,反对霸权主义,维护世界和平;在和平共处五项原则的基础上发展同周边国家的睦邻友好关系,改善和发展同发达国家的关系;在平等互利的基础上发展同世界各国的经贸、科技、文化以及其他领域的交流与合作以及其他涉外事务方面都起着非常重要的作用。

第六节 社会主义法律的价值

一、法律价值的概念及其分类

(一) 法律价值的概念

所谓价值是指客体满足社会主体某种需要的具有积极意义的属性。

具体说来,价值是指在社会主体(包括个人、阶级、组织、国家和社会等),与客体(包括物质的、精神的和某种人的行为以及活动)之间的关系中,后者的性质、功能对于前者的需要和满足需要的一种具有积极意义的属性。

法律的价值是指作为客体的法律对于满足个人、群体、阶级、国家和社会需要的具有积极意义的属性。

具体法律制度的价值既取决于这种法律制度本身的性质,满足社会主体的需要及其满足的程度,又取决于作为社会主体的人们对这种法律制度的需要和需要程度。

(二) 法律价值的分类

可以按照不同的标准或者角度对法律的价值予以分类。比如,按照社会主体的不同,可以划分为不同阶层或者不同阶级的价值、不同社会的价值、不同国家的价值、不同社会集团或者不同个人的价值。按照价值涉及的社会关系领域的不同,可以划分为经济价值、政治价值、思想文化价值等。

其中一种分类对于法律价值的认识是非常重要的,它就是法律的工具性价值和法律的目的性价值。

所谓法律的工具性价值是指把法律作为一种调整社会关系的工具所具有的价值。一般认为它具有确认性价值、分配性价值、衡量性价值、保护性价值和认识性价值。所谓法律的目的性价值,就是人们一般认为的法律的价值,它是人们把法律视为所要达到的一种目的,可以归纳为自由的价值、正义的价值和秩序的价值。

二、社会主义法律的价值——自由、正义和秩序

(一)社会主义法律的自由价值

自由是法律的价值之一。在人类社会的一些领域里,人们活动的界限就是法律。所以古罗马法学家西塞罗说,为了自由,我们才是法律的臣仆。英国思想家洛克也说,哪里没有法律,哪里就没有自由。英国思想家约翰·密尔认为,个人的自由必须制约在这样一个界限上,就是必须不使自己成为他人的妨碍。那么,这个制约就是法律,这个界限就是法律的具体规定。

自由是法律产生和发展的动力,自由构成了法律的基础和基本因素。社会主义法律规定和体现了无产阶级和广大人民的自由,同时,它对于一切限制或者妨碍实现人民自由的人的行为和活动予以禁止和制裁。

(二)社会主义法律的正义价值

正义是法律的又一种价值。在古今中外,由于各个时代、各个阶级的人们所处的社会地位不同,所以就有着各种不同的正义观。柏拉图认为,每个等级的人们各守本分、各司其职就是正义。亚里士多德主张正义包括两个因素,一个是分配的正义,一个是交换的正义,又称矫正的正义或者平等的正义。前者意味着相等的东西分配给相等的人,不相等的东西分配给不相等的人,是以平等对待平等,以不平等对待不平等,是一种几何比例关系。后者是一种算术比例关系,是调整个人之间在交换中的一种关系,是对于被侵害的权益的恢复和补偿。当代思想家罗尔斯,把正义应用于社会制度,他提出了自己的正义的原则。

我国有的学者,把法律的正义分为分配正义、交换正义和程序正义。分配正义是实质正义,要求权利平等和机会均等;交换正义和程序正义是形式正义;这两类正义都是必要的。在中外历史上,有的主张,法律为正义奠定了原则基础,为正义提供了标准和尺度,如柏拉图和亚里士多德;有的主张,正义为法律奠定了原则基础,正义为法律提供了标准和尺度,如格老秀斯。由于社会主义法律体现了社会主义的平等原则、按劳分配原则、集体主义原则和社会主义人道主义原则,所以社会主义法律就体现了社会主义正义的价值。

(三)社会主义法律的秩序价值

秩序是法律的一种非常重要的价值。一种和平和安全的秩序是人类生活的必须和社会生产力发展的需要。人类需要的社会秩序,首先,社会系统必须相对稳定,社会经济、政治和文化生活呈现出一种连续的、定向的和比较稳定的安全状态,而不是急遽动荡、变化无常、令人无法捉摸的危机状态;其次,社会系统必须呈现一种比较均衡的、有序的状态,各个社会主体在自己所处的社会关系中,发挥自己的功能,进行有序的活动,互相适应、制约、协调,而不是永远处于聚散无序,充满冲突、摩擦和对抗的战争状态;再次,社会主体必须处于比较有规则的行为和活动的状态,人们对于自己和他人的行为及其后果能够正确预见和推断。总之,秩序要求的是一种和平、安全和有序的规则状态。

法律正是具有这种属性、能够对于人们提供这种价值的社会规范。社会主义法律由于规定了公民和国家机关的权利、职权和义务、职责,规定了解决纠纷和冲突的诉讼程序和措施;无论民主政治机制的运行、市场经济体制的运作,还是公民日常生活的进行,在基本的和主要的社会领域和方面,都因有法律的调整而存在着法律秩序,而法律秩序就是一种和平、安全和有序的规则秩序。我们所要建构的社会主义和谐社会也正是我国社会主义法律所追求的秩序价值。

第七节　社会主义法律的渊源

一、社会主义法律渊源的含义和分类

法律的渊源是指法律作为行为规则的具体表现形式之一。它是法律规范区别于其他社会规范的一个重要标志。我国社会主义法律渊源是指具有不同法律效力的规范性文件。它们是由国家机关按照一定程序制定和颁布的。在我国,有权制定规范性法律文件的国家机关有全国人民代表大会及其常委会,国务院及其所属各部委,地方人大及其常委会,地方人民政府。由于制定规范性文件的国家机关不同,文件的名称和效力也不同。

我国社会主义法律渊源主要有以下几种:

（一）宪法

宪法是国家的根本大法,由最高国家权力机关全国人民代表大会制定,它规定国家社会制度和国家制度,规定国家机关的组织和活动的基本原则以及公民的基本权利和义务等重要内容,具有最高的法律地位和法律效力。其他形式的法律都渊源于它,不得与它相抵触。宪法的制定和修改需要特殊程序。

（二）法律

法律作为我国法律渊源的一种,此处仅指狭义上理解的法律,就是专指由全国人民代表大会及其常委会制定的规范性文件。由全国人民代表大会制定的称为基本法律(如刑法、民法、诉讼法、国家机关组织法等),全国人大常委会制定的除基本法律以外的其他法律(如商标法、环境保护法、文物保护法、食品卫生法等)。此外,由全国人大及其常委会发布的规范性决议、决定,也属于我国的法律渊源。基本法律和基本法律以外的其他法律的地位和效力仅次于宪法,但

又高于其他国家机关制定的规范性文件。

（三）行政法规和部门规章

行政法规是由最高国家行政机关国务院制定或颁布的各种规范性文件。一般采用条例、办法、规则、规定、细则等名称。国务院所属各部、各委员会发布的决定、命令、指示等，凡具有规范者，称为部门规章。国务院制定的规范性法律文件，其地位和效力在宪法和法律之下，又高于地方国家机关制定的地方性法规和其他规范性文件。

（四）地方性法规和政府规章

地方性法规是指省、自治区和直辖市以及较大的市（包括省级人民政府所在地的市、经济特区所在地的市和国务院批准的较大的市）的人民代表大会及其常委会制定的规范性文件。同级人民政府制定的规范性文件称作地方政府规章。地方性法规和政府规章仅适用于本行政区域，不得与宪法、法律和行政法规相抵触。此外，地方各级人民代表大会及其常委会，地方各级人民政府发布的具有规范性的决议、命令、决定，也属我国法律渊源之列。

（五）自治条例、单行条例

自治条例、单行条例是由实行民族区域自治的地方人民代表大会制定的规范性文件。适用于民族自治地方自治机关管辖的区域内，同地方性法规具有同等法律地位和效力。

（六）国际条约

国际条约是国家间关于政治、经济、贸易、文化、军事、法律等方面规定其相互间权利和义务的各种协议。其制定主体是国家，我国作为与他国签订条约的一方，负有遵守条约的义务。虽然这种条约不属国内法范畴，但同国内法一样有拘束力，故可视为我国法律的一种渊源。

二、社会主义法律文件的规范化和系统化

法律文件的规范化，是指作为法律形式的各种规范性文件，必须有一个统一的规格和标准，使一国法律的各种文件，成为一个结构严谨，协调一致的整体。

社会主义法律文件的规范化，是关系社会主义法制的统一和尊严，关系法律能否有效实施的重要问题。要达到法律文件规范化的要求，必须做到：第一，明确不同层次和不同等级的规范性文件只能由不同的国家机关来制定。第二，明确规定不同法律规范性文件的专有名称，使不同类别的法律文件的名称有统一的规格和标准。

法律规范的系统化，是指对已经制定的各种规范性法律文件加以整理和归类，使之系统化。其作用是：便于查阅、有利于适用和遵守；有助于立法的科学和完善。通过对法律文件的整理，明了已有哪些法律，哪些还有缺陷和空白需要补

充和制定，对建立统一而完善的法制有重要作用。

法律文件系统化的方法主要包括法律汇编和法典编纂两种。法律汇编是在不改变法律内容的前提下，按法律文件的内容、性质、发布时间或部门分类等方法加以集中和编排、汇编成册。法律汇编是整理法律的技术性工作，而非立法工作，不产生新的法律或法规。法典编纂是对某一部门的全部法律文件进行审查、加工和整理，编纂出新的系统化的法律文件，这是国家的一项重要立法活动。法典编纂与法律汇编是两个不同的概念。法律汇编仅限于对法律文件的外部整理和加工，而法典编纂则深入到某一部门法内部，要对原有规范性文件中已经过时的或不合适的内容加以删除，要消除互相矛盾或重叠的内容，要增加新的规范或内容。因此，法典编纂实际上是用一部新的完整的部门法文件来代替以前的有关法律或规范性文件。

第八节 社会主义法律体系

一、法律体系和法律部门的概念

法律体系是指由各法律部门组成的一国现行法律有机联系的统一整体。法律部门是指根据一定的标准和原则划分的同类法律的总称。它是法律体系中相对独立又有内在联系的组成部分。法律部门中又包含不同层次的法律、法规等规范性文件，同类规范性法律文件是构成该法律部门的基本单位。由此看出，由同类规范性法律文件构成相应的法律部门，又由各法律部门构成一国法律的整体，这便是法律体系形成的基本框架。

法律体系既然是由法律部门构成的，那么如何划分法律部门就成为完善法律体系的一个十分重要的问题。根据我国法学研究和法律实践的经验，划分法律部门一般应该遵循以下两个标准：

首先，法律调整的对象是划分法律部门的首要标准。法律是调整社会关系的，而社会关系又是多种多样、纷繁复杂的。指望一类或一部法律将各种各样的社会关系都调节好是不可能的。于是，按照社会关系的不同领域来确定不同法律的调整对象便成为必然。例如，现实社会中包含着各种不同的社会关系领域，而调整这些不同领域社会关系的法律便各自形成相应的法律部门。

其次，法律调整机制是划分法律部门的另一个标准。这就是说，在划分法律部门时，除了以调整对象，即以一定的社会关系作为主要标准外，还要以调整机制，比如调整方法，即法律在调整社会关系时用以影响社会关系的手段或方式作为补充标准。例如，刑法是以刑罚作为手段来实现其调整社会关系的任务，从而形成独立的刑事法律部门。划分法律部门是由法律调整对象和法律调整机制等因素决定的，这些都是客观存在的事实，而非划分者的主观臆断或个人意志。

二、我国社会主义法律部门

我国社会主义法律体系是以宪法为核心，由各部门法组成的内容和谐、形式统一的法律的有机整体。这些法律部门主要包括：

（一）宪法

宪法是我国法律体系中占主导地位的法律部门，是我国法律体系的核心和基础。宪法是我国的根本法，具有最高的法律效力，其他任何法律、法规都不得违反宪法。除宪法这一规范性文件外，国家机关组织法、选举法、民族区域自治法、特别行政区基本法、国籍法、立法法等都是宪法部门的组成部分。

（二）行政法

行政法是调整国家行政活动方面的各种社会关系的法律规范的总称。行政活动既广泛又与人们日常生活紧密相关。因此，作为一个独立的法律部门，是很重要的也是亟须健全的。行政法部门是由大量单行法律、法规构成的，大量体现在国务院制定的行政法规中。

（三）民法

民法是调整平等主体的公民之间、法人之间、公民和法人之间的财产关系和人身关系的法律规范的总称。作为独立的法律部门，民法所包括的规范性法律文件是《民法通则》和若干单行的民事法律和法规，如继承法、收养法等。

婚姻法调整的对象是婚姻家庭方面的人身关系以及由此产生的财产关系。自1949年建国以来，在我国法学界，婚姻法长期被认为是民法之外的一个独立的部门法。近年来，随着《民法通则》的通过，婚姻法已被认为是与合同法和继承法等一样的民事单行法律，即作为民法中的第二层次的部门法。

（四）经济法

经济法是调整国民经济运行中发生的经济关系的法律规范的总称。在我国，经济法作为一个新的独立的法律部门，是经济建设和经济体制改革的必然要求，也是社会主义法制健全的标志。经济法律部门是由大量单行的经济法律和法规构成的，它包括有关国民经济管理方面的法律、法规，有关工业企业管理的法律、法规，有关吸引外资的法律、法规，以及有关财政、金融、税务、工商行政管理、交通邮电、海关管理等方面的法律、法规。

（五）劳动法

劳动法是调整劳动关系的法律规范的总称。主要包括有关劳动人员的招收、录用、辞退和劳动合同，职工参加企业管理、工会、劳动保护、劳动保险和社会福利方面的法律。此外，近年来随着经济的发展，劳动制度的改革，也出现了一些新的劳动法规。

（六）环境法

环境法是有关自然资源的合理开发、利用、管理和保护以及保护环境、防治污染和其他公害的法律规范的总称。它是一个新兴的部门法，包括自然资源法和环境保护法两个部分。

（七）刑法

刑法是关于犯罪和刑罚的法律规范的总称。它是历史最为悠久并在人们日常生活中最受注意的法律。这一法律部门的规范性法律文件是由 1997 年 3 月 14 日八届全国人大五次会议修改公布并于 1997 年 10 月 1 日施行的《中华人民共和国刑法》。

（八）诉讼法

诉讼法是关于诉讼程序的法律规范的总称。构成这一法律部门的，主要有民事诉讼法、刑事诉讼法、行政诉讼法等。

（九）军事法

军事法是有关军事管理和国防建设方面的法律规范的总称。主要包括《中华人民共和国国防法》、《中国人民解放军现役军官服役条例》、《中华人民共和国预备役军官法》、《中华人民共和国兵役法》以及中央军委发布的《中国人民解放军文职干部暂行条例》等。

第九节 社会主义法律关系

一、法律关系的概念和基本特征

法律关系是法律在调整人们行为的过程中所产生的一种特殊的社会关系，即人们根据法律规定而结成的特定的权利和义务关系。法律关系不属于物质关系，而是一种思想关系，它由一定的生产关系所决定，通过国家所创制的法律为中介而形成。任何法律关系，都是根据法律的规定，由法律确认和调整某种社会关系而产生的，而法律又是体现统治阶级的意志，因此，法律关系是国家意志的一种具体表现形式。另外，法律关系作为一种思想关系，在一般情形下，还在于它的形成要求该法律关系的参加者作出相应的意思表示。

法律关系与其他社会关系相比较，有以下几个基本特征：第一，法律关系是以权利和义务为内容的社会关系。也就是说，只有当人们依照（或违反）法律进行活动，形成具体的权利义务关系时，才构成某种特定的法律关系。第二，法律关系是由国家强制力保证的社会关系。这种社会关系一旦形成，就受到国家的保障，不能任意违反和破坏。第三，法律关系是以现行法律的存在为前提，是根据法律规定在人们之间形成的特殊社会关系。如果没有相应的法律规定，就不具有法律关系的特征。如友谊关系、爱情关系就不属于法律关系。

二、社会主义法律关系的结构

社会主义法律关系由主体、客体和内容三大要素构成。

（一）法律关系的主体

法律关系的主体，亦称权利主体，是指参与法律关系并依法享有权利和承担义务的人。在我国，包括以下几种：

1. 公民。

2. 法人。即根据我国有关法律规定，具有民事权利能力和行为能力，依法独立享有民事权利和承担民事义务的组织，如国家机关、企业事业单位、社会团体以及其他社会组织。

3. 国家。中华人民共和国作为统一整体，不仅是国际法律关系的主体，也是某些国内法律关系的特殊主体。

4. 外国人和无国籍人。按照我国法律或有关国际条约，也可以成为我国某些法律关系的主体。

法律关系的主体要具备权利能力和行为能力。所谓权利能力，是指主体依法享有权利和承担义务的资格。所谓行为能力，是指主体能够以自己的行为依法行使权利和承担义务，从而使法律关系产生、变更或消灭的资格。权利能力和行为能力既有联系又有区别，凡具有行为能力的人，首先必须具有权利能力；但具有权利能力的人却不一定具有行为能力，如未成年人、精神病患者等。

（二）法律关系的客体

法律关系的客体，亦即权利客体，是指法律关系主体的权利、义务所指向的对象。我国法律关系的客体通常包括：

1. 物，指能够为人们所控制和支配的有经济价值的物质财富。

2. 行为，指人们进行的能引起法律关系产生、变更或消灭的活动。

3. 智力成果，指法律关系主体从事智力活动所取得的成果。

（三）法律关系的内容

法律关系的内容，是指法律关系主体之间的权利和义务。法律权利和义务，从主体的不同划分，可分为公民的权利和义务，即公民享有的宪法和法律规定的各种权益和公民依法应履行的社会责任；国家机关及其公职人员在执行职务时的权利和义务，即国家机关及其公职人员依法行使的职权和应履行的职责。

法律权利和义务是对立统一的关系。两者既有区别又有联系。主要表现在：在某些法律关系中，主体的权利和义务同时发生，不能分离。主体既是权利的享有者，同时又是义务的承担者；在某些法律关系中，某一主体享有权利，与其相对的主体则负有义务，而享有权利的主体既可以是一个，也可以是多个，负有义务的主体也可以是一个或多个。在某些法律关系中,主体的权利和义务是同一的,既是行使权利,又是履行义务。如劳动、受教育,既是权利,也是义务。

三、社会主义法律关系的发生、变更和消灭

在社会生活中,法律关系是多种多样的,而且各种不同的法律关系常处于不断发生、变更或消灭之中。当然,这种活动并非凭空出现,相反,要有法律规定的一定情况存在,这种由法律规定的能够引起法律关系发生、变更或消灭的客观情况,称为法律事实。

法律事实是多种多样的,概括起来可分为两大类:一是事件,二是行为。事件是指能直接引起法律关系发生、变更或消灭而又不以人的意志为转移的客观现象,如自然灾害、人的死亡等。行为是指能引起法律关系产生、变更或消灭的人们有意识的某种实际行动,按其形式可分为作为和不作为两种。

行为按其性质又可分为合法行为和违法行为。合法行为是指符合法律要求的行为,因而是具有法律效力的行为。违法行为是指违反法律要求的行为,包括作出法律禁止的行为,或不作出法律所要求的行为,因而是不具有法律效力的行为。合法行为应当受保护,违法行为应当受到制裁。

还有一种行为,既不合法,也不违法,有的称为中性行为,它不受法律调整,但有的可受到道德规范的调整,法律虽不禁止,但却是道德所不提倡、甚至作出否定性评价的行为。所谓"法律不禁止的,就是可以行为的"之所以是错误的,首先在于它认为社会生活的各种领域、各种关系都是由法律来调整的,实际上这既是不可能的,也是办不到的;同时,还在于把社会规范仅仅理解为只有法律,它置道德、礼仪、各种规章制度、宗教规范、习俗等于不顾。法律虽不禁止,往往是其他规范所反对或禁止的。

例如,有的子女犯了该判处死刑的罪行,可是父母没有到司法部门去控告,而自己亲自动手杀死了自己的子女。在道德上讲是所谓大义灭亲,是符合道德的;但却是违法的,是法律不能允许的。未婚男女同居,在法律上并未禁止,也就是说并没有违反法律的规定;但是,对于这种现象,我国社会主义道德规范、习俗规范、党纪、政纪等规范却是不容许的。

第二章 法　　制

第一节 社会主义法制的概念和基本要求

一、社会主义法制的概念

关于法制的含义,人们通常从广义和狭义、动态和静态意义上来理解。广义(静态)的法制,是指统治阶级按照自己的意志通过国家政权建立起来的法律和制度;狭义(动态)的法制,是指国家机关、社会团体、公职人员和公民严格遵守和执行法律,依法进行活动。实际上,法制的含义应是上述两者的统一,它既包括广义上的法律和制度,又包括狭义上的依法办事的活动。因为光有法律和制度,若不能被执行和遵守,即使再完备,也形同虚设。反之,如无完备的法律和制度,必然无章可循,无法可依,执行和遵守便失去前提。因此,法制是统治阶级按照自己的意志通过国家政权建立起来的法律和制度,以及依照这种法律制度进行活动的原则的统一体,包括立法、执法、司法、守法和法律监督等诸方面,是统治阶级治理国家的重要方法。还有学者认为,法制应当包括法律意识、法律制度和法律秩序三个部分。

社会主义法制是由社会主义国家创制的,体现工人阶级领导下的全体人民意志的法律和制度,并由一切国家机关、武装力量、各政党和各社会团体、各企业事业组织和公民严格依照这种法律和制度进行活动的原则的统一体。它不仅包括静态的法律和制度,而且包括法律制定和实施的一系列动态的活动和过程,是立法、执法、司法、守法和法律监督等内容的有机统一体,其中心环节是依法办事。社会主义法制是实现人民民主专政,保障和促进社会主义物质文明、政治文明和精神文明建设的重要工具。

二、社会主义法制的基本要求

社会主义法制与剥削阶级法制不同,它具有崭新的内容和特点,是一种新型的法制。目前我国正处于社会主义初级阶段,国家的政治生活、经济生活和社会生活的各个方面,民主和专政的各个环节,都应做到"有法可依,有法必依,执法必严,违法必究"。这是社会主义法制的基本要求,是我国法制建设经验的科学总结,又是新时期进一步发扬民主、健全法制的根本指针,它们相辅相成,互为条件。

（一）有法可依

有法可依，是社会主义法制的前提。它要求有完备的法律可供遵循，国家应当高度重视和加强立法工作，根据社会主义建设的实际需要，制定完备的法律，使人们在社会生活的各个方面都有法可依，有章可循。

治国必须有法，无法必然乱国。在当前进一步加强立法工作，是实现社会主义现代化的客观要求。邓小平同志指出：搞四个现代化要有两手，一手抓建设，一手抓法制。这一指示揭示了经济建设与法制建设的内在联系，指出了法制建设的必要性和重要性。抓法制建设，实现"依法治国，建设社会主义法治国家"的伟大战略目标和历史任务，就要加强立法工作，完善各个方面的法律和法规，使各项工作有章可循，有法可依，形成政治、经济和社会生活的新规范，保障和促进我国社会主义现代化建设，维护和发展安定团结的局面，保证改革开放方针的贯彻执行。当前，我国社会主义初级阶段要充分发挥法制在促进生产力发展方面的作用，要进一步加强和完善立法工作。

（二）有法必依

有法必依，是指普遍守法的原则，是社会主义法制的中心环节。它要求一切国家机关、社会组织和公民，必须严格遵守和执行社会主义法律，依法办事。按照党章和宪法的规定，党要在宪法和法律范围内活动，带头守法。

有法必依，首先要求执法机关及其工作人员严格依法办事，在执法工作中，坚持公民在法律面前一律平等和以"事实为根据，以法律为准绳"的原则。严格遵守法律规定的制度和程序，做到正确、合法、及时地处理案件。

有法必依，还要求一切社会组织和全体公民都遵守法律，在全社会形成遵纪守法的良好风气。

（三）执法必严

执法必严，是社会主义法制的关键。要求执法机关和执法人员必须严格、严肃、严明执法，切实按法律规定办事，认真负责地维护法律的尊严和权威。

执法必严，并不意味着不顾案件本身的事实和法律规定，一味强调重判重罚，而是要求执法者忠实于法律制度，严格按法律规定办案；忠实于事实真相，从实际出发，严肃认真地办案；忠实于人民利益，执法严明，不畏权势，不徇私情，刚直不阿。对一切违法犯罪分子，在弄清事实的基础上依法查处，决不姑息迁就，使国家、集体和公民的正当权益不受非法侵害。

（四）违法必究

违法必究，是社会主义法制的保障。要求对一切违法犯罪分子都必须依法追究法律责任并予以制裁，任何组织和个人都不能例外。

违法必究，是公民在法律面前一律平等原则的体现和运用。违法必究就是不允许有超越法律之外，凌驾于法律之上的特权人物存在。不论什么人，不论其功劳多大,地位多高,只要违法犯罪,都要予以追究。对于国家工作人员以权谋私,贪污贿赂,违法犯罪案件应坚决查处,决不允许逃避罪责,逍遥法外。

有法可依,有法必依,执法必严,违法必究,是不可分割的统一体,只有全面认真地实现,才能维护社会主义法制的权威和尊严,充分发挥社会主义法制在现代化建设中的作用。

第二节 社会主义法律的制定

一、社会主义法律制定的概念

加强社会主义法制,首先要做到有法可依,要做到有法可依就必须加强法律的制定。法律的制定同目前法学上经常使用的"立法"一词的广义解释相同。也就是说,泛指法定的国家机关依照法定权限和程序制定具有不同法律效力的规范性文件的活动。它通常包括三个方面:一是国家机关依法定权限和程序制定法律文件,包括最高国家权力机关及其常设机关制定法律这种特定的规范性文件的活动(狭义的立法仅指此项内容),也包括最高国家行政机关和地方各级国家机关制定如行政法规、地方性法规、自治条例和单行条例以及其他规范性文件的活动。二是修改已制定实施的法律文件。三是将过时的不适应当前需要的法律文件加以废止,使其失去效力。通常将三者简称为法律的立、改、废。

社会主义法律的制定,就其实质而言,是把人民的意志上升为国家意志。人民通过民主产生的国家机关创制、修改和废除法律,使自己的意志体现为各种规范性文件,达到有效管理国家的目的。因此,社会主义法律的制定,体现了人民在国家中的主人翁地位。

二、社会主义法律制定的指导思想和基本原则

我国法律制定的基本原则是指在法律制定中所应遵循的指导思想和基本方针。它是在总结我国民主与法制建设经验的基础上,根据建设中国特色社会主义的实际需要确立的,是我国人民的意志和利益在立法中的集中体现。

(一) 邓小平理论、"三个代表"重要思想和党在社会主义初级阶段的基本路线是我国现阶段立法的根本指导思想

邓小平理论和"三个代表"重要思想,阐明了在中国建设社会主义,巩固和发展社会主义的基本问题,继承和发展了马列主义、毛泽东思想,是我国社会主义事业不断前进的指导思想。

党的基本路线是全国一切工作的指针,无疑也是社会主义初级阶段立法的根本指导原则。社会主义初级阶段的立法,必须以基本路线为指导,必须紧紧围

绕“一个中心,两个基本点”来进行。

立法工作必须以四项基本原则为指导,这是因为我们要搞的现代化是社会主义的现代化,四项基本原则是全国各族人民团结前进的共同的政治基础,是社会主义现代化建设顺利进行的根本保证。只有在立法中坚持四项基本原则,才能使法律制定充分体现亿万人民的根本利益,反映历史前进的方向和社会发展规律,才能建设中国特色的社会主义法制。离开四项基本原则,立法就会偏离社会主义方向,甚至丧失社会主义性质。

立法工作还必须坚持改革开放的总方针。因为改革开放是社会主义社会发展的重要动力和实现现代化的必要条件,它直接关系到整个民族和国家的兴衰。立法工作只有贯彻改革开放的总方针,才能为自己增加新的富有时代气息的内容,适应改革开放的新形势、新要求,同时为形成改革开放的良好秩序和取得的成果提供法律上的保障。

(二)实事求是,从实际出发

实事求是,从实际出发,是建设有中国特色社会主义理论的精髓,也是社会主义立法的基本原则之一。

在立法中坚持实事求是,从实际出发,总的要求是从我国的具体国情出发,根据我国法制建设的实际情况和需要,制定出具有中国特色的社会主义法律。在当前,要根据我国初级阶段现代化建设事业总任务的要求,特别是建立社会主义市场经济的要求,适时地制定出所需要的法律,使之更好地服务于改革开放和现代化建设。要有紧迫感和责任感,抓紧立法,又不能操之过急。法制的完备是一个逐步的过程,要把需要和可能结合起来。

(三)群众路线和专门机关工作相结合

社会主义法律的制定,必须贯彻群众路线,充分依靠群众,实行“从群众中来,到群众中去”的方法,使制定的法律真正代表广大人民的利益和意志,具有坚实的群众基础。

首先,要在总结群众经验的基础上,采取专门机关与群众相结合。在制定法律过程中,专门机关要深入群众,调查研究,集中群众的正确意见。在法律实施过程中,要进一步听取群众意见,适时进行修改或补充,使之更加完善。其次,还要求某些重要法律的制定应经过群众广泛讨论,集思广益。这既是保证法律科学性的必要步骤,也是对广大群众进行法制教育的极好方法。我国1954年宪法和1982年宪法的制定,就是群众路线和专门机关工作相结合原则的生动体现。

(四)原则性和灵活性相结合

原则性和灵活性相结合,是社会主义立法必须坚持的一项原则。所谓原则性,是指立法必须坚持的指导思想和基本方针。立法必须坚持以邓小平理论、“三个代表”重要思想和社会主义初级阶段的基本路线为指导思想。所谓灵活性,是为实现原则性所采取的灵活的方式、手段和方法。

社会主义立法必须坚持原则性,否则就会偏离正确方向。但光有原则性,没有为实现原则性而采取的适当方法和灵活措施,原则性也无法实现。原则性与灵活性是辩证的统一,原则性是前提、主导,灵活性是实现原则性的必要条件。在立法中坚持这一原则,就要在坚持党的基本路线的前提下,根据我国政治、经济、文化、社会生活的实际情况,制定出符合现实需要的切实可行的法律。

（五）稳定性和适时变化的统一

稳定性是法律的内在属性之一,它是指法律一经颁布实施,就不应轻易变动,朝令夕改,更不能随意废弃不用。社会主义法律的稳定性,是社会主义革命和建设事业发展的客观要求,是建立良好社会秩序的需要,也是法律的权威性和严肃性的直接表现。只有保持法律的稳定性,才能树立法律的权威,取信于民。

但绝不能把法律的稳定性绝对化。随着经济、政治、文化等各种条件的变化,法律也要适时进行立、改、废。适时变化是法律生命力之所在,没有法律的适时变化,其作用也无从发挥。

（六）总结和吸取古今中外的立法经验

社会主义立法工作应认真总结本国的经验,注意吸取、借鉴历史经验和外国经验,处理好"古与今"、"中与外"的关系。立足本国实际,是我国立法的基本出发点,我们要从我国国情出发,建立具有中国特色的法制。轻视或贬低自己的实践,盲目照搬外国的经验是行不通的;而盲目排斥也是错误的。对于外国的和历史上的某些有益的经验,要结合我国实际予以借鉴和继承。

三、社会主义法律制定的程序

法律制定的程序,也叫立法程序,是指国家机关在制定、修改和废止法律及其他规范性法律文件的活动中必须履行的法定步骤或阶段。在我国,宪法和法律规定特定的国家机关有制定法律的专有权力,这些机关必须按法定的权限和程序进行立法工作。全国人大及其常委会的立法,通常可以分为以下四个步骤:

（一）法律案的提出

法律案是有立法提案权的组织和人员提请立法机关列入日程讨论决定的关于法律制定、修改或废除的提案或建议。哪些机关或人员享有法律提案权,是由法律明文规定的。

（二）法律草案的讨论

法律草案的讨论是指法律制定机关对列入议事日程的法律草案正式进行审议和讨论,是立法程序的第二个步骤。

（三）法律草案的表决

法律草案的表决是指法律制定机关对法律草案经过讨论后表示正式同意与

否,如果通过则法律草案就成为法律。这是立法程序中具有决定意义的步骤。

(四) 法律的公布

法律的公布是指法律制定机关将通过的法律用一定形式予以正式公布,它是立法程序的最后步骤。

法律的公布并不等于法律的生效,法律的生效,可以在法律中规定一个生效期日,到达该期日时生效;也可以在法律中规定自公布之日起生效。但是未经公布的法律是没有效力的。

第三节 社会主义法律的适用

一、法律实施和法律适用的概念

法律实施是指国家法律在社会生活中的具体运用和实现。它包括一切国家机关及其公职人员严格执行法律,也包括一切国家机关、社会团体和公民必须严格遵守法律。

法律适用,广义上是指国家机关及其公职人员依照其职权运用法律处理案件和具体事项的活动。狭义上是指拥有司法权的机关及其司法人员按法定职权和程序运用法律处理案件的专门活动,通常称"司法"。司法活动与其他国家机关和公民实施法律的活动具有不同特点:(1) 它是司法机关的专门活动,其他国家机关或公民无权进行。(2) 它必须根据法定职权和法定程序进行。(3) 它适用于发生纠纷、违法或犯罪的情况。(4) 它一般表现为对违法或犯罪的法律制裁或强制性决定。(5) 它有表明法律适用结果的法律文件,如判决书、裁定书、调解书等。

二、社会主义法律适用的基本要求

我国社会主义法律适用的基本要求是:正确、合法、及时。这是根据我国多年来司法工作的实践总结出来的宝贵经验,也是衡量司法工作质量和效率的重要标准。

"正确",是指在运用法律处理案件时,要做到事实清楚,证据确凿,定性准确,处理恰当。

"合法",是指司法机关及其工作人员要按法律规定处理案件,严格依法办事,包括既符合实体法,又符合程序法的规定。

"及时",是指在正确、合法的前提下,司法机关及其工作人员在司法活动的每一环节上,严格按法律规定的期限,及时办案,及时结案,提高办案效率。

正确、合法、及时是统一的整体,三者紧密联系,缺一不可,片面强调某方面而忽视其他方面，都不符合法律适用的要求。

三、社会主义法律适用的基本原则

司法机关及其工作人员在适用法律时不仅应遵循正确、合法、及时的要求，坚持和维护司法公正，还必须遵循以下基本原则：

（一）公民在法律面前一律平等的原则

在法律面前一律平等，这既是我国社会主义法制的一项基本原则，也是社会主义法律适用的一项重要原则。其基本含义是：(1) 一切公民都平等地享有法律规定的权利，平等地承担法律规定的义务。(2) 法律对我国公民，不分民族、种族、性别、职业、社会出身、宗教信仰、教育程度、财产状况等，都是统一适用的。(3) 凡违反法律者，都依法加以追究，给予应有的制裁。任何人都没有超越法律之外和凌驾于法律之上的特权。这一原则维护了法律的权威和尊严，是实现社会主义法制的必然要求。

贯彻法律面前一律平等原则，要同特权人物和特权行为作斗争。由于我国历史上的长期封建统治，专制主义、特权思想影响很深，某些人特别是某些干部自恃特殊，以权谋私，以权乱法，违法乱纪，造成极坏影响。这就要求司法机关敢于同那些违法犯罪的特权人物作斗争，不管是谁，不管其地位多高，功劳多大，只要违法犯罪，都要依法制裁，决不姑息迁就。只有这样，才能维护社会主义法制的权威和尊严。

（二）司法机关依法独立行使职权的原则

司法机关依法独立行使职权，在我国宪法和其他有关法律中均有明确规定。这一原则要求：司法权只能由国家司法机关专门行使，其他任何组织或个人无权行使此权；司法权不受其他行政机关、团体和个人的干涉；司法权必须依法行使。

坚持司法机关依法独立行使职权，是维护国家法制统一的需要。坚持司法机关依法独立行使职权同司法机关必须接受中国共产党的领导，必须接受国家权力机关的领导和监督，必须接受人民群众的监督是不矛盾的。

（三）坚持"以事实为根据，以法律为准绳"的原则

"以事实为根据，以法律为准绳"是我国多年来人民司法工作的一项基本经验，也是司法机关正确适用法律的一个极其重要的原则。

"以事实为根据"，要求司法机关及其工作人员在处理案件时，只能以客观事实为根据，而不能凭主观臆断作为依据，这是适用法律的前提，是辩证唯物主义思想路线在司法工作中的具体运用。

"以法律为准绳"，要求司法机关及其工作人员处理案件必须以法律为标准、尺度。

"以事实为根据，以法律为准绳"是一个统一的原则，两者相互联系，相互制

约。以事实为根据是正确适用法律的前提,以法律为准绳是正确处理案件的保障。

(四) 坚持实事求是,有错必纠的原则

这个原则要求司法机关及其工作人员要从保障公民合法权益、维护法律尊严出发,采取唯物主义态度,勇于及时纠正冤、假、错案。纠正错误,必须有对国家、对人民负责的精神和实事求是的工作态度。

第四节 社会主义法律的遵守

一、守法的概念与要求

守法是指一切组织和个人的行为都必须符合国家现行法律的要求,任何组织和个人的活动都必须在宪法和法律范围内进行。

守法是法律实施的重要环节。国家立的法,如果不被遵守,便形同虚设,不能发挥任何作用。因此,加强社会主义法制,不仅要加强立法、执法和司法,还要加强守法。守法的要求集中在守法的主体与守法的内容上。

(一) 守法的主体

守法,这里涉及的一个基本问题是要求谁来守法。根据我国宪法和法律的规定以及法制建设的实践,在社会主义制度下,首先,一切组织和公民都必须守法。其次,共产党的组织和党员要带头守法,党和国家干部要模范遵纪守法。再次,广大青少年要学法、知法、守法。

(二) 守法的内容

守法涉及的另一个基本问题是守哪些法。从总体上说,守法是指国家机关制定和颁布的所有规范性文件,即一切法律、法规,都要求人们去遵守,但是需要强调的是:

1. 要求一切组织和个人守法,首先要求遵守宪法。依法治国,首先要依宪法治国。宪法反映了全国各族人民的共同意志和根本利益,规定了国家的根本制度和根本任务,具有最高的法律效力,是国家的根本大法。因此,一切组织必须以宪法为根本的活动准则,并负有维护宪法尊严,保证宪法实施的职责,所有公民都有遵守宪法的义务。

2. 对一切组织和个人来说,首先要遵守宪法,但不能将守法的内容仅仅视为遵守宪法。除遵守宪法外,还要遵守由全国人民代表大会及其常委会制定的法律,遵守国务院制定的行政法规,遵守地方权力机关制定的地方性法规和地方政府规章,遵守民族自治地方自治机关制定的自治条例和单行条例,等等。一句话,要遵守国家机关制定的一切规范性文件。

二、违法与法律制裁

违法是守法的对立面。守法是维护正当权益和社会秩序的需要,是国家法律要求和鼓励的行为,而违法则是侵犯正当权益和破坏社会秩序的行为,是国家法律禁止和反对的。

(一) 违法与法律责任

违法是指违反法律规定的行为。在我国,一切不符合现行法律所要求的,超出现行法律所允许的范围以外的危害社会的活动,都是违法的。也可以说,违法就是不履行法定义务或作出法律所禁止的行为。

违法一般有广义和狭义两种理解。广义的违法是指一切违法行为,包括一般违法和犯罪;狭义的违法,仅指一般违法,不包括触犯刑法的犯罪在内。

违法作为一种危害社会的行为,不能凭主观随意性去判断,而必须根据法律规定的各种违法要件的总和即违法构成来确定。违法构成的要件在我国包括:

1. 违法的客体,即违法行为所侵害的而为法律所保护的一定的社会主义社会关系。

2. 违法的客观要件,即构成违法行为必须的外部条件。包括违法行为、违法结果和违法行为与结果之间的因果关系。

3. 违法的主体,即实施违法行为并应对其承担法律责任的人。除自然人外,法人或社会组织也可以成为违法主体,同时,违法主体要具备行为能力和责任能力。

4. 违法的主观要件,即违法行为人故意或者过失的心理状态。在刑法中称为罪过,在其他部门法中称为过错。

根据违法的性质及其危害,违法可分为刑事违法、民事违法、行政违法和违宪行为。详细内容在有关章节中加以叙述。

违法必然导致法律责任。法律责任是指违法者所应承担的具有强制性的法律上的责任。换句话说,违法者要对其违法行为所造成的法律后果负法律责任。这种法律责任不同于其他社会责任,如政治责任、道义责任。它是由法律明文规定的,并且是由国家强制力保证执行的。追究法律责任是国家专门机关的职权,任何个人、社会团体都无权行使此项权力。

(二) 法律制裁及其种类

法律制裁是指由特定的国家机关对违法者依其所应负的法律责任而采取的强制性惩罚措施。法律制裁和法律责任都是基于违法行为而产生的,没有违法行为,不能追究法律责任,当然也谈不上法律制裁。因此,法律制裁以违法行为的存在为前提,又是追究法律责任的直接后果。法律制裁直接关系到当事人的权益,关系到社会主义法制的权威和尊严。

法律制裁可分为以下几类：

1. 刑事制裁。人民法院对犯罪分子实施的刑罚。对此刑法作了具体规定。

2. 民事制裁。人民法院对违反民事法律的当事人实施的惩罚措施。由于民事违法行为的多样性和复杂性,民事制裁的方式也多种多样,对此,《民法通则》作了具体规定。

3. 行政制裁。国家行政机关对违反行政法律的人进行的制裁,包括行政处罚、行政处分和劳动教养。行政制裁一般规定在行政管理的法律、法规中。

4. 违宪制裁。依据宪法的特殊规定对违宪行为实施的强制措施。行使违宪制裁的是监督宪法实施的国家机关,如全国人大常委会有权撤销同宪法相抵触的行政法规、地方性法规等。

三、违法行为的预防和综合治理

(一) 预防违法的意义及方针

预防违法是维护社会稳定和保证现代化建设顺利进行的重要而具有全局意义的工作,是构建和谐社会,使人民安居乐业、国家长治久安的根本方针。

在社会主义初级阶段,发生违法犯罪现象是难以避免的。由于历史上剥削阶级和剥削制度的遗毒还不可能在短时期内扫除干净,由于我们所处的复杂的国际环境和我国特定的国情,经济文化还比较落后,社会主义制度还不完善,还不可能杜绝极少数剥削阶级分子和敌对分子的产生。随着对外开放的加强,资本主义腐朽思想意识也会乘虚而入,社会上少数人就会走上违法犯罪道路。由于法制还不健全,体制上还有缺陷,以及其他原因,贪污盗窃、行贿受贿、走私贩私等经济犯罪以及其他危害社会治安的犯罪还会时常发生。这种现实情况说明,违法犯罪这种消极现象,总是与我们所从事的正义事业相伴而行,成为干扰、破坏这一事业的阻力。因此,必须坚持两手抓,一手抓经济建设,一手抓打击各种犯罪,这是贯穿于社会主义现代化建设整个过程的斗争。而打击和预防犯罪两者之间,应贯彻预防为主的方针。

实行预防为主的方针,要正确认识和处理预防犯罪、惩罚犯罪和改造罪犯三者的关系。这三方面是相互作用、相互制约的,但从长远的和根本的观点看,应以预防为主。在我国,实施犯罪的除少数敌对分子外,绝大多数还是属于人民内部矛盾范畴。防止人民内部的少数人走上违法犯罪道路,无疑有重大意义。当然,重视预防决不意味着放松惩罚和改造罪犯,惩罚犯罪与改造罪犯是预防和减少犯罪的重要措施之一。但光靠惩罚和改造,也不可能从根本上减少犯罪。正确的方针应当是,坚决贯彻预防为主,同时狠抓惩罚与改造,使三个环节有机结合,才能收到长治久安的效果。

预防为主的方针,无论从理论还是从实践角度看都是科学的和可行的。从认识论上看,违法犯罪行为同其他社会现象一样,有其发生的原因和规律,这些原因和规律是可以被认识和掌握的。因此,进行违法犯罪行为的预测,特别是分析违法犯罪行为产生的主客观因素,总结其发展趋势并制定可行对策,就能有效地预防犯罪,减少犯罪。从实践上看,犯罪分子实施犯罪行为,一般都有从预谋到行动,从策划到实施的过程,犯罪性质和程度也有从轻到重,从少到多的过程。掌握这种行为特征,采取及时有效的措施加以防范,就可以把犯罪消灭在萌芽状态或制止于最初阶段,从而达到预防犯罪或及时处置的结果。

(二)实行综合治理是保障社会稳定的根本方针

综合治理作为对某一特定对象采取的整治和管理的方针或方法,可以在多种场合使用。但随着这一方针的提出和整个社会稳定对治安问题的关注,它几乎已成为解决社会治安问题的专门用语了。

对社会治安的综合治理,内容包括:就参加治理的部门来说,不是只依靠哪一个部门或哪一个社会组织,而是依靠全社会的力量,发动和组织广大群众来关心和参加社会治安工作;就治理的手段和方法来说,不仅要依靠法律,同时还要运用政治、思想、经济、行政、文化、教育等各种方法和手段,加强社会治安工作;就治理所要达到的目的来说,不只是惩罚犯罪,而且要改造罪犯,预防犯罪,减少犯罪,为现代化建设提供最好的治安环境。这一方针是建国以来政法工作实践经验的科学总结和发展,是建设社会主义物质文明、政治文明和精神文明的一项不可缺少的重要措施,也是建设社会主义法治国家的一项重要内容。

实行综合治理,应当采取切实可行的措施,主要应抓好以下几项:首先,加强思想道德和法制教育,提高广大人民的思想道德素质和法制观念,这是综合治理取得成效的思想基础和最重要条件。其次,要大力加强法制建设,充分发挥政法机关的职能作用,严惩破坏经济的犯罪分子和危害社会治安的犯罪分子,这是综合治理取得成效的重要保证。再次,综合治理必须依靠群众,充分发挥群众自治组织的作用。实践证明,群众自治组织在自我教育和自我管理,调处纠纷,加强防范,维护社会治安方面发挥了重要作用,应予大力推广和继续加强。最后,要特别加强对青少年的思想教育,使他们健康成长,成为有理想、有道德、有文化、有纪律的四有新人。这是关系到国家前途命运的大事,也是搞好综合治理的中心环节。

第五节 社会主义民主的概念和特征

一、社会主义民主的概念

"民主"一词来源于古希腊文,原意为"人民的权力"或"多数人的统治"。

这个词最早是指古希腊奴隶制国家的国家制度。后来,沿用下来,表明与专制制度相对立的一种政治制度。民主作为国家制度,包括国体和政体两个不可分割的方面,国体是内容,表明国家政权的阶级本质;政体是形式,表明统治阶级采取的政权组织形式。民主属于上层建筑,是建立在一定经济基础之上,为一定统治阶级利益服务的,具有鲜明的阶级性。

社会主义民主首先是社会主义国家制度问题。社会主义民主又称无产阶级民主或人民民主,它是全体人民在共同享有对生产资料不同形式的所有权、支配权的基础上,享有管理国家和其他一切社会事务的权力。社会主义民主是人类历史上绝大多数人享有的有名有实的民主,是社会主义制度不可动摇的政治原则和优越性的重要体现。

作为社会主义国家制度,社会主义民主的内容是指全体人民当家作主,对少数敌人实行专政。就形式来说,社会主义民主是指在人民内部实行民主集中制,通过选举产生的人民代表大会行使管理国家的根本权力,总之,社会主义民主是民主与专政的统一,民主与集中的统一,自由和纪律的统一。不是绝对民主,不是无政府主义,那种只要民主不要集中,只要自由不要纪律,或者相反,都不是社会主义的民主。正如邓小平同志所指出的:“中国人民今天所需要的民主,只能是社会主义民主或称人民民主,而不是资产阶级的个人主义的民主。人民的民主同对敌人的专政分不开,同民主基础上的集中也分不开。我们实行的是民主集中制,这就是民主基础上的集中和集中指导下的民主相结合。”①

二、社会主义民主的特征

社会主义民主是社会主义经济基础之上的上层建筑,是社会主义制度的根本特征,既是社会主义政治文明的核心内容,也是社会主义物质文明和精神文明建设的最重要的保证。与资产阶级民主比较,它具有以下特征:

(一)从民主的主体上看,社会主义民主是绝大多数人享有的民主。在剥削制度下处于无权地位的广大人民,经过争取民主的斗争,成为国家和社会的主人,享有管理国家的根本权力,这是民主发展史上的一次巨大飞跃,是民主性质上的根本改变。资本主义民主作为资本主义的国家制度,是建立在私有制基础之上的,从本质上看是“只供富人、少数人享有的民主”。

(二)从民主的内容上看,社会主义民主比资本主义民主广泛。在社会主义制度下,人民享有管理国家的根本权力,享有经济、政治、文化和社会生活各方面的广泛的民主权利。而在资本主义制度下,由于国家权力掌握在少数富人手里,人民群众享有的民主权利被严格限制在资产阶级法律所允许的范围之内,这种

① 《邓小平文选》第2卷,人民出版社1994年版,第175页。

民主是有限的,残缺不全的。

(三)从民主的实践来看,社会主义民主是广大人民的真实的民主。在社会主义制度下,由于生产资料掌握在人民手里,生产的目的是为满足不断增长的人民群众的物质文化生活需要,人民享有的民主有物质保障,人民民主专政的国家政权和社会主义法律的实施,为人民享有的民主提供了政治上和法律上的保障。而在资本主义制度下,由于存在生产资料私有制这个不平等的根源,资本主义的民主形式和内容、理论和实践是严重背离的,对于广大人民来说,这种民主是虚伪的,有名无实的。

(四)从民主的最终目的看,社会主义民主的根本目的是最大限度地调动广大人民群众的积极性和创造性,充分发挥其当家作主的责任感,加速社会主义物质文明和精神文明建设,为逐步消灭阶级和消灭剥削,实现共产主义创造条件,而资本主义民主则是为维护资本主义制度服务的。

综上所述,社会主义民主是在超越和否定资本主义民主的基础上形成的一种新型的民主,它具有资本主义民主无可比拟的优越性。但是,社会主义民主建设是一个渐进的过程,高度的社会主义民主不可能一蹴而就。根据我国国情,在民主建设上既要发扬开拓精神,又要脚踏实地进行。

第六节 社会主义民主与法制的相互关系

中国共产党的十四大报告明确指出:"没有民主和法制就没有社会主义,就没有社会主义的现代化。"这一论断揭示了民主与法制建设的重要性和内在联系,为民主和法制建设指明了正确的方向。

社会主义民主与法制是相互依存,相互作用,紧密联系,不可分割的。

一、社会主义民主是社会主义法制的前提和基础

(一)社会主义民主是社会主义法制产生的依据

只有工人阶级领导下的广大人民,经过艰苦卓绝的斗争,掌握了国家政权,实现了当家作主的民主权利以后,才能把自己的意志通过国家制定为法律,建立起革命的法制。因此,社会主义法制是社会主义民主的产物。没有社会主义民主即人民民主,就谈不到民主的制度化、法律化。

(二)社会主义民主决定了社会主义法制的性质和内容

社会主义法制是在社会主义民主的基础上产生的,并为建设高度民主服务。社会主义民主的根本内容和实质是人民当家作主,它要求一切上层建筑形式包括法制都要体现和维护人民的根本利益。社会主义法制必须把保障和实现人民利益,作为自己的出发点和归宿,民主越完善,法制也越健全,民主如遭践踏,法

制也必然受到破坏。

(三) 社会主义民主是社会主义法制的力量源泉

人民群众是社会主义民主的主体,只有充分发扬民主,才能调动起广大群众的积极性,正确积极参加立法、执法、司法、守法和法律实施的监督活动,法制的作用才能得以充分发挥。而且,法制的发展取决于民主的发展程度,民主越发展,人民群众的责任感越强,法制就越能得到加强。

二、社会主义法制是社会主义民主的确认和保障

1. 社会主义法制规定了民主权利的范围,为人民行使民主权利指明了方向。法律对人民享有的权利作出明确规定,告诉人们如何行使和保护自己的正当权益,国家机关及其公职人员如何维护国家利益和人民民主权利,这就使人们有章可循,正确地行使和维护其民主权利。

2. 社会主义法制规定和体现了对民主权利的行使和制约,为人民正确行使民主权利提供了保证。法制既赋予公民享有广泛民主权利,又要求其自觉履行法定义务;既要反对侵犯民主权利的行为,又要反对极端民主化和无政府主义。这种权利和义务相一致的原则,保证了民主权利的正确行使。

3. 社会主义法制规定了实现民主的程序和方法,为人民行使各项民主权利提供了有效措施。我国宪法和法律规定了实现民主的一系列制度、程序和方法,如人民代表大会制度、立法的权限和程序、诉讼制度和程序等,为民主权利的实现提供了保证。

4. 社会主义法制规定了对破坏民主权利行为的制裁措施,为捍卫社会主义民主提供了强大武器。法制明确规定对敌对分子斗争的任务,规定对各种违法犯罪行为的制裁措施,使国家和公民的合法权益得到切实的法律保障。

正如中共第十六次全国代表大会所指出的:"发展社会主义民主政治,最根本的是要把坚持党的领导、人民当家作主和依法治国有机统一起来。"综上所述,社会主义民主与法制的紧密结合,既是历史经验的科学总结,又是社会主义民主与法制建设的必由之路。

第七节　社会主义法律意识与社会主义法制

一、法律意识的概念

法律意识是指人们关于法律的思想、观点、知识和心理的总称。它的含义非常广泛,包括人们探索法律现象形成的各种法律学说,对法律的本质和作用的看法,对现行法律制度的理解和态度,对人们的行为和权利义务关系的法律评价

等。我国现实社会生活中所讲的“法制观念”与法律意识的内涵大体相同。

社会主义法律意识是指以马克思主义为指导的工人阶级和广大人民的法律思想、观点、知识和心理的总称，是社会主义意识形态在法律上的表现，是社会主义精神文明的重要组成部分。作为社会主义经济基础之上的上层建筑，社会主义法律意识在健全社会主义民主，加强社会主义法制，实现社会稳定，推动现代化建设中发挥重要作用。

二、社会主义法律意识与社会主义法制的关系

社会主义法律意识与社会主义法制是既有区别又有联系的两个概念，二者相互促进，密不可分。

（一）社会主义法律意识是加强社会主义法制的思想基础和保证。主要表现在：

1. 社会主义法律意识为加强立法工作奠定思想基础。法律意识的水平与法律制度的完善有直接关系，科学而健全的法律意识可以促进人民及时而全面地认识与把握社会主义政治、经济、文化等各项事业对法律调整的要求，引发人们对现行法律制度的审视与思考，形成强烈的立法愿望，有助于推动立法工作的开展。而科学系统的法学理论与知识对于制定反映客观规律和符合人民意志的法律更具有重要意义。

2. 社会主义法律意识是加强法律实施的思想保证。司法与执法活动的成效与司法、执法人员的素质紧密相关。司法、执法人员只有具备较高的法律意识，才能正确认识和理解社会主义法律的本质、作用和目的，掌握各种法律规范的内容，从而正确、合法、及时地适用法律。反之，必然影响司法、执法的效果，甚至造成严重后果，损害法律的权威。

3. 社会主义法律意识是加强守法的重要条件。法律在现实生活中实现，不仅要靠司法和执法，而且要靠一切政党、国家机关、社会组织与全体公民的自觉遵守。只有普遍提高广大人民的法律意识，才能正确理解法律的本质和社会价值，正确地行使法律赋予的权利，忠实地履行法律所规定的义务，并坚决同一切违法犯罪行为作斗争。

（二）社会主义法制对提高社会主义法律意识起促进作用。主要表现为：

1. 加强立法工作，建立健全法律制度，使各项事业都有法可依、有章可循，必然造成良好的法制氛围，使人们受到深入而实际的法律教育与熏陶，这为提高广大人民群众的社会主义法律意识创造了条件。

2. 加强法律的适用，坚持法律面前人人平等，以事实为根据，以法律为准绳，执法必严，违法必究等法制原则和要求，可以培养人们对法律的信任与尊崇，树立以遵纪守法为荣，违法乱纪为耻的社会风尚，有助于人民群众法律意识的

提高。

3. 加强法制建设,建立良好的社会秩序,本身就是最生动实际的法制宣传教育,它对人们的法律心理产生潜移默化的影响,有助于加强和扩大社会主义法律意识的阵地和群众基础,促使整个社会向高层次高标准的法律意识转化,同时抑制和缩小消极法律意识的影响,使社会主义法律意识获得广泛而稳定的提高。

第八节　依法治国,建设社会主义法治国家

一、法治的概念

"法治"一词,古今中外的解释都不尽相同。一般认为,法治是一种治国的方式,它是相对于人治而言的。所谓法治是指掌权者在治理国家时,主要不是依靠个别人,而是依靠反映统治阶级整体利益的,具有概括性和国家强制性的法律来治理国家,它要求国家机关和人们严格依法办事,遵守国家法律。所以法治既是一种社会政治现象,又是社会政治生活的基本原则。"人治"是指统治者治国时主要依靠贤人或者圣君的道德、威望来感化人们,从而达到治理国家、维护社会秩序目的。人治这种治国的方式具有极大的随意性和偶然性,它因人而异,容易产生专断独裁和破坏平等原则等。

关于法治思想,不论是在我国还是在西方国家都有许多法学家、政治思想家曾倡导过"法治"的理论,提出依法治理国家。例如,我国早在春秋战国时期,就有管仲、商鞅和韩非等法家提出"不务德而务法"的主张,其含义是治理国家不是依靠高尚的圣贤们的感化,而是依靠具有强制性的法律。在西方最早提出依法治理国家的是亚里士多德,他说:"法治应当优于一人之治"、"一切政务还得以整部法律为依归,只在法律所不能包括而失其权威的问题上才可让个人运用其理智"。但是应当指出,首先,由于历史传统的不同,法律观念的差异,东西方的法治思想的内涵是有很大差别的。其次,不论是中国历史上早期法学家所主张的法治思想,还是古代西方政治思想家所提出的法治理论,同17、18世纪西方国家资产阶级革命所提出的法治理论是不能相提并论的。因为当时资产阶级革命是反对封建专制和等级特权,主张实行民主政治和共和制度,依据法律治理国家。所以近代西方的法治是专制制度的对立物。

法治与法制是不同的两个概念。在我国长期以来更多的是使用"法制"一词,而很少使用"法治"。例如,1949年解放后至"文革"前 ,我国多运用"法制"一词,建立"革命法制"、加强"人民民主法制"或"建设社会主义法制"等。"法制"与"法治"虽仅一字之差,但其含义却不相同。"法制",如前所述,从静态上理解,是指法律和制度,从动态上理解,是指国家机关、社会团体、公职人员和公

民严格遵守和执行法律,依法进行活动。因此,法制是统治阶级按照自己的意志通过国家政权建立起来的法律和制度,它包括立法、执法、司法、守法和法律监督等方面。“法治”是指通过法律和制度,对国家和社会事务进行管理,它与专制、特权的人治是直接对立的。

二、依法治国理论的提出、涵义及意义

(一)依法治国理论的提出

早在1978年党的十一届三中全会上,鉴于建国以来,尤其是“文化大革命”的教训,邓小平同志强调指出,为了保障人民民主,必须加强法制,必须使民主制度化、法律化,使这种制度和法律不因领导人的改变而改变,不因领导人的看法和注意力的改变而改变。在这里邓小平同志突出强调了建立法律制度的重要性,也指出了依据法律制度治理国家的思想,其法治思想十分鲜明。

1996年2月8日,江泽民同志在党中央举办的法制讲座会上发表了题为“依法治国,保障国家的长治久安”的重要讲话,也可以说是作为党的领导人第一次运用了“依法治国”这个词。此后,中国共产党第十四届五中全会提出、第八届全国人大第四次会议于1996年3月17日通过的《中华人民共和国国民经济和社会发展“九五”计划和2010年远景目标纲要》提出了“依法治国,建设社会主义法制国家”的治国目标,并规定了具体的任务和要求。1998年9月12日,中国共产党召开了第十五次全国代表大会,在大会上,江泽民同志代表党中央提出,我国经济体制改革的深入和社会主义现代化建设跨世纪的发展,要求我们在坚持四项基本原则的前提下,继续推进政治体制改革,进一步扩大社会主义民主,健全社会主义法制,依法治国,建设社会主义法治国家,并把这一目标写进了我党在社会主义初级阶段的基本纲领,从而郑重提出了“依法治国,建设社会主义法治国家”的治国基本方略。

(二)依法治国的涵义

江泽民同志在中国共产党第十五次全国代表大会上,对依法治国的涵义作了全面、系统和明确的阐发。他指出:“依法治国,就是广大人民群众在党的领导下,按照宪法和法律的规定,通过各种途径和形式管理国家事务,管理经济文化事业,管理社会事务,保证国家各项工作都依法进行,逐步实现社会主义民主的制度化、法律化,使这种制度和法律不因领导人的改变而改变,不因领导人看法和注意力的改变而改变。”①

具体来说,依法治国应该包括以下涵义:

---

① 江泽民:《中国共产党第十五次全国代表大会上的报告》单行本,人民出版社1998年版,第31页。

1. 依法治国的主体，是广大人民群众。人民群众是历史的创造者，理所当然的是治理国家的主体。

2. 依法治国的对象，是国家政治、经济、文化、社会事务等。

3. 依法治国的标准，是宪法和法律。治理国家必须严格按照体现人民意志、集中群众智慧和反映客观规律的法律来进行，领导人的话不是“法”，任何个人的意志在未上升为法律之前决不能作为治国的准则。

4. 依法治国的宗旨，是保证国家各项工作都依法进行，实现社会主义民主的制度化、法律化，使国家政治生活、经济生活、文化生活和社会生活法治化，杜绝以言废法、以权凌法、因人改制的现象。

5. 依法治国的方式，是人民群众在党的领导下，依法通过各种途径和方式治理国家，确保依法治国沿着正确的方向进行。

依法治国的具体要求是：必须把党的领导、发扬人民民主和严格依法办事三者结合起来；必须做到“有法可依，有法必依，执法必严，违法必究”；必须把依法治国同社会主义精神文明建设紧密结合，同步推进。

社会主义法治国家和发挥领导人的个人作用是完全一致的。因为制度和法律好，可以使好的领导人充分发挥才干，可以使坏人无法任意横行；而制度和法律不好可以使好的领导人不能充分发挥其领导才能，甚至会走向反面，坏人则容易得逞。

(三) 依法治国基本方略的重要意义

依法治国基本方略的提出，是我国社会主义经济发展的客观需要，是社会文明进步的重要标志，是国家长治久安的重要保障，是从制度和法律上保证党和国家事业顺利发展的必然要求和重大决策。

具体说来，就是：

1. 坚持依法治国基本方略，能够促进我国社会主义经济的顺利发展

中国共产党第十五次全国代表大会决定，建立社会主义市场经济体制是经济体制改革的目标，而市场经济的本质属性决定，它必然是法治经济。市场主体的规范、市场主体行为的调整、国家宏观经济调控、社会保障体系的建立和健全以及国际经济交往，必须用法律予以规范、引导、制约和保障，才能使市场经济在资源配置中起基础性作用，才能最大限度地调动亿万人民群众的社会主义积极性，才能推动社会生产力的发展，从根本上改变我国生产力的落后状况。

坚持依法治国方略，能够保障我国经济体制的改革方向和目标，能够保障我国经济发展战略的实现。调整和完善所有制结构，维护公有制为主体、多种所有制经济共同发展的社会主义初级阶段基本经济制度；推进国有企业改革，建立现代企业制度；完善分配结构和分配方式，坚持按劳分配为主体、多种分配方式并存的制度；充分发挥市场机制的作用，健全宏观调控体系，保持经济总量平衡，抑

制通货膨胀，促进重大经济结构优化，实现经济稳定增长；加强农业基础地位，调整和优化经济结构；实施科教兴国战略和可持续发展战略；努力提高对外开放水平；不断改善人民生活。

2. 坚持依法治国方略，能够发展社会主义民主政治

没有社会主义民主，就没有社会主义，就没有社会主义现代化，这是已被国际和国内的实践检验过的真理。我们的主要任务是在中国共产党的领导下，在人民当家作主的基础上，依法治国，建设中国特色社会主义的政治。这就要坚持和完善工人阶级领导的、以工农联盟为基础的人民民主专政的国家制度；坚持和完善人民代表大会制度和共产党领导的多党合作、政治协商制度以及民族区域自治制度；发展民主，健全法制，建设社会主义法治国家。从而切实保障人民的民主权利和其他各项权益，保证国家机关的廉洁、高效和正确地发挥职能，保证国家工作人员正确行使国家权力和严格履行自己的职责。社会主义民主政治同社会主义法制是紧密相连、不可分割的。只有保障依法治国方略的实施，才能够保持全国各族人民团结和睦和生动活泼的政治局面，才能保障国家的长治久安。

总之，坚持依法治国方略，才能健全我国社会主义民主制度，才能推进机构改革，才能完善民主监督制度，才能维护安定团结的政治局面。

3. 坚持依法治国方略，能够促进社会主义精神文明建设

我国社会主义现代化建设的进程，在很大程度上取决于国民素质的提高和人才资源的开发。面对世界科学技术迅猛发展和综合国力激烈竞争，各种思想文化相互激荡，面对我国小康社会人民群众的文化需求，文化建设事业对于社会主义事业的兴旺发达和民族振兴具有极端重要性和迫切性。

只有坚持依法治国基本方略，才能建设有中国特色社会主义的文化。只有坚持依法治国基本方略，才能以马克思主义为指导，培养有理想、有道德、有文化、有纪律的公民，发展面向现代化、面向世界、面向未来的，民族的、科学的、大众的社会主义文化；才能坚持用邓小平理论武装全党，教育全民，提高全民族的思想道德素质和教育科学文化水平；才能坚持为人民服务、为社会主义服务的方向和百花齐放、百家争鸣的方针，重在建设，繁荣学术和文艺；才能建设立足中国现实、继承历史文化优秀传统、吸收外国文化有益成果的社会主义精神文明。我国宪法和法律为我国社会主义精神文明建设提供了依据和保障。

4. 坚持依法治国方略，能够保证党的领导核心作用，保障有中国特色社会主义建设伟大事业顺利发展

邓小平同志曾告诫我们，坚持四项基本原则的核心，是坚持党的领导。从法律和制度上确认和保障中国共产党的领导地位，是坚持我国社会主义制度的重要保证。作为执政党的中国共产党，一方面，要依靠法律确认和保障自己的领导地位；另一方面，要依靠法律来约束自己和它的成员的行为和活动。江泽民同志

指出:“以为发扬民主、强调法制就不需要党的领导,这是错误的。同时,各级党委要学会在宪法和法律的范围内加强和改革党的领导。”①

以马列主义、毛泽东思想、邓小平理论和“三个代表”重要思想为指导,实现党在社会主义初级阶段的基本纲领,贯彻党的基本路线和各项方针、政策,建设中国特色社会主义,是中国共产党的根本任务和奋斗目标。中国共产党的领导主要是政治领导,即通过制定方针政策,提出立法建议,使反映广大人民意志的要求上升为国家意志;思想和组织领导,即向国家机关推荐重要干部,进行思想宣传,发挥党组织和党员的作用,坚持依法执政,从而实施党对国家和社会的领导。中国共产党领导人民制定了宪法和法律,就要自觉地带领人民去实施,因为法律本身是人民意志、国家意志和党的主张的统一,实施法律,依法治国就是执行人民的意志、国家意志,也就是贯彻党的主张,就是维护党规党纪。依法治国,就要求党必须要在宪法和法律范围内活动,带领广大人民群众严格依法办事。只有从制度和法律上来保证党的基本纲领、基本路线和各项方针政策的贯彻实施,才能保证党始终发挥总揽全局、协调各方的领导核心作用,才能保证有中国特色社会主义伟大事业顺利发展。

三、社会主义法治国家的基本特征

社会主义法治国家区别于资本主义法治国家,主要有以下特征:

(一)必须有无产阶级政党即共产党的领导,这是社会主义法治国家的领导核心

中国共产党的领导是中国历史发展的必然和中国人民长期慎重选择的结果,没有中国共产党就没有新中国,就没有社会主义的今天,也就没有我国社会主义的现代化,这是历史所一再证明了的。邓小平强调说:“我们的改革不能离开社会主义道路,不能没有共产党的领导,这两点是相互联系的,是一个问题。没有共产党的领导,就没有社会主义道路。”②还强调指出,我们改革要达到一个总的目的“是要有利于巩固社会主义制度,有利于巩固党的领导,有利于在党的领导和社会主义制度下发展生产力”③。在谈到我们不能照搬西方资本主义和其他社会主义的做法时,他明确指出,不能丢掉我们制度的优越性,“共产党的领导就是我们的优越性。我们要坚持共产党的领导”④。社会主义国家必须要有共产党的领导,那么社会主义社会的法治必须确认、体现、保证和规范党的领

① 江泽民:《在学习邓小平理论工作会议上的讲话》(1998年7月17日),中共中央文献研究室编《十五大以来重要文献选编》上,人民出版社2000年6月版,第489—490页。

② 《邓小平文选》第3卷,人民出版社1993年版,第242页。

③ 同上书,第241页。

④ 同上书,第256页。

导地位和作用。共产党的领导是社会主义法治的特征和优势。

要坚持中国共产党的领导,还必须改善党的领导,永葆其无产阶级政党的先进性,只有从严治党,才能依法治国。因为我们的党是执政党,是领导党。要从严治党,必须首先从干部特别是领导干部做起,“要整好我们的党,实现我们的战略目标,不惩治腐败,特别是党内的高层的腐败现象,确实有失败的危险。”①

(二)必须是实现和保障人民民主的法治,这是社会主义法治国家的政治目标和核心内容

人民民主是法治的前提、基础和核心内容,法治是人民民主的制度体现、保障方略、必须的形式和手段。没有民主就没有社会主义,就没有社会主义现代化。民主作为一种国家形式、国家形态和国家制度,是由该社会的经济基础所决定的,从根本上来说,它是由生产资料所有制的性质所决定的。在阶级对抗国家里的民主,是被剥削者的多数服从剥削者的少数。而在社会主义国家里的民主,是人民的民主,是占人口绝大多数的劳动者的人民的民主。民主是阶级的、具体的民主,世界上决没有超阶级的、抽象的所谓一般民主。

邓小平在1980年说过:“我们的党和人民浴血奋斗多年,建立了社会主义制度。尽管这个制度还不完善,又遭到了破坏,但是无论如何,社会主义制度总比弱肉强食、损人利己的资本主义制度好得多。我们的制度将一天天完善起来,它将吸收我们可以从世界各国吸收的进步因素,成为世界上最好的制度。这是资本主义所绝对不可能做到的。”②在同年年底,他还说:“这些改革的总方向,都是为了发扬和保证党内民主,发扬和保证人民民主。”③

社会主义生产的目的是要满足人民日益增长的物质和精神生活的需要,为此,必须要解放和发展社会生产力;要解放和发展社会生产力,必须要提高和激发广大人民群众的生产积极性、创造性和主动性;要真正提高和激发广大人民群众的生产积极性、创造性和主动性,人民群众必须真正当家做主,必须发展和完善人民民主制度,人民民主制度的发展和完善是社会主义法治的历史使命,社会主义法治就是人民民主的制度化、法律化。所以,党的十六大报告中强调指出,发展社会主义民主政治,最根本的是要把坚持党的领导、发扬人民民主和依法治国有机统一起来。

(三)必须确认、维护和保障社会主义经济基础,这是社会主义法治国家的经济根基

社会主义经济的基础就是生产资料的社会主义公有制。如果说资本主义社

① 《邓小平文选》第3卷,人民出版社1993年版,第313页。

② 《邓小平文选》第2卷,人民出版社1994年版,第337页。

③ 同上书,第372—373页。

会的宪法和法律的精神和基本内容可以归结为维护私有制，那么，社会主义的宪法和法律的精神和基本内容就可以归结为维护公有制。

社会主义法治是以确认、保障社会主义生产关系，维护、巩固和发展作为经济制度基础的生产资料公有制为根本任务和历史使命的。社会主义的本质是解放生产力，发展生产力，消灭剥削，消除两极分化，最终达到共同富裕。社会主义法治必须体现社会主义的本质，为维护、实现和逐步发展社会主义制度服务。所以，社会主义的法治必须以确认、维护和保障作为社会主义经济基础的生产资料公有制为其存在的根基。而在社会主义初级阶段，法律之所以还允许和鼓励非公有制经济成分的存在和发展，是由社会主义初级阶段的生产力发展水平决定的，对社会主义公有制经济的存在和发展是有益的。

（四）马列主义、毛泽东思想、邓小平理论和"三个代表"重要思想是我国社会主义法治国家的理论基础，法制建设必须同社会主义精神文明建设紧密结合，这是社会主义法治国家的文化特征

我们要坚持我国社会主义的性质和制度，必须以马克思列宁主义、毛泽东思想、邓小平理论和"三个代表"重要思想为指导，以此来教育和武装广大干部和人民群众。今天，在建设法治国家的过程中，特别要以继承和发展了毛泽东思想的当代马克思主义——邓小平理论和"三个代表"重要思想为指导，从而保证我国法制建设的正确方向和依法治国战略任务的顺利实现。

社会主义精神文明是社会主义社会的重要特征，是社会主义现代化建设的一个重要目标和重要保证。社会主义的法律和制度，必须同社会主义精神文明相统一。没有包括思想道德修养、科学教育水平、民主法制观念为主要内容的公民素质的显著提高，就没有我国社会主义的现代化。

单纯依靠法律或者单纯依靠教育都是不行的，只有两者紧密结合和有机配合，才能真正从根本上提高人的素质，解决社会问题。因为，法律主要是调整人的外部行为的，而道德主要是调整人的内心世界的；但是，外部行为是由内心世界来支配的。法治只有建立在和精神文明建设紧密结合的前提和基础上，才是社会主义性质的法治。单纯地依赖法律，决不是社会主义的法治。

（五）法治理论与法治实践高度统一的法治，是社会主义法治国家的特有的品格

社会主义法治是法的理论和法的实践、法律原则和法律规定、法律内容和法律形式、实体法和程序法以及法律制度和法律设施高度统一的，决不是相互脱节，更不是相互对立的法治。

理论联系实际，是作为一个为人民服务的政权的应有品格。有人把国家的法律比喻为国家的语言，那么，作为有威望的国家、人民信赖的政权，就决不能脱离实际，必须与活生生的现实密切结合起来。这就决定了社会主义法治必须严

格履行“有法可依，有法必依，执法必严，违法必究”的法治要求。西方国家也在标榜有法必依严格执法的法治要求，但是，真正认真和力求做到的只有实行社会主义法治的国家，这是由社会主义国家的本质决定的，因为它需要的是利用包括法治在内的各种手段，阐明社会发展的客观规律，告诉人民事情的真相和存在的困难，号召和动员广大人民群众为了共同的理想和目标，克服各种艰难险阻，来共同完成治理国家、改造社会的任务。

四、努力建设社会主义法治国家

实行依法治国，建设社会主义法治国家，是一项复杂的社会系统工程。从经济领域来看，依法治国，包含法与经济基础的关系、法与经济体制改革的关系、法与市场经济的关系；从政治领域来看，依法治国，包含法与政治、法与共产党的政策、法与国家政权、法与民主、法与人权等关系；从社会主义文化领域来看，依法治国，包含法与文化的关系，尽管社会主义文化的范围很广，从法理学的角度来分析，它包括法与道德、法与法律意识、法律与文化的关系；依法治国，又包含法与科学技术的关系，科技法制建设与科教兴国战略等等。以上这些领域都必须建立完善的、符合我国实际的法律和制度，同时又必须严格依法来治理。因此，我国当前在立法、执法、司法、守法、法律监督和法制宣传教育等方面都有大量的工作要做，需要全党和全国人民付出艰苦的努力。为了促进建设社会主义法治国家的进程，需要做好以下几个方面的工作。

（一）加强立法工作，提高立法质量，为2010年形成有中国特色社会主义法律体系而努力

有法可依是任何一个国家法制的前提条件。立法工作必须以马列主义、毛泽东思想、邓小平理论和“三个代表”重要思想为指导，从实际出发，正确吸收和借鉴外国立法经验，采取既积极又稳妥的态度，处理好法律的稳定性、连续性、权威性和适时的废、改、立的关系，逐步完善我国社会主义法制；从而建立和完善中国特色的社会主义法律体系；必须注意立法质量，避免重复立法和攀比立法，反对立法工作中的“部门保护主义”和“地方保护主义”，提高立法的权威性和严肃性；必须进一步完善立法体制，在法律、法规起草中，要广泛听取群众意见和吸收各方面的专家参加立法工作，提高立法科学性和实用性；必须进一步加快建立和完善适应社会主义市场经济的法律体系，进一步重视基本法律的完善，为经济体制、政治体制和其他各个方面的体制改革创造一个更加稳定的法律环境和提供更高水平的法律保障。

（二）坚持依法行政的原则，反腐倡廉，努力建设高效、协调、规范的行政管理体制

依法行政是依法治国的重要内容，是依法治国的重点，也是依法治国的难

点。有法不依,等于无法;执法不严,难以治国。国家各级行政机关及其工作人员必须坚持为人民服务的目标,反对消极怠工及腐败现象,搞好廉政建设;行政管理必须规范化、法律化,反对政出多门、各自为政,维护法制统一和政令畅通;提高行政效率,反对办事拖拉、遇事推诿、敷衍应付的官僚主义作风;要把严肃执法作为自己的生命线,坚持行政处罚的法定原则,反对"乱收费"、"乱罚款"、"乱摊派",严格执行法制监督和国家行政赔偿制度,实行执法责任制和评议考核制。深化行政机构改革,转变政府职能,为建立廉政勤政、办事高效、运转协调、行为规范的行政管理体制而努力。

（三）健全司法制度,推进司法改革,努力建设有中国特色的公正和独立的司法体制

司法机关必须维护国家法制的权威、尊严和统一,切实纠正有法不依、执法不严、违法不究的现象;必须坚持司法权统一行使的原则,不受任何行政机关、社会团体和个人的干预,依照党纪国法严肃查处执法中的"地方保护主义"、"部门保护主义"行为和领导干部以言代法、干预司法部门独立办案的行为;坚持"以事实为根据,以法律为准绳"的原则,进一步建立和完善冤案、错案责任追究制;维护法律面前人人平等的原则,反对和抵制各种法外特权和办"人情案"、"关系案";坚持党对司法机关领导的原则,维护和支持司法机关依法独立行使职权,正确处理党的机关、权力机关、行政机关同司法机关的关系,充分发挥司法机关的职能;坚持政法机关"分工合作、互相配合、互相制约"的原则,反对只配合不制约或只制约不配合的错误倾向;坚持依法监督原则;继续建立健全有关制度,为保障在全社会实现公平和正义,建立中国特色的司法体制而努力。

（四）加强干部队伍建设,树立为人民服务的思想,努力建立一支高素质的干部队伍

邓小平同志在1992年指出:"中国的事情能不能办好,社会主义和改革开放能不能坚持,经济能不能快一点发展起来,国家能不能长治久安,从一定意义上说,关键在人。"[①]江泽民同志在1997年12月25日全国政法工作会议上说:"搞好各项工作归根到底人的因素是最根本的。政法工作要不断开创新的局面,必须进一步全面提高政法干警的思想、作风、纪律和业务素质。"[②]在干部队伍中,要深入细致地开展思想政治教育,用邓小平理论和"三个代表"重要思想及党的路线、方针、政策武装广大干部的头脑,努力提高政治思想素质,增强群众观念和道德观念,突出解决"为谁服务"的问题,努力树立为人民服务的思想,提高严肃执法的自觉性和自律能力;大力加强作风建设,培养良好的职业道德观念,对于

---

① 《邓小平文选》第3卷,人民出版社1993年版,第380页。

② 《法制日报》1998年12月26日。

滥用权力、贪赃枉法者，必须依法查处，坚决清除出政法队伍，决不能偏袒、姑息；努力提高干部队伍的业务素质，要通过持之以恒的学习和实践，建立一支政治坚定、业务精通、作风优良、执法公正的司法队伍。

（五）加强对权力的制约和监督，强化监督制约机制，完善社会主义监督制约体系

在早年回答民主人士黄炎培关于如何避免中国历史上“由胜到衰、兴勃亡忽”的周期率时，毛泽东曾经指出，依靠民主和人民群众的监督。权力的行使必须坚持公平、公正和公开的原则，直接涉及群众利益的部门要实行公开办事制度；要把党内监督、法律监督和群众监督有机结合起来，使之形成既相互依存、彼此渗透、互为补充和合作协调，又相互独立、明确分工、主管负责和制约严格的监督体系；高度重视和充分发挥舆论监督的作用，疏通监督渠道，切实保障监督人的合法权益，坚决严厉打击报复陷害行为；加强对宪法和法律实施的监督，维护国家法制统一；加强对党和国家方针政策贯彻的监督，保证政令畅通；加强对各级干部特别是对领导干部的监督，防止滥用权力，严惩执法犯法、贪赃枉法分子。

（六）落实依法治国方略，加大依法治理力度，努力推进建设社会主义法治国家的进程

依法治理是依照宪法和法律规定，运用法律手段对社会关系和人们行为的调控和管理的具体活动；是宪法关于“人民依照法律规定，通过各种途径和形式，管理国家事务，管理经济和文化事业，管理社会事务”的生动实践。要进一步搞好基层依法治理的基础工程，搞好行业依法治理的支柱工程，搞好地方依法治理的主体工程。克服把精神文明建设同依法治理割裂开来和对立起来的错误思想，坚持一手抓建设和改革，一手抓法制的方针。努力克服公民法律意识淡薄、不知法、不信法和不守法的现象，切实提高公民的法律意识和法治观念。

（七）增强依法治国观念，普及法律知识，努力为建立社会主义法治国家奠定思想基础

依法治国的关键在人，人的行为是受思想观念支配的。在全体人民中牢固树立依法治国思想观念，使公民具有较强的法律意识，是依法治国的思想基础；把法律交给人民群众是人民当家做主、依法治国的可靠保证，同时也是社会主义市场经济的内在要求和精神文明建设的重要内容。深入持久地开展法制宣传教育活动，普及法律知识，不断提高公民，特别是各级干部的法律意识和法治观念，是依法治国的必要途径和思想保障。

但是，不可讳言，当前在部分公民，特别是在有的领导干部的心目中，法律没有应有的地位，法治意识非常淡薄，依言不依法，依人不依法的特权现象并没有绝迹，“人治”思想影响仍有其市场。牢固树立法治观念，切实提高法律地位，是依法治国的必要条件。

（八）坚持党对依法治国的领导，从严治党，坚决维护社会主义法治国家的领导核心

江泽民同志强调指出："依法治国是在党的领导下进行的。坚持党的领导同发扬人民民主、严格依法办事是统一的。一切工作、一切战线、任何时候都要从思想上、政治上、组织上和制度上，保证党的基本路线和方针政策的贯彻实施，保证党始终发挥领导核心作用。这是一个根本原则。"①中国共产党是我国社会主义现代化事业的领导核心，也是依法治国，建设社会主义法治国家的领导核心。只有坚持党的领导，才能坚持法治国家的社会主义方向，才能动员广大人民群众投入到建设社会主义法治国家的伟大实践中。

要坚持和加强党的领导，必须改善党的领导。要坚定不移地用邓小平理论和"三个代表"重要思想武装全党，充分发挥党的思想政治优势；要加强党的组织建设，把党建设成坚强的领导核心，充分发挥党的组织优势；要加强党的作风建设，坚持全心全意为人民服务的宗旨，充分发挥党密切联系群众的优势。坚决反对腐败，从严治党，对党员特别是干部要严格要求，严格管理，严格监督。在党内生活中讲党性，讲原则，讲学习，讲正气，讲团结。坚持、加强和改善党的领导，进一步把党建设好，坚决维护我国社会主义法治国家的领导核心，保证我国沿着社会主义法治国家的方向前进。

第一章、第二章主要参考书目：

1. 沈宗灵主编：《法理学》（第二版），北京大学出版社 2003 年版。

2. 孙国华、朱景文：《法理学》，中国人民大学出版社 1999 年版。

① 《法制日报》1997 年 12 月 26 日。

第二编　分　论

第三章　宪法概述

第一节　宪法的概念和本质

一、宪法是国家的根本法

宪法一词，最早来源于拉丁文 Constitutio，原意是“确认”、“组织”或“结构”的意思。古罗马帝国用它来表示皇帝所颁布的“诏令”、“谕旨”之类的文件，以区别于市民会议通过的法律文件。在我国古籍中，早有“宪”、“宪令”、“宪法”一类用语，它们一般泛指普通法律和典章制度，与近代意义的宪法含义不同。作为国家根本法的宪法，是在 17、18 世纪资产阶级革命取得胜利后才出现的。

现代成文的宪法在国家的法律体系中，与普通法律在本质上是一致的，但又有其独具的特征，主要表现在以下三方面：

（一）从内容上看，宪法规定一个国家社会制度和国家制度的基本原则，即国家生活中全局性和根本性的重大问题。如国家性质、政治制度和经济制度、国家结构形式、国家根本任务和基本国策、公民的基本权利和义务、国家机关的组织和活动原则等。普通法律只规定国家生活中的某一方面的问题。例如刑法只规定犯罪与刑罚的问题，民法只规定平等法律主体之间的财产关系和人身关系的问题，婚姻法只规定有关婚姻家庭方面的问题。普通法律规定的内容固然也很重要，但与宪法相比，根本性的是宪法的规定，普通法律是宪法某方面内容的具体化。

（二）从法律效力上看，宪法具有最高的法律效力。这包括两方面含义：其一，宪法是普通法律的立法基础，普通法律必须依据宪法的规定或原则制定；其二，普通法律不得同宪法的规定相抵触，反之，应视为违宪，必须修改或废除。所以，人们形象地把宪法称为“母法”，把普通法称为“子法”，以此比喻宪法与普通法律的效力区别。

（三）从制定和修改的程序上看，宪法比普通法律更为严格。这是由宪法内容的根本性和法律效力的最高性决定的，也是保证宪法权威性和稳定性所必须的。因此，各国制定宪法时，通常都要成立专门的制宪机构；通过宪法时，一般要经过立法机构全体成员的2/3或3/4以上的多数同意方能生效，有些国家还要交全民讨论或者公民投票表决。

我国宪法的制定与修改也是严格按程序进行的。1954年我国第一部社会主义类型的宪法制定时，专门成立了宪法起草委员会，负责宪法的起草工作，最后由第一届全国人民代表大会第一次会议通过。以后几次重大修改宪法，都成立了宪法修改委员会，提出修改草案，由全国人大常委会通过后交付全国人民讨论，最后由全国人民代表大会审议通过。依照我国现行《宪法》第64条的规定，宪法的修改须由全国人民代表大会常务委员会或者1/5以上的全国人民代表大会代表提议，并由全国人民代表大会以全体代表的2/3以上多数通过。而法律和其他议案则只需全国人民代表大会以全体代表的过半数通过。

从以上三个方面可以看出，宪法在国家的法律体系中居于特殊的、首要的地位，在国家生活中发挥着突出的、极其重要的作用，是国家的根本法。

二、宪法是政治力量对比关系的表现

在理解宪法的概念时，除了要明确其根本法的特征外，还要进一步分析宪法与阶级斗争的关系，掌握宪法的本质。

列宁曾明确指出：宪法的实质在于表现了阶级斗争中各种力量的实际对比关系。这是对宪法本质的科学而深刻的揭示，对此可作如下理解：

（一）宪法是阶级斗争中政治力量对比关系的结果和总结

近代意义的宪法，都是在阶级斗争中取得胜利的阶级，依靠国家政权，把胜利成果和斗争经验，用根本法形式肯定下来的体现。在斗争中取得胜利并掌握政权的阶级，总要用宪法来确认和巩固已取得的成果，并在总结历史经验的基础上，建立适合本阶级需要的制度。资产阶级如此，无产阶级也是如此。如美国1787年宪法，是在独立战争胜利，建立了资产阶级共和国之后制定的，它确立了适合资产阶级需要的三权分立制度。苏俄1918年宪法，是在1917年十月革命胜利，建立起苏维埃国家之后制定的，它确立了社会主义制度。我国1954年宪法，是中国人民在共产党领导下，经过长期革命斗争，取得民主革命胜利的结果和总结，它确立了我国社会主义制度和人民当家作主的地位。

（二）宪法反映着社会现实中各种政治力量的实际对比关系

宪法是掌握政权的阶级按照本阶级的意志制定出来的。它对国家制度和社会制度的规定，对各阶级在国家中的地位及其相互间关系的规定，表明哪个阶级处于统治地位，哪个阶级处于被统治地位，哪些人享有民主，对哪些人专政。在资产阶级国家，政权掌握在资本家手中，资产阶级在阶级力量对比中处于优势地位，资产阶级宪法必然要把维护私有制和资产阶级专政作为自己的使命。在社

会主义国家,政权掌握在无产阶级和广大劳动人民手中,无产阶级在阶级力量对比中处于优势地位,社会主义宪法必然把维护公有制为主体的经济制度和人民当家作主的政治制度作为自己的使命。宪法正是现实中的阶级力量对比关系的忠实记载和反映。

(三)宪法随着政治力量对比关系的变化而变化

宪法的发展变化,除根源于经济这一决定因素外,政治力量的实际对比关系也是影响宪法发展变化的重要因素。当政治力量对比关系发生根本性重大变化从而导致国家政权发生质的变化时,势将引起宪法阶级实质的改变。如无产阶级战胜资产阶级建立起社会主义国家后,社会主义宪法必然代替资产阶级宪法。不同历史类型的国家,由于政权性质截然不同,政治力量对比存在根本性差异,其宪法在内容上也必然大相径庭。社会主义国家宪法与资本主义国家宪法就是如此。

同一历史类型的国家,由于各自国内阶级状况和政治力量对比关系不同,其宪法在内容上也不都相同。如开始的英国宪法在相当程度上反映了英国封建势力的相对强大和资产阶级的软弱性及革命不彻底性;而法国宪法则反映了资产阶级革命较为彻底的特点。在同一历史类型国家的不同时期,由于政治力量对比关系的变化,宪法内容也会发生相应的变化。如法国从 1791 年制定第一部宪法起,到 1875 年法兰西第三共和国宪法颁布的 80 年间,由于阶级斗争十分激烈,政治风云不断变幻,共产生了 10 部宪法,这些宪法有的是封建王朝复辟时制定的,有的是资产阶级与封建势力共同制定的,有的是资产阶级独立制定的,这正反映了当时法国阶级斗争中各种政治力量的消长和变化。

三、宪法的分类

宪法作为近代资产阶级革命的产物,已有二三百年的历史。其间伴随着各式各样宪法的出现和多角度的宪法研究,不少法学家、宪法学者曾对宪法作过分类。归纳起来,主要有两种分类方法:一种是宪法形式上的分类,这是资产阶级法学家最先主张和采用的,其特点是只着眼于宪法的制定主体、表现形式、修改程序等外部特征,而不触及宪法的实质,甚至故意掩盖宪法的阶级本质;另一种是宪法实质上的分类,这主要是社会主义法学家主张和采用的,其特点是运用历史唯物主义观点,揭示宪法的阶级实质,阐明社会主义宪法与资本主义宪法的本质区别。宪法实质上的分类抓住了宪法的本质,更为科学。当然,不可否认,宪法形式上的分类对于研究宪法的历史发展和各类宪法的特征以及它们之间的区别与联系具有一定的作用。下面分别加以说明:

(一)宪法实质上的分类

马克思主义法学以历史唯物主义为指导,根据宪法所赖以建立的经济基础和所体现的阶级意志，把宪法划分为两种不同的历史类型，即资本主义类型宪法和社会主义类型宪法。根据这一分类标准，凡是建立在生产资料资本主义私有制基础之上、由资本主义国家所制定、体现资产阶级意志和利益的宪法，不论其表现形式如何，都是资本主义类型宪法；凡是建立在生产资料公有制为主体的经济基础之上、由社会主义国家所制定、体现工人阶级和广大劳动人民意志和利益的宪法，不论其表现形式如何，都是社会主义类型的宪法。

社会主义宪法与资本主义宪法有着本质区别，主要表现在：

1. 社会主义宪法是社会主义经济基础的重要上层建筑，是维护、巩固和发展社会主义经济基础的有力武器。它确认生产资料公有制和按劳分配为主体；规定社会主义根本任务是解放和发展生产力，根本目的是消灭剥削、消除两极分化，最终达到共同富裕。资本主义宪法是资本主义经济基础的重要上层建筑，是为维护、巩固和发展资本主义经济基础服务的。它确认生产资料的资本主义私有制，确保资产阶级对工人和广大劳动人民的剥削，维护资本主义生产关系和社会制度。

2. 社会主义宪法体现工人阶级和广大人民的意志和利益，确认他们在国家的主人地位，保证人民享有广泛而真实的自由和权利。社会主义宪法是捍卫无产阶级专政国家制度的有力武器。资本主义宪法体现资产阶级即少数剥削者的意志和利益，确认资产阶级在国家的统治地位，保障少数剥削者的民主与自由，是维护资产阶级专政国家制度的有力工具。尽管资本主义宪法中载有"主权在民"、"民主"、"自由"等华丽词藻，但无法掩盖其剥削阶级专政的实质。

3. 社会主义宪法确认各民族的平等地位，维护和发展平等互助、团结合作、共同繁荣、共同进步的社会主义民族关系，反对民族压迫、民族歧视和狭隘民族主义。资本主义宪法则确认民族、种族的不平等，或公开推行对被压迫民族的军事侵略、政治压迫、经济掠夺、文化摧残和风俗习惯的歧视，或以虚伪的言辞掩盖资产阶级国家推行的民族歧视和民族压迫的政策。

4. 社会主义宪法确认在建设物质文明的同时，努力建设社会主义政治文明和精神文明，提高全民族的思想道德水平和科学文化素质，反对资产阶级个人主义、拜金主义、享乐主义、利己主义和其他腐朽思想和生活方式，努力造就有理想、有道德、有文化、有纪律的社会主义新人。资本主义宪法则确认根植于生产资料私有制基础上的个人主义价值观，因此不能从根本上抑制和克服政治腐败、犯罪猖獗、道德沦丧、世风日下等种种丑恶现象。

5. 社会主义宪法确认社会主义国家在国际关系中的和平外交政策，反对侵略战争，反对霸权主义和强权政治，支持被压迫民族和被压迫人民的正义斗争，维护世界和平。资产阶级宪法则确认资产阶级国家在国际关系中的霸权主义和强权政治，通过政治的、军事的、经济的、文化的、外交的种种手段侵犯他国独立和主权，干涉别国内政。

总之，社会主义宪法是社会主义国家本质的体现，具有资本主义宪法不可比拟的优越性。

（二）宪法形式上的分类

根据宪法在形式上所表现出来的某些特征，可将具有同类特征的某些宪法归为一类，从这一角度出发，宪法有下列几种分类：

一是成文宪法与不成文宪法。这是以有无一部明文规定的宪法法典为标准所作的分类。成文宪法是指由一部统一的法典形式表现出来的宪法，最早产生于美国和法国。在当今世界各国，大多数采用成文宪法。不成文宪法是指由具有宪法内容的单行法律、司法判例以及传统习惯构成的宪法，英国宪法是不成文宪法的典型。

二是钦定宪法和民定宪法。这是以宪法的制定主体为标准所作的分类。钦定宪法是指由君主独自运用权力制定的宪法，如1889年日本明治天皇实行变法改革而颁布的《日本帝国宪法》，1908年中国清朝皇帝为挽救其行将崩溃的统治而颁布的《钦定宪法大纲》。民定宪法是指由国民直接投票或由国民选出的特别制宪机关制定的宪法，如法国1793年宪法、德国1919年宪法等。

三是刚性宪法和柔性宪法。这是以宪法的修改是否有特别程序为标准所作的分类。刚性宪法是指由特设的机关或特别程序修改的宪法。柔性宪法是指修改机关或修改程序和普通法律相同的宪法。就宪法的修改而言，成文宪法大多具有刚性宪法的特征，而不成文宪法则具有柔性宪法的特征。现代世界各国宪法多为刚性宪法。

除上述分类之外，依各国政治制度、国家结构形式等不同，又有共和制宪法和君主制宪法、联邦制宪法与单一制宪法、最高宪法和从属宪法之分，不再赘述。

第二节 宪法的历史发展

一、资产阶级宪法的产生和发展

宪法作为国家的根本法不是从来就有的，它是17、18世纪资产阶级革命的产物。正如毛泽东指出的："讲到宪法，资产阶级是先行的。英国也好，法国也好，美国也好，资产阶级都有过革命时期，宪法就是他们在那个时候开始搞起的。"①

资产阶级宪法是在反对封建专制制度和建立资产阶级民主制度的过程中产

① 《毛泽东选集》第5卷，人民出版社1977年版，第127页。

生的。英国是近代资产阶级宪法的发源地,但其宪法并非由一部统一的宪法文件构成,而是由各个历史时期颁布的宪法性文件和形成的宪法惯例组成。如1628年的《权利请愿书》是英国资产阶级革命发生以前的著名宪法性文件,标志着国会对王权取得的一次胜利。1679年的《人身保护法》是国会向国王争得人身权利保护的法律文件。1689年的《权利法案》是英国历史上最重要的宪法性文件,它标志着英国资产阶级革命取得胜利的事实和资产阶级民主制度的确立。1911年和1949年的《议会法》则是20世纪英国重要的宪法性文件。

美国是产生世界上第一部成文宪法的国家。美国原为英国的殖民地,经过7年的独立战争,摆脱了英国的殖民统治,于1776年发表了著名的《独立宣言》,宣布独立。1787年在费城召开制宪会议,制定了美国宪法。它确立了资产阶级民主共和政体和"三权分立"的政治制度。但是美国宪法开始并没有关于公民基本权利的规定,公布之后即遭到人民群众甚至资产阶级民主派的强烈反对。在人民大众的压力和法国大革命的影响下,统治集团不得不在1789年以修正案的形式增加了10条关于公民权利的补充条款,即通常所说的《权利法案》,确认了公民享有言论、出版、集会、宗教信仰和选举等权利。美国宪法对欧亚及拉丁美洲国家的资产阶级革命和资产阶级宪法的产生起过重要作用。

法国是欧洲大陆上最早产生成文宪法的国家。1789年7月法国爆发了资产阶级革命。8月国民会议通过了《人权宣言》,这是法国资产阶级反对封建专制的纲领性文件。它宣布了资产阶级"自由"、"平等"以及"主权在民"、"分权"等原则,确认了"法律面前人人平等"、"罪刑法定"、"无罪推定"、"罪刑相适应"、"法律不溯及既往"等法制原则。1791年,制宪会议通过了法国第一部宪法,它以《人权宣言》为序言,废除了封建制度的一切等级爵位、称号和特权,赋予公民以迁徙、集会、请愿、宗教信仰自由等权利。但是这部宪法明显暴露出维护资本主义私有制和资产阶级专政的实质。它确认了"私有财产的不可侵犯"的原则,规定在法国实行君主立宪政体,还以财产多寡和有无将公民分为有选举权的"积极公民"和无选举权的"消极公民",把绝大多数公民排除在国家权力之外,暴露了宪法上所谓"人类生而自由,在权利上平等"原则的虚伪性。

英、美、法三国的宪法是资产阶级国家宪法的先驱。继后,一些资产阶级革命取得胜利的国家,纷纷以美、法宪法为榜样,制定本国宪法。

二、社会主义宪法的产生和发展

社会主义宪法是无产阶级革命和无产阶级专政的产物。1917年俄国工人阶级和劳动人民在列宁为首的布尔什维克党的领导下,发动了十月社会主义革命,推翻了地主资本家的反动统治,建立了世界上第一个无产阶级专政国家。1918年7月10日第五次全俄苏维埃代表大会通过了《俄罗斯苏维埃联邦社会主义共和国宪法》,这是世界上第一部社会主义宪法。这部宪法宣布俄国全部政权由劳动人民掌握,规定工农兵代表苏维埃为苏维埃国家政权的组织形式,实行联邦制的国家结构形式;规定苏维埃国家的基本任务是消灭剥削、消除阶级划分,镇压剥削者反抗,建立社会主义制度。宪法还就保障劳动人民享有广泛、真正的民主自由权利和各民族的平等地位,建立真正代表人民的国家机构和实行社会主义的选举制度作了规定。这部宪法体现了社会主义本质,它记载了无产阶级群众反对国内和国际剥削者的斗争经验和组织经验,是第一部宣布国家政权是劳动者的政权,剥夺剥削者——新生活建设者的敌人的——权利的宪法。

1918 年苏俄宪法的颁布,标志着人类历史上新型的社会主义类型宪法的诞生,具有划时代的重要意义。

三、我国宪法的产生和发展

(一) 旧中国的宪政运动和宪法

在我国近代历史上,宪法和宪政运动始终伴随着中国人民同国内外反动势力的激烈斗争。这种斗争反映在国家制度上,表现为三种不同势力所要求的三种不同宪法。

第一种是中国大地主大买办阶级所制定的宪法。封建腐朽势力的代表清王朝在 1908 年颁布《钦定宪法大纲》,其根本目的在于用宪法形式规定"君主神圣尊严,不可侵犯",保存封建专制制度。辛亥革命推翻了清王朝,但革命成果却被反动军阀袁世凯所窃取,他于 1913 年和 1914 年先后炮制的《天坛宪法草案》和《中华民国约法》为其复辟帝制寻求法律根据。其后,北洋军阀争权加剧,演出了一幕幕制宪丑剧。贿选总统曹锟炮制了《中华民国宪法》,颁布不到一年,就随着曹锟政府的倒台而覆灭。以蒋介石为首的国民党政府于 1931 年公布了《中华民国训政时期约法》,又先后于 1935 年和 1946 年制定了《中华民国宪法草案》和《中华民国宪法》。

第二种是中国民族资产阶级所要求和期盼的资产阶级民主共和国的宪法。以孙中山为首的资产阶级革命派,主张经过革命实现资产阶级民主宪政,并发动了辛亥革命,推翻了清王朝,结束了中国两千多年来的封建帝制,建立了中华民国。1912 年以孙中山为首的南京临时政府公布了《中华民国临时约法》,这是我国近代宪政运动史上唯一的具有历史进步意义的资产阶级宪法性文件。

第三种是中国人民所向往和追求的人民共和国宪法。这种宪法的产生是中国人民在中国共产党领导下长期奋斗的结果,是以工人阶级为领导,以工农联盟为基础的人民民主国家制度的法律体现。早在第二次国内革命战争时期,革命根据地便建立了人民民主政权。1934 年在瑞金召开的第二次全国工农兵代表大会通过了《中华工农民主共和国宪法大纲》。抗日战争时期,陕甘宁边区分别于1941年和1946年的第二届、第三届参议会上先后公布了《陕甘宁边区施政纲领》和《陕甘宁边区宪法原则》。上述宪法性文件,对于巩固根据地的民主政权,推动团结抗日和争取民主运动,发挥了积极作用;对革命胜利后新中国宪法的制定,也产生了重大影响。

(二)中华人民共和国宪法的产生和发展

从1949年中华人民共和国成立前夕至今,先后制定和颁布了一部宪法性文件和四部宪法,反映了建国后我国社会主义革命和建设的发展进程。

1.《共同纲领》是建国初期的临时宪法

《中国人民政治协商会议共同纲领》(简称《共同纲领》)是中华人民共和国建国前夕的1949年9月召开的中国人民政治协商会议第一届全体会议通过的。这部宪法性文件是在当时迫切需要一部根本法而制定宪法的条件又不成熟的特定历史情况下产生的。它规定了新中国的国家性质是工人阶级领导的、工农联盟为基础的人民民主专政,规定了我国的政治制度是人民代表大会制度,规定了军事制度和经济、文化、民族、外交等各项基本政策,规定了人民的基本权利和义务。《共同纲领》总结了我国革命的经验,确立了社会制度和国家制度的基本原则,是一部建设新中国的建国纲领,起了临时宪法的作用。

2.1954年宪法是我国第一部社会主义类型的宪法

建国初期,我国人民在中国共产党的领导下,认真贯彻执行了《共同纲领》,经过艰苦努力,革命和建设事业蓬勃发展,取得了非凡的成就,为制定1954年宪法准备了成熟的条件。在1952年12月24日举行的中国人民政治协商会议全国委员会常委会第四十三次会议上,周恩来代表中共中央提议召开全国和地方各级人民代表大会并开始进行宪法草案的准备工作,得到了会议的一致赞同。1953年1月13日,成立了以毛泽东为首的中华人民共和国宪法起草委员会,负责宪法的起草工作。1954年6月14日,中央人民政府委员会一致通过了中华人民共和国宪法起草委员会起草的《中华人民共和国宪法草案》,并决定予以公布,交付全民讨论。经过两个多月的讨论,提出了一百多万条修改和补充意见,起草委员会根据各方面所提出的意见,再次修改后提交全国人民代表大会审议。1954年9月,经第一届全国人民代表大会第一次会议认真讨论,9月20日一致通过了《中华人民共和国宪法》并公布施行。

这部宪法以《共同纲领》为基础,又是《共同纲领》的继续和发展。《共同纲领》中有关国家政治制度、经济制度、军事制度、文化教育政策、民族政策的基本原则,已被实际生活证明符合中国实际情况,在宪法中被肯定下来;同时根据由新民主主义向社会主义过渡的需要,规定了过渡时期的总任务和实现这一任务的具体方法和步骤;对国家机构和公民的基本权利义务作了更加具体的规定。

1954 年宪法是一部很好的宪法，它总结了我国人民长期革命斗争的历史经验，特别是新中国建立初期社会主义事业的胜利成果和经验。它的颁布实行，对于巩固胜利成果，推动社会主义事业的前进，起了巨大的历史作用。

3. 1975 年宪法

这部宪法是在文化大革命特殊的历史条件下制定的，1975 年 1 月 17 日由第四届全国人民代表大会第一次会议通过。它反映了我国已进入了社会主义社会的历史事实，确认了在国家制度和经济制度方面的社会主义原则。但由于“左”的思想的影响，这部宪法存在着严重的缺点和错误，如在指导思想方面肯定了“以阶级斗争为纲”、“坚持无产阶级专政下继续革命”、“对资产阶级实行全面专政”等错误理论，在内容方面取消了许多必备的规定，特别是在国家机构方面的规定极不完备，在公民基本权利和自由的规定方面大为缩小。这部宪法和 1954 年宪法相比较，显然是一次倒退，在实际上没有也不可能得到实施。

4. 1978 年宪法

这部宪法是在粉碎“四人帮”以后，在拨乱反正、初步批判“四人帮”极“左”路线的基础上制定的，于 1978 年 3 月 5 日第五届全国人民代表大会第一次会议通过。它规定了实现四个现代化的总任务，规定了发扬社会主义民主、保障人民参加国家管理的原则和具体措施，在国家机构和公民的基本权利和义务方面比 1975 年宪法较为具体。1978 年宪法对于清除极“左”路线的影响，推进社会主义事业的前进，起了一定的作用。但它还保留了 1975 年宪法中的某些错误，如坚持无产阶级专政下继续革命的理论，肯定了文化大革命，在国家机构和公民权利方面还留有 1975 年宪法的某些错误规定，因而也是一部不完善的宪法。

5. 1982 年宪法是建设社会主义现代化强国的总章程

1978 年 12 月党的十一届三中全会以后，我国的政治生活、经济生活和文化生活发生了巨大变化。1978 年宪法在许多方面已经同现实情况不相符合，同国家生活的需要不相适应，必须对它进行全面修改。

1980 年 9 月 10 日，第五届全国人民代表大会第三次会议接受中共中央《关于修改宪法和成立宪法修改委员会的建议》，成立了宪法修改委员会，正式开始了修改宪法的工作。宪法修改委员会在广泛征集、认真研究各地方、各部门、各方面意见的基础上，1982 年 2 月提出宪法草案讨论稿，并交全民讨论，在此基础上宪法修改委员会进行了反复修改，于 1982 年 11 月 26 日第五届全国人民代表大会第五次会议经过认真而严肃的讨论修改之后，于 12 月 4 日正式通过《中华人民共和国宪法》并公布施行。

1982 年宪法体现了党的正确主张和人民意志的结合，它总结了建国以来正反两方面的经验，既考虑了当前的现实，又考虑到发展的前景，是一部具有中国特色的社会主义宪法，是建设社会主义现代化强国的总章程。

（三）我国现行宪法的基本内容和基本精神

我国现行宪法(即1982年宪法)颁布后,随着我国改革开放和现代化建设的不断发展,为适应经济体制和政治体制改革的需要,1988年七届全国人大一次会议、1993年八届全国人大一次会议、1999年九届全国人大二次会议和2004年十届人大二次会议四次通过了31条宪法修正案,对宪法的部分内容进行了修改,使之更符合我国国情和现阶段发展的实际。实践证明,现行宪法对加强社会主义民主和法制建设,维护社会政治稳定,保障改革开放和现代化建设的顺利进行,发挥了巨大的作用,对我国经济、政治、社会生活的各个方面产生了重大而深远的影响。

1. 现行宪法的基本原则

第一,坚持马列主义、毛泽东思想、邓小平理论、"三个代表"重要思想和党的基本路线是我国国家生活的总的指导思想。

邓小平理论是在我国改革开放和社会主义现代化建设的实践过程中,在总结我国社会主义胜利和挫折的历史经验并借鉴其他国家社会主义兴衰成败历史经验的基础上逐步形成和发展起来的。它第一次比较系统地初步地回答了中国这样的经济文化比较落后的国家如何建设社会主义,如何巩固和发展社会主义的一系列基本问题,是毛泽东思想在新的历史条件下的继承和发展,是马克思主义同当代中国实践和时代特征相结合的产物,是当代中国发展了的马克思主义,是马克思主义在中国发展的新阶段。"三个代表"重要思想同马克思列宁主义、毛泽东思想、邓小平理论是一脉相承而又与时俱进的科学体系,是马克思主义在中国发展的最新成果,是面向21世纪的中国化的马克思主义,是引导全党全国各族人民为实现新世纪新阶段的发展目标和宏伟蓝图而奋斗的根本指针。以邓小平理论为指导的党的基本路线是建立在对我国现阶段国情的深入考察和科学分析基础之上的,它既规划了社会主义现代化的宏伟蓝图,又指明建设有中国特色社会主义的根本道路和行动方针。《宪法》在序言中明确规定:"我国将长期处于社会主义初级阶段","中国各族人民将继续在中国共产党领导下,在马克思列宁主义、毛泽东思想、邓小平理论和'三个代表'重要思想指引下,坚持人民民主专政,坚持社会主义道路,坚持改革开放"。这种用根本大法的形式明确规定马列主义、毛泽东思想、邓小平理论、"三个代表"重要思想和党的基本路线为全国统一的指导思想,反映了不以人们意志为转移的历史发展规律,是中国亿万人民在长期斗争中作出的决定性选择。这一理论和路线经宪法确认之后,就成为一切国家机关、社会团体、企事业单位以及公民一切行动的最高准则,为加强全国人民的团结,建设富强、民主、文明的社会主义现代化强国,提供了最根本的保障。

第二,建设社会主义现代化强国是今后国家的根本任务。

《宪法》序言明确指出:"国家的根本任务是,沿着建设中国特色社会主义的道路,集中力量进行社会主义现代化建设";"逐步实现工业、农业、国防和科学技术的现代化,把我国建设成为富强、民主、文明的社会主义国家"。这一规定,既反映了对我国现阶段国情的科学认识,又指明了党领导人民奋斗的目的。我国还处于社会主义初级阶段,经过五十多年的社会主义建设,特别是二十多年的改革开放,取得了巨大的成就,但我国经济仍然比较落后,同发达国家相比仍有很大差距,从总体上看,我国生产力水平还比较低,人民生活还不十分富裕,社会主义制度的优越性还未充分发挥出来。因此,必须大力发展生产力,把发展生产力作为社会主义初级阶段的根本任务摆在一切工作的首位,不断增强我国的综合国力,不断提高人民的物质文化生活水平。宪法关于根本任务的规定,代表了全国人民的根本利益,指明了全国人民共同的奋斗目标,对于集中全国各族人民的智慧与力量,开创现代化建设的新局面具有重要意义,并为今后长期坚持这一目标,提供了科学的法律保障。

第三,在建设物质文明和政治文明的同时,努力建设社会主义精神文明。

以马克思主义为指导的社会主义精神文明是社会主义的重要特征,是现代化建设的重要目标和重要保证,也是社会主义优越性的重要体现。把社会主义精神文明建设作为一项重要内容写进国家根本法,是对科学社会主义理论和宪法学说的重大发展。物质文明、政治文明和精神文明是互为条件、互相促进、相辅相成的辩证统一关系。物质文明、政治文明和精神文明都搞好,才是有中国特色的社会主义。现行宪法对我国现阶段物质文明和政治文明建设的内容作了详尽的规定,同时又具体规定了建设社会主义精神文明的基本方针和具体任务,它不仅为精神文明建设提供了法律上的依据和保障,而且在为经济建设和改革开放提供强大的精神动力和智力支持方面具有重要作用,对于提高全民族的素质,建设中国特色的社会主义具有极其重要的意义。

第四,发展社会主义民主,实行依法治国,建设社会主义法治国家。

人民民主是社会主义的本质要求和内在属性,没有民主和法制就没有社会主义,就没有社会主义现代化。现行宪法在总结历史经验基础上,把建设社会主义民主作为国家的根本目标和根本任务之一明确加以规定。如规定我国的国家制度是人民民主专政;国家的一切权力属于人民,人民通过人民代表大会行使国家权力;依照法律规定,人民通过各种途径和形式行使当家作主、管理国家的权力;公民享有广泛而真实的民主权利。

同时,宪法对社会主义法制也作了完备和明确的规定。我国《宪法》第 5 条规定:"中华人民共和国实行依法治国,建设社会主义法治国家。"这就把治国基本方略规定在根本大法中,具有极为重大的意义。与此同时,还规定宪法在国家法律体系中的根本法地位;强调一切法律、行政法规和地方性法规都不得同宪法相抵触；规定公民在法律面前一律平等的重要原则；强调任何组织和个人都必须遵守宪法和法律，不得有超越宪法和法律的特权等等。宪法的上述规定，对于建设有中国特色的社会主义民主政治，巩固和发展稳定的社会环境，保证经济建设和改革开放的顺利进行，具有重大而深远的意义。

第五，坚持独立自主的对外政策。

对外政策是一个国家对外交往中奉行的方针和准则，是国家基本国策的重要组成部分，它直接体现国家本质。我国是社会主义国家，同时又是一个发展中国家。多年以来，我国一贯奉行和平的外交政策，对外工作取得了重大成就，国际影响不断扩大，国际地位不断提高。现行宪法在总结了我国在国际交往中成功经验的基础上，规定了新时期我国对外政策的基本原则，即中国坚持独立自主的对外政策，坚持互相尊重主权和领土完整、互不侵犯、互不干涉内政、平等互利、和平共处的五项原则，发展同各国的外交关系和经济文化的交流，坚持反对帝国主义、霸权主义、殖民主义，加强同世界各国人民的团结，支持被压迫民族和发展中国家争取和维护民族独立，发展民族经济的正义斗争，为维护世界和平、促进人类进步事业而努力。这一规定，将使我国对外政策保持其连续性和稳定性，对于维护国家独立，进一步提高我国国际地位和影响，促进国家的繁荣、富强和人类进步，都具有深远意义。

2. 现行宪法的结构

现行宪法由序言和总纲、公民的基本权利和义务、国家机构以及国旗、国歌、国徽、首都四章组成，共 138 条。

序言回顾了我国人民一百多年来革命和建设的艰难历程和取得的伟大胜利，总结了我国革命和建设成功的基本经验，明确规定了今后国家的根本任务。序言还就我国内政外交的基本政策，如完成祖国统一大业，加强民族的团结，以及我国在国际事务中奉行的基本原则等，作了精辟的说明和明确的规定，并强调了宪法在国家生活中的地位和作用。

第一章总纲就国家生活的重要问题作出原则性规定，在宪法中占有重要地位。主要规定了我国的国家性质、社会制度、经济制度、社会主义精神文明建设等重要内容，还就国家机构的活动原则、武装力量的性质和任务、行政区域的划分和特别行政区的设置等问题作了原则性规定。

第二章公民的基本权利和义务。明确规定了公民在法律面前一律平等和公民权利与义务相一致的原则，规定了公民享有的基本权利和必须履行的基本义务。需要说明的是，公民的基本权利和义务是总纲关于人民民主专政的国家制度和社会主义的社会制度的原则规定的延伸，现行宪法在结构上将本章由前三部宪法的第三章改为第二章，与总纲直接相联，这种安排不仅反映了对宪法结构与内容的科学性认识，也表明了国家对公民权利的重视。

第三章国家机构。主要规定了我国国家机关的种类,各自的性质、地位、组成、任期、职权、相互关系及活动的基本原则。

第四章国旗、国徽、首都。此章规定了我国国旗是五星红旗;国徽中间是五星照耀下的天安门,周围是谷穗和齿轮;首都是北京。

第三节 我国的国家性质

国家性质又称政权性质,或称"国体",指的是国家的阶级本质,即社会各阶级在国家中的地位。国家性质是国家制度中最重要的问题,其核心是反映民主与专政、统治与被统治的关系。国家性质决定着国家的各种制度和基本国策,决定着公民在国家中的地位。因此,它成为宪法规定的首要内容。

《宪法》第 1 条规定:"中华人民共和国是工人阶级领导的、以工农联盟为基础的人民民主专政的社会主义国家。"这一规定,高度概括了我国社会主义国家政权的基本特征和核心内容,确切地表明了我国的国家性质。人民民主专政是我国人民在中国共产党的领导下,依据马克思主义的基本原理和我国的具体实际,在革命斗争中创造的适合我国国情的国家制度。

人民民主专政内容广泛而深刻,最为重要的表现为以下四方面:

(一) 工人阶级的领导是人民民主专政的根本标志

人民民主专政必须由工人阶级领导,这是由工人阶级的阶级特性及其所担负的历史使命决定的。工人阶级是先进社会生产力的代表,它最有远见,大公无私,具有高度的组织性和纪律性,肩负着消灭剥削制度、解放全人类的历史重任。中国工人阶级除具有一般无产阶级的基本特性外,还具有在中国特殊历史条件下铸成的许多优点,即革命的坚定性和彻底性,与广大农民的亲密联盟等。历史证明,只有中国工人阶级才能担负起领导中国革命的重任。现阶段,我国工人阶级是与现代化大生产相联系的劳动者阶级,是先进生产力和生产关系的代表和体现者,是当代中国社会中觉悟最高、组织性最强、掌握现代科学文化知识最多、力量最为集中的阶级。正是这种先进性,决定了它在人民民主专政的国家政权中的领导地位。

工人阶级的领导是通过自己的政党——中国共产党来实现的。中国共产党是工人阶级的先锋队,同时是中国人民和中华民族的先锋队,是中国特色社会主义事业的领导核心,代表中国先进生产力的发展要求,代表中国先进文化的前进方向,代表中国最广大人民的根本利益。党的最高理想和最终目标是实现共产主义。中国新民主主义革命的胜利和社会主义事业的成就,是中国共产党领导广大人民长期艰苦斗争的结果。历史证明,没有中国共产党,就没有新中国,就没有社会主义事业的胜利。宪法明确肯定中国共产党的伟大历史作用,并指明中国人民将继续在中国共产党的领导下,建设富强、民主、文明的社会主义现代化国家。

(二) 工农联盟是人民民主专政的基础

工农联盟是无产阶级专政的重要原则之一。这种联盟无论对夺取政权还是巩固政权,无论对革命还是对建设,都是绝对必要的。我国民主革命和社会主义事业的胜利,证明了工农联盟的极端重要性。在新的历史时期,仍然必须坚持工农联盟。因为工农两个阶级占了全国人口的绝大多数,是国家政权的主体力量。只有工农两个阶级组成巩固的联盟,才能在这个联盟的基础上巩固国内各民族的大团结,组成广泛的爱国统一战线,维护国家的团结和统一。工农两个阶级又是社会主义现代化建设的基本力量,只有工农两个阶级(包括已成为工人阶级一部分的知识分子)艰苦奋斗,才能推动生产力发展,改善贫穷落后的面貌,社会主义现代化事业才有希望。

(三) 人民民主和对敌人专政相结合

人民民主专政作为工人阶级领导的国家政权,包括两个方面的内容和职能,即在全体人民内部实行民主,对人民的敌人实行专政。

民主与专政是辩证统一的关系,二者互相依存,互为条件,相辅相成,不可分割。只有在人民内部实行民主,才能有效地对敌人实行专政;只有对敌人实行专政,人民民主才有保障。发展社会主义民主政治,建设社会主义政治文明,是全面建设小康社会的重要目标。必须在坚持四项基本原则的前提下,继续积极稳妥地推进政治体制改革,扩大社会主义民主,健全社会主义法制,建设社会主义法治国家,巩固和发展民主团结、生动活泼、安定和谐的政治局面。我们党历来以实现和发展人民民主为己任。改革开放以来,我们坚定不移地推进政治体制改革,有力地促进了社会主义民主政治建设。而发展社会主义民主政治,最根本的是要把坚持党的领导、人民当家作主和依法治国有机统一起来。

在对敌专政方面,必须明确:"剥削阶级作为阶级已经消灭。但是,阶级斗争还将在一定范围内长期存在。中国人民对敌视和破坏我国社会主义制度的国内外的敌对势力和敌对分子必须进行斗争"。正如邓小平指出的"不能不讲四个坚持,不能不讲专政,这个专政可以保证我们的社会主义现代化建设顺利进行,有力地对付那些破坏建设的人和事"[①]。

(四) 巩固和发展爱国统一战线

在我国长期革命和建设过程中,形成了中国共产党领导下的极其广泛的统一战线,这是我国人民民主专政的一个重要经验,也是我国革命和建设取得胜利的法宝之一。

① 《邓小平文选》第3卷,人民出版社1993年版,第154页。

在新的历史时期,随着国内阶级关系的新变化,统一战线的社会政治基础比过去任何时候都广泛。它是由中国共产党领导的,有各民主党派、无党派民主人士、人民团体、少数民族人士和各界爱国人士参加的,由全体社会主义劳动者、社会主义事业的建设者、拥护社会主义的爱国者和拥护祖国统一的爱国者组成的,包括台湾同胞、港澳同胞和海外侨胞在内的最广泛的政治联盟。它的任务是,团结一切可以团结的力量,调动国内外一切积极因素,努力化消极因素为积极因素,为实现祖国统一大业,把我国建设成为社会主义强国,反对霸权主义,维护世界和平而共同奋斗。

中国人民政治协商会议是在中国共产党领导下有广泛代表性的统一战线组织。它是发扬社会主义民主的一种重要形式。参加人民政协的除中国共产党以外,还有8个民主党派和其他无党派民主人士。按照"长期共存、互相监督、肝胆相照、荣辱与共"的方针,共产党同民主党派既团结合作又互相监督。人民政协的主要职能是对国家的大政方针、地方的重要事务、群众生活以及统一战线内部关系等重要问题进行政治协商,并提出批评、建议,进行民主监督。人民政协在今后的国家生活、社会生活和对外友好活动中,在进行社会主义现代化建设、维护国家统一和团结的斗争中,将进一步发挥其重要作用。中国共产党领导的多党合作和政治协商制度将长期存在和发展。

第四节 我国的政权组织形式

政权组织形式又叫基本政治制度,或称"政体",它是指统治阶级组织国家政权机关、实现国家权力的形式。政权组织形式(政体)与国家性质(国体)紧密相连。一定性质的国家要建立与之相适应的政权组织形式,而一定形式的国家政权总要体现该国的国家性质。与我国人民民主专政的国家性质相适应,宪法对我国政权的组织形式作了明确规定。《宪法》第2条规定:"中华人民共和国的一切权力属于人民。人民行使国家权力的机关是全国人民代表大会和地方各级人民代表大会。"这表明,人民代表大会制是我国的政权组织形式。

一、人民代表大会制度的概念与特点

人民代表大会制度,是由人民按照民主集中制的原则直接或间接选举的代表组成全国和地方的各级权力机关,并以其为基础,建立全部国家机构,行使国家权力的制度。它是我国人民在中国共产党领导下,在长期革命斗争中创造和发展起来的,具有中国特色的政权组织形式。人民代表大会制度作为我国的基本政治制度,具有以下显著的特点:

(一)人民代表大会制度是人民当家作主地位的具体体现,充分反映了我国

的国家性质

首先,人民代表大会由各民族、各阶层、各党派、群众团体、宗教、爱国人士、归国华侨等各界代表组成,具有极其广泛的代表性,充分说明广大人民是我国政权的基础,与资产阶级国家内少数有产者主宰国家的局面形成鲜明对照。其次,人民代表大会能够真正代表人民行使国家权力,使国家的重大事务的决定符合广大人民的意志。人民代表大会享有立法权、国家重大事务的决定权、产生其他国家机构并监督它们工作的权力。这些国家最根本的权力由人大行使,表明人民真正是国家的主人。

(二) 人民代表大会制度反映了我国国家生活的整体和全貌

人民代表大会制度是我国最重要、最基本的制度,它全面规定了我国政治、经济、文化和社会生活的总原则,具有全局性和指导性。国家生活中的其他制度,如教育制度、军事制度、财政制度、司法制度、婚姻制度等只能代表国家生活的某一方面。只有人民代表大会制度才能体现我国政治生活、社会生活的整体和全貌。

(三) 人民代表大会制度是我国国家力量的源泉

人民代表大会制度是我国人民革命斗争胜利的产物。人民代表大会从产生之日起,就是国家权力机关,其他国家机关都由其产生和建立,对其负责并报告工作,受其监督。人民代表大会制定的法律和制度为其他各项制度的建立奠定法律基础。人民代表大会制度越完善,国家的生活就越有生机和活力。

《宪法》在确认人民代表大会制度是我国基本政治制度的同时,还在第 2 条明确规定:“人民依照法律规定,通过各种途径和形式,管理国家事务,管理经济和文化事业,管理社会事务”。这一规定把人民通过国家权力机关管理国家和直接参与国家各种事务的管理紧密结合起来,既反映了我国政权的本质,又有利于调动广大人民群众管理国家的积极性。

二、人民代表大会制度的优越性

人民代表大会制度是最适合我国国情的政权组织形式。经过几十年的建设与发展,越来越成熟和完善,其优越性十分明显,主要表现为:

(一) 它是实现人民当家作主、管理国家的最好的形式

人民代表大会是在民主选举的基础上产生的,人民代表来自人民,又生活和工作在人民之中,与人民群众有最密切联系,最了解人民的要求,因而能够忠实代表人民利益,按人民意志办事。人民代表有权对国家生活的一切问题发表意见,并根据少数服从多数的原则作出决定。人民代表有权向有关国家机关提出质询,受质询的机关必须作出答复。同时,人民代表必须接受群众监督,并受选举单位和选民的罢免。这种形式便于调动人民群众参加国家管理的积极性。

（二）它既能保证中央的统一领导，又有利于调动和发挥地方的积极性

在人民代表大会制度下，凡属全国性的，需要在全国范围内作出统一决定的重大问题，由全国人大代表全国人民的意志，作出决策；而地方性的重大问题，由地方各级人大根据宪法和法律及本地实际情况决定。在中央与地方之间，贯彻下级服从上级、地方服从中央的原则，这就保证了中央集中统一的领导；同时地方有权因地制宜地解决本地方的重大问题，有助于调动地方的主动性和积极性。

（三）人民代表大会制度是具有高度工作效率的制度

各级人民代表大会在各自职权范围内议决国家及地方大事，及时处理国家及地方重大问题，如制定法律、法规以及解决其他重大事宜，同时领导和监督其他国家机关贯彻执行。通过规定相应的职权和严格的责任制，促使其他国家机关迅速有效地履行职权，不断提高工作效率。正如江泽民同志在党的第十五次全国代表大会上的报告所指出的："我国实行的人民民主专政的国体和人民代表大会的政体是人民奋斗的成果和历史的选择，必须坚持和完善这个根本政治制度，不照搬西方政治制度的模式，这对于坚持党的领导和社会主义制度、实现人民民主具有决定意义"①。

我国人民代表大会制度，将随着社会主义市场经济体制的建立和政治体制改革的深入，不断地得到发展和完善。

三、我国的选举制度

选举制度，是指关于选举国家代表机关的制度，包括选举的原则、组织、程序、方法等内容。它是国家政治制度的重要组成部分，是由宪法或专门法律加以规定的。我国的选举制度是我国人民代表大会制度的重要组成部分，是由宪法和选举法加以规定的，其内容包括选举的基本原则、名额分配、选区划分、选民登记、代表候选人的提出、选举程序、对代表的监督、罢免和补选以及对破坏选举的制裁等。它集中体现了社会主义民主，是人民行使当家作主权力的重要制度。我国选举制度的民主性集中表现在以下几项基本原则上：

（一）选举的普遍性

选举权是公民的基本权利之一，包括选举权和被选举权两个方面。现行《宪法》第 34 条规定："中华人民共和国年满十八周岁的公民，不分民族、种族、性别、职业、家庭出身、宗教信仰、教育程度、财产状况、居住期限，都有选举权和被选举权；但是依照法律被剥夺政治权利的人除外。"这一规定表明，在我国，达到法定选举年龄的人，除极少数被剥夺政治权利的人以外，都有选举权和被选举权。

---

① 《高举邓小平理论伟大旗帜，把建设有中国特色社会主义事业全面推向二十一世纪》，人民出版社 1997 年版，第 34 页。

（二）选举权的平等性

《中华人民共和国全国人民代表大会和地方各级人民代表大会选举法》（简称《选举法》）第4条规定："每一选民在一次选举中只有一个投票权。"这一规定包括两层涵义：一是所有选民都在平等的基础上参加选举，具有同等的投票权；二是每个选民在一次选举中，只有一个投票权，任何人都不得有特权。这种一人一票原则是选举平等性的具体体现。必须指出，我国选举权的平等性还表现在代表名额的分配上。根据《选举法》的规定，各级人民代表大会的代表名额和代表的产生均以一定的人口比例作为基础；地方各级人民代表大会代表的名额，应当按照"便于召开会议讨论问题和解决问题，并且使各民族、各地区、各方面都能有适当数量的代表的原则"来决定。

（三）直接选举和间接选举并用

直接选举是指人民代表大会的代表由选民直接选举产生。间接选举是指上一级人民代表大会的代表由下一级人民代表大会选举产生。根据《选举法》的规定，全国人大代表，省、自治区、直辖市、设区的市、自治州的人大代表，采用间接选举方式产生；不设区的市、市辖区、县、自治县、乡、民族乡、镇的人民代表大会的代表，由选民直接选出。这一规定表明，目前在我国直接选举与间接选举并用，并把直接选举的范围扩大到县一级。这既符合我国国情，又是发展社会主义民主的实际需要。就一般而言，直接选举较间接选举更能直接而充分表达选民意志，但这并不是说直接选举在任何情况下都是体现选举民主的最好或唯一形式。根据我国目前的政治、经济、文化等各方面具体情况，采用两者并用既切实可行，又便于调动人民群众参加政权建设的积极性。

（四）无记名投票

选举方式的投票方法有秘密投票和公开投票两种。秘密投票也称无记名投票，即选票上不记投票人的姓名，选民按照自己的意愿填写选票，并亲自投入票箱。现行《选举法》第36条规定："全国和地方各级人民代表大会代表选举一律采用无记名投票的方法。选民如果是文盲或者因残疾不能写选票，可以委托他信任的人代写。"这一规定，选民可以不受外来干扰，自主决定所信赖的人当代表，便于选民行使民主权利，更好地发扬民主。

（五）代表向选民或原选举单位负责并受其监督

选民对代表的监督权和罢免权是选举权必不可少的组成部分，是对选举权的重要补充和保障。如果光有选举权而无监督权和罢免权，则无法保证代表真正代表选民意志，或遇有违背选民意志的代表而束手无策。因此，离开了监督权和罢免权，真正的选举权也是无法实现的。列宁曾指出过，只有承认和实行选举人对代表的罢免权，才是真正的民主和确实代表人民意志的。我国《选举法》明确规定：各级人民代表大会的代表受选民和原选举单位的监督。选民或原选举单位都有权罢免自己选出的代表,还规定了罢免代表的基本要求和程序。这些规定使我国的选举制度更加完善,从而确保选民行使选举权。

(六)从物质上和法律上保障选民的选举权利

我国《选举法》规定,所有选举经费都由国库开支。这就使选民行使选举权获得了物质保障。同时从根本上避免了那种以金钱操纵选举的现象,从而显示了我国选举制度的优越性。同时《选举法》还规定,为保障选民和代表自由行使选举权和被选举权,对用暴力、威胁、欺骗、贿赂等非法手段破坏选举或妨碍选民和代表自由行使选举权和被选举权的;伪造选举文件、虚报选举票数,或者有其他违法行为的;对于控告、检举选举中违法行为的人,或者对于提出要求罢免代表的人进行压制、报复的,应当依法给予行政处分或者刑事处分。

第五节 我国的国家结构形式

国家结构形式,是指一个国家的整体由哪些部分和依据什么原则构成以及国家整体与组成部分之间的关系。现在世界各国的国家结构形式主要有单一制和联邦制两种。单一制国家是由若干个行政区域组成的单一主权的国家,其特点是全国只有一部统一的宪法,一个中央机关体系,各行政区域均受中央政府的统一领导,在对外关系上是国际交往的单一主体。联邦制是指由若干成员国(共和国、邦、州等)组成的国家,其特点是除有联邦宪法、法律和联邦中央机关体系外,各成员国都有自己的宪法、法律和中央机关体系,实施联邦宪法和法律赋予的权力。一个国家采取什么样的国家结构形式,是由该国的具体国情决定的。

一、我国是统一的多民族国家

《宪法》序言确认:“中华人民共和国是全国各族人民缔造的统一的多民族国家。”总纲第 4 条规定:“各少数民族聚居的地方实行区域自治,设立自治机关,行使自治权。各民族自治地方都是中华人民共和国不可分离的部分。”这说明,我国采取的是单一制国家结构形式。我国单一制国家结构的确立,是由国内国际各方面的因素决定的,有其历史的必然性和现实的必要性,主要表现在以下几方面:

(一)是由民族构成和分布的客观状况决定的

我国是一个多民族的国家,除汉族以外,还有蒙、藏、回、维、壮、满等 55 个少数民族。全国总人口 2002 年底为 128453 万人,其中,汉族人口约占全国人口总数的 91.02%,少数民族人口约占全国人口总数的 8.98%。少数民族人口虽少,但分布的地区却很广,约占全国土地面积的 64%,主要在边疆各省区。各民族居住情况并不像区划那样整齐,而是形成以汉族为主体的各民族大杂居、小聚居和聚居中有杂居、杂居中有聚居的交错局面。这种民族分布情况,形成了各民族互相影响、互相融合的密不可分的关系,为建立统一的祖国大家庭提供了客观条件。

(二) 是民族关系历史发展的必然结果

我们这个统一的多民族国家是长时期逐步形成的。在我国历史上,从秦汉起就形成了统一的多民族的中央集权国家。两千多年来,虽然出现过民族分裂局面,但各民族之间的经济联系和文化交流从未中断过。国家的统一、民族的团结,始终是我国民族关系发展的主流。近一个半世纪以来,各族人民在反对共同敌人——帝国主义和国内反动统治的斗争中,共同奋斗,结成了血肉不可分离的战斗友谊。建立统一的多民族国家,反映了各族人民的共同愿望和根本利益,是历史发展的必然结果。

(三) 是各民族共同发展、共同繁荣的客观要求

我国物产丰富,地大物博,少数民族地区幅员辽阔,地下有丰富的矿产,地上有良好的山川、河流和平原,为开发资源、发展农林牧渔业提供了优越的物质条件。由于历史的原因,少数民族经济文化还比较落后,如不加强对少数民族地区的支援和建设,整个国家的建设与发展不可能实现;离开了少数民族的繁荣与发展,汉族的经济文化也不可能真正发展。只有在民族大家庭里,依靠各民族的力量,互相帮助,互相支援,才会有各民族人民的共同繁荣,才会有整个中华民族的繁荣与发展。

(四) 是维护国家统一、民族团结的需要

目前我国处于复杂的国际环境中,帝国主义、霸权主义和反动势力千方百计挑拨我国各民族的友好关系,用和平的或武装的方式,从事分裂民族团结和破坏国家统一的活动。他们的一个重要手段就是在少数民族聚居的边境、海防线上制造事端。因此,少数民族地区便成为与国内外反动势力斗争的前哨阵地,战略地位十分重要。为使少数民族免遭外部蹂躏,为了国家的安全,必须加强各民族的团结,共同对付反动势力的挑衅与破坏。

总之,我国采取单一制国家结构形式,建立统一的多民族国家,是历史的必然、人民的愿望、现实的要求,是中华民族优良传统的具体体现,是社会主义事业胜利的重要保证。

二、民族平等、团结、互助是我国处理民族关系的重要原则

坚持民族平等、团结和互助,是马克思主义关于民族问题的基本观点。世界上一切民族都是人类物质财富和精神财富的创造者,都对人类文明作出了自己的贡献。民族有大小先进落后之别,但绝无优劣、贵贱之分。在民族关系上不允

许以大压小,以强凌弱,任何民族都不应居于特殊地位,享有特殊权利。正是从这一基本原理出发,我国一贯坚持民族平等、团结、互助的原则。《宪法》第 4 条规定:“中华人民共和国各民族一律平等。国家保障各少数民族的合法的权利和利益,维护和发展各民族的平等、团结、互助关系。禁止对任何民族的歧视和压迫,禁止破坏民族团结和制造民族分裂的行为。”

建立民族平等、团结、互助的新型民族关系,必须十分注意和处理好下述问题:

(一) 在维护民族团结的斗争中,既要反对大民族主义,主要是大汉族主义,也要反对地方民族主义。这是由汉族占全国人口的绝大多数,在全国政治、经济和文化生活中有最大影响这一现实情况决定的。而克服地方民族主义也是加强民族团结、维护国家统一所必须的。反对大民族主义和地方民族主义应当正确进行,主要靠思想教育和建立、完善有利于民族团结的各项政治、经济和文化措施。

(二) 要大力帮助各少数民族发展经济文化事业。由于历史上的原因,我国各少数民族的经济、文化发展都落后于汉族。改变这种状况,既是少数民族利益的需要,也是国家整体利益的需要。因此,《宪法》第 4 条规定:“国家根据少数民族的特点和需要,帮助各少数民族地区加速经济和文化的发展”;第 122 条规定:“国家从财政、物资、技术等方面帮助各少数民族加速发展经济建设和文化建设事业”。

(三) 要大力培养少数民族干部、各种专业人才和技术工人。少数民族干部、各种专业人才和技术工人是发展少数民族经济文化的骨干力量,也是巩固和发展民族区域自治制度的政治、组织保障。因此,《宪法》第 122 条规定:“国家帮助民族自治地方从当地民族中大量培养各级干部、各种专业人才和技术工人”。

(四) 尊重和保护各少数民族的自由权利。民族语言文字和民族风俗习惯是一个民族的重要标志,是各民族在长期生活和生产实践中逐渐形成的,是民族智慧、感情、尊严的象征。使用民族语言文字,保持或改革民族风俗习惯,是少数民族不可剥夺的重要权利,是坚持民族平等团结的基本条件。

三、民族区域自治是我国基本的民族政策

民族区域自治,是指在党和国家的统一领导下,遵照宪法和法律的规定,以各少数民族聚居的地区为基础,建立民族自治地方,设立自治机关,由少数民族自主地管理本民族、本地区的事务。民族区域自治制度是中国共产党依据马克思主义关于民族问题的基本原理,结合我国各民族的历史特点和现实状况提出的解决我国民族问题的基本政策,也是国家的一项重要政治制度。《宪法》第 4 条明确规定:“各少数民族聚居的地方实行区域自治,设立自治机关,行使自治权。各民族自治地方都是中华人民共和国不可分离的部分。”

根据宪法和民族区域自治法的规定,民族区域自治制度的主要内容包括以下几个方面:

(一)各少数民族聚居的地方实行区域自治,各民族自治地方都是中华人民共和国不可分离的部分。

(二)民族自治地方设立自治机关。自治机关是民族自治地方的人民代表大会和人民政府,是国家的一级地方政权机关。自治机关实行民主集中制原则。

(三)民族自治地方的自治机关的负责人主要由实行区域自治的民族的公民担任。

(四)在多民族居住的民族自治地方的人民代表大会中,除实行区域自治的民族的代表外,其他各民族也应有适当名额的代表。

(五)民族自治地方的自治机关除行使地方国家机关职权外,还依照宪法和法律的规定行使自治权,自主地管理本民族的经济、教育、文化、卫生、体育等事业。

四、我国的行政区域

行政区域属于国家结构形式范畴。它是指在国家领土内划分的各级行政单位所管辖的区域。我国的行政区域划分即行政区划,是根据经济原则、民族原则和便于人民群众参加管理国家的原则进行的。在行政区域划分中,要照顾到民族成分、人民生活的特点、人口数量和密度、地区经济情况、交通情况、历史形成的政治经济文化中心以及是否便于国家机关和人民群众的联系等各个方面。

根据宪法规定,我国的行政区域划分为:

(一)全国分为省、自治区、直辖市;

(二)省、自治区分为自治州、县、自治县、市;

(三)县、自治县分为乡、民族乡、镇;

(四)直辖市和较大的市分为区、县;

(五)自治州分为县、自治县、市。

《宪法》第31条还规定:“国家在必要时得设立特别行政区。在特别行政区内实行的制度按照具体情况由全国人民代表大会以法律规定。”这表明,特别行政区与一般行政区不同,它具有特殊的法律地位,实行特别的政治经济制度。它是为解决台湾、香港、澳门问题,由宪法作出的专门规定。

《宪法》序言庄严宣告:“台湾是中华人民共和国的神圣领土的一部分。完成统一祖国的大业是包括台湾同胞在内的全中国人民的神圣职责。”考虑到台湾的特殊情况,在回归祖国后,可以作为特别行政区,享有高度的自治权,包括台湾现行社会、经济制度不变,生活方式不变,同外国的经济文化关系不变等。

根据中英关于香港问题的联合声明和中葡关于澳门问题的联合声明,我国政府已于1997年7月1日和于1999年12月20日分别对香港、澳门恢复行使主权，设立香港特别行政区和澳门特别行政区。除外交和国防事务属中央人民政府管理外，特别行政区享有高度的自治权，包括行政管理权、立法权、独立的司法权和终审权。

宪法关于特别行政区的规定，表明我国在维护国家主权、统一和领土完整的原则方面是坚定不移的，但在具体政策、措施方面又有很大的灵活性，是原则性和灵活性相结合的典范。

第六节 我国的经济制度

经济制度是指社会一定历史阶段的经济基础，即生产关系的总和的反映和体现。它包括生产资料所有制的形式，由此而产生的人们在生产中的地位及其相互关系，以及由前两项内容决定的产品分配形式。其中生产资料所有制是经济制度的基础，它的性质决定经济制度的性质。经济制度是社会上层建筑赖以建立的基础，不同社会有不同的经济制度。社会主义经济制度是社会主义生产关系的反映和体现，是社会主义事业取得胜利的物质基础，是人民幸福、国家兴旺发达的重要保证。

现行宪法对我国现阶段经济制度作了明确规定，主要是：

一、生产资料所有制结构

《宪法》第6条规定："中华人民共和国的社会主义经济制度的基础是生产资料的社会主义公有制，即全民所有制和劳动群众集体所有制。社会主义公有制消灭人剥削人的制度，实行各尽所能、按劳分配的原则。国家在社会主义初级阶段，坚持公有制为主体、多种所有制经济共同发展的基本经济制度，坚持按劳分配为主体、多种分配方式并存的分配制度。"这些规定确认了我国的社会主义经济制度的基础和国家在社会主义初级阶段的基本经济制度。

全民所有制和劳动群众集体所有制是社会主义公有制的两种形式。全民所有制是由社会主义国家代表全体人民占有生产资料的一种所有制形式，劳动群众集体所有制是生产资料由集体经济组织内的劳动群众共同占有的一种所有制形式，以公有制为主体，是由我国的国家性质决定的，也是与我国生产力发展状况分不开的。

全民所有制经济，即国有经济，是国民经济中的主导力量。国有经济是国民经济的主要组成部分，是国家建设资金的主要来源，拥有现代化的大工业，肩负着装备国民经济各部门的重要任务，是促进社会生产不断扩大的物质保证；它担负着组织生产资料和生活资料的生产和流通，不断满足人们物质文化生活需要的任务；它决定和影响其他经济成分的发展方向和速度，对集体经济的巩固和发展，保证个体经济、私营经济以及外资经济为社会主义服务，都起着决定性的作用。鉴于此，《宪法》第7条明确规定："国家保障国有经济的巩固和发展"。

集体所有制经济包括农村中的和城镇中的两个部分，即：农村集体经济组织实行家庭承包经营为基础、统分结合的双层经营体制。农村中的生产、供销、信用、消费等各种形式的合作经济是社会主义劳动群众集体所有制经济。参加农村集体经济组织的劳动者，有权在法律规定的范围内经营自留地、自留山、家庭副业和饲养自留畜。城镇中的手工业、工业、建筑业、运输业、商业、服务业等行业的各种形式的合作经济，都是社会主义劳动群众集体所有制经济。集体经济在国民经济中占有重要地位。只有大力发展集体经济，才能提供充足的粮食、原料和劳动的广阔市场，促进工业、轻工业、对外贸易等事业的发展，才能提供丰富的农副产品，满足人民的生活需要。城镇中的各种集体工商业、服务业对于方便群众，满足人民的服务需求，起到了很好的作用。因此，《宪法》第8条规定："国家保护城乡集体经济组织的合法权利和利益，鼓励、指导和帮助集体经济的发展"。

《宪法》第11条规定："在法律规定范围内的个体经济、私营经济等非公有制经济，是社会主义市场经济的重要组成部分。"在我国，除上述两种生产资料公有制外，还存在着城乡劳动者个体经济，这种个体经济是以生产资料个体所有、以个体劳动为基础的一种经济形式。现阶段个体经济主要是在城乡分散经营的个体工商业和从事服务行业的个体工商户，农村依法经营自留地、自留山、家庭副业、饲养自留畜的农户，以及其他个体农户。个体经济的存在既有其必然性也有其必要性。由于我国生产力发展水平还不高，社会化大生产还不可能适用于一切领域，个体经济不可取代。个体经济有其积极作用，有利于利用闲置自然资源，扩大就业范围，促进生产发展和社会安定；有利于活跃城乡市场，方便群众生活；有利于恢复和发展传统手工艺和民间技艺，增加税收，扩大出口创汇。私营经济是存在雇佣劳动关系的经济成分。它的存在和发展，既是由社会主义初级阶段生产力的实际状况决定的，又对我国经济的发展有着积极的作用，它有利于促进生产，扩大就业，活跃市场。因此，《宪法》第11条规定："国家保护个体经济、私营经济等非公有制经济的合法权利和利益。国家鼓励、支持和引导非公有制经济的发展，并对非公有制经济依法实行监督和管理。"

中国共产党第十五次全国代表大会的报告明确指出："公有制为主体、多种所有制经济共同发展，是我国社会主义初级阶段的一项基本经济制度。这一制度的确立，是由社会主义性质和初级阶段国情决定的：第一，我国是社会主义国家，必须坚持公有制作为社会主义经济制度的基础；第二，我国处在社会主义初级阶段，需要在公有制为主体的条件下发展多种所有制经济；第三，一切符合

'三个有利于'的所有制形式都可以而且应该用来为社会主义服务。"①

对外开放是我国一项长期的基本国策,利用外资、吸引外商来我国举办合资经营企业、合作经营企业和独资企业,有利于引进先进技术和管理经验,扩大国外市场,加速我国现代化步伐。同时,他们的经营活动又必须受我国法律的制约。因此,《宪法》第 18 条规定:"中华人民共和国允许外国的企业和其他经济组织或者个人依照中华人民共和国法律的规定在中国投资,同中国的企业或者其他经济组织进行各种形式的经济合作。在中国境内的外国企业和其他经济组织以及中外合资经营的企业,都必须遵守中华人民共和国的法律。它们的合法权利和利益受中华人民共和国法律的保护"。

总之,在社会主义初级阶段,坚持公有制为主体、多种经济成分长期共同发展,是宪法确认的我国经济制度的基本原则,它有利于促进生产力的发展,有利于社会主义现代化建设,是符合我国国情的所有制结构形式。

二、分配原则

《宪法》第 6 条规定:国家在社会主义初级阶段,"坚持按劳分配为主体、多种分配方式并存的分配制度"。

各尽所能、按劳分配是社会主义制度下个人消费品的最主要分配方式。各尽所能是指每个有劳动能力的人都应在其社会分工的范围内尽其所能为社会劳动。按劳分配是指按劳动者所提供的劳动的数量和质量分配相应的生活资料。它是对人剥削人制度的根本否定,是社会主义公有制的实现形式。

各尽所能、按劳分配是同我国现阶段生产力发展水平和人们的思想觉悟程度相适应的。目前,我国生产力水平还不高,社会产品还达不到极大丰富的程度,不具备按社会成员需要分配的物质条件。同时,由于剥削阶级思想意识的影响,人们的思想觉悟一般还不可能达到把劳动作为生活的第一需要的程度,不具备按需分配的精神条件。当然,按劳分配原则的积极作用是十分明显的,它有利于消除不劳而获的剥削阶级思想影响,发扬主人翁精神和树立社会主义劳动态度;有利于克服分配中的"平均主义"和"大锅饭"错误倾向,调动劳动者的积极性、主动性和创造性;有利于劳动者正确处理个人利益与国家、集体利益的关系,促进生产力发展和人民生活水平的提高。需要指出的是,由于我国现阶段实行的是以公有制为主体的多种经济成分并存的经济格局,这就决定了在分配方式上不可能是单一的,只能是多种分配方式并存的分配制度。

① 《高举邓小平理论伟大旗帜,把建设有中国特色社会主义事业全面推向二十一世纪》,人民出版社 1997 年版,第 22 页。

三、国家保护公共财产和公民的合法财产

社会主义公共财产是我国社会主义经济制度的基础，是公民享有各项权利和自由、不断提高物质文化生活水平的物质源泉和保障。维护社会主义公共财产，是社会主义国家的一项重要任务。

《宪法》第12条规定："社会主义的公共财产神圣不可侵犯。国家保护社会主义的公共财产。禁止任何组织或者个人用任何手段侵占或者破坏国家的和集体的财产。"这一规定，确认了国家保护公共财产的原则，为制定和执行具体的关于制裁、处罚侵占或者破坏公共财产的行为的法律、法规提供了客观依据。在当前和今后的很长时期内，同一切破坏和侵犯公共财产的违法犯罪行为作斗争，仍是一项不容忽视的任务。

公民的合法财产所有权指公民对个人财产的占有、使用、收益和处分的权利。它包括劳动收入，如工资、奖金、退休金及经营家庭副业所得的收益；自有房屋、储蓄和生活用品及其他生活资料；依法从事生产经营活动所必须的生产资料，如工具、农具、耕畜、机械、种子等。《宪法》第13条规定："公民的合法的私有财产不受侵犯。国家依照法律规定保护公民的私有财产权和继承权。国家为了公共利益的需要，可以依照法律规定对公民的私有财产实行征收或者征用并给予补偿。"

保护公民合法私有财产的所有权是我国宪法的重要任务之一，它与保护社会主义公共财产是并行不悖的。社会主义生产的目的是为了满足人民物质文化生活的需要，随着生产的发展，不仅公共财产不断增加，公民个人合法财产也不断增加。根据宪法规定，国家对任意侵犯公民合法财产的行为予以制裁，同时要求公民不能为个人利益损害公共利益和他人利益。

四、社会主义经济建设的指导思想、目的、方针和途径

（一）社会主义经济建设的指导思想和目的

《宪法》序言规定："国家的根本任务是，沿着建设中国特色社会主义的道路，集中力量进行社会主义现代化建设。"这就明确规定了我国经济建设的社会主义性质和方向。序言接着载明："中国各族人民将继续在中国共产党领导下，在马克思列宁主义、毛泽东思想、邓小平理论和'三个代表'重要思想指引下，坚持人民民主专政，坚持社会主义道路，坚持改革开放，不断完善社会主义的各项制度，发展社会主义市场经济，发展社会主义民主，健全社会主义法制，自力更生，艰苦奋斗，逐步实现工业、农业、国防和科学技术的现代化，推动物质文明、政治文明和精神文明协调发展，把我国建设成为富强、民主、文明的社会主义国家。"这就是说，我国经济建设必须以马克思列宁主义、毛泽东思想、邓小平理

论、“三个代表”重要思想和中国共产党在社会主义初级阶段的基本路线为指导思想。

关于社会主义经济建设的目的,《宪法》第 14 条规定:“国家合理安排积累和消费,兼顾国家、集体和个人的利益,在发展生产的基础上,逐步改善人民的物质生活和文化生活”。逐步改善人民的物质生活和文化生活是社会主义经济建设的目的。同时,要兼顾生产与生活两个方面,注意合理安排积累和消费的关系,在发展生产的基础上,做到逐步改善人民物质和文化生活。

(二)社会主义经济建设的基本方针

《宪法》第 14 条规定:“国家通过提高劳动者的积极性和技术水平,推广先进的科学技术,完善经济管理体制和企业经营管理制度,实行各种形式的社会主义责任制,改进劳动组织,以不断提高劳动生产率和经济效益,发展社会生产力。”以经济建设为中心,解放和发展社会生产力,是我国经济建设必须坚持的基本方针。

要坚持社会主义经济建设的基本方针,首先,要提高劳动者的积极性和技术水平。为了提高劳动者的积极性,宪法规定,国家通过各种手段加强劳动保护和改善劳动条件,并在发展生产的基础上提高劳动报酬和福利待遇。为了提高劳动者的技术水平,宪法对劳动就业培训、发展教育事业等作了具体规定。其次,推广先进的科学技术。科学技术是第一生产力,科技进步是经济发展的决定性因素,振兴经济首先要振兴科技。只有坚定地推动科技进步,才能在激烈的竞争中取得主动,才能在世界高科技领域中占有一席之地和应有的地位。我国必须发展高科技,推广科学技术,完善经济管理体制和企业经营管理制度,实行各种形式的社会主义责任制,改进劳动组织,实现现代化管理。

(三)社会主义经济建设的途径

第八届全国人大第一次会议根据党的十四大决议,代表全国人民的意志,通过了宪法修正案,将“国家在社会主义公有制基础上实行计划经济”修改为“国家实行社会主义市场经济”。这一修改,以根本法的形式确认了我国经济体制的重大变化,具有重大的现实意义和深远的历史意义。

建立社会主义市场经济,概括地说,就是要把社会主义基本制度同市场经济有机结合起来,使市场在国家宏观调控下,对资源配置起基础性作用。这一目标模式的确立,是随着改革的深入,逐步摆脱计划与市场关系的传统观念束缚,形成新的认识后提出的。从党的十二大提出计划经济为主、市场调节为辅,直至十四大提出建立社会主义市场经济体制,是社会主义经济理论的重大突破。从实践来看,改革开放二十多年来,市场范围进一步扩大,对经济活动调节作用大大增强,计划直接管理的领域显著缩小,而且市场作用发挥充分的地方,经济活力也比较强。事实证明,只有强化市场机制的作用,才能使我国经济优化结构,提高效益,加快发展,参与国际市场竞争。因此,建立社会主义市场经济体制目标模式的提出是实践的发展和认识深化的必然结果,当然,它必将随着实践的发展和人们认识的深化还将进一步发展和完善。

第七节 我国的社会主义精神文明建设

一、社会主义精神文明是社会主义的重要特征

以马克思主义为指导的社会主义精神文明是社会主义的重要特征,是现代化建设的重要目标和重要保证,是社会主义优越性的重要表现,它关系到社会主义的兴衰成败。因为,我们要实现的现代化,是社会主义的现代化,我们所采取的所有改革开放和搞活经济的政策,目的都是为了建设中国特色的社会主义。如果忽视在马克思主义思想指导下的社会主义精神文明建设,人们对社会主义的理解就会陷入片面性,就会使人们的注意力仅仅限于物质文明的建设,甚至仅仅限于物质利益的追求。那样,我们的现代化建设就不可能保证社会主义方向,我们的社会主义社会就会失去理想和目标,失去精神动力和战斗意志,就不能抵制各种腐化因素的侵蚀,甚至会走上畸形发展和变质的邪路。因此,必须坚持物质文明、政治文明和精神文明都要抓、都要硬的方针。

物质文明、政治文明与精神文明互为条件,相互促进。物质文明为政治文明、精神文明的发展提供物质条件和实践经验,精神文明为物质文明、政治文明的发展提供精神动力和智力支持,并为它的正确发展方向提供有力的思想保证。因此,在建设社会主义物质文明、政治文明的同时,一定要努力建设社会主义精神文明,这是我们党根据马克思主义基本原理,总结我国革命和建设经验所提出的一项战略方针。宪法规定建设社会主义精神文明,这在宪法史上是第一次,是对社会主义根本法的重大发展。

社会主义精神文明建设,包括思想道德建设和教育科学文化建设两个方面,这两方面是互相渗透、互相促进的,两者需要同时进行,不可偏废。

二、宪法关于思想道德建设的规定

思想道德建设是精神文明建设的重要方面,它决定精神文明建设的性质和方向。宪法对思想道德建设的基本内容、要求和方法作了具体规定:“国家通过普及理想教育、道德教育、文化教育、纪律和法制教育,通过在城乡不同范围的群众中制定和执行各种守则、公约,加强社会主义精神文明的建设。国家提倡爱祖国、爱人民、爱劳动、爱科学、爱社会主义的公德,在人民中进行爱国主义、集体主义和国际主义、共产主义的教育,进行辩证唯物主义和历史唯物主义的教育,反

对资本主义的、封建主义的和其他的腐朽思想。”

（一）加强理想教育

理想是指人们向往、追求、通过努力可以实现的奋斗目标。革命理想是引导人们确定政治方向、激励奋发向上、战胜困难、实现远大目标的精神支柱。进行理想教育，要把立足现实和面向未来有机结合起来。既要从社会主义初级阶段的实际出发，提出切实可行的标准和要求，又要把人们现实的努力与实现共产主义远大目标联系起来。把实现现代化的信心引向共产主义的高度信念上来。加强理想教育，要进行辩证唯物主义和历史唯物主义教育，使人们认识和理解马克思主义世界观和社会发展规律，进行爱国主义、集体主义和国际主义教育，使人们了解民族的光辉历史和革命传统，了解当代世界的进步、矛盾和人类的前途，要引导人们特别是青少年树立正确的理想、信念、世界观、人生观和价值观，反对和抵制拜金主义、享乐主义和个人主义，反对和抵制资本主义和封建主义腐朽思想的侵蚀。

（二）加强道德教育

依法治国和以法治国相辅相成。要建立与社会主义市场经济相适应、与社会主义法律规范相协调、与中华民族传统美德相承接的社会主义道德体系，深入进行党的基本理论、基本路线、基本纲领和“三个代表”重要思想的宣传教育。

社会主义道德建设要以为人民服务为核心，以集体主义为原则，以诚实守信为重点，以爱祖国、爱人民、爱劳动、爱科学、爱社会主义为基本要求，加强社会公德、职业道德和家庭美德教育，在全社会形成团结互助、平等友爱、共同前进的人际关系。进行社会主义道德建设，提倡为人民服务和集体主义精神，提倡尊重人、关心人、热爱集体、热心公益、扶贫帮困、为人民为社会多做好事。全面加强社会主义道德建设，大力倡导文明礼貌、助人为乐、爱护公物、保护环境、遵纪守法的社会公德，大力倡导爱岗敬业、诚实守信、办事公道、服务群众、奉献社会的职业道德，大力倡导尊老爱幼、男女平等、夫妻和睦、勤俭持家、邻里团结的家庭美德。特别要加强青少年的思想道德建设，引导人们在遵守基本行为准则的基础上，追求更高的思想道德目标。

（三）加强文化教育

文化教育在思想道德建设中起着重要作用。文化教育的内容十分广泛，包括普及自然科学知识、社会科学知识和历史文化知识。要弘扬社会主义主旋律，创造出更多振奋人们精神、鼓舞群众斗志、凝聚民族力量、激发社会活力的精神产品，以促进社会全面进步，不断满足人民群众日益增长的精神文化需求。

（四）加强纪律和法制教育

遵纪守法是社会文明进步的标志，是巩固和发展安定团结政治局面所必须的。要教育人们特别是广大青少年树立良好的纪律和法制观念，养成遵纪守法的习惯,同一切破坏法制和纪律的行为作斗争。

总之,宪法关于上述各种教育的规定,对于培养有理想、有道德、有文化、有纪律的社会主义公民,具有重要作用。

三、宪法关于加强文化建设的规定

文化建设是教育、科学、文化建设的简称。它既是物质文明建设的重要条件,也是精神文明建设不可缺少的重要内容。文化建设包括教育、科学、文学艺术、新闻出版、广播电视、卫生、体育、文物、图书馆、博物馆等各项文化事业建设。宪法对加强文化建设作了明确规定。

(一) 发展教育事业

教育是发展科学技术和培养人才的基础,在现代化建设中具有先导性、全局性作用,必须提在优先发展的地位。全面贯彻党的教育方针,与生产劳动和社会实践相结合,培养德、智、体、美全面发展的社会主义建设者和接班人。坚持教育要面向现代化,面向世界,面向未来的正确方向。《宪法》第19条规定:“国家发展社会主义的教育事业,提高全国人民的科学文化水平。”

为发展教育事业,《宪法》第19条规定:“国家举办各种学校,普及初等义务教育,发展中等教育、职业教育和高等教育,并且发展学前教育”。除发展系统学校教育外,宪法还规定:“国家发展各种教育设施,扫除文盲,对工人、农民、国家工作人员和其他劳动者进行政治、文化、科学、技术、业务的教育,鼓励自学成才。”为了满足广大群众受教育的要求,宪法规定鼓励多渠道、多形式社会集资办学和民间办学,改变国家包办教育的办法。

(二) 发展科学事业

当今世界,科学技术越来越成为推动历史进步的社会力量,成为代表一个国家和民族文明水平的重要标志。建国以来,我国科学事业有了迅猛发展,在有些领域和方面已达到很高水平。但从总体上看,我国的科学技术还比较落后,为了改变这种状况,必须努力在全民族中扎扎实实地促进科学的普及、发展和提高。《宪法》第20条规定:“国家发展自然科学和社会科学事业,普及科学和技术知识,奖励科学研究成果和技术发明创造。”

普及科学知识,弘扬科学精神。坚持社会科学和自然科学并重,充分发挥哲学、社会科学在经济和社会发展中的重要作用,在全社会形成崇尚科学、鼓励创新、反对迷信和伪科学的良好氛围。

(三) 发展医疗卫生和体育事业

医疗卫生事业、体育事业直接关系到人民的健康。是否有健康的体魄、良好的卫生习惯,常常是衡量一个民族文明素质的外在标志。随着我国医疗卫生、体育事业的发展,我国人民的身体素质大大提高。为继续推进这一事业,宪法规定,国家发展医疗卫生事业,开展群众性卫生活动,保护人民健康。国家发展体育事业,开展群众性的体育活动,增强人民体质。

(四) 发展文化事业

我国文化事业的根本任务,在于不断提高精神产品的数量和质量,满足广大群众的文化生活的广泛需要。发展各类文化事业和文化产业都要贯彻发展先进文化的要求,始终把社会效益放在首位。为实现这一任务,必须大力发展文化事业。《宪法》第 22 条规定:“国家发展为人民服务、为社会主义服务的文学艺术事业、新闻广播电视事业、出版发行事业、图书馆博物馆文化馆和其他文化事业,开展群众性的文化活动。”同时规定:“国家保护名胜古迹、珍贵文物和其他重要历史文化遗产。”

四、发挥知识分子在社会主义精神文明建设中的作用

知识分子是工人阶级中掌握科学文化知识较多的一部分,是先进生产力的开拓者,在改革开放和现代化建设中有着特殊重要的作用,在社会主义精神文明建设中担负着光荣的任务。能否充分发挥广大知识分子的作用和才能,在很大程度上决定着我们民族的盛衰和现代化建设的进程。要充分发挥知识分子的作用,就必须努力创造更加有利于知识分子施展聪明才智的良好环境,在全社会进一步形成尊重知识、尊重人才的良好风尚,要积极改善知识分子的工作、学习和生活条件,知识分子应当努力学习,重视自身思想建设,不辜负国家和人民的希望与重托,振奋精神,为社会主义现代化建设作出新的贡献。

第八节 我国公民的基本权利和义务

公民是指具有一国国籍的人。一个人具有哪个国家的国籍,就是那个国家的公民,就要依照该国宪法和法律规定享有权利和承担义务。可见,国籍是公民的必备条件和基本标志,我国《宪法》第 33 条规定:“凡具有中华人民共和国国籍的人都是中华人民共和国公民。”

2004 年 3 月 14 日十届全国人大二次会议通过的宪法修正案第 24 条规定“国家尊重和保障人权”。把我们党和国家的一些方针写入宪法,可以进一步为这一方针的贯彻实施提供宪法保障;而在宪法中作出尊重和保障人权的宣示,体现了社会主义物质的本质要求,有利于推进我国社会主义人权事业的发展,有利于我们在国际人权事业中进行交流和合作;同时这一内容写在“公民的基本权利和义务”一章头一条,就便于把人权和公民基本权利联系起来,进一步加强对公民基本权利的保护。

公民基本权利是指由宪法规定的公民享有不可少的某些权益,是公民实施

某一行为的可能性。公民的基本义务是指宪法规定的公民必须遵守和应尽的根本责任,是公民权利和义务中最基本、最重要的部分,它直接反映公民在国家中的法律地位,体现了国家的本质,也是公民其他一切权利和义务的基础。

一、我国公民基本权利和义务的特点

我国公民基本权利和义务是人民民主专政国家性质的具体反映,它具有不同于资产阶级国家的鲜明特点,体现了社会主义制度的优越性。主要表现在以下四个方面:

(一)公民权利的广泛性

在我国,公民权利的广泛性主要表现在以下两方面:一是享受权利的主体极为广泛,既包括占全国人口绝大多数的全体人民,还包括极少数依法被剥夺政治权利但仍享有其他权利的人。随着社会主义事业的前进,享受权利的主体将更为增多,依法被剥夺权利的人将越来越少。二是公民享受权利的范围很广泛,包括政治、经济、文化和社会生活的各个方面,如政治权利和自由、人身自由、社会经济权利、文化教育的权利和自由等等。对此将在后面专门介绍。

(二)公民权利的真实性

我国宪法对公民权利的规定既着眼于人民利益,又立足于现阶段我国的国情。凡是符合人民利益,又能够实现的,就加以规定;符合人民利益但目前暂时做不到的,待条件成熟时再加以规定。这种从实际出发的原则保证了公民权利的真实性。另外,国家为公民权利的实现提供了物质保障和法律保障。如在选举方面,宪法和选举法作了具体规定,选举经费由国库开支。又如,宪法在规定公民享有劳动权利和义务的同时,又规定国家通过各种途径,改善劳动条件,提高劳动报酬和福利待遇等。

(三)公民权利和义务的平等性

《宪法》第33条明确规定:“中华人民共和国公民在法律面前一律平等”,任何组织或者个人都不得有超越宪法和法律的特权。这就是说,公民在享受权利和履行义务方面,不因自身的自然或社会状况(民族、种族、性别、职业、家庭出身、宗教信仰、教育程度、财产状况、居住年限)的不同而有差别。任何公民平等地享受宪法和法律赋予的权利,也平等地履行宪法和法律规定的义务,不允许任何人有超越宪法和法律的特权。国家对公民的合法权益,平等地加以保护;对公民的违法犯罪行为,平等地依法予以追究和制裁。

(四)公民权利和义务的一致性

权利和义务是互为条件、互相依存的,没有无义务的权利,也没有无权利的义务。《宪法》第33条规定:“任何公民享有宪法和法律规定的权利,同时必须履行宪法和法律规定的义务。”这就是说,享受权利和承担义务是不可分割的,任何人不能只享受权利,不尽义务,也不能只尽义务,不享受权利。这种权利和义务的统一,反映了国家、集体和个人利益的一致性,反映了公民目前利益和长远利益的一致性。另一方面,权利和义务是相互促进、相辅相成的。公民享受的权利越广泛,就越能激发其履行义务的自觉性;而公民自觉履行义务,为社会多作贡献,也必将促进社会主义事业的发展,从而为公民权利的实现创造条件。

二、我国公民的基本权利

宪法规定的我国公民的基本权利,可以归纳为以下几个方面:

(一)政治权利和自由

政治权利和自由是指公民依法享有的参加国家政治生活、管理国家的权利,以及就国家和政治问题表达个人见解和意愿的自由。这是社会主义制度下劳动者最根本的权利和自由,没有这项权利和自由,其他权利和自由也就无从谈起。政治权利和自由包括:

1. 选举权和被选举权。《宪法》第 34 条规定:"中华人民共和国年满十八周岁的公民,不分民族、种族、性别、职业、家庭出身、宗教信仰、教育程度、财产状况、居住期限,都有选举权和被选举权;但是依照法律被剥夺政治权利的人除外。"这项规定告诉人们,只要是年满十八周岁的公民,且没有被依法剥夺政治权利,都有选举权和被选举权。根据我国法律,被判刑而没有被剥夺政治权利的人,以及正在被劳动教养和正在受拘留处罚的人准予行使选举权利。法律还规定,精神病患者不能行使选举权的,经选举委员会确定不列入选民名单,这并非剥夺精神病患者的政治权利,而是因其无法行使权利而作的规定。

2. 政治自由。《宪法》第 35 条规定:"公民有言论、出版、集会、结社、游行、示威的自由。"言论自由是指公民用口头或书面形式表达自己的意志和愿望的自由。出版自由是指公民有发表著作、文字、出版刊物等表达意志和愿望的自由。集会自由是指公民聚会商讨问题、表达意愿的自由。结社自由是指按照一定宗旨组织某种社会组织的自由。游行自由是指公民采取列队行进的方式表达意愿的自由。示威自由是指通过集会或游行表示某种强烈愿望的自由。公民依法享有这些政治自由,体现了我国人民当家作主的地位和社会主义民主的优越性。

(二)宗教信仰自由

《宪法》第 36 条规定:"中华人民共和国公民有宗教信仰自由。"这一基本权利是指公民可以根据个人意愿,自主决定其宗教信仰问题。包括:信仰宗教和不信仰宗教的自由,信仰这种或那种宗教或教派的自由,什么时候信仰宗教或不信仰宗教的自由。

我国宪法之所以规定宗教信仰自由,是由宗教本身的性质和特点决定的:

1. 宗教作为一种社会意识形态,有其产生、发展和消亡的客观规律,还不能随着剥削制度的消灭而消灭。由于现实生产力水平和教育、科学、文化发展程度的限制,人们还不能完全征服自然和社会的各种异己力量,这就决定了宗教在相当长的历史阶段还将继续存在。正如周恩来同志所说:"只要人们还有一些不能从思想上解释和解决的问题,就难以避免会有宗教信仰现象。"①

2. 宗教信仰具有群众性、民族性、国际性的特点。从目前世界上看,信教人数占总人口的一半以上,其中佛教、伊斯兰教和基督教是世界三大宗教,信徒达27亿之多。我国是一个多种宗教的国家,有佛教、道教、伊斯兰教、天主教、基督教和东正教,信教人数超过2000万,特别是在少数民族中,往往一个民族信仰一种宗教,或几个民族信仰同一种宗教。宗教对某些少数民族的思想感情、风俗习惯、生活方式影响颇深,成为民族历史文化中难以分离的组成部分。因此,正确处理宗教问题,对国家的统一、民族的团结和国际交往都有十分重要的意义。

宗教一般来说是人民内部的思想信仰问题,信教与不信教,不能靠行政命令或强制。《宪法》第36条明确规定:"任何国家机关、社会团体和个人不得强制公民信仰宗教或者不信仰宗教,不得歧视信仰宗教的公民和不信仰宗教的公民。"为保证公民正确行使宗教信仰自由权利,《宪法》第36条还规定:"国家保护正常的宗教活动。任何人不得利用宗教进行破坏社会秩序、损害公民身体健康、妨碍国家教育制度的活动。"为了保持和发扬我国宗教的优良传统和习惯,坚持独立自主的办教政策和自传、自治、自养的办教方针,《宪法》第36条明确规定:"宗教团体和宗教事务不受外国势力的支配"。

(三)人身自由

公民的人身自由是公民参加社会活动、享受其他权利的前提,如果人身自由得不到保障,从事其他活动的权利便无从谈起。我国宪法规定的公民人身自由包括以下几方面:

1. 公民人身自由不受侵犯。《宪法》第37条规定:"任何公民,非经人民检察院批准或者决定或者人民法院决定,并由公安机关执行,不受逮捕。禁止非法拘禁和以其他方法剥夺或者限制公民的人身自由。禁止非法搜查公民的身体。"除宪法外,我国的刑法、刑事诉讼法等法律都对公民人身自由的保护作了具体规定。

2. 公民的人格尊严不受侵犯。人格是指公民作为权利和义务主体的独立的资格。公民依法享有这种资格的权利就是人格权。公民的人格权包括:生命权、健康权、姓名权、名誉权、荣誉权、肖像权等。《宪法》第38条规定:"中华人民共和国公民的人格尊严不受侵犯。禁止用任何方法对公民进行侮辱、诽谤和诬告陷害。"这就是说,凡侵害他人人身,侮辱他人人格,丑化他人形象,诋毁他人名誉,诬告陷害他人等行为,都是侵害人格尊严的行为,是我国宪法和法律所

① 周恩来:《关于我国民族政策的几个问题》,载《新华月报》1979年第12期,第11页。

禁止的,构成违法或犯罪的,应受到相应的处罚。

3. 公民的住宅不受侵犯。禁止非法搜查或非法侵入公民的住宅。这就是说,任何机关或个人非经法律许可,不得强行搜寻或检查、进入或强占公民的住宅。搜查公民的住宅是司法机关侦查人员的法定职权,他们需按刑事诉讼法规定的条件和程序行使搜查权。其他任何机关或个人均无此项权力。

4. 公民的通信自由和通信秘密受法律保护。公民的通信自由是指公民有权通过信件、电报、电话等形式与他人进行交往,他人不得非法阻碍、干涉或破坏。公民的通信秘密,是指公民通信内容(无论是用信件、电报或电话等形式表达)是其个人秘密,受法律保护。除因国家安全或者追究刑事犯罪的需要,由国家安全、公安机关或者检察机关依照法律规定的程序进行检查外,任何组织或者个人不得以任何理由侵犯公民的通信自由和通信秘密。

(四) 批评和建议权、申诉、控告、检举权和取得赔偿权

《宪法》第 41 条规定:“中华人民共和国公民对于任何国家机关和国家工作人员,有提出批评和建议的权利;对于任何国家机关和国家工作人员的违法失职行为,有向有关国家机关提出申诉、控告或者检举的权利。”这里所说的批评权,是指公民对国家机关及其工作人员的缺点或错误,有权提出批评。建议权是指公民对国家机关及其工作人员的工作,有权提出自己的主张和建议。申诉权是指公民对国家机关及其工作人员的错误或违法决定、判决,有权提出申诉要求改正。控告权是指公民对国家机关及其工作人员的违法失职行为提出指控或告诉,请求予以制裁的权利。检举权是指公民对国家机关及其工作人员违法失职或犯罪行为提出检查或举报,要求予以制裁的权利。上述这些权利是公民监督国家机关及其工作人员的工作、加强廉政建设的有效手段。为保证这些权利的实现,《宪法》第 41 条还规定:“对于公民申诉、控告或者检举,有关国家机关必须查清事实,负责处理。任何人不得压制和打击报复”。同时也要求公民在行使申诉、控告或者检举权利时,必须实事求是,不得捏造或者歪曲事实进行诬告陷害。为保护公民的合法权益,宪法还规定:“由于国家机关和国家工作人员侵犯公民权利而受到损失的人,有依照法律规定取得赔偿的权利”。

(五) 社会经济权利

社会经济权利是公民享有的经济利益方面的权利,它是公民实现其他权利的物质保证。根据宪法的规定,我国公民的经济权利包括:

1. 劳动的权利和义务

劳动权是指有劳动能力的公民都有获得工作和取得劳动报酬的权利。《宪法》第 42 条规定:“中华人民共和国公民有劳动的权利和义务。国家通过各种途径,创造劳动就业条件,加强劳动保护,改善劳动条件,并在发展生产的基础上,提高劳动报酬和福利待遇。”

在社会主义条件下,劳动不仅是谋生的权利和手段,而且是劳动者应对社会尽的一种责任。因此,宪法在确认公民劳动权利的同时,又规定:“劳动是一切有劳动能力的公民的光荣职责”。要求劳动者应以主人翁的态度对待自己的劳动,提倡社会主义劳动竞赛,奖励劳动模范和先进工作者,提倡公民从事义务劳动。

2. 劳动者的休息权

休息权是与劳动权紧密相连的,是劳动权的必要补充。宪法规定劳动者的休息权,目的在于使劳动者在劳动之余得到充分的休息,以便以更充沛的体力和精力投入劳动和工作。为保证公民的休息权,国家规定了职工的工作时间和休假制度,并采取措施,扩充劳动者休息和休养的设施和条件。

3. 退休人员的生活保障权

国家实行退休制度,对广大退休人员给予关怀和照顾,这既体现了中华民族敬老爱老的优良传统,又是社会主义制度优越性的反映。宪法规定:“国家依照法律规定实行企业事业组织的职工和国家机关工作人员的退休制度。退休人员的生活受到国家和社会的保障。”

2004 年 3 月宪法修正案第 23 条规定:“国家建立健全同经济发展水平相适应的社会保障制度。”

4. 物质帮助权

物质帮助权,是公民在年老、疾病或者丧失劳动能力的情况下,有从国家和社会获得物质帮助的权利。宪法在确认这一权利的同时,还规定:国家发展为公民享受这些权利所需要的社会保险、社会救济和医疗卫生事业。

宪法还规定,国家和社会保障残废军人的生活,抚恤烈士家属,优待军人家属,帮助安排盲、聋、哑和其他有残疾的公民的劳动、生活和教育。

(六) 文化教育的权利和自由

文化教育的权利和自由是指公民在教育和文化活动方面所享有的权利和自由,包括:

1. 公民受教育的权利和义务

受教育的权利是指公民有权接受思想品德、文化科学、体质体能等方面的教育和训练。这是公民提高自身素质以适应社会发展的需要。受教育的义务是指公民达到一定年龄后,必须接受规定年限的学校教育,也包括通过各种方式(自学成材或业务培训)接受教育,这是公民为社会多作贡献所必须的。

要使社会主义事业后继有人,兴旺发达,加强培养青少年的工作就十分重要。《宪法》第 46 条特别规定:“国家培养青年、少年、儿童在品德、智力、体质等方面全面发展。”

2. 公民进行科研、文学艺术创作和其他文化活动的自由

科学研究自由是指公民有权通过各种方式从事各种科学研究工作,并有权

自由地探讨问题、发表意见,坚持自己的学术见解。文学艺术创作和其他文化活动的自由是指公民有权按照自己的意愿和兴趣从事文学艺术创作活动和其他文化活动,并坚持各自的特点,发展各自的风格。宪法的有关规定体现了党的“百花齐放、百家争鸣”的发展科学文化和文学艺术的方针,对繁荣社会主义文化提供了法律保证。

宪法还规定了国家对于从事教学、科学、技术、文化、艺术和其他文化事业的公民的有益于人民的创造性工作,给以鼓励和帮助。

(七) 妇女的权益和婚姻、家庭、母亲、儿童受国家保护

《宪法》第 48 条规定:“中华人民共和国妇女在政治的、经济的、文化的、社会的和家庭的生活等各方面享有同男子平等的权利。国家保护妇女的权利和利益,实行男女同工同酬,培养和选拔妇女干部。”妇女在我国现代化建设中,发挥着半边天的作用。但不容忽视的是,在目前社会上,男尊女卑的封建陈腐观念还没有完全消除,歧视和虐待妇女的现象时有发生,侵犯妇女权益的行为依然大量存在。因此,必须大力进行男女平等的教育和宣传,消除歧视妇女的封建思想,要同一切侵犯妇女权益的现象作斗争。还要大力选拔和培养妇女干部,充分发挥她们的作用。

《宪法》第 49 条规定:“婚姻、家庭、母亲和儿童受国家的保护。夫妻双方有实行计划生育的义务。父母有抚养教育未成年子女的义务,成年子女有赡养扶助父母的义务。禁止破坏婚姻自由,禁止虐待老人、妇女和儿童。”这些规定对于引导公民发扬中华民族的传统美德,树立社会主义道德风尚,建立社会主义家庭关系,具有重要意义。

(八) 保护华侨、归侨和侨眷的合法权益

华侨是侨居外国的中国公民,归侨是返回祖国居住的华侨,侨眷是华侨的眷属。广大华侨热爱祖国,对祖国的革命和建设事业作出了积极贡献,他们是发展我国同各国人民关系的纽带。随着我国社会主义事业的前进和国际地位的日益提高,华侨的地位也日益提高,他们的爱国热忱空前高涨。宪法规定:保护华侨的正当的权利和利益,保护归侨和侨眷的合法的权利和利益。这体现了国家对广大华侨、归侨和侨眷的关怀,必将极大地激发广大华侨、归侨和侨眷的爱国热忱和为祖国多作贡献的积极性。

三、我国公民的基本义务

宪法在规定公民的基本权利的同时,规定了公民应当履行的基本义务,除上述公民基本权利中涉及的有关义务外,主要还有以下几项义务:

(一) 维护国家统一和全国各民族的团结

国家的统一和民族的团结是我国革命和建设事业取得胜利的基本保证。维

护国家统一和各民族团结是公民的神圣职责,它直接关系到我国改革开放和现代化事业的成败。因此,宪法明确规定:公民有维护国家统一和全国各民族团结的义务。每个公民都应成为维护国家统一,加强民族团结的模范,积极同一切分裂国家、破坏民族团结的行为作斗争。

(二) 遵守宪法和法律,保守国家机密,爱护公共财产,遵守劳动纪律,遵守公共秩序,尊重社会公德

宪法和法律是全国人民共同意志的体现,任何违反宪法和法律的行为都是对国家和人民利益的危害,因此,遵守宪法和法律是每个公民义不容辞的责任。国家秘密是涉及国家安全和利益的尚未公布或不准公布的有关国家政治、经济、军事、外交、科技等重大事项。保守国家秘密,关系到国家的安全和社会主义现代化建设的顺利进行,每个公民都应当提高保密意识,严守国家秘密,防止泄密,并同一切窃密行为作斗争。公共财产是广大人民用辛勤劳动换来的,又是现代化建设的物质条件,每个公民都应成为爱护公共财产的模范,同一切侵犯公共财产的行为作斗争。劳动纪律是劳动者进行社会生产必须遵守的规章制度,是保证生产、工作有序进行的重要手段。在我国,劳动纪律不单单是对劳动者的强制和约束,而应成为人们自觉遵守的规范。宪法把遵守劳动纪律作为公民的一项义务,对于提高劳动者的素质,提高劳动效益有重要作用。公共秩序是社会生活中的一种有条不紊的状态,或称人们共信共行的社会规则,它包括工作秩序、生产秩序、教学科研秩序和人民群众生活秩序。遵守公共秩序既是社会安定的条件,又是个人安全的保障。社会公德是社会主义道德在社会生活中的具体体现,尊重社会公德对于提高社会风尚,加强精神文明建设有重要作用。

(三) 维护祖国安全、荣誉和利益

祖国的安全、荣誉和利益同每个公民息息相关,是个人安全、荣誉和利益的前提条件。每个公民都要以国家利益为重,自觉维护祖国安全、荣誉和利益,同一切危害祖国安全、荣誉和利益的行为作斗争。

(四) 保卫祖国,抵抗侵略,依照法律服兵役和参加民兵组织

国家的独立和安全至关重要,关系到中华民族的安危、社会主义祖国的命运和现代化建设的前途。我们生活在复杂的国际环境中,帝国主义和反动势力并未放弃敌视和破坏我国的反动政策,我们必须提高警惕,粉碎其颠覆和侵略的图谋,履行保卫祖国、抵抗侵略的神圣义务。依法服兵役和参加民兵组织是每个公民光荣而神圣的责任。

(五) 依法纳税

税收是国家财政收入的最重要形式和主要来源,也是国家调节社会生产、监督经济活动的重要手段。我国的税收取之于民,用之于民,公民依法纳税,既可为国家积累资金,也可以从中获得利益,利国利民。每个公民都应增强纳税意

识，自觉履行纳税义务。

四、正确行使权利，自觉履行义务

我国宪法对公民基本权利的规定是极其广泛的，每一个公民必须正确地来理解宪法关于公民权利和义务的规定，必须自觉地把公民的权利和应履行的义务统一起来，正确地行使权利，自觉地履行义务。

我国《宪法》第51条规定："中华人民共和国公民在行使自由和权利的时候，不得损害国家的、社会的、集体的利益和其他公民的合法的自由和权利。"世界上从来没有也不可能有不受任何限制的"绝对自由"。自由作为一种权利，不仅要受到社会、经济、文化条件的限制，还要受法律的限制。因为任何人都是生活在特定的社会群体之中，绝不能不顾其他社会成员的利益想做什么就做什么，按自己的意志行事而损害他人的利益。马克思曾经说过：自由就是从事一切对别人没有害处的活动的权利。每个人所能进行的对别人没有害处的活动的界限是由法律规定的，正像地界是由界标确定的一样。这就是说，谁要享有自由，谁就必须遵守法律。法律是为人们正确行使自由和权利所设的界限。若是超越这一界限，不受法律的约束来行使自由，必然会侵犯他人自由和社会的利益，就会导致任何人不可能享有自由。上述《宪法》第51条的规定充分说明，在我国公民行使自由权利同样要受法律限制，其限制的目的是为了防止由于对自由和权利的滥用而使国家、社会、集体的利益和其他公民的合法权益遭到损害。每一个公民都应正确维护和行使宪法和法律赋予的各项自由和权利，绝不能把维护自己的权利同维护国家、集体和社会的权利以及其他公民的合法权益对立起来。

宪法不仅赋予公民广泛的权利，而且规定了公民应尽的义务，每一个公民必须以国家主人翁的姿态，忠实地履行宪法规定的各项义务，树立正确的权利义务观念，培养社会主义公民意识，正确行使权利，自觉履行义务。

五、关于公民权益保障的法律

我国宪法规定的公民基本权利是我国社会主义制度优越性的法律表现，是由我国人民民主专政的国家性质所决定的，是同我国现阶段生产力的发展水平和国情相适应的。但是，宪法规定的公民的基本权利，一般来说，必须通过相应的法律、法规的规定，使之具体化、明确化和详细化，这样才能真正把公民享有的基本权利以规范化的形式体现出来，从而便于落实和实现。这是任何一个称得上实行法治的国家必须重视的一个问题和必须做的一项工作。

我国自改革开放以来，尤其是自20世纪80年代后期以来，在关于公民权益的法律保障方面，有了很大进步和发展，取得了不小的成绩。我们先后制定了《中华人民共和国归侨侨眷权益保护法》(1990年9月7日)、《中华人民共和国残疾人保障法》(1990 年 12 月 28 日)、《中华人民共和国未成年人保护法》(1991 年 9 月 4 日)、《中华人民共和国妇女权益保障法》(1992 年 4 月 3 日)、《中华人民共和国消费者权益保护法》(1993 年 10 月 31 日)、《中华人民共和国国家赔偿法》(1994 年 5 月 12 日)、《中华人民共和国劳动法》(1994 年 7 月 5 日)、《中华人民共和国母婴保健法》(1994 年 10 月 27 日)、《中华人民共和国老年人权益保障法》(1996 年 8 月 29 日)等法律。同时,在各省、市、自治区也制定了一些相应的地方性法规和法律实施办法;此外,也制定了一些尚无法律规定,但有宪法依据的地方性法规,如《保护公民举报权利的规定》等,这就初步形成了以宪法为核心,以法律、法规为内容的公民权益保障法律体系。

第九节 我国的国家机构

一、国家机构的概念及我国国家机构体系

国家机构是指统治阶级为实现国家权力而建立起来的国家机关体系,它是实现国家职能的重要工具。我国的国家机构是人民行使国家权力的国家机关的总称,是巩固人民民主专政,建设社会主义物质文明、政治文明和精神文明,实现社会主义现代化的重要工具。

我国的国家机构体系由下列既独立又相互联系的国家机关组成:

1. 全国人民代表大会
2. 中华人民共和国主席
3. 国务院
4. 中央军事委员会
5. 地方各级人民代表大会和地方各级人民政府
6. 民族自治地方的自治机关
7. 人民法院
8. 人民检察机关

二、我国国家机关组织和活动的基本原则

国家机关以什么原则加以组织,遵循什么原则进行活动,直接反映国家的性质,关系到国家机关活动的方向和效能。在我国长期政权建设实践中,形成了中国特色的国家机关组成和活动原则,并由宪法加以规定,主要是:

(一) 民主集中制原则

《宪法》第 3 条规定:“中华人民共和国的国家机构实行民主集中制原则。”这是我国国家机关组织和活动的最重要、最基本的原则。主要表现为:在国家权

力机关与人民群众的关系上,各级国家权力机关均由人民选举产生,并对人民负责,受人民监督;在国家权力机关与其他国家机关关系上,其他国家机关均由权力机关产生,对它负责,受它监督;在中央国家机关与地方国家机关、上级国家机关与下级国家机关关系上,地方服从中央,下级服从上级,同时中央和上级国家机关也要尊重地方及下级机关的意见,充分发挥地方、下级机关的主动性、创造性。

（二）为人民服务的原则

《宪法》第 27 条规定:“一切国家机关和国家工作人员必须依靠人民的支持,经常保持同人民的密切联系,倾听人民的意见和建议,接受人民的监督,努力为人民服务。”为人民服务,这是党的宗旨在国家生活中的体现,也是对国家机关和国家工作人员的基本要求。将为人民服务明确列入宪法,必将促进国家机关的廉政建设,更好地实现国家机关领导和组织改革与发展的职能。为保证国家机关和国家工作人员更好地为人民服务,《宪法》第 27 条还规定:国家机关“实行工作责任制,实行工作人员的培训和考核制度,不断提高工作质量和工作效率,反对官僚主义”。

（三）社会主义法制原则

社会主义法制是人民意志的体现,《宪法》第 5 条规定:“国家维护社会主义法制的统一和尊严……一切国家机关……都必须遵守宪法和法律。一切违反宪法和法律的行为,必须予以追究”。坚持国家机关活动中的法制原则,要求国家机关遵守宪法和法律,严格依法办事,反对以权谋私,以权压法,以言代法。对于贪污受贿、腐败堕落的国家机关工作人员,必须依法惩处。

（四）精简的原则

《宪法》第 27 条规定:“一切国家机关实行精简的原则。”把精简作为国家机关组织与活动的原则之一,有利于克服机构臃肿、层次繁多、人浮于事、效率低下的旧习,有助于提高工作质量和工作效率,克服官僚主义,更好地为人民服务。

三、国家机关体系

（一）全国人民代表大会

1. 全国人民代表大会的性质、地位、组成、任期和职权

全国人民代表大会是我国最高国家权力机关,在国家机构体系中居于最高地位,它集中统一地行使国家最高权力,是全国人民利益、意志和权力的最高体现者。

全国人民代表大会由各省、自治区、直辖市、特别行政区和军队选出的代表组成,各少数民族都应当有适当名额的代表。

全国人民代表大会每届任期五年,在任期届满前两个月,全国人大常委会必须完成下届全国人大代表的选举。如果遇到不能进行选举的非常情况,得由全国人大常委会以全体成员的三分之二以上多数通过,亦可推迟选举,延长本届全

国人大的任期。但在非常情况结束后一年内,必须完成下届全国人大代表的选举。

全国人民代表大会会议每年举行一次,由全国人大常委会召集,如果全国人大常委会认为必要,或者有五分之一以上的全国人大代表提议,可以临时召集全国人民代表大会。

2. 全国人民代表大会的主要职权

(1) 修改宪法和监督宪法的实施。

(2) 制定和修改国家基本法律。

(3) 选举、决定和罢免国家领导人。包括选举全国人大常委会委员长、副委员长、秘书长和委员;选举中华人民共和国主席、副主席;根据国家主席的提名,决定国务院总理的人选;根据国务院总理的提名,决定国务院其他组成人员人选;选举中央军委主席并根据其提名,决定中央军委其他组成人员的人选;选举最高人民法院院长、最高人民检察院检察长。全国人大对上列由其选举或决定的人选均有权罢免。

(4) 决定国家生活中的重大问题。包括审查和批准国民经济和社会发展计划和计划执行情况的报告;审查和批准国家预算和预算执行情况的报告;改变或者撤销全国人大常委会不适当的决定;批准省、自治区、直辖市的建置;决定特别行政区的设立及其制度;决定战争和和平的问题。

(5) 应当由最高国家权力机关行使的其他职权。

3. 全国人大常委会的性质、地位、组成、任期和职权

全国人大常委会是全国人大的常设机关,是最高国家权力机关的组成部分,是全国人大闭会期间经常行使国家权力的机关。受全国人大的监督,对全国人大负责并报告工作。

全国人大常委会由委员长、副委员长若干人、秘书长、委员若干人组成,每届任期同全国人大相同。委员长、副委员长连续任职不得超过两届。全国人大的组成人员不得担任国家行政机关、审判机关和检察机关的职务。

全国人大常委会会议由委员长召集,一般两个月举行一次。

4. 全国人大常委会的职权

(1) 解释宪法和监督宪法的实施。

(2) 制定和修改除应由全国人大制定的法律以外的其他法律;在全国人大闭会期间,对全国人大制定的法律进行部分补充和修改,但不得同该法律的基本原则相抵触;解释法律。

(3) 决定和规定国家生活中的重要问题。如在全国人大闭会期间,审查和批准国民经济和社会发展计划、国家预算在执行中所必须作的部分调整方案;决定同外国缔结的条约和重要协定的批准和废除;如遇到国家遭受武装侵犯或者

必须履行国际间共同防止侵略的条约的情况,决定战争状态的宣布;决定全国总动员或者局部动员;决定全国或者个别省、自治区、直辖市进入紧急状态。

(4) 监督权。监督国务院、中央军委、最高人民法院和最高人民检察院的工作;撤销国务院制定的同宪法、法律相抵触的行政法规、决定和命令;撤销省、自治区、直辖市国家权力机关制定的同宪法、法律和行政法规相抵触的地方性法规和决议。

(5) 任免权。在全国人大闭会期间,根据国务院总理的提名,决定部长、委员会主任、审计长、秘书长的人选;根据中央军委主席的提名,决定中央军委其他组成人员的人选;根据最高人民法院院长的提请,任免最高人民法院副院长、审判员、审判委员会委员和军事法院院长;根据最高人民检察院检察长的提请,任免最高人民检察院副检察长、检察员、检察委员会委员和军事检察院检察长,并且批准省、自治区、直辖市的人民检察院的检察长的任免。

(6) 荣典权。决定军人和外交人员的衔级制度和其他专门衔级制度,规定和决定授予国家的勋章和荣誉称号。

(7) 全国人大授予的其他职权。

5. 全国人大各专门委员会

全国人大设立若干专门委员会,如民族委员会、法律委员会、内务司法委员会、财政经济委员会、教育科学文化卫生委员会、外事委员会、华侨委员会、环境与资源保护委员会、农业和农村委员会和其他需要设立的委员会。它们在全国人大闭会期间,受全国人大常委会领导,其任务是研究、审议和拟订有关议案。全国人大或全国人大常委会可以组织对于特定问题的调查委员会,并且根据调查委员会的报告,作出相应的决议。

6. 全国人民代表大会代表

全国人大代表是受人民委托,代表人民行使最高国家权力的使者。全国人大代表必须模范遵守宪法和法律,保持同选举单位和人民的密切联系,听取和反映人民的意见和要求,努力为人民服务。人民代表受原选举单位的监督,原选举单位有权罢免自己选出的代表。

全国人大代表有权依法定程序向全国人大提出议案,有权提出对国务院各部、各委员会的质询案,受质询的机关必须负责答复。

为保证全国人大代表正确履行职权,宪法规定:全国人大代表非经全国人大会议主席团许可,在全国人大闭会期间非经全国人大常委会许可,不受逮捕和刑事审判;在全国人大各种会议上的发言和表决,不受法律追究。

(二) 中华人民共和国主席

国家主席是我国国家机构中的一个重要组成部分,同国家最高权力机关结合起来行使国家元首的职权。其职权有:根据全国人大的决定和全国人大常委会的决定公布法律;任免国务院总理、副总理、国务委员、各部部长、各委员会主任、审计长、秘书长;授予国家的勋章和荣誉称号;发布特赦令,宣布进入紧急状态,宣布战争状态,发布动员令;代表国家,进行国事活动,接受外国使节;根据全国人大常委会的决定派遣和召回驻外全权代表;批准和废除同外国缔结的条约和重要协定。

国家主席、副主席由全国人大选举产生,每届任期同全国人大任期相同,连续任职不得超过两届。副主席协助主席工作,受主席委托,可以代行主席的部分职权;主席缺位时,由副主席继任主席的职位。

(三) 国务院

国务院即中央人民政府,是最高国家权力机关的执行机关,是最高国家行政机关。国务院在国家行政机关体系中处于最高地位,它对全国人大负责并报告工作,在全国人大闭会期间对全国人大常委会负责并报告工作。

国务院由总理、副总理若干人、国务委员若干人、各部部长、各委员会主任、审计长、秘书长组成,每届任期同全国人大任期相同,总理、副总理、国务委员连续任职不得超过两届。

总理领导国务院的工作,副总理、国务委员协助总理工作;总理、副总理、国务委员、秘书长组成国务院常务会议。总理召集和主持国务院常务会议和全体会议,国务院工作中的重大问题,必须经国务院常务会议或全体会议讨论决定。

根据宪法规定,国务院的职权是:

1. 根据宪法和法律,规定行政措施,制定行政法规,发布决定和命令。

2. 向全国人大或全国人大常委会提出议案。

3. 规定各部和各委员会的任务和职责,统一领导各部和各委员会的工作,并且领导不属于各部和各委员会的全国性的行政工作。

4. 统一领导全国地方各级国家行政机关的工作,规定中央和省、自治区、直辖市的国家行政机关的职权的具体划分。

5. 编制和执行国民经济和社会发展计划和国家预算。

6. 领导和管理经济工作和城乡建设,领导和管理教育、科学、文化、卫生、体育、计划生育、民政、公安、司法行政和监察等工作以及国防建设事业、民族事务和华侨事务。

7. 改变或撤销各部、各委员会发布的不适当的命令、指示和规章以及地方各级行政机关的不适当的决定和命令。

8. 批准省、自治区、直辖市的区域划分,批准自治州、县、自治县、市的建置和区域划分。

9. 依照法律规定决定省、自治区、直辖市的范围内部分地区进入紧急状态。

10. 审定行政机构的编制,依照法律规定任免、培训、考核和奖励行政人员。

11. 全国人大和全国人大常委会授予的其他职权。

国务院实行总理负责制,以提高行政工作效率和适应现代化建设的需要。各部、各委员会实行部长、主任负责制,根据国家法律和国务院行政法规的决定、命令,各部、各委员会可以在本部门的权限内发布命令、指示和规章。

国务院设立审计机关,对国务院各部门和地方各级政府的财政收支,对国家的财政金融机构和企业事业组织的财务收支进行审计监督。审计机关在国务院总理领导下,依法独立行使审计监督权,不受其他行政机关、社会团体和个人的干涉。

(四) 中央军事委员会

军队是国家机器的重要组成部分,宪法规定,国家设立中央军事委员会,领导全国武装力量。中央军委内设主席、副主席若干人、委员若干人组成,每届任期同全国人大每届任期相同。中央军委实行主席负责制,军委主席对全国人大和全国人大常委会负责。

(五) 地方各级人民代表大会和地方各级人民政府

1. 地方各级人民代表大会

地方各级人民代表大会是地方国家权力机关,包括省、直辖市、县、市、市辖区、乡、民族乡、镇的人民代表大会。地方各级人民代表大会行使下列职权:

(1) 在本行政区域内,保证宪法、法律、行政法规的遵守和执行;依照法律规定的权限通过和发布决议,审查和决定地方的经济建设、文化建设和公共事业建设的计划。

(2) 省、直辖市的人民代表大会及其常委会,在不同宪法、法律和行政法规相抵触的前提下,可以制定地方性法规,报全国人大常委会备案。

(3) 分别选举并有权罢免本级人民政府的正副职行政首长,县级以上的地方各级人大选举并有权罢免本级人民法院院长和人民检察院检察长。

县级以上各级人民代表大会设立常务委员会,主任、副主任若干人、委员若干人由同级人民代表大会选举,他们不得担任国家行政机关、审判机关和检察机关的职务。

县级以上各级人大的主要职权是:讨论决定本行政区域内各方面工作的重大事项;监督本级人民政府、人民法院和人民检察院的工作;撤销本级人民政府不适当的决定和命令;撤销下一级人民代表大会不适当的决定;依照法律规定的权限,决定国家机关工作人员的任免;在本级人民代表大会闭会期间,罢免和补选上一级人民代表大会的个别代表。

地方各级人民代表大会每届任期五年。

2. 地方各级人民政府

地方各级人民政府是地方各级国家权力机关的执行机关,是地方各级国家行政机关。地方各级人民政府对本级人民代表大会负责并报告工作,县级以上的地方各级人民政府在本级人民代表大会闭会期间,对本级人民代表大会常委会负责并报告工作。全国地方各级人民政府都是国务院统一领导下的国家行政机关,都服从国务院。

地方各级人民政府每届任期同本级人民代表大会每届任期相同。地方各级人民政府分别实行省长、市长、县长、区长、乡长、镇长负责制。

地方各级人民政府的主要职权:

(1) 县级以上地方各级人民政府依照法律规定的权限,管理本行政区域内的经济、教育、科学、文化、卫生、体育事业、城乡建设事业和财政、民政、公安、民族事务、司法行政、监察、计划生育等行政工作;发布决定和命令;任免、培训、考核和奖励行政工作人员;领导所属各部门和下级人民政府的工作;有权改变或者撤销所属各工作部门和下级人民政府的不适当的决定。

(2) 省、直辖市的人民政府决定乡、民族乡、镇的建置和区域划分。

(3) 乡、民族乡、镇的人民政府执行本级人民代表大会的决议和上级国家行政机关的决定和命令,管理本行政区域内的行政工作。

县级以上的地方各级人民政府设立审计机关,依法独立行使审计监督权,对本级人民政府和上一级审计机关负责。

居民委员会、村民委员会是我国基层群众性自治组织。居民委员会、村民委员会设人民调解、治安保卫、公共卫生等委员会,办理本居住地区的公共事务和公益事业。

(六) 民族自治地方的自治机关

民族自治地方的自治机关是我国地方国家机关的组成部分,行使《宪法》第3章第5节规定的地方国家机关的职权。同时它又是民族区域自治机关,依照宪法、民族区域自治法规定的权限行使自治权,根据本地方实际情况贯彻执行国家的法律、政策。

民族自治地方的自治机关包括自治区、自治州、自治县的人民代表大会和人民政府。

根据宪法的规定,民族自治机关行使下列职权:

1. 民族自治地方的人民代表大会有权依照当地民族的政治、经济和文化的特点,制定自治条例和单行条例。

2. 民族自治地方的自治机关有管理地方财政的自治权。凡是依照国家财政体制属于地方的财政收入,都由民族自治地方的自治机关自主地安排使用。

3. 民族自治地方的自治机关自主地管理本地方的教育、科学、文化、卫生、体育事业,保护和整理民族的文化遗产,发展和繁荣民族文化。

4. 民族自治地方的自治机关依照国家的军事制度和当地的实际需要,经国务院批准,可以组织本地方维护社会治安的公安部队。

（七）人民法院

1. 人民法院的性质、任务和组织系统

人民法院是国家的审判机关,依法行使审判权。审判权是指法院审理和判决案件的权力,是国家权力的重要组成部分。在我国,审判权只能由人民法院代表国家统一行使,其他任何国家机关、社会团体和个人都无权行使。

人民法院的任务是审判行政、刑事、民事和经济案件,并通过审判活动,惩办一切犯罪分子,解决行政、民事、经济纠纷,以保卫人民民主专政制度,维护社会主义法制和社会秩序,保护社会主义的全民所有的财产、劳动群众集体所有的财产,保护公民个人所有的合法财产,保护公民的人身权利、民主权利和其他权利,保护社会主义革命和社会主义建设事业的顺利进行。人民法院用它的全部活动教育公民忠于社会主义祖国,自觉地遵守宪法和法律。

人民法院的组织系统是:最高人民法院、地方各级人民法院(包括基层人民法院、中级人民法院和高级人民法院)和专门人民法院(军事法院等)。最高人民法院是最高国家审判机关,对全国人民代表大会及其常委会负责并报告工作,监督地方各级人民法院和专门人民法院的审判工作。地方各级人民法院对产生它的国家权力机关负责,上级人民法院监督下级人民法院的审判工作。

2. 人民法院行使审判权应遵循的原则

依照宪法规定,人民法院行使审判权应遵循的原则主要有:人民法院依照法律规定独立行使审判权,不受行政机关、社会团体和个人的干涉原则;人民法院审理案件,除法律规定的特别情况外,一律实行公开审判的原则;被告人有权获得辩护的原则;各民族公民都有用本民族语言文字进行诉讼的权利,对不通晓当地通用语言文字的诉讼参与人,应当为他们翻译;在少数民族聚居或者多民族共同居住的地区,应当用当地通用的语言审理;起诉书、判决书、公告和其他文书应当根据实际需要使用当地通用的一种或者几种文字;人民法院、人民检察院和公安机关办理刑事案件,应当分工负责、互相配合、互相制约的原则等。以上原则在本书有关章节中进行论述,在此不作分析。

（八）人民检察院

1. 人民检察院的性质、任务和组织系统

人民检察院是我国的法律监督机关,其任务是通过行使检察权,镇压一切叛国的、分裂国家的和其他危害国家安全的活动,打击刑事犯罪分子,维护国家的统一,维护人民民主专政制度,维护社会主义法制,维护社会秩序、生产秩序、工作秩序、教学科研秩序和人民群众生活秩序,维护社会主义公共财产,保护公民所有的合法财产,保护公民的人身权利、民主权利和其他权利,保卫社会主义现代化建设的顺利进行。人民检察院通过检察活动,教育公民忠于社会主义祖国,自觉遵守宪法和法律,积极同违法行为作斗争。

人民检察院的组织系统是:最高人民检察院、地方各级人民检察院和军事检察院等专门人民检察院。最高人民检察院对全国人民代表大会及其常委会负责并报告工作。地方各级人民检察院对产生它的国家权力机关和上级人民检察院负责,上级人民检察院领导下级人民检察院的工作。

2. 人民检察院的职权和工作原则

各级人民检察院行使的职权是:对于叛国案、分裂国家案以及严重破坏国家的政策、法律、法令、政令统一实施的重大犯罪案件,行使检察权;对于直接受理的刑事案件,进行侦查,决定是否逮捕、起诉;对公安机关的侦查活动是否合法实行监督;对于刑事案件提起公诉、支持公诉;对于人民法院的审判活动是否合法,实行监督;对于刑事案件判决、裁定的执行和监狱、看守所、劳动改造机关的活动是否合法,实行监督。

人民检察院的工作原则是:坚持实事求是,贯彻执行群众路线,调查研究,重证据不轻信口供,严禁逼供信;依法行使检察权,对于任何公民,在适用法律上一律平等,不允许有任何特权;依法独立行使检察权,不受其他行政机关、社会团体和个人的非法干涉。

第十节　宪法实施的保证

宪法制定后,必须保证它的贯彻执行,否则,即使它制定得再完备,也很可能变成儿戏而得到完全相反的结果。因此,保障宪法的实施具有十分重要的意义。现行宪法总结了我国宪法实施正反两方面的经验教训,从如下几个方面赋予宪法的实施以有力保障:

一、明确规定宪法是国家根本法,保证了宪法在国家生活中的最高权威地位

宪法序言明确指出,宪法是国家的根本法,具有最高的法律效力。全国各族人民,一切国家机关和武装力量、各政党和各社会团体、各企业事业组织,都必须以宪法为根本的活动准则,并且负有维护宪法尊严、保证宪法实施的职责。在总纲中又明确规定,一切法律、行政法规和地方性法规都不得同宪法相抵触,一切违反宪法和法律的行为,必须予以追究。任何组织或者个人都不得有超越宪法和法律的特权。

这些规定,明确了宪法在国家生活中的地位和作用,强调了宪法的最高权威性,对于增强公民的宪法意识,增强遵守宪法和实施宪法的自觉性,具有重要作用。

二、明确规定最高国家权力机关与宪法的关系,为宪法的实施提供了有力保证

宪法规定,全国人民代表大会是最高国家权力机关,它有权修改宪法、监督宪法的实施。这一规定表明,全国人大作为最高国家权力机关,享有宪法修改权和监督宪法实施权,这既能保证宪法充分体现全国人民的意志,又为宪法的实施提供了最高国家权力的保证,而这种保证是带有根本性和全局性的保证。宪法还规定,全国人大常委会有权撤销国务院同宪法、法律相抵触的行政法规、决定和命令,有权撤销省、自治区、直辖市国家权力机关制定的同宪法、法律和行政法规相抵触的地方性法规和决议。这就保证了以宪法为核心的社会主义法律体系的形成和完善,保证了其他国家机关在宪法和法律的范围内活动,从而维护了社会主义法制的统一。

三、明确规定了国家尊重和保障人权,规定了我国公民的基本权利和义务,为宪法的实施提供了坚实的群众基础

宪法规定了国家尊重和保障人权和我国公民享有广泛的民主权利和自由,同时又规定了公民的基本义务,强调公民在行使权利和自由的时候,不得损害国家的、社会的、集体的利益和其他公民的合法的自由和权利,强调公民在法律面前一律平等的原则,任何组织和个人都不得有超越宪法和法律的特权。这些规定为公民树立正确的权利义务观念,提供了法律依据。宪法赋予公民以广泛权利,增强了公民的主人翁的光荣感。宪法对公民义务的规定,激发了公民的国家意识和社会责任感,使公民更加意识到宪法与自身的密切关系,这必然增强公民对宪法的认同和对宪法实施的参与,从而使宪法的实施具有了坚实的群众基础。

四、建立和完善以宪法为核心的法律体系,是保证宪法实施的重要条件

如前所述,宪法在国家生活中的地位和作用是十分重要的,是其他法律和法规无法取代的。依法治国,首先要依宪法治国。但是,实践证明,光有一个根本法,没有其他与之相配套的法律体系,宪法的作用也难以充分发挥。因此,必须制定完备的法律、法规和规章,把宪法原则具体化,使宪法的实施落到实处。改革开放以来,特别是现行宪法制定后,我国的立法步伐大大加快,立法成绩卓著,以宪法为核心的社会主义法律体系初步形成。刑法、刑事诉讼法、民法通则、民事诉讼法、婚姻法、民族区域自治法的制定,特别是大量经济法律法规的制定,以及行政诉讼法和大量行政法规的制定,体现了宪法的原则、精神和内容,对国家生活的各个方面提出了明确而具体的规范,使人们有法可依,有章可循,在保证宪法的实施中起到了重要作用。

主要参考书目：

1. 魏定仁主编：《宪法学》(第二版)，北京大学出版社 1994 年版。
2. 许崇德主编：《中国宪法》(修订本)，中国人民大学出版社 1996 年版。

第四章　行政法概述

第一节　行政法的概念、任务和基本原则

一、行政法的概念

行政法是调整行政关系的法律规范的总称。具体说来，它是调整国家行政机关在履行其职能的过程中发生的各种社会关系的法律规范的总称。

“行政”一词源于拉丁文 administratio，有服务、执行、管理和领导多种含义，人们一般解释为“管理”，指的是一定的社会组织，在其活动过程中所进行的各种组织、控制、协调、监督等活动的总称。马克思曾指出过：行政是国家的组织活动。这一论断揭示了行政的最本质特征。通常我们所说行政，首先，它属于国家的范畴，即属于公务，不是其他社会组织和个人的事务；其次，不是一切国家权力都是行政权力，只有行政机关的或政府的权力才是行政权力，它有别于议会的立法权或司法机关的审判权；第三，行政权属于“执行权”，它是指按照法律规定的权限和程序去行使国家职能从而实施法律的行为。

行政关系是指国家行政机关在履行其职能的过程中所发生的各种社会关系的总称。行政关系是现代国家最基本、最重要的社会关系之一。在我国，行政关系主要有以下分类：（一）按当事人不同可分为：行政机关同其他国家机关的关系，国家行政机关之间的关系，国家行政机关同它的工作人员的关系，行政机关同社会组织、企、事业单位社会团体之间的关系，行政机关及其工作人员同公民、外国人及无国籍人之间关系等。（二）按内容不同可分为：命令与服从，服务与被服务，监督与被监督关系等。

一般说来，任何行政关系必须有国家行政机关参与其间并起主导作用。没有国家行政机关及其职能的行使，也就无所谓行政关系。同时，也应该指出的是，国家行政机关与相对一方当事人（又称行政相对人，或行政管理相对人）之间发生的关系，不一定都是行政关系。如国家行政机关与行政相对人的买卖关系、借贷关系、承包关系等合同关系就不是行政关系，而是民事关系，不属于行政法调整的范围。

行政法在我国社会主义法律体系中具有重要的地位。首先，国家机构中行政机关的地位虽然次于权力机关，但是国家的基本职能和大量的任务都是通过它来实现和完成的，而行政机关的组织和活动，要由行政法予以调整。其次，我

国进行的政府机构改革，要把政府职能转变为符合科学发展观和服务于建设社会主义和谐社会的总体要求，也需要行政法来规定和调整。第三，我国各级人民政府直接担负着全面实现建设社会主义物质文明、精神文明和政治文明的重要历史任务，用行政法律规范约束自己，教育人民，依法行政，是一项紧迫的任务。最后，我国行政法的渊源种类多，数量大，是任何其他法律部门所无法相比的，在我国愈来愈强调"依法行政"和建立法治政府的今天，不断发展、完善行政立法也是一项紧迫又艰巨、重大又长期的任务。

二、行政法的任务和作用

（一）行政法的任务

行政法通过对行政关系的法律调整，确认行政关系参加者的法律地位，保障国家行政机关及其公务员正确、合法、有效地行使职权，履行职责，防止其违法越权和滥用权力现象的发生；通过实施行政法制监督，追究违法者的行政责任，保护行政管理相对人的合法权益，提高国家公务员和公民的行政法律意识，为建立廉洁高效的政府，促进、完善我国社会主义民主和法制建设。

（二）行政法的作用

一般说来，行政法有以下五个方面作用：

1. 指导行政法律关系主体。行政法为国家行政机关的工作规定原则，为行政法律关系的主体尤其是行政主体指明活动方向和提供行为准则。

2. 统一行政管理活动。行政法一方面为全国的国家行政机关整个系统的管理科学化和一体化提供了保证，另一方面，也为以各种手段保证行政机关管理活动的统一性提供了保证。

3. 维护行政机关的权威。行政立法确认行政机关的法律地位，规定行政机关的权力，保证其活动的有效性，行政法的正确实施，就是对行政机关权威的维护。

4. 控制行政机关的行为。行政法通过设立一定的控制机制保证行政机关活动真正反映人民意志，代表人民的利益，反对腐败，保证廉洁。

5. 保障公民权利。作为行政管理相对人的公民、法人或其他组织，必须防止和消除来自行政违法或不当行政行为对其合法权益的侵犯。行政法设立了一系列制度和程序，诸如申诉程序、诉讼程序、举报制度和信访制度等使公民有可能请求国家机关维护其权益。

总之，行政法在我国的经济领域，为社会主义经济体制的改革和完善，促进行政管理机构和管理方法的改革，提高行政管理水平，确立各种经济活动准则，维护社会经济秩序发挥重大作用。在政治领域，为保障社会主义民主政治建设和政治体制改革，保障建立廉洁高效的政府机关和保护公民合法权益起重大作用。在思想文化领域,对于贯彻为社会主义服务,为人民服务的方向和“百花齐放,百家争鸣”的方针,建立社会主义精神文明发挥重大作用。

三、行政法的基本原则

行政法的基本原则贯穿于国家行政活动的所有环节,是全部行政法规范所反映出来的共同原则。

行政法基本原则可以归纳为三个,即行政合法性原则、行政合理性原则和行政应急性原则:

(一) 行政合法性原则

行政合法性原则,又称依法行政原则或行政法治原则。就是说行政活动必须以法律为依据,严格遵守法律的规定。具体地说,行政合法性原则,要求所有行政法律关系当事人都必须严格遵守并执行宪法、法律和法规,一切行政活动都必须以法律为依据,严格遵守法律的有关规定,任何行政法律关系主体不得享有法外特权,越权行为是无效行为,违反法律规范的行为应导致相应的法律后果,一切行政违法主体都必须承担相应法律责任。

(二) 行政合理性原则

行政合理性原则,指的是行政法律关系当事人的行为,特别是行政机关的行为,不仅要合法而且要合理,也就是行政机关的自由裁量行为要做到合情、合理、恰当、适度。因为要求法律对所有的行政行为都予以具体的详细的规定是不可能的,也是不现实的。这样,行政机关就被赋予了一定的自由裁量权,使其根据具体情况做出相应的行为。但仅以行政合法性原则限制行政自由裁量权是不够的,必须以行政合理性原则限制。一般认为,行政合理性原则要求:行政行为必须符合法律的目的;行政行为必须有合理的动机;行政行为应考虑相关的因素,而不考虑无关的因素。

行政合法性是行政合理性的前提,行政合理性是行政合法性的必要补充,不能把两者对立起来,割裂开来,两者是有机结合在一起的。

(三) 行政应急性原则

行政应急性原则是指在某些特殊紧急情况下,出于国家安全、社会秩序或公共利益的需要,行政机关可以在限制条件下采取没有法律依据的或与法律相抵触的措施。就是说,在正常的宪法和法律体制难以运转的情况下,行政机关采取必要的应急措施,即使该措施没有法律依据或与法律相抵触,也应视为有效。所谓限制条件是指(1) 存在明确无误的紧急危险;(2) 事后应由有权机关予以确认;(3) 应受有权机关的监督;(4) 应急权力的行使应该适当,应将负面损害控制在最小的程度和范围内。行政应急性原则是行政合法性原则、合理性原则的非常原则,它并没有脱离行政法治原则,而是其特殊的重要内容和必要补充。

第二节 行政法的渊源和行政法律关系

一、行政法的渊源及其分类

(一)行政法的渊源

行政法的渊源是按照制定行政法的国家机关不同,由此而决定其法律地位或效力不同的各种行政法的表现形式。在我国,行政法的渊源包含在我国社会主义法律体系的所有各种法律渊源中,即在我国具体法律形式的宪法、法律、行政法规和规章、地方性法规、自治条例、单行条例以及法律解释与国际条例中都包含有行政法规范。

此外,最高人民法院、最高人民检察院的有关规定或批复、我国参加的国际条约或协定及习惯法、法理也是我国行政法的渊源。

(二)行政法的分类

从不同角度或按不同标准可以把行政法规范分成不同的类别,这样,一方面,便于研究者从不同的角度对行政法规范进行研究;另一方面,也便于行政法规范的实施。一般说来,对行政法作如下分类:

1. 行政实体法和行政程序法。从行政法的内容性质来区分,即规定行政法律关系主体的实体权利义务的是行政实体法;规定为保证行政法律关系主体的实体权利义务得以实现而设定的权利义务的法律是行政程序法,其中又分为行政程序法和行政诉讼法。

2. 内部行政法和外部行政法。按调整的行政关系的范围来区分,分为内部行政法,即调整国家行政机关之间、国家行政机关与公务员之间行政关系的法律规范;外部行政法,即调整国家行政机关与社会组织、公民间的行政关系的法律规范。这两类行政法所遵循的原则、实现的方式及调整方法都有不同。

3. 行政组织法、行政行为法、行政诉讼法和行政监督法。这是从行政机关的组织和活动的内容不同来区分的。

4. 经济行政法、政治行政法和文化行政法。这是从行政管理领域的角度不同来区分的。其中,政治行政法又可再分为国家安全行政法、公安行政法、民政行政法、司法行政法、外交行政法、军事行政法等。

此外,还有其他一些分法,诸如分为中央行政法和地方行政法,平时行政法和战时行政法,积极行政法和消极行政法等。

二、行政法律关系的特征

行政法律关系是指由行政法律规范调整行政关系而形成的一种权利义务关

系。具体说来，行政法律关系是受行政法调整的国家行政机关在行使行政职能过程中与作为行政管理相对人的公民、法人或其他组织之间的权利义务关系。

行政法律关系除具有一般法律关系的共同特征外，还有其自己的特征，一般认为有以下特征：

1. 行政法律关系的主体中必须有一个是国家行政机关，在少数情况下是行政机关内部的某些行政机构或法律授权的某些社会组织。

2. 行政法律关系主体在行政管理活动过程中的地位是不平等的。一方面，行政法律关系的产生不是以行政法律关系主体双方的合意或符合主体双方的意志为必要条件。另一方面，行政机关是以国家名义行使职权，参加法律关系的，当行政相对人不履行行政法规定的义务时，行政机关可以强制其履行；而当行政机关不履行职责时，相对人只能请求其履行或通过国家机关申请履行或按行政诉讼法规定的程序向人民法院提起诉讼。

3. 行政法律关系主体的权利义务都是由行政法律规范预先规定的，行政法律关系的主体没有自由选择的余地。如税收机关与纳税人必须按照税法规定去征税和缴税等。

4. 行政法律关系是国家行政机关行使管理职能活动过程中产生的，或者是与国家行政机关行使管理职能有关。

5. 在行政法律关系中所发生的纠纷和争议，多数国家规定由行政机关依照行政程序解决。一般情况下，法律规定，如果发生行政纠纷或争议，相对人可以先向行政机关申诉要求复议，如果对复议决定不服，再向法院起诉。也可以直接向法院起诉。

第三节 国家行政机关

一、国家行政机关的概念和属性

国家行政机关是指依照宪法和法律规定，运用国家权力，为实现国家目标和任务，组织和管理国家行政事务的机关，又称国家管理机关或政府。它是国家权力机关的执行机关，是行政法律关系的主体之一。

国家行政机关具有下列属性：(1) 具有执行性和从属法律性。它是贯彻执行国家权力机关已经决定的事项，同时这种执行又是必须执行法律和决议。(2) 具有合法性和相对独立性。它依法建立，并依法律的授权活动，依法行使职权；它一经成立，就成为独立的机关，独立行使职权，不受非法干涉。(3) 具有统一性和层级性。它以统一的行政目的为目标，实行统一管理，保证政令统一；它又存在若干层级，逐级授权，层次清楚，分工明确。(4) 具有适应性和创造性。

它必须适应形势的发展，随机应变；同时在行使职权时，又是主动、积极、富有创造性的。(5) 具有专业性和服务性。社会管理的复杂性决定它具有技术的、专业的特点；它作为社会上层建筑的一个实体，必须服务于经济基础。

从上述国家行政机关的属性来看，它不同于国家权力机关，而是同级国家权力机关的执行机关，它必须贯彻权力机关的法律和决定，接受权力机关的监督。其次，它也不同于审判机关、检察机关和军事机关，因为审判机关、检察机关和军事机关依照宪法和法律规定，都有自己独立的职权，与行政机关是不能混同的。再次，它更不同于企事业单位和社会团体，因为后两者不属于国家机构体系，不行使国家权力，不具有国家活动性质的职能。

二、国家行政机关的权利和义务

(一) 国家行政机关的权利

我国国家行政机关的法律地位是由我国宪法和有关法律规定的。国家行政机关作为行政法律关系的主体可以以多种身份或资格参加行政法律关系。

国家行政机关，在行政法上一般具有以下行政权力：(1) 行政立法权，即制定行政法规、部门规章和政府规章的权力。(2) 行政决定权，即依法对行政管理中的具体事件的决定权及对法律、行政法律规范未明确规定的抽象事件的规定权，后者可看作行政立法权的补充。(3) 行政命令权，即发布命令，依法要求特定人或不特定人为一定行为或不为一定行为，相对人必须依法服从命令。(4) 行政执法权，即国家行政机关及其公务员根据法律规定或上级的决定、命令具体执行法律的行为的权力，是国家行政机关及其公务员具体适用法律、法规的行为的权力。(5) 行政强制权，即在行政管理中，遇法定义务人不依法履行义务或其他场合，行政机关可依法采取强制措施，促使其履行法定义务，维持法律秩序的权利，它是行政执法权的补充。(6) 行政处罚权，即主管行政机关对其管辖范围内的当事人违反有关法律规范的行为，依法对其实施行政处罚的权力。7. 行政监督权，即行政机关对其行政执法活动的检查和监督的权力。

(二) 国家行政机关的义务

国家行政机关，一般要履行以下义务：(1) 执行宪法和法律，依法办事的义务。(2) 保护公民和社会组织的合法权益，积极高效地为人民服务的义务。(3) 承担法律责任，依法接受监督，纠正不当、违法行为和依法应诉、赔偿、补偿的义务。

三、国家行政机关的结构、分类及其设置

国家行政机关的结构，又称政府组织结构，是指构成国家行政机关基本要素的组合方式，包括行政机关内部纵向的层级构成形式和横向的分支单位构成形

式。国家行政机关的结构分为宏观体系结构和微观内部结构两个部分。

我国行政机关的宏观结构体系是以层级制结构为基础并与职能制结构相结合的。从纵向上来看:最高层是国务院,第二层是各省、自治区、直辖市的人民政府,第三层是市(设区的市)、自治州的人民政府,第四层是县级市、县、自治县的人民政府,第五层是乡、民族乡、镇的人民政府。在上述各级人民政府中,国务院领导地方各级人民政府,上级人民政府领导下级人民政府。从横向上来看:从国务院到地方各级人民政府,每一层级都设立了若干职能部门即工作部门,它们都受同级人民政府的领导,它们之间是分工、合作、平等、协调的关系。

我国行政机关的微观内部结构,是指每一层级的行政机关的组成部分的结构。我国最高行政机关国务院,其内部结构为:国务院由总理、副总理、国务委员、各部部长、各委员会主任、审计长、秘书长组成。国务院设立办公厅及若干工作部门、直属机构、办事机构、事业单位等。国务院所设工作部门即职能部门,在国务院总理的领导下负责管理某一方面的国家行政事务,它又分为部、委员会、银行、署等;国务院的直属机构是国务院直接领导下主办某项专门业务的机构,其行政地位低于部、委;国务院的办事机构是协助总理和协调各部门工作的机构。我国地方各级行政机关内部结构,除行政首长外,也是由若干工作部门构成,这些部门又分为综合管理和专业管理部门两种,所不同的是各级行政机构的工作部门设置上的数量不相同。

国家行政机关按不同标准,可有不同的分类:(1) 按国家行政机关管辖区域不同,分为中央国家行政机关和地方国家行政机关。(2) 按国家行政机关的工作权限,分为一般权限机关和部门权限机关。(3) 按国家行政机关管理客体的复杂程度,分为综合管理机关和专业主管机关。(4) 按国家行政机关的职能和作用,分为决策机关、执行机关、监督机关、咨询机关和辅助机关。(5) 按国家行政机关的决定和处理问题方式,分为合议制机关和首长制机关。(6) 按国家行政机关存在时间的久暂,分为常设机关和非常设机关。

国家行政机构的设置是关系政府性质和职能,涉及行政目标和任务的一件大事,必须执行国家行政机关组织法。国家行政机关组织法是关于行政机关设置、任务、地位、职责、组成和编制等各项组织事项的法律规范的总称。它是行政组织法的重要组成部分。1982 年 12 月 10 日五届全国人大五次会议通过了《中华人民共和国国务院组织法》和 1979 年 7 月 1 日五届全国人大二次会议通过并且经过 1982 年、1986 年和 1995 年三次修改的《中华人民共和国地方各级人民代表大会和地方各级人民政府组织法》,是这方面的重要法律。我国行政机构的设置必须贯彻民主管理原则、适应需要原则、完整统一原则、精简效能原则和依法设置原则。

国家行政机关的机构设置根据其性质、工作任务、职责范围而确定的人员定额和职位分配,即行政编制,必须执行行政机关编制法的规定。行政机关编制法是关于国家行政机关组织结构、人员定额及职位分配的法律规范的总称。它是规定行政机关编制确定的原则、行政机关编制来源、决定权限、申报审批程序、行政机关人员数额、各类人员结构比例、行政经费来源与控制、行政编制机构组织形式、权限、行政编制工作人员职责等行政编制制度方面的法律规范。行政机关编制法是行政机关组织法的延续,是国家公务员法制定的条件。

第四节　国家公务员法

为了规范国家公务员的管理,保障公务员的合法权益和对其加强监督,建设高素质的公务员队伍,促进勤政廉政建设,提高工作效能,根据宪法的规定,2005年4月27日第十届全国人大常委会第十五次会议通过《中华人民共和国公务员法》(简称《公务员法》),本法共18章107条,并于2006年1月1日起施行。

一、国家公务员的概念、分类

国家公务员是代表国家或政府,从事社会公共事务管理,提供公共服务的人员。根据我国《公务员法》的规定,公务员,是指依法履行公职、纳入国家行政编制、由国家财政负担工资福利的工作人员。

我国《公务员法》规定,公务员制度坚持以马克思列宁主义、毛泽东思想、邓小平理论和"三个代表"重要思想为指导,贯彻社会主义初级阶段的基本路线,贯彻中国共产党的干部路线和方针,坚持党管干部原则。

公务员职位类别按照公务员职位的性质、特点和管理需要,划分为综合管理类、专业技术类和行政执法类等类别。国务院根据本法,对于具有职位特殊性,需要单独管理的,可以增设其他职位类别。各职位类别的适用范围由国家另行规定。

国家根据公务员职位类别设置公务员职务序列。公务员职务分为领导职务和非领导职务。

领导职务层次分为:国家级正职、国家级副职、省部级正职、省部级副职、厅局级正职、厅局级副职、县处级正职、县处级副职、乡科级正职、乡科级副职。

非领导职务层次在厅局级以下设置。

综合管理类的领导职务根据宪法、有关法律、职务层次和机构规格设置确定。

综合管理类的非领导职务分为:巡视员、副巡视员、调研员、副调研员、主任科员、副主任科员、科员、办事员。

二、国家公务员的条件、法律地位和权利义务

各个国家对于公务员的条件是不一样的。我国《公务员法》规定，公务员应当具备下列条件：

(1) 具有中华人民共和国国籍；(2) 年满十八周岁；(3) 拥护中华人民共和国宪法；(4) 具有良好的品行；(5) 具有正常履行职责的身体条件；(6) 具有符合职位要求的文化程度和工作能力；(7) 法律规定的其他条件。

各国公务员的法律地位表现在公务员同国家之间法律关系方面是不同的。英国的文官在政治上与国家是主仆关系，由《主仆关系法》调整，但近年来开始承认是一种劳资关系；在美国认为是一种雇佣关系，在法国认为是一种合同关系。

法律规定，我国公务员应当履行下列义务：

(1) 模范遵守宪法和法律；(2) 按照规定的权限和程序认真履行职责，努力提高工作效率；(3) 全心全意为人民服务，接受人民监督；(4) 维护国家的安全、荣誉和利益；(5) 忠于职守，勤勉尽责，服从和执行上级依法作出的决定和命令；(6) 保守国家秘密和工作秘密；(7) 遵守纪律，恪守职业道德，模范遵守社会公德；(8) 清正廉洁，公道正派；(9) 法律规定的其他义务。

我国公务员依法享有下列权利：

(1) 获得履行职责应当具有的工作条件；(2) 非因法定事由、非经法定程序，不被免职、降职、辞退或者处分；(3) 获得工资报酬，享受福利、保险待遇；(4) 参加培训；(5) 对机关工作和领导人员提出批评和建议；(6) 提出申诉和控告；(7) 申请辞职；(8) 法律规定的其他权利。

另外，国家公务员同时具有公民身份和其他身份，但是，只有以公务员身份实施的行为才是执行公务的行为。区别其执行公务与非执行公务的行为，一般要考虑下述要素作出判定，即(1) 时间要素；(2) 公益要素；(3) 职责要素；(4) 命令要素；(5) 目的要素。在一般情况下，国家公务员为向社会表明自己身份，使人们易于识别，在公务行为时设置一种外形标识，就是执行公务的标志。

三、国家公务员的录用、培训、交流和回避

(一) 国家公务员的录用

当代世界各国政府选用官吏制度，大致分为三种类型，即世袭制、选举制和任命制。其中任命制又有委任制，即有各级首长根据个人或一定范围的领导层的意志和标准任用下属；有考任制，即由一个专门设立的领导机构规定统一的、客观的任用标准，通过公开竞争择优录用人才。我国《公务员法》第 21 条规定，录用担任主任科员以下及其他相当职务层次的非领导职务公务员，采取公开考试、严格考察、平等竞争、择优录取的办法。民族自治地方录用公务员时，依照法

律和有关规定对少数民族报考者予以适当照顾。

我国《公务员法》规定,下列人员不得录用为公务员:(1) 曾因犯罪受过刑事处罚的;(2) 曾被开除公职的;(3) 有法律规定不得录用为公务员的其他情形的。

同时,对于录用公务员的其他有关事项,该法有详细的规定。

(二) 国家公务员的培训

我国《公务员法》对于公务员的培训用专章予以规定。国家机关根据公务员工作职责的要求和提高公务员素质的需要,对公务员进行分级分类培训。国家建立专门的公务员培训机构。国家机关根据需要也可以委托其他培训机构承担公务员培训任务。

国家机关对于不同情况的公务员规定各种培训,对于培训实行登记管理。公务员参加培训的时间由公务员主管部门按照本法规定的培训要求予以确定。公务员培训情况、学习成绩作为公务员考核的内容和任职、晋升的依据之一。

(三) 国家公务员的交流和回避

该法规定,国家实行公务员交流制度。公务员可以在公务员队伍内部交流,也可以与国有企业事业单位、人民团体和群众团体中从事公务的人员交流。交流的方式包括调任、转任和挂职锻炼。同时,还规定了公务员应当服从机关的交流决定等具体事项。

该法规定,公务员之间有夫妻关系、直系血亲关系、三代以内旁系血亲关系以及近姻亲关系的,不得在同一机关担任双方直接隶属于同一领导人员的职务或者有直接上下级领导关系的职务,也不得在其中一方担任领导职务的机关从事组织、人事、纪检、监察、审计和财务工作。

因地域或者工作性质特殊,需要变通执行任职回避的,由省级以上公务员主管部门规定。公务员担任乡级机关、县级机关及其有关部门主要领导职务的,应当实行地域回避,法律另有规定的除外。

公务员执行公务时,有下列情形之一的,应当回避:

(1) 涉及本人利害关系的;(2) 涉及与本人有本法所列亲属关系人员的利害关系的;(3) 其他可能影响公正执行公务的。

还规定,公务员有应当回避情形的,本人应当申请回避;利害关系人有权申请公务员回避。其他人员可以向机关提供公务员需要回避的情况。国家机关根据公务员本人或者利害关系人的申请,经审查后作出是否回避的决定,也可以不经申请直接作出回避决定。法律对公务员回避另有规定的,从其规定。

四、国家公务员的考核、职务任免升降和回避

(一) 国家公务员的考核

我国《公务员法》对于公务员的考核作了规定。按照管理权限,全面考核公

务员的德、能、勤、绩、廉,重点考核工作实绩。公务员的考核分为平时考核和定期考核。定期考核以平时考核为基础。

定期考核的结果分为优秀、称职、基本称职和不称职四个等次。定期考核的结果应当以书面形式通知公务员本人。

定期考核的结果作为调整公务员职务、级别、工资以及公务员奖励、培训、辞退的依据。

(二) 职务任免

我国公务员职务实行选任制和委任制。领导成员职务按照国家规定实行任期制。

选任制公务员在选举结果生效时即任当选职务;任期届满不再连任,或者任期内辞职、被罢免、被撤职的,其所任职务即终止。

委任制公务员遇有试用期满考核合格、职务发生变化、不再担任公务员职务以及其他情形需要任免职务的,应当按照管理权限和规定的程序任免其职务。

公务员任职必须在规定的编制限额和职数内进行,并有相应的职位空缺。

公务员因工作需要在机关外兼职,应当经有关机关批准,并不得领取兼职报酬。

(三) 职务升降

该法规定,公务员晋升职务,应当具备拟任职务所要求的思想政治素质、工作能力、文化程度和任职经历等方面的条件和资格。

公务员晋升职务,应当逐级晋升。特别优秀的或者工作特殊需要的,可以按照规定破格或者越一级晋升职务。

公务员晋升领导职务,按照下列程序办理:(1) 民主推荐,确定考察对象;(2) 组织考察,研究提出任职建议方案,并根据需要在一定范围内进行酝酿;(3) 按照管理权限讨论决定;(4) 按照规定履行任职手续。

公务员晋升非领导职务,参照前款规定的程序办理。

《公务员法》规定,公务员晋升领导职务的,应当按照有关规定实行任职前公示制度和任职试用期制度。公务员在定期考核中被确定为不称职的,按照规定程序降低一个职务层次任职。

《公务员法》关于职务升降的其他事宜还作具体的规定。

五、国家公务员的奖惩、辞职辞退和退休

(一) 国家公务员的奖励

《公务员法》第八章关于公务员的奖励规定,对工作表现突出,有显著成绩和贡献,或者有其他突出事迹的公务员或者公务员集体,给予奖励。奖励坚持精神奖励与物质奖励相结合、以精神奖励为主的原则。

公务员或者公务员集体有下列情形之一的,给予奖励:

(1) 忠于职守,积极工作,成绩显著的;(2) 遵守纪律,廉洁奉公,作风正派,办事公道,模范作用突出的;(3) 在工作中有发明创造或者提出合理化建议,取得显著经济效益或者社会效益的;(4) 为增进民族团结、维护社会稳定做出突出贡献的;(5) 爱护公共财产,节约国家资财有突出成绩的;(6) 防止或者消除事故有功,使国家和人民群众利益免受或者减少损失的;(7) 在抢险、救灾等特定环境中奋不顾身,做出贡献的;(8) 同违法违纪行为作斗争有功绩的;(9) 在对外交往中为国家争得荣誉和利益的;(10) 有其他突出功绩的。

奖励分为:嘉奖、记三等功、记二等功、记一等功、授予荣誉称号。

公务员或者公务员集体有下列情形之一的,撤销奖励:(1) 弄虚作假,骗取奖励的;(2) 申报奖励时隐瞒严重错误或者严重违反规定程序的;(3) 有法律、法规规定应当撤销奖励的其他情形的。

(二) 国家公务员的惩戒

《公务员法》第九章规定,公务员必须遵守纪律,不得有下列行为:

(1) 散布有损国家声誉的言论,组织或者参加旨在反对国家的集会、游行、示威等活动;(2) 组织或者参加非法组织,组织或者参加罢工;(3) 玩忽职守,贻误工作;(4) 拒绝执行上级依法作出的决定和命令;(5) 压制批评,打击报复;(6) 弄虚作假,误导、欺骗领导和公众;(7) 贪污、行贿、受贿,利用职务之便为自己或者他人谋取私利;(8) 违反财经纪律,浪费国家资财;(9) 滥用职权,侵害公民、法人或者其他组织的合法权益;(10) 泄露国家秘密或者工作秘密;(11) 在对外交往中损害国家荣誉和利益;(12) 参与或者支持色情、吸毒、赌博、迷信等活动;(13) 违反职业道德、社会公德;(14) 从事或者参与营利性活动,在企业或者其他营利性组织中兼任职务;(15) 旷工或者因公外出、请假期满无正当理由逾期不归;(16) 违反纪律的其他行为。

该法规定,公务员执行公务时,认为上级的决定或者命令有错误的,可以向上级提出改正或者撤销该决定或者命令的意见;上级不改变该决定或者命令,或者要求立即执行的,公务员应当执行该决定或者命令,执行的后果由上级负责,公务员不承担责任;但是,公务员执行明显违法的决定或者命令的,应当依法承担相应的责任。

公务员因违法违纪应当承担纪律责任的,依照本法给予处分;违纪行为情节轻微,经批评教育后改正的,可以免予处分。

处分分为:警告、记过、记大过、降级、撤职、开除。

对公务员的处分,应当事实清楚、证据确凿、定性准确、处理恰当、程序合法、手续完备。公务员违纪的,应当由处分决定机关对公务员违纪的情况进行调查,并将调查认定的事实及拟给予处分的依据告知公务员本人。公务员有权进行陈述和申辩。

处分决定机关认为对公务员应当给予处分的,应当在规定的期限内,按照管理权限和规定的程序作出处分决定。处分决定应当以书面形式通知公务员本人。公务员在受处分期间不得晋升职务和级别,其中受记过、记大过、降级、撤职处分的,不得晋升工资档次。

受处分的期间为:警告,六个月;记过,十二个月;记大过,十八个月;降级、撤职,二十四个月。受撤职处分的,按照规定降低级别。

公务员受开除以外的处分,在受处分期间有悔改表现,并且没有再发生违纪行为的,处分期满后,由处分决定机关解除处分并以书面形式通知本人。解除处分后,晋升工资档次、级别和职务不再受原处分的影响。但是,解除降级、撤职处分的,不视为恢复原级别、原职务。

(三) 公务员辞职辞退

法律规定,公务员辞去公职,应当向任免机关提出书面申请。任免机关应当自接到申请之日起三十日内予以审批,其中对领导成员辞去公职的申请,应当自接到申请之日起九十日内予以审批。

公务员有下列情形之一的,不得辞去公职:

(1) 未满国家规定的最低服务年限的;(2) 在涉及国家秘密等特殊职位任职或者离开上述职位不满国家规定的脱密期限的;(3) 重要公务尚未处理完毕,且须由本人继续处理的;(4) 正在接受审计、纪律审查,或者涉嫌犯罪,司法程序尚未终结的;(5) 法律、行政法规规定的其他不得辞去公职的情形。

担任领导职务的公务员,因工作变动依照法律规定需要辞去现任职务的,应当履行辞职手续;因个人或者其他原因,可以自愿提出辞去领导职务。

领导成员因工作严重失误、失职造成重大损失或者恶劣社会影响的,或者对重大事故负有领导责任的,应当引咎辞去领导职务。应当引咎辞职或者因其他原因不再适合担任现任领导职务,本人不提出辞职的,应当责令其辞去领导职务。

公务员有下列情形之一的,予以辞退:

(1) 在年度考核中,连续两年被确定为不称职的;(2) 不胜任现职工作,又不接受其他安排的;(3) 因所在机关调整、撤销、合并或者缩减编制员额需要调整工作,本人拒绝合理安排的;(4) 不履行公务员义务,不遵守公务员纪律,经教育仍无转变,不适合继续在机关工作,又不宜给予开除处分的;(5) 旷工或者因公外出、请假期满无正当理由逾期不归连续超过十五天,或者一年内累计超过三十天的。

对有下列情形之一的公务员,不得辞退:

(1) 因公致残,被确认丧失或者部分丧失工作能力的;(2) 患病或者负伤,在规定的医疗期内的；(3) 女性公务员在孕期、产假、哺乳期内的；(4) 法律、行政法规规定的其他不得辞退的情形。

辞退公务员，按照管理权限决定。辞退决定应当以书面形式通知被辞退的公务员。被辞退的公务员，可以领取辞退费或者根据国家有关规定享受失业保险。公务员辞职或者被辞退，离职前应当办理公务交接手续，必要时按照规定接受审计。

(四) 公务员的退休

该法规定，公务员达到国家规定的退休年龄或者完全丧失工作能力的，应当退休。

公务员符合下列条件之一的，本人自愿提出申请，经任免机关批准，可以提前退休：(1) 工作年限满三十年的；(2) 距国家规定的退休年龄不足五年，且工作年限满二十年的；(3) 符合国家规定的可以提前退休的其他情形的。

还规定，公务员退休后，享受国家规定的退休金和其他待遇，国家为其生活和健康提供必要的服务和帮助，鼓励发挥个人专长，参与社会发展。

六、申诉控告和法律责任

(一) 申诉控告

法律规定，公务员对涉及本人的下列人事处理不服的，可以自知道该人事处理之日起三十日内向原处理机关申请复核；对复核结果不服的，可以自接到复核决定之日起十五日内，按照规定向同级公务员主管部门或者作出该人事处理的机关的上一级机关提出申诉；也可以不经复核，自知道该人事处理之日起三十日内直接提出申诉：(1) 处分；(2) 辞退或者取消录用；(3) 降职；(4) 定期考核定为不称职；(5) 免职；(6) 申请辞职、提前退休未予批准；(7) 未按规定确定或者扣减工资、福利、保险待遇；(8) 法律、法规规定可以申诉的其他情形。

对省级以下机关作出的申诉处理决定不服的，可以向作出处理决定的上一级机关提出再申诉。行政机关公务员对处分不服向行政监察机关申诉的，按照《中华人民共和国行政监察法》的规定办理。

原处理机关应当自接到复核申请书后的三十日内作出复核决定。受理公务员申诉的机关应当自受理之日起六十日内作出处理决定；案情复杂的，可以适当延长，但是延长时间不得超过三十日。

复核、申诉期间不停止人事处理的执行。

公务员申诉的受理机关审查认定人事处理有错误的，原处理机关应当及时予以纠正。公务员认为机关及其领导人员侵犯其合法权益的，可以依法向上级机关或者有关的专门机关提出控告。受理控告的机关应当按照规定及时处理。

规定,公务员提出申诉、控告,不得捏造事实,诬告、陷害他人。

（二）法律责任

该法规定,对有下列违反本法规定情形的,由县级以上领导机关或者公务员主管部门按照管理权限,区别不同情况,分别予以责令纠正或者宣布无效;对负有责任的领导人员和直接责任人员,根据情节轻重,给予批评教育或者处分;构成犯罪的,依法追究刑事责任:

(1) 不按编制限额、职数或者任职资格条件进行公务员录用、调任、转任、聘任和晋升的;(2) 不按规定条件进行公务员奖惩、回避和办理退休的;(3) 不按规定程序进行公务员录用、调任、转任、聘任、晋升、竞争上岗公开选拔以及考核、奖惩的;(4) 违反国家规定,更改公务员工资、福利、保险待遇标准的;(5) 在录用、竞争上岗、公开选拔中发生泄露试题、违反考场纪律以及其他严重影响公开、公正的;(6) 不按规定受理和处理公务员申诉、控告的;(7) 违反本法规定的其他情形的。

规定,公务员辞去公职或者退休的,原系领导成员的公务员在离职三年内,其他公务员在离职两年内,不得到与原工作业务直接相关的企业或者其他营利性组织任职,不得从事与原工作业务直接相关的营利性活动。

公务员辞去公职或者退休后有违反前款规定行为的,由其原所在机关的同级公务员主管部门责令限期改正;逾期不改正的,由县级以上工商行政管理部门没收该人员从业期间的违法所得,责令接收单位将该人员予以清退,并根据情节轻重,对接收单位处以被处罚人员违法所得一倍以上五倍以下的罚款。

国家机关因错误的具体人事处理对公务员造成名誉损害的,应当赔礼道歉、恢复名誉、消除影响;造成经济损失的,应当依法给予赔偿。

公务员主管部门的工作人员,违反本法规定,滥用职权、玩忽职守、徇私舞弊,构成犯罪的,依法追究刑事责任;尚不构成犯罪的,给予处分。

此外,《公务员法》还对职务与级别、工资福利保险等事项有具体详细的规定。

第五节 行政行为

一、行政行为的概念和分类

行政行为是指国家行政机关在其职权范围内依法对行政管理相对人实施的具有法律效力的行为。

行政机关的活动领域是非常广泛的,这里所指行政行为不包括行政组织系统内部的基于行政隶属关系、按行政组织原则处理内部事务的行为,即内部行为;不包括行政机关以民事主体身份和当事人处于平等地位进行的活动,即民事行为;也不包括行政机关与权力机关之间以及以政府名义与其他国家机关之间的行为,即政治行为。行政行为必须是国家行政机关对其外部行使公共权力并产生法律效果的行为。

行政行为按不同标准或从不同角度可有不同的分类,主要可分为:

1. 抽象行为和具体行为。行政机关依法制定规范性法律文件的行为,又称为行政立法,其结果是普遍适用的、抽象的行为规范,故称抽象行为。行政机关依法对具体事项或特定个人采取措施的行为称为具体行为。

2. 羁束行为和自由裁量行为。行政机关必须严格依照法律规定的范围、方式、程序、手段等实施的行为称为羁束行为。行政机关按照法律规定的对行为的范围、方式等留有一定幅度和余地,可以斟酌、选择而掺杂自己意志在内的行为称为自由裁量行为。

3. 要式行为和非要式行为。必须依照法定方式进行或必须具有一定的法定形式才能产生法律效力和后果的行为称为要式行为。不要求某种必须的方式,只需口头表示就可以生效的行为称为非要式行为。

4. 单方行为、双方行为和多方行为。行政机关单方意思表示而无须取得行政相对人同意即可成立的行政行为称为单方行为。行政机关与行政相对人协商一致达成协议才能成立的行为,又称行政合同行为,是双方行为。行政行为中由多方意思表示而共同形成合意的行为称为多方行为。

5. 依职权的行为和应申请的行为。行政机关依据法律赋予的职权,无须行政相对人的请求而主动为之的行为,是依职权的行为,又称主动行政行为。行政机关根据行政相对人的申请而实施的行为,是应申请的行为,又称被动或受动行政行为。

二、行政行为的内容和效力

(一) 行政行为的内容

行政行为的内容主要指行政行为作用于行政相对人所产生的影响或效果。行政行为的内容主要有以下几个方面:

(1) 设定权利和设定义务。(2) 撤销权利和免除义务。(3) 赋予能力和剥夺能力。(4) 变更法律地位。(5) 确认行政相对人的法律地位或行为的合法。(6) 赋予特定物以法律性质。

行政行为的效力是指行政行为具备成立的要件后所具有的拘束力、确定力和执行力。

行政行为的成立是行政行为有效的前提。行政行为的成立必须具备的一定条件,为有效要件。各种行政行为有效成立的共同要件主要有:(1) 行为的主体合法,即行政机关的产生和存在都有合法根据,具备行政主体资格。(2) 行为必须在行政机关的权限内,越权无效是行政法的基本原则。(3) 行为的内容合法。即行为的内容要有可能、明确、符合公共利益和法律规定。(4) 行为符合法定程序。(5) 行为符合法定形式。

(二) 行政行为的效力

行政机关的行政行为只有具备了以下条件,才有效力。行政行为的效力有:

1. 确定力。指行政行为有效成立后,非依法律规定不得随意变更或撤销,即不可变更力。

2. 拘束力。指行政行为的内容对相关人员的约束效力,包括对行政机关自身的拘束力和对行政相对人的约束力。

3. 执行力。指行政行为成立后,行政机关依法采取一定手段,使行政行为的内容得以完全实现的效力,又称为实现力。

4. 公信力。指行政相对人对于实施行政行为的国家行政机关的信赖和忠诚的力度,它直接关系到行政行为效力的程度。

(三) 行政行为的撤销、变更和废止

行政行为因行政越权、行政侵权、滥用权力或不合法定程序而予以撤销,予以撤销的行为则视为该行政行为自始至终不存在,即行政行为的撤销有溯及力。

已发生效力的行政行为,如果发现其不当或根据实际情况的变化,改变其行为的内容或使行政行为部分地失去效力并作出新的规定,称为行政行为的变更。

行政行为由于不适应新的情况并非违法或不当,由行政机关宣布废止。但废止前的行为依然有效,即行政行为的废止无溯及力。行政行为或者因制定新法规而使具体行为失去效力;或者因所针对的对象不复存在而消灭;或者因行政相对人被设定的义务充分履行完毕而消灭。

三、行政行为的种类

(一) 行政立法行为

行政立法行为是指行政机关依照宪法和法律规定的权限和程序,就行政管理方面的事项制定规范性文件即行政管理法规的活动。

我国《宪法》第 89 条第 1 款规定,国务院有权根据宪法和法律,制定行政法规,发布决定和命令。它主要有以下三种形式:(1) 职权立法。即行政机关依照宪法和有关组织法规定的职权立法。依据职权立法可以制定自主性的行政法律规范。(2) 授权立法。即根据宪法、组织法以外的法律的授权进行立法。依据授权立法可以制定执行性的行政法律规范,它只能行使一次,不得反复运用。(3) 特别授权立法。即最高国家权力机关将本应由自己制定某一方面法律的立法权,特别授予最高国家行政机关(国务院)行使所进行的立法。

（二）行政许可行为和《行政许可法》

行政许可是指行政机关根据行政相对人的申请依法赋予其从事某种法律所禁止的事项的权利或资格的行为。

行政许可必须是以法律禁止为其存在的前提条件；必须是依行政相对人申请为的行政行为，行政机关不能主动为之；必须是赋予某种权利或资格的行政行为。

行政许可的结果是许可证。许可证可分为独立的许可证和附条件的许可证，永久的许可证和附期限的许可证，无条件放弃的许可证和有条件放弃的许可证。许可证经国家行政机关颁发后即获得法律效力，这种效力体现为证明力、确定力和约束力。许可证颁发后，因某种情况出现，从而影响许可证的效力，引起许可证的无效、失效、中止和撤销。

为了规范行政许可的设定和实施，保护公民、法人和其他组织的合法权益，维护公共利益和社会秩序，保障和监督行政机关有效实施行政管理，第十届全国人大常委会第四次会议于 2003 年 8 月 27 日通过《中华人民共和国行政许可法》，自 2004 年 7 月 1 日起施行。本法共有 8 章 83 条。

该法规定的内容包括：总则、行政许可的设定、行政许可的实施机关、行政许可的实施程序、申请与受理、审查与决定、期限、听证、变更与延续、特别规定、行政许可的费用、监督检查。其中：

按照该法的规定，行政许可是指行政机关根据公民、法人或者其他组织的申请，经依法审查，准予其从事特定活动的行为。有关行政机关对其他机关或者对其直接管理的事业单位的人事、财务、外事等事项的审批，不适用本法。

1. 设定和实施行政许可的原则

该法规定，设定和实施行政许可，应当依照法定的权限、范围、条件和程序；应当遵循公开、公平、公正的原则。有关行政许可的规定应当公布；未经公布的，不得作为实施行政许可的依据。行政许可的实施和结果，除涉及国家秘密、商业秘密或者个人隐私的外，应当公开。

符合法定条件、标准的，申请人有依法取得行政许可的平等权利，行政机关不得歧视。

实施行政许可，应当遵循便民的原则，提高办事效率，提供优质服务。

该法还规定，公民、法人或者其他组织对行政机关实施行政许可，享有陈述权、申辩权；有权依法申请行政复议或者提起行政诉讼；其合法权益因行政机关违法实施行政许可受到损害的，有权依法要求赔偿。依法取得的行政许可受法律保护，行政机关不得擅自改变已经生效的行政许可。

行政许可所依据的法律、法规、规章修改或者废止，或者准予行政许可所依据的客观情况发生重大变化的，为了公共利益的需要，行政机关可以依法变更或者撤回已经生效的行政许可。由此给公民、法人或者其他组织造成财产损失的，行政机关应当依法给予补偿。

依法取得的行政许可，除法律、法规规定依照法定条件和程序可以转让的外，不得转让。县级以上人民政府应当建立健全对行政机关实施行政许可的监督制度，加强对行政机关实施行政许可的监督检查。行政机关应当对公民、法人或者其他组织从事行政许可事项的活动实施有效监督。

2. 行政许可的设定

设定行政许可，应当遵循经济和社会发展规律，有利于发挥公民、法人或者其他组织的积极性、主动性，维护公共利益和社会秩序，促进经济、社会和生态环境协调发展。

法律规定，下列事项可以设定行政许可：

(1) 直接涉及国家安全、公共安全、经济宏观调控、生态环境保护以及直接关系人身健康、生命财产安全等特定活动，需要按照法定条件予以批准的事项；

(2) 有限自然资源开发利用、公共资源配置以及直接关系公共利益的特定行业的市场准入等，需要赋予特定权利的事项；

(3) 提供公众服务并且直接关系公共利益的职业、行业，需要确定具备特殊信誉、特殊条件或者特殊技能等资格、资质的事项；

(4) 直接关系公共安全、人身健康、生命财产安全的重要设备、设施、产品、物品，需要按照技术标准、技术规范，通过检验、检测、检疫等方式进行审定的事项；

(5) 企业或者其他组织的设立等，需要确定主体资格的事项；

(6) 法律、行政法规规定可以设定行政许可的其他事项。

上列事项，通过下列方式能够予以规范的，可以不设行政许可：

(1) 公民、法人或者其他组织能够自主决定的；

(2) 市场竞争机制能够有效调节的；

(3) 行业组织或者中介机构能够自律管理的；

(4) 行政机关采用事后监督等其他行政管理方式能够解决的。

上列事项，法律可以设定行政许可。尚未制定法律的，行政法规可以设定行政许可。

同时，该法对于具体设定行政许可还做了更为详细的规定。

3. 行政许可实施机关

法律规定，行政许可由具有行政许可权的行政机关在其法定职权范围内实施。法律、法规授权的具有管理公共事务职能的组织，在法定授权范围内，以自己的名义实施行政许可。被授权的组织适用本法有关行政机关的规定。

行政机关在其法定职权范围内，依照法律、法规、规章的规定，可以委托其他行政机关实施行政许可。委托机关应当将受委托行政机关和受委托实施行政许可的内容予以公告。委托行政机关对受委托行政机关实施行政许可的行为应当负责监督,并对该行为的后果承担法律责任。受委托行政机关在委托范围内,以委托行政机关名义实施行政许可,不得再委托其他组织或者个人实施行政许可。

行政机关实施行政许可,不得向申请人提出购买指定商品、接受有偿服务等不正当要求。行政机关工作人员办理行政许可,不得索取或者收受申请人的财物,不得谋取其他利益。

对直接关系公共安全、人身健康、生命财产安全的设备、设施、产品、物品的检验、检测、检疫,除法律、行政法规规定由行政机关实施的外,应当逐步由符合法定条件的专业技术组织实施。专业技术组织及其有关人员对所实施的检验、检测、检疫结论承担法律责任。

4. 行政许可的实施程序

(1) 申请与受理

法律规定,公民、法人或者其他组织从事特定活动,依法需要取得行政许可的,应当向行政机关提出申请。申请书需要采用格式文本的,行政机关应当向申请人提供行政许可申请书格式文本。申请书格式文本中不得包含与申请行政许可事项没有直接关系的内容。

行政机关对申请人提出的行政许可申请,应当根据下列情况分别作出处理:

第一,申请事项依法不需要取得行政许可的,应当即时告知申请人不予受理;

第二,申请事项依法不属于本行政机关职权范围的,应当即时作出不予受理的决定,并告知申请人向有关行政机关申请;

第三,申请材料存在可以当场更正的错误的,应当允许申请人当场更正;

第四,申请材料不齐全或者不符合法定形式的,应当当场或者在五日内一次告知申请人需要补正的全部内容,逾期不告知的,自收到申请材料之日起即为受理;

第五,申请事项属于本行政机关职权范围,申请材料齐全、符合法定形式,或者申请人按照本行政机关的要求提交全部补正申请材料的,应当受理行政许可申请。

行政机关受理或者不予受理行政许可申请,应当出具加盖本行政机关专用印章和注明日期的书面凭证。

(2) 审查与决定

行政机关应当对申请人提交的申请材料进行审查。

申请人提交的申请材料齐全、符合法定形式,行政机关能够当场作出决定的,应当当场作出书面的行政许可决定。根据法定条件和程序,需要对申请材料的实质内容进行核实的,行政机关应当指派两名以上工作人员进行核查。申请人的申请符合法定条件、标准的,行政机关应当依法作出准予行政许可的书面决定。行政机关依法作出不予行政许可的书面决定的,应当说明理由,并告知申请人享有依法申请行政复议或者提起行政诉讼的权利。

行政机关作出准予行政许可的决定,需要颁发行政许可证件的,应当向申请人颁发加盖本行政机关印章的下列行政许可证件:

第一,许可证、执照或者其他许可证书;

第二,资格证、资质证或者其他合格证书;

第三,行政机关的批准文件或者证明文件;

第四,法律、法规规定的其他行政许可证件。

行政机关作出的准予行政许可决定,应当予以公开,公众有权查阅。

(3) 期限

法律规定,除可以当场作出行政许可决定的外,行政机关应当自受理行政许可申请之日起二十日内作出行政许可决定。二十日内不能作出决定的,经本行政机关负责人批准,可以延长十日,并应当将延长期限的理由告知申请人。但是,法律、法规另有规定的,依照其规定。行政许可采取统一办理或者联合办理、集中办理的,办理的时间不得超过四十五日;四十五日内不能办结的,经本级人民政府负责人批准,可以延长十五日,并应当将延长期限的理由告知申请人。

依法应当先经下级行政机关审查后报上级行政机关决定的行政许可,下级行政机关应当自其受理行政许可申请之日起二十日内审查完毕。但是,法律、法规另有规定的,依照其规定。

(4) 听证

法律、法规、规章规定实施行政许可应当听证的事项,或者行政机关认为需要听证的其他涉及公共利益的重大行政许可事项,行政机关应当向社会公告,并举行听证。

(5) 变更与延续

法律规定,被许可人要求变更行政许可事项的,应当向作出行政许可决定的行政机关提出申请;符合法定条件、标准的,行政机关应当依法办理变更手续。

被许可人需要延续依法取得的行政许可的有效期的,应当在该行政许可有效期届满三十日前向作出行政许可决定的行政机关提出申请。但是,法律、法规、规章另有规定的,依照其规定。

行政机关应当根据被许可人的申请,在该行政许可有效期届满前作出是否准予延续的决定;逾期未作决定的,视为准予延续。

(6) 监督检查

该法规定,上级行政机关应当加强对下级行政机关实施行政许可的监督检查,及时纠正行政许可实施中的违法行为。行政机关应当建立健全监督制度,通过核查反映被许可人从事行政许可事项活动情况的有关材料,履行监督责任。

有下列情形之一的，作出行政许可决定的行政机关或者其上级行政机关，根据利害关系人的请求或者依据职权，可以撤销行政许可：

第一，行政机关工作人员滥用职权、玩忽职守作出准予行政许可决定的；

第二，超越法定职权作出准予行政许可决定的；

第三，违反法定程序作出准予行政许可决定的；

第四，对不具备申请资格或者不符合法定条件的申请人准予行政许可的；

第五，依法可以撤销行政许可的其他情形。

被许可人以欺骗、贿赂等不正当手段取得行政许可的，应当予以撤销。

依照前两款的规定撤销行政许可，可能对公共利益造成重大损害的，不予撤销。

依照上条第一款的规定撤销行政许可，被许可人的合法权益受到损害的，行政机关应当依法给予赔偿。依照上条第二款的规定撤销行政许可的，被许可人基于行政许可取得的利益不受保护。

该法同时规定，有下列情形之一的，行政机关应当依法办理有关行政许可的注销手续：

第一，行政许可有效期届满未延续的；

第二，赋予公民特定资格的行政许可，该公民死亡或者丧失行为能力的；

第三，法人或者其他组织依法终止的；

第四，行政许可依法被撤销、撤回，或者行政许可证件依法被吊销的；

第五，因不可抗力导致行政许可事项无法实施的；

第六，法律、法规规定的应当注销行政许可的其他情形。

同时，该法还对行政机关及其工作人员、行政许可申请人和被许可人应该承担的法律责任作了具体和详细的规定。

（三）行政处罚行为和《行政处罚法》

1. 行政处罚行为

行政处罚是指国家行政机关对违反行政法律规范的行政相对人所给予的一种惩戒或制裁。

行政处罚行为是行政机关的行为，是对违反行政法律规范的行政相对人施加的一种行为，是一种严厉的行政行为。

行政处罚行为与行政处分不同。行政处分是由行政机关内部管理机关或由与被处分人有组织隶属关系的机关作出，而行政处罚是由具有国家管理职能的行政机关作出；行政处分针对的行为是行政工作人员的违法失职行为，而行政处罚针对的行为是行政相对人违反行政法律规范的行为；行政处分依据的是行政工作人员法（公务员法），行政处罚依据的是行政管理法律、法规；行政处分的形式是与职务上的权利有关的记过、警告、降职等，行政处罚的形式是与人身自由、财产等基本权利有关的罚款、拘留等。

行政处罚根据科以行政相对人义务的标准可划分为三类:(1) 限制或剥夺权利的行政处罚。它包括限制人身自由的处罚、剥夺财产权的处罚和限制或剥夺行为权的处罚。(2) 科以义务的行政处罚。它包括科以金钱给付义务的处罚和科以作出行为的处罚。(3) 对行政相对人的声誉发生影响的行政处罚,称为申诫罚。

行政处罚的形式,又称罚则,一般是由各个具体的法律、法规作出规定。它主要有:警告、罚款、拘留、没收、停止营业、劳动教养。

2.《行政处罚法》

《行政处罚法》是我国规范行政机关对违反行政法律规范的行政相对人实施惩戒或制裁活动的一项重要法律。1996 年 3 月 17 日第八届全国人民代表大会第四次会议通过,1996 年 10 月 1 日起施行,共有 8 章 64 条。

《行政处罚法》主要针对以前关于行政处罚的一些原则没有统一的法律规定,表现在实践上处罚的随意性,特别是有些地方和部门随意罚款,或一事数罚或几个部门罚,造成乱处罚、乱罚款等现象,为了解决行政处罚的设定权不明确、执法主体混乱、处罚程序缺乏统一明确的规定及其对于行政处罚的制约和监督不力等问题而制定的。

(1) 关于行政处罚实施的主体

行政处罚实行法定原则,规定公民、法人或者其他组织违反行政管理秩序的行为,应当给予行政处罚的,依照本法由法律、法规或者规章规定,并由行政机关依照本法规定的程序实施。没有法定依据或者不遵守法定程序的,行政处罚无效。

行政处罚的主体按本法规定,是具有行政处罚权的行政机关。国务院或者经国务院授权的省、自治区、直辖市人民政府可以决定一个行政机关行使有关行政机关的处罚权,但限制人身自由的行政处罚权只能由公安机关行使。法律、法规授权的具有管理公共事务职能的组织可以在法定授权范围内实施行政处罚。行政机关依照法律、法规或者规章的规定,可以在其法定权限内委托符合以下条件的组织实施行政处罚,即:① 依法成立的管理公共事务的事业组织;② 具有熟悉有关法律、法规、规章和业务的工作人员;③ 对违法行为需要进行技术检查或者技术鉴定的,应当有条件组织进行相应的技术检查或者技术鉴定。行政机关不得委托其他组织或者个人实施行政处罚。委托行政机关对受委托的组织实施行政处罚的行为应当负责监督,并对该行为的后果承担法律责任。受委托组织在委托范围内,以委托行政机关的名义实施行政处罚。但是不得再委托其他任何组织或者个人实施行政处罚。

(2) 关于行政处罚的原则和程序

《行政处罚法》具体规定了行政处罚的原则,即:① 依法原则。应当给予行政处罚的，由法定的行政机关依照法定的程序实施。② 公正、公开原则。行政处罚必须以事实为依据，与违法行为的事实、性质、情节以及社会危害程度相当。对违法行为给予行政处罚的规定必须公布；未经公布的，不得作为行政处罚的依据。③ 处罚与教育相结合的原则。实施行政处罚，纠正违法行为，应当坚持处罚与教育相结合，教育公民、法人或者其他组织自觉守法。

为了行政处罚决定的正确、合法，《行政处罚法》第 5 章第 30—32 条规定，公民、法人或者其他组织违反行政管理秩序的行为，依法应当给予行政处罚的，行政机关必须查明事实；违法事实不清的，不得给予行政处罚。行政机关在作出行政处罚决定之前，应当告知当事人作出行政处罚的事实、理由及依据，并告知当事人依法享有的权利。当事人有权进行陈述和申辩。行政机关必须充分听取当事人的意见，对当事人提出的事实、理由和证据，应当进行复核；当事人提出的事实、理由或者证据成立的，行政机关应当采纳。行政机关不得因当事人申辩而加重处罚。

《行政处罚法》规定了简易程序、一般程序和听证程序。违法事实确凿并有法定依据，对公民处以 50 元以下，对法人或者其他组织处以 1000 元以下罚款或者警告的行政处罚的，可以当场作出处罚决定的称为简易程序；除可以当场作出的行政处罚外，行政机关发现公民、法人或者其他组织有依法应当给予行政处罚的行为的，必须全面、客观、公正地调查，收集有关证据；必要时，依照法律、法规的规定，可进行检查，称为一般程序。行政机关作出责令停产停业、吊销许可证或者执照、较大数额罚款等行政处罚决定之前，应当告知当事人有要求举行听证的权利；当事人要求听证的，行政机关应当组织听证，这是听证程序。当事人不承担行政机关组织听证的费用。

(3) 行政处罚的种类和设定

《行政处罚法》规定行政处罚有以下种类：① 警告；② 罚款；③ 没收违法所得，没收非法财物；④ 责令停产停业；⑤ 暂扣或者吊销许可证、暂扣或者吊销执照；⑥ 行政拘留；⑦ 法律、行政法规规定的其他行政处罚。

法律可以设定各种行政处罚。但是，限制人身自由的行政处罚，只能由法律设定。行政法规可以设定除限制人身自由以外的行政处罚。法律对违法行为已经作出行政处罚规定，行政法规需要作出具体规定的，必须在法律规定的给予行政处罚的行为、种类和幅度的范围内规定。地方性法规可以设定除限制人身自由、吊销企业营业执照以外的行政处罚。法律、行政法规对违法行为已经作出行政处罚规定，地方性法规需要作出具体规定的，必须在法律、行政法规规定的给予行政处罚的行为、种类和幅度的范围内规定。对国务院部、委员会制定的规章，省、自治区、直辖市人民政府和省、自治区所在地的市人民政府及经国务院批准的较大的市人民政府制定的地方政府规章对行政处罚的规定，《行政处罚法》

第12—13条都有明确规定，除上述规定外，其他规范性文件不得设定行政处罚。

（4）法律责任

为了保证行政机关正确行使行政处罚权，保障和监督行政机关有效实施行政管理，维护公共利益和社会秩序，保护公民、法人或者其他组织的合法权益，《行政处罚法》第55条规定了行政机关直接负责的主管人员和其他责任人员的法律责任，规定对于没有法定的行政处罚依据的；擅自改变行政处罚种类、幅度的；违反法定的行政处罚程序的；违反法定的关于委托处罚的规定的，给予直接负责的主管人员和其他直接责任人员行政处分。第56—62条对行政机关不使用法定单据；违反规定自行收缴罚款；财政部门违反规定向行政机关返还罚款或者拍卖款项的；截留、私分或变相私分罚款、违法所得或者财物；执法人员利用职权索取或者收受他人财物、收缴罚款据为已有；行政机关使用或者损毁扣押的财物，对当事人造成损失的；违法实行检查措施或者执行措施，给公民人身或者财产造成损害、给法人或者其他组织造成损失的；为本单位牟取私利，对应当依法移交司法机关追究刑事责任的不移交，以行政处罚代替刑罚的；徇私舞弊，包庇纵容违法行为的；以及执法人员玩忽职守，对应当予以制止和处罚的违法行为不予制止、处罚，致使公民、法人或者其他组织的合法权益、公共利益和社会秩序遭受损害的都规定了具体的法律责任。

《行政处罚法》对行政处罚的管辖和适用、行政处罚的执行等都作了明确规定。

（四）行政强制执行行为

行政强制执行是指国家行政机关在行政管理活动中对不履行法定义务的行政相对人，采取强制措施迫使其履行义务或实现所要求状态的行政行为。

行政强制执行的方法主要有：强制划拨、强制退还、强行拆除、强制履行、强行扣留、滞纳金和强行扣缴等。行政强制执行必须具备四个条件：（1）执行的内容应有法律明确规定；（2）执行机关必须是有执行权的国家行政机关；（3）必须有行政相对人来执行具有执行内容的行政处理决定的事实存在；（4）行政相对人不是客观上不能履行而是有不履行行政处理决定的故意。

（五）行政裁决行为

行政裁决是指行政机关依法裁决与行政管理活动有关的纠纷的活动。

行政裁决的主持者是行政机关，行政裁决处理的纠纷是与行政管理有关的在平等地位的双方当事人之间产生的纠纷。

行政裁决的范围，根据有关法律和法规规定，主要有以下三个方面：（1）裁决权属纠纷。指双方当事人因对某一所有权归属发生争执，向行政机关提出申请，要求予以裁决确认。如发生于土地、房产、资源等方面的纠纷。（2）裁决侵权纠纷。指一方当事人的合法权益受到他方当事人的侵犯发生纠纷，申请行政机关予以裁决以防止侵权行为，保障当事人的合法权益。如发生的商标权、专利权、著作权等方面的纠纷。(3) 裁决损害赔偿纠纷。指一方当事人的权益受到侵害后，向行政机关申请，要求侵害者给予赔偿引起的纠纷，以确认赔偿责任和数额，恢复和赔偿损害的合法权益。如发生的环境保护、医疗卫生、食品卫生等方面的损害赔偿引起的纠纷。

(六) 行政复议行为与《行政复议法》

行政复议是指行政相对人认为行政机关的具体行政行为侵犯其合法权益，依法向行政机关申请要求复查的活动。

行政复议行为是行政机关的活动，不是行政诉讼中的司法机关的活动；行政复议行为是应申请的行为，它以行政相对人的复议申请为前提，而不是由于行政机关内部的层级监督发生的主动行为；行政机关只能在其主管事项和职权范围内接受复议，复议申请也只能向作出行政决定的原机关或其上一级机关提出。

我国在 1999 年 4 月 29 日第九届全国人民代表大会常务委员会第九次会议通过并颁布了《中华人民共和国行政复议法》，自 1999 年 10 月 1 日起施行。该法共有 7 章 43 条，规定了总则、行政复议范围、行政复议申请、行政复议受理、行政复议决定、法律责任和附则等方面的内容。

第六节　行政法制监督

一、行政法制监督的概念、意义和行政监督法

(一) 行政法制监督的概念、意义

行政法制监督是指享有监督权的国家权力机关、司法机关、专门行政机关以及一般公民依法对国家行政机关及其公务员行使职权和与行使职权有关的行为实施的监督。由于监督的主体对行政的监督是依据宪法和法律规定的权限、程序和方式等一系列制度实施的，所以称为行政法制监督。

行政法制监督具有重要意义，它体现了社会主义国家人民是主人，人民政府及其工作人员是人民的公仆的国家性质，它对清除官僚主义，提高工作效率和对揭露坏人坏事，抵制不正之风，保护国家和集体利益，建立廉洁政府，保护公民合法权益具有重要意义。

(二) 行政监督法

行政监督法是指国家有关行政法制监督的一系列法律规范的总称。它包括：有关监督主体的各种法律规范，即作为监督各级政府依法行政的主体的资格和范围及其在法律上的地位、权利和义务；有关监督对象的各种法律规范，即不同监督主体相互之间、它们各自与共同的监督对象之间的关系及其在行政法律

监督关系中的不同地位、权利及义务等;有关监督内容的各种法律规范,即对监督对象是否依法行政进行监督,具体讲就是监督对象是否依照行政法律规范的规定,合理、合法地实施了各种行政管理活动和是否在运用行政法手段时不越权、不侵权、坚持合理合法原则。

行政监督法在行政法体系中占有十分重要的地位,它与行政组织法、行政行为法、行政诉讼法一起构成完整的行政法体系,并且是后三者得以实施的有力保障。

二、行政法制监督的内容和种类

（一）行政法制监督的内容

1. 对各级政府制定各种行政法律规范的行政行为的合法性和合理性进行监督,也就是对其抽象行政行为进行监督,主要是对行政机关制定行政法规和规章的行为进行监督。

2. 对各级政府及其公务员实施的具体行政行为的合法性、合理性进行监督。

3. 对国家公务员是否遵纪守法、廉洁奉公进行监督。

（二）行政法制监督的种类

按照不同的标准,行政法制监督可以划分成以下不同的种类:

1. 按监督的主体,可划分为国家监督和社会监督。凡是来自国家机构内部的自上而下或自下而上的对行政的监督称为国家监督。这种监督的主体都是国家机关,能直接产生相应的法律后果,监督活动具有国家强制力。凡是来自国家机构以外的其他社会团体、组织和公民的对行政的监督称为社会监督。这种监督活动没有强制力,不直接产生相应的法律后果,只有当这种监督在行政机关予以采纳后,才产生法律的后果。

2. 按监督的对象,可划分为对国家行政机关的监督和对国家行政工作人员(公务员)的监督。

3. 按监督的内容,可划分为对行政机关抽象行为的监督和对行政机关具体行政行为的监督。也可划分为对行政行为合法性的监督和对行政行为合理性的监督。

4. 按监督主体与监督对象的关系,可划分为外部行政法制监督和内部行政法制监督。前者是指行政机关以外的主体依法对行政机关及其工作人员实施监督,后者是指行政机关作为监督主体在行政机关内部所实施的监督。

5. 按监督主体实施监督权的时间,可划分为事前的行政法制监督、事中的行政法制监督、事后的行政法制监督。如对政府制定行政法规和规章的抽象行政行为的监督,一般属事前监督,上级行政机关对下级行政机关的监督一般属事中监督,行政复议和行政诉讼则属于事后监督。

三、行政法制监督体系

(一)行政法制监督体系的构成

我国行政法制监督体系是由以下七类监督主体构成的:(1)国家权力机关实施的行政法制监督,称为国家权力机关的监督。(2)国家行政机关内部自己实施的自上而下或自下而上的经常性的法制监督,称为一般形式的行政法制监督。(3)国家行政机关内部建立的两种专门机构实施的法制监督,即国家监察部门的监督和审计部门的监督。(4)国家检察机关实施的监督,称为检察监督。(5)国家审判机关实施的监督,称为审判监督。(6)社会力量为主体实施的监督,称为群众监督或社会监督。(7)中国共产党为主体实施的监督,称为中国共产党的监督。

(二)国家权力机关的监督

国家权力机关的监督的依据是《宪法》第2条和第3条规定。监督的主要方式或内容有:审议和批准政府提出的行政法律文件,对政府制定法律文件的抽象行政行为进行监督;审查和批准政府的工作报告;审查和批准政府编制的国民经济和社会发展计划以及执行计划的情况报告;审查和批准国家的预算和决算;组织行政执法大检查,处理公民来信来访和申诉;监督政府处理人大代表的提案和意见;质询和询问;组织人民代表对政府工作进行视察;组织关于特定问题的调查委员会;撤销政府作出的不适当的或违法的行政行为及运用人事监督权进行监督。

(三)国家行政机关内部的监督

国家行政机关内部自己实施的、经常性的自上而下的或自下而上的监督,称作行政机关内部一般形式的监督。所谓一般形式的监督是基于上下级领导与被领导关系而形成,基于领导权而发生的,它是行政领导权的必然结果,与行政日常指导和领导活动相结合,具有双向性、相互性的特点。它不同于行政机关内部的行政监察和审计监督的特殊形式的监督。

(四)国家检察机关的检察监督

根据我国宪法和法律规定,各级检察机关对国家法律的执行情况进行监督和检查。宪法规定,人民检察院是国家的法律监督机关。据此,检察院可以对国家行政机关执行法律进行监督。如对公安机关的侦查活动进行监督及对劳改机关活动的监督。

(五)国家审判机关的审判监督

根据我国《行政诉讼法》第1条规定,人民法院正确、及时审理行政案件,维护和监督行政机关依法行使行政职权。根据《行政诉讼法》第 11 条和第 12 条规定,我国人民法院对行政机关的审判监督主要限于具体行政行为,对于抽象行政行为不予监督。

(六) 群众监督或社会监督

根据宪法和法律规定,人民群众对行政机关及其工作人员执行国家政策和法律的情况进行的检查和监督是群众监督。社会团体或新闻单位对行政机关及其工作人员执行国家政策和法律情况进行的检查和督促,称为社会监督。以上两者都是非国家机关的监督,无法定约束力,并不产生直接法律后果,都具有建议性、主动性的特征。

(七) 中国共产党的监督

依据宪法和法律的规定,中国共产党对国家行政机关的监督称为中国共产党的监督。因为,中国共产党是执政党,在国家政治生活中处于领导地位,党对政府的领导就决定了必然要对行政机关及其工作人员实施监督,这种监督在整个行政法制监督体系中处于核心地位,起关键作用。

(八)《行政监察法》

为了加强监察工作,保证政令畅通,维护行政纪律,促进廉政建设,加强行政管理,提高行政效能,1997 年 5 月 9 日第八届全国人民代表大会常务委员会第二十五次会议通过了《中华人民共和国行政监察法》,共 7 章 48 条,自公布之日起施行。

1. 监察机关、监察人员及其活动原则

《行政监察法》规定,监察机关是人民政府行使监察职能的机关,依照本法对国家行政机关、国家公务员和国家行政机关任命的其他人员实施监察。监察机关依法行使职权,不受其他行政机关、社会团体和个人的干涉。监察工作必须坚持实事求是,重证据,重调查研究,在适用法律和行政纪律上人人平等;应当实行教育与惩处相结合、监督检查与改进工作相结合。监察工作应当依靠群众。监察机关建立举报制度,公民对于任何国家行政机关、国家公务员和国家行政机关任命的其他人员的违法失职行为,有权向监察机关提出控告或者检举。

《行政监察法》规定,国务院监察机关主管全国的监察工作。县级以上地方各级人民政府监察机关负责本行政区域内的监察工作,对本级人民政府和上一级监察机关负责并报告工作,监察业务以上级监察机关领导为主。县级以上各级人民政府监察机关根据工作需要,经本级人民政府批准,可以向政府所属部门派出监察机构或者监察人员,被派出的机构或人员对派出的监察机关负责并报告工作。

监察人员必须遵纪守法,忠于职守,秉公执法,清正廉洁,保守秘密。监察人员必须熟悉监察业务,具备相应的文化水平和专业知识。县级以上地方各级人民政府监察机关正、副职领导人员的任命或者免职,在提请决定前,必须经上一级监察机关同意。

监察机关对监察人员执行职务和遵守纪律实行监督的制度。监察人员依法执行职务,受法律保护。任何组织和个人不得拒绝、阻碍监察人员依法执行职务,不得打击报复监察人员。同时规定,监察人员办理的监察事项与本人或者其近亲属有利害关系的,应当回避。

2. 监察机关的职责

《行政监察法》规定,国务院监察机关对下列机关和人员实施监察:(1) 国务院各部门及其国家公务员;(2) 国务院及国务院各部门任命的其他人员;(3) 省、自治区、直辖市人民政府及其领导人员。

县级以上地方各级人民政府监察机关对下列机关和人员实施监察:(1) 本级人民政府各部门及其国家公务员;(2) 本级人民政府及本级人民政府各部门任命的其他人员;(3) 下一级人民政府及其领导人员。县、自治县、不设区的市、市辖区人民政府监察机关还对本辖区所属的乡、民族乡、镇人民政府的国家公务员以及乡、民族乡、镇人民政府任命的其他人员实施监察。

上级监察机关可以办理下一级监察机关管辖范围内的监察事项;必要时也可以办理所辖各级监察机关管辖范围内的监察事项。监察机关之间对管辖范围有争议的,由其共同的上级监察机关确定。

监察机关为行使监察职能,履行下列职责:(1) 检查国家行政机关在遵守和执行法律、法规和人民政府的决定、命令中的问题;(2) 受理对国家行政机关、国家公务员和国家行政机关任命的其他人员违反行政纪律行为的控告、检举;(3) 调查处理国家行政机关、国家公务员和国家行政机关任命的其他人员违反行政纪律的行为;(4) 受理国家公务员和国家行政机关任命的其他人员不服主管行政机关给予行政处分决定的申诉,以及法律、行政法规规定的其他由监察机关受理的申诉。

3. 监察机关的权限

《行政监察法》规定,监察机关履行职责,有权采取下列措施:(1) 要求被监察的部门和人员提供与监察事项有关的文件、资料、财务账目及其他有关的材料,进行查阅或者予以复制;(2) 要求被监察的部门和人员就监察事项涉及的问题作出解释和说明;(3) 责令被监察的部门和人员停止违反法律、法规和行政纪律的行为。

监察机关在调查违反行政纪律的行为时,可以根据实际情况和需要采取下列措施:(1) 暂予扣留、封存可以证明违反行政纪律行为的文件、资料、财务账目及其他有关的材料;(2) 责令案件涉嫌单位和涉嫌人员在调查期间不得变卖、转移与案件有关的财物;(3) 责令有违反行政纪律嫌疑的人员在指定的时间、地点就调查事项涉及的问题作出解释和说明,但是不得对其实行拘禁或者变相拘禁;(4) 建议有关机关暂停有严重违反行政纪律嫌疑的人员执行职务。

监察机关在调查贪污、贿赂、挪用公款等违反行政纪律的行为时,经县级以上监察机关领导人员批准,可以查询案件涉嫌单位和涉嫌人员在银行或者其他金融机构的存款;必要时,可以提请人民法院采取保全措施,依法冻结涉嫌人员在银行或者其他金融机构的存款。监察机关在办理行政违纪案件中,可以提请公安、审计、税务、海关、工商行政管理等机关予以协助。

监察机关根据检查、调查结果,遇有下列情形之一的,可以提出监察建议:(1)拒不执行法律、法规或者违反法律、法规以及人民政府的决定、命令,应当予以纠正的;(2)本级人民政府所属部门和下级人民政府作出的决定、命令、指示违反法律、法规或者国家政策,应当予以纠正或者撤销的;(3)给国家利益、集体利益和公民合法权益造成损害,需要采取补救措施的;(4)录用、任免、奖惩决定明显不适当,应当予以纠正的;(5)依照有关法律、法规的规定,应当给予行政处罚的;(6)其他需要提出监察建议的。

监察机关根据检查、调查结果,遇有下列情形之一的,可以作出监察决定或者提出监察建议:(1)违反行政纪律,依法应当给予警告、记过、记大过、降级、撤职、开除行政处分的;(2)违反行政纪律取得的财物,依法应当没收、追缴或者责令退赔的。对第(1)项所列情形作出监察决定或者提出监察建议的,应当按照国家有关人事管理权限和处理程序的规定办理。

监察机关依法作出的监察决定,有关部门和人员应当执行。监察机关依法提出的监察建议,有关部门无正当理由的,应当采纳。监察机关对监察事项涉及的单位和个人有权进行查询。监察机关的领导人可以列席本级人民政府的有关会议,监察人员可以列席被监察部门的与监察事项有关的会议。监察机关对控告、检举重大违法违纪行为的有功人员,可以依照有关规定给予奖励。

4. 监察程序

《行政监察法》对监察程序作了详细规定。规定了监察机关按照下列程序进行检查:(1)对需要检查的事项予以立项;(2)制定检查方案并组织实施;(3)向本级人民政府或者上级监察机关提出检查情况报告;(4)根据检查结果,作出监察决定或者提出监察建议。同时规定,重要检查事项的立项,应当报本级人民政府和上一级监察机关备案。

《行政监察法》规定了违反行政纪律的行为进行调查的程序和对于立案调查的案件,经调查后认定不存在违反行政纪律事实或者不需要追究行政纪律责任时的处置办法及重要、复杂案件撤销的规定等。其中规定,监察机关按照下列程序对违反行政纪律的行为进行调查处理:(1)对需要调查处理的事项进行初步审查,认为有违反行政纪律的事实,需要追究行政纪律责任的,予以立案;(2)组织实施调查,收集有关证据;(3)有证据证明违反行政纪律,需要给予行政处分或者作出其他处理的,进行审理;(4)作出监察决定或者提出监察建议。重要、复杂案件的立案,应当报本级人民政府和上一级监察机关备案。

监察机关立案调查的案件,应当自立案之日起6个月内结案,因特殊原因需要延长办案期限的,可以适当延长,但是最长不得超过1年,并应当报上一级监察机关备案。监察机关在检查、调查中应当听取被监察的部门和人员的陈述和申辩。监察机关作出的重要监察决定和提出的重要监察建议,应当报本级人民政府和上一级监察机关同意,国务院监察机关作出的重要监察决定和提出的重要监察建议,应当报经国务院同意。

有关单位和人员应当自收到监察决定或监察建议之日起30日内将执行情况通报监察机关。国家公务员和国家行政机关任命的其他人员对主管行政机关作出的行政处分决定不服的,可以自收到处分决定之日起30日内向监察机关提出申诉,监察机关应当自收到申诉之日起30日内作出复查决定;对复查决定仍不服的,可以自收到复查决定之日起30日内向上一级监察机关申请复核,上一级监察机关应当自收到复核申请之日起60日内作出复核决定。复查、复核期间,不停止原决定的执行。

监察机关对受理的不服主管行政机关行政处分决定的申诉,经复查认为原决定不适当的,可以建议原决定机关予以变更或者撤销;监察机关在职权范围内,也可以直接作出变更或者撤销的决定。对监察决定不服的,可以自收到监察决定之日起30日内向作出决定的监察机关申请复审,监察机关应当自收到复审申请之日起30日内作出复审决定;对复审决定仍不服的,可以自收到复审决定之日起30日内向上一级监察机关申请复核,上一级监察机关应当自收到复核申请之日起60日内作出复核决定。复审、复核期间,不停止原决定的执行。

上一级监察机关认为下一级监察机关的监察决定不适当的,可以责成下一级监察机关予以变更或者撤销,必要时也可以直接作出变更或者撤销的决定。上一级监察机关的复核决定和国务院监察机关的复查决定或者复审决定为最终决定。

对监察建议有异议的,可以自收到监察建议之日起30日内向作出建议的监察机关提出,监察机关应当自收到异议之日起30日内回复,对回复仍有异议的,由监察机关提请本级人民政府或者上一级监察机关裁决。

5. 法律责任

《行政监察法》规定了被监察的部门和人员、监察机关和监察人员的法律责任:

被监察的部门和人员违反本法规定,有下列行为之一的,由主管机关或者监察机关责令改正,对部门给予通报批评;对负有直接责任的主管人员和其他直接责任人员依法给予行政处分:(1)隐瞒事实真相、出具伪证或者隐匿、转移、篡改、毁灭证据的;(2)故意拖延或者拒绝提供与监察事项有关的文件、资料、财务账目及其他有关材料和其他必要情况的;(3)在调查期间变卖、转移涉嫌财物的;

（4）拒绝就监察机关所提问题作出解释和说明的；（5）拒不执行监察决定或者无正当理由拒不采纳监察建议的；（6）有其他违反本法规定的行为，情节严重的。对申诉人、控告人或者监察人员进行报复陷害的，依法给予行政处分；构成犯罪的，依法追究刑事责任。

监察人员滥用职权、徇私舞弊、玩忽职守、泄露秘密的，依法给予行政处分；构成犯罪的，依法追究刑事责任。监察机关和监察人员违法行使职权，侵犯公民、法人和其他组织的合法权益，造成损害的，应当依法赔偿。

第七节 公安和国家安全行政

一、公安和国家安全行政的概念和意义

公安和国家安全行政是指公安和国家安全机关依照法律规定所进行的治安、保卫和国家安全行政管理工作，是国家行政管理的重要组成部分。

公安和国家安全行政管理工作处于同犯罪斗争的最前线，是武装性质的行政管理工作。它对于人民的生命财产和国家的安全、社会秩序的稳定和社会主义现代化建设事业的顺利进行，有着极其重要的作用和意义。

二、公安和国家安全行政的任务和方针

我国公安和国家安全行政管理的总任务是“保护人民，打击敌人，惩治犯罪，服务四化”，具体说来，主要有以下几个方面：

1. 根据宪法和法律的规定，对刑事犯罪案件进行侦查，预防、揭露和打击一切犯罪活动；

2. 依法对社会治安（包括户口、特种行业、公共场所、枪支、危险物品管理）、边境、道路交通、出入境和消防的管理；

3. 依法监督机关、团体、企业事业单位等政治、经济和文化部门内部的安全保卫工作。

我国公安行政管理的主要部分是治安管理，根据治安管理多年的实践经验，证明“党委领导，依靠群众，预防为主，管理从严，及时打击，保障安全”的方针是正确有效的。

三、公安和国家安全行政机构

我国公安和国家安全行政管理机构是人民民主专政的重要工具之一，它与剥削阶级国家的警察机构本质上根本不同。依据法律规定，我国公安和国家安全工作机构为：国务院设置公安部和安全部，统一管理全国公安和国家安全工作；省、自

治区、直辖市设置公安厅(局)和安全厅(局);省、自治区在其行政公署和所辖市设公安处(局)和安全局;县、市、旗设公安局;市辖区设公安分局;城镇设置公安派出所,农村设置公安派出所或公安特派员;铁路、交通、林业系统设置各级公安机构;军队、机关、工矿、科研部门和企事业设立保卫处(局)、科(处),是公安部门派出的代表机关,依法行使国家公安机关的一定职权。

四、公安和国家安全行政管理的法律、法规

我国现行的公安和国家安全行政管理的法律、法规有许多,现将主要法律、法规分述如下:

(一)《治安管理处罚条例》

《中华人民共和国治安管理处罚条例》是我国治安管理方面的主要行政法律文件。1986 年 9 月 5 日第六届全国人民代表大会常务委员会第十七次会议通过并公布了新的《中华人民共和国治安管理处罚条例》(简称为《治安管理处罚条例》),于 1987 年 1 月 1 日起施行。该条例共有 5 章 45 条,并于 1994 年 5 月 12 日第八届全国人民代表大会常务委员会第七次会议通过了关于该法修改的决定。

1. 违反治安管理行为的概念和种类

违反治安管理的行为是指扰乱社会秩序,妨害公共安全,侵犯公民人身权利,侵犯公私财产,尚不够刑事处罚,按本条例规定应当给予治安管理处罚的行为。

《治安管理处罚条例》列举了违反治安管理的行为和规定了相应的处罚,它们是:(1) 扰乱公共秩序行为;(2) 妨害公共安全行为;(3) 侵犯他人人身权利行为;(4) 侵犯公私财物行为;(5) 妨害社会管理行为;(6) 违反消防管理行为;(7) 违反交通管理行为;(8) 违反户口或者居民身份证管理行为;(9) 其他行为。

2. 治安管理处罚的种类

公安机关对违反治安管理的人,坚持教育与处罚相结合的原则,对于因民间纠纷引起的打架斗殴或者损毁他人财物等,违反治安管理行为,情节轻微的,公安机关可以调解处理。对于违反治安管理行为的处罚分为三种,即(1) 警告;(2) 罚款:1 元以上,200 元以下,条例另有规定的,依照规定;(3) 拘留:1 日以上,15 日以下。

3. 治安管理处罚的执行

《治安管理处罚条例》规定,对违反治安管理行为的处罚,由县、市公安局、公安分局或者相当于县一级的公安机关裁决。

被裁决受治安管理处罚的人或者被侵害人不服公安机关或者乡(镇)人民政府裁决的,在接到通知书后 5 日内,可以向上一级公安机关提出申诉,由上一级公安机关在接到申诉后 5 日内作出裁决;不服上一级公安机关裁决的,可以在接到通知后 5 日内向当地人民法院提出诉讼;在申诉和诉讼期间原裁决继续执行,被裁决

拘留的人或其家属能够找到担保人或者按规定交纳保证金的,在申诉和诉讼期间,原裁决暂缓执行,裁决被撤销或者开始执行时,依规定退还保证金。

公安人员应当严格遵守法纪,秉公执法,不得徇私舞弊。禁止对违反治安管理的人打骂、虐待或者侮辱。违反者给予行政处分;构成犯罪的,依法追究刑事责任。公安机关给予公民的治安管理处罚错误的,应当向受处罚人承认错误,退还罚款及没收的财物;对受处罚人的合法权益造成损害的,应当赔偿损失。

(二)《集会游行示威法》

为了保障公民依法行使集会、游行、示威的权利,维护社会安定和公共秩序,根据宪法规定,于1989年10月31日第七届全国人民代表大会常务委员会第十次会议通过并公布实施《中华人民共和国集会游行示威法》(简称为《集会游行示威法》),该法共5章36条。它是我国目前有关规范公民集会、游行、示威活动的一项重要行政法律,它对公民集会、游行、示威权利行使的保障及其限制、主管机关、对集会游行示威的申请和许可、举行及法律责任都作了明确规定。

1. 集会游行示威的概念

该法规定,集会是指聚集于露天公共场所,发表意见,表达意愿的活动。游行是指在公共道路、露天公共场所列队行进、表达共同意愿的活动。示威是指在露天公共场所或者公共道路上以集会、游行、静坐等方式,表达要求、抗议或者支持、声援等共同意愿的活动。而文娱、体育活动,正常的宗教活动,传统的民间习俗活动,不适用本法。

2. 制定《集会游行示威法》的指导思想

制定该法的指导思想是:(1) 保障公民能够依法行使集会游行示威的民主权利,集会游行示威是宪法规定的广大人民享有的重要民主权利,也是人民表达自己意愿和要求的方式,各级人民政府应当依照该法规定予以保障,使之顺利进行,以使其民主权利具体化民主化。(2) 加强对集会游行示威活动的管理,维护公共秩序和社会安定。公民在行使集会、游行、示威权利的时候,必须遵守宪法和法律,不得反对宪法所确定的基本原则,不得损害国家的、社会的、集体的利益和其他公民的合法的自由和权利。集会、游行、示威应当和平地进行,不得携带武器、管制刀具和爆炸物,不得使用暴力或者煽动使用暴力。

3. 集会游行示威的申请、许可和举行

集会、游行、示威的主管机关是举行集会、游行、示威的市、县公安局、城市公安分局;游行、示威路线经过两个以上区、县的,主管机关为所经过区、县的公安机关的共同上一级公安机关。

举行集会、游行、示威,必须依照该法规定向主管机关提出申请。举行集会、游行、示威,必须有负责人,其负责人必须在举行日期的5日前向主管机关递交书面申请。申请载明集会、游行、示威的目的、方式、标语、口号、人数,使用车辆数和音响,起止时间、地点、路线等。主管机关应在申请举行日期 2 日前将许可或不许可的决定书面通知其负责人。不许可的,应当说明理由,逾期不通知的,视为许可。确因突发事件临时要求举行集会、游行、示威的,必须立即报告主管机关,主管机关接到报告后,应当立即审查决定许可或者不许可。申请举行集会、游行、示威要求解决具体问题的,主管机关接到申请后,可以通知有关机关或者单位同举行集会、游行、示威的负责人协商解决,并可以将申请举行的时间推迟 5 日。

申请举行集会、游行、示威,有下列情形之一者,不予许可:(1) 反对宪法所规定的基本原则的;(2) 危害国家统一、主权和领土完整的;(3) 煽动民族分裂的;(4) 有充分根据认定申请举行的集会、游行、示威将直接危害公共安全或者严重破坏社会秩序的。如果对主管机关不许可的决定不服的,可以自接到决定通知书之日起 3 日内向同级人民政府申请复议,人民政府应当自接到申请复议书之日起 3 日内作出决定。

公民不得在其居住地以外的城市发动、组织、参加当地公民的集会、游行、示威。国家机关工作人员不得组织或者参加违背有关法律、法规规定的国家机关工作人员职责、义务的集会、游行、示威。以国家机关、社会团体、企业事业组织名义组织或者参加集会、游行、示威,必须经本单位负责人批准。外国人在中国境内未经主管机关批准不得参加中国公民举行的集会、游行、示威。

对于依法举行的集会、游行、示威,主管机关应当派出人民警察维持交通秩序和社会秩序,保证集会、游行、示威的顺利进行。任何人不得以暴力、胁迫或者其他非法手段进行扰乱、冲击和破坏依法举行的集会、游行、示威。

集会、游行、示威应当依照许可的目的、方式、标语、口号、起止时间、地点、路线及其他事项进行。集会、游行、示威的负责人必须负责维持秩序,并严格防止其他人加入。在必要时,应当指定专人协助人民警察维持秩序。负责维持秩序的人员应当佩带标志。

4. 违反《集会游行示威法》的法律责任

举行集会、游行、示威不得违反治安管理法规,不得进行犯罪活动或者煽动犯罪。有违反治安管理行为的,依照治安管理处罚条例有关规定予以处罚;有犯罪行为的,依法追究刑事责任。举行集会、游行、示威,有下列情形之一者,公安机关可以对其负责人和直接责任人员处以警告或者 15 日以下拘留:(1) 未依照本法规定申请或者申请未许可的;(2) 未按照主管机关许可的目的、方式、标语、口号、起止时间、地点、路线进行,不听制止的。

对公安机关的拘留处罚决定不服的,可以自接到处罚决定通知之日起 5 日内,向上一级公安机关提出申诉,上一级公安机关应当自接到申请之日起 5 日内作出裁决;对上一级公安机关裁决不服的,可以自裁决通知之日起 5 日内,向人民法院提起诉讼。

(三)《国家安全法》

为了维护国家安全,保卫我国人民民主专政的国家政权和社会主义制度,保障改革开放和社会主义现代化建设的顺利进行,根据宪法规定,1993 年 2 月 22 日第七届全国人民代表大会常务委员会第三十次会议通过并颁布实施《中华人民共和国国家安全法》(简称为《国家安全法》)。该法共有 5 章 34 条,它是自建国以来制定的第一个国家安全法,是一部重要的行政法律。它对危害国家安全的行为、国家安全机关在国家安全工作中的职权、公民和组织维护国家安全的义务和权利以及法律责任都作了明确规定。

1. 危害国家安全的行为

危害国家安全的行为,是指境外机构、组织、个人实施或者指使、资助他人实施的,或者境内组织、个人与境外机构、组织、个人相勾结实施的下列危害中华人民共和国国家安全的行为:(1) 阴谋颠覆政府,分裂国家,推翻社会主义制度的;(2) 参加间谍组织或者接受间谍组织及其代理人任务的;(3) 窃取、刺探、收买、非法提供国家机密的;(4) 策动、勾引、收买国家工作人员叛变的;(5) 进行危害国家安全的其他破坏活动的。

任何组织和个人进行危害中华人民共和国国家安全的行为都必须受到法律追究。国家对支持、协助国家安全工作的组织和个人给予保护,对维护国家安全有重大贡献的给予奖励。

2. 国家安全机关及其工作人员的职权

国家安全机关是国家安全工作的主管机关,它和公安机关按照国家规定的职权划分,各司其职,密切配合,维护国家安全。它在国家安全工作中依法行使侦查、拘留、预审和执行逮捕以及法律规定的其他职权。

国家安全机关工作人员依法执行国家安全工作任务时,经出示证件,有权查验中国公民或者境外公民的身份证明,向有关组织和人员调查、询问有关情况;经出示相应证件,可以进入有关场所;根据国家有关规定,经过批准,出示相应证件,可以进入限制进入的有关地区、场所、单位;查看或者调阅有关的档案、资料、物品。

国家安全机关工作人员在依法执行紧急任务的情况下,经出示证件,可以优先乘坐公共交通工具,遇交通阻碍时,优先通行。为维护国家安全的需要,必要时,按照国家有关规定,可以优先使用机关、团体、企业事业组织和个人的交通工具、通信工具、场地和建筑物,用后应当及时归还,并支付适当费用;造成损失的,应当赔偿。国家安全机关因侦察危害国家安全行为的需要,根据国家有关规定,经过严格的批准手续,可以采取技术侦察措施;可以查验组织和个人的电子通信工具、器材等设备、设施;根据国家有关规定,可以提请海关、边防等检查机关对有关人员和资料、器材免检,有关检查机关应当予以协助。

国家安全机关及其工作人员在工作中,应当严格依法办事,不得超越职权,滥用职权,不得侵犯组织和个人的合法权益。国家安全机关工作人员依法执行职务受法律保护。

3. 公民和组织维护国家安全的义务和权利

(1) 公民和组织的义务

机关团体及其他组织应当对本单位的人员进行维护国家安全的教育,动员、组织本单位的人员防范、制止危害国家安全的行为。公民和组织应当对国家安全工作提供便利条件或其他协助,发现危害国家安全的行为,应当直接和通过组织向国家安全机关或公安机关报告;公民和有关组织应当如实向国家安全机关提供有关情况和证据,不得拒绝。任何公民和组织都应当保守所知悉的国家安全工作的国家秘密,都不得非法持有属于国家秘密的文件、资料和其他物品;不得非法持有、使用窃听、窃照等专用间谍器材。

(2) 公民和组织的权利

任何公民和组织对国家安全工作人员超越职权、滥用职权和其他违法行为,都有权向上级国家机关或有关部门检举、控告。上级机关或部门应当及时查清事实,负责处理。对协助国家安全机关工作或者依法检举、控告的公民和组织,任何人不得压制和打击报复。

《国家安全法》详细规定了对实施危害国家安全行为的不同法律责任及其犯间谍罪自首或有立功表现的可以给予从轻、减轻或者免除处分,对有重大立功表现的给予奖励,以及其他不予追究刑事责任等条款。

(四)《人民警察法》

为了维护国家安全和社会治安秩序,保护公民的合法权益,加强人民警察的队伍建设,从严治警,提高人民警素的责质,保障人民警察依法行使职权,保障改革开放和社会主义现代化建设的顺利进行,1995 年 2 月 28 日第八届全国人民代表大会常务委员会第十二次会议通过了《中华人民共和国人民警察法》(简称为《人民警察法》),共有 8 章 52 条,自公布之日起施行。

1. 人民警察的范围、任务及活动原则

《人民警察法》第 2 条规定人民警察包括公安机关、国家安全机关、监狱、劳动教养管理机关的人民警察和人民法院、人民检察院的司法警察。

《人民警察法》规定人民警察的任务是维护国家安全,维护社会治安秩序,保护公民的人身安全、人身自由和合法财产,保护公共财产,预防、制止和惩罚违法犯罪活动。

人民警察必须依靠人民的支持,保持同人民的密切联系,倾听人民的意见和建议,接受人民的监督,维护人民的利益,全心全意为人民服务。人民警察必须以宪法和法律为活动准则,忠于职守,清正廉洁,纪律严明,服从命令,严格执法。

2. 人民警察的职权

《人民警察法》规定了人民警察的职权,列举了14项职责,分别就违反治安管理或者其他公安行政管理法律、法规的个人或者组织;对严重危害社会治安秩序或者威胁公共安全的人员;对有违法犯罪嫌疑的人员;遇有拒捕、暴乱、越狱、抢夺枪支或者其他暴力行为的紧急情况;为制止严重违法犯罪活动、为侦查犯罪活动、因履行职责的紧急需要;对严重危害公共安全或者他人人身安全的精神病人和对严重危害社会治安秩序的突发事件以及在非工作时间而遇有其职责范围内的紧急情况如何处理,都作了详细具体的规定。

3. 人民警察的义务、纪律和法律责任

人民警察必须做到:秉公执法,办事公道;模范遵守社会公德;礼貌待人,文明执勤;尊重人民群众的风俗习惯。人民警察遇到公民人身、财产安全受到侵犯或者处于其他危难情形,应当立即救助;对公民提出解决纠纷的要求,应当给予帮助;对公民的报警案件,应当及时查处。人民警察应当积极参加抢险救灾和社会公益工作。

人民警察不得有的12种行为,即:(1) 散布有损国家声誉的言论,参加非法组织,参加旨在反对国家的集会、游行、示威等活动,参加罢工;(2) 泄露国家秘密、警务工作秘密;(3) 弄虚作假,隐瞒案情,包庇、纵容违法犯罪活动;(4) 刑讯逼供或者体罚、虐待人犯;(5) 非法剥夺、限制他人人身自由,非法搜查他人的身体、物品、住所或者场所;(6) 敲诈勒索或者索取、收受贿赂;(7) 殴打他人或者唆使他人打人;(8) 违法实施处罚或者收取费用;(9) 接受当事人及其代理人的请客送礼;(10) 从事营利性的经营活动或者受雇于任何个人或者组织;(11) 玩忽职守,不履行法定义务;(12) 其他违法乱纪的行为。人民警察必须按照规定着装,佩带人民警察标志或者持有人民警察证件,保持警容严整,举止端庄。

人民警察有前述行为之一的,应当给予行政处分,构成犯罪的,依法追究刑事责任。行政处分分为:警告、记过、记大过、降级、撤职、开除。对受行政处分的人民警察,按照国家有关规定,可以降低警衔、取消警衔。对违反纪律的人民警察,必要时可以对其采取停止执行职务、禁闭的措施。人民警察违反规定使用武器、警械,构成犯罪的,依法追究刑事责任;尚不构成犯罪的,应当依法给予行政处分。人民警察在执行职务中,侵犯公民或者组织的合法权益造成损害的,应当依照《国家赔偿法》和其他法律、法规的规定给予赔偿。

4.《人民警察法》的组织管理、警务保障和执法监督

《人民警察法》规定,担任人民警察应当具备以下条件:(1) 年满18岁的公民;(2) 拥护中华人民共和国宪法;(3) 有良好的政治业务素质和良好的品行;(4) 身体健康;(5) 具有高中毕业以上文化程度;(6) 自愿从事人民警察工作。同时还规定,曾因犯罪受过刑事处罚的或者曾被开除公职的,不得担任人民警

察。担任人民警察领导职务的人员，应当具备以下条件：(1) 具有法律专业知识；(2) 具有政法工作经验和一定的组织管理、指挥能力；(3) 具有大学专科以上学历；(4) 经人民警察院校培训，考试合格。此外，还规定了关于任职年龄、奖励等问题。

《人民警察法》还规定了人民警察应该执行上级的决定和命令以及认为决定、命令有错误时的处置办法；对超越法定人民警察职责范围的指令有权拒绝执行；公民和组织有支持和协助人民警察执行职务的义务，拒绝或者阻碍人民警察依法执行职务的行为和应承担的法律责任等。

《人民警察法》规定了执法监督，即人民警察执行职务，依法接受人民检察院和行政监察机关的监督；人民警察的上级机关对下级机关的执法活动进行监督；人民警察执行职务，必须自觉地接受社会和公民的监督。同时还规定了人民警察在办理治安案件过程中应当回避的情形和公民或者组织的检举、控告权利以及对公安机关的人民警察执行法律、法规、遵守纪律的情况进行监督的督察制度。

第八节　司 法 行 政

一、司法行政管理的概念和任务

司法行政管理是指国家行政机关以辅导实施国家司法制度为目的的对行政事物的管理。它是国家行政管理的重要内容之一，其管理机关为司法行政机关，是政府管理司法建设的职能部门。

司法行政管理的主要任务是：(1) 领导和管理各级政法院校，培养训练司法干部；(2) 组织和管理法制宣传教育，普及法律知识，提高公民法律意识；(3) 领导和管理律师和公证工作，为提供法律帮助，保障国家、集体的权益和公民的合法权益，维护国家法制服务；(4) 领导和管理人民调解委员会的组织建设和业务建设，为处理民间纠纷，防止人民内部矛盾的激化服务；(5) 领导和管理劳动教养和劳动改造工作，为教育、挽救和改造违法犯罪者的工作服务。

二、司法行政管理机构

我国在中央设有司法部，在国务院的统一领导下负责指导、管理和监督全国各级司法行政机关的工作。省、自治区、直辖市设司法厅(局)；行署、市、县设司法处(局)；乡镇设司法助理员。地方各级司法行政机关是同级人民政府的司法行政职能部门，受同级人民政府的领导，同时，在业务上受司法部和上级司法行政机关的指导和监督。

三、《检察官法》、《法官法》

为了保障人民检察院、人民法院依法独立行使职权，保障检察官、法官依法履行职责，提高检察官、法官的素质，实现对检察官、法官的科学管理，1995 年 2 月 28 日第八届全国人民代表大会常务委员会第十二次会议通过了《中华人民共和国检察官法》（简称为《检察法官》）和《中华人民共和国法官法》（简称为《法官法》）；《检察官法》共 17 章 52 条，《法官法》共 17 章 49 条，均于 1995 年 7 月 1 日起施行。

（一）检察官、法官的范围和活动原则

《检察官法》规定，检察官是依法行使国家检察权的检察人员，包括最高人民检察院、地方各级人民检察院和军事检察院等专门人民检察院的检察长、副检察长、检察委员会委员、检察员和助理检察员。

《法官法》规定，法官是依法行使国家审判权的审判人员，包括最高人民法院、地方各级人民法院和军事法院等专门人民法院的院长、副院长、审判委员会委员、庭长、副庭长、审判员和助理审判员。

《检察官法》和《法官法》都规定，检察官、法官"必须忠实执行宪法和法律，全心全意为人民服务"。检察官、法官"依法履行职责，受法律保护"。

检察官的职责规定为：(1) 依法进行法律监督工作；(2) 代表国家进行公诉；(3) 对法律规定由人民检察院直接受理的犯罪案件进行侦查；(4) 法律规定的其他职责。检察长、副检察长、检察委员会委员除履行检察职责外，还应当履行与其职务相适应的职责。

法官的职责规定为：(1) 依法参加合议庭审判或者独任审判案件；(2) 法律规定的其他职责。院长、副院长、审判委员会委员、庭长、副庭长除履行审判职责外，还应当履行与其职务相适应的职责。

（二）检察官、法官的条件、义务和权利

《检察官法》、《法官法》都规定了检察官、法官的任职条件和不得任职的情况。两个法律规定的任职条件和不得任职的情况都是相同的，其任职条件：(1) 具有中华人民共和国国籍；(2) 年满 23 岁；(3) 拥护中华人民共和国宪法；(4) 有良好的政治、业务素质和良好的品行；(5) 身体健康；(6) 高等院校法律专业毕业或者高等院校非法律专业毕业具有法律专业知识，工作满 2 年的；或者获得法律专业学士学位，工作满 1 年的；获得法律专业硕士、法律专业博士学位的，可以不受上述工作年限的限制。同时，两个法律都规定，本法施行前的检察人员、审判人员不具备前款第 6 项规定的条件的，应当接受培训，在规定的期限内达到法定条件。其具体办法由最高人民检察院、最高人民法院制定。

下列人员不得担任检察官、法官：(1) 曾因犯罪受过刑事处罚的；(2) 曾被开除公职的。

《检察官法》和《法官法》都规定了检察官、法官的义务和权利。其中，检察官和法官都应当履行的义务有6条，即：严格遵守宪法和法律；检察官履行职责、法官审判案件必须以事实为根据，以法律为准绳，秉公办案，不得徇私枉法；维护国家利益、公共利益，维护公民、法人和其他组织的合法权益；清正廉明，忠于职守，遵守纪律；保守国家秘密和检察工作或审判工作秘密；接受法律监督和人民群众监督。《法官法》对于法官的义务还有“依法保障诉讼参与人的诉讼权利”的规定。

关于检察官、法官的权利，两个法律都规定了八项权利，即：履行检察官、法官职责应当具有的职权和工作条件；依法履行检察职责或审判案件不受行政机关、社会团体和个人的干涉；非因法定事由、非经法定程序，不被免职、降职、辞退或者处分；获得劳动报酬，享受保险、福利待遇；人身、财产和住所安全受法律保护；参加培训；提出申诉或者控告；辞职。

（三）检察官、法官的任免和任职回避

《检察官法》、《法官法》都分别作了任免和任职回避的规定。检察官、法官的任免“依照宪法和法律规定的任免权限和程序办理”，并详细规定了任免的权限和程序。同时规定，初任检察员、助理检察员和初任审判员、助理审判员，采用公开考试、严格考核的办法，按照德才兼备的标准，从具备检察官、法官条件的人员中择优提出人选；担任检察长、副检察长、检察委员会委员和院长、副院长、审判委员会委员、庭长、副庭长，应当从具有实际工作经验的人员中择优提出人选。

两个法律对免职共同规定了9种情况，有其中一种情况，应当依法提请免除其职务。9种情况是：丧失中华人民共和国国籍的；调出本检察院、法院的；职务变动不需要保留原职务的；经考核确定为不称职的；因健康原因长期不能履行职务的；退休的；辞职、辞退的；因违纪、违法犯罪不能继续任职的；因其他原因需要免职的。

关于任职回避，两法都作了相同的规定，即：检察官、法官之间有夫妻关系、直系血亲关系、三代以内旁系血亲以及近姻亲关系的，不得担任下列职务：(1)同一人民检察院、法院的检察长、院长、副检察长、副院长、检察委员会委员、审判委员会委员、庭长、副庭长；(2)同一人民检察院、法院的检察长、院长、副检察长、副院长和检察员、助理检察员、审判员、助理审判员；(3)同一业务厅、审判庭的检察员、助理检察员、庭长、副庭长、审判员、助理审判员；(4)上下相邻两级人民检察院、法院的检察长、副检察长、院长、副院长。

（四）考核和奖惩

《检察官法》、《法官法》都对考核有专章规定，对检察官、法官的考核，规定由所在的人民检察院、人民法院组织实施；考核应当客观公正，实行领导和群众相结合,平时考核和年度考核相结合。考核内容规定为:检察(审判)工作实绩,思想品德,检察(审判)业务和法学理论水平,工作态度和工作(审判)作风。重点考核检察(审判)工作实绩。年度考核结果分为优秀、称职、不称职三个等次,其结果作为对检察官(法官)奖惩、培训、辞退以及调整等级和工资的依据。考核结果以书面形式通知本人。本人对考核结果如有异议,可以申请复议。

对奖励的规定,其中对检察官和法官共同的有六条,即:在检察工作(审理工作)中秉公执法,成绩显著的;提出检察建议或者对检察工作(审判工作)提出改革建议被采纳,效果显著的;保护国家、集体和人民利益,使其免受重大损失,事迹突出的;勇于同违法犯罪行为作斗争,事迹突出的;保护国家秘密和检察(审判)工作秘密,有显著成绩的;有其他功绩的。《法官法》还规定了两种表现应当给予奖励,即:总结审判实践经验成果突出,对审判工作有指导作用的;提出司法建议被采纳或者开展法制宣传、指导人民调解委员会工作,效果显著的。奖励分为:嘉奖,记三等功、二等功、一等功,授予荣誉称号。

在两个法律的第11章中,都规定了不得有13种行为,即:散布有损国家声誉的言论,参加非法组织,参加旨在反对国家的集会、游行、示威等活动,参加罢工;贪污受贿;徇私枉法;刑讯逼供;隐瞒证据或者伪造证据;泄露国家秘密或者检察(审判)工作秘密,滥用职权,侵犯公民、法人或者其他组织的合法权益;玩忽职守,造成错案或者给当事人造成严重损失;故意拖延办案,贻误工作;利用职权为自己或者他人谋取私利;从事营利性的经营活动;私自会见当事人及其代理人,接受当事人及其代理人的请客送礼;其他违法乱纪的行为。检察官、法官有上列行为之一的,应当给予处分;构成犯罪的,依法追究刑事责任。处分分为:警告、记过、记大过、降级、撤职、开除6种,受撤职处分的,同时降低工资和等级。

《检察官法》、《法官法》还对检察官、法官的等级、培训、工资保险福利、辞职辞退、退休、申诉控告和检察官(法官)考评委员会等项都作了详细规定。

四、《律师法》

律师制度是我国司法制度的重要组成部分,为了完善律师制度,保障律师依法执行业务,规范律师的行为,维护当事人的合法权益,维护法律的正确实施,发挥律师在社会主义法制建设中的积极作用,1996年5月15日第八届全国人民代表大会常务委员会第十九次会议通过了《中华人民共和国律师法》(简称为《律师法》),共8章53条,自1997年1月1日起施行。

(一) 律师的概念、活动原则、执业条件

律师,是指依法取得律师执业证书,为社会提供法律服务的执业人员。

《律师法》规定,律师执业必须遵守宪法和法律,恪守律师职业道德和执业纪律;必须以事实为根据,以法律为准绳;应当接受国家、社会和当事人的监督;

律师依法执业受法律保护。

《律师法》规定国务院司法行政部门依照《律师法》对律师、律师事务所和律师协会进行监督、指导。

《律师法》对律师执业条件规定：律师执业，应当取得律师资格和执业证书。

律师资格的取得有两种情况，即：(1) 国家实行司法资格全国统一考试制度。具有高等院校法学专科以上学历或者同等专业水平，以及高等院校其他专业本科以上学历的人员，经国家统一司法考试合格的，由国务院司法行政部门授予司法资格。其考试办法由国务院司法行政部门制定。(2) 具有高等院校法学本科以上学历，从事法律研究、教学等专业工作并具有高级职称或者具有同等专业水平的人员，申请律师执业的，经国务院司法行政部门按照规定的条件考核批准，授予律师资格。

关于执业证书，《律师法》规定，拥护中华人民共和国宪法并符合下列条件的，可以申请领取律师执业证书：(1) 具有律师资格；(2) 在律师事务所实习满1年；(3) 品行良好。同时，法律也规定了不予颁发律师执业证书的3种情形，即：(1) 无民事行为能力或者限制民事行为能力的；(2) 受过刑事处罚的，但过失犯罪的除外；(3) 被开除公职或者被吊销律师执业证书的。申请领取律师执业证书的，应当提交下列文件：(1) 申请书；(2) 律师资格证明；(3) 申请人所在律师事务所出具的实习鉴定材料；(4) 申请人身份证明的复印件。

《律师法》规定，申请领取律师执业证书的，经省、自治区、直辖市以上人民政府司法行政部门审核，符合法定条件的，应当自收到申请之日起30日内颁发律师执业证书；不符合法定条件的，不予颁发律师执业证书，并应当自收到申请之日起30日内书面通知申请人。

《律师法》还规定，律师应当在一个律师事务所执业，不得同时在两个以上律师事务所执业。律师执业不受地域限制。国家机关的现职工作人员不得兼任执业律师。律师担任各级人民代表大会常务委员会组成人员期间，不得执业。没有取得律师执业证书的人员，不得以律师名义执业，不得为牟取经济利益从事诉讼代理或者辩护业务。

(二) 律师事务所

《律师法》规定，律师事务所是律师的执业机构，它应当具备下列条件：(1) 有自己的名称、住所和章程；(2) 有10万元以上人民币的资产；(3) 有符合本法规定的律师。

《律师法》规定，国家出资设立的律师事务所，依法自主开展律师业务，以该律师事务所的全部资产对其债务承担责任。律师可以设立合作律师事务所，以该律师事务所的全部资产对其债务承担责任。律师可以设立合伙律师事务所，合伙人对该律师事务所的债务承担无限责任和连带责任。

申请设立律师事务所的，经省、自治区、直辖市以上人民政府司法行政部门审核，符合法定条件的，应当自收到申请之日起30日内颁以律师事务所执业证书；不符合法定条件的，不予颁发律师事务所执业证书，并应当自收到申请之日起30日内书面通知申请人。律师事务所可以设立分所，须经设立分所所在地的省、自治区、直辖市人民政府司法行政部门按照规定的条件审核。律师事务所对其设立的分所的债务承担责任。律师事务所变更名称、住所、章程、合伙人等重大事项或者解散的，应当报原审核部门。

律师事务所按照章程组织律师开展业务工作，学习法律和国家政策，总结、交流工作经验。律师承办业务，由律师事务所统一接受委托，与委托人签订书面委托合同，按照国家规定向当事人统一收取费用并如实入账。律师事务所和律师应当依法纳税。律师事务所和律师不得以诋毁其他律师或者支付介绍费等不正当手段争揽业务。

（三）执业律师的业务和权利、义务

《律师法》规定了律师可以从事下列业务，即：(1) 接受公民、法人和其他组织的聘请，担任法律顾问；(2) 接受民事案件、行政案件当事人的委托，担任代理人，参加诉讼；(3) 接受刑事案件犯罪嫌疑人的聘请，为其提供法律咨询，代理申诉、控告，申请取保候审，接受犯罪嫌疑人、被告人的委托或者人民法院的指定，担任辩护人，接受自诉案件自诉人、公诉案件被害人或者其近亲属的委托，担任代理人，参加诉讼；(4) 代理各类诉讼案件的申诉；(5) 接受当事人的委托，参加调解、仲裁活动；(6) 接受非诉讼法律事务当事人的委托，提供法律服务；(7) 解答有关法律的询问、代写诉讼文书和有关法律事务的其他文书。

《律师法》分别就律师从事的业务，规定了应当履行的义务。

律师担任法律顾问的，应当为聘请人就有关法律问题提供意见，草拟、审查法律文书，代理参加诉讼、调解或者仲裁活动，办理聘请人委托的其他法律事务，维护聘请人的合法权益。

律师担任诉讼法律事务代理人或者非诉讼法律事务代理人的，应当在受委托的权限内，维护委托人的合法权益。

律师担任刑事辩护人的，应当根据事实和法律，提出证明犯罪嫌疑人、被告人无罪、罪轻或者减轻、免除其刑事责任的材料和意见，维护犯罪嫌疑人、被告人的合法权益。

委托人可以拒绝律师为其继续辩护或者代理，也可以另行委托律师担任辩护人或者代理人。律师接受委托后，无正当理由的，不得拒绝辩护或者代理，但委托事项违法，委托人利用律师提供的服务从事违法活动或者委托人隐瞒事实的，律师有权拒绝辩护或者代理。

律师参加诉讼活动，依照诉讼法的规定，可以收集、查阅与本案有关的材料，同被限制人身自由的人会见和通信，出席法庭，参加诉讼，以及享有诉讼法律规定的其他权利。律师担任诉讼代理人或者辩护人的，其辩论或者辩护的权利应当依法保障。

律师承办法律事务，经有关单位或者个人同意，可以向他们调查情况。律师在执业活动中的人身权利不受侵犯。

律师应当保守在执业活动中知悉的国家秘密和当事人的商业秘密，不得泄露当事人的隐私。律师不得在同一案件中，为双方当事人担任代理人。

律师在执业活动中不得有下列行为：(1) 私自接受委托，私自向委托人收取费用，收受委托人的财物；(2) 利用提供法律服务的便利牟取当事人争议的权益，或者接受对方当事人的财物；(3) 违反规定会见法官、检察官、仲裁员；(4) 向法官、检察官、仲裁员以及其他有关工作人员请客送礼或者行贿，或者指使、诱导当事人行贿；(5) 提供虚假证据，隐瞒事实或者威胁、利诱他人提供虚假证据，隐瞒事实以及妨碍对方当事人合法取得证据；(6) 扰乱法庭、仲裁庭秩序，干扰诉讼、仲裁活动的正常进行。

曾担任法官、检察官的律师，从人民法院、人民检察院离任后两年内，不得担任诉讼代理人或者辩护人。

（四）律师协会

《律师法》规定，律师协会是社会团体法人，是律师的自律性组织。全国设立中华全国律师协会，省、自治区、直辖市设立地方律师协会，设区的市根据需要可以设立地方律师协会。律师协会章程由全国会员代表大会统一制定，报国务院司法行政部门备案。

律师必须加入所在地的地方律师协会。加入地方律师协会的律师，同时是中华全国律师协会的会员。律师协会会员按照律师协会章程，享有章程赋予的权利，履行章程规定的义务。

律师协会履行下列职责：(1) 保障律师依法执业，维护律师的合法权益；(2) 总结、交流律师工作经验；(3) 组织律师业务培训；(4) 进行律师职业道德和执业纪律的教育、检查和监督；(5) 组织律师开展对外交流；(6) 调解律师执业活动中发生的纠纷；(7) 法律规定的其他职责。

律师协会按照章程对律师给予奖励或者给予处分。

（五）法律援助

《律师法》规定了法律援助。公民在赡养、工伤、刑事诉讼、请求国家赔偿和请求依法发给抚恤金等方面需要获得律师帮助，但是无力支付律师费用的，可以按照国家规定获得法律援助。律师必须按照国家规定承担法律援助义务，尽职尽责，为受援人提供法律服务。

关于法律援助的具体办法，司法部已有专门的规定。

(六) 法律责任

《律师法》规定了律师、律师事务所的法律责任。律师有下列行为之一的,由省、自治区、直辖市以及设区的市的人民政府司法行政部门给予警告,情节严重的,给予停止执业3个月以上1年以下的处罚;有违法所得的,没收违法所得:

(1) 同时在两个以上律师事务所执业的;

(2) 在同一案件中为双方当事人代理的;

(3) 以诋毁其他律师或者支付介绍费等不正当手段争揽业务的;

(4) 接受委托后,无正当理由,拒绝辩护或者代理的;

(5) 无正当理由,不按时出庭参加诉讼或者仲裁的;

(6) 泄露当事人的商业秘密或者个人隐私的;

(7) 私自接受委托,私自向委托人收取费用,收受委托人财物,利用提供法律服务的便利牟取当事人争议的权益,或者接受对方当事人的财物的;

(8) 违反规定会见法官、检察官、仲裁员或者向法官、检察官、仲裁员以及其他有关人员请客送礼的;

(9) 妨碍对方当事人合法取得证据的;

(10) 扰乱法庭、仲裁庭秩序,干扰诉讼、仲裁活动的正常进行的;

(11) 应当给予处罚的其他行为。

律师有下列行为之一的,由省、自治区、直辖市人民政府司法行政部门吊销律师执业证书;构成犯罪的,依法追究刑事责任:

(1) 泄露国家秘密的;

(2) 向法官、检察官、仲裁员以及其他有关工作人员行贿或者指使、诱导当事人行贿的;

(3) 提供虚假证据,隐瞒重要事实或者威胁、利诱他人提供虚假证据,隐瞒重要事实的。

律师因故意犯罪受刑事处罚的,应当吊销其律师执业证书。

冒充律师从事法律服务的,由公安机关责令停止非法执业,没收违法所得,可以并处5000元以下罚款,15日以下拘留。没有取得律师执业证书,为牟取经济利益从事诉讼代理或者辩护业务的,由所在地的县级以上地方人民政府司法行政部门责令停止非法执业,没收违法所得,可以并处违法所得1倍以上5倍以下罚款。

律师事务所有违反本法规定的行为的,由省、自治区、直辖市人民政府司法行政部门责令改正,没收违法所得,可以并处违法所得1倍以上5倍以下罚款;情节严重的,责令停业整顿或者吊销执业证书。

被处罚人对司法行政部门作出的行政处罚不服的,可以自收到决定之日起的15日内向上一级司法行政部门申请复议,对复议决定不服的,可以自收到复议决定之日起15日内向人民法院提起诉讼;也可以直接向人民法院提起诉讼。

受到罚款处罚,不申请行政复议或者提起行政诉讼,又不履行处罚决定的,作出处罚决定的司法行政部门可以申请人民法院强制执行。

申请领取律师执业证书或者申请设立律师事务所,申请人对不予颁布律师执业证书或者律师事务所执业证书不服的,可以依照上述规定的程序申请复议或者提起诉讼。

律师违法执业或者因过错给当事人造成损失的,由其所在的律师事务所承担赔偿责任。律师事务所赔偿后,可以向有故意或者重大过失行为的律师追偿。律师和律师事务所不得免除或者限制因违法执业或者因过错给当事人造成损失所应当承担的民事责任。

《律师法》在附则中,对军队律师和外国律师事务所及律师收费问题作了规定。

五、公证制度和《公证法》

(一) 公证的概念和目的

公证是国家公证机关根据当事人的申请,依法证明法律行为、有法律意义的文书和事实的真实性、合法性的活动。

我国为健全国家公证制度,以维护社会主义法制,预防纠纷,减少诉讼,于1982年4月13日国务院发布并施行《中华人民共和国公证暂行条例》。它对公证的目的,公证机关,公证处的业务,公证处的组织和领导,管辖和办理公证的程序作了明确规定。

中华人民共和国第十届全国人民代表大会常务委员会第十七次会议于2005年8月28日通过《中华人民共和国公证法》,自2006年3月1日起施行。

(一) 公证、机构和公证员

公证是公证机构根据自然人、法人或者其他组织的申请,依照法定程序对民事法律行为、有法律意义的事实和文书的真实性、合法性予以证明的活动。

公证机构办理公证,应当遵守法律,坚持客观、公正的原则。

1. 公证协会

全国设立中国公证协会,省、自治区、直辖市设立地方公证协会。中国公证协会和地方公证协会是社会团体法人。中国公证协会章程由会员代表大会制定,报国务院司法行政部门备案。公证协会是公证业的自律性组织,依据章程开展活动,对公证机构、公证员的执业活动进行监督。

司法行政部门依照本法规定对公证机构、公证员和公证协会进行监督、指导。

2. 公证机构

公证机构是依法设立,不以营利为目的,依法独立行使公证职能、承担民事责任的证明机构。

根据自然人、法人或者其他组织的申请,公证机构办理下列公证事项:① 合同;② 继承;③ 委托、声明、赠与、遗嘱;④ 财产分割;⑤ 招标投标、拍卖;⑥ 婚姻状况、亲属关系、收养关系;⑦ 出生、生存、死亡、身份、经历、学历、学位、职务、职称、有无违法犯罪记录;⑧ 公司章程;⑨ 保全证据;⑩ 文书上的签名、印鉴、日期,文书的副本、影印本与原本相符;⑪ 自然人、法人或者其他组织自愿申请办理的其他公证事项。

法律、行政法规规定应当公证的事项,有关自然人、法人或者其他组织应当向公证机构申请办理公证。

根据自然人、法人或者其他组织的申请,公证机构可以办理下列事务:

(1) 法律、行政法规规定由公证机构登记的事务;

(2) 提存;

(3) 保管遗嘱、遗产或者其他与公证事项有关的财产、物品、文书;

(4) 代写与公证事项有关的法律事务文书;

(5) 提供公证法律咨询。

公证机构不得有下列行为:

(1) 为不真实、不合法的事项出具公证书;

(2) 毁损、篡改公证文书或者公证档案;

(3) 以诋毁其他公证机构、公证员或者支付回扣、佣金等不正当手段争揽公证业务;

(4) 泄露在执业活动中知悉的国家秘密、商业秘密或者个人隐私;

(5) 违反规定的收费标准收取公证费;

(6) 法律、法规、国务院司法行政部门规定禁止的其他行为。

3. 公证员

公证员是在公证机构从事公证业务的执业人员。担任公证员,应当具备下列条件:

(1) 具有中华人民共和国国籍;

(2) 年龄二十五周岁以上六十五周岁以下;

(3) 公道正派,遵纪守法,品行良好;

(4) 通过国家司法考试;

(5) 在公证机构实习二年以上或者具有三年以上其他法律职业经历并在公证机构实习一年以上,经考核合格。

从事法学教学、研究工作,具有高级职称的人员,或者具有本科以上学历,从事审判、检察、法制工作、法律服务满十年的公务员、律师,已经离开原工作岗位,经考核合格的,可以担任公证员。

法律规定,有下列情形之一的,不得担任公证员:

(1) 无民事行为能力或者限制民事行为能力的;

(2) 因故意犯罪或者职务过失犯罪受过刑事处罚的;

(3) 被开除公职的;

(4) 被吊销执业证书的。

担任公证员,应当由符合公证员条件的人员提出申请,经公证机构推荐,由所在地的司法行政部门报省、自治区、直辖市人民政府司法行政部门审核同意后,报请国务院司法行政部门任命,并由省、自治区、直辖市人民政府司法行政部门颁发公证员执业证书。

公证员应当遵纪守法,恪守职业道德,依法履行公证职责,保守执业秘密。

公证员有权获得劳动报酬,享受保险和福利待遇;有权提出辞职、申诉或者控告;非因法定事由和非经法定程序,不被免职或者处罚。

公证员不得有下列行为:

(1) 同时在二个以上公证机构执业;

(2) 从事有报酬的其他职业;

(3) 为本人及近亲属办理公证或者办理与本人及近亲属有利害关系的公证;

(4) 私自出具公证书;

(5) 为不真实、不合法的事项出具公证书;

(6) 侵占、挪用公证费或者侵占、盗窃公证专用物品;

(7) 毁损、篡改公证文书或者公证档案;

(8) 泄露在执业活动中知悉的国家秘密、商业秘密或者个人隐私;

(9) 法律、法规、国务院司法行政部门规定禁止的其他行为。

公证员有下列情形之一的,由所在地的司法行政部门报省、自治区、直辖市人民政府司法行政部门提请国务院司法行政部门予以免职:

(1) 丧失中华人民共和国国籍的;

(2) 年满六十五周岁或者因健康原因不能继续履行职务的;

(3) 自愿辞去公证员职务的;

(4) 被吊销公证员执业证书的。

(二) 公证程序

自然人、法人或者其他组织申请办理公证,可以向住所地、经常居住地、行为地或者事实发生地的公证机构提出。

申请办理涉及不动产的公证,应当向不动产所在地的公证机构提出;申请办理涉及不动产的委托、声明、赠与、遗嘱的公证,可以适用前款规定。

自然人、法人或者其他组织可以委托他人办理公证,但遗嘱、生存、收养关系等应当由本人办理公证的除外。

申请办理公证的当事人应当向公证机构如实说明申请公证事项的有关情况，提供真实、合法、充分的证明材料；提供的证明材料不充分的，公证机构可以要求补充。

公证机构受理公证申请后，应当告知当事人申请公证事项的法律意义和可能产生的法律后果，并将告知内容记录存档。

公证机构办理公证，应当根据不同公证事项的办证规则，分别审查下列事项：

（1）当事人的身份、申请办理该项公证的资格以及相应的权利；

（2）提供的文书内容是否完备，含义是否清晰，签名、印鉴是否齐全；

（3）提供的证明材料是否真实、合法、充分；

（4）申请公证的事项是否真实、合法。

公证机构对申请公证的事项以及当事人提供的证明材料，按照有关办证规则需要核实或者对其有疑义的，应当进行核实，或者委托异地公证机构代为核实，有关单位或者个人应当依法予以协助。

公证机构经审查，认为申请提供的证明材料真实、合法、充分，申请公证的事项真实、合法的，应当自受理公证申请之日起十五个工作日内向当事人出具公证书。但是，因不可抗力、补充证明材料或者需要核实有关情况的，所需时间不计算在期限内。

有下列情形之一的，公证机构不予办理公证：

（1）无民事行为能力人或者限制民事行为能力人没有监护人代理申请办理公证的；

（2）当事人与申请公证的事项没有利害关系的；

（3）申请公证的事项属专业技术鉴定、评估事项的；

（4）当事人之间对申请公证的事项有争议的；

（5）当事人虚构、隐瞒事实，或者提供虚假证明材料的；

（6）当事人提供的证明材料不充分或者拒绝补充证明材料的；

（7）申请公证的事项不真实、不合法的；

（8）申请公证的事项违背社会公德的；

（9）当事人拒绝按照规定支付公证费的。

（三）公证效力

经公证的民事法律行为、有法律意义的事实和文书，应当作为认定事实的根据，但有相反证据足以推翻该项公证的除外。

对经公证的以给付为内容并载明债务人愿意接受强制执行承诺的债权文书，债务人不履行或者履行不适当的，债权人可以依法向有管辖权的人民法院申请执行。

前款规定的债权文书确有错误的,人民法院裁定不予执行,并将裁定书送达双方当事人和公证机构。

法律、行政法规规定未经公证的事项不具有法律效力的,依照其规定。

当事人、公证事项的利害关系人认为公证书有错误的,可以向出具该公证书的公证机构提出复查。公证书的内容违法或者与事实不符的,公证机构应当撤销该公证书并予以公告,该公证书自始无效;公证书有其他错误的,公证机构应当予以更正。

当事人、公证事项的利害关系人对公证书的内容有争议的,可以就该争议向人民法院提起民事诉讼。

(四)法律责任

公证机构及其公证员有下列行为之一的,由省、自治区、直辖市或者设区的市人民政府司法行政部门给予警告;情节严重的,对公证机构处一万元以上五万元以下罚款,对公证员处一千元以上五千元以下罚款,并可以给予三个月以上六个月以下停止执业的处罚;有违法所得的,没收违法所得:

(1)以诋毁其他公证机构、公证员或者支付回扣、佣金等不正当手段争揽公证业务的;

(2)违反规定的收费标准收取公证费的;

(3)同时在二个以上公证机构执业的;

(4)从事有报酬的其他职业的;

(5)为本人及近亲属办理公证或者办理与本人及近亲属有利害关系的公证的;

(6)依照法律、行政法规的规定,应当给予处罚的其他行为。

公证机构及其公证员有下列行为之一的,由省、自治区、直辖市或者设区的市人民政府司法行政部门对公证机构给予警告,并处二万元以上十万元以下罚款,并可以给予一个月以上三个月以下停业整顿的处罚;对公证员给予警告,并处二千元以上一万元以下罚款,并可以给予三个月以上十二个月以下停止执业的处罚;有违法所得的,没收违法所得;情节严重的,由省、自治区、直辖市人民政府司法行政部门吊销公证员执业证书;构成犯罪的,依法追究刑事责任:

(1)私自出具公证书的;

(2)为不真实、不合法的事项出具公证书的;

(3)侵占、挪用公证费或者侵占、盗窃公证专用物品的;

(4)毁损、篡改公证文书或者公证档案的;

(5)泄露在执业活动中知悉的国家秘密、商业秘密或者个人隐私的;

(6)依照法律、行政法规的规定,应当给予处罚的其他行为。

因故意犯罪或者职务过失犯罪受刑事处罚的,应当吊销公证员执业证书。

公证机构及其公证员因过错给当事人、公证事项的利害关系人造成损失的,由公证机构承担相应的赔偿责任;公证机构赔偿后,可以向有故意或者重大过失的公证员追偿。

当事人、公证事项的利害关系人与公证机构因赔偿发生争议的,可以向人民法院提起民事诉讼。

当事人以及其他个人或者组织有下列行为之一,给他人造成损失的,依法承担民事责任;违反治安管理的,依法给予治安管理处罚;构成犯罪的,依法追究刑事责任:

(1) 提供虚假证明材料,骗取公证书的;

(2) 利用虚假公证书从事欺诈活动的;

(3) 伪造、变造或者买卖伪造、变造的公证书、公证机构印章的。

六、劳动教养制度

(一) 劳动教养的概念及方针

劳动教养是指对有严重违法行为而尚不够刑事处分的有劳动能力的人实行强制性教育改造的一种制度。

劳动教养制度原是我国20世纪50年代根据1954年宪法第100条“中华人民共和国公民必须遵守宪法和法律,遵守劳动纪律,遵守公共秩序,尊重社会公德”的规定,为了把游手好闲、违反法纪、不务正业的有劳动能力的人,改造成为自食其力的新人,为了进一步维护公共秩序,有利于社会主义建设而开始实行的一项制度。关于这方面的法规主要有:《国务院关于劳动教养问题的决定》(1957年)、《国务院关于劳动教养的补充规定》(1979年)、《国务院关于将强制劳动和收容审查两项措施统一于劳动教养的通知》(1980年)和《劳动教养试行办法》(1982年)。

劳动教养作为一种强制教育改造的行政措施,是处理人民内部矛盾的一种方法。对被劳动教养的人,实行教育、挽救、改造的方针是,教育感化第一,生产劳动第二。在严格管理下,通过深入细致的思想政治工作,文化教育和劳动锻炼,把他们改造成为遵纪守法,尊重公德,热爱祖国,热爱劳动,具有一定文化知识和生产技能的建设社会主义的有用人才。

(二) 劳动教养机关和劳动教养对象

劳动教养管理委员会是由省、自治区、直辖市和大中城市人民政府组成的,领导和管理劳动教养工作,审查批准收容劳动教养人员的组织。劳动教养场所的设置由省、自治区、直辖市人民政府根据需要确定。

劳动教养收容大中城市需要劳动教养的市民。对家居农村而流窜到城市、铁路沿线和大型厂矿作案,符合劳动教养条件的人,也可以收容劳动教养。主要对下列人员实行劳动教养:(1) 罪行轻微,不够刑事处分的危害国家安全的分子;(2) 结伙杀人、抢劫、强奸、放火等犯罪团伙中,不够刑事处分的;(3) 有流氓、盗窃、诈骗等违法行为,屡教不改,不够刑事处分的;(4) 聚众斗殴、寻衅滋事,煽动闹事等扰乱社会治安,不够刑事处分的;(5) 有工作岗位,长期拒绝劳动,破坏劳动纪律,而又不断无理取闹,扰乱生产秩序、工作秩序、教学科研秩序和生活秩序,妨碍公务,不听劝告和阻止的;(6) 教唆他人违法犯罪,不够刑事处分的;(7) 卖淫、嫖宿暗娼、引诱、介绍或者容留卖淫及嫖宿暗娼,不够刑事处分的;(8) 赌博或者为赌博提供条件,不够刑事处分的;(9) 制作、复制、出售、出租或者传播淫书、淫画、淫秽录像或者其他淫秽物品,不够刑事处分的。

(三) 劳动教养的期限

劳动教养的期限为1—3年,必要时得延长1年,节日、星期日休息。劳动教养人员解除劳动教养后,就业、上学不受歧视,对其家属、子女也不得歧视。

七、劳动改造制度和《监狱法》

(一) 劳动改造的概念和方针

劳动改造是国家劳动改造机关依法对判处死刑缓期执行、无期徒刑、有期徒刑、拘役的犯罪分子,实行强迫劳动,改造成为新人的制度。1954年9月7日我国政务院曾公布了《中华人民共和国劳动改造条例》,该条例在此后的相当长的历史时期成为我国劳动改造制度方面的重要法规。它对劳动改造的方针、劳动改造机关、劳动改造和教育改造、劳动改造生产、管理犯人制度、监督管理委员会、奖惩及经费等都作了明确规定。《中华人民共和国劳动改造条例》自《监狱法》颁布实施后废止。

我国劳动改造的方针是:贯彻惩罚管制与思想教育相结合,劳动教育与政治教育相结合;改造第一,生产第二的方针。

(二) 劳动改造机关及对劳改犯的措施

劳动改造机关是:(1) 看守所。主要羁押未决犯。对于判处徒刑2年以下、不便送往劳动管教队的罪犯,可交由看守所监管。(2) 监狱。主要监管不适宜在监外劳动的已判决死刑缓期执行、无期徒刑的危害国家安全和其他重要刑事犯。(3) 劳动改造管教队。监管已判决的适宜在监外劳动的罪犯。(4) 少年犯管教所。管教未满18周岁的少年犯。

对于被劳动改造对象,在监管期间应当施行严格管理,不许麻痹松懈;严禁虐待、肉刑等违法行为。并且对于犯人应当实行立功赎罪、赏罚严明的奖惩制度。

第五届全国人大常委会第十九次会议通过的《关于处理逃跑或者重新犯罪

的劳改犯和劳教人员的决定》规定，劳改犯逃跑的，除按原判刑期执行外，加处5年以下有期徒刑；以暴力、威胁方法逃跑的，加处2年以上7年以下有期徒刑。劳改犯逃跑后又犯罪的，或者劳改犯对检举人、被害人和有关的司法工作人员以及制止违法犯罪行为的干部、群众行凶报复的，从重或者加重处罚。刑满释放后又犯罪的，从重处罚。劳改犯逃跑又犯罪的及刑满释放后又犯罪的，刑满后一律留场就业，不得回原大中城市。劳改期满后，有轻微犯罪行为，不够刑事处分的，给予劳动教养处分，期满后一般留场就业，不得回原大中城市。没有改造好的劳改罪犯，劳改期满后留场就业。

（三）《监狱法》

为了正确执行刑罚，惩罚和改造罪犯，预防和减少犯罪，1994年12月29日第八届全国人民代表大会常务委员会第十一次会议通过了《中华人民共和国监狱法》（简称为《监狱法》），共7章78条，自公布之日起施行。

1. 监狱及其对罪犯的原则和管理

监狱是国家的刑罚执行机关。《监狱法》规定，依照刑法和刑事诉讼法的规定，被判处死刑缓期两年执行、无期徒刑、有期徒刑的罪犯，在监狱内执行刑罚。

监狱对罪犯实行惩罚和改造相结合、教育和劳动相结合的原则，将罪犯改造成为守法公民。监狱对罪犯应当依法监管，根据改造罪犯的需要，组织罪犯从事生产劳动，对罪犯进行思想教育、文化教育、技术教育。

监狱的人民警察依法管理监狱、执行刑罚、对罪犯进行教育改造等活动，受法律保护。人民检察院对监狱执行刑罚的活动是否合法，依法实行监督。

罪犯的人格不受侮辱，其人身安全、合法财产如辩护、申诉、控告、检举以及其他未被剥夺或者限制的权利不受侵犯。罪犯必须严格遵守法律、法规和监规纪律，服从管理，接受教育，参加劳动。

国家保障监狱改造罪犯所需经费，监狱的人民警察经费、罪犯改造经费、罪犯生活费、狱政设施经费及其他专项经费，列入国家预算。国家提供罪犯劳动必需的生产设施和生产经费。监狱依法使用的土地、矿产资源和其他自然资源以及监狱的财产，受法律保护，任何组织或者个人不得侵占、破坏。

国务院司法行政部门主管全国的监狱工作。监狱的设置、撤销、迁移，由国务院司法行政部门批准。

监狱设监狱长1人，副监狱长若干人，并根据实际需要设置必要的工作机构和配备其他监狱管理人员。监狱的管理人员是人民警察。

监狱的人民警察应当严格遵守宪法和法律，忠于职守，秉公执法，严守纪律，清正廉洁。监狱的人民警察不得有下列行为：(1) 索要、收受、侵占罪犯及其亲属的财物；(2) 私放罪犯或者玩忽职守造成罪犯脱逃；(3) 刑讯逼供或者体罚、虐待罪犯；(4) 侮辱罪犯的人格；(5) 殴打或者纵容他人殴打罪犯；(6) 为谋取私利,利用罪犯提供劳务;(7) 违反规定,私自为罪犯传递信件或者物品;(8) 非法将监管罪犯的职权交予人行使;(9) 其他违法行为。监狱的人民警察有前款所列行为,构成犯罪的,依法追究刑事责任;尚未构成犯罪的,应当予以行政处分。

2. 刑罚的执行

《监狱法》对罪犯的收监,对罪犯提出的申诉、控告、检举的处理,监外执行,减刑、假释以及释放和安置都作了规定。

人民法院对被判处死刑缓期两年执行、无期徒刑、有期徒刑的罪犯,应当将执行通知书、判决书送达羁押该罪犯的公安机关,公安机关应当自收到执行通知书、判决书之日起1个月内将该罪犯送交监狱执行刑罚。罪犯在被交付执行刑罚前,剩余刑期在1年以下的,由看守所代为执行。

罪犯被交付执行刑罚时,交付执行的人民法院应当将人民检察院的起诉书副本、人民法院的判决书、执行通知书、结案登记表同时送达监狱。监狱没有收到上述文件的,不得收监;上述文件不齐全或者记载有误的,作出生效判决的人民法院应当及时补充齐全或者作出更正;对其中可能导致错误收监的,不予收监。

监狱应当对交付执行刑罚的罪犯进行身体检查,经检查,被判处无期徒刑、有期徒刑的罪犯有下列情形之一的,可以暂不收监:(1) 有严重疾病需要保外就医的;(2) 怀孕或者正在哺乳自己婴儿的妇女。对上列暂不收监的罪犯,应当由交付执行的人民法院决定暂予监外执行。对其中暂予监外执行有社会危险性的,应当收监。暂予监外执行的罪犯,由居住地公安机关执行刑罚。当暂不收监的情形消失后,原判刑期尚未执行完毕的罪犯,由公安机关送交监狱收监。

罪犯收监,应当严格检查其人身和所携带的物品。非生活必需品,由监狱代为保管或者征得罪犯同意退回其家属,违禁品予以没收。女犯由女性人民警察检查。罪犯不得携带子女在监内服刑。罪犯收监后,监狱应当通知罪犯家属。通知书应当自收监之日起5日内发出。

罪犯对生效的判决不服的,可以提出申诉。对于罪犯的申诉,人民检察院或者人民法院应当及时处理。对罪犯提出的控告、检举材料,监狱应当及时处理或者转送公安机关或者人民检察院处理,公安机关或者人民检察院应当将处理结果通知监狱。罪犯的申诉、控告、检举材料,监狱应当及时转递,不得扣压。监狱在执行刑罚过程中,根据罪犯的申诉,认为判决可能有错误的,应当提请人民检察院或者人民法院处理,人民检察院或者人民法院应当自收到监狱提请处理意见书之日起6个月内将处理结果通知监狱。

关于监外执行、减刑和假释的规定,同1996年3月17日第八届全国人大第四次会议通过的《中华人民共和国刑事诉讼法》的有关规定。

罪犯服刑期满,监狱应当按期释放并发给释放证明书。罪犯释放后,公安机关凭释放证明书办理户籍登记。对刑满释放人员,当地人民政府帮助其安置生活。刑满释放人员丧失劳动能力又无法定赡养人、扶养人和基本生活来源的,由当地人民政府予以救济。刑满释放人员依法享有与其他公民平等的权利。

3. 狱政管理

《监狱法》对罪犯的押管、警戒、戒具和武器的使用、通信和会见、生活和卫生、奖惩以及对罪犯服刑期间犯罪的处理都作了规定。

监狱对成年男犯、女犯和未成年犯实行分开关押和管理,对未成年犯和女犯的改造,应当照顾其生理、心理特点。监狱根据罪犯的犯罪类型、刑罚种类、刑期、改造表现等情况,实行分别关押,采取不同方式管理。女犯由女性人民警察直接管理。

监狱的武装警戒由人民武装警察部队负责,具体办法由国务院、中央军事委员会规定。监狱发现在押罪犯脱逃,应当即时将其抓获,不能即时抓获的,应当立即通知公安机关,由公安机关负责追捕,监狱密切配合。监狱根据监管需要,设立警戒设施,监狱周围设警戒隔离带,未经准许,任何人不得进入。监区、作业区周围的机关、团体、企业事业单位和基层组织,应当协助监狱做好安全警戒工作。

监狱遇有下列情形之一的,可以使用戒具:(1) 罪犯有脱逃行为的;(2) 罪犯有使用暴力行为的;(3) 罪犯正在押解途中的;(4) 罪犯有其他危险行为需要采取防范措施的。以上情形消失后,应当停止使用戒具。

人民警察和人民武装警察部队的执勤人员遇有下列情形之一,非使用武器不能制止的,按照国家有关规定,可以使用武器:(1) 罪犯聚众骚乱、暴乱的;(2) 罪犯脱逃或者拒捕的;(3) 罪犯持有凶器或者其他危险物,正在行凶或者破坏,危及他人生命、财产安全的;(4) 劫夺罪犯的;(5) 罪犯抢夺武器的。使用武器的人员应当按照国家有关规定报告情况。

罪犯在服刑期间可以与他人通信,但是来往信件应当经过监狱检查。监狱发现有碍罪犯改造内容的信件,可以扣留。但是,罪犯写给监狱的上级机关和司法机关的信件,不受检查。罪犯在监狱服刑期间,按照规定,可以会见亲属、监护人。罪犯收受物品和钱款,应当经监狱批准、检查。

监狱应当建立罪犯的日常考核制度,考核的结果作为对罪犯奖励和处罚的根据。罪犯有下列情形之一的,监狱可以给予表扬、物质奖励或者记功:(1) 遵守监规纪律,努力学习,积极劳动,有认罪服法表现的;(2) 阻止违法犯罪活动的;(3) 超额完成生产任务的;(4) 节约原材料或者爱护公物,有成绩的;(5) 进行技术革新或者传授生产技术,有一定成效的;(6) 在防止或者消除灾害事故中作出一定贡献的;(7) 对国家和社会有其他贡献的。被判处有期徒刑的罪犯有上列情形之一，执行原判刑期1/2以上，在服刑期间一贯表现好，离开监狱不致再危害社会的，监狱可以根据情况准其离监探亲。

罪犯有下列破坏监管秩序情形之一的，监狱可以给予警告，记过或者禁闭：(1)聚众哄闹监狱，扰乱正常秩序的；(2)辱骂或者殴打人民警察的；(3)欺压其他罪犯的；(4)偷窃、赌博、打架斗殴、寻衅滋事的；(5)有劳动能力拒不参加劳动或者消极怠工，经教育不改的；(6)以自伤、自残手段逃避劳动的；(7)在生产劳动中故意违反操作规程，或者有意损坏生产工具的；(8)有违反监规纪律的其他行为的。依照前款规定对罪犯实行禁闭的期限为7天至15天。罪犯在服刑期间有上列行为，构成犯罪的，依法追究刑事责任。罪犯在服刑期间故意犯罪的，依法从重处罚。

4. 对罪犯的教育改造

《监狱法》规定，教育改造罪犯，实行因人施教、分类教育、以理服人的原则，采取集体教育与个别教育相结合、狱内教育与社会教育相结合的方法。

监狱应当对罪犯进行法制、道德、形势、政策、前途等内容的思想教育；应当根据不同情况，对罪犯进行扫盲教育、初等教育和初级中等教育，经考试合格的，由教育部门发给相应的学业证书；应当根据监狱生产和罪犯释放后就业的需要，对罪犯进行职业技术教育，经考核合格的，由劳动部门发给相应的技术等级证书。监狱鼓励罪犯自学，经考试合格的，由有关部门发给相应的证书。罪犯的文化和职业技术教育，应当列入所在地区的教育规划。监狱应当设立教室、图书阅览室等必要的教育设施。

监狱应当组织罪犯开展适当的体育活动和文化娱乐活动。国家机关、社会团体、部队、企业事业单位和社会各界人士以及罪犯的亲属，应当协助监狱做好对罪犯的教育改造工作。有劳动能力的罪犯，必须参加劳动。监狱根据罪犯的个人情况，合理组织劳动，使其矫正劳动恶习，养成劳动习惯，学会生产技能，并为释放后就业创造条件。监狱对罪犯的劳动时间，参照国家有关劳动工时的规定执行，在季节性生产等特殊情况下，可以调整劳动时间，罪犯有在法定节日和休息日休息的权利。监狱对参加劳动的罪犯，应当按照有关规定给予报酬并执行国家有关劳动保护的规定，罪犯在劳动中致伤、致残或者死亡的，由监狱参照国家劳动保险的有关规定处理。

对未成年犯应当在未成年犯管教所执行刑罚。对未成年犯执行刑罚应当以教育改造为主；未成年犯的劳动，应当符合未成年人的特点，以学习文化和生产技能为主。监狱应当配合国家、社会、学校等教育机构，为未成年犯接受义务教育提供必要的条件。未成年犯年满18周岁时，剩余刑期不超过两年的，仍可以留在未成年犯管教所执行剩余刑期。

主要参考书目：

1. 姜明安：《行政法与行政诉讼法》，北京大学出版社，高等教育出版社1999年版。

2. 胡建淼：《行政法学》，法律出版社2003年版。

3. 张树义：《行政法与行政诉讼法学》，高等教育出版社2002年版。

第五章 经济法和环境法概述

第一节 经济法概述

一、经济法的概念

经济法是调整国民经济运行中形成的经济关系的法律规范的总称。

经济法与经济法制是两个不同的概念。经济法是国家经济管理和社会经济活动的制度化、法律化，是经济立法、经济执法、经济监督、经济管理主体和经济活动当事人自觉守法以及社会上形成的有关经济法律观念的总和。经济法制则是指有关经济管理和经济活动的法律规定和制度以及依据这些法律制度形成的法律秩序，其核心是依法管理经济和依法开展经济活动。

经济法具有综合性、整体性和政策性的特征。考虑到我国经济体制改革正在进行，社会经济关系变动较大，涉及经济关系的各个部门法的划分，只能是相对的，很难在学者之间求得统一。这只有随着社会经济关系的相对稳定，它们之间的划分才会比较统一和固定下来。

二、经济法的分类

我国经济法方面的规范性法律文件可以划分为以下几类：

(一) 关于国家宏观调控方面的法律

1. 关于国民经济和社会发展规划、计划和政策方面，如《国民经济和社会发展第十一个五年规划》、《中共中央、国务院关于当前农业和农村经济发展的若干政策措施》等。

2. 关于经济体制改革的原则、方针和政策方面，如《全民所有制工业企业转换经营机制条例》、《关于深化企业改革搞好国有大中型企业的意见》、《国务院关于金融体制改革的决定》、《国务院关于深化对外贸易体制改革的决定》、《中小企业促进法》等。

3. 预算法：《预算法》。

4. 审计法、会计法、统计法：《审计法》、《会计法》、《注册会计师法》、《统计法》以及相应的实施细则或条例。

5. 农业法：《农业法》。

6. 税法：《个人所得税法》、《税收征收管理法》和其他各种单行的税法以及外资企业税法等。

7. 中央银行法:《人民银行法》以及有关外汇、信贷和储蓄管理的法律。

(二) 关于规范市场主体方面的法律

主要由企业法构成。企业法包括国有企业法、集体企业法、私营企业法、个人独资企业法、合伙企业法、外商投资企业法、公司法。主要规范性法律文件有:《全民所有制工业企业法》、《城镇集体所有制企业条例》、《私营企业暂行条例》、《个人独资企业法》、《合伙企业法》和《公司法》以及各种外资企业法及《商业银行法》等。

(三) 关于规范市场秩序方面的法律

主要包括:关于合同、广告、产品质量、食品卫生、证券交易、票据管理方面的法律,反不正当竞争、反垄断、消费者权益保护等方面的法律。主要规范性法律文件有:《反不正当竞争法》、《价格法》、《消费者权益保护法》、《产品质量法》、《广告法》以及反垄断法和城市房地产管理法,等等。

(四) 关于劳动、社会保障的法律

劳动和社会保障法律制度主要包括劳动就业保障、劳动安全卫生、社会保险、社会福利、社会救济等法律制度。主要规范性法律文件有:《劳动法》、《保险法》、《国务院关于建立统一的企业职工基本养老保险制度的决定》、《国有企业职工待业保险规定》、《财产保险合同条例》、《保险公司章程》等。

第二节 企 业 法

企业是指依法设立从事生产经营和商业服务的经济组织。在我国包括国有企业法、城镇集体企业法、乡镇企业法、私营企业法、外商投资企业法和公司法。

一、国有企业法

(一) 国有企业法概念

1988 年通过并实施的《中华人民共和国全民所有制工业企业法》(简称《工业企业法》)和国务院在 1988 年公布实施的《企业法人登记管理条例》以及 1992 年公布实施的《全民所有制工业企业转换经营机制条例》,是调整国有企业的主要规范性文件。

国有企业,又称全民所有制企业,是指财产属于国家所有,依法自主经营、自负盈亏、独立核算的社会主义商品生产和经营单位。国有企业法是调整国有企业组织、管理以及国有企业内部组织管理活动所产生的经济关系的法律规范的总称。

(二) 国有企业的经营权

国有企业经营权,是指按照所有权和经营权分离的原则,国有企业依照法律规定和国家授权,在生产、经营方面享有的权利。

《工业企业法》规定,企业的经营权有:(1) 生产经营决策权;(2) 物资选购权;(3) 产品销售权;(4) 产品、劳务定价权;(5) 人事管理权;(6) 留用资金使用权;(7) 资产依法处置权;(8) 联营兼并权;(9) 工资、奖金分配权;(10) 进出口权;(11) 拒绝摊派权;(12) 投资决策权;(13) 劳动用工权;(14) 机构设置权。

(三) 国有企业组织体制

《工业企业法》规定国有企业的组织体制是:

1. 厂长(经理)负责制。企业实行厂长(经理)负责制,厂长依法行使职权,受法律保护。这是为了适应社会化大生产和建立完善企业法人制度的客观需要。

2. 职工代表大会。职工代表大会是企业实行民主管理的基本形式,是职工行使民主管理权利的机构。职工代表大会有权对于企业的经营方针、计划提出意见和建议,对于职工福利基金使用方案,职工住房分配方案和其他有关职工生活福利的重大事项,有作出决定的权利。除此之外,还拥有审议建议权、审查同意权、评议监督权和民主选举权。

3. 国有企业的党组织。企业党组织是企业的政治核心。企业党组织对党和国家的政策及法律在本企业的贯彻实行监督。

(四) 政府与国有企业的关系

政府兼有国有资产所有者和经济管理者的双重身份。根据政企分开原则,国有企业依法享有生产经营的自主权,政府不直接干预企业的生产经营活动。但是,政府应该在其职权范围内对企业进行协调、监督和管理,为企业提供服务。

《工业企业法》规定,政府对国有企业的职权主要有:(1) 通过制定和调整产业政策,引导企业的发展;(2) 运用价格、税收、利率等经济杠杆对企业生产经营进行调控;(3) 依法任免、奖惩厂长,并根据厂长提议,任免、奖惩副厂级领导干部;(4) 对企业国有财产实施监督管理;(5) 通过财政、审计、物价、劳动工资等部门,对企业有关生产、经营行为实行监督。

(五) 国有企业财产监督管理制度

国有经济在国民经济中起主导地位,直接关系到我国经济的社会主义前途和方向;国有企业的财产是国有资产的主要组成部分,加强国有企业资产管理至关重要,它是整个国有资产监督管理中的重点。为巩固和发展国有经济,促进社会主义市场经济的建立,达到理顺产权关系,保障国家对企业财产的所有权,落实企业经营权,实现国有资产保值增值的目的,1994 年国务院发布并实施《国有企业财产监督管理条例》,对国有企业财产监督管理作了较为详细的规定。鉴于近些年来国有财产流失严重的问题,这项制度的落实显得尤为重要。

二、城镇集体企业法与乡镇企业法

（一）城镇集体企业法

1991 年国务院颁行的《中华人民共和国城镇集体所有制企业条例》，是调整城镇集体企业的主要规范性文件。

城镇集体所有制经济是我国社会主义公有制经济的一个基本组成部分，国家鼓励和扶持城镇集体所有制经济的发展。城镇集体所有制企业（简称集体企业）是指在城镇区域内设立的财产属于劳动群众集体所有、实行共同劳动、在分配方式上以按劳分配为主体的社会主义经济组织。劳动群众集体所有，包括城镇中集体企业的劳动群众集体所有，也包括集体企业的联合经济组织范围内的劳动群众集体所有。对投资主体为两个或两个以上的集体企业，其中劳动群众集体所有的财产占企业全部财产的比例一般不低于 51%。

城镇集体企业应当遵循的原则是：自愿联合、自筹资金，独立核算、自负盈亏，自主经营、民主管理，集体积累、自主支配，按劳分配、入股分红。城镇集体企业在依法进行企业法人登记后，取得法人资格，以其全部财产独立承担民事责任。不具有法人条件的，依法登记后，可以在核准登记的范围内从事生产经营活动。集体企业在国家法律、法规规定的范围内，对其全部财产享有占有、使用、收益和处分的权利，拒绝非法干预、摊派和无偿使用企业财产。

集体企业的职工是企业的主人，依照法律和企业章程行使管理企业的权力。职工（代表）大会是集体企业的权力机构，选举和罢免企业管理人员，决定企业经营管理的重大问题，企业厂长（经理）由职工（代表）大会选举或招聘产生。企业实行厂长负责制，厂长（经理）依法行使职权，对职工（代表）大会负责。

（二）乡镇企业法

1996 年通过的《中华人民共和国乡镇企业法》（简称《乡镇企业法》），是我国调整乡镇企业的主要规范性文件。

乡镇企业，是指以农村集体经济组织或者农民投资为主，在乡镇（包括所辖村）举办的承担支援农业义务的各类企业。乡镇企业符合企业法人条件的，依法取得企业法人资格。《乡镇企业法》规定，发展乡镇企业，应坚持以农村集体经济为主导，多种经济成分共同发展的原则。国家对乡镇企业积极扶持、合理规划、分类指导、依法管理。

乡镇企业生产经营，必须具有相应的财产权。乡镇企业的财产权归属原则是：(1) 农村集体经济组织投资设立的乡镇企业，其企业财产权属于设立该企业的全体农民集体所有；(2) 农村集体经济组织与其他企业、组织或者个人共同投资设立的乡镇企业，其企业财产权按照出资份额属于投资者所有；(3) 农民合伙或者单独投资设立的乡镇企业，其企业财产权属于投资者所有。《乡镇企业法》

规定,国家保护乡镇企业的合法权益,任何组织或者个人不得违反法律法规干预乡镇企业的生产经营、撤换企业负责人,不得非法占有或者无偿使用乡镇企业的财产。

三、私营企业法

(一) 私营企业法的概念和我国的私营企业法

国务院1988年发布的《中华人民共和国私营企业暂行条例》,是我国调整私营企业的主要规范性文件。

私营企业是指企业资产属于私人所有,雇工达到8人以上的营利性的经济组织。在我国私营企业主要包括独资企业、合伙企业等多种形式。私营企业法是调整国家对私营企业的组织管理以及私营企业内部组织管理过程中发生的经济关系的法律规范的总称。

《私营企业暂行条例》规定,农村村民,城镇待业人员,个体工商户经营者,辞职、退职人员,国家法律、法规和政策允许的离、退休人员和其他人员可以申办私营企业。申请开办私营企业应具备下列条件:(1) 与生产经营和服务规模相适应的资金和从业人员;(2) 固定的经营场所和必要的设施;(3) 符合国家法律法规规定的经营范围。私营企业可以从事工业、建筑业、交通运输业、商业、饮食业、服务业、修理业和科技咨询等行业的生产经营。私营企业不得从事军工、金融业的生产经营,不得生产经营国家禁止经营的产品。申请开办私营企业,必须持有关证件向企业所在地工商行政管理部门办理登记,经核准发给营业执照后,始得营业。

(二) 合伙企业法

1997年通过的《中华人民共和国合伙企业法》,是我国调整合伙企业的主要性律文件。

合伙企业是指由合伙人订立合伙协议,共同出资、合伙经营、共享收益、共担风险,并对合伙企业债务承担无限连带责任的营利性的经济组织。《合伙企业法》规定,设立合伙企业应当具备下列条件:(1) 有两个以上合伙人,并且都是依法承担无限责任者;(2) 有书面合伙协议;(3) 有各合伙人实际缴付的出资;(4) 有合伙企业的名称;(5) 有经营场所和从事合伙经营的必要条件。合伙企业经工商行政管理部门登记领取营业执照。

各合伙人对执行合伙企业事务享有同等的权利。可以由全体合伙人共同执行合伙企业事务,也可以由合伙协议约定或全体合伙人决定,委托一名或者数名合伙人执行合伙企业事务。执行合伙企业事务的合伙人,对外代表合伙企业。执行合伙企业事务的合伙人在执行合伙企业事务中所产生的收益归全体合伙人,所产生的亏损或民事责任,由全体合伙人承担。合伙企业对其债务,应先以其全部财产进行清偿,合伙企业财产不足清偿到期债务的,各合伙人应当承担无限连带责任。

（三）个人独资企业法

1999 年通过的《中华人民共和国个人独资企业法》,是我国规范个人独资企业行为的主要法律文件。

个人独资企业,是指依照《个人独资企业法》在中国境内设立,由一个自然人投资,财产为投资人个人所有,投资人以其个人财产对企业债务承担无限责任的经营实体。《个人独资企业法》规定设立个人独资企业应当具备如下条件:(1) 投资人为一个自然人;(2) 有合法的企业名称;(3) 有投资人申报的出资;(4) 有固定的生产经营场所和必要的生产经营条件;(5) 有必要的从业人员。法律、行政法规禁止从事营利性活动的人,不得作为投资人申请设立个人独资企业。

个人独资企业投资人对本企业的财产依法享有所有权,其有关权利可以依法进行转让;在申请企业设立登记时明确以其家庭共有财产作为个人出资的,应当依法以家庭共有财产对企业承担无限责任。《个人独资企业法》规定,企业投资人可以自行管理企业事务,也可以委托或者聘用其他具有民事行为能力的人负责企业的管理。并就委托合同的内容和受托人的管理行为进行了规范。同时,《个人独资企业法》对于企业的设立、企业的投资人及其事务管理、企业的解散和清算以及法律责任等问题作出了详细的规定。

此外,为了改善中小企业经营环境,促进中小企业健康发展,扩大城乡就业,发挥中小企业在国民经济和社会发展中的作用,2002 年 6 月 29 日九届全国人大常委会第 28 次会议通过了《中华人民共和国中小企业促进法》。

四、外商投资企业法

1979 年通过实施,并于 1990 年、2001 年修改和修正的《中华人民共和国中外合资经营企业法》(简称《合资企业法》),1988 年通过实施 2000 年修改的《中华人民共和国中外合作经营企业法》(简称《合作企业法》)和 1986 年通过实施 2000 年修正的《中华人民共和国外资企业法》(简称《外资企业法》),以及国务院发布的与上述三项法律配套的实施条例和细则,是我国自改革开放以来,规范外商投资企业的主要法律依据和规范性文件。

外商投资企业,是指外国企业和其他经济组织或个人依照我国法律,在我国境内以直接投资方式参与或独立设立的各类企业的总称。主要包括中外合资经营企业、中外合作经营企业和外资企业。外商投资企业法是指调整外商投资企业的组织管理以及外商投资企业内部组织管理过程中发生的经济关系的法律规范的总称。

（一）中外合资经营企业法

中外合资经营企业（简称“合营企业”），是指中国的企业或其他经济组织同外国的企业和其他经济组织或个人，依照中国法律，经中国政府批准，在中国境内举办的，双方共同投资、共同经营、共担风险、共负盈亏的企业。《合资企业法》规定，设立合营企业，应报国务院对外经济和贸易主管部门或其委托的机构审查批准。合营企业经批准后，向工商行政管理部门登记，领取营业执照，开始营业。合营企业的形式为有限责任公司。合营企业是中国法人。

合营企业的注册资本中，外国合营者的出资比例一般不低于25%。合营双方按注册资本比例分享利润和分担风险及亏损。合营各方可以用现金、实物、工业产权等进行投资。外国合营者作为投资的技术和设备，必须确实是适合我国需要的先进技术和设备。中国合营者的投资可以包括为合营企业经营提供的场地使用权。

董事会是合营企业的最高权力机构。董事会按照合营企业章程规定，讨论决定合营企业的一切重大问题。总经理执行董事会会议各项决议，组织领导合营企业的日常经营管理工作。

（二）中外合作经营企业法

中外合作经营企业（简称“合作企业”），是指中国的企业或其他经济组织与外国的企业和其他经济组织或者个人，依法在中国境内共同举办的，按合作企业合同的约定投资和合作条件、收益或产品的分配、风险和亏损的分担，以及经营管理方式和合作企业终止时财产的归属等事项的企业。《合作企业法》规定，申请设立合作企业，应报国务院对外经济贸易主管部门或国务院授权的部门和地方政府审查批准。中外合作者的投资或提供的合作条件可以是现金、实物、土地使用权、工业产权、非专利技术和其他财产权利，其中土地使用权只能由中方提供。

在合作企业的组织机构和管理制度上，对具有法人资格的合作企业，一般采用董事会制；对不具有法人资格的合作企业，一般采用联合管理制。合作企业经董事会或联合管理机构一致同意，可以委托第三方经营管理。

《合作企业法》和1995年国务院颁布实施的《中华人民共和国中外合作经营企业法实施细则》，对于其他有关问题作出了详细规定。

中外合资经营企业和中外合作经营企业都属于合营企业，其主要不同在于，前者是双方共同投资、共担风险、共负盈亏的企业，后者是按照合作企业合同的约定投资和合作条件、分配收益或产品、风险和亏损的分担，以及经营管理方式和企业终止时财产的归属等问题。关键的区别在于中外合资经营企业主要是以组织形式，而中外合作经营企业主要是以合同形式成立、运作和经营的。

（三）外资企业法

外资企业是指依照中国法律在中国境内设立的全部资本由外国投资者投资的企业。外资企业不包括外国的企业和其他经济组织在中国的分支机构。外资企业的组织形式为有限责任公司，经批准也可以为其他责任形式。《外资企业法》规定，设立外资企业，必须有利于我国的国民经济的发展，能够取得显著的经济利益，并且采用先进的技术和设备，或者产品全部出口或大部分出口。申请设立外资企业，由国务院对外经济贸易主管部门或国务院授权的机关批准，发给批准证书。1990 年 10 月 28 日国务院批准的《中华人民共和国外资企业法实施细则》规定，有下列情况之一的，不予批准：（1）有损我国主权或社会公共利益；（2）危及中国国家安全；（3）违反中国法律、法规的；（4）不符合中国国民经济发展要求的；（5）可能造成环境污染的。此外，国家对禁止或限制设立外资企业的行业也作了法律规定。

五、公司法

（一）公司法概念

1993 年通过，1994 年 7 月 1 日实施，并于 1999 年 12 月 25 日、2004 年 8 月 28 日、2005 年 10 月 27 日修正和修订的《中华人民共和国公司法》（简称《公司法》）和 1994 年国务院发布的《公司登记管理条例》，是我国关于公司法律调整的主要规范性文件。

公司是两个以上的股东以营利为目的，共同出资，依法定条件和程序设立的企业法人。在我国，公司包括有限责任公司和股份有限公司两种形式。公司法是调整国家对公司的管理过程中和在公司的设立、组织、活动、解散以及其他对内对外关系中形成的经济关系的法律规范的总称。

（二）有限责任公司

有限责任公司是指由法定人数的股东组成的、股东以其出资额对公司承担责任并以其全部资产对公司债务承担责任的企业法人。《公司法》规定，设立有限责任公司必须具备下列条件：（1）股东符合法定人数。（2）股东出资达到法定资本最低限额。有限责任公司注册资本的最低限额为人民币 3 万元。法律、行政法规对其有较高规定的，从其规定。（3）股东共同制定公司章程。（4）有公司的名称，建立符合有限责任公司要求的组织机构。（5）有公司住所。

有限责任公司的组织机构由股东会、董事会、经理、监事会构成。股东会由全体股东组成，股东会是公司的权力机构。董事会对股东会负责，董事长为公司的法定代表人。经理负责日常经营管理。经理由董事会聘任或者解聘，经理对董事会负责。有限责任公司股东人数较少和规模较小的，可以设 1 名执行董事，不设董事会。执行董事可以兼任公司经理。有限责任公司规模较大的，设立监事会成员不得少于 3 人。股东人数较少和规模较小的,可设 1 ~ 2 名监事,不设监事会。

国有独资公司,是有限责任公司的特殊形式。是指国家授权投资的机构或国家授权的部门单独投资设立的有限责任公司。《公司法》规定,国务院确定的生产特殊产品的公司或者属于特定行业的公司,应当采取国有独资公司形式。

同时,还对一人有限责任公司作出了特别规定。

(三) 股份有限公司

股份有限公司是指其全部资本分为等额股份,股东以其所持股份为限对公司承担责任,公司以其全部资产对公司的债务承担责任的公司。《公司法》规定,设立股份有限公司,应当具备下列条件:(1) 发起人符合法定人数,即发起人应为二人以上二百人以下,其中半数以上在中国境内有住所。(2) 发起人认缴和社会公开募集的股本达到法定资本最低限额,即五百万人民币,另有规定的,从规定。(3) 股份发行、筹办事项符合法律规定。(4) 发起人制订公司章程,并经创立大会通过。(5) 有公司名称,建立符合股份有限公司要求的组织机构。(6) 有公司住所。

股份有限公司的设立,可以采取发起设立或者募集设立的方式。以发起设立方式设立的,发起人交付全部出资后,应当选举董事会和监事会,由董事会向公司登记机关报送设立公司的文件、公司章程、验资证明等文件,申请设立登记。发起设立的,全体发起人首次出资额不得低于注册资本的百分之二十,其余部分由发起人自公司成立之日起两年内缴足;其中,投资公司可以在五年内缴足。在缴足前不得向他人募集股份。募集设立的发起人向社会公开发行的股份缴足后,经法定的验资机构验资并出具证明,董事会于创立大会结束后三十日内向公司登记机关申请设立登记。

股份有限公司的组织机构由股东大会、董事会、经理和监事会组成。

第三节 反不正当竞争法和消费者权益保护法

一、反不正当竞争法

1993 年通过实施的《中华人民共和国反不正当竞争法》(简称《反不正当竞争法》),是我国规范市场秩序的主要法律文件。

(一) 反不正当竞争法概念

《反不正当竞争法》规定,不正当竞争,是指经营者违反法律规定,损害其他经营者的合法权益,扰乱社会经济秩序的行为。经营者是指从事商品经营或者营利性服务的法人、其他经济组织和个人。反不正当竞争法是调整在不正当竞争过程中发生的经济关系的法律规范的总称。

（二）不正当竞争的表现形式

《反不正当竞争法》规定，不正当竞争有下列表现形式：

1. 侵犯他人商标权以及其他假冒仿冒行为。包括：(1) 假冒他人的注册商标；(2) 擅自使用知名商品特有的名称、包装、装潢或者使用与知名商品近似的名称、包装、装潢，造成和他人的知名商品相混淆，使购买者误认为是该知名商品；(3) 擅自使用他人的企业名称或者姓名，引人误认为是他人的商品；(4) 在商品上伪造或者冒用认证标志、名优标志等质量标志，伪造产地，对商品质量作引人误解的虚假表示。

2. 公用企业限制竞争行为。公用企业或者其他具有独占地位的经营者，限定他人购买其指定的经营者的商品，以排挤其他经营者的公平竞争。

3. 滥用行政权力行为。政府及其所属部门滥用行政权力，限定他人购买其指定的经营者的商品，限制其他经营者的正当的经营活动，限制外地商品进入本地市场或者本地商品流向外地市场。

4. 商业贿赂行为。经营者采用财物或者其他手段进行贿赂以销售或者购买商品，在账外暗中给予对方单位或者个人回扣，对方单位或者个人在账外暗中收受回扣。

5. 虚假宣传行为。经营者利用广告或者其他方法，对商品的质量、制作成分、性能、用途、生产者、有效期限、产地等作引人误解的虚假宣传。广告的经营者在明知或者应知的情况下，代理、设计、制作、发布虚假广告。

6. 侵犯商业秘密的行为。主要表现有：(1) 以盗窃、利诱、胁迫或者其他不正当手段获取权利人的商业秘密；(2) 披露、使用或者允许他人使用以前项手段获取的权利人的商业秘密；(3) 违反约定或者违反权利人有关保守商业秘密的要求，披露、使用或者允许他人使用其所掌握的商业秘密；(4) 第三人明知或应知前述所列违法行为，获取、使用或者披露他人的商业秘密。所谓商业秘密是指不为公众所知悉、能为权利人带来经济利益、具有实用性并经权利人采取保密措施的技术信息和经营信息。

7. 低于成本价格销售商品的行为。经营者以排挤竞争对手为目的，以低于成本的价格销售商品。但有下列情形之一的，不属于不正当竞争：(1) 销售鲜活商品；(2) 处理有效期限即将到期的商品或者其他积压的商品；(3) 季节性降价；(4) 因清偿债务、转产、歇业降价销售商品。

8. 搭售商品或者附加其他不合理条件销售产品的行为。

9. 不正当有奖销售行为。包括有：(1) 采用谎称有奖或者故意让内定人员中奖的欺骗方式进行有奖销售；(2) 利用有奖销售的手段推销质次价高的商品；

(3) 抽奖式的有奖销售,最高奖的金额超过人民币5000元。

10. 诋毁竞争对手商业信誉、商品声誉的行为。

11. 串通招标、投标行为。对此,1999年通过的《中华人民共和国招标投标法》有具体规定。

(三) 违反反不正当竞争法的法律责任

《反不正当竞争法》规定,经营者违反法律规定,实施不正当竞争行为,给被侵害的经营者造成损害的,应当承担损害赔偿责任。被侵害的经营者的损失难以计算的,赔偿额为侵权人在侵权期间因侵权所获得的利润;并应当承担被侵害的经营者因调查该经营者侵害其合法权益的不正当竞争行为所支付的合理费用。另外,实施不正当竞争行为的经营者还应向被侵害的经营者承担消除影响、恢复名誉的法律责任。

《反不正当竞争法》根据各种不正当竞争行为的违法性质和危害程度,规定了多种行政处罚措施,主要有责令停止违法行为、没收违法所得、罚款和吊销营业执照。对政府及其所属部门限制竞争行为情节严重者,由同级或上级机关对直接责任人员给予行政处分。

经营者实施不正当竞争行为,销售伪劣商品或进行商业贿赂,情节严重,构成犯罪的,应依法追究经营者及责任人的刑事责任。

二、消费者权益保护法

1993年通过的《中华人民共和国消费者权益保护法》(简称《消费者权益保护法》),是我国保护消费者权益的主要法律文件。

(一) 消费者权益保护法概念

消费者权益保护法是调整消费者在购买、使用商品或接受服务过程中与经营者在提供其生产、销售的产品或者提供服务中发生的经济关系的法律规范的总称。《消费者权益保护法》规定,在交易过程中应当遵循自愿、平等、公平和诚实信用的原则。

(二) 消费者权利

《消费者权益保护法》规定,消费者的权利有:

(1) 人身与财产安全权;(2) 商品和服务真实情况知悉权;(3) 选择商品和服务自主权;(4) 公平交易权;(5) 损害求偿权。(6) 为维护自身合法权益的结社权;(7) 获得有关知识权;(8) 人格尊严、民族风俗习惯受尊重权;(9) 对经营者的监督权。

(三) 法律责任

《消费者权益保护法》规定了违法责任。经营者提供商品不符合国家规定或与消费者的约定,造成消费者财产损害或人身伤残、死亡或侵害消费者人格尊严、侵犯消费者人身自由的，应当赔偿损失、停止侵害、恢复名誉、消除影响、赔礼道歉。经营者提供商品或服务有欺诈行为，应当按照消费者的要求增加赔偿其受到的损失，增加赔偿的金额为消费者购买商品的价款或接受服务的费用的一倍。消费者在购买、使用商品时，其合法权益受到损害的，向销售者要求赔偿，销售者赔偿后，有权向有责任的生产者或其他销售者追偿。消费者或其他受害人因商品缺陷造成人身、财产损害的，销售者与生产者承担连带赔偿责任。消费者在接受服务时，其合法权益受到损害的，向服务者要求赔偿。

经营者提供商品或者服务，造成消费者或其他受害人人身伤害、残疾或者死亡，构成犯罪的，依法追究刑事责任。

（四）争议解决途径

《消费者权益保护法》规定，消费者和经营者发生消费者权益争议的，可以通过下列途径解决：(1) 与经营者协商和解；(2) 请求消费者协会调解；(3) 向有关行政部门申诉；(4) 根据与经营者达成的仲裁协议提请仲裁机构仲裁；(5) 向人民法院提起诉讼。

第四节 税 法

一、税收和税法的概念

税收是国家财政的主要来源，是国家为实现其职能，依法对经济组织和个人无偿征收货币或实物的经济活动。税收具有强制性、无偿性和固定性等特征。

我国税收，按征税对象可以分为五类，即：(1) 流转税，是指对商品和劳务的流转额所征收的税，包括增值税、消费税、营业税、关税。(2) 所得税，是指对纳税人在一定时期的所得额所征收的各种税的总称，包括企业所得税、个人所得税。(3) 财产税，是指以财产的价值额为纳税对象的税，包括房产税、车船税等。(4) 资源税，是指对我国境内资源的开发所形成的级差收入征收的税，包括耕地占用税、土地使用税等。(5) 特定行为税，是指对特定行为所征收的税，包括固定资产投资方向调节税、屠宰税、遗产和赠与税、印花税、证券交易税等。

税法是调整国家与纳税人之间在征纳税过程中和国家进行税收管理过程中形成的经济关系的法律规范的总称。根据税法调整的具体的经济关系的不同，可以把税法分为税收征收法和税收管理法。

二、税收征收法

1980 年通过实施，1993 年、1999 年和 2005 年先后修正《中华人民共和国个人所得税法》（简称《个人所得税法》），1991 年通过的《中华人民共和国外商投资企业和外国企业所得税法》(简称《外企所得税法》)和1992年国务院发布的《进出口关税条例》及1993年发布的《增值税暂行条例》、《消费税暂行条例》、《营业税暂行条例》、《企业所得税暂行条例》、《土地增值税暂行条例》、《资源税暂行条例》以及1997年发布的《契税暂行条例》(以上均简称《条例》)是规范税收征收的主要法律和行政法规。

(一) 流转税法

1. 增值税法

增值税是以商品生产和劳务的各个环节的增值因素为征收对象的一种流转税。增值额是指纳税人在一定时期内销售产品或提供劳务所得收入超过其购进商品或劳务时所支出的差额部分。增值税有效地避免了重复征税。《增值税暂行条例》规定,增值税基本税率为17%,对销售或进口国务院规定的特定货物实行13%的低税率,对出口商品实行零税率。

增值税的纳税主体,是在我国境内销售货物或提供加工、修理修配劳务以及进口货物的单位和个人。增值税纳税人分为一般纳税人和小规模纳税人。小规模纳税人是指年应税销售额小于规定额度并且会计核算不健全的纳税人。一般纳税人是指实行根据增值税专用发票上注明的税款抵扣制度的纳税人,即以商品销售额为计税依据,同时允许从税额中扣除上一道环节已经缴纳的税款。因此,纳税人在纳税期间的应纳税额为当期销项税额抵扣当期进项税额后的余额。小规模纳税人,实行简易办法计算应纳税额,其增值税应纳税款为销售额的6%。

2. 消费税法

消费税是指对特定消费品和消费行为征收的一种流转税。消费税只对一部分消费品和消费行为征税。征收范围的选择,体现了国家的产业政策和消费导向,以有利于国民经济的健康发展为目的。同时消费税只在消费品生产、流通或消费的某一环节征收,有利于加强税收管理和维护纳税人的权益。

3. 营业税法

营业税是指对经营《营业税暂行条例》所规定的应税劳务、转让无形资产或者销售不动产的营业额征收的一种流转税。营业税征收范围较广,税率税目主要按行业设置,税负较低,并且比较均衡。《条例》规定,营业税除了对娱乐业实行5%~20%幅度比例税率外,只设置了3%~5%的两档税率,计税依据为营业额。

营业税的纳税主体包括在我国境内提供应税劳务、转让无形资产或者销售不动产的单位和个人。征收营业税的行业主要包括交通运输业、建筑业、金融保险业、邮电通信业、文化体育业、娱乐业、服务业以及转让无形资产、销售不动产等。

4. 关税法

关税是海关依照关税法律规定对进出关境的货物、物品征收的一种流转税。

凡是我国允许进出口的货物、物品,在进出关境时,除国家另有规定外,都应依法征收进口关税和出口关税。

（二）所得税法

1. 企业所得税法

中国企业所得税,是指对中国境内的企业(除外商投资企业和外国企业外),就其来源于境内外的生产、经营所得和其他所得征收的税。《条例》规定,纳税人应纳税额,按应纳税所得额计算,税率为33%。

外商投资企业和外国企业所得税,一是指对在中国境内的外商投资企业就来源于中国境内外的生产经营所得和其他所得,二是对在中国境内的外国企业就来源于中国境内的生产经营所得和其他所得征收的一种税。

《外企所得税法》规定,外商投资企业的所得和外国企业在我国境内设立的从事生产、经营的机构、场所的所得,按应纳税所得额计算,税率为30%。地方所得税,也按应纳税所得额计算,税率为3%。

2. 个人所得税法

个人所得税是对个人的所得征收的税。《个人所得税法》规定,个人所得税的纳税人为在中国境内有住所或者无住所而在境内居住满1年并从中国境内和境外取得所得的个人。在中国境内无住所又不居住或者无住所而在境内居住不满1年的个人,从中国境内取得所得的,也为个人所得税的纳税人。

《个人所得税法》规定,个人所得税的征税范围是:(1)工资、薪金所得;(2)个体工商户的生产、经营所得;(3)对企事业单位的承包经营、承租经营所得;(4)劳务报酬所得;(5)稿酬所得;(6)特许权使用费所得;(7)利息、股息、红利所得;(8)财产租赁所得;(9)财产转让所得;(10)偶然所得;(11)经国务院财政部门确定征税的其他所得。

同时规定,个人所得税以支付所得的单位或者个人为扣缴义务人。在两处以上取得工资、薪金所得和没有扣缴义务人的,纳税人应自行申报纳税。工资薪金所得应纳税款,按月计征,个体工商户的生产、经营所得应纳税款和对企事业单位的承包、租赁经营所得应纳税款,按年计算。

三、税收征收管理法

税收征收管理,是指税务机关依据有关税法的规定,进行的税务登记,账簿、凭证管理,税款征收,税务检查等活动。税收征收管理法是指国家对税收征收活动进行组织、监督、检查的法律规范的总称。

1992年制定,并于1995年和2001年修正的《中华人民共和国税收征收管理法》(简称《税收征管法》),以及1993年国务院发布后又于2002年重新发布的《税收征收管理法实施细则》,是税收征管方面的主要规范性文件。

《税收征管法》对于下述问题作出了规定。

（一）税务管理

从事生产、经营的纳税人，应按税法规定向税务机关申请办理税务登记、变更或注销登记。从事生产经营的纳税人、扣缴义务人应按照国务院财政、税务主管部门的规定设置账簿，并按规定期限保管账簿、记账凭证和有关资料。从事生产、经营的纳税人的财务、会计制度或者财务、会计处理办法，应当报送税务机关备案。增值税专用发票由国务院税务主管部门指定的企业印制。

纳税人必须在法律、法规或者税务机关依法确定的申报期限内办理纳税申报，报送纳税申报表、财务会计报表及税务机关根据实际需要报送的其他纳税资料。

（二）税款征收

税务机关和税务人员依照法律、法规征收税款，不得违反法律法规的规定开征、停征、多征或者减免、退补税款，不得索贿受贿、徇私舞弊、玩忽职守、不征或者少征税款；不得滥用职权多征税款或者故意刁难纳税人和扣缴义务人。纳税义务人和扣缴义务人按照法律、法规或税务机关依法确定的期限，缴纳或解缴税款。纳税人或扣缴义务人未在规定期限缴纳或解缴税款的，税务机关除责令限期缴纳外，从滞纳税款之日起，按日加收滞纳税款万分之五的滞纳金。

（三）税务检查

税务机关有权检查纳税人的账簿、记账凭证、报表和有关资料，有权到纳税人的生产、经营场所和货物存放地检查纳税人应纳税商品、货物或其他财产。纳税人、扣缴义务人必须接受税务机关依法进行的税务检查，如实反映情况，提供有关资料，不得拒绝和隐瞒。

（四）纳税人、扣缴义务人的法律责任

1．违反税务管理制度的法律责任。违反税收征收管理法律法规，未按期申报办理税务登记、变更和注销登记的；未按规定设置和保管账簿或保管记账凭证和有关资料的；未按规定将财务、会计制度或财务、会计处理办法和会计核算软件报送税务机关备查的，未按照规定将其全部银行账号向税务机关报告的；未按照规定安装、使用税控装置，或者损毁或者擅自改动税控装置的，纳税人不办理税务登记的，由税务机关责令限期改正，逾期不改正的，经税务机关提请，由工商管理行政机关吊销其营业执照。纳税人未按规定使用税务登记证件，或者转借、涂改、损毁、买卖、伪造税务登记证件的，处2000元以上10000元以下罚款；情节严重的，可处以10000元以上50000元以下的罚款。

同时还规定了扣缴义务人的相关责任。

2．违反税款征收制度的法律责任。违反税款征收制度的行为主要有欠税、偷税、抗税和骗取出口退税等。

对欠税、偷税、抗税和骗取出口退税等违法行为，视不同情节，由税务机关追缴应纳税款，按日加收滞纳金，并可处以应纳税款百分之五十以上五倍以下的罚款。对构成犯罪的，移送司法机关追究刑事责任。

第五节 劳动法和社会保障法律制度

一、劳动法的概念和基本原则

(一) 劳动法的概念

1994年通过的《中华人民共和国劳动法》(简称《劳动法》)和国务院发布的《国有企业职工待业保险规定》及《企业劳动争议处理条例》，是我国规范劳动关系的主要规范性文件。此外还有《矿山安全法》、《矿山安全法实施细则》、《工会法》、《国营企业劳动合同制暂行条例》、《女职工劳动保护规定》、《禁止使用童工规定》、《关于职工工作时间的规定》和《企业职工奖惩条例》等。

劳动法是指调整关于劳动关系以及由劳动关系产生的其他关系的法律规范的总称。劳动关系是指劳动者与用人单位之间所形成的社会关系；由劳动关系产生的其他关系是指实现劳动关系过程的前提和结果中的关系，以及在规范和保护劳动关系中发生的社会关系。用人单位是指在中国境内的企业和个体经济组织。

《劳动法》就我国社会主义劳动关系的基本原则、促进就业、劳动合同和集体合同、工作时间和休息休假、工资、劳动安全卫生、女职工和未成年工特殊保护、职业培训、社会保险和福利、劳动争议、监督检查、法律责任等一系列问题作出了规定。

(二) 我国劳动法的基本原则

1. 公民享有劳动权利、履行劳动义务的原则。

2. 按劳分配原则。

3. 男女平等原则。

4. 劳动者民主管理原则。

二、我国劳动者的权利和义务

(一) 劳动者的权利

《劳动法》规定劳动者的权利有：劳动者享有平等就业和选择职业、取得劳动报酬、休息休假、获得劳动安全卫生保护、接受职业技能培训、享受社会保险和福利、提请劳动争议处理的权利和法律、法规规定的其他劳动权利。

(二) 劳动者的义务

《劳动法》规定劳动者的义务有：完成劳动任务，提高职业技能，执行劳动安全卫生规程,遵守劳动纪律和职业道德。

三、劳动合同

(一) 劳动合同的订立

劳动合同是指劳动者与用人单位确立劳动关系,明确双方权利和义务的协议。《劳动法》规定,劳动合同应当以书面形式订立,并具备以下条款:(1) 劳动合同期限,分为有固定期限、无固定期限和以完成一定的工作为期限三种。劳动合同可以约定试用期,但是试用期最长不得超过 6 个月。(2) 工作内容。(3) 劳动和劳动条件。(4) 劳动报酬。(5) 劳动纪律。(6) 劳动合同终止的条件。(7) 违反劳动合同的责任。劳动合同除上述必备条款外,当事人可以协商约定其他内容。

《劳动法》规定,下列劳动合同无效:(1) 违反法律、行政法规的劳动合同;(2) 采取欺诈、威胁等手段订立的劳动合同。劳动合同的无效,由劳动争议仲裁委员会或者人民法院确认。

(二) 劳动合同的解除

《劳动法》规定,有下列情形之一的,用人单位可以解除劳动合同:(1) 在试用期间被证明不符合录用条件的;(2) 严重违反劳动纪律或者用人单位规章制度的;(3) 严重失职,营私舞弊,对用人单位利益造成重大损失的;(4) 被依法追究刑事责任的。

有下列三种情形之一的,劳动者虽然没有过错,用人单位可以解除劳动合同,但应当提前 30 日以书面形式通知劳动者本人,并依照国家有关规定给予经济补偿:(1) 劳动者患病或非因工负伤,医疗期满后,不能从事原工作也不能从事用人单位另行安排工作的;(2) 劳动者不能胜任工作,经培训或调整工作岗位,仍不能胜任工作的;(3) 劳动合同订立时所依据的客观情况产生重大变化,致使原劳动合同无法履行,经当事人协商不能就变更劳动合同达成协议的。

但是,《劳动法》还规定,如果劳动者患职业病或因工伤并被确认丧失或部分丧失劳动能力的;患病或负伤,在规定的医疗期内的;女职工在孕期、产期、哺乳期;以及法律、法规规定的其他情形,用人单位不得解除合同。

劳动者解除劳动合同,应当提前 30 日以书面形式通知用人单位。但是,有下列情形之一的,劳动者可以随时通知用人单位解除劳动合同:(1) 在试用期内的;(2) 用人单位以暴力、威胁或者非法限制人身自由的手段强迫劳动的;(3) 用人单位未按照劳动合同约定支付劳动报酬或者提供劳动条件的。

(三) 集体合同

企业职工一方与企业可以就劳动报酬、工作时间、休息休假、劳动安全卫生、保险福利等事项,签订集体合同。集体合同草案应当提交职工代表大会或者全体职工讨论通过。集体合同由工会代表职工与企业签订;没有建立工会的企业,由职工推举的代表与企业签订。依法签订的集体合同对企业和企业全体职工具有约束力。

四、劳动保护

劳动保护是指国家为改善劳动条件,保护劳动者在生产经营过程中的安全和健康而实行的制度。它主要包括:

1. 劳动安全卫生制度。用人单位必须建立、健全安全生产责任制、安全生产教育、安全生产检查、劳动安全监察、伤亡事故报告和处理等劳动安全卫生制度,严格执行国家劳动安全卫生规程和标准。对劳动者进行劳动安全卫生教育,防止劳动过程中的事故,减少职业危害。

2. 女职工和未成年工特殊保护制度。禁止安排女职工从事矿山井下、国家规定的第四级体力劳动强度的劳动和其他禁忌从事的劳动。女职工在经期、怀孕期间、哺乳期间,不得安排其从事国家规定的第三级体力劳动强度的劳动及其他禁忌的劳动。对未成年工(指年满16周岁未满18周岁的劳动者),不得安排从事矿山井下、有毒有害、国家规定的第四级体力劳动强度的劳动和其他禁忌的劳动。用人单位应当对未成年工定期进行健康检查。

五、劳动争议的处理

(一) 劳动争议概念与种类

劳动争议,是指用人单位与劳动者关于劳动权利和义务的纠纷。

按劳动争议的主体,分为个人劳动争议和集体劳动争议两类。按劳动争议的起因,分为如下种类:(1) 因企业开除、除名、辞退职工和职工辞职、自动离职发生的争议;(2) 因执行国家有关工资、保险、福利、培训、劳动保护的规定发生的争议;(3) 因履行劳动合同发生的争议;(4) 法律、法规规定应当处理的其他劳动争议。

(二) 劳动争议的处理原则和程序

《劳动法》规定,解决劳动争议,应当根据合法、公正、及时的原则处理,依法维护劳动争议当事人的合法权益。

对劳动争议,当事人可以向本单位劳动争议调解委员会申请调解;调解不成,当事人一方要求仲裁的,可以向劳动争议仲裁委员会申请仲裁。当事人一方也可以直接向劳动争议仲裁委员会申请仲裁;对仲裁裁决不服的,可以向人民法院提起诉讼。

(三) 集体合同争议的处理

因订立集体合同发生争议,当事人协商不成的,当地人民政府劳动行政部门可以组织有关各方协调处理。

因履行集体合同发生争议,当事人协商不成的,可以向劳动争议仲裁委员会申请仲裁;对仲裁裁决不服的,可以向人民法院提起诉讼。

六、社会保障法

社会保障法是指调整关于社会保险和社会福利关系的法律规范的总称。它主要是对年老、患病、残疾、待业等丧失劳动能力者给予物质帮助的各种措施,包括劳动保险、职工待业保险、职工生活困难补助以及农村中的"五保"等社会保险和对于社会成员福利的法律规定。

社会保障法部门的主要规范性法律文件有:1995 年公布,2002 年修正的《中华人民共和国保险法》、《国务院关于建立统一的企业职工基本养老保险制度的决定》、《国有企业职工待业保险规定》、《财产保险合同条例》、《保险公司章程》等。

社会保险是国家和用人单位按照法律规定或合同约定,对劳动者在暂时或永久丧失劳动能力及失业时,为保障其基本生活需要,给予物质帮助的一种社会保障制度。国家根据社会保险水平与社会经济发展水平和社会承受能力相适应的原则,建立社会保险制度,设立社会保险基金,发展社会保险事业。

社会保险基金按照保险类型确定资金来源,逐步实行社会统筹。用人单位和劳动者必须依法参加社会保险,缴纳社会保险费。国家鼓励用人单位根据本单位实际情况为劳动者建立补充保险;国家还提倡劳动者个人进行储蓄性保险。

我国《劳动法》中规定,劳动者在下列情形下,依法享受社会保险待遇:(1) 退休;(2) 患病、负伤;(3) 因工伤残或者患职业病; (4) 失业;(5) 生育。劳动者死亡后,其遗属依法享受遗属津贴。劳动者享受的社会保险待遇的条件和标准由法律、法规规定。劳动者享受的社会保险金必须按时足额支付。

第六节 环境法律制度

一、环境法的概念和分类

环境法是指调整保护人类生存环境和自然资源、防治污染和其他公害方面关系的法律的总称。环境法主要包括自然资源法和环境保护法。

人类生存环境的保护和自然资源的合理开发利用以及防治污染和其他公害,越来越成为摆在整个人类面前的极为迫切的重大问题。环境和资源问题,引起了我们党和国家的高度重视,全国人大在 20 世纪 90 年代初期设立环境与资源保护委员会(原为环境保护委员会),并且在立法方面也取得了很大成绩。

二、自然资源法

自然资源是指在一定的社会经济条件下，能够为人们所利用的天然因素的总称。它包括矿藏、水流、森林、山岭、草原、荒地、滩涂、野生动植物等资源。自然资源的范围极为广泛，按照不同的角度可以分为不同种类。按其属性不同，可以分为土地资源、水流资源、矿藏资源、生物资源和气候资源等；按其是否可以再生的性质，可分为可再生资源、不可再生资源及恒定性资源等。

自然资源法是指对各种自然资源的规划、开发、利用、治理和保护等方面关系调整的法律规范的总称。我国自然资源法的主要规范性文件有：《森林法》、《草原法》、《渔业法》、《节约能源管理暂行条例》、《矿产资源法》、《水法》、《煤炭法》、《土地管理法》。

（一）水法

1988 年通过 2002 年修订实施《中华人民共和国水法》（简称《水法》）。所谓水资源是指地表水和地下水。在我国领域内开发、利用、保护和管理水资源，防止水害，必须遵守《水法》。关于海水，另行规定。

《水法》对于水资源开发利用保护管理等的总的原则、开发利用、水、水域和水工程的保护、用水管理、防汛和抗洪及其法律责任都分章予以规定。

《水法》规定，开发利用水资源，应当首先满足城乡居民生活用水，统筹兼顾工业、农业用水和航运、环境的需要。其具体要求包括：对直接从地下或江河、湖泊取水的，除为家庭生活、禽畜饮用和其他少量取水外，必须经过批准获得取水许可证后按要求取水；使用供水工程供应的水，应按规定向供水单位缴纳水费；对城市中直接从地下取水的单位，征收水资源费；其他直接从地下或者江河、湖泊取水的，可由省级人民政府决定征收永资源费。

（二）土地管理法

1986 年通过《中华人民共和国土地管理法》（简称《土地管理法》，后经 1988 年、1998 年和 2004 年修正），国务院 1998 年颁布了《土地管理法实施条例》并于 1990 年颁布《城镇国有土地使用权出让和转让暂行条例》。

《土地管理法》对于土地管理的基本原则、土地的所有权、土地利用总体规划、耕地保护、建设用地、监督检查、法律责任都有专章规定。

《土地管理法》规定，我国实行土地的社会主义公有制，即全民所有制和劳动群众集体所有制。因此我国的土地所有权具有国家土地所有权和集体土地所有权两种形式。中华人民共和国是国家土地所有权的唯一主体，国家土地所有权由国务院代表国家行使。国家土地所有权的客体包括：（1）城市市区的土地；（2）农村和城市市区中依法没收、征用、征收和收归国有的土地；（3）国家未确定为集体所有的林地、草地、山岭、荒地、滩涂、河滩地以及其他土地。集体土地依法属于农民集体所有,由农村集体经济组织或者村民委员会管理。集体土地所有权的客体包括:(1) 农村和城市郊区属于国家所有以外的土地。(2) 宅基地和自留地、自留山。集体所有的土地,由县级人民政府登记造册,核发证书,确认所有权。

土地所有权受国家法律保护,任何单位和个人均不得侵占、买卖或者以其他形式非法转让土地。土地使用权可以依法转让。国家为公共利益的需要,可以依法对集体所有的土地实行征用。实行土地有偿使用制度,但是,国家在法律规定的范围内划拨国有土地使用权的除外。

国有土地可以依法确定给全民所有制单位或集体所有制单位使用,国有土地和集体所有的土地可以依法确定给个人使用。土地使用者负有保护土地的义务。国有土地使用者必须向县级以上人民政府土地管理部门提出登记申请,由县级以上地方人民政府登记造册,核发《国有土地使用证》,确认使用权。

城镇国有土地使用权依照法律的规定可以出让、转让、出租或者抵押。土地使用权的转让,是指国家以土地所有者的身份将土地使用权在一定年限内让予土地使用者,并由土地使用者向国家支付土地使用权出让金的行为。土地使用权的转让是指土地使用者将土地使用权再转让的行为。

(三) 森林法

1984 年通过、1998 年修正的《中华人民共和国森林法》(简称《森林法》),国务院 2004 年发布《森林法实施条例》,1988 年发布《森林防火条例》并于 1989 年发布《森林病虫害防治条例》,林业部 1986 年发布《森林法实施细则》并于 1987 年发布《森林砍伐更新管理办法》。

《森林法》对于森林保护管理和利用的基本原则、森林经营管理、森林保护、植树造林、森林采伐和法律责任都有专章规定。

《森林法》规定,森林资源所有权主要有国家所有和集体所有两种形式。全民所有制单位营造的林木归国家所有,由营造单位经营,并按国家规定支配林木效益。集体所有制单位营造的林木归集体所有。农村村民的房前屋后、自留地、自留山以及指定的其他地方种植的林木,归个人所有。城镇居民、职工在自有房屋的庭院内种植的林木归个人所有。同时规定,林地所有权归全民或集体所有,不归任何个人所有,但个人享有林地的使用权。全民所有和集体所有的森林、林木和林地,个人所有的林木和使用的林地,由县级以上地方人民政府登记造册,核发证书,确认所有权或使用权。

国家对森林实行限额采伐制度。国家根据用材林的消费量低于生长量的原则,严格控制森林年采伐量。采伐林木的单位和个人,除农村居民采伐自留地和房前屋后的零星林木外,必须申请采伐许可证,按采伐许可证规定的面积、株数、树种和期限进行采伐并完成更新造林任务。更新造林的面积和株数必须大于采伐的面积和株数。审核发放采伐许可证的部门,不得超过批准的年采伐限额发放采伐许可证。为防止滥砍乱伐,控制采伐限额,国家对从林区运出木材实行木材运输证制度。

为了加快国土绿化,提高森林覆盖率,《森林法》还规定,植树造林、保护森林,是公民应尽的义务,并将每年的3月12日定为全国统一的"植树节"。

(四) 矿产资源法

1986年通过《中华人民共和国矿产资源法》(简称《矿产资源法》,1996年修改),1994年国务院发布《矿产资源法实施细则》,1987年国务院发布《矿产资源勘查登记管理暂行办法》、《全民所有制矿山企业采矿登记管理暂行办法》和《矿产资源监督管理暂行办法》。

《矿产资源法》对于矿产资源的勘查、开发利用和保护的基本原则、矿产资源勘查的登记和开采的审批、矿产资源的勘查、矿产资源的开采、集体矿山企业和个体采矿以及法律责任都有专章规定。在我国领域及管辖海域勘查、开采矿产资源,必须遵守本法。《矿产资源法》规定,矿产资源包括地表以及地下的所有矿产资源。不论矿产资源所依附的土地归谁所有或者使用,矿产资源都属于国家所有。国家(由国务院代表)是我国矿产资源所有权的唯一主体。国家对矿产资源的勘查、开采实行许可证制度。勘查许可证制度是指勘查矿产资源,必须依法申请登记,领取勘查许可证,取得探矿权,方能对矿产资源进行勘查。开采许可制度是指开采矿产资源,必须依法申请登记,领取开采许可证,取得采矿权,方能进行矿产资源的开采。关于矿产资源的勘查、开采和管理等具体事项,国务院的有关行政法规作了规定。

(五) 草原法

1985年通过、2002年修改实施《中华人民共和国草原法》(简称《草原法》)。

《草原法》适用于我国境内的一切草原,包括草山、草地。《草原法》规定,我国草原的所有权属于全民所有,由法律规定属于集体的草原除外。全民所有的草原,可以固定给集体长期使用。全民所有、集体所有以及集体长期固定使用的草原,可以由集体或个人承包从事畜牧业生产。全民所有制单位使用的草原,由县级以上地方人民政府登记造册,核发证书,确认使用权。集体所有的草原和集体长期固定使用的草原,由县级人民政府登记造册,核发证书,确认所有权或者使用权。草原的所有权和使用权受法律保护,任何单位和个人不得侵犯。《草原法》还就因草原所有权和使用权而产生的争议等其他问题的解决作了规定。

(六) 渔业法

1986年通过2000年、2004年修改的《中华人民共和国渔业法》(简称《渔业法》),1987年国务院发布《渔业法实施细则》。《渔业法》就关于渔业方面重大关系的基本原则、养殖业、捕捞业、渔业资源的增殖和保护以及法律责任问题作了规定。

《渔业法》规定,国家鼓励全民所有制单位、集体所有制单位和个人充分利用适于养殖的水面、滩涂,发展养殖业。县级以上地方人民政府可以将规划用于养殖的全民所有的水面、滩涂,确定给全民所有制单位和集体所有制单位从事养殖生产,核发养殖使用证,确认使用权。全民所有制单位使用的水面、滩涂,集体所有的水面、滩涂和集体所有制单位使用的全民所有的水面、滩涂,可以由集体或者个人承包,从事养殖生产。但全民所有的水面、滩涂中的鱼、虾、蟹、贝、藻类自然产卵场、繁殖场以及重要的洄游通道必须予以保护,不得划作养殖场所。

《渔业法》规定,我国实行渔业捕捞许可制度。捕捞者必须依法申请取得捕捞许可证,才享有捕捞权。从事外海、远洋捕捞业,必须经国务院渔业行政主管部门批准;从事内水、近海捕捞业,必须向渔业行政主管部门申请领取捕捞许可证。海洋大型拖网、围网作业的捕捞许可证由国务院渔业行政主管部门批准发放;其他作业的捕捞许可证,由县级以上地方人民政府渔业行政主管部门批准发放。

三、环境保护法律制度

(一)环境保护法概述

环境保护法是指调整保护环境、防治污染和其他公害方面关系的法律规范的总称。主要包括对大气、水、噪声等的防治。

为保护和改善生活环境与生态环境,防治污染和其他社会公害,保障人体健康,促进社会主义现代化建设的发展,我国在1979年曾制定了试行的环境保护法,后于1989年通过《中华人民共和国环境保护法》(简称《环境保护法》)。

《环境保护法》所指环境,是指影响人类生存和发展的各种天然的和经过人工加工改造的自然因素的总称,包括大气、水、海洋、土地、矿藏、森林、草原、野生生物、自然遗迹、人文遗迹、自然保护区、风景保护区、城市和乡村等。该法适用于我国领域和我国管辖的其他海域。

在此前后,我国还制定了《海洋环境保护法》、《水污染防治法》、《大气污染防治法》、《水土保持法》、《固体废物污染防治法》、《野生动物保护法》、《环境噪声污染防治法》和《文物保护法》以及有关的实施细则等。

(二)我国环境保护法的基本制度

1. 环境影响评价制度。指在某地区进行可能影响环境的工程建设,在规划或其他活动之前,对其活动可能造成的周围地区环境影响进行调查、预测和评价,并提出防治环境污染和破坏的对策,以及制定相应方案。关于环境影响评价而规定的一套原则、程序、权利和义务以及管理措施等制度为环境影响评价制度。

2. 建设项目"三同时"制度。指对环境有影响的一切基本建设项目、技术改造项目和区域开发建设项目等,尤其是建设项目中的防治环境污染和其他公害的各项设施以及其他环境保护设施,必须与主体工程同时设计、同时施工和同时投产使用的制度。

3. 环境保护责任制度。指以环境法律规定为依据,把环境保护工作纳入计划,以责任制为核心,以签订合同的形式,规定企业在环境保护方面的具体权利和义务的法律责任制度。

4. 排污收费制度。指向环境排放污染物的单位和个体生产经营者,依法征收费用的制度。根据我国颁布的水、气、固体废物、噪声、放射性物质五大类污染物排放标准,排污费分为超标排污费和非超标排污费两种。

5. 限期治理制度。指对造成环境严重污染的企事业单位,人民政府决定限期治理,被限期治理的企事业单位必须如期完成的制度。

6. 排污申报登记和许可证制度。排污申报制度是指排污单位应就其所拥有的污染物排放设施、处理设施和在正常作业条件下排放的污染物的种类、数量和浓度,以及与防治此种污染有关的技术资料,向所在地环境保护行政主管部门申报,由该主管部门审查、登记的制度。排污许可证制度是指由主管环境保护的行政机关,以证书的形式,允许排污单位进行排污的制度。

7. 环境监测制度。指从环境保护和人体健康出发,环境监测机构运用化学、物理和生物等方法,间断或连续地对影响环境质量的某些代表值进行监视测定,以便对环境进行科学管理的制度。

8. 环境事故报告和强制应急措施制度。指对于重大的环境污染和破坏事故,法律规定事故责任单位在规定的时间内应向当地环境保护行政主管部门作出报告,环境保护行政主管部门必须立即向当地人民政府报告,并尽快采取措施,以消除污染或避免遭受更大危害和损失的制度。

此外,1982 年通过并实施的《文物保护法》和 1988 年通过和实施的《野生动物保护法》以及相应的实施条例等法律法规,都是非常重要的。

主要参考书目:

1. 杨紫烜:《经济法》,北京大学出版社 1999 年版。

2. 潘静成、刘文华:《经济法》,中国人民大学出版社 2005 年版。

3. 刘瑞复:《经济法原理》(第二版),北京大学出版社 2000 年版。

第六章　民法概述

第一节　民法的概念和调整对象

一、民法的概念

民法一词有着多种含义,对于民法的概念必须分别从实质意义与形式意义两个方面加以理解。形式意义上的民法就是指民法典。民法典是按照一定的体系结构将各项基本的民事法律制度加以系统编纂从而形成的规范性文件。我国目前尚无民法典,因此并不存在形式意义上的民法。为了在2010年建立社会主义市场经济的法律体系,我们必须尽快制定民法典,从而实现民事立法的体系化、系统化。

实质意义上的民法是指所有调整民事关系的法律规范的总称,它包括民法典及其他民事法律、法规。在我国,虽无民法典,但有一部作为民事基本法的《民法通则》,以及大量单行的民事法律和法规,因此,在我国不存在着形式意义上的民法,但实质意义上的民法是存在的。实质意义上的民法等同于广义的民法。在我国,广义的民法是指所有调整民事关系的成文法和不成文法。它是指所有调整平等主体之间的财产关系、人身关系的法律,包括民法总则、物权法、债和合同法、侵权行为法,知识产权法、婚姻法、继承法以及公司法、证券法、保险法、海商法、票据法、破产法等。狭义的民法仅指调整一定范围的平等主体之间财产关系和人身关系的法律,不包括属于传统商法内容的法律、法规。从《民法通则》第2条的规定来看,《民法通则》实际上是采纳了广义民法的概念。即凡是调整平等主体之间的财产关系和人身关系的法律、法规,都是我国民法的组成部分。

二、民法的调整对象

根据我国《民法通则》第2条的规定,我国民法调整平等主体之间的人身关系和财产关系。

所谓人身关系,是指没有直接的财产内容但有人身属性的社会关系。人身关系具有以下特点:

第一,非财产性。人身关系不能直接表现为一种财产利益。人身关系本身不以财产为客体,也不以财产为其内容,人身关系本质上不能用金钱加以度量、评价,人身关系受到侵害时也无法采取等价补偿的方式,而主要采用一种精神上的抚慰和对加害人的惩戒以及对加害行为的排除等方式。①

第二，专属性。人身关系中所体现的利益与人身是很难加以分离的，尽管有一些人身权的内容可以由权利主体转让，但是从总体上说，人身权作为一个整体性的权利是不能转让的，因此也不能抛弃或由他人继承，在民法上具有一定程度的专属性。

第三，人身关系中的人格关系还具有固有性。人格关系中的利益大多是民事主体必备的利益，例如生命健康等利益，它是民事主体与生俱来、终身享有的。否则，民事主体很难享有人格独立与自由，甚至难以作为主体存在。当然并非所有的身份关系都具有固有性。

所谓财产关系，是指人们在生产、分配、交换和消费过程中形成的具有经济内容的关系。我国民法只是调整一定范围的财产关系，即发生在平等的民事主体之间的财产关系。平等主体间的财产关系，包括财产所有关系和财产流转关系。财产所有关系是指因直接占有、使用、收益、处分财产而发生的社会关系。财产流转关系是指因财产的交换而发生的社会关系。这两类财产关系有着紧密的联系。财产所有关系往往是发生财产流转关系的前提条件，通常只有财产所有人才能对财产实施法律上的处分，与对方发生债的关系；财产流转关系通常又是实现财产所有关系的途径、形式和方法，即财产所有人通过债的关系取得或行使财产的所有权。

第二节 民法的基本原则

一、我国民法基本原则及其关系

在我国现行的民事立法上，承认了平等原则、意思自治原则、公平原则、诚实信用原则以及公序良俗原则、保护公民和法人合法权益原则和遵守国家法律和政策原则。

1. 平等原则

所谓平等原则，也称为法律地位平等原则，是民法的基础原则。我国《民法通则》第 3 条明文规定：当事人在民事活动中的地位平等。平等原则集中反映了民事法律关系的本质特征，是民事法律关系区别于其他法律关系的主要标志。

平等原则首先体现为一项民事立法和民事司法的准则：即立法者和裁判者对于民事主体应平等对待。在分配利益和负担的语境中可以有两种意义上的平等对待。一种是强式意义上的平等对待，它要求每一个人都被视为“同样的

① 杨立新：《人身权法论》，人民法院出版社 2002 年版，第 63 页。

人”,使每一个参与分配的人都能够在利益或负担方面分得平等的“份额”。另一种是弱式意义上的平等对待,它要求同样的情况同样对待,不同的情况不同对待。现代民法上的平等原则在侧重强式意义上的平等对待的同时,更加重视兼顾弱式意义上的平等对待。我国现行民事立法中规定的平等原则,即属于现代民法上的平等原则。既强调民事主体抽象的人格平等,因此《民法通则》第10条确认,自然人的民事权利能力一律平等;又注重弱式意义上的平等对待,在我国就有《消费者权益保护法》和《劳动法》,着重保护消费者和劳动者的利益。平等原则还体现为一项民事主体进行民事活动的行为准则,即要求民事主体之间应平等相待,也是民事法律关系区别于其他法律关系的显著特点。

2. 意思自治原则

意思自治原则,是指法律确认民事主体基于其意志自由地去进行民事活动的基本准则。它是民法中的一项重要的具有代表性的原则,是民法基本理念的体现。基于意思自治原则,法律制度赋予并且保障每个民事主体都具有在一定的范围内,通过民事行为,特别是合同行为来调整相互之间关系的可能性。我国《民法通则》第4条规定:民事活动应当遵循自愿原则。即是对于意思自治原则的确认。

意思自治原则是民法对冲突的利益关系据以作出价值判断的基本依据。在一般的意义上,民法保证了意思自治原则,就是保证了民法所追求的公平、正义的实现。

意思自治原则的核心是合同自由原则。但自由不能没有限制的,否则自由本身就不可能实现或不可能很好地实现。因为自由只能在为了保证自由实现的情况下才能加以限制。国家得以限制自由的充分且正当的理由就是国家利益和社会公共利益。我国实行社会主义市场经济,强调社会公平,注重社会公德,维护国家利益和社会公共利益,必须对合同的自由有诸多限制。当然这些限制,都服务于保护国家利益或社会公共利益的需要。

3. 公平原则

公平原则是社会主义正义的道德观在法律上的体现,对于弥补法律规定的不足和保证意思自治原则的实现,具有重要意义。我国《民法通则》第4条规定,民事活动应当遵循公平的原则。

公平原则包括两层含义:一是立法者和裁判者在民事立法和司法的过程中应维持民事主体之间的利益均衡;二是民事主体应依据社会公认的公平观念从事民事活动,以维持当事人之间的利益均衡。公平原则的第一层含义是公平原则的核心,它包括两个方面的内容:第一,民法上凡涉及民事主体利益关系安排的行为规范或裁判规范,应维持参与民事活动各方当事人之间的利益均衡。第二,一旦民事主体之间的利益关系非自愿地失去均衡时,应依据公平原则给予特定当事人调整利益关系的机会。在这种意义上,公平原则也是对意思自治原则的有益补充。公平原则的第二层含义主要是对在民事活动中处于优势地位的民事主体提出的要求。这种含义的公平原则主要适用于合同关系,属于当事人缔结合同关系,尤其是确定合同内容时,所应遵循的指导性原则。它具体化为合同法上的基本原则就是合同正义原则。合同正义系属平均正义,要求维系合同双方当事人之间的利益均衡。

4. 诚实信用原则

诚实信用,要求民事主体应忠诚、守信,做到谨慎维护民事关系对方的利益、满足对方的正当期待、给对方提供必要的信息等。民法上的诚实信用原则是最低限度的道德要求在法律上的体现。《民法通则》第 4 条规定:民事活动应当遵循诚实信用原则。

诚实信用原则作为一项原则,对当事人的民事活动起着指导作用,它确立了当事人以善意方式行使权利、履行义务的行为规则。如果当事人行使权利违背诚实信用原则的要求,即构成权利的滥用。诚实信用原则为不少民法规范提供了正当性依据,也是解释法律和民事行为的依据。此外,诚实信用原则尚有补充性功能。即诚实信用原则具有填补法律漏洞的功能。当人民法院在司法审判实践中遇到立法当时未预见的新情况、新问题时,可直接依据诚实信用原则行使公平裁量权,调整当事人之间的权利义务关系。因此,诚实信用原则意味着承认司法活动的创造性与能动性。法官在适用诚实信用原则进行填补漏洞时,应当参考与本案类似的案例,借鉴民法学说中认为对判断本案具有重要意义的指导性观点。

5. 公序良俗原则

公序良俗原则是现代民法一项重要的法律原则,是指一切民事活动应当遵守公共秩序及善良风俗。我国《民法通则》第 7 条规定:民事活动应当尊重社会公德,不得损害社会公共利益,破坏国家经济计划,扰乱社会经济秩序。

公序良俗原则中的公序,一般应当限定为经由法律、法规的强行性规定,尤其是禁止性规定建构的秩序。这里所谓"法律、法规"不限于民事法律和民事法规,一切法律和法规中的禁止性规范都可以通过公序原则在民法中发挥作用。在这种意义上,公序原则属于民法中的引致规范。

良俗,即善良风俗,学界一般认为系指为社会、国家的存在和发展所必要的一般道德,是特定社会所尊重的起码的伦理要求。不难看出,善良风俗是以道德要求为核心的。但善良风俗原则与诚实信用原则不同。善良风俗原则并不强制民事主体在民事活动中积极地实现特定的道德要求,而它是消极地设定了民事主体进行民事活动不得逾越的道德底线。诚实信用原则则强制民事主体在民事活动中积极地实现特定的道德要求,它设定了民事主体进行民事活动必须达到的道德标准。

公序良俗原则属于一般条款,与诚实信用原则一样,需要借助特定国家和地区的民事立法,尤其是特定国家和地区的民事司法予以具体化。与诚实信用原则相仿,公序良俗原则具有填补法律漏洞的功效。这是因为公序良俗原则包含了法官自由裁量的因素,具有极大的灵活性,因而能处理现代市场经济中发生的各种新问题,在确保国家一般利益、社会道德秩序,以及协调各种利益冲突、保护弱者、维护社会正义等方面发挥极为重要的机能。

6. 保护公民、法人合法民事权益原则

《民法通则》第5条规定:"公民、法人的合法的民事权益受法律保护,任何组织和个人不得侵犯。"保护公民和法人等民事主体的合法权益,是我国国家性质决定的,因而是我国各个法律部门的共同任务。但民法所调整的对象决定了它比其他法律部门负有更重要的使命,把保护公民、法人的合法权益作为民法的一项重要原则和民法立法的目的,是十分必要的。

公民、法人所享有的民事权益,是他按照民法规定所享有的一切权利和利益,如财产所有权、经营权、债权、知识产权和人身权等等。对这些民事权利不允许任何组织和个人非法侵犯。并在"民事责任"一章中,对侵犯公民和法人上述财产权利,规定了各种民事制裁方式,以保护公民、法人的合法民事权益。

7. 遵守国家法律和政策原则

《民法通则》第6条规定:"民事活动必须遵守法律,法律没有规定的,应当遵守国家政策。"《民法通则》中虽然规定了公民、法人在进行民事活动中,遵循自愿原则,但并非是当事人在进行民事活动中,可以为所欲为,而必须受到法律的约束和限制。这里所指的法律,不仅是指《民法通则》和其他单行的民事法律和法规,也包括其他规范性文件中的民事规范,这些都是进行民事活动中应当遵守的法律。故这里所指应当遵守的法律应从广义上来理解。

国家政策是制定法律的依据,法律是国家政策的定型化、规范化,当法律尚无明确规定时,政策就起到法律的作用。公民和法人的一切民事活动必须遵守国家的政策,以适应社会发展的需求。

第三节　民事法律关系

一、民事法律关系的概念和要素

在社会生活中,人与人之间必然发生各种类型的社会关系。民事法律关系,即民法规定的人与人之间的关系,是民法的基本概念。民法学在一定意义上就是民事法律关系之学,以研究民事法律关系的各项要素以及民事法律关系的变动为主要内容。

民事法律关系的要素是指构成民事法律关系的必要因素。任何民事法律关系都由几项要素构成,要素发生变化,具体的民事法律关系就随之变更。民事法律关系包括主体、内容和客体三个要素。

民事法律关系的主体,简称民事主体,是指参加民事法律关系的人。在我国,民事主体包括自然人、法人、其他组织和国家等。近代以来,自然人成为民事主体,通常认为除了其作为自然人外,不需要任何额外的条件。但社会组织要成为民事主体,必须由法律赋予其主体资格。

民事法律关系的内容,主要包括民事主体所享有的权利和必须履行的义务。其中民事权利和民事义务是民事法律关系的核心要素。

民事权利,是经由民法规范确认的民事主体或者可以保障自己的利益,或者可以获得法律上的利益。民事义务,是基于民事法律的规定或者当事人的意志产生,通常是要求民事主体为一定行为或不为一定行为,目的是为了满足相对人权利的实现。在绝对法律关系中,民事义务通常表现为不为一定行为,以免侵扰相对人的自由。在相对法律关系,尤其是债的关系中,民事义务的类型比较复杂。

民事法律关系的客体是指民事权利和民事义务所指向的对象。民事权利和民事义务如果没有具体的对象,就将成为无法落实、毫无意义的关系。民事法律关系的客体主要有五类,即物、行为、智力成果、人身利益和权利。其中,物主要是物权法律关系的客体,例如所有权、用益物权法律关系的客体一般仅限于物;担保物权法律关系的客体一般也是物,但不限于物,还包括权利,如国有土地使用权抵押、权利质押等。债权法律关系的客体是行为;人身权法律关系的客体是人身利益;知识产权法律关系的客体是智力成果以及商业标志等。

二、民事法律事实

民事法律事实,是民法的基本概念,指民法认可的能够引起民事法律关系产生、变更和消灭的客观现象。根据是否与当事人的意志有关,法律事实可以分为事件和行为两大类。

事件,是指与当事人的意志无关,能够引起民事法律后果的客观现象。例如,人的死亡使继承人取得继承遗产的权利,物的灭失引起所有权关系的消灭,他人的行为使当事人享有不当得利返还请求权,国家的征收使当事人丧失财产所有权等。

行为,是指当事人的有意识的活动。行为可分为表示行为和非表示行为。表示行为包括民事行为和准民事行为;非表示行为是指事实行为:

(1) 民事行为,是指行为人基于其意志确立、变更、终止民事权利义务关系的行为。民事行为是实现行为人自由意志的活动,是最主要的民事法律事实。

(2) 准民事行为,是指行为人实施的有助于确定民事法律关系相关事实因素的意愿表达或事实通知行为。此类行为并非民事行为,没有包含行为人对于民事主体间利益关系安排的设想,不以直接引起民事法律关系的变动为目标,但可以准用民事行为的相关规则。属于准民事行为的主要有与请求权或法律关系有关的催告、通知等。这些催告、通知是行为人有意为之,并借助这些催告和通知间接推动民事法律关系的变动或为民事法律关系的变动创造条件。其在一定范围内和民事行为的意思表示是相似的,以作出具体的判断。

(3) 事实行为,是指行为人实施的一定行为,一旦符合了法律的构成要件,不管当事人主观上是否有确立、变更或消灭某一民事法律关系的意思,都会由于法律的规定而引起一定的民事法律效果的行为。事实行为有合法的,也有不合法的。从事智力创造活动,拾得遗失物、漂流物等属于合法的事实行为;侵害国家、集体的财产或他人的人身、财产则是不合法的事实行为。

民事法律关系的产生、变更和消灭,有时只以一个法律事实为根据,有时需要以两个或两个以上的法律事实的相互结合为根据。例如,遗嘱继承法律关系中,继承人继承遗产就需要立遗嘱的单方民事行为和遗嘱人死亡的事件这两个法律事实才能够发生。这种引起民事法律关系的产生、变更或消灭的两个以上的事实的总和,叫做民事法律关系的事实构成。要求事实的构成的民事法律关系,只有在事实构成具备的情况下,才能引起民事法律关系的产生、变更和消灭。

第四节 公民(自然人)

自然人与“法人”相对。是指基于自然规律而产生的人,与“公民”通用。自然人强调的是人的自然属性,公民强调的是人的社会属性。

一、公民民事权利能力

(一) 公民民事权利能力的概念和特征

公民的民事权利能力,是指法律赋予公民享有民事权利、承担民事义务的资格。它是公民参加民事法律关系,取得民事权利、承担民事义务的法律依据,也是公民享有民事主体资格的标志。

公民的民事权利能力具有以下特征:

1. 普遍性与平等性

由于民事权利能力是公民从事民事活动的前提条件,而从事民事活动又是公民生存发展的基本前提,所以,民事权利能力就是公民的生存资格。现代文明社会以保存人的生存资格为第一要义,普遍地、无区别地赋予所有公民以民事权利能力是法律的一项不可动摇的基本原则。民法上的平等原则,首先是指民事主体权利能力的平等。

2. 不可转让性

民事权利能力是公民生存和发展的必要条件,转让民事权利能力,无异于抛弃自己的生存权。因此,民事权利能力是不可转让的,当事人自愿转让、抛弃的,法律不承认其效力。

(二)公民民事权利能力的开始

《民法通则》第9条规定:“公民从出生时起到死亡时止,具有民事权利能力,依法享有民事权利,承担民事义务。”可见,公民的民事权利能力始于出生。

(三)公民民事权利能力的终止

公民的民事权利能力终于死亡。民法上讲的死亡,包括生理死亡和宣告死亡。

公民的死亡关系到民事主体是否存在、原权利义务关系是否变更以及继承的法律关系是否发生等重要问题。因此,妥当认定公民死亡时间具有重要意义。

二、公民的民事行为能力

(一)公民民事行为能力的概念和类型

公民的民事行为能力,是指公民能够独立通过意思表示,进行民事行为的能力。民法设公民的民事行为能力制度,意在保护未成年人和神志不健全人的利益。

《民法通则》根据我国公民的具体情况,按照年龄阶段的不同和理智是否正常,将公民的民事行为能力划分为:完全民事行为能力、限制民事行为能力和无民事行为能力三种。

1. 完全民事行为能力

完全民事行为能力,是指公民具有的通过自己独立的意思表示进行民事行为的能力。

我国《民法通则》第11条第1款规定:“十八周岁以上的公民是成年人,具有完全民事行为能力,可以独立进行民事活动,是完全民事行为能力人。”《民法通则》第11条第2款规定:“十六周岁以上不满十八周岁的公民,以自己的劳动收入为主要生活来源的,视为完全民事行为能力人。”依据《民法通则》司法解释第2条的规定,所谓“以自己的劳动收入为主要生活来源”,是指十六周岁以上不满十八周岁的公民,能够以自己的劳动取得收入,并能维持当地群众一般生活水平。

2. 限制民事行为能力

限制民事行为能力,是指公民独立通过意思表示进行民事行为的能力受到一定的限制。我国《民法通则》第12条第1款规定:“十周岁以上的未成年人是限制民事行为能力人。”《民法通则》第13条第2款规定:“不能完全辨认自己行为的精神病人是限制民事行为能力人。”精神病人(包括痴呆症人)对于比较复杂的事物或者比较重大的行为缺乏判断能力和自我保护能力,并且不能预见其行为后果的,可以认定为不能完全辨认自己行为的人。

依据《民法通则》第12条第1款以及第13条第2款的规定,限制行为能力人可以为与其年龄、智力、精神健康状况相适应的民事行为。其他的民事行为由他的法定代理人代理,或者征得他的法定代理人的同意。

3. 无民事行为能力

无民事行为能力,是指公民不具有以自己独立的意思表示进行民事行为的能力。《民法通则》第12条第2款规定:“不满十周岁的未成年人是无民事行为能力人。”第13条第1款规定:“不能辨认自己行为的精神病人是无民事行为能力人。”精神病人(包括痴呆症人)如果没有判断能力和自我保护能力,不知其行为后果的,可以认定为不能辨认自己行为的人。成年人以及十周岁以上的未成年人,属于完全不能辨认自己行为的精神病人的,都得依据第13条第1款的规定被宣告为无民事行为能力人。

依据《民法通则》第12条第2款以及第13条第1款的规定,无民事行为能力人由他的法定代理人代理进行民事行为。

(二)公民无民事行为能力和限制民事行为能力的宣告

我国立法对精神病人的无民事行为能力和限制民事行为能力采取宣告制度。《民法通则》第19条规定:“精神病人的利害关系人,可以向人民法院申请宣告精神病人为无民事行为能力人或者限制民事行为能力人。”宣告公民为无民事行为能力人或者限制民事行为能力人,必须具备以下要件:(1)公民须为精神病人(包括痴呆人)。依据《民法通则》司法解释第7条的规定,判断当事人是否患有精神病,人民法院应当根据司法精神病学鉴定或者参照医院的诊断、鉴定确认。在不具备诊断、鉴定条件的情况下,也可以参照群众公认的当事人的精神状态认定,但应以利害关系人没有异议为限。(2)须经其利害关系人申请。利害关系人包括近亲属以及其他利害关系人。没有其近亲属或其他利害关系人申请,人民法院不得主动进行宣告。这里所说的近亲属,主要是指精神病人的配偶、父母、成年子女以及其他亲属等。人民法院经审理认定申请有事实根据的,依据我国《民事诉讼法》第172条第2款的规定,判决该公民为无民事行为能力人或限制民事行为能力人。但认定申请没有事实根据的,应当判决予以驳回。

宣告精神病人为无民事行为能力人或限制行为能力人,意在保护精神病人的合法权益,并维护正常的交易秩序。成年的精神病人,未被宣告为无民事行为能力或限制民事行为能力人的,一旦在诉讼中,当事人的利害关系人提出该当事人患有精神病,要求宣告该当事人无民事行为能力或限制民事行为能力的,依据最高人民法院《关于贯彻执行〈中华人民共和国民事诉讼法〉若干问题的意见》第193的规定,应由利害关系人向人民法院提出申请,由受诉人民法院按照特别程序立案审理,原诉讼中止。当事人的利害关系人在诉讼中提出该当事人患有精神病的,应承担相应的举证责任。

公民被宣告为无民事行为能力人或限制民事行为能力人,其行为能力只是处于一时的中止或受限制的状态,所以,当他们智力障碍排除,具有辨认事物的能力时,依据《民事诉讼法》第173条的规定,人民法院应当根据其本人或者其监护人的申请,由人民法院作出新判决,撤销原判决,认定其为限制民事行为能力人或完全民事行为能力人。

(三)公民民事行为能力的终止

公民民事行为能力的终止,是指其民事行为能力的消灭。公民具有民事行为能力,须以民事权利能力为前提和条件。公民失去权利能力,其民事行为能力随之终止。所以公民自生理死亡时起,权利能力和行为能力同时归于消灭。公民在一定期间内因处于精神病状态丧失意思能力,只能认为其民事行为能力中止。

三、公民的侵权责任能力

公民的侵权责任能力,即公民对自己的侵权行为承担民事责任的能力。就侵权损害赔偿责任而言,《民法通则》第133条就公民的责任能力采如下判断标准:公民致他人损害,即使该公民为无民事行为能力人或限制民事行为能力人,只要有财产的,即有责任能力,应承担责任;无财产的,即无责任能力,由监护人承担责任,监护人尽了监护职责的,可以适当减轻其责任。可见,就侵权损害赔偿责任而言,完全民事行为能力人固然有责任能力,无完全民事行为能力人也有责任能力。

四、监护

监护是指对未成年人和精神病人的人身、财产及其他合法权益进行监督和保护的一种民事法律制度。履行监督和保护职责的人,称为监护人;被监督、保护的人,称为被监护人。我国现行民事立法不区分亲权和监护,且依据监护对象的不同,把监护分为未成年人监护及精神病人监护两种。

监护人可以是一人,也可以是数人,但应当是具有监护能力的人,根据《民法通则》司法解释第11条,认定监护人的监护能力,应当根据监护人的身体健康状况、经济条件,以及与被监护人在生活上的联系状况等因素确定。

根据《民法通则》的规定,我国监护人的设定方式有:法定监护,指监护人是由法律直接规定而设置的监护。根据《民法通则》第 16 条的规定，未成年人的父母是未成年人的监护人。未成年人的父母已经死亡或者没有监护能力的，应由下列有监护能力的人担任监护人：(1) 祖父母、外祖父母；(2) 兄、姐；(3) 与未成年人关系密切的、愿意承担监护责任，又经未成年人父、母的所在单位或者未成年人住所地的居民委员会、村民委员会同意的其他亲属和朋友。没有以上监护人的，由未成年人父、母的所在单位或者未成年人住所地的居民委员会、村民委员会或者民政部门担任监护人。协议确定监护人，即依据《民法通则》司法解释第 15 条的规定，有监护资格的人之间协议确定监护人的，应当由协议确定的监护人对被监护人承担监护责任。委托监护，即依据《民法通则》司法解释第 22 条的规定，监护人可以将监护职责部分或者全部委托给他人。遗嘱监护，即后死的父或母得以遗嘱的形式为公民确定监护人。

《民法通则》第 18 条规定："监护人应当履行监护职责，保护被监护人的人身、财产及其他合法权益，除为被监护人的利益外，不得处理被监护人的财产。"

五、公民的姓名、住所、户籍和身份证

姓名，是公民借以相互识别的文字符号系统的总称。姓名是公民的姓氏和名字的结合，其中，姓氏表明家族系统；名字则标示姓名持有者本人。在法律上，姓名的意义主要体现在两个方面：其一，姓名是使公民特定化的社会标志。其二，姓名是公民维持其个性所必不可少的要素，其性质与生命、名誉、肖像、隐私等一样，是公民作为人所必须具备的人格利益。

公民的住所在法律上具有重要意义，首先，它可以和公民的姓名结合，成为民事活动中识别公民的标志，同时，它还是诸多法律关系的连结点。《民法通则》第 15 条规定："公民以他的户籍所在地的居住地为住所，经常居住地与住所不一致的，经常居住地视为住所。"确定公民的住所，对于决定国籍、案件管辖、司法文书送达地点、债务履行地、国际私法上准据法的适用、宣告失踪和宣告死亡地等，都有重要的法律意义。

户籍是以户为单位记载公民的姓名、出生、住所、结婚、离婚、收养、失踪和死亡等事项的法律文件。在我国，户籍是证明公民身份的重要文件，它对于确定公民何时开始和终止民事权利能力和民事行为能力，明确公民的家庭状况和财产继承关系，确定公民的姓名权等，都有重要的法律意义。居民身份证是为了证明居住在中华人民共和国境内的公民的身份，保障公民的合法权益，便利公民进行社会活动，维护社会秩序的文件。居住在中华人民共和国境内的年满十六周岁的中国公民，应当依照规定申请领取居民身份证；未满十六周岁的中国公民，可以依照规定申请领取居民身份证。居民身份证登记的项目包括：姓名、性别、民族、出生日期、常住户口所在地住址、公民身份号码、本人相片、证件的有效期和签发机关。公民身份号码是每个公民唯一的、终身不变的身份代码。在办理婚姻登记、收养登记以及法律、行政法规规定需要用居民身份证证明身份的其他情形,公民应当出示居民身份证证明身份。

六、宣告失踪和宣告死亡

(一) 宣告失踪

宣告失踪是指公民离开自己的住所,下落不明达到法定期限,经利害关系人申请,由人民法院宣告其为失踪人的法律制度。它是人民法院在法律上以推定方式确认公民失踪的事实,结束失踪人财产无人管理、所负担的义务得不到履行的不正常状态,从而维护公民的合法权益和社会经济秩序稳定的重要制度。

在我国,依据《民法通则》第 20 条的规定,宣告公民失踪须具备以下条件:

1. 须有公民下落不明满 2 年的事实。所谓下落不明,是指公民离开最后居住地后没有音讯的状况。依据《民法通则》司法解释第 28 条,下落不明的起算时间,从公民音讯消失之次日起算。

公民只有持续下落不明满 2 年的,有关利害关系人才能向人民法院申请宣告他为失踪人。下落不明的时间应从最后获得该公民消息之日起计算。战争期间下落不明的时间应从战争结束之日起计算。

2. 须由利害关系人向人民法院提出申请。这里所谓利害关系人,依据《民法通则》司法解释第 24 条,包括被申请宣告失踪人的配偶、父母、子女、兄弟姐妹、祖父母、外祖父母、孙子女、外孙子女以及其他与被申请人有民事权利义务关系的人,如公民的债权人和债务人。宣告失踪须有利害关系人提出申请,人民法院才能进行宣告,没有利害关系人申请,人民法院不能主动宣告某公民为失踪人。依据《民事诉讼法》第 166 条第 2 款的规定,利害关系人的申请书应当写明失踪的事实、时间和请求,并附有公安机关或者其他有关机关关于该公民下落不明的书面证明。

3. 须由人民法院依照法定程序宣告。宣告失踪只能由人民法院作出判决,其他任何机关和个人无权作出宣告失踪的决定,人民法院接到宣告失踪的申请后,应对下落不明的公民发出公告,公告期为 3 个月。公告期届满,人民法院应当根据被宣告失踪的事实是否得到确认,作出宣告失踪的判决或者驳回申请的判决。

公民被宣告失踪后,其民事主体资格仍然存在,因而不发生继承,也不改变与其人身有关的民事法律关系。宣告失踪所产生的法律后果主要是为失踪人设立财产代管人。

《民法通则》第 22 条规定:“被宣告失踪的人重新出现或者确知他的下落,经本人或者利害关系人申请,人民法院应当撤销对他的失踪宣告。”失踪宣告一经撤销,代管人的代管权随之终止,他就应当将其代管的财产及其收益交还给被宣告撤销失踪的人,并将代管理期间对其财产管理和处置的详细情况告知该人。

(二) 宣告死亡

宣告死亡是指公民离开自己的住所,下落不明达到法定期限,经利害关系人申请,由人民法院宣告其死亡的法律制度。它是人民法院以判决的方式推定公民死亡。法律上设立宣告死亡制度,对结束下落不明的公民与他人之间的财产关系和人身关系的不稳定状况,稳定社会经济生活是有重要意义的。

在我国,宣告公民死亡须具备以下条件:

1. 公民下落不明须达到法定的期间。一般情况下,公民离开住所下落不明满 4 年的;或因意外事故下落不明,从事故发生之日起满 2 年的,利害关系人可以申请宣告他死亡。战争期间下落不明的,申请宣告死亡的失踪期间适用 4 年的规定。下落不明的起算时间,从公民音讯消失之次日起算。

2. 须有利害关系人的申请。申请宣告死亡的利害关系人包括配偶、父母、子女、兄弟姐妹、祖父母、外祖父母、孙子女、外孙子女、其他有民事权利义务关系的人,如债权人、债务人、人寿保险合同的受益人。只有利害关系人提出宣告死亡的申请,人民法院才能依法作出死亡宣告。宣告失踪不是宣告死亡的必经程序,公民下落不明,符合申请宣告死亡的条件,利害关系人可以不经申请宣告失踪而直接申请宣告死亡。但利害关系人只申请宣告失踪的,应当宣告失踪,同一顺序的利害关系人,有的申请宣告死亡,有的不同意宣告死亡,则应当宣告死亡。

3. 须由人民法院进行宣告。宣告死亡的案件只能由人民法院审理,其他任何单位和个人都无权宣告公民死亡。人民法院受理宣告死亡的案件后,须发出寻找失踪人的公告。宣告死亡的公告期间为 1 年,因意外事故下落不明,经有关机关证明该公民不可能生存的,宣告死亡的公告期间为 3 个月。公告期间届满仍不能确定失踪人尚生存的,人民法院才能依法对其作出死亡宣告。人民法院判决宣告公民失踪后,利害关系人向人民法院申请宣告失踪人死亡,从失踪的次日起满 4 年的,人民法院应当受理,宣告失踪的判决即是该公民失踪的证明,审理中仍应依照《民事诉讼法》第 168 条的规定进行公告。人民法院发出寻找失踪人的公告的期间,不包括在被宣告死亡的公民下落不明所须达到的法定期间之内。在我国,人民法院宣告判决中确定的失踪人的死亡日期,视为失踪人死亡的日期,判决中没有确定其死亡日期的,则以判决生效的日期为失踪人死亡的日期。

被宣告死亡的公民与他人之间现存的各种民事法律关系,在法律没有特别规定时,归于消灭。从这个意义上讲,公民被宣告死亡会产生与生理死亡同样的法律后果。这主要包括被宣告死亡的公民与其配偶之间婚姻关系消灭;他的继承人因此可以继承其遗产;受遗赠人可以取得遗赠等。宣告死亡只是依法对失踪人死亡的推定,事实上该失踪人的生命不一定终结。某公民在甲地被宣告死亡,但他仍在乙地生存时,就应承认其享有民事权利能力。因此,《民法通则》第24条第2款规定,有民事行为能力人在被宣告死亡期间,仍然能够独立参加各种民事活动,其实施的民事行为仍然可以是有效的。

失踪人被宣告死亡只是法律上的推定死亡。当被宣告死亡的人重新出现,或者有人确知他没有死亡时,经本人或者利害关系人申请,人民法院应当撤销对他的死亡宣告。被撤销死亡宣告的人有权请求返还财产。依照继承法取得他的财产的公民或者组织,应当返还原物;原物不存在的,给予适当补偿。撤销死亡宣告后,如果被撤销死亡宣告人的配偶已与他人再婚的,新的婚姻关系受到法律保护;其配偶没有再婚的,原婚姻关系从撤销死亡宣告之日起恢复。被撤销死亡宣告人有子女的,父母子女的权利义务应当恢复,但子女已被他人依法收养的,其收养关系不得单方解除。

七、个体工商户与农村承包经营户

公民在法律允许的范围内,依法经核准登记,从事工商业经营的,为个体工商户。个体工商户经当地工商行政管理机关核准登记,领取营业执照后方为成立。个体工商户应当在法律允许的范围内,从事生产经营活动。个人经营的个体工商户,以全部个人财产承担无限清偿责任,而不是以全部家庭财产对其债务承担责任。他的债权人只能就经营者的个人财产提出债权请求。家庭经营的个体工商户,应以家庭共有财产来承担清偿责任。

农村集体经济组织的成员,在法律允许的范围内,按照承包合同规定从事商品经营的,为农村承包经营户。以个人名义承包经营的,应以个人财产承担无限责任;以家庭名义承包经营的,应以家庭共有财产承担无限责任。虽然以个人名义承包经营,却由其他家庭成员从事生产,或其经营收益为家庭成员分享,这种情况应视为家庭承包经营,对其债务应以家庭共有财产承担无限责任。

第五节 合 伙

一、合伙的概念

合伙是指公民、法人或其他组织订立合伙合同,共同出资、合伙经营、共享收益、共担风险的营利性组织。合伙属于其他组织的重要类型,得以自己的名义进行民事活动。在我国现行民事立法上,合伙包括个人合伙、合伙型联营与合伙企业。

个人合伙是指两个以上的公民按照协议,各自提供资金、实物、技术等,共同经营,共同劳动。

合伙型联营,又称半紧密型联营,即企业之间或者企业、事业单位之间共同经营,但不具备法人条件的联营。

合伙企业,是指由各合伙人订立合伙协议,共同出资、合伙经营、共享收益、共担风险,并对合伙企业债务承担无限连带责任的营利性组织。设立合伙企业的合伙协议应当依法由全体合伙人协商一致,以书面形式订立。合伙协议经全体合伙人签名、盖章后生效。合伙企业的营业执照签发日期,为合伙企业成立日期。在合伙企业领取营业执照前,合伙人不得以合伙企业名义从事经营活动。

二、合伙人的出资和合伙财产

(一) 合伙人的出资

合伙人的出资是合伙进行业务活动的物质基础。《民法通则》第 30 条规定,合伙人可以提供资金、实物、技术等作为出资。《合伙企业法》第 11 条则规定合伙人可以用货币、实物、土地使用权、知识产权、其他财产权利出资。上述出资应当是合伙人的合法财产及财产权利。对货币以外的出资需要评估作价的,可以由全体合伙人协商确定,也可以由全体合伙人委托法定评估机构进行评估。经全体合伙人协商一致,合伙人也可以用劳务出资,其评估办法由全体合伙人协商确定。

合伙人出资的义务,应在合同中明确规定。合伙人的出资数额不一定相等,出资的种类也不一定相同,但都须将出资按其价值折为若干股份。在合伙关系中,股份表示了合伙人对合伙财产应享有的份额,通常可以决定合伙人之间分配收益和分担债务的比例。同时,各合伙人的出资数额又构成了全体合伙人的出资总额,它往往能够显示合伙的经济实力和经营规模,关系到合伙在进行民事活动时的资信声誉。我国现行民事立法对合伙人的最低出资数额和全体合伙人的最低出资数额没有作出规定,所以,在合伙合同中如实载明是很必要的。

(二) 合伙财产

合伙财产的构成不仅对合伙的交易相对人关系重大,而且对于合伙人之间的相互关系也十分重要。一般来说,合伙财产既包括合伙人的最初出资(含出资请求权),以及用出资资金购买和以其他方式取得的财产,也包括在合伙的经营期间所取得的盈利和利息。我国《合伙企业法》第 19 条第 1 款即确认,合伙企业存续期间,合伙人的出资和所有以合伙企业名义取得的收益均为合伙企业的财产。

可见,我国现行民事立法就合伙财产的法律性质,允许合伙人在合伙合同中作出约定。

在合伙关系中,全体合伙人应当作为一个整体共同管理和使用合伙财产,同时各合伙人又要按其出资比例享有一定的财产份额。这种财产份额类似于公司的股份,但又并不意味着合伙财产由合伙人按份共有。合伙的共有财产形成后,合伙人的财产份额就决定其取得盈余和承担亏损的比例,以及合伙终止时分割财产的比例,进而形成一种随合伙经营状况会不断变动的财产权利和义务。此种财产份额与合伙人身份密切联系在一起,并为相应的合伙人享有,不能任意转让,不能任意扩大或缩小,一般情况下,合伙人的财产份额在其出资时已经确定下来。

三、合伙的债务承担

合伙债务,是指于合伙关系存续期间,合伙以其字号或全体合伙人的名义,在与第三人发生的民事法律关系中所承担的债务。承担债务的财产应以合伙财产和各合伙人的个人财产为限。合伙人应以自己的全部财产承担债务的清偿责任,即合伙人对合伙债务承担无限责任。

合伙人个人财产毕竟有限,难免会发生合伙人个人财产不足以清偿自己依据合伙合同应承担的合伙债务的情况,此时其他合伙人是否有义务以个人财产代替其他合伙人清偿合伙债务?对这个问题,各个国家和地区的立法有分担主义和连带主义的区别。分担主义,就是合伙的债权人求偿债权时,对于每一个合伙人仅能按其出资比例或损益分配比例请求清偿,要求其承担无限责任。连带主义,就是合伙的债权人,对于合伙债务,可以对合伙人中的一人或数人或全体成员,同时或先后请求清偿全部或一部,合伙人中的一人如果被请求清偿全部合伙债务时,即应清偿全部债务,不得以有其他合伙人为由主张按其各自分担部分清偿。就个人合伙和合伙企业,我国现行民事立法采连带主义。

由于合伙人对于合伙债务需承担无限责任,就会出现合伙财产和合伙人的个人财产作为责任财产在清偿合伙债务时的顺序问题。其他国家和地区的立法有并存主义和补充连带主义之别。所谓并存主义,就是对合伙债务,债权人可就合伙财产和合伙人个人财产选择请求清偿。所谓补充连带主义,就是对合伙债务,债权人应首先要求以合伙财产作为清偿,合伙财产不足清偿时,各个合伙人就不足之额连带负其责任。即合伙人个人对合伙债务仅负补充责任。我国现行民事立法采补充连带主义。

四、合伙的内部关系

(一) 合伙经营事务的执行

合伙的一个重要特点是合伙人共同管理、共同经营。合伙是在合伙人协商一致基础上建立的联合体,所以合伙人对合伙的内部事务享有充分的民主权利。

（二）合伙内部的损益分配

合伙内部的损益分配，直接关系到各合伙人的切身利益，所以其分配方法应当在合同中明确规定。通常情况下，各合伙人应按其在合伙中出资份额的比例分享盈利和分担亏损；在有合同约定时，应按约定的办法进行分配。

五、退伙和入伙

（一）退伙

所谓退伙，是指合伙人脱离合伙关系，丧失合伙人的资格。在传统民法上，退伙分为声明退伙（又称任意退伙）和法定退伙。我国现行民事立法上的退伙包括协议退伙、约定退伙、声明退伙、法定退伙等，简述如下：

所谓协议退伙是指基于合伙人之间达成的协议，某一合伙人根据协议退伙。所谓约定退伙，是指合伙合同约定的退伙事由具备，合伙人脱离合伙。所谓声明退伙，是指基于合伙人的意思表示退伙。所谓法定退伙，是指根据法律规定的条件，合伙人脱离合伙。

（二）入伙

所谓入伙，是指合伙成立后，第三人加入合伙并取得合伙人的资格。第三人入伙应当以接受原合伙合同的基本内容为前提，并经全体合伙人的一致同意，签订入伙合同成为新的合伙人。

六、合伙的终止

合伙的终止，即合伙事业终结，合伙关系归于消灭。合伙解散是导致合伙终止的原因。合伙的解散包括自愿解散和强制解散。合伙因合伙协议约定的经营期限届满、因合伙人不愿继续经营、因合伙协议约定的解散事由出现或者因全体合伙人决定解散而解散，即属自愿解散。合伙因被依法吊销营业执照而解散即属于强制解散。合伙解散并不意味着合伙即终止。合伙解散后应进行清算，清算完毕，办理注销登记手续，合伙方终止。

第六节 法 人

一、法人的概念及特征

法人是具有民事权利能力和民事行为能力，依法独立享有民事权利和承担民事义务的组织。法律确认法人为民事主体，意在为公民实现自我提供有效的法律形式。

法人的基本法律特征可以归纳为以下四点：

第一,法人是依法成立的一种社会组织。第二,法人拥有独立的财产或者经费。第三,法人独立承担民事责任。第四,法人能够以自己的名义参加民事活动。

二、我国现行法上对于法人的分类

在我国《民法通则》中,法人被分为企业法人、机关法人、事业单位法人和社会团体法人。企业法人以从事生产、流通、科技等活动为内容,以获取盈利和增加积累、创造社会财富为目的,它是一种营利性的社会经济组织。依照现行民事立法,我国的企业法人有三种分类方法:一是根据所有制性质将企业法人分为全民所有制企业法人、集体所有制企业法人、私营企业法人;二是根据是否有外资参与,将企业法人分为中资企业法人、中外合资经营企业法人、中外合作经营企业法人和外资企业法人;三是根据企业的组合形式,将企业分为单一企业法人、联营企业法人和公司法人。在我国,公司法人是以营利为目的的企业法人。公司又分为有限责任公司、股份有限公司。机关法人是指依法享有国家赋予的公权力,并因行使职权的需要而具备相应的民事权利能力和民事行为能力的国家机关。事业单位法人是指为了社会公益事业目的,由国家机关、其他组织或者公民投资举办的,从事文化、教育、卫生、体育、新闻等公益事业的单位。社会团体法人是指公民或法人自愿组成,为实现会员共同意愿,按照其章程开展活动的非营利性法人。

三、法人应具备的条件

法人应具备的条件主要解决特定社会组织欲经由法人的设立程序,成为法人所必须具备的条件。只有具备了这些条件,进入法人的设立程序才有意义。法人通常须具备以下条件:

(一) 依法成立

依法成立是指作为法人的社会组织,其成立必须合法,其设立目的和宗旨要符合国家利益和社会公共利益的要求,它的组织机构、设立方式等要符合法律的要求。

(二) 有必要的财产和经费或必要的经费来源

法人需要有必要的财产和经费或能够提供经费来源。拥有必要的财产或者经费或者有必要的经费来源,对于法人来讲极其重要,是其享有民事权利和承担民事义务的物质基础,也是其得以独立承担民事责任的财产保障。其中必要财产,主要是对于设立企业法人的要求;必要经费或必要的经费来源,主要是对于设立机关、事业单位、社会团体法人的要求。

（三）有自己的名称、组织机构和场所

法人应当有自己的名称、组织机构和场所。法人的名称在形式上可以将特定的法人与其他法人区别开来，也可以将法人与其成员区别开来，从而表现法人的独立人格。法人必须具备一定的组织机构，如权力机关、执行机关和监督机关等，这是实现法人团体意志，独立享有民事权利和承担民事义务的组织保证。法人要从事生产经营活动，就必须有自己固定的场所，有些法人还可以设有分支机构或在几个场所设立机构。在法律上明确法人的场所，对于法人开展业务活动，债务的履行，国家有关部门对法人的监督和管理，都有重要的意义。

（四）满足法律规定的其他条件

法人还需满足法律规定的其他条件。如我国《公司法》第 11 条规定，设立公司必须依照公司法制定公司章程。再如《社会团体登记管理条例》第 10 条规定，申请成立社会团体，应当向登记管理机关提交社会团体的章程。

以上可称为设立中的法人，它只有符合以上条件，进入设立程序，符合法人设立的相应原则，方可成为法人。

四、我国法人设立的原则

（一）企业法人的设立原则

在我国，企业法人分为公司企业法人与非公司企业法人。公司企业法人依据《公司法》的规定，分为有限责任公司和股份有限公司。有限责任公司的设立，一般采准则设立主义，即符合相关法律关于有限责任公司的成立条件的，仅须向公司登记机关申请设立登记，公司即可成立。但也有采许可设立主义的，如《公司法》第 27 条第 2 款就有限责任公司的设立规定："法律、行政法规规定需要经有关部门审批的，应当在申请设立登记时提交批准文件。"《公司法》第 77 条规定："股份有限公司的设立，必须经过国务院授权的部门或者省级人民政府批准。"因此，股份有限公司的设立，明显采许可设立主义。非公司企业法人，依《企业法人登记管理条例》第 15 条的规定，首先须经主管部门或有关审批机关批准，然后才向登记机关申请登记，也属许可设立主义。

（二）机关法人的设立原则

机关法人的设立，取决于宪法和相关国家机构设置法的特别规定，在设立原则上采特许设立主义。机关法人自成立之日起，即具有法人资格。

（三）事业单位法人的设立原则

事业单位法人的设立，需依照法律和行政命令的规定，在设立原则上通常采特许设立主义。也有一些事业单位法人，如民办学校采取许可设立主义。事业单位法人自成立之日起，即具有法人资格。

（四）社会团体法人的设立原则

社会团体法人的设立，有采特许设立主义，需要按照法律和行政命令的规定来设立的，如妇女联合会、工会、共青团组织等；也有采行政许可主义的，即法人的设立需要经过业务主管部门审查同意，然后向登记机关申请登记才可成立，如各种协会、学会等。

五、法人的民事能力

法人的民事权利能力，就是法人能够以自己的名义参与民事法律关系并且取得民事权利和承担民事义务的资格。法人自成立之时起具有民事权利能力。法人的民事行为能力，是法人以自己的独立意志进行民事行为的能力。法人的民事责任能力，是指法人据以独立承担民事责任的资格。

六、法人的机关及法人分支机构

法人的机关，是根据法律或法人章程的规定，对内管理法人事务或者对外代表法人从事民事活动的个人或集体。法人的主要负责人是法人的法定代表人。我国《民法通则》第 38 条规定，依照法律或者法人组织章程规定，代表法人行使职权的负责人，是法人的法定代表人。有限责任公司以及股份有限公司的董事长，依据我国《公司法》的规定，都属法人的法定代表人。在我国现行民事立法中，只有法定代表人可以代表法人对外进行民事活动或代表法人进行诉讼。法定代表人可以授权法人的其他工作人员以及其他民事主体作为法人的代理人对外进行民事活动或进行诉讼。法人的其他工作人员未经法定代表人授权，不得以法人名义对外进行民事活动或进行诉讼。法定代表人的权限可以受到法人章程或法人相关机关决议的限制，该项限制不得对抗第三人，除非该第三人知道或应该知道此限制。依据《民法通则》第 49 条，企业法人存在重大违法事项的，除法人承担责任外，也可以对法定代表人给予行政处分、罚款，构成犯罪的，依法追究刑事责任。

法人的分支机构是法人的组成部分，它是法人在某一区域设置的完成法人部分职能的业务活动机构。法人的分支机构经法人授权并办理登记，可以成为独立的民事主体，可以在银行开立结算账户，对外进行各项民事活动，但进行民事活动所发生的债务和所承担的责任最终由法人负责。法人的分支机构还可以在法人的授权范围内以自己的名义参与民事诉讼。

七、法人的变更

法人的变更是指在法人的存续期间内，法人在组织机构、性质、活动范围、财产或者名称、住所、隶属关系等重要事项上发生的变动。

法人的变更,包括以下类型:

(一) 法人组织机构的变更

法人组织机构的变更包括:(1) 法人的合并,即将两个以上的法人合并成为一个新的法人。法人的合并又包括新设合并和吸收合并。前者指两个以上的法人合并为一个新法人,原来的法人消灭。后者指一个法人归并到一个现存的法人中去。(2) 法人的分立,即一个法人分为两个以上的法人。法人的分立又包括新设式分立和派生式分立。前者指解散原法人,分立为两个以上的新法人。后者指原法人继续存续,但从中分出新的法人。

(二) 法人责任形式的变更

如将有限责任公司变为无限责任公司,或将无限责任公司变为有限责任公司等。

(三) 法人性质、活动范围、财产、名称、住所、隶属关系等的变更。

法人的变更应向工商行政管理部门、民政部门等办理变更登记。

八、法人的终止

(一) 法人终止的概念

法人的终止,是指从法律上消灭法人的民事主体的资格。法人终止主要包括以下原因:

依法被撤销;法人被解散;法人目的实现以及其他原因。

法人在终止前应进行清算。法人的清算是指法人消灭时,由依法成立的清算组织依据其职权清理并消灭法人的全部财产关系。《民法通则》第40条规定:"法人终止,应当依法进行清算,停止清算范围外的活动。"根据该条规定,清算是法人终止的必经程序。清算组织的主要任务是了结现务、收取债权、清偿债务、移交剩余财产。清算终结,应由清算人向登记机关办理注销登记并公告,法人即归于终止。

(二) 企业法人的终止

1. 企业法人终止的判断标准

对企业法人终止的判断标准,主要有以下三种学说:一是事实终止主义,又称解散终止主义,认为只要出现了解散事由,企业法人即终止;二是清算终止主义,这种观点认为具备解散事由仅是企业法人终止的原因。企业法人解散后,应当进行清算。清算终结后,企业法人才终止。三是登记要件主义,这种观点认为,企业法人应当以办理注销登记的时间为终止的时间。我国在企业法人终止问题上通常实行的是登记要件主义。

2. 企业法人的终止原因

企业法人的终止得基于以下原因:

第一,自愿解散。即基于企业法人投资者或者股东的意愿,解散法人。我国《民法通则》第 45 条第 2 项规定的"解散"和《公司法》第 190 条规定的"解散",实际上都属于企业法人的自愿解散。企业法人的自愿解散通常有:

(1) 依章程规定解散。即根据企业法人章程规定的解散事由而解散。如投资者或者股东在开办企业时,在章程中规定了经营的期限,当经营的期限届满时,企业的股东或者投资者根据章程的规定而决定解散。

(2) 股东决定解散。企业法人的股东或者出资者决定解散,是指虽然章程规定的解散事由没有出现或者章程没有对企业法人的解散事由作出规定,但是企业法人的投资者或者股东不愿意让其设立的法人继续经营时,也可以决定解散其投资设立的企业法人。

(3) 因企业法人的合并或分立而解散。

第二,强制解散。所谓强制解散是指在企业法人的设立或者经营活动违反法律或者行政法规的情形,主管机关依法强令其解散。强制解散主要包括:

(1) 吊销企业法人营业执照。所谓吊销营业执照,实际上是主管机关依法撤销对企业法人的经营许可。

(2) 依法撤销或关闭。所谓依法撤销或关闭,是主管机关依法采用决定的形式,对违反法律、行政法规的企业法人采取的一种行政性处罚措施,它属于强制解散的一种形式。如一些小矿山、小造纸厂因违反环境保护法而被环境主管部门强令关闭。

(3) 命令撤销或关闭。由于国家产业结构的调整或者政策的变化,主管机关采取发布具有普遍约束力的决定或者命令的形式,强令撤销或者关闭某类企业法人。

第三,破产解散。所谓破产解散是指在企业法人不能支付其到期债务时,因企业法人自身或者债权人向法院申请而进入破产清算程序,法院裁定宣告破产后,企业法人解散。在我国,企业法人破产可以分为两类:一是国有企业破产,这类企业法人依据《破产法》规定进行破产。二是非国有企业法人破产,非国有企业法人破产主要是依据我国《民事诉讼法》规定的"企业法人破产还债程序"进行破产。

第四,企业法人自动歇业。所谓自动歇业是指企业法人自动停止经营活动。我国《企业法人登记管理条例》第 22 条规定,企业法人领取《企业法人营业执照》后,满 6 个月尚未开展经营活动或者停止经营活动满 1 年的,视同歇业。

3. 企业法人解散后的清算

企业法人解散并不意味着法人的终止。企业法人解散后应成立清算组织,进行清算。清算组织是指以清算企业法人债权债务为目的而依法设立的组织。

我国通说认为清算组织是清算法人的机关,清算组织成员或者清算组织的负责人履行清算义务,对外代表清算法人,对内履行其职务。

4. 清算法人

所谓清算法人,是指处于清算状态中的法人。企业法人被解散后,应当进行清算,从解散的事由出现至清算程序结束,并办理注销登记之前,企业法人一直处于清算的状态,处于清算状态的法人称之为清算法人。依据《民法通则》第40条"法人终止,应当进行清算,停止清算范围外的活动"的规定和《公司法》第197条"公司清算结束后,清算组应当制作清算报告,报股东会或者有关主管机关确认,并报送公司登记机关,申请注销公司登记,公告公司终止"的规定我国现行民事立法就清算法人的法律地位,即清算法人与解散事由出现前法人之间的关系,采"同一法人说"。即认为企业法人的解散并不意味着企业法人人格的消灭,只有到办理注销登记时,企业法人的人格才归于消灭。

5. 注销登记

所谓注销登记,通常是指登记主管机关根据企业法人的申请,对符合终止条件的企业法人,依照法定程序消灭其法人资格的一种具体行政行为。

第七节　民事权利

民事权利是受法律平等保护的平等的民事主体在其相互间的财产关系和人身关系中应享有的权益。

一、民事权利的分类

民事权利依其内容、作用等,可以区分为不同的类型。其中,常见的分类有如下几种:

(一) 人格权、财产权、知识产权

根据权利的性质,可分为人格权、财产权和知识产权。

1. 人格权

人格权是民事权利中最基本、最重要的一种,因为人格权是直接与权利主体的存在和发展相联系的。对人格权的侵害就是对权利人自身的侵害。所以它在民事权利体系中应该居于首位。人格权是以权利人的人格利益为客体(保护对象)的民事权利。对人格利益的认定,随着时代的发展逐步深入,所以人格利益的范围日益扩大,人格权的内容也日益丰富。

我国《民法通则》第5章第4节在"人身权"的标题下规定的人格权有生命健康权、姓名权(名称权)、肖像权、名誉权、荣誉权和婚姻自主权(第98条至第

103条)。其中荣誉权是否民事权利,尚有分歧。婚姻自主权在单列一个自由权之后,就没有独立的必要。我国学者讲的人格权,除《民法通则》规定的外,还有隐私权、贞操权。

2. 财产权

财产权是很重要的民事权利,在没有将知识产权和社员权从财产权和非财产权划出来时,通常认为,以享受社会生活中除人格利益和身份的利益以外的外界利益为内容的权利都是财产权。可以将财产权界定为以财产利益为客体的民事权利。在确认财产权只包括物权和债权的情况下,也可以说,财产权是通过对有体物和权利的直接支配,或者通过对他人请求为一定行为(包括作为和不作为)而享受生活中的利益的权利。

财产权包括物权与债权两大类。物权是直接支配物及某些权利的权利。债权是请求他人为一定行为(作为或不作为)而得到生活上的利益的权利;债权与物权的差异在于其对人性(相对性)、不具排他性(平等性)、债权的可移转性不如物权。

3. 知识产权

知识产权是以对于人的智力成果、商业标志等的独占排他的利用从而取得利益为内容的权利。这个定义包括:(1) 知识产权的客体首先包括人的智力成果。这种智力成果属于一种无形财产或无体财产,但是它与那种属于物理的产物的无体财产(如电气)、与属于权利的无形财产(如抵押权)不同,它是人的智力活动的直接产物。这种智力成果是思想的表现,但它与思想的载体不同。其次还包括商业标志等。(2) 权利主体对智力成果或商业标志为独占的排他的利用,在这一点,类似于物权中的所有权,所以过去将之归入财产权。(3) 权利人从知识产权取得的利益既有经济性质的,也有非经济性的。这两方面不可分地结合在一起。因此,知识产权既与人格权(其利益主要是非经济的)不同,也与财产权(其利益主要是经济的)不同。

(二) 支配权、请求权、抗辩权、形成权

根据权利的作用,民事权利可以区分为支配权、请求权、抗辩权、形成权。

支配权是指可以对权利的客体直接支配并排斥他人干涉的权利,如物权。请求权是指得请求他人为一定行为或不为一定行为的权利,如债权的请求权、与绝对权保护相关的请求权利等。抗辩权是指对抗请求权的权利。抗辩权依其行使的法律效果得区分为永久抗辩权和延期抗辩权。所谓永久抗辩权是指该项抗辩权的行使可以永久地阻止某项请求权的实现。所谓延期抗辩权是指可以暂时阻止某项请求权实现的抗辩权。形成权是指当事人一方可以依自己的意思表示使法律关系发生变动的权利,如追认权、撤销权、抵销权等。

(三)绝对权与相对权

根据权利人可以向其主张权利实现的义务人的范围,可以分为绝对权和相对权。绝对权是指义务人不确定,权利人无须通过义务人实施一定的积极协助行为即可实现的权利,如所有权、人格权。由于绝对权的权利人可以向一切人主张权利的实现,在这种意义上,他可以对抗除他以外的任何人,因此又称为对世权。相对权是指义务人为特定人,权利人必须通过义务人积极地实施或不实施一定行为才能实现的权利,如债权。由于相对权的权利人只能向特定的义务人主张权利的实现,在这种意义上,他对抗的是特定的义务人,因此又称对人权。

二、民事权利的行使和保护

民事权利的行使也就是民事权利内容的实现。权利人通过行使权利的行为,可以实现权利所追求的利益,以满足自身的需要。在行使权利的方式上,权利人可以实施某种事实行为来行使权利,也可以实施某种民事行为来行使权利;可以由自己行使权利,也可以授权他人行使权利。

民事权利的行使必须遵守宪法和法律的规定,必须遵循诚实信用原则的要求,不得违反公序良俗。否则会构成权利的滥用。

民事权利的保护措施按照性质可以分为自我保护和国家保护两种。

(一)民事权利的自我保护

民事权利的自我保护,是指权利人自己采取各种合法手段来保护自己的权利不受侵犯。例如,依法向侵权行为人提出请求等,这种保护措施由于是由当事人自己采取的,因此又称为私力救济或自我救济。权利主体采取一定的方式保护其权利,是法律赋予权利主体的一种能力。为维护正常的社会秩序,采取自我保护手段应受到法律的严格限制,权利主体只能以法律许可的方式和在法律允许的限度内保护自己的权利。① 我国法律明文规定的自我保护措施,只有自卫行为,即正当防卫和紧急避险两项。在其他国家和地区的民事立法中,还认可自助行为。

民事权利的国家保护是指当民事权利受到侵犯时,由国家机关给予保护。这种保护手段是由国家机关采取的,所以又称公力救济。由于民事权利受国家宪法、民法、行政法、刑法等多种法律部门的保护,因此,在权利人的权利受到侵犯时,权利人可以依法请求有关国家机关给予保护,也可以诉请人民法院或仲裁机关予以判决或仲裁。应该指出,任何民事主体在其民事权利受到他人非法侵犯时,都有权向人民法院提起诉讼,请求依法保护。

---

① 佟柔:《中国民法》,法律出版社 1990 年版,第 41 页。

由于民事权利的种类不同,受到侵害的方式不同,当事人提起诉讼请求的目的和要求也不同。一般说来,当事人提起的民事诉讼请求有如下三类:

1. 确认之诉,即请求人民法院确认某种权利是否存在的诉讼。如确认某项财产所有权的归属、确认合同的有效无效、确认某种身份的存在与否等。

2. 给付之诉,即请求人民法院责令对方履行某种行为,以实现自己的权利的诉讼。如请求交付财产、支付违约金和赔偿金等。

3. 形成之诉,即请求人民法院通过判决变更现有的某种民事权利义务关系,形成某种新的民事权利义务关系的诉讼。如因请求分割共有财产、终止合同关系、解除收养关系、申请死亡宣告等而提起的诉讼。

上述各种诉讼形式通常也称为民事权利的诉讼保护方式。在权利人的权利受到侵害以后,是否提起诉讼,可以由权利人依法自行决定。

第八节 民 事 行 为

一、民事行为的概念和作用

民事行为,在《民法通则》中规定的民事法律行为仅是民事行为的一种,是指公民或者法人设立、变更、终止民事权利和民事义务的合法行为。除民事法律行为外,尚有其他效力类型的民事行为,如可撤销的民事行为、效力未定的民事行为等。在所有类型的民事法律事实中,民事行为可谓是最重要的一种。

二、民事行为的分类

(一) 单方民事行为、多方民事行为(双方民事行为、共同行为和决议)

以民事行为的成立所需意思表示的数量为标准,可以把民事行为区分为单方民事行为和多方民事行为。单方民事行为,又称一方行为、单独行为,是指根据一项意思表示就可成立的民事行为。单方民事行为还可以作进一步的区分:一是须向特定人进行的单方民事行为,如行使法定解除权解除合同的行为、效力未定的合同中当事人行使追认权的行为等。进行此类单方民事行为的当事人常享有依据先前订立的合同或法律的规定产生的权利。此类单方民事行为中包含的意思表示只有到达作为接收方的特定人,才能生效。二是无须向特定人进行的单方民事行为,又称严格的单方民事行为,如抛弃动产所有权的行为等。此类单方民事行为所包含的意思表示一经作出,即可生效。多方民事行为是指通常需要两项以上意思表示才可成立的民事行为。多方民事行为包括双方民事行为、共同行为和决议。

1. 双方民事行为,是指需要两项内容互异但相互对应的意思表示一致才可成立的民事行为。如合同行为、遗赠抚养协议、委托监护协议、收养协议等。其中合同行为是典型的双方民事行为。

2. 共同行为,又称协定行为,是两个以上当事人并行的意思表示达成一致才可成立的民事行为。两个以上的合伙人订立合伙合同的行为,即为共同行为。我国现行民事立法通常将共同行为也归为合同行为。

3. 决议,是指多个民事主体在表达其意思表示的基础上依据表决原则作出决定。这里所谓多个民事主体通常是指法人或其他组织的成员以及法人或其他组织内部设立的机构。例如股份有限公司的股东代表大会、股份有限公司的董事会等。这里所谓表决原则,可以采取全体同意原则,也可以采取多数决原则。如果采取多数决原则,无论股东是否参加股东代表大会,无论股东在表决时是否赞成决议的内容,一旦决议作出,只要该决议不存在违反法律、行政法规禁止性规范的情形,股东都应遵守决议。决议通常仅就法人或其他组织的内部事务作出决断,并不调整法人或其他组织与第三人之间的关系。

(二) 以民事行为是否应当或者必须依据法律或行政法规采用特定的形式,可以把民事行为区分为要式行为和不要式行为。

要式行为,指依法律或行政法规的规定,应当或者必须采用特定形式的民事行为。

不要式行为,指法律或行政法规对其形式并无特别要求的民事行为。

法律或法规要求必须采用特定形式的要式行为,未采用特定形式的,民事行为不成立。法律或法规要求应当采用特定形式的,不采用特定形式的,不影响民事行为的成立。

(三) 以民事行为之间的相互依从关系为标准,可以把民事行为区分为主民事行为和从民事行为 。

主民事行为,指不需要有其他民事行为的存在就可独立成立的民事行为。

从民事行为,指从属于其他民事行为而存在的民事行为。

从民事行为的成立和效力取决于主民事行为。主民事行为未成立,从民事行为无由成立;主民事行为无效,将导致从民事行为不能生效。

(四) 以民事行为是否有独立的实质内容为标准,可以把民事行为区分为独立的民事行为和辅助的民事行为。

独立的民事行为,指借助行为人自己的意思表示即可发生效力的民事行为。有完全民事行为能力的民事主体所为的民事行为,皆为独立的民事行为。

辅助的民事行为,指辅助他人的民事行为使之确定发生效力的民事行为。法定代理人对限制民事行为能力人依法不能独立实施的合同行为进行的追认,被代理人对代理人超越代理权进行的民事行为的追认,皆属于辅助的民事行为。

独立的民事行为有自身独立的实质内容。辅助的民事行为则没有自身独立的实质内容。因此有关民事行为内容的生效条件,通常仅适用于独立的民事行为以及被辅助的民事行为。

(五)根据民事行为效力的发生是在行为人生前还是死后,可以把民事行为区分为生前行为和死因行为。

生前行为,是在行为人生前发生效力的民事行为。多数民事行为属于此类。

死因行为,是以行为人的死亡为生效要件的民事行为。遗嘱为典型的死因行为。

三、民事行为的成立

民事行为的成立,主要解决成立民事行为,应具备哪些必不可少的事实要素,即阐明民事行为的成立要件问题。

(一)民事行为的一般成立要件

民事行为的一般成立要件,是确认在法律或行政法规未设特别规定,当事人也未作特别约定的情况下,民事行为是否成立的标准。民事行为的一般成立要件包括:(1)当事人。即进行特定民事行为的民事主体。在单方民事行为中,存在一方当事人即可;在双方民事行为中,需要有双方当事人;在多方民事行为中,需要有两方以上当事人;在决议行为中,需要有某一组织的成员或内部机构参与表决。(2)意思表示。即表意人将其期望发生某种法律效果的内心意思以一定方式表现于外部的行为。在单方民事行为中,有一项意思表示即可;在双方民事行为中,需要有两项一致的意思表示;在多方民事行为中,需要有两项以上内容相同的意思表示;在决议行为中,需要有遵守表决规则作出的意思表示。

(二)民事行为的特别成立要件

民事行为的特别成立要件,是指依据法律或行政法规的规定或者依据当事人的约定,某些民事行为的成立,除当事人和意思表示外,还应具备特别的事实要素,如实施特定的事实行为或采用特定的形式等。如依据《合同法》第293条的规定,在当事人未作特别约定,也不存在特殊交易习惯的情况下,客运合同的成立除双方意思表示一致外,尚需要承运人向旅客交付客票。另依据《合同法》第367条的规定,除当事人另有约定外,保管合同自保管物交付时成立。

四、意思表示

意思表示属于民事行为的核心要素,是指表意人将其期望发生某种法律效果的内心意思以一定方式表现于外部的行为。

意思表示的构成要素,我国民法学界通说采"三要素说",即认意思表示由目的意思、效果意思和表示行为三项要素构成。其中目的意思和效果意思属于意思表示的主观要件,表示行为属于意思表示的客观要件。目的意思是指明民事行为,尤其是指明民事行为标的具体内容的意思要素,它是意思表示据以成立的基础。[①] 目的意思的内容根据其法律性质可以分为要素、常素和偶素。要素是指构成某种意思表示所必须具备的意思内容。如标的、数量条款作为买卖合同的必要条款,即属买卖合同中意思表示的要素。要素可以使我们得以区分不同类别的意思表示。目的意思必须包含要素,缺少要素,即不存在目的意思,也不存在意思表示。常素是指行为人作出某种意思表示通常应含有的、内容完全等同的意思要素。如合同关系中的违约责任条款,即属合同关系中意思表示的常素。常素的内容可以由法律来确定或推定,因此目的意思中可以不包含常素。偶素是指并非某种类型的意思表示必须或当然具有,而是基于当事人的特别意图所确定的意思表示的意思要素。如买卖合同当事人约定该合同须使用某少数民族文字拟定,该项约定即属买卖合同中意思表示的偶素。偶素必须经由当事人的特别约定方可成为特定意思表示的内容。因此目的意思中未必都包含偶素。效果意思是指当事人欲使其目的意思发生法律上效力的意思要素。效果意思又常被称为效力意思、法效意思或设立法律关系的意图。具备了法效意思意味着行为人要有意识地追求设立、变更或终止某一特定民事法律关系的法律效果。表示行为是指行为人将其内在的目的意思和效果意思以一定方式表现于外部,为行为相对人所了解的行为要素。只有具备以上三项要素,意思表示才能成立。

意思表示的形式,即表示行为的方式,通常也是民事行为的形式。主要有如下种类:口头形式,指以对话的形式所进行的意思表示。属于以明示的、直接的方式进行意思表示。"对话"的外延包括电话交谈、托人带口信、当众宣布自己的意思等。口头形式的民事行为,是不要式的民事行为,具有简便迅速的优点,但同时由于缺乏客观记载,一旦发生纠纷,日后难以取证。因此,大多适用于即时清结或标的数额小的交易。书面形式,指用书面文字形式所进行的意思表示。也属于以明示的、直接的方式进行意思表示。合同书以及任何记载当事人权利、义务内容的文件,都属书面形式。推定形式,指当事人通过有目的、有意义的积极行为将其内在意思表现于外部,使他人可以根据常识、交易习惯或相互间的默契,推知当事人已作某种意思表示,从而使民事行为成立。推定形式又被称为默示的或间接的意思表示。沉默方式,指既无语言表示又无行为表示的消极行

---

① 董安生:《民事法律行为》,中国人民大学出版社 1994 年版,第 227 页。

为,在法律有特别规定的情况下,以拟制的方式,视为当事人的沉默已构成意思表示,由此使民事行为成立。通常情况下,内部意思之外部表达须借助于积极的表示行为,沉默不是表示行为,因此,沉默不是意思表示,不能成立民事行为。只有在法律有特别规定时,当事人的消极行为才被赋予一定的表示意义,并产生成立民事行为的效果。在例外的情形下,意思表示可以基于当事人的约定采用沉默方式。

意思表示的生效即意思表示效力的发生。它与民事行为的生效不同。民事行为发生效力意味着该民事行为符合法律的价值取向,可以依照民事主体的预期产生相应的法律效果。意思表示生效并不意味着意思表示的内容符合了法律的价值取向。意思表示只要符合特定的形式要件,即可发生效力。因此意思表示生效,通常仅产生形式上的拘束力。例如,要约只是要约人的意思表示,生效要约的拘束力主要是使承诺人取得承诺的资格,而不能发生要约人所预期的法律效果。当事人作出的意思表示无需受领的,意思表示一经作出即可发生效力。如果当事人作出的意思表示需受领的,则意思表示的生效通常采取到达主义或了解主义。即采非对话方式的,意思表示到达相对人的时间就是意思表示发生效力的时间。所谓到达相对人,是指到达相对人可以控制的领域,如住宅、信箱、经营场所等,因此可以期待并能够推断相对人可以或有可能去了解意思表示的内容。采对话方式的,意思表示为相对人了解的时间,就是意思表示发生效力的时间。采到达主义的例子,如我国《合同法》第 16 条第 1 款规定,要约到达受要约人时生效。第 26 条第 1 款规定,承诺通知到达要约人时生效。

五、民事行为的生效条件

所谓民事行为生效,是指已经成立的民事行为产生当事人预期的法律效力。这里所说的法律效力,并不是指民事行为能够像法律那样产生拘束力,而只是强调民事行为对特定当事人具有的拘束力。民事行为之所以能够具有法律拘束力,并非当事人自由意志之功,而是民事行为符合法律价值取向的结果。即被法律评价为合法的民事行为才能够产生当事人预期的法律效果。可见,民事行为的效力本身介入了国家意志。如果民事行为不符合国家意志,该民事行为即不得生效。我国《民法通则》第 54 条规定,民事法律行为是民事主体设立、变更、终止民事权利和民事义务的合法行为。《合同法》第 8 条第 1 款规定,依法成立的合同,对当事人具有法律拘束力。这实际上揭示了民事行为具有法律效力的根源,为正确理解民事行为的法律效力提供了依据。

依据《民法通则》第 55 条的规定,任何民事行为欲生效,从而成为民事法律行为,皆须符合如下一般有效要件:

（一）行为人具有相应的行为能力

行为人具有相应的行为能力是对公民提出的要求，法人和其他组织不存在不具备相应行为能力的问题。这一有效要件在学理上又被称为有行为能力原则或主体合格原则。民事行为以当事人的意思表示为基本要素，公民具有健全的理智，是作出合乎法律要求的意思表示的前提。

依据《民法通则》司法解释第 6 条以及《合同法》第 47 条的规定，无民事行为能力人、限制民事行为能力人为纯粹获得法律上利益的民事行为，如接受奖励、无负担的赠与、报酬等，民事行为的效力不受影响。具备民事行为能力的公民，在进行民事行为时，欠缺必要意思能力的，也会影响民事行为的效力。依据《民法通则》司法解释第 67 条的规定，间歇性精神病人即使未受无民事行为能力或限制民事行为能力的宣告，其进行的民事行为，确能证明是在发病期间实施的，应当认定无效；行为人在神志不清的状态下所实施的民事行为，应当认定无效。

（二）当事人的意思表示真实

意思表示真实，包括两个方面的含义：一是指行为人的内心意思与外部的表示行为相一致的状态。二是指当事人是在意志自由的前提下，进行意思表示的状态。与此相对应，行为人意思表示不真实，即意思表示有瑕疵，包括两种情形：第一，意思与表示不一致，即行为人的内心意思与外部的表示行为不一致。第二，行为人意思表示不自由。将意思表示真实作为民事行为的有效要件，是为了贯彻意思自治原则，保证行为人事实上决定自由的实现。

（三）不违反法律或行政法规

民事行为欲生效，即不得违反法律或行政法规。《民法通则》第 55 条第 3 项规定，民事行为不得违反法律。其中所谓“法律”不应理解为包括一切有效的法律文件，为维护国家法制的统一，应理解为仅限于全国人民代表大会及其常务委员会通过，由国家主席签发的立法文件以及以国务院令的形式颁布，由国务院总理签发的立法文件，即仅限于我国《立法法》规定的法律和行政法规。

一般情况下，民事行为具备一般生效条件，即产生法律效力。但在特殊情况下，基于法律、行政法规的规定或者基于当事人的约定，民事行为除具备一般生效条件外，还须具备特别生效条件，才能产生完全的法律效力。如《民法通则》司法解释第 78 条规定，凡是依法或者依双方的约定必须由本人亲自实施的民事行为，本人未亲自实施的，应当认定行为无效。可见，本人亲自实施民事行为也得基于法律的规定或当事人的约定成为民事行为的生效要件。

六、效力存在欠缺的民事行为

（一）绝对无效民事行为

绝对无效的民事行为，是指已经成立的民事行为，严重欠缺民事行为的生效条件，因而自始、绝对、确定、当然不按照行为人设立、变更和终止民事法律关系的意思表示发生法律效力的民事行为。无效民事行为包括如下类型：无民事行为能力人进行的民事行为以及限制民事行为能力人进行的依法不能独立实施的单方民事行为；违反法律、行政法规禁止性规范的民事行为；损害国家利益的民事行为；损害社会公共利益的民事行为等。绝对无效的民事行为自民事行为成立之时起，当然、确定、绝对、永久不能生效，不存在成为生效民事行为的可能。

由于绝对无效的民事行为自成立之时起当然无效，且通常事关国家利益以及社会公共利益的保护，因此法院或者仲裁机构可以在处理民事纠纷的过程中，依职权主动认定民事行为绝对无效。而且任何一个民事主体都得诉请法院认定民事行为绝对无效。一旦民事行为被认定为绝对无效，该民事行为对于任何人都属无效。《民法通则》第 60 条规定，民事行为部分无效，不影响其他部分效力的，其他部分仍然有效。由此可见，如果民事行为表面上是一个行为，实质上由若干部分组成，或在内容上可以分为若干部分，即有效部分和无效部分可以独立存在，一部分无效并不影响另一部分的效力，那么无效部分被确认无效后，有效部分继续有效。但是，如果无效部分与有效部分有牵连关系，确认部分内容无效将影响有效部分的效力，或者从行为的性质、目的、交易的习惯以及禁止性规范的目的，民事行为部分有效违背当事人的意愿、对于当事人已无意义或无法实现禁止性规范目的的，民事行为应被确认为全部无效。

（二）可撤销的民事行为

可撤销的民事行为，是指民事行为虽已成立并生效，但因意思表示不真实，可以因行为人撤销权的行使，使其自始不发生效力的民事行为。可撤销的民事行为在被撤销前，已发生效力，明显不同于绝对无效的民事行为。

可撤销的民事行为包括如下类型：存在重大误解的民事行为；民事行为成立时显失公平；一方以欺诈、胁迫的手段或者乘人之危，使对方当事人在违背真实意思的情况下为民事行为。

撤销权是享有撤销权的当事人，能通过自己单方面的意思表示使民事行为的效力归于消灭的权利。撤销权为形成权。享有撤销权的人包括：因产生重大误解，致自身利益遭受较大损失的行为人；因非自愿的原因导致行为人之间的利益关系严重失衡，处于过分不利地位的行为人；被欺诈、胁迫或被别人利用了自身危难处境的行为人。撤销权人行使权利的意思表示，须向法院或仲裁机关作出，而非向相对人作出。因此撤销权的实现，必须借助于法院或仲裁机关的裁断。若法院或仲裁机关承认撤销权人的撤销权,则依《民法通则》第 59 条第 2 款的规定“被撤销的民事行为从行为开始起无效”。

(三) 效力待定的民事行为

效力待定的民事行为,又称效力未定的民事行为,是指民事行为虽已成立,但是否生效尚不确定,只有经由特定当事人的行为,才能确定生效或不生效的民事行为。效力待定的民事行为,既存在转变为确定不生效民事行为的可能,也存在转变为确定有效民事行为的可能。

效力待定的民事行为包括如下类型:

1. 限制民事行为能力人所实施的依法不能独立实施的多方民事行为。

此类效力未定的民事行为,其效力得经由如下途径最终确定:(1) 法定代理人及时追认的,民事行为确定有效。法定代理人未及时追认的,民事行为确定不发生效力。(2) 善意相对人在法定代理人追认前行使撤销权,撤销其生效意思表示的,民事行为确定不发生效力。

2. 无权处分行为

无权处分行为是指当事人在对财产(包括物和权利)没有处分权能的情况下,实施了以引起财产权利变动为目的的民事行为。无权处分合同属于效力待定的民事行为。经权利人追认或者无处分权的人订立合同后取得处分权的,该合同有效。所谓经权利人追认,是指有处分权人追认无处分权人进行的处分行为。所谓无处分权人订立合同后取得处分权,是指无处分权人处分权的欠缺在订立合同后由于其他途径得到弥补,如有处分权人将财产转让给无处分权人等。如果权利人未进行追认且无处分权人在订立合同后也未能取得处分权的,民事行为确定不发生效力。我国现行民事立法未就作为无权处分行为的单方民事行为专设规定,学界通说认为该单方民事行为也应为效力待定的民事行为。

3. 无权代理行为。

无权代理行为即行为人没有代理权、超越代理权或者在代理权终止后,以代理人的身份所进行的民事行为。无权代理行为包括广义的无权代理行为和狭义的无权代理行为。广义的无权代理行为包括表见代理和狭义的无权代理。表见代理是指本人知道他人以本人名义实施民事行为而不作否认表示的,视为同意,致使他人的代理对本人具有一定的法律后果。这里仅讨论狭义的无权代理。依据《民法通则》第 66 条第 1 款以及《合同法》第 48 条第 1 款的规定,狭义的无权代理行为属于效力待定的民事行为,其效力得经由如下途径最终确定:

(1) 被代理人及时追认的,民事行为确定有效。被代理人未及时追认的,民事行为确定不发生效力。

(2) 善意相对人在被代理人追认前行使撤销权,撤销其生效意思表示的,民事行为确定不发生效力。这里所谓善意相对人,是指不知道也不应该知道对方为无权代理人,又不能举证证明其有理由相信对方有代理权的相对人。

善意相对人行使撤销权应在法定代理人追认之前,并应以通知的方式作出。善意相对人行使撤销权的行为属于单方民事行为,其撤销权的行使导致民事行为确定不发生效力。

4. 无权代表行为

无权代表行为是指法人的法定代表人或者其他组织的负责人超越代表权限进行的民事行为。所谓超越代表权限进行的民事行为包括法人的法定代表人或其他组织的负责人未经法人或其他组织授权,超越法人或其他组织章程中规定的经营范围进行民事行为;也包括他们超越法人或其他组织通过章程或决议对其代表权设定的其他限制进行民事行为。

法人或其他组织事后通过决议对无权代表行为进行追认的,民事行为确定有效。为保护善意相对人的利益,该无权代表行为有效。

(四)民事行为被确认绝对无效、被撤销或确定不发生效力的法律后果

有效的民事行为能实现行为人所期望的法律效果,被确认无效、被撤销或确定不发生效力的民事行为尽管不能实现行为人预期的法律效果,但并非不发生任何法律效果。被确认绝对无效、被撤销或确定不发生效力的民事行为发生如下法律后果:

1. 返还财产

民事行为自成立至被确认绝对无效、被撤销或确定不发生效力期间,当事人可能已根据该民事行为取得了对方的财产。民事行为被确认绝对无效、被撤销或确定不发生效力后,当事人取得财产的法律根据已丧失,原物仍存在的,交付财产的一方可行使所有物返还请求权,请求受领财产的一方返还财产。原物不存在的,交付财产的一方可主张不当得利返还请求权,要求对方返还不当得利。只有一方交付财产的,作单方返还;双方皆交付了财产的,作双方返还。

2. 赔偿损失

依据《民法通则》第61条第1款,民事行为被确认绝对无效、被撤销或确定不发生效力,如系由一方或双方的过错造成,皆发生赔偿损失问题,要由有过错的一方向无过错的一方赔偿因民事行为被确认无效、被撤销或确定不发生效力所发生的损失。在双方皆有过错的情况下,各自承担相应的责任。

就民事行为被撤销时赔偿损失的范围,应区分类型予以认定:民事行为被撤销是由于当事人一方存在重大误解的,该方当事人承担损害赔偿责任的数额不应超过民事行为有效时对方当事人可以获得的利益数额。民事行为被撤销是由于当事人一方采用欺诈、胁迫手段或者乘人之危的,该方当事人承担损害赔偿责任的数额不受民事行为有效时对方当事人可以获得的利益数额的限制。

3. 其他法律后果

依据《民法通则》第 61 条第 2 款的规定，在当事人双方恶意串通，实施民事行为损害国家、集体、第三人利益时，追缴双方所取得的财产，收归国家、集体所有或返还给第三人。依据《民法通则》司法解释第 74 条的规定，所谓“双方取得的财产”，应当包括双方当事人已经取得和约定取得的财产。

七、附条件与附期限的民事行为

附条件的民事行为，指民事行为效力的开始或终止取决于将来不确定事实的发生或不发生的民事行为。《民法通则》第 62 条及《合同法》第 45 条第 1 款规定，民事法律行为可以附条件，附条件的民事法律行为在符合所附条件时生效。附生效条件的合同，自条件成就时生效。附解除条件的合同，自条件成就时失效。在民事立法中，根据条件是限制民事行为效力的发生还是决定民事行为效力的丧失，常将条件区分为延缓条件与解除条件。民事行为效力的发生以特定条件的成就为原则，该特定条件即为延缓条件，又称生效条件或停止条件。业已生效的民事行为，于特定条件成就时其法律效力丧失，该特定条件即为解除条件。附条件的民事行为，是当事人基于意思自治原则，使行为人的动机获得法律表现的形式，因而受到法律的保护。按照法律的要求，作为条件的事实必须是因其自然进程发生或不发生的，不能受到任何一方当事人的不当影响，否则，都难免对他方当事人产生不公平的结果。《合同法》第 45 条第 2 款也作了明确规定。这里所谓不正当，主要是指当事人的行为违背了诚实信用原则的要求。

附期限的民事行为，是以一定期限的到来作为效力开始或终止原因的民事行为。附期限的民事法律行为，在所附期限到来时生效或者解除。期限与条件不同。任何期限都是确定地要到来的；而条件的成就与否具有不确定性。期限可以与条件一起，共同组成对一个民事行为效力的限制因素。民事行为所附的期限，可以是期间，也可以是期日。根据期限是限制民事行为效力的发生还是决定民事行为效力的丧失，民事立法将期限区分为延缓期限与解除期限。延缓期限，又称始期，即民事行为效力的发生以特定期限的到来为条件，该特定期限即为延缓期限。业已生效的民事行为于特定期限到来时，效力终止，该特定期限即为解除期限，又称终期。对此我国《民法通则》司法解释第 76 条以及《合同法》都作了规定。

第九节 代 理

一、代理的概念和特征

代理，是一人以他人的名义或以自己的名义独立与第三人为民事行为，由此产生的法律后果直接或间接归属于该他人的法律制度。在代理制度中,以他人名义或自己名义为他人实施民事行为的人,称为代理人。由他人代为实施民事行为的人,称为被代理人,也称本人。与代理人实施民事行为的人,称为第三人。代理人的使命,在于代他人为民事行为,包括代他人作出或接受意思表示。在事实行为的实施中,不存在代理问题。我国《民法通则》第 63 条第 1 款规定,民事主体可以通过代理人实施民事法律行为。因此,代理就是民事行为的代理,在这种意义上,代理制度属于民事行为制度的重要组成部分。

代理具有以下特征:

1. 代理人以作出或接受意思表示为职能

代理人进行代理行为,以代被代理人实施民事行为为使命,由于意思表示是民事行为的核心要素,因此,代被代理人独立为意思表示或接受意思表示,是代理人的职能。在这种意义上,代理只能适用于民事行为。

2. 代理人得以被代理人的名义或自己的名义进行活动

代理有直接代理和间接代理之分。狭义的代理仅指直接代理,即代理人须以被代理人的名义进行代理行为,大陆法系各国一般仅承认狭义的代理。广义的代理不仅包括直接代理,而且包括间接代理。所谓间接代理,就是代理人以自己的名义代被代理人为民事行为。我国现行民事立法采广义的代理。

3. 代理行为的法律效果直接归属于被代理人或经由间接代理人归属于被代理人。

二、代理关系

代理是一种特殊的民事法律关系。它由三方当事人构成。首先是本人,即被代理人;其次是代理人;最后是相对人,又称第三人。代理人与本人之间可能存在监护关系、财产代管关系、委托合同关系、合伙合同关系、劳动合同关系、雇佣合同关系等。在直接代理中,本人与相对人之间存在与代理行为相对应的诸种民事法律关系。在间接代理中,一旦本人依《合同法》第 402 条直接介入或依《合同法》第 403 条行使介入权,或相对人依《合同法》第 403 条行使选择权,本人与相对人之间也可存在与代理人的代理行为相对应的诸种法律关系。在直接代理中,因代理行为的法律效果由被代理人直接承受,代理人与相对人之间通常并不发生任何法律关系。在间接代理中,代理人与相对人之间存在与代理行为相对应的诸种法律关系。

三、代理的类型

1. 根据代理权产生的根据不同,可以将代理区分为委托代理、法定代理和指定代理委托代理又称为意定代理,是基于被代理人的授权所发生的代理。法定代理指基于法律的直接规定而发生的代理。指定代理指基于法院或有关机关的指定行为发生的代理。如法院指定解散法人的清算人。《民法通则》第 64 条规定,代理包括委托代理、法定代理和指定代理。委托代理人按照被代理人的委托行使代理权,法定代理人依照法律的规定行使代理权,指定代理人按照人民法院或者指定单位的指定行使代理权。

2. 根据代理人代理权来源的不同,可以将代理区分为本代理和复代理

代理人的代理权来源于被代理人直接授予代理权的行为,或来源于法律的规定以及有关机关的指定,这种代理称为本代理。复代理又称为再代理,是代理人为了实施代理权限内的全部或部分行为,以自己的名义选定他人担任被代理人的代理人,该他人称为复代理人,其代理行为产生的法律效果直接归属于被代理人。代理人选择他人担任复代理人的权力,称为复任权,是代理权的一项内容。

3. 根据代理人进行代理活动的方式,可以将代理区分为直接代理和间接代理

代理人在进行代理活动时以被代理人的名义,进行代理活动的法律效果直接由被代理人承受的代理制度,即是直接代理制度。

代理人在进行代理活动时以自己的名义,进行代理活动的法律效果间接由被代理人承受的代理制度,即是间接代理制度。

四、代理权

代理权为代理关系的基础。

在委托代理中,代理人取得代理权是基于被代理人的授权行为。依据《民法通则》第 65 条第 2 款的规定"书面委托代理的授权委托书应当载明代理人的姓名或者名称、代理事项、权限和期间,并由委托人签名或者盖章"。该授权行为属单方民事行为,无须取得代理人或第三人的同意,即可发生授予代理权的效力。授予代理权的行为可向代理人为之,也可向特定第三人为之,也可采公告的方式向不特定第三人为之;该行为可以采明示的方式,也可以采默示的方式,如店主雇用店员出售商品,由该事实可间接推知存在授予代理权的行为;在例外情形下还可以依沉默方式进行,如《民法通则》第 66 条第 1 款规定,本人知道他人以本人名义实施民事行为而不作否认表示的,视为同意。依据《民法通则》第 65 条第 1 款的规定,授权行为可以用书面形式,也可以用口头形式。法律、行政法规规定用书面形式的,应当用书面形式。授予代理权的民事行为,大多以代理人和被代理人之间存在有基础关系为前提。如代理人与被代理人之间存在委托合同关系、合伙合同关系、承揽合同关系、劳动合同关系或雇佣合同关系等。授予

代理权的民事行为系独立于这些基础关系的民事行为。

在法定代理中,代理权之取得基于法律的直接规定。法定代理主要适用于被代理人为无行为能力人或限制行为能力人的情况。法律之所以作出规定,一是为了保护处于特定情况下的民事主体的利益;二是为了维护交易安全。

在指定代理中,代理权的取得是基于法院或有关机关的指定行为。"有关机关"指依法对被代理人的合法权益负有保护义务的组织,如未成年所在地的居民委员会、村民委员会等。

五、代理权行使的限制

(一) 自己代理

所谓自己代理,指代理人在代理权限内与自己为民事行为。在这种情况下,代理人同时为代理关系中的代理人和第三人,交易双方的交易行为实际上只由一个人实施。由于交易皆是以对方利益为代价追求自身利益的最大化,很难避免代理人为自己的利益牺牲被代理人利益的情况,因此,自己代理,除非事前得到被代理人的同意或事后得到其追认,法律不予承认。

(二) 双方代理

双方代理又称同时代理,指一个代理人同时代理双方当事人为民事行为的情况。在交易中,当事人双方的利益总是互相冲突的,通过讨价还价,才能使双方的利益达到平衡。而由一个人同时代表两种利益,难免顾此失彼,因此,对于双方代理,除非事先得到过双方当事人的同意或事后得到其追认,法律应不予承认。

六、代理行为

代理行为即代理人行使代理权进行的民事行为。我国现行民事立法就代理行为的性质采代理行为说。代理行为属代理人行使代理权进行的民事行为,首先应满足民事行为的一般生效条件,方可发生当事人预期的法律效果。在判断代理行为是否满足民事行为一般生效条件时应注意,关于行为能力的有无,应就代理人决定之。关于意思表示是否真实,是否存在有瑕疵,也应就代理人决定之。但在委托代理中,如果代理人是依照本人的指示进行意思表示,关于意思表示是否真实,是否存在瑕疵,应就本人决定之。

除了满足民事行为的一般生效条件外,以代理人身份进行代理行为的当事人应具备代理权。无权代理的民事行为通常为效力存在欠缺的民事行为。

七、无权代理

无权代理,是指不具有代理权的当事人所实施的代理行为。无权代理,包括如下三种情况：1. 根本未经授权的代理。即当事人实施代理行为，根本未获得被代理人的授权。2. 超越代理权的代理。即代理人虽然获得了被代理人的授权，但他实施的代理行为不在被代理人的授权范围之内。就其超越代理权限所实施的代理行为，成立无权代理。3. 代理权已终止后的代理。即代理人获得了被代理人的授权，但在代理证书所规定的期限届满后，代理人继续实施代理行为，就其超过代理权存续期限所实施的代理行为，成立无权代理。

无权代理的法律效果包括：

（一）发生与有权代理同样的法律效果

基于如下两种情形，无权代理可以发生与有权代理同样的法律效果：

1. 被代理人行使追认权

通过被代理人行使追认权，可使无权代理行为中所欠缺的代理权得到补足，转化为有权代理，发生与有权代理同样的法律效果。被代理人追认权的行使，有明示和默示两种方式。所谓明示的方式，指被代理人以明确的意思表示对无权代理行为予以承认。所谓默示的方式，是指被代理人虽没有明确表示承认无权代理行为对自己的效力，但以特定的行为，如以履行义务的行为对无权代理行为予以承认。追认无权代理行为有效的权利，是被代理人基于意思自治原则所享有的权利，其法律性质为形成权。

2. 表见代理

表见代理为无权代理的一种，属广义的无权代理，它是指行为人虽没有代理权，但交易相对人有理由相信行为人有代理权的无权代理。此时，该无权代理可发生与有权代理同样的法律效果。

（二）不发生与有权代理同样的法律效果

1. 交易相对人行使撤销权

为衡平当事人之间的利益，与被代理人享有追认权相对应，善意的交易相对人享有撤销权。此处的善意系指交易相对人不知道且不应该知道行为人为无权代理，而且行为人也未举证证明该交易相对人有理由相信行为人有代理权。该善意交易相对人一旦行使撤销权，基于无权代理所为的民事行为就确定成为不生效的行为。交易相对人撤销权的行使，应注意：第一，应于被代理人行使追认权之前行使。第二，被撤销的无权代理行为，被代理人不得再为追认。第三，第三人关于撤销的意思表示，一般应向被代理人作出。

2. 被代理人拒绝行使追认权

无权代理行为发生后，被代理人享有追认或拒绝追认的选择权，代理行为处于效力未定状态。若被代理人明确表示拒绝追认或在交易相对人确定的催告期内不作出追认的表示，代理行为即不生效力。

无权代理不发生与有权代理同样的法律效果，并非不发生任何法律效果。

依据《民法通则》第 66 条第 1 款的规定,未经被代理人追认的无权代理行为,由行为人承担民事责任。可见,此时无权代理人应对交易相对人承担相应的民事责任,其内容包括:第一,无权代理人知道或应该知道自己没有代理权,仍进行代理行为,如果交易相对人不知道其为无权代理的,无权代理人应依据交易相对人的请求履行义务或就交易相对人因此遭受的履行利益的损害承担赔偿责任;如果交易相对人知道或者应该知道无权代理情形的,无权代理人无须承担赔偿责任。第二,无权代理人不知道自己没有代理权,进行代理行为的,如果交易相对人不知道其为无权代理,无权代理人应对交易相对人就此遭受的信赖利益的损害承担赔偿责任;如果交易相对人知道或者应该知道无权代理情形的,无权代理人无须承担赔偿责任。

依据《民法通则》第 66 条第 4 款,交易相对人知道行为人没有代理权、超越代理权或者代理权已终止还与行为人实施民事行为给他人造成损害的,由交易相对人和行为人负连带责任。

就无权代理人与本人之间的关系,无权代理人得依《民法通则》第 93 条关于无因管理制度的规定主张其权利。

八、代理关系消灭的原因

依据《民法通则》第 69 条的规定,委托代理关系消灭的一般原因为:代理期限届满或代理事务完成;被代理人取消委托或代理人辞去委托;代理人死亡;代理人失去行为能力;被代理人或代理人为法人时,因法人消灭而使代理关系消灭。此外,学说及审判实践尚认可委托代理关系消灭的其他原因。如授予代理权的行为附有解除条件或终期,于条件成就或期限届至时,代理关系消灭;作为授予代理权行为的基础关系,如委托合同、合伙合同、雇佣合同、承揽合同、劳动合同等终止,代理关系消灭;代理人抛弃代理权,代理关系消灭。

间接代理关系的消灭尚有特别原因:第一,委托人的自动介入。依据《合同法》第 402 条,受托人作为代理人以自己的名义,在委托人的授权范围内与第三人订立合同,第三人在订立合同时,知道受托人与委托人之间的代理关系的,该合同直接约束委托人和第三人,此时代理关系消灭。但有确切证据证明该合同只约束受托人和第三人的除外。第二,委托人行使介入权或者第三人行使选择权。依据《合同法》第 403 条第 1 款,间接代理制度中,第三人在与受托人订立合同的当时,不知道受托人与委托人之间的代理关系的,一旦受托人因第三人的原因对委托人不履行义务,受托人应当向委托人披露第三人,一旦委托人选择行使受托人对第三人的权利的,代理关系消灭。但第三人与受托人订立合同时如果知道该委托人就不会订立合同的除外。依据《合同法》第 403 条第 2 款,间接代理中,受托人因委托人的原因对第三人不履行义务,受托人应当向第三人披露委托人。第三人因此选择委托人作为相对人主张其权利的,代理关系消灭。

法定代理和指定代理关系的消灭原因主要有:被代理人已取得或恢复行为能力,使代理成为不必要;被代理人死亡或代理人死亡、丧失行为能力;指定机关撤销对指定代理人的指定;由其他原因引起的被代理人和代理人之间的监护关系消灭。

代理关系消灭后,代理权归于消灭,代理人不得再以代理人的身份进行活动,否则即为无权代理。代理关系消灭后,代理人在必要和可能的情况下,应向被代理人或其继承人、遗嘱执行人、清算人、新代理人等,就其代理事务及有关财产事宜作出报告和移交。委托代理人应向被代理人交回代理证书及其他证明代理权的凭证。

第十节 期限与诉讼时效

一、期限

期限,即期日和期间。期日,指一定的时间点,即不可分或视为不可分的一定时间,属于静态的时间。期间,指一定的时间段,即期日与期日之间,也即自某一时间点始至某一时间点止的时间段。任何民事法律关系的发生、变更和消灭都在一定的时间内进行。没有期限,即不能确知和确定权利义务的产生、变更、消灭和持续的时间,因此,期限在民法上具有重要意义。

期日为不可分的特定时间点,不发生计算问题。期间为一定的时间段,存在计算问题。《民法通则》第 154 条第 1 款规定,民法所称的期间按照公历年、月、日、小时计算。第 155 条规定,民法所称的“以上”、“以下”、“以内”、“届满”,包括本数。所称的“不满”、“以外”,不包括本数。就期间的计算,有自然计算法和历法计算法两种方法。我国民法的期间计算法兼采二者。自然计算法指按实际时间精确计算的方法。以 60 秒为一分,60 分为一小时,24 小时为一日,7 日为一星期,15 日为半月,30 日为一月,3 月为一季度,180 日为半年,365 日为一年。月不分大小,年不分平闰,均依此标准进行计算。《民法通则》司法解释第 198 条规定,当事人约定的期间不是以月、年第一天起算的,一个月为 30 日,一年为 365 日。即采自然计算法。自然计算法虽较精确,但不够简便,如用来计算长期间,颇不适宜。历法计算法,即按公历所定之日、星期、月、年计算。历法计算法虽较简便,但欠精确。通常以星期、月、年定连续性期间的,依历法计算法,但规定的期间为一个半月或者几个月零半月的,最后半个月依自然计算法;规定以星期、月或者年定非连续性期间的,依自然计算法。

期间的起算点,通常应依据《民法通则》第 154 条第 2 款确定,即规定按照小时计算期间的,从规定时开始计算。规定按照日、月、年计算期间的,开始的当天不算入,从下一天开始计算。但法律另有规定或当事人另有约定的除外。如依《民法通则》第 135 条、第 137 条,向人民法院请求保护民事权利的诉讼时效期间为二年,从知道或者应该知道权利被侵害时起计算。再如《民法通则》司法解释第 199 条规定,按照日、月、年计算期间,当事人对起算时间有约定的,按照约定。延长期间的,新期间从前一期间届满开始计算。

依《民法通则》第 154 条第 3 款,期间的最后一天是星期日或者其他法定休假日的,以休假日的次日为期间的最后一天。依《民法通则》司法解释第 198 条第 2 款,期间的最后一天是星期日或者其他法定休假日,而星期日或者其他法定休假日有变通的,以实际休假日的次日为期间的最后一天。此为期日或期间终止点的延长。依《民法通则》第 154 条第 4 款,期间的最后一天的截止时间为二十四点。有业务时间的,到停止业务活动的时间截止。此为期日或期间终止点的缩短。

二、诉讼时效制度

诉讼时效制度,又称消灭时效制度,是指权利人不行使权利经过法定期间,即发生权利功效减损法律效果的制度。诉讼时效制度的功能有三:第一,督促权利人及时行使权利。第二,避免义务人的举证困难。第三,维持既定法律秩序的稳定。权利人长期不行使权利,会导致呈现一种权利不存在的状态,并使他人对这种事实状态基于合理的信赖,产生相应的预期,形成当事人间相应的稳定关系。如果允许权利人无论何时均得主张其权利,势必影响法律秩序的稳定,与法律力图实现的目标相悖。诉讼时效制度的存在,限制了权利人得以主张权利的时机,有助于维持既定法律秩序的稳定。

诉讼时效的客体,又称诉讼时效的标的,是指诉讼时效制度所适用的权利类型。我国现行民事立法对诉讼时效的客体未设明文,应区分类型予以处理:第一,债权的请求权应适用诉讼时效。第二,损害赔偿请求权以外的其他类型的侵权请求权,不适用诉讼时效。第三,基于身份关系的请求权,不适用诉讼时效。鉴于身份关系的性质,基于身份关系的请求权,如夫妻同居请求权、父母对第三人请求交还未成年子女的请求权等,并非诉讼时效的客体。第四,基于相邻关系的请求权,如通行请求权、排水请求权、日照请求权等不适用诉讼时效。第五,依据《民法通则》司法解释第 170 条的规定,未授权给公民、法人经营、管理的国家财产受到侵害的,不受诉讼时效期间的限制。

诉讼时效期间即权利人不行使权利发生权利功效减损的法律效果需经过的法定期间。诉讼时效期间包括:普通诉讼时效期间。指由民事基本法统一规定的,普遍适用于各种民事法律关系的时效期间。除法律另有特别规定外,所有的民事法律关系皆适用普通诉讼时效期间,《民法通则》第 135 条规定了普通诉讼时效期间为 2 年。特别诉讼时效期间,指由民事基本法或特别法就某些民事法律关系规定的短于或长于普通诉讼时效期间的时效期间。特别诉讼时效期间通常短于普通诉讼时效期间,是因为它处理的民事法律关系对确定性的要求较强,必须在更短的期间内确定化。特别诉讼时效期间不具有普遍性,只适用于特殊的民事法律关系。

我国《民法通则》第 137 条规定:诉讼时效期间从知道或者应当知道权利被侵害时起计算。这是关于诉讼时效期间起算的一般规定。

诉讼时效期间的中止,又称诉讼时效期间不完成,指在诉讼时效期间进行中,因发生一定的法定事由使权利人不能行使请求权,暂时停止计算诉讼时效期间,待阻碍时效期间进行的法定事由消除后,继续进行诉讼时效期间的计算。依《民法通则》第 139 条的规定,不可抗力和其他障碍为使诉讼时效期间中止的法定事由。依《民法通则》第 139 条的规定,诉讼时效期间可以中止的时间,为诉讼时效期间的最后 6 个月内。诉讼时效期间中止后,中止的期间不计入时效期间内。待中止事由消除后,时效期间继续进行,与中止前已经过的时效期间合并计入总的时效期间。诉讼时效期间中断,指在诉讼时效进行期间,因发生一定的法定事由,使已经经过的时效期间统归无效,待时效期间中断的事由消除后,诉讼时效期间重新计算。依《民法通则》第 140 条的规定,可使诉讼时效期间中断的法定事由有权利人提起诉讼、当事人一方提出要求或者同意履行义务。通常情况下,权利人在诉讼时效期间内不行使权利,于时效期间届满后,向法院要求保护权利的,法院不予支持。但有的权利人在诉讼时效期间内未能行使权利确有正当原因,其原因不包括在使时效期间中止、中断的法定事由内,严格适用诉讼时效期间的规定将造成不公平的结果。针对这种情况,依据《民法通则》第 137 条规定,有特殊情况的,法院可以延长时效期间,以便保护特殊情况下权利人由于特殊原因未能及时行使的权利,避免造成不公平的结果。

《民法通则》第 137 条同时规定,从权利被侵害之日起超过 20 年的,人民法院不予保护。其意思为,即使权利人不知道或不应该知道权利已被侵害,自权利被侵害之日起经过 20 年的,其权利也失去法律的保护。

在我国现行民事立法上,依据《民法通则》第 135 条和第 138 条的规定,以及最高人民法院关于适用《中华人民共和国民事诉讼法》若干问题的意见第 153 条"当事人超过诉讼时效期间起诉的,人民法院应予受理。受理后查明无中止、中断、延长事由的,判决驳回其诉讼请求"的规定,可以得出诉讼时效期间届满,发生胜诉权消灭的法律效果。这表明在我国现行民事立法上,诉讼时效期间届满,当事人并未丧失程序上的诉权,即起诉权。因此当事人在诉讼时效期间届满后仍有权起诉,法院应当受理,而不能裁定驳回起诉。法院受理后,应依职权审查诉讼时效期间是否届满。法院经审查认定诉讼时效期间届满的,应以判决驳回原告的诉讼请求。

主要参考书目:

1. 王利明:《民法总则研究》,中国人民大学出版社 2003 年版。
2. 魏振瀛主编:《民法》,高等教育出版社 2000 年版。
3. 佟柔:《中国民法》,法律出版社 1990 年版。
4. 董安生:《民事法律行为》,中国人民大学出版社 1994 年版。

第七章　合　同　法

第一节　我国合同法的概念、目的和基本原则

一、我国合同法的概念

要了解什么是合同法，应首先了解什么是合同。合同是平等主体之间设立、变更、终止权利义务关系的协议。也就是说合同关系是一种民事法律关系。合同的范围可以包括民事合同、行政合同、劳动合同等。我国合同法规定的是民事合同，是在当事人之间产生民事权利义务关系的协议。

合同法是调整合同关系的法律，它规定合同的原则，合同的订立、效力、履行、变更、转让，合同的权利义务终止，违约责任及有关的具体合同。调整合同关系的法律规范属于民法规范。合同法是属于民法体系中最重要的法律，在我国法律体系中属于基本法律。

根据我国《民法通则》第2条规定，中华人民共和国民法调整平等主体的公民之间、法人之间、公民和法人之间的财产关系和人身关系。合同法作为民法的重要组成部分，它所调整的主要是平等主体之间债权、债务关系。即公民、法人和其他组织利用合同进行商品生产和商品交换活动时，就由合同法加以调整。如公民进行的买卖商品、劳务、技术服务、借贷等，企业进行的生产、加工、运输等，国家机关进行的采购办公用品等。而政府对经济的管理则属于行政法律关系，是不平等主体之间进行的法律活动，不适用合同法，应适用有关的行政法规。又如婚姻、收养、监护等有关身份关系的协议，虽然属于民事法律关系，但适用其他法律规定，不适用合同法。

自改革开放以来，随着社会主义经济的飞速发展，在现实生活中，合同的作用愈来愈大，不仅涉及人们的生产，也涉及人们生活的各个方面。因此，制定合同法日趋必要。我国自1981年以来先后制定了《中华人民共和国经济合同法》、《中华人民共和国涉外经济合同法》、《中华人民共和国技术合同法》三部有关合同的法律。但随着社会主义现代化建设和经济贸易关系的不断发展，上述三部合同法已不能适应现实发展的需要了，急需制定统一的合同法，规范各类合同的订立、履行和应当遵守的条件以及违反合同的法律责任。为此，国家立法机关会同从事司法实际的同志和法学专家、学者，经过了几年的努力，于1999年3

月15日第九届全国人大二次会议上审议通过并公布了《中华人民共和国合同法》(以下简称《合同法》),废止了《中华人民共和国经济合同法》、《中华人民共和国涉外经济合同法》和《中华人民共和国技术合同法》。从此我国有了一部统一的合同法典。《合同法》分总则、分则和附则,共23章428条,在总则中规定了我国合同法的任务原则,合同的订立效力、履行、变更、转让,合同权利义务的终止,以及违约责任等,在分则中,规定了我国经济生活中适用的一些合同,如买卖合同、供用电、水、气、热力合同等共23种。《合同法》的制定,对我社会主义市场经济有序的发展具有重要意义。

二、我国合同法的目的

合同法的立法目的是指制定合同法要达到的目标,或要实现的结果。《合同法》第1条规定:"为了保护合同当事人的合法权益,维护社会经济秩序,促进社会主义现代化建设,制定本法"。

根据该条规定,合同法的立法目的表现在以下几个方面:

(一)保护合同当事人的合法权益。合同当事人是合同法律关系的主体,即参加合同关系、享受一定权利、承担一定义务的自然人、法人和其他组织,也称为债权人和债务人。在一般合同当事人中,债权人是有权请求对方当事人依照法律和合同规定履行一定义务的合同关系的主体;债务人则是依合同和法律负有一定义务的合同关系的主体。合同当事人订立合同的目的,是使其合法的权益得到法律保护藉以维护其权利和利益。合同法的制定就正是为了保护当事人的合法权益得以实现。

(二)维护社会经济秩序。维护社会经济秩序是保障社会经济活动正常运行的稳定规则。合同体现财产流转关系,是社会主义市场经济运行的基础。合同法是市场交易的基本法,它调整合同关系,维护债的流转秩序,保障债权人的债权,使社会经济秩序稳定、有序,所以合同法必然要以维护社会经济秩序为目的。

(三)促进社会主义现代化建设。根据上层建筑与经济基础的基本原理,法律作为上层建筑的重要组成部分必须服务于社会主义经济和现代化建设。我国正处于社会主义初级阶段,国家的根本任务是集中精力进行社会主义现代化建设。合同法作为基本法,必然要服务于国家的根本任务,为社会主义现代化建设服务。

三、合同法的基本原则

《合同法》第3条至第7条规定了合同法的基本原则。主要有合同当事人平等原则、自愿原则、公平原则、诚实信用原则、当事人订立、履行合同遵守法律和维护道德原则。由于合同法是民法的重要组成部分,上述合同法的这些原则,可参见本书第五章民法概述第一节我国民法的概念、任务和基本原则。

第二节 合同的订立

一、合同订立的概念

合同的订立就是合同当事人进行协商,使双方当事人或者多方当事人的意思表示趋于一致的过程。合同的订立又称为合同的签订,它是一个非常重要的阶段,因为依法订立合同是合同生效的前提,是履行义务、享有权利、解决纠纷和请求法律保护的依据。必须依法订立合同。

二、合同订立的要件

根据合同法的规定,合同订立的要件有以下几点:

1. 合同主体资格

合同主体资格是指合同的当事人不论是公民、法人或者其他组织,都必须符合法律的要求。依据《合同法》第 9 条规定:"当事人订立合同,应当具有相应的民事权利能力和民事行为能力"。因为合同是以当事人的意思表示为基础。订立合同的人必须具备一定的独立表达自己的意思和能理解其行为后果的能力,这就要求合同的主体,不论是自然人、法人还是其他组织,必须具有相应的民事权利能力和民事行为能力。关于民事主体权利能力和行为能力的分析,可参见本书第五章民法概述第三节民事法律关系主体。

为适应社会主义市场经济的需要,《合同法》第 9 条第 2 款还规定:"当事人依法可以委托代理人订立合同"。当事人订立合同时,不一定亲自参加,可以委托他人代理。但是,代理人订立合同时,一般要向对方出具其委托人签发的授权委托书。

2. 合同内容

合同内容是设立、变更、终止民事权利义务关系,是关系到当事人利益及订立合同的目的,只有对合同内容协商一致,合同才能成立。

由于合同的种类不同,如有买卖合同、赠与合同、借贷合同、租赁合同、承揽合同、技术合同等等,合同的具体内容是不同的,但概括起来,一般应包括:当事人的名称或者姓名和住所、标的、数量、质量、价款或者报酬、履行期限、地点和方式、违约责任、解决争议的方法。在订立合同时,由于经济贸易的多样性,而当事人又缺乏订立合同的知识和经验,因而《合同法》第 12 条第 2 款规定当事人可以参照各类合同的示范文本订立合同。所谓示范文本是指由一定的综合部门主持,在广泛听取各方面意见、特别是消费者意见之后,按一定程序形成的示范文本,而非是当事人或某单位订立的格式条款。

3．合同的形式

合同形式是合同当事人所达成的协议的表现形式，是合同内容的载体。

《合同法》第10条规定："当事人订立合同，有书面形式、口头形式和其他形式"。该条的规定表明合同的形式可由当事人选择，口头、书面等形式均可。但在该条的第2款又明确规定，法律、行政法规规定采用书面形式的，应当采取书面形式。例如房地产交易，法律就规定要用书面形式，否则合同无效。口头形式是指当事人只用语言为意思表示订立合同，而不用文字等书面形式表达协议内容的合同形式。口头形式的合同有一定优点，这就是简便、迅速、缔约成本低，但其不足之处是一旦发生争议时，不易取证和分清是非。除上述两种形式外，合同还有其他形式，如公证形式、批准形式、推定形式等。

《合同法》第11条还列举了书面形式，主要是指合同书、信件和数据电文三种。数据电文包括电报、电传、传真、电子数据交换和电子邮件等。书面形式合同的优点在于合同有据可查，权利义务关系记载清楚，便于履行，一旦发生纠纷便于举证，容易分清是非。

4．要约与承诺

(1) 要约

当事人订立合同，须经过一个过程，对其内容进行协商。采取什么方式进行协商，根据《合同法》第13条的规定，"当事人订立合同，采取要约、承诺方式。"订立合同可以采取不同的方式进行协商或谈判，但是，不管采取协商还是谈判，都必须经过要约和承诺这两个步骤，这是订立合同的基本规则。

要约是希望和他人订立合同的意思表示。要约欲取得法律效力，必须具备一定条件，根据《合同法》第14条规定，要约应具备以下两个条件：一是要约内容要具体明确，这就是要约人要使受要约人明确是谁发出的要约，要约的目的是什么等；二是表明经受要约人承诺，要约人即受该意思表示约束。即一旦受要约人对要约予以承诺，要约人与受要约人之间的合同订立过程即告结束，合同也就成立了，要约人即受该意思表示约束。

要约什么时候生效，根据《合同法》第16条规定，要约到达受要约人时生效。要约的送达方式不同，其到达的方式也不同，例如采用普通邮寄送达要约方式的，以受要约人收到要约文件或者要约送达到受要约人信箱时间为到达时间。采用数据电文形式订立合同的，收件人指定特定系统接受数据电文的，电文进入收件人的指定的系统的时间或者在未指定接收信息系统情况下电文进入收件人的任何系统的首次时间，作为要约的到达时间。

要约能否撤回，根据《合同法》第17条规定，要约可以撤回。所谓要约撤回，是指要约在发生法律效力之前，要约人想使其要约不发生法律效力而取消要约的意思表示。要约撤回必须是要约人撤回要约的通知应当在要约到达受要约人之前或与要约同时到达受要约人。

要约也可以撤销,要约的撤销是指要约在发生法律效力之后,要约人欲使其丧失法律效力而取消该要约的意思。《合同法》第 18 条、第 19 条对要约的撤销作了严格的规定和限制。首先,要约可以撤销,但撤销要约的通知应当在受要约人发出承诺通知之前到达受要约人。其次,有下列情形之一的,要约不得撤销:一是要约人确定了承诺期限或者以其他形式明示要约不可撤销;二是受要约人有理由认为要约是不可撤销的,并已经为履行合同作了准备工作,例如为付款而向银行贷了款或者为准备履行要约作了其他的物质准备等。可见上述两点规定是从受要约人的利益考虑作了一定限制。

要约的失效,也称要约的消灭,是指要约丧失了对要约人和受要约人的法律约束力。《合同法》第 20 条规定在下列四种情况下要约失效:① 拒绝要约的通知到达要约人;② 要约人依法撤销要约;③ 承诺期限届满,受要约人未作出承诺;④ 受要约人对要约的内容作出实质性变更。

(2) 承诺

承诺,是指受要约人同意接受要约的全部条件的意思表示。承诺必须具备以下要件:一是承诺须由受要约人向要约人作出;二是承诺的内容须与要约的内容完全一致。如果受要约人对要约的内容作出实质性变更的,为新要约。实质性的变更是指合同标的、数量、质量、价款或者报酬、履行期限、地点、方式、违约责任和解决争议方法等的变更。一般合同谈判成立的过程,经常会出现要约、新要约、更新要约直到承诺。

承诺应当以通知的方式作出,但根据交易习惯或者要约表明可以通过行为作出承诺的,可以用行为表示承诺。例如某砖瓦厂根据某建筑公司发出的要约,要求购买砖瓦 10 万块,砖瓦厂收到要约后,即派人将 10 万块砖瓦送至某建筑公司,该砖瓦厂的送货行为,根据交易习惯完全可以认为是对该建筑公司作出承诺。承诺应当在要约确定的期限内到达要约人。要约没有确定承诺期限的,依据《合同法》第 23 条第 2 款第 1 项规定,以对话方式作出的,应当即时作出承诺;要约以非对话方式作出的,承诺应当在合理的期限内到达。“合理期限”是根据要约发出的客观情况和交易习惯确定,既要保证受要约人有足够时间考虑,也要使要约人对他的信赖利益不受损失。要约以信件或者电报作出的,承诺期限自信件载明的日期或者电报交发之日开始计算。信件如果未载明日期的,自投寄该信件的邮戳日期开始计算。要约以电话、传真等快速通讯方式作出的,承诺期限自要约到达受要约人时开始计算。承诺生效时合同即成立。

承诺的撤回是承诺人阻止或者消灭承诺发生法律效力的意思表示。根据《合同法》第 27 条规定,承诺可以撤回。但是撤回承诺的通知应当在承诺通知到达要约人之前,或者与承诺通知同时到达要约人。

逾期承诺，是指受要约人超过承诺期限，发出承诺。该承诺是否有效，根据《合同法》第28条、第29条规定，由要约人决定，要约人及时通知受要约人该承诺有效的，合同成立，否则为新要约。如果承诺逾期到达，即受要约人是在承诺期限内发出承诺，按照通常情形能够及时到达要约人，但因其他原因，如投递迟误，承诺到达要约人时超过了承诺期限，除要约人及时通知受要约人因承诺超过期限不接受该承诺外，该承诺有效。

承诺的内容应当与要约的内容一致，所谓内容一致是指要约人与受要约人就订立合同的意思表示一致。判断内容一致，主要是看承诺的内容与要约的实质内容是否一致。实质内容是涉及到合同的性质和主要条款，如标的、数量、质量、价款或者报酬、履行期限、履行地点和方式、违约责任、解决争议方法等等。如果受要约人发出的承诺的内容对要约的内容作出了实质性变更，那么，该承诺不再是对原要约的承诺，而是受要约人向要约人发出的新要约。如果承诺对要约的内容作出非实质性变更，除要约人及时表示反对或者要约表明承诺不得对要约的内容作出任何变更以外，该承诺有效，合同的内容以承诺的内容为准。非实质性的内容变更通常表现在：首先，承诺人在承诺中增加了一些建议和希望性的条款；其次，受要约人在承诺中增加了一些非实质性的义务；再次，受要约人在要约的实质内容增加了一些说明性的条款；最后，在要约人的授权范围之内，对要约的实质性内容的变更。

合同成立的时间、地点：一是当事人采用合同书形式订立合同的，当事人如果是自然人的，由自然人签字或者盖章；当事人是法人的，由法定代表人签字或者盖章，合同即成立。二是当事人采用信件、数据电文等形式订立合同的可以在合同成立之前要求签订确认书，签订确认书时合同即成立。确认书是通过信件、数据电文等方式订立合同，事后当事人以书面形式对合同内容予以确认的文件。确认书的性质属于承诺。三是法律、行政法规规定或者当事人约定采用书面形式订立合同，当事人未采用书面形式，但一方已经履行主要义务，对方接受的，合同法承认双方之间成立合同。四是采用合同书形式订立合同，在签字或盖章之前，当事人一方已经履行主要义务，对方接受的，承认合同成立。

合同承诺生效的地点为合同成立的地点。采用数据电文形式订立合同的，收件人的主要营业地为合同成立的地点，如果没有主要营业地的，其经常居住地为合同成立的地点。当事人另有约定的，按照约定。当事人采用合同书形式订立合同的，双方当事人签字或者盖章的地点为合同成立的地点。

除此之外，合同法还对计划合同和采用格式条款订立合同也作了具体规定。《合同法》第38条规定："国家根据需要下达指令性任务或者国家订货任务的，有关法人、其他组织之间应当依照有关法律、行政法规规定的权利和义务订立合同。"所谓指令性计划是国家计划的一种形式。国家指令性计划由国家计委或者省级计划部门以及它们所授权的部门下达。根据指令性计划而订立的合同主要是国家订货合同,在这类合同中,企业、事业单位必须执行国家指令性计划,按照计划要求与需方签订供货合同,并按合同组织生产和销售产品、履行合同。该条还规定在订立合同时应当依照有关法律和行政法规规定的权利和义务,是指在企业法和其他法律、法规中规定的企业、事业单位的权利和义务,如根据《中华人民共和国全民所有制工业企业法》第35条的规定,企业必须完成指令性计划。

采用格式条款订立合同,是指当事人为了重复使用而预先拟定,并在订立合同时未与对方协商的条款。由于格式条款的这一特点,《合同法》第39条规定,提供格式条款的一方应当遵循公平原则确定当事人之间的权利和义务,同时采取合理方式,提请对方注意免除和限制其责任的条款,并按照对方的要求,对该条款予以说明。可见双方当事人在同一合同中,特别商定的合同条款要比格式条款的效力高。

格式条款如果违背诚实信用原则,并具有以下情形的,该条款无效:一方以欺诈、胁迫的手段订立合同,损害国家利益;恶意串通损害国家、集体或者第三人利益;以合法形式掩盖非法目的;损害社会公共利益;违反法律、行政法规强制性规定;同时格式条款具有造成对方人身伤害的,因故意或重大过失造成对方财产损失的,或者提供格式条款一方免除其责任、加重对方责任、排除对方主要权利的等。这一规定充分保护了当事人一方的合法权利。

对格式条款的理解发生争议的,首先是应当按照通常理解予以解释,如果在解释上不一致,须遵循两个原则:一是不利于提供条款当事人的原则,此原则主要是为了限制提供格式条款的一方利用其优势地位损害另一方当事人利益的情况的发生;二是非格式条款优于格式条款的原则,这是因为格式条款是当事人为了重复使用而预先拟定,并未与对方充分协商的条款。

5. 缔约过失责任

缔约过失责任,是指合同订立过程中,一方当事人因没有履行依据诚实信用原则所应负的义务,而导致另一方当事人遭受一定的损失。这种情况包括:一是假借订立合同,恶意进行磋商;二是故意隐瞒与订立合同有关的重要事实或者提供虚假情况;三是有其他违背诚实信用原则的行为。一方当事人要承担相应的损害赔偿责任。

当事人在订立合同过程中有保密的义务。我国《反不正当竞争法》规定,商业秘密,是指不为公众所知悉、能为权利人带来经济利益、具有实用性并经权利人采取保密措施的技术信息和经营信息。这些技术信息和经营信息,一旦对方要求保密,就具有商业秘密的性质,当事人必须负有保守商业秘密的义务。一旦泄露或者不正当使用他人商业秘密给对方造成损失的,应当承担损害赔偿责任。

第三节 合同的效力

一、合同效力的概念、种类

合同效力,是指合同的法律效力,即合同所具有的法律拘束力。法律的拘束力,是指法律的强制性,即法律以其强制力迫使合同当事人必须按照其相互之间的约定完成一定的行为。当然,合同的效力问题是以合同为基础,反映国家对于成立合同的态度是肯定还是否定,若国家对合同予以肯定即为有效合同,否定即为无效合同。

根据我国合同法的规定,合同的效力有:有效合同、无效合同、可撤销合同、可追认合同四种。

二、有效合同、无效合同、可撤销合同、可追认合同

(一) 有效合同

有效合同,是指依法成立的合同,它具备合同成立的要件,符合法律的要求。

有效合同具备的要件:一是行为人具有相应的民事行为能力,即合同主体具有民事权利能力和民事行为能力;二是意思表示真实,即合同当事人订立合同是真正自愿的,不是强加的,不是在违背真实意思情况下订立的;三是合同内容不违反法律即合法,或者不违反社会公共利益,不损害国家和社会公共利益。

有效合同生效的时间,依据《合同法》第44条规定,自成立时生效。但也有三种特殊情况:一是依照法律、行政法规规定应当办理批准、登记手续生效的,应当依照其规定办理批准、登记手续,例如,《担保法》规定,以土地使用权、城市房地产抵押的,应当办理抵押物登记,抵押合同自登记之日起生效;但是如发生纠纷,在第一审法庭辩论终结前,当事人仍未办理批准登记手续的,人民法院应认定合同未生效。法律法规规定合同应当办理登记手续的,但未规定登记后生效的,当事人未办理登记手续不影响合同的效力,合同的标的物所有权及其他物权不能转移。二是当事人对合同的效力约定附条件的,自条件成就时生效。条件成就是指作为条件的事实发生,否则是条件没有成就,合同就不生效。三是当事人对合同的效力可以约定附期限的,自期限届至时合同就生效。期限,是指合同当事人选定将来确定发生的事实以作为控制合同效力发生或作为终止合同的条款。

合同生效后,对合同当事人就具有法律约束力,当事人应当按照合同约定履行自己的义务,如果不履行合同规定的义务,或者履行合同义务不符合约定,应

当承担违约责任,受损害方受法律的保护。

(二) 无效合同

无效合同是相对于有效合同而言的,无效合同缺乏合同的生效要件,当然不发生法律的效力。建立无效合同制度的根本目的,是为了保护国家、社会公共利益。根据《合同法》第52条规定,导致合同无效有以下五种情况:

1. 一方以欺诈、胁迫的手段订立合同,损害国家利益的。所谓欺诈是指一方当事人故意欺骗他人而使他人陷入错误从而与其订立合同。胁迫是一方当事人以将来要发生的损害或者以直接施加损害相威胁,而使对方当事人产生恐惧而与之订立合同的行为。但是,只有该类行为损害国家利益时,才属无效合同,损害非国家利益的,根据《合同法》第54条规定,属于可撤销的合同。

2. 恶意串通,损害国家、集体或者第三人利益。恶意串通,是指合同当事人在明知或者应当知道某种行为损害国家、集体或者第三人利益的情况下而故意实施该行为。

3. 用合法形式掩盖非法目的。此种情况有二:一是指当事人通过实施合法的行为来达到掩盖其非法的目的,二是当事人从事的行为在形式上是合法的,但在实质内容上是非法的。

4. 损害社会公共利益。损害社会公共利益的合同涉及面比较广,例如,暴力行为、损害人格行为、有赌博性质的行为等等。

5. 违反法律、行政法规的强制性规定。法律、行政法规强制性规定是指强制性的法律规范,又分为义务性规范和禁止性规范。义务性规范是人们必须履行一定行为的法律规定,禁止性规范是人们不得从事某种行为的法律规定。合同法规定,合同不论是违反义务性规范还是禁止性规范都是无效合同。但是当事人超越经营范围订立合同,人民法院不因此认定合同无效,但违反国家限制经营、特许经营以及法律、法规禁止经营的除外。

根据《合同法》第56条的规定,无效合同自始无法律效力。但是合同部分无效的,不影响其他部分的效力,其他部分仍然有效。无效、被撤销或者终止的合同,不影响合同中独立存在的有关解决争议方法条款的效力。但是,有过错的一方应当赔偿对方因此所受到的损失。

(三) 可撤销合同

可撤销合同,主要是意思表示不真实的合同。它包括可以撤销和可以变更的合同。合同法规定,下列合同可以变更或者撤销:

1. 因重大误解订立的。重大误解是指一方当事人因自己的过失导致对合同的内容等发生误解而订立的合同。

2. 订立合同时显失公平。显失公平不是有点不公平,而是指订立合同时明显对自己有重大不利的行为,或者说,由于一方当事人利用优势或者利用对方没有经验,使双方的权利与义务明显违反公平、等价有偿的原则。

3. 一方以欺诈、胁迫的手段或者乘人之危,使对方在违背真实意思的情况下订立的合同。在这里规定合同可撤销制度是为了体现和维护公平、自愿的原则,给当事人一种补救的手段。

可撤销合同与无效合同不同,无效合同是损害了国家和社会公共利益,可撤销合同是对一方当事人显失公平。具体说:第一,可撤销合同必须由当事人提出,变更还是撤销当事人可以选择;第二,只有受害方才有权提出变更或撤销,有过错的一方不能提出;第三,提出的当事人负有举证责任,有过错的一方负责赔偿对方因此所受到的损失;第四,由人民法院或者仲裁机构作出裁决,在做出裁决前,该合同仍有效,裁决对合同内容予以变更的,按裁决履行,如果被撤销,合同自始至终没有法律约束力;第五,撤销权的行使有一定期限,具有撤销权的当事人自知道或者应当知道撤销事由之日起1年内没有行使撤销权,或者知道撤销事由后作明确表示或以自己的行为放弃撤销权的,撤销权消灭。关于1年的期限为不变期间,不适用诉讼时效中止或延长的规定。

(四)可追认合同

可追认合同,指当事人订立的合同,在某些方面不符合合同生效的要件,但不属于无效合同或可撤销合同,对此情况合同当事人可采取补救办法,待条件符合法律要求,即可成立,又可称为合同效力待定。

根据合同法及相关法律法规的规定,可追认合同有以下两种情况:

一是主体存在问题。首先是限制民事行为能力人订立的合同,经过法定代理人追认后,该合同有效,但纯获利益的合同或者与其年龄、智力、精神健康状况相适应而订立的合同,不必经过法定代理人追认。相对人可以催告法定代理人在1个月内予以追认。如果法定代理人未作表示,视为拒绝追认。合同被追认之前,善意相对人有撤销的权利,但撤销应当以通知的方式作出。其次是代理方面发生的问题,一是行为人没有代理权;二是代理人超越代理权;三是代理权终止后还以被代理人名义订立合同,产生上述情况时,相对人可以催告被代理人在1个月内予以追认,未经被代理人追认,对被代理人不发生效力,而由行为人承担责任。假若被代理人知道行为人以他的名义订立合同而不作否认表示,或者委托代理书中对委托权限未写清楚,还有本来是代理人后来不作代理了,但未通知与其长期往来的相对人。若遇这几种情况,相对人有理由相信行为人有代理权,是善意相对人,有的人将这种情况称为表见代理。为了保护善意相对人,根据合同法规定,在这几种情况下,该代理推定为有效,关于被代理人与行为人相互之间的责任问题,不属该法律关系,应依据其他有关法律予以解决。

二是客体存在的问题。主要是无处分权的人处分他人的财产,或者未经其他共有人同意处分共有财产,如果经权利人追认或者与无处分权人订立合同后取得处分权的,该合同有效。

第四节 合同的履行

一、合同履行的概念

合同的履行是合同生效以后,合同当事人依照合同的约定实施属于合同标的的行为,如交付货物、完成工作、提供劳务、支付价款等等,使合同目的得以实现。合同的履行是合同法中一个极为重要、关键的问题,因为合同中所规定的权利和义务,只有通过履行才能达到。人们常说合同的订立是前提,合同的履行是关键,订立合同而不予履行,合同是一纸空文。

二、履行合同应遵循的原则

(一) 全面、适当履行原则

全面、适当履行的原则,是指合同当事人按照约定全面履行自己的义务,如按照合同规定的标的、质量、数量、履行期限、履行地点、履行方式等内容完成合同规定的应尽的义务。按照约定履行,既要全面履行合同义务,又要正确适当履行合同义务。

(二) 诚实信用原则

诚实信用原则是合同法的基本原则,在这里是强调了不仅在订立合同时要诚实信用,在履行合同义务时,也要强调诚实信用。《合同法》第60条规定,当事人应当遵循诚实信用原则,根据合同的性质、目的和交易习惯履行通知、协助、保密等义务。在实践中,除上述合同法规定的义务外,当事人还有其他应履行的义务,如为当事人提供必要的方便条件或采取积极措施防止自己或对方当事人的损失扩大等。

(三) 公平合理履行原则

当事人在订立合同时,难免有的问题考虑不够全面,遇到这种情况发生时,总的原则是,进行补救,不能因此影响合同的履行。如果当事人对有关合同内容约定不明确,合同生效后,不能达成补充协议,按照合同有关条款或者交易习惯确定,若还不能确定,《合同法》第62条作了规定:(1) 质量要求不明确的,按照国家标准、行业标准履行;没有国家标准、行业标准的,按照通常标准或者符合合同目的的特定标准履行。(2) 价款或者报酬不明确的,按照订立合同时履行地的市场价格履行;依法应当执行政府定价或者政府指导价的,按照规定履行。(3) 履行地点不明确,给付货币的,在接受货币一方所在地履行;交付不动产的,在不动产所在地履行;其他标的,在履行义务一方所在地履行。(4) 履行期限不明确的,债务人可以随时履行,债权人也可以随时要求履行,但应当给对方必要的准备时间。(5) 履行方式不明确的,按照有利于实现合同目的的方式履行。(6) 履行费用负担不明确的,由履行义务一方负担。

(四) 不得擅自变更原则

合同订立后在履行过程中,如果出现需要变更的情况,一方当事人不得擅自变更或擅自将权利义务转让。如果需要变更或转让时,为了保障合同的严肃性,要取得对方当事人的同意,并且不得违背法律、行政法规强制性的规定。

三、履行合同当事人的抗辩权、保全措施和当事人变化承担责任问题

合同法为保护当事人的合法权益,维护社会经济秩序,在合同履行过程中,需要给受害的当事人一定权利,以维护受害方当事人的合法权益。因此合同法规定了当事人的抗辩权、保全措施,以及当事人订立合同后法定代表人的变更或者分立合并后承担责任的有关问题。

(1) 抗辩权

抗辩权,是指在双务合同中,一方当事人有依法对抗对方要求或否认对方权利主张的权利。合同法规定了同时履行抗辩权和不安抗辩权两种。

同时履行抗辩权,是指当事人互负债务,没有先后履行的顺序,双方当事人应同时履行,一方在对方履行之前有权拒绝对方履行要求;另外在对方履行债务不符合约定时,有权拒绝对方相应的履行要求。如果合同规定有先后履行顺序的,先履行一方未履行的,后履行一方有权拒绝其履行要求;先履行一方履行债务不符合约定的,后履行一方有权拒绝其相应的履行要求。

不安抗辩权,是指当事人互负债务,合同约定有先后履行顺序的,先履行债务的当事人应当先履行;但是,如果应当先履行债务的当事人,有确切证据证明对方有丧失或者可能丧失履行债务能力的情形时,可以中止履行。显然,合同法规定不安抗辩权是为了保护当事人的合法权益,防止借签订合同进行欺诈,同时也可以促使对方履行合同。如何正确地行使抗辩权,防止抗辩权的滥用,合同法对不安抗辩权的条件、程序、后果等作了具体规定。《合同法》第68条规定,应当先履行债务的当事人,有确切证据证明对方有下列情形之一的,可以中止履行:(1) 经营状况严重恶化;(2) 转移财产、抽逃资金,以逃避债务;(3) 丧失商业信誉;(4) 有丧失或者可能丧失履行债务能力的其他情形。该条规定十分明确,合同当事人不是一般违约,而是丧失或者可能丧失履行债务能力,也就是根本违约。另外对此必须有确切的证据,才能行使不安抗辩权。当事人行使不安抗辩权时必须要按程序来办,当事人行使不安抗辩权中止履行的,应当及时通知对方,对方提供适当担保的,应当恢复履行。中止履行后,对方在合理期限内未恢复履行能力并且未提供适当担保的,中止履行

的一方可以解除合同。

（2）保全措施

保全措施，是指为防止债务人的财产不当减少，给债权人带来危害时，允许债权人为保全其债权的实现而采取的法律措施。保全措施可分为代位权和撤销权两种。

代位权，《合同法》第73条第1款规定，“因债务人怠于行使其到期债权，对债权人造成损害的，债权人可以向人民法院请求以自己的名义代位行使债务人的债权。”代位权是指债务人怠于行使其对第三人的债权而损及债权人的债权时，债权人为保全自己的债权，以自己名义行使债务对第三人的债权的权利。最高人民法院《关于适用〈中华人民共和国合同法〉若干问题的解释》（以下简称合同法解释）第20条规定，“债权人向次债务人提起的代位权诉讼经人民法院审理后认定代位权成立的，由次债务人向债权人履行清偿义务，债权人与债务人、债务人与次债务人之间相应的债权债务关系即予消灭。”该条规定对解决我国现实生活中存在的三角债、连环债都具有特殊意义。依据《合同法解释》提起代位诉讼的应当符合以下条件：① 债权人对债务人的债权合法；② 债务人怠于行使其到期债权，对债权人造成损害；③ 债务人的债权已到期；④ 债务人的债权不是专属于债务人的自身的债权。债权人行使代位请求清偿财产时，其财产额，应以债务人的债权额和债权人所保全的债权为限，超越此范围，对超出部分人民法院不予支持。例如债权人甲对债务人乙的债权为50万元，债权人乙对第三人丙的债权为100万元，甲此时只能请求丙向其清偿50万元，而不能清偿100万元。又如债务人甲对第三人乙的债权为200万元，债权人丙对债务人甲的债权为80万元，此时，债权人丙行使代位权的请求额只能是80万元，而不是200万元。可见，代位权行使的范围是以债权人的债权为限，债权人行使代位权的必要费用，由债务人负担。

撤销权，是指因债权人对于债务人危害债权实现的行为，有请求人民法院撤销该行为的权利。根据《合同法》第74条规定，债务人危害债权的行为有三种：放弃债权、无偿转让财产、以明显不合理的低价转移财产。如某甲欠某乙30万元，甲无力偿还，但甲还有其他财产如汽车，甲本可以用它来抵还债务，但甲将这部车以明显的低价卖给了丙，丙也知此情况，此时乙可以请求法院撤销甲的行为，根据《合同法解释》，人民法院可以追加该受益人或者受让人列为第三人。撤销权的行使范围以债权人的债权为限，也就是说债权人行使撤销权而得到的财产价值与债权人的债权价值相当。撤销权行使的必要费用由债务人负担，第三人有过错的应该适当承担。撤销权行使的期限，一是撤销权自债权人知道或者应当知道撤销事由之日起1年内行使。二是自债务人的行为发生之日起5年内没有行使撤销权的，撤销权消灭，债权人无权就债务人的侵害其债权的行为请求法院撤销。

(3) 合同订立后,当事人发生变化,责任承担问题

合同生效后,一是不得因合同主体自然人的姓名或者法人、其他组织的名称发生了变化而不履行合同义务,也就是说改名或者更名,其合同主体并没有发生变化,合同的效力也没有发生变化,当事人仍然要履行合同义务,不能因更改姓名、名称而不履行合同。二是不得因法定代表人、负责人、承办人的变动而不履行合同义务,即原来的法定代表人、负责人、承办人被新的法定代表人、负责人、承办人所代替,但是法定代表人、负责人、承办人皆为代合同主体行使意思表示而自身并非合同主体,因此他们的变化对合同的效力不应该产生影响,当事人不能因他们的变动而不履行合同的义务。三是当事人订立合同后合并的,由合并后的法人或者其他组织行使合同的权利,履行合同的义务。当事人订立合同后分立的,除债权人和债务人另有约定的以外,由分立的法人或者其他组织对合同的权利和义务,享有连带债权或承担连带债务。

第五节 合同的终止

一、合同终止的概念

合同终止是指合同当事人双方终止合同关系,合同所确立的权利、义务关系消灭,或者说是因某种原因而引起债权债务客观不复存在。合同的终止与合同的解除和合同的中止是不相同的,应加以区分。

合同的解除与合同的终止,在学理上存在着不同的看法,有的人认为合同的终止就是合同的解除,有的则认为合同的终止是合同解除的一种类型,还有的人认为合同的终止是一种与合同解除并列的法律制度。但多数人认为合同的解除是合同终止的一种原因,也就是说合同的终止是多种原因的,合同的解除仅是合同终止的原因之一。

合同的终止也不同于合同的中止。合同的终止是合同关系的消灭,不可能恢复,而合同的中止是合同关系的暂时停止,还有可能恢复。

二、合同终止的原因

合同终止的原因和情况有各种各样,而其后果也因终止的情况不同而不同。根据合同法的规定,合同的终止有以下几种原因:

(一) 债务已按约定履行

债务已按照约定履行,是指合同生效后,当事人已经按照约定履行了自己的义务。当债务人完全履行了自己的义务,债权人实现了自己的全部权利,订立合

同的目的即已达到,合同所确立的权利与义务关系就消灭了,合同即因此而终止。

(二) 合同解除

合同解除有两种情况:一是协议解除,二是法定解除。

协议解除,是指当事人通过协商决定而进行的合同解除。例如,有的是在订立合同时就在合同中约定了解除合同的条件,当解除合同的条件成立时,合同就解除了;有的是在合同履行过程中,双方经协商一致同意解除合同的。

法定解除,是指解除条件由法律直接规定的合同解除。关于法定解除的条件,《合同法》第94条作了规定:(1) 因不可抗力致使不能实现合同目的;(2) 在履行期限届满之前,当事人明确表示或者以自己的行为表明不履行主要债务;(3) 当事人一方迟延履行主要债务,经催告后在合理期限内仍未履行;(4) 当事人一方迟延履行债务或者有其他违约行为致使不能实现合同目的;(5) 法律规定的其他情形。

根据该条规定,只有不履行主要债务,即在合同中占有重要地位的主要债务不履行,合同目的不能根本达到,才能依法解除合同。如果只是部分不能实现,或者部分违约,或者未按合同规定,交付的标的物质量不符合合同的要求,一方是不能解除合同的,而应按违约责任来处理,要求对方采取补救措施,或者赔偿损失。

根据《合同法》第96条规定,当事人依照有关法律规定主张解除合同的,应当通知对方,合同自通知到达对方时解除。对方如有异议的,可以请求人民法院或者仲裁机构确认解除合同的效力。法律、行政法规规定解除合同应当办理批准、登记等手续的,应严格按照规定办理。

合同法还规定了解除权行使期限问题。解除权的行使期限是一种除斥期间,超过该期间当事人不行使的,该权利消灭。若法律没有规定,或当事人没有约定解除权行使期限的,经对方催告后,在合理期限内不行使的,该解除权即消灭。这里所指的合理期限,是指合同一方当事人催告对方行使解除权要给对方以必要的准备时间,这个必要的准备时间即为合理期限。至于合理期限的长短,根据具体案件而定。

(三) 债务相互抵销

债务相互抵销是指合同双方当事人互负债务时,各自用其债权来充当债务的清偿,从而使其债务与对方的债务在对等数额内相互消灭。债务相互抵销可分为法定抵销和合意抵销两种形式。

法定抵销是指当事人互负到期债务,该债务的标的物种类、品质相同,任何一方可以将自己的债务与对方的债务抵销。但依照法律规定或者按照合同性质不得抵销的除外。前者如因侵权行为所负的债务;禁止扣押的债权,如劳动报酬、抚恤金等,还有约定应向第三人给付的债务。后者如以行为、智力成果为标的的债务等。法定抵销应符合以下条件:一是必须是当事人之间互负债务的;二是两项债务标的物种类、品质相同,否则除当事人双方协商一致的以外,不得抵销;三是两项债务都已到履行期,如果只有一项债务到期不能抵销。

《合同法》第99条第2款还规定,当事人主张抵销的,应当通知对方。通知自到达对方时生效。抵销不得附条件或者附期限。

合意抵销又称约定抵销,是当事人双方经协商一致而发生的抵销。合意抵销的要件是要求当事人对债务的抵销协商一致,不管标的物是否同类、品种是否相同。

法定抵销与合意抵销的效力基本是相同的,即消灭当事人之间同等数额内的债权。但是合意抵销更多地体现了当事人的意愿,因此,当事人双方还可以约定合意抵销的其他有关的效力。

(四) 债务人依法将标的物提存

提存,是指债务人将无法清偿的标的物交有关部门保存以消灭合同关系的行为,在我国目前提存机关是公证机关。合同法规定,有下列情形之一,难以履行债务的,债务人可以将标的物提存:(1) 债权人无正当理由拒绝受领;(2) 债权人下落不明;(3) 债权人死亡未确定继承人或者丧失行为能力未确定监护人;(4) 法律规定的其他情形。如果标的物不适于提存或者提存费用过高的,债务人依法可以拍卖或者变卖标的物,提存所得的价款。标的物提存后,提存人应当将提存的事实及时告诉债权人或者债权人的继承人、监护人。

标的物提存、毁损、灭失的风险由债权人承担,提存期间标的物的孳息归债权人所有,提存费用由债权人负担。债权人可以随时领取提存物,如果自提存之日起5年内不提取的,债权人领取提存物的权利即消灭,提存物扣除提存费用后归国家所有。

(五) 债权人免除债务

免除,是指债权人以消除债务人的债务为目的,抛弃债权的意思表示,从而导致合同终止。债权人免除债务导致债权债务的绝对消灭。免除部分债务的,部分债务消灭,免除全部债务的,全部债务消灭,与债务相对应的债权也自然归于消灭。因债务的消灭,债务的从债务如利息债务、担保债务等也同时消灭。

(六) 债权债务同归于一人

债权人和债务人同时存在时合同方能成立,当债权和债务同归于一人时,债权债务关系就当然消灭,合同权利义务终止。如原合同双方当事人订立合同后,合并为一个法人,债权债务同归合并后的法人,原合同终止。但是涉及第三人利益的除外,例如债权作为他人抵押权的标的,在这种情况下,即使债权债务同归一人,为保护抵押权人的利益,债权不因此消灭。

第六节　违约责任

一、违约责任的概念

违约责任即违反合同的民事责任，是指合同当事人违反合同约定所应承担的责任。合同双方当事人依法签订合同后，对当事人具有法律约束力，应当按照合同的约定履行自己的义务，如果不履行义务，或者履行义务不符合约定，就要承担违约责任。违约责任制度是保障债权实现及债务履行的重要措施，它有利于促进合同的履行和弥补违约造成的损失，对合同当事人具有重要意义。

违约责任，是民事责任的一种。法律责任有刑事责任、行政责任和民事责任。民事责任又分为违约责任和侵权责任，由于责任的性质不同，因此，两者在构成要件、处理原则、责任方式以及程序等方面都有所不同，不能相互混淆。

二、违反合同民事责任的构成要件

合同当事人在什么情况下承担违约责任，也就是承担违约责任的要件。根据《合同法》第 107 条规定，当事人一方不履行合同义务或者履行合同义务不符合约定的，应当承担违约责任。此条规定不管主观上是否有过错，除因不可抗力可以免责外，都要承担违约责任，也就是说合同法对违约责任采取严格责任原则，只有不可抗力才可以免责。为什么采取严格责任原则，首先，有利于促使合同当事人认真履行合同义务；其次，有利于保护受损失人的合法权益；最后，符合国际上的一般做法，当前世界各国大多采取严格责任原则。

三、承担违反合同民事责任的方式

根据合同法的规定，承担违反合同的责任方式主要是：第一，实际履行；第二，采取补救措施，如质量不符合规定的，可以要求修理、更换、重作、退货、减少价款或者报酬等；第三，赔偿损失。此外，违约责任的方式还有支付违约金等。这几种方式以哪种方式为主，由当事人选择。但是合同法强调了实际履行和采取补救措施。因为双方当事人订立合同的目的是为了实现合同的约定，如果订立合同不去履行，不仅造成社会经济的混乱，也会影响到国家经济建设的完成。但也并非是在任何情况下都必须实际履行，所以《合同法》第 110 条规定：“当事人一方不履行非金钱债务或者履行非金钱债务不符合约定的，对方可以要求履行。但有下列情形之一的除外：（一）法律上或者事实上不能履行；（二）债务的标的不适于强制履行或者履行费用过高；（三）债权人在合理期限内未要求履行。”合同法对非金钱债务的规定是符合我国的实际，也符合国际上的要求。

四、承担违反合同民事责任的原则

违反合同民事责任的原则是补偿性，所谓补偿性是指违约责任旨在弥补或者补偿因违约行为给对方所造成的损害。可见它与刑事责任、行政责任是不同的，因为刑事责任和行政责任都具有惩罚性，故称为刑罚和行政处罚。违反合同的民事责任之所以与刑事责任和行政责任不同，是因为违反法律造成的后果不同。补偿性是民事法律关系中平等、等价原则的体现，是商品交易关系在法律上的内在要求。民事责任原则是补偿性，但有时在某些特殊情况下也同时具有补偿性和惩罚性，主要体现在以下几方面：

第一，违约金。根据《合同法》第114条规定，当事人可以约定一方违约时应根据违约情况向对方支付一定数额的违约金。这是指只要一方违约，另一方即使没有损失，违约方也应当按约定支付违约金。在这种情况下，违约金不仅具有补偿性，也具有惩罚性。约定的违约金若低于造成的损失的，当事人可以请求人民法院或者仲裁机构予以增加，约定的违约金如果过分高于造成的损失的，当事人可以请求人民法院或者仲裁机构予以适当减少，但是如果不是“过分”高于造成损失的，则不能要求减少，这一规定又体现了惩罚性，对于违约者也是一种有效的制约。

第二，赔偿损失。《合同法》第113条第2款规定：“经营者对消费者提供商品或者服务有欺诈行为的，依照《中华人民共和国消费者权益保护法》的规定承担损害赔偿责任。”《消费者权益保护法》规定，经营者提供商品或者服务有欺诈行为的，应当按照消费者的要求增加赔偿其受到的损失，增加赔偿的金额为消费者购置商品的价款或者接受服务的费用的一倍。该条规定同样体现了补偿性和惩罚性，它有利地保护了消费者的合法权益。

第三，返还定金。当事人可以约定一方向对方给付定金作为债权的担保，债务人履行债务后，定金应当抵作价款或者收回。给付定金的一方若不履行约定的债务，无权要求返还定金，收受定金的一方不履行约定的债务的，应当双倍返还定金。

在实践中，当事人的行为有时既违反了合同的约定，又触犯了行政法律甚至是刑事法律，对这种情况，《合同法》第127条作了规定：“工商行政管理部门和其他有关行政主管部门在各自的职权范围内，依照法律、行政法规的规定，对利用合同危害国家利益、社会公共利益的违法行为，负责监督处理；构成犯罪的，依法追究刑事责任。”这一规定说明了产生上述情况，既要承担民事责任，又要依法追究其行政责任或者刑事责任，不能因赔偿了就不受行政处罚或者刑事制裁，也不能因为受了刑事制裁或行政处罚就能免除民事责任。

五、保证民事责任的实现

违约责任与行政责任、刑事责任的不同。违约责任是一种民事责任，具有任意性。其任意性首先表现在《合同法》第 114 条的规定，这就是当事人在订立合同时可以约定违约责任，如约定违约金、定金，约定损失额的计算方法等；其次表现在《合同法》第 128 条的规定，即发生违约情况时，当事人可以协商如何解决，可以调解，受损失方也可以放弃要求赔偿。这种任意性与刑罚、行政处罚是不同的，刑罚与行政处罚是法定的，不是当事人可以处理的。也就是说，民事案件法院是不告不理的，而刑事与行政案件，受害人就是不告，司法机关与行政机关也要对违法者依法追究，给予刑事制裁和行政处罚。

违约民事责任具有任意性，但也具有强制性。当事人不履行债务可以由仲裁机关仲裁或向人民法院起诉。仲裁机关的仲裁和法院发生效力的判决，对当事人有强制性，如果不执行，可以申请法院强制执行，对此《民事诉讼法》中都作了具体规定。

第七节　我国合同法分则的基本内容

我国合同法总则，对合同的一般规定、合同的订立、效力、履行、合同的变更和转让、合同的权利义务终止、违约责任等问题的原理、原则作了规定。合同法分则是将经济往来和日常生活中的主要合同划分了 15 种，即买卖合同、供用电、水、气、热力合同、赠与合同、借款合同、租赁合同、融资租赁合同、承揽合同、建设工程合同、运输合同、技术合同、保管合同、仓储合同、委托合同、行纪合同、居间合同，并对此作了具体规定。合同法的总则与分则关系，是相互依存，相互联系的统一体，只有把两者结合起来，才能很好地贯彻执行合同法的规定，有效地保障当事人的合法权益，现将几种常见合同的有关规定，分述如下：

一、买卖合同

（一）买卖合同的概念和特征

《合同法》第 130 条规定，买卖合同是出卖人转移标的物的所有权于买受人，买受人支付价款的合同。买卖合同是经济生活中最普遍、最常见的一种合同。它具有以下特征：(1) 买卖合同是转移财产所有权的合同，这是它区别于租赁合同、借款合同的重要特征；(2) 在买卖合同中，出卖人转移财产所有权，买受人必须向出卖人支付约定的价款，这是买卖合同区别于赠与合同及易货合同的特征；(3) 买卖合同是双务、有偿合同，所谓双务、有偿是指买卖双方互负一定义务，卖方必须向买方转移财产所有权，买方必须向卖方支付价款，买方不能无偿取得财产所有权；(4) 买卖合同是诺成合同，诺成合同除法律有特别规定者外，当事人之间意思表示一致买卖合同即可成立，并不以实物的交付为成立要件；(5) 买卖合同是不要式合同，除法律有特别规定者外，买卖合同的成立和生效不需要具备特别的形式或履行审批手续。

买卖合同的标的物，最主要的是实物，如工矿产品、农副产品、飞机、船舶、房屋、日常生活中的衣服、鞋、帽、油、盐、酱、醋等等。但是也并非所有的实物都是买卖合同的标的物，如矿藏属国家所有，矿藏的所有权是不能出卖的；还有些是有限制的，如国家对枪支的制造、配售是严格管制的，实行特别许可制度。所以《合同法》第 132 条第 2 款规定："法律、行政法规禁止或者限制转让的标的物，依照其规定"。随着社会经济和科学技术的不断发展，买卖的标的物不仅是实物，还包括知识产权等权利的买卖，但合同法中买卖合同的标的物仅是指实物，知识产权的转让合同，合同法另设专章作了规定。

(二) 当事人的义务和责任

买卖合同中的当事人是指出卖人和买受人。交付标的一方是出卖人，取得标的物、支付价款的一方称为买受人。规定各方当事人的权利、义务，是合同法的一个重要内容。

1. 出卖人的主要义务

第一，交付标的物。

交付标的物并转移标的物的所有权是出卖人最基本的义务。出卖人应当按照约定的数量、期限、地点、包装方式，向买受人交付标的物或者交付提取标的物的单证，并转移标的物的所有权，同时出卖人还应当按照约定或者交易习惯向买受人交付提取标的物单证以外的有关单证和资料，如买卖某一产品，应交付该产品的合格证、质量保证书、使用说明书、产品检验书、产品进出口检疫证书等。如不符合要求，就要承担违约责任。

第二，交付的标的物要符合约定的质量要求。

《合同法》第 153 条规定，出卖人应当按照约定的质量要求交付标的物。出卖人提供有关质量说明的，交付的标的物应当符合该说明的质量要求。如果出卖人交付的标的物不符合质量要求，出卖人应按约定承担违约责任。没有约定或者约定不明确，又不能确定的，受损害方根据标的物的性质以及损失的大小，可要求对方承担修理、更换、重作、退货、减少价款等合理的违约责任。若标的物不符合质量要求，不能实现合同的目的，买受人可以拒绝接受标的物或者解除合同。因标的物的主物不符合约定而解除合同的，解除合同的效力及于从物。标的物为数物，其中一物不符合约定的，买受人可以就该物解除合同，如该物与他物分离使标的物价值受损害的，买受人可以就数物解除合同。

第三，保证第三人不得向买受人主张权利。

出卖人应保证他所出卖的标的物不侵犯任何第三方的合法权益,任何第三方都不能对标的物提出权利要求,一旦证明出卖人对标的物系无权处分,从而使买受人不能完全地享有所有权时,出卖人应该承担违约责任,支付违约金或赔偿受害方损失。

2. 买受人的义务和责任

第一,按合同约定支付价款。

这是买受人的基本义务。买受人履行支付价款的义务,应当按照合同约定的方式、时间、地点、数量进行。支付的方式有汇付、托收、信用证等,可以使用现金或票据作为支付工具。

分期付款的买受人未支付到期价款的金额达到全部价款的五分之一的,出卖人可以要求买受人支付全部价款或者解除合同。买受人逾期付款的,要承担违约责任,执行政府定价或者政府指导价的,遇价格上涨时,按照新价格支付。

第二,检验和接受标的物的义务。

交付标的物是出卖人的义务,接受标的物是买受人的义务。买受人收到标的物时应当在约定的检验期间内检验,发现数量或者质量不符合约定的情形时,应当通知出卖人;符合约定的,应当接受。因买受人的过错未及时接收标的物造成出卖人损失的,买受人应负赔偿责任。

3. 标的物所有权转移时间的规定

所有权何时转移是买卖合同的一个核心问题。根据《合同法》第133条规定:"标的物的所有权自标的物交付时起转移,但法律另有规定或者当事人另有约定的除外"。该条规定是以"交付"作为标的物所有权转移的时间。所谓交付是由出卖人将标的物交给买受人占有,即占有转移。交付可分为现实交付和拟制交付。现实交付是出卖人将标的物的事实管理权利转移于买受人,使标的物处于买受人实际控制下,由买受人直接占有标的物。拟制交付是指出卖人将对标的物占有的权利转移于买受人,以代替交付实物。

以交付作为标的物所有权转移时间,这是法律的一般规定,但也有例外:一是法律另有规定的除外。所谓法律另有规定,是指法律对标的物所有权转移作出了强制性规定的情况下,当事人约定的交付标准即不适用。例如不动产买卖,只有办完登记手续后,买受人才能取得所有权,这是依据我国法律对不动产转移作的特别规定。如1983年12月国务院发布的《城市私有房屋管理条例》第6条规定:"房屋所有权转移或房屋现状变更时,须到房屋所在地房管机关办理所有权转移或房屋现状变更登记手续"。二是当事人另有约定的除外。这是允许当事人作出不同的约定,也是合同自由原则的体现,如当事人可以在买卖合同中约定买受人未履行支付价款或者其他义务的,标的物的所有权属于出卖人,标的物即使已交付,只要价款未付清,买受人就不能取得该物的所有权。

4. 标的物毁损、灭失风险承担问题

所谓风险，是指标的物因不可归责于任何一方当事人的事由而遭受的各种意外损失，如盗窃、火灾、沉船、发霉、变质等。风险不是由于当事人的故意或过失造成的损失，而是由于意外事件或自然灾害造成的。在买卖合同中，标的物风险的转移是一个极为重要的问题，它关系到当事人的切身利益。对这个问题世界各国法律的规定不完全一样，大体有两种做法：一种是按照"物主承担风险"的原则，即以所有权转移时间，作为标的物风险转移时间。另一种是按"交付转移风险"的原则，即以标的物的交付作为标的物风险转移的时间。我国《合同法》第 142 条的规定，是把风险的承担与所有权的归属联系在一起的，也就是说，谁拥有标的物所有权，风险就由谁承担，以合同标的物的所有权的交付作为划分风险承担的界限。

以交付作为划分风险承担的界限，仅是一般规定，合同法还规定了例外情况：一是因买受人的原因致使标的物不能按照约定的期限交付的，或者出卖人按照约定将标的物置于交付地，买受人违反约定没有收取的，买受人应当自违反约定之日起承担标的物毁损、灭失的风险。因为这是由于买受人违约而未能交付的。二是在运输途中发生意外风险，根据《合同法》第 144 条、第 145 条规定，出卖人出卖交由承运人运输在途标的物，除当事人另有约定的以外，毁损、灭失风险自合同成立时起由买受人承担，当事人没有约定交付地点或约定不明确，标的物需要运输的，出卖人将标的物交付给第一承运人后，标的物毁损、灭失的风险由买受人承担。

5. 特种买卖

买卖合同，依不同的标准可进行不同的分类，合同法对几种特殊的买卖作了规定，主要有：

(1) 分期付款买卖

分期付款买卖，是指合同订立后买受人即把标的物转移给买受人占有、使用，买受人按照合同约定分期向出卖人支付价款。分期付款买卖的特殊性在于买受人不是一次性付清全部价款，而是按照约定分期分批地支付价款，至于标的物的转移规则，则与普通买卖合同完全相同。而不同的是合同法规定了，分期付款的买受人未支付到期价款的金额达到全部价款的五分之一时，出卖人可以要求买受人支付全部价款或者解除合同。如果标的物已经由买受人占有、使用，出卖人解除合同时，可以向买受人要求支付该标的物的使用费。

(2) 凭样品买卖

所谓"样品"，通常是指从一批商品中抽取出来的或由生产、使用部门加工、设计出来的，用以反映和代表整批商品品质的少量实物。以样品来表示标的物品质和作为交货凭据的买卖,称为样品买卖。在样品买卖中,当事人应当封存样品以备日后对照。当事人可以用语言、文字对样品的品质予以说明。出卖人交付的标的物应当与样品及其说明的质量相同。凭样品买卖的买受人不知道样品有隐蔽瑕疵的,即使交付的标的物与样品相同,也不能以该样品为准,而应以同种物所具有的通常品质为准,如果卖方明知样品有隐蔽瑕疵而故意隐瞒不告知买方,卖方的行为就构成欺诈。

(3) 试用买卖

试用买卖又称试验买卖,它是卖方把标的物交给买方,由买方在一定期间内试用。对试用期间没有约定或者约定不明确,可以协议补充,协议不成的,依合同有关条款确定,仍不能确定的,由出卖人确定。试用买卖的买受人在试用期内可以购买标的物,也可以拒绝购买,试用期间届满,买受人对是否购买标的物未作表示的,视为购买。

(4) 招标投标买卖

招标,是指订立合同的一方当事人采取招标通知或招标广告的形式,向不特定主体发出的,以吸引或邀请相对方发出要求为目的的意思表示。投标是指投标人(出标人)按照招标人提出的要求,在规定的期间内向招标人发出的以订立合同为目的,包括合同全部条款的意思表示,投标人投标后必须要有招标人的承诺,合同才能成立,所以投标在性质上为要约。

招标、投标作为一种合同订立的方式,其适用范围十分广泛,不仅适用买卖合同,还适用于承揽合同、建筑合同、技术合同等。但目前我国尚缺乏一部招标、投标法,只是在相关的法律中规定了招标、投标的内容,因此我国《合同法》第172条规定,招标、投标买卖的当事人的权利和义务以及招标投标程序等依照有关法律、行政法规的规定。

(5) 拍卖

拍卖,是以竞价的方式把标的物出卖给出价最高的买方的买卖。拍卖是一种特殊的成交方式,其成交过程一般经过开拍、竞价、拍定三个阶段。一经拍定,买卖合同即告成立,任何一方不得反悔。如买方反悔不按时支付价金,出卖方有权解除合同,重新对标的物拍卖,若所得价金少于原拍卖的价金,出卖方有权要求原买方赔偿损失,包括差价及再拍卖费用。

根据《合同法》第173条规定,拍卖的当事人的权利和义务以及拍卖程序等,依照有关法律、行政法规的规定。

(6) 易货交易

易货交易,是指当事人双方以金钱以外的财物相互交换的合同。易货合同中双方当事人的权利义务与买卖合同极为相似,因而法律一般不对易货合同作专门的规定,《合同法》第175条规定,当事人约定易货交易,转移标的物所有权的,参照买卖合同的有关规定。

二、供用电、水、气、热力合同

供用电、水、气、热力合同,就其法律性质而言,是一类特殊的买卖合同。这些合同是以电、水、气、热力为标的物,这些标的物与广大人民生活息息相关,因此从事电力 、自来水、气、热力供应的行业,是属于自然垄断行业,在我国是由国有企业独家经营此类行业。由于其供应内容的标准化、长期性、连续性和供应对象的广泛性,供应的企业在订立合同时,所使用的是格式合同条款,即不与合同当事人进行协商,合同相对人不可能进行讨价还价。使用者仅按格式合同条款的要求支付价款。故其在法律性质上应当属于买卖合同,但由于合同的标的物具有特殊性,供应时间上具有连续性,合同相对人具有广泛性,因此在合同法中,将其从买卖合同中分离出来,规定为一类合同。现重点分析供用电合同。

(一) 供用电合同的概念和内容

供用电合同是供电人向用电人供电,用电人支付电费的合同。供用电合同的当事人是供电人和用电人。供电人是供电企业,用电人是用户。

供用电合同的内容包括供电的方式、质量、时间、用电容量、地址、性质、计量方式、电价、电费的结算方式、供用设施的维护责任等。

(二) 当事人的义务和责任

1. 供电人的义务和责任

第一,安全供电。

我国电力供应和使用实行安全供(用)电的原则。也就是说,供电人应当按照国家规定的供电质量标准和约定安全供电。此外,供电人还应按照合同约定安全供电。如未按照国家和合同规定的供电质量标准和约定安全供电,应承担损害赔偿责任。

第二,需中断供电时应通知用电人。

供电合同属于买卖合同中连续供应合同,供电人负有向用电人连续供电力的义务,若供电人因供电设施计划检修、临时检修、依法限电或用电人违法用电等原因,需要中断供电时,供电人有义务按照国家规定事先通知用电人。如未事先通知用电人中断供电,造成用电人损失的,供电人应承担损害赔偿责任。

第三,及时抢修。

根据《合同法》第 181 条规定,因自然灾害如大风、洪水、地震、泥石流等影响,造成断电时,供电人应当按照国家有关规定及时抢修。供电人未及时抢修,造成用电人损失的,供电人应当承担损害赔偿责任。

2. 用电人的义务和责任

第一,交付电费。

供电合同是一种双务合同,合同双方都应履行各自的合同义务。如前所述,供电人的合同义务主要是提供符合国家有关规定和合同约定的电力、电量,而用电人的主要合同义务,则是按照国家有关规定和当事人的约定及时交付电费。如果用电人逾期不交付电费的,应当按照约定支付违约金。再如经过催告用电人在合理的期限内仍不交付电费和违约金的,供电人可按照国家规定的程序中止供电。但是在中止供电时,需按国家规定办理。

第二,安全用电。

安全用电是用电人的另一个重要义务。安全用电是用电人应按照国家有关规定和当事人的约定安全用电,如果用电人违反安全用电的约定,擅自改动供电人的用电计量装置和供电设施,或者擅自超负荷用电,造成供电人损失的,应当承担损害赔偿责任。

《合同法》第 184 条规定,供用水、供用气、供用热力合同,参照供用电合同的有关规定。

三、借款合同

(一) 借款合同的概念和形式

借款合同,是指当事人一方按照约定将一定种类和数量的货币转移给对方,他方于一定期限后返还货币的协议。借款合同在日常生活中经常发生,对融通资金,互通有无,满足人民在生产和生活中的需要有重要意义。

关于借款合同采取的形式和内容,《合同法》在第 197 条规定,借款合同采用书面形式,但自然人之间借款另有约定的除外。借款合同的内容包括借款种类、币种、用途、数额、利率、期限和还款方式等条款。

借款合同自合同成立时生效,但自然人之间的借款合同,自贷款人提供借款时生效。借款合同是有偿合同,借款人应当支付利息,但自然人之间的借款可以是无息的,如果自然人之间的借款合同对支付利息没有约定或者约定不明确的,视为不支付利息。

为了防止借款人到期不还贷款,《合同法》第 198 条还规定,订立借款合同,贷款人可以要求借款人提供担保。至于如何担保,适用《中华人民共和国担保法》的有关规定。依照担保法和借款合同实务,借款合同中相应的担保方式包括保证、抵押和质押。

借款合同的金额是借款合同的主要条款之一,只有按合同规定提供贷款才能满足借款人生产、生活需要达到其订立合同的目的。但现实借款合同中,贷款人往往要求从本金中预先扣除利息,这实际上是变相提高了利率。因此《合同法》第200条规定,借款利息不得预先在本金中扣除。利息预先在本金中扣除的,应当按照实际借款数额返还借款并计算利息。

(二) 当事人的义务和责任

1. 借款人的义务和责任

第一,如实提供与借款有关的情况。

为了保证借款能够真正用于相关的业务之中,并保证贷款人能够按时收回借款,借款人应当按照贷款人的要求,提供与借款有关的业务活动和财务状况的真实情况。同时在使用借款期间,借款人应当按照约定向贷款人定期提供有关财务会计报表等资料。

第二,按约定使用借款。

借款合同是诺成合同而非实践合同,即当事人就借款之事达成意思表示一致,合同即生效,而不是贷款人将借款交付了借款人合同才生效,所以《合同法》第201条规定,借款人应当按照约定的日期、数额收取借款,按照约定的借款用途使用借款。若借款人未按照约定日期、数额收取借款的,应当按照约定的日期、数额支付利息。未按约定的借款用途使用借款的,贷款人可以停止发放借款、提前收回借款或者解除合同。

第三,支付利息。

借款人应当按照约定的期限支付利息。对支付利息的期限没有约定或者约定不明确,双方可以协议补充,不能达成补充协议的,借款期间不满1年的,应当在返还借款时一并支付,借款期间在1年以上的,应当在每届满1年时支付,剩余期间不满1年的,应当在返还借款时一并支付。

第四,按期返还借款。

借款人应当按照约定的期限返还借款。对借款期限没有约定或者约定不明确的,双方应当协议补充,如不能达成补充协议,致使还款日期仍不能确定的,借款人可以随时返还,贷款人也可以催告借款人在合理期限内返还。未按照约定的期限返还借款的,应当按照约定或者国家有关规定支付逾期利息。

2. 贷款人的义务和责任

贷款人应当按照约定的日期、数额提供借款,未按照约定的日期、数额提供借款,造成借款人损失的,应当赔偿损失。

此外,贷款人按照约定可以检查、监督借款的使用情况。贷款人行使检查权和监督权的主要目的是保证借款人按照借款用途使用借款,以保证借款到期的时候,借款人可以足额偿还本息。

四、租赁合同

（一）租赁合同的概念

租赁合同，是指出租人将租赁物交付承租人使用、收益，承租人支付租金的合同。租赁合同是当事人之间设定用益权的合同，是双务、有偿、诺成性合同。租赁合同是公民、法人之间调剂余缺，发挥现有物资作用，促进生产和满足人民生活需要不可缺少的法律形式。

租赁合同的标的是物的使用、收益，而不是所有权，这一点与买卖合同有所区别。合同法对租赁合同的内容、期限和形式作了规定。租赁合同的内容包括租赁物的名称、数量、用途、租赁期限、租金及支付租金方式、租赁物维修等条款。租赁期限不得超过 20 年，超过 20 年的，超过部分无效。租赁期间届满，当事人可以续订租赁合同。租赁期限 6 个月以上的，应当采用书面形式。当事人未采用书面形式的，视为不定期租赁。

（二）当事人的义务和责任

1．出租人的义务和责任

第一，将出租物交承租人使用、收益。

出租人把租赁转移承租人以供使用、收益，这是出租人的首要义务。出租人交付出租物应按合同规定的时间、地点。若合同中没有相应的约定，依照买卖合同的有关规定处理，交付不动产在不动产所在地履行，交付动产的则在出租人的住所地和营业地。租赁物危及承租人的安全或者健康的，承租人可随时解除合同；因第三人主张权利，致使承租人不能使用该租赁物或收益的，承租人可以要求减少租金或者不支付租金。

根据《合同法》第 231 条规定，因不可归责于承租人的事由，致使租赁物部分或者全部毁损、灭失的，承租人可以要求减少租金或者不支付租金；因租赁物部分或者全部毁损、灭失，致使不能实现合同目的的，承租人可以解除合同。这是出租人应当承担的义务。

第二，保持租赁物符合约定用途的义务

出租人不仅应按时交付标的物，而且交付的标的物须合乎约定的用途。如承租人所租赁物需要维修时可以要求出租人在合理期限内维修。出租人未履行维修义务的，承租人可以自行维修，维修费用由出租人负担。因维修租赁物影响承租人使用的，应当相应减少租金或者延长租期。

2．承租人的义务和责任

第一，承租人依约定使用租赁物

承租人应当按照约定的方法使用租赁物，没有约定或者约定不明确，可以协商补充，仍不能确定的，按租赁物的性质使用。未按约定的方法或者租赁物性质使用租赁物,致使租赁物受到损失的,出租人可解除合同,并要求赔偿损失。

第二,妥善保管租赁物

承租人应当妥善保管租赁物,因保管不善造成租赁物毁损、灭失的,应当承担损害赔偿责任。

第三,对租赁物不得擅自改变或转租

承租人经出租人同意,可以对租赁物改善或者增设他物。反之,如果未经出租人同意擅自对租赁物进行改善或者增设他物的,出租人可以要求承租人恢复原状或者赔偿损失。

转租是指承租人不退出租赁关系,而将租赁物出租给次承租人使用、收益。合同法规定,承租人经出租人同意可以将租赁物转租给第三人。承租人未经出租人同意转租的,出租人可以解除合同。

第四,支付租金

承租人应按约定期限支付租金。没有约定或者约定不明确的,可以协议补充,仍不能确定的,租赁期间不满 1 年的,应当在租赁期间届满时支付;租赁期间在 1 年以上的,应当在每届满 1 年时支付,剩余期间不满 1 年的,应当在租赁期间届满时支付。承租人无正当理由,未支付或者迟延支付租金的,出租人可以要求承租人在合理期限内支付。承租人逾期不支付的,出租人可以解除合同。

第五,租赁期满返还租赁物

返还租赁物是在租赁合同期间届满时,承租人所负担的基本义务,也是承租人所负担的基本合同义务。返还的租赁物应当符合按照约定或者租赁物的性质使用后的状态。如果承租人在租赁物上增加了有可能妨害租赁物通常使用、收益的附着物时,承租人应将其取掉,恢复原状。如果承租人的行为经出租人同意的,承租人可不恢复原状,并得向出租人要求支付有益费用。

五、技术合同

(一)技术合同的一般规定

1. 技术合同的概念和特征

技术合同是当事人之间就技术开发、转让、咨询或者服务订立的确立相互之间权利和义务的合同。技术合同具有以下特征:第一,技术合同的标的为提供技术的行为,也就是指技术开发、技术转让、技术咨询和服务行为。第二,技术合同的履行具有特殊性,即一方允许另一方在一定条件下使用他们所有拥有的技术。第三,技术合同是双务、有偿合同。第四,技术合同当事人具有广泛性和限定性。广泛性是指合同当事人可以是自然人、法人、非法人组织。限定性是指技术合同当事人,通常至少一方是利用自己的技术力量如技术开发、技术转让、技术服务和技术咨询的组织或个人,否则合同就不能履行。

2. 技术合同法的原则

技术合同的法律规定是我国实行技术成果商品化的重要保证,它确立了技术市场的基本原则。它要求当事人在订立技术合同时,应当有利于科学技术的进步,加速科学技术成果的转化、应用和推广。如果当事人订立的是妨碍技术进步、非法垄断技术的合同,合同就无效;因此,合同内容只有使科学成果迅速应用于生产实践,有利于科学技术成果不断转化为新的生产力,才符合技术合同法的原则和要求。

3. 技术合同的分类及内容

技术合同,分为技术开发合同、技术转让合同、技术服务合同和技术咨询合同。

技术合同的内容由当事人约定,一般包括以下条款:(1) 项目名称;(2) 标的的内容;(3) 履行的计划、进度、期限、地点、地域和方式;(4) 技术情报和资料的保密;(5) 风险责任的承担;(6) 技术成果的归属和收益的分成办法;(7) 验收标准和方法;(8) 价款、报酬或者使用费及其支付方式;(9) 违约金或者损失赔偿的计算方法;(10) 解决争议的方法;(11) 名词和术语的解释。还有与履行合同有关的技术背景资料、可行性论证和技术评价报告、项目任务书和计划书、技术标准、技术规范、原始设计和工艺文件,以及其他技术文档,这些按照当事人的约定可以作为合同的组成部分。合同法还规定,技术合同涉及专利的,应当注明发明创造的名称、专利申请人和专利权人、申请日期、申请号、专利号以及专利权的有效期限。

(二) 技术开发合同

1. 技术开发合同的概念、形式和分类

技术开发合同是指当事人之间就新技术、新产品、新工艺或新材料及其系统的研究开发所订立的合同。技术开发合同应当采用书面形式。

技术开发合同分为委托开发合同和合作开发合同两种。

2. 技术开发合同的特别解除条件和风险责任的分担

技术开发合同的解除是指技术开发合同的当事人在签订技术开发合同后,没有履行或没有完全履行开发合同之前,依照法律规定或者当事人双方的商定所达成的提前终止合同的协议。

技术开发合同的特别解除条件,是指因作为技术开发合同标的的技术已经由他人公开,致使技术开发合同的履行没有意义,当事人可以解除合同。

关于风险责任的分担问题,《合同法》第 338 条规定,在技术开发合同履行过程中,因出现无法克服的技术困难,致使研究开发失败或者部分失败的,其风险责任由当事人约定,没有约定或者约定不明确,依照《合同法》第 161 条的规定,风险责任由当事人合理分担。

当事人一方发现在技术开发合同履行过程中,因出现无法克服的技术困难,致使研究开发失败或者部分失败的情形时,应当及时通知另一方并采取适当措施减少损失。没有及时通知并采取适当措施致使损失扩大的,应当就扩大的损失承担责任。

3. 委托开发合同

委托开发合同是指当事人一方委托另一方进行研究开发所订立的合同。关于委托开发合同委托人的义务,《合同法》第 331 条作了规定,委托人应当按照约定支付研究开发经费和报酬;提供技术资料、原始数据;完成协作事项;接受研究开发成果。关于委托开发合同研究开发人的义务,《合同法》第 332 条作了规定,制定和实施研究开发计划;合理使用研究开发经费;按期完成研究开发工作,交付研究开发成果;提供有关的技术资料和必要的技术指导,帮助委托人掌握研究开发成果。

委托人违反约定造成研究开发工作停滞、延误或者失败的,应当承担违约责任。研究开发人违反约定造成研究开发工作停滞、延误或者失败的,应当承担违约责任。

关于委托开发合同中专利权和专利申请权的归属与分享问题,《合同法》规定,委托开发完成的发明创造,除当事人另有约定的以外,申请专利的权利属于研究开发人。研究开发人取得专利权的,委托人可以免费实施该专利。研究开发人转让专利申请权的,委托人享有以同等条件优先受让的权利。

4. 合作开发合同

合作开发合同是指当事人各方就共同进行技术研究开发所订立的合同。合作开发合同当事人的义务包括:应当按照约定进行投资,包括以技术进行投资;分工参与研究开发工作;协作配合研究开发工作。

合作开发合同当事人如果违反约定造成研究开发工作停滞、延误或者失败的,应当承担违约责任。

合作开发合同技术成果的分享和归属,根据《合同法》第 340 条规定,合作开发完成的发明创造,除当事人另有约定的以外,申请专利的权利属于合作开发的当事人共有。当事人一方转让其共有的专利申请权的,其他各方享有以同等条件优先受让的权利。合作开发的当事人一方声明放弃其共有的专利申请权的,可以由另一方单独申请或者由其他各方共同申请。申请人取得专利权的,放弃专利申请权的一方可以免费实施该专利。

(三) 技术转让合同

1. 技术转让合同的概念、形式和使用范围

技术转让合同,是指合同一方当事人将一定的技术成果交给另一方当事人,而另一方当事人接受这一成果并为此支付约定的价款或费用的合同。其中交付

成果的一方为让与人,接受技术成果并支付报酬的一方为受让人。

技术转让合同应当采用书面形式。

根据《合同法》第343条的规定,技术转让合同可以约定让与人和受让人实施专利或者使用技术秘密的范围,但不得限制技术竞争和技术发展。这里所指的“范围”是技术转让方和受让方在合同中约定的对实施专利技术和使用技术秘密的合理限制,它包含了当事人合法使用合同标的技术的行为界限和领域。但是,法律虽然允许当事人约定使用范围,并不意味着当事人可以滥用权利,以种种不合理的条款妨碍技术竞争和技术发展。

2. 技术转让合同的种类

技术转让合同包括:专利权转让、专利申请权转让、技术秘密转让、专利实施许可转让四种。(1) 专利权转让合同是指专利权人将其发明创造的所有权或持有权移交受让方,受让方支付约定价款的合同。(2) 专利申请权转让合同,是指让与人将其就特定的发明创造申请专利的权利移交受让方,受让人支付约定的价款的合同。这两类合同都受专利法调整。(3) 技术秘密转让合同是转让方将其拥有的技术秘密提供给受让方,明确相互间技术秘密使用权、转让权,受让方支付约定使用费的合同。(4) 专利实施许可合同以转让专利技术的使用权为目的,但是转让方不因其转让专利技术的使用权而丧失专用权。

3. 技术转让合同让与人和受让人的义务和责任

技术转让合同让与人的义务和责任包括:让与人应当保证自己是所提供的技术的合法拥有者,并保证所提供的技术完整、无误、有效、能够达到约定的目标。让与人若未按照约定转让技术的,应当返还部分或者全部使用费,并应当承担违约责任;实施专利或者使用技术秘密超越约定的范围的,违反约定擅自许可第三人实施该项专利或者使用该项技术秘密的,应当停止违约行为,承担违约责任;违反约定的保密义务的,应当承担违约责任。

技术转让合同受让人的义务和责任包括:受让人未按照约定支付使用费的,应当补交使用费并按照约定支付违约金;不补交使用费或者支付违约金的,应当停止实施专利或者使用技术秘密,交还技术资料,并承担违约责任;实施专利或者使用技术秘密超越约定范围的,未经让与人同意擅自许可第三人实施该专利或者使用该技术秘密的,应当停止违约行为,承担违约责任;违反约定的保密义务的,应当承担违约责任。

4. 技术转让合同中技术改进成果的分享

技术改进,也就是《合同法》中规定的“后续改进”,是指在技术转让合同有效期内,一方或双方对作为合同标的的发明创造专利或专有技术成果所作的革新与改良。对后续改进的成果分享,合同法作了具体规定,即当事人可以按照互利的原则,在技术转让合同中约定实施专利、使用技术秘密后续改进的技术成果的分享办法。没有约定或者约定不明确,可以协议补充,不能达成补充协议的,按照合同条款或者交易习惯确定,按此仍不能确定的,一方后续改进的成果,其他各方无权分享。

(四) 技术咨询合同和技术服务合同

1. 技术咨询合同和技术服务合同的概念

技术咨询合同是指双方当事人约定,咨询方运用自己所拥有的专业知识、技术、经验和信息为委托方完成咨询报告,解答技术咨询,提供决策的智力服务工作,委托方支付报酬的合同。

技术服务合同是指当事人一方以技术知识为另一方解决特定技术问题所订立的合同,不包括建设工程和承揽合同。

技术咨询合同与技术服务合同虽然都是当事人用自己所掌握的技术知识、信息为另一方当事人的技术问题提供技术服务,但是两者还是有区别的:第一,技术服务合同的服务方是为委托方解决某一项特定技术问题,而技术咨询合同顾问方是为委托方进行决策提供参考性意见和方案。第二,技术服务合同的服务方受委托应是保质保量地完成工作成果,并对实施结果承担责任。技术咨询合同是顾问方按合同约定的条件向委托方提供参考性的咨询意见。第三,技术服务合同一般发生在研究开发成果转让和技术项目实施之后。技术咨询合同恰恰相反,是发生在技术项目实施之前。

2. 技术咨询合同和技术服务合同当事人的责任和义务

(1) 技术咨询合同当事人的责任和义务

技术咨询合同的委托人应按约定阐明咨询的问题,提供技术背景材料及有关技术资料、数据;接受受托人的工作成果,支付报酬。如果合同委托人未按照约定提供必要的资料和数据,影响工作进度和质量,不接受或逾期接受工作成果的,支付的报酬不得追回,未支付的报酬应当支付。技术咨询合同的委托人按照受托人符合约定要求的咨询报告和意见,作出决策所造成的损失,由委托人承担,但当事人另有约定的除外。

技术咨询合同的受托人应当按照约定的期限完成咨询报告或者解答问题;提出的咨询报告应当达到约定的要求。如未按期提出咨询报告或者提出的咨询报告不符合约定的,应当承担减收或者免收报酬等违约责任。

(2) 技术服务合同当事人的责任和义务

技术服务合同的委托人应当按照约定提供工作条件,完成配合事项;接受工作成果并支付报酬。如委托人不履行合同义务或者履行合同义务不符合约定,影响工作进度和质量,不接受或者逾期接受工作成果的,支付的报酬不得追回,没有支付的报酬应当支付。

技术服务合同的受托人应当按照约定完成服务项目,解决技术问题,保证工作质量,并传授解决技术问题的知识。受托人若未按照合同约定完成服务工作的,应当承担免收报酬等违约责任。

3. 技术咨询合同、技术服务合同新技术成果的归属

根据《合同法》第 363 条的规定,在技术咨询合同、技术服务合同履行过程中,受托人利用委托人提供的技术资料和工作条件完成的新的技术成果,属于受托人。委托人利用受托人的工作成果完成的新的技术成果,属于委托人。当事人另有约定的,按照其约定。《合同法》的这一规定,是因为技术成果是通过发明创造人不断反复创造性脑力劳动实现的,现有的技术资料及工作条件是不可能直接产生技术成果的,因而将对发明创造享有的权利赋予了发明创造人,这体现了对发明创造人的鼓励和对人的尊重。

主要参考书目:

1. 李开国主编:《合同法》,法律出版社 2002 年版。
2. 河山、肖水著:《合同法概要》,中国标准出版社 1999 年版。
3. 郭明瑞、房绍坤著:《新合同法原理》,中国人民大学出版社 2000 年版。
4. 翟云岭著:《合同法总论》,中国人民大学出版社 2003 年版。

第八章　婚姻法概述

第一节　我国婚姻法的概念、任务和基本原则

一、婚姻法的概念

婚姻法，是调整婚姻家庭关系的法律规范的总称。它是规定婚姻家庭关系的发生和终止，以及基于这些关系而产生的权利和义务的法律规范的总和。

婚姻关系与家庭关系是两种既有区别又有紧密联系的社会关系，两者共同构成婚姻法调整的对象。婚姻关系就是男女两性因结婚而产生的夫妻关系。家庭是以婚姻关系为基础并由血缘关系或收养关系而组成的亲属之间的共同生活的社会组织。婚姻是产生家庭的前提，家庭是缔结婚姻的结果。夫妻是家庭的基本成员，以夫妻关系为基础而形成的由一定范围的亲属所组成的各种关系，如父母与子女关系，兄弟姐妹关系，祖父母、外祖父母与孙子女、外孙子女关系，养父母与养子女关系等都属家庭关系。

在婚姻和家庭关系中，既有人身关系也有财产关系。因为婚姻关系只能存在于具有合法的夫妻身份的男女双方之间，家庭关系只能存在于父母子女、兄弟姐妹和其他家庭成员之间。他们之所以享受权利和承担义务，都是同他们的特定身份分不开的。不具备这种身份，就不会形成婚姻家庭关系上的权利和义务。婚姻家庭中的财产关系，是由家庭财产所引起的法律后果，它的产生和消灭，以人身关系的发生和消灭为前提。因此，从我国婚姻法调整对象的范围来看，它既包括婚姻关系，又包括家庭关系。从婚姻法调整的社会关系的性质来看，既有婚姻家庭方面的人身关系，又有由此而产生的财产关系。具体来说，我国现行婚姻法主要是规定婚姻家庭关系的基本原则、结婚的条件和程序、夫妻的权利和义务、离婚的原则和程序、其他家庭成员的权利和义务以及救助措施和法律责任等。

婚姻家庭关系是社会关系的一种特殊形式，它与其他社会关系不同之处，在于它具有两重属性，即自然属性和社会属性。

婚姻家庭关系的自然属性，是指这种社会关系是以两性结合和血缘关系为其自然条件的。但是，对婚姻家庭关系起决定性影响的则是它的社会属性。因为婚姻家庭关系本质上是人与人之间的一种社会关系。它存在于一定的社会之

中,受一定社会的经济结构、政治制度和思想文化所制约,具有一定的社会内容。婚姻家庭的性质和特点,它的产生、变化和发展规律,以及在社会生活中的地位和作用,都不能仅从它的自然属性来解释,只有将它同整个社会制度联系起来考察,才能给予正确的说明。因此社会属性是婚姻家庭关系的根本属性,其自然属性也要受到社会属性的制约。

由于婚姻家庭关系具有与其他社会关系不同的特点,所以调整它的婚姻法是我国社会主义法律体系中的一个重要的独立的法律部门。现行的《中华人民共和国婚姻法》(以下简称《婚姻法》)是调整我国婚姻家庭关系的基本准则,但它不是调整我国婚姻家庭关系的全部法律。在我国其他法律部门中,如宪法、民法、刑法、行政法、诉讼法和妇女权益保障法等,也有不少有关婚姻家庭的法律规范,这些法律规范与《婚姻法》共同构成婚姻法这一独立的法律部门。

但是我国《婚姻法》与上述法律部门中有关婚姻家庭关系的规定,既有联系,又有区别。它们之间的联系是因二者建立在共同的经济、社会和文化基础上,是从各自调整的社会关系,共同保障公民的合法权益,巩固和发展社会主义制度,促进社会主义物质文明和精神文明的进一步发展。它们之间的区别,主要在于《婚姻法》与其他法律部门所调整的对象、手段和方法有所不同。

二、我国婚姻法的任务

全国解放前,我国婚姻家庭制度,深受封建家长制和夫权思想的束缚,婚姻不自由,男女不平等。新中国建立后于1950年4月中央人民政府委员会第七次会议通过了第一部《中华人民共和国婚姻法》(以下简称《婚姻法》),于同年5月1日起公布施行。这部《婚姻法》的主要任务是废除封建包办、强迫买卖的婚姻制度,破除在婚姻家庭领域中封建习俗和封建思想,支持保护人民为实现婚姻自由,建立和谐的家庭关系,它为建国初期发展社会主义婚姻家庭制度起了积极的作用。三十年后,在1980年第五届全国人民代表大会第三次会议又通过了第二部《婚姻法》,这部《婚姻法》是在改革开放的新形势下制定的。它的主要任务是继续消除在婚姻家庭中的封建思想和资产阶级思想,巩固和发展社会主义婚姻家庭制度,保护公民的合法权益,促进社会主义物质文明和精神文明的发展,发挥婚姻家庭在社会主义改革开放中的作用。随着改革开放的进一步发展,我国社会生活和婚姻家庭生活发生了巨大的变化,1980年《婚姻法》有些规定,需要根据在婚姻家庭方面出现的新问题,作进一步的修改、补充。第九届全国人民代表大会常务委员会第21次会议于2001年4月28日通过了《关于修正〈中华人民共和国婚姻法〉的决定》。修改后的《婚姻法》,加强了在婚姻家庭关系方面的法律调整,进一步保障了妇女、儿童、老人的合法权益,明确规定了夫妻家庭成员间享有的权利、应尽的义务。修改后《婚姻法》还增加了"救济措施与法律责任"

一章,对不履行婚姻家庭义务,侵犯配偶或其他家庭成员的合法权利,规定了其应负的法律责任,进一步保障了在婚姻家庭方面的人权,促进了婚姻家庭中精神文明建设和社会主义道德意识的发展。

三、我国婚姻法的基本原则

我国《婚姻法》第2条规定:"实行婚姻自由、一夫一妻、男女平等的婚姻制度。保护妇女、儿童和老人的合法权益。实行计划生育。"这一规定,概括了我国婚姻法的基本原则,集中体现了社会主义婚姻家庭制度的本质和特征。

(一)婚姻自由原则

婚姻自由既是婚姻法的一项基本原则,也是我国宪法赋予公民的一项基本权利。它包括结婚自由和离婚自由两个方面。结婚自由是指结婚必须男女双方完全自愿,不许任何一方对他方加以强迫或任何第三者加以干涉。离婚自由是指当夫妻双方感情确已完全破裂时,双方或一方有通过法定条件或程序要求解除婚姻关系的权利。结婚自由是婚姻自由的主要方面,离婚自由是结婚自由的重要补充。这两个方面相辅相成,共同构成婚姻自由的内容。

实行婚姻自由的目的是为了建立以爱情为基础的婚姻关系。社会主义的新型婚姻关系,其本质是男女双方基于爱情的结合。建立与巩固以爱情为基础的婚姻关系,前提条件是当事人必须自主自愿结为夫妻,使爱情与婚姻融为一体。同时,社会主义婚姻自由不是绝对的、毫无限制的。婚姻是家庭的基础,家庭是社会的细胞。正确处理婚姻问题,不仅涉及个人的利益,而且关系到双方、下一代、家庭和社会的利益。我国《婚姻法》为结婚规定了必须具备的条件和必须履行的程序,规定了离婚的程序和处理原则,具体指明了婚姻自由的范围,划清了婚姻自由问题上合法与违法、正确与错误的界限。人们行使婚姻自由权利时,必须遵守国家法律,不得滥用权利而损害他人的合法权益和社会公共利益。

为了贯彻执行婚姻自由的原则,我国《婚姻法》第3条第1款规定:"禁止包办、买卖婚姻和其他干涉婚姻自由的行为。禁止借婚姻索取财物。"包办婚姻指第三者(包括父母)违反婚姻自由的原则,包办强迫他人婚姻的行为。买卖婚姻指第三者(包括父母)以索取大量财物为目的,包办强迫他人婚姻的行为。其他干涉婚姻自由的行为是指包办买卖婚姻以外的违反婚姻自由原则的行为,如干涉寡妇再婚、干涉离婚自由等。借婚姻索取财物,是指买卖婚姻以外的其他借婚姻索取财物的行为,这种婚姻一般在形式上是自主自愿的,但却是以财物作为婚姻的先决条件。

(二)一夫一妻制原则

一夫一妻制是一男一女结为夫妻的婚姻制度。我国婚姻自由是在一夫一妻制原则下的婚姻自由,它要求任何人只能有一个配偶,不得同时有两个或更多的配偶。

在历史上,一夫一妻制是私有制的产物。它是伴随着在家庭中丈夫需要有确定无疑的亲生儿女作为其财产继承人的要求而出现的。因此,在以私有制为基础的社会里,在男子掌握着家庭财富的条件下,一夫一妻制实质上是建立在丈夫统治之上的,是专对妇女而言的,男子则可以实行公开的或隐蔽的多妻制。

社会主义制度下的婚姻关系是男女两性基于爱情的结合。爱情的专一性和排他性,必然要求一夫一妻的结合。新中国建立之后先后颁布的两部婚姻法,和2001年对1980年婚姻法的修正都把一夫一妻作为婚姻家庭制度的一项基本原则,一夫一妻制的贯彻得到了切实的法律保障。社会主义公有制经济的建立和发展,妇女的解放和社会地位的提高,更为一夫一妻制的真正实现提供了前所未有的社会条件。

为了严格实行一夫一妻制,我国《婚姻法》第3条第2款明确规定:"禁止重婚。"重婚是指有配偶者再行结婚的行为。重婚不仅在法律上无效,而且重婚行为是触犯刑律的犯罪行为。在现实生活中,有的人虽有配偶,为规避法律却与第三者不以夫妻名义,长期、持续稳定地同居生活,即所谓的"包二奶"。对这一现象,修改后的《婚姻法》第3条第2款明确规定"禁止有配偶者与他人同居"。

(三)男女平等原则

男女平等是我国宪法规定的公民的一项基本权利。婚姻法中男女平等的原则正是宪法规定在婚姻家庭方面的具体体现。

婚姻法规定的男女平等是指男女两性在婚姻家庭关系和家庭生活的各个方面都具有同等的权利和义务。这种权利与义务的平等主要表现在:男女在结婚和离婚方面的权利义务是平等的;夫妻在人身关系和财产关系上的权利义务是平等的;父母在抚养教育子女方面的权利义务以及其他家庭成员之间的权利义务都是平等的。可以说,从婚姻法的总则到各章的内容都贯彻着这一基本原则。

社会主义制度的建立,为妇女解放开辟了广阔的道路,实行男女平等是社会主义婚姻家庭制度的本质体现。同时,男女平等的真正实现是一个逐步的和相当长的过程。从根本上说,社会主义物质文明与精神文明的高度发展,是男女平等进一步实现的必要条件。目前要从现阶段的实际情况出发,正确贯彻执行婚姻法中有关男女平等的各项规定,保障妇女在婚姻家庭方面的合法权益,以利于妇女的解放和社会主义婚姻家庭制度的巩固与发展。

(四)保护妇女、儿童和老人的合法权益原则

保护妇女、儿童和老人的合法权益,也是婚姻法的一个基本原则。它是从我国实际出发,贯彻宪法中关于"婚姻、家庭、母亲和儿童受国家的保护"的规定而制定的。

保护妇女的合法权益,是对男女平等原则的必要补充。我国妇女虽然在法律地位上已经获得了与男子平等的权利,但是,实际生活中还存在着某些妨碍妇女行使平等权利的消极因素。因此,必须在强调男女平等的同时,对妇女的合法权益加以特殊的保护。对此,除在我国婚姻法中规定了一些针对性很强的保护妇女合法权益的条款外,1992 年 4 月 3 日,第七届全国人民代表大会第五次会议还审议通过了《中华人民共和国妇女权益保障法》,这是我国第一部专门以保障妇女权益、实现男女平等为宗旨的基本法,它确立了全面保障妇女权益的法律依据。

保护儿童的合法权益,是振兴国家和民族的需要,是培养和造就社会主义现代化事业接班人的需要,也是巩固和发展社会主义婚姻家庭关系的需要。我国《宪法》明文规定:“儿童受国家保护。”为贯彻宪法原则,婚姻法在婚姻家庭关系中具体规定了对儿童合法权益的保护。1991 年 9 月 4 日第七届全国人民代表大会常务委员会第二十一次会议通过,自 1992 年 1 月 1 日起施行的《中华人民共和国未成年人保护法》,规定了保护未成年人的工作原则,规定从家庭、学校、社会、司法等方面对儿童、少年进行全面、具体的保护,并规定了违反本法侵害未成年人合法权益的法律责任。

尊敬、赡养和爱护老人是中华民族的传统美德,老人为国家、民族、社会和家庭贡献了毕生的精力,创造出巨大的物质和精神财富。当他们年迈、丧失劳动能力的时候,有权获得国家和社会的物质帮助以及来自家庭的赡养扶助。赡养老人,保护老人的合法权益,是社会主义家庭的一项基本任务,也是我国法律的一项基本原则,更是社会主义道德的必然要求。

修正后的《婚姻法》,在第 3 条第 2 款中还增写了“禁止家庭暴力”和“禁止家庭成员间的虐待和遗弃”。家庭暴力,是当代各国普遍存在的一个社会问题。在我国随着人们权利意识的提高,家庭暴力日益被人们关注。家庭暴力一般是指施暴人以殴打、捆绑、残害、限制人身自由或其他手段对家庭成员的身体、精神等方面进行伤害和摧残的行为。家庭暴力与发生于其他领域的暴力行为相比较,有其独特的特点,这就是施暴者和受害人之间具有特定的亲属关系。施暴者往往是在家庭中处于强势地位的成员,受害人一般是在家庭中处于弱势地位的成员,如妇女、老人、儿童。家庭暴力是一种侵犯人权、危害社会的违法行为。对实施家庭暴力的人,根据具体情况,依法追究施暴者的法律责任,它包括有民事法律责任、行政法律责任和刑事法律责任。

(五) 禁止家庭成员间的虐待和遗弃

修改后的《婚姻法》在第 3 条第 2 款中,增加了“禁止家庭成员间的虐待和遗弃”。这一规定,对进一步保护妇女、儿童和老人合法权益,对照顾、满足家庭成员中没有独立生活能力者的需要和实现家庭职能,都有重要意义。

虐待行为，在现实生活中有不同的表现，如在生活方面，对衣、食、住等方面的歧视和不公正的待遇。在精神方面，往往采用讽刺、挖苦、侮辱等手段使其遭受极大的痛苦。

遗弃，是指家庭成员中负有赡养、抚养和扶养义务的一方，不履行其赡养、抚养和扶养的法定义务的行为。遗弃行为往往发生于不同亲属身份的家庭成员之间，例如子女不赡养父母、父母不抚养子女、夫妻不相互扶养；有负担能力的子女、外孙子女不赡养子女已经死亡或子女无力赡养的祖父母和外祖父母；有负担能力的兄、姐不扶养父母已经死亡或父母无力抚养的未成年的弟、妹等等。虐待和遗弃家庭成员的行为，不仅违背了道德规范，应受舆论的谴责，还应对之采取相应的法律手段，给予法律制裁，修正后的《婚姻法》将它做为婚姻法的一项基本原则是十分必要的。

（六）计划生育原则

实行计划生育是我国的一项基本国策。我国婚姻法根据宪法的精神，把计划生育作为一项基本原则，使之法律化，这对有效地调节人口再生产和有计划地控制人口增长具有重要意义。

计划生育是社会主义制度下人口再生产的客观要求。人口的生产和再生产是受一定社会的生产方式制约的。人口状况虽然不能决定社会制度的性质，却能促进或延缓社会的发展。如果人口的增长和物质生产的发展不相适应，就必然影响劳动生产率，从而影响社会的发展和人民生活水平的提高。

计划生育一词的本意主要是指通过生育机制有计划地调节人口增长速度，包括提高和降低人口的自然增长率。从我国的实际情况出发，我国的计划生育是以降低人口增长速度、提高人口素质为目标的，基本要求是少生、优生和适当的晚婚晚育。

家庭是人口再生产的社会形式，必须从家庭制度方面保障计划生育的开展。因此，我国《婚姻法》第2条规定，夫妻双方都有实行计划生育的义务。

（七）家庭成员间相互关系原则

1980年《婚姻法》关于家庭成员间的相互关系，分别在多处作了规定，修正后的《婚姻法》将家庭成员间的相互关系集中为一条，即第4条“夫妻应当互相忠实，互相尊重；家庭成员间应当敬老爱幼，互相帮助，维护平等、和睦、文明的婚姻家庭关系”。婚姻是男女双方以永久共同生活为目的的结合。双方相互忠实包括生活中的各个方面，也包括性方面的忠实，这是维系家庭和婚姻的专一性、排他性的必然要求，也是保护妇女、儿童合法权益的重要方面。在现实生活中，婚姻一方不忠实而受到损害的多为女方，并直接影响到双方所扶养的儿童的权益。相互尊重，是指夫妻之间，应彼此平等相待，互敬、互爱、互相扶助，要做到这一点，需要夫妻双方在婚姻家庭生活的各方面共同努力，但从我国婚姻家庭的传统观念来看,要做到相互尊重,重要的一点是要破除夫权、家长制的传统观念,才能贯彻这一原则。

《婚姻法》第4条还规定:“家庭成员间应当敬老爱幼、互相帮助,维护平等、和睦、文明的婚姻家庭生活。”敬老爱幼,是指家庭成员中的晚辈应尊重长辈;长辈应对晚辈予以爱护,家庭成员间的相互帮助,是因家庭成员之间具有婚姻关系和血亲关系,同居一家,共同生活,就需要家庭成员之间无论在思想、生活、经济等方面都能互相帮助,才能实现家庭的功能。家庭成员之间维护平等,是指家庭成员之间享有同等的权利,不能有以强欺弱和有高低、尊贵与卑贱之分,实行有差别的待遇,事实证明只有坚持婚姻法的这一原则,才能创造和睦、文明的家庭生活,使家庭每一个成员得到幸福,社会也能安定祥和。

第二节 结 婚

结婚,即婚姻的成立,是男女双方依据法律规定的条件和程序,确立夫妻关系的行为。结婚不仅是个人生活中的大事,而且是具有重要社会意义的一种法律行为。为了保护当事人的利益和社会利益,防止违法婚姻,巩固社会主义婚姻家庭制度,《婚姻法》规定了结婚应当具备的条件和程序。只有完全符合法定条件和履行法定程序的男女结合,才是被国家承认和保护的合法婚姻。

一、结婚条件

根据婚姻关系具有自然属性和社会属性的特点,婚姻法对结婚条件作了两方面的规定,即必备的条件和禁止的条件。亦称结婚的实质要件。

(一) 结婚的必备条件

1. 结婚必须男女双方完全自愿。《婚姻法》第5条规定:“结婚必须男女双方完全自愿,不许任何一方对他方加以强迫或任何第三者加以干涉。”

男女双方完全自愿,是实现婚姻自由的前提。它要求做到双方自愿,而不是一方情愿;是本人自愿,而不是父母等第三者愿意;是完全自愿,而不是在强迫和干涉下勉强同意。总之,在符合其他条件的情况下,是否结婚,与谁结婚的决定权,属于当事人本人。

2. 必须达到法定婚龄。法定婚龄,是指法律上规定的男女双方结婚的最低年龄。只有达到或高过这个年龄始得结婚,低于法定婚龄,不得结婚。《婚姻法》第6条规定:“结婚年龄,男不得早于22周岁,女不得早于20周岁。晚婚晚育应予鼓励。”

法律规定婚龄,是由婚姻关系的性质和特点决定的。只有达到一定的年龄,双方才能具备适合结婚的生理条件和心理条件,双方的体力和智力才能发育成熟，这样才能正确处理自己的婚姻问题，正确处理家庭关系和履行社会义务。

3. 必须符合一夫一妻原则。男女双方必须在均无配偶的情况下始得结婚，如果现存婚姻关系尚未解除又与他人结婚，就构成重婚罪，要受到法律制裁。

（二）结婚的禁止条件

1. 禁止结婚的血亲关系。《婚姻法》第7条规定，直系血亲和三代以内的旁系血亲禁止结婚。

血亲，是指有血缘关系的亲属。直系血亲是和自己具有直接血缘关系的亲属，即生育自己和自己所生育的上下各代的亲属。如父母与子女、祖父母与孙子女、外祖父母与外孙子女等。

旁系血亲，是指具有间接血缘关系的亲属，即非直接血亲，但在血缘上和自己同出一缘的亲属，如兄弟姐妹与自己同源于父母，伯、叔、姑、堂兄弟姐妹、姑表兄弟姐妹与自己同源于祖父母，舅、姨、姨表、舅表兄弟姐妹与自己同源于外祖父母等。三代以内旁系血亲，是指出自同一祖父母、外祖父母的旁系血亲。

禁止血缘关系太近的亲属结婚，既是伦理观念的要求，也是自然选择规律的要求。它具有科学性，符合优生学理论。

2. 禁止结婚的疾病

我国1980年《婚姻法》规定"患麻风病未经治愈或患其他在医学上认为不应当结婚的疾病的，禁止结婚"，是采取例示性和概括性相结合的规定。修正后的《婚姻法》第7条第2项规定："患有医学上认为不应当结婚的疾病"，即作了概括性的规定，删去了例示性的规定，至于哪些疾病在医学上认为不应当结婚，在认定时必须有充分的科学根据，在必要时应当进行专门医学上的鉴定。对患有麻风病若未治愈，仍然属于医学上认为不应当结婚的疾病，不能因婚姻法对它的删改而发生错误的看法。

1994年《婚姻登记管理条例》第9、10条规定：在实行婚前健康检查的地方，申请结婚的当事人，必须到指定的医疗保健机构进行婚前健康检查，在进行婚姻登记时，应提交健康检查证明。

二、结婚程序

结婚程序，是指男女双方建立婚姻关系所必须履行的法定程序，也称为结婚的形式要件。在我国，结婚除必须符合法定的条件外，即实质要件，还必须履行法定程序，即办理结婚登记，两者缺一不可。只有经过法定程序，双方的婚姻关系才算正式成立，夫妻间的权利义务才正式产生，并得到法律的承认和保护。

根据我国《婚姻登记办法》，婚姻登记是为保障婚姻自由、一夫一妻、男女平等的婚姻制度的实施，保护婚姻当事人的合法权益，防止违反婚姻法的行为。上述规定概括地说明了结婚登记的目的和意义。结婚登记制度是国家对婚姻关系成立进行审查和监督的必要措施。通过结婚登记不仅可以使合乎结婚条件的婚姻及时地得到承认和保护,避免各种违法婚姻并预防婚姻家庭纠纷的发生,同时也是开展法制宣传教育,帮助当事人树立正确的婚姻观的过程。因此结婚登记不是可有可无的例行手续,而是一项严肃的法律制度。所以我国《婚姻法》第8条规定:“要求结婚的男女双方必须亲自到婚姻登记机关进行结婚登记。”

根据《婚姻登记办法》的规定,办理结婚登记的机关,在农村是乡、民族乡、镇人民政府,在城市是街道办事处或区人民政府、不设区的市人民政府。婚姻登记机关的管辖范围,原则上与户籍管理范围相适应。

结婚登记程序分为申请、审查和登记三部分。申请,即当事人双方正式向婚姻登记机关进行申报,提出结婚登记的请求;审查,即婚姻登记机关依法对当事人的结婚申请进行审核与查证;登记,婚姻登记机关如果确认当事人的结婚申请符合婚姻法和婚姻登记办法,即进行正式的登录和记载,签发结婚证书。结婚证书,是由婚姻登记机关签发的证明婚姻关系成立的法律文书。

《婚姻法》第8条还规定:“未办理结婚登记的,应当补办登记。”因为只有办理结婚登记,取得结婚证书,才能确立夫妻关系,若未办理结婚登记,未取得结婚证书,是不能确立夫妻关系的。补办婚姻登记的规定,对稳定婚姻关系,保障婚姻男女双方的合法权益具有重要的意义。

修改前的《婚姻法》第8条规定:“登记结婚后,根据男女双方约定,女方可以成为男方的家庭成员,男方也可以成为女方的家庭成员。”修正后的《婚姻法》将“男方也可以成为女方的家庭成员”的“也”字删除,修正前与修正后的《婚姻法》虽仅有一字之差,却更好地体现了男女平等的原则。

实际生活中有不少人误将结婚登记当作订婚,以为只有举办了结婚仪式才是结婚。其实仪式并不是法定的结婚程序,仪式举行与否并不影响婚姻的效力。夫妻间的权利义务关系自取得结婚证时起即确立。结婚当事人领取结婚证后,即使双方尚未同居生活,如要解除这种关系,也必须依离婚程序办理。

三、婚约、事实婚姻和非法同居问题

婚约,指婚姻预约。即男女双方以今后缔结婚姻为目的所作的一致意思表示。订立婚约的行为,称为订婚。我国婚姻法从未把订婚作为结婚的必经程序,男女双方结婚,完全是以他们在结婚登记时所表示的意愿为依据。这样既有利于防止他人借婚约而干涉婚姻自由,又充分考虑婚约期间可能出现的变化,对防止早婚、包办强迫婚姻有重要意义。

虽然婚约对当事人并无法律上约束力,恋爱关系也不是法律调整的对象,但对因解除婚约(包括终止恋爱关系)引起的财物纠纷,人民法院仍应受理。在处理时应根据双方交付财物的动机、目的以及财物的价额来判断纠纷的性质,并应根据有利于促进社会安定团结，从贯彻婚姻自由原则出发，区别不同情况妥善处理。

关于一方为现役军人的婚约，应该按照有关规定和具体情况予以保护，同时，也应考虑和注意保护另一方的合法权益。若是非军人一方要与军人一方解除婚约的，如果婚姻基础比较好，不存在解除婚约的正当理由，又有和好的前途，应当进行说服教育不予解除，如果经过说服调解不成，应对军人加以说服予以解除婚约。如果婚约双方都是现役军人，或者现役军人一方向非现役军人一方要求解除婚约的，应按一般群众要求解除婚约处理。

四、无效婚姻和可撤销婚姻

无效婚姻和可撤销婚姻是修正《婚姻法》新增加的条款，无效婚姻和可撤销婚姻，是指欠缺婚姻成立要件的违法婚姻，它不具有婚姻的法律效力。这一规定有利于坚持婚姻成立的法定条件，保障婚姻的合法成立；有利于预防和减少婚姻纠纷，保障公民的婚姻权益；有利于加强执法力度，制裁结婚问题上的违法行为，这一规定对完善我国婚姻制度具有重要意义。

（一）关于无效婚姻的规定

我国《婚姻法》第 10 条规定："有下列情形之一的婚姻无效：（一）重婚的；（二）有禁止结婚的亲属关系的；（三）婚前患有医学上认为不应当结婚的疾病，婚后尚未治愈的；（四）未到法定婚龄的。"对无效婚姻的认定，必须依据上述规定，如果婚姻无效的原因的现实已消除就不能再作无效婚姻处理，例如，双方结合时一方患有禁止结婚的疾病，后已治愈，又如双方结婚时，一方未达到结婚年龄，其后已经达到结婚的年龄，此时就不能认定其为无效婚姻，这是因无效婚姻的原因现实已不存在了。

宣告无效婚姻的程序，《婚姻法》第 10 条没有作具体规定，可由法院依诉讼程序宣告。此外，还可以按照《婚姻登记管理条例》的规定，由婚姻登记管理机关依行政程序宣告婚姻无效。

根据宣告婚姻无效的原因，有权请求婚姻无效的主要是婚姻当事人和有关的利害关系人，例如，以重婚为无效原因的，具有请求权的人，是当事人的合法配偶和当事人合法配偶的近亲属及基层组织。

（二）关于可撤销婚姻的规定

《婚姻法》第 11 条规定："因胁迫结婚的，受胁迫的一方可以向婚姻登记机关或人民法院请求撤销该婚姻。受胁迫一方撤销婚姻的请求，应当自结婚登记之日起一年内提出。被非法限制人身自由的当事人请求撤销婚姻的，应当自恢复人身自由之日起一年内提出。"该条首先规定了可撤销婚姻的原因，是因受胁迫而结婚的。所谓受胁迫，是指行为人对另一方的生命、身体健康、名誉、财产等方面以造成损害相要挟,迫使另一方违背真实意愿而结婚,关键是违背了男女双方完全自愿的结婚原则。其次,规定了可撤销婚姻的主体或者有请求权人,是受胁迫的一方的当事人本人,若受胁迫的当事人不行使请求撤销权,其他任何人无此权代为行使其撤销婚姻的请求权利。再次,规定了行使请求权的期限为一年。这一年的起算是自结婚登记之日起算,如果当事人是被非法限制其人身自由的,一年的起算是从恢复其自由之日起计算。

婚姻撤销的程序,请求权人可以向婚姻登记管理机关提出申请,依行政程序处理。如果当事人对婚姻登记管理机关的处理不满,可依法申请行政复议,提出行政诉讼。另外撤销婚姻请求权人,也可以直接向法院起诉,依诉讼程序处理。

（三）婚姻无效和撤销婚姻的法律后果

关于婚姻无效和撤销婚姻的法律后果,《婚姻法》第 12 条规定:“无效或被撤销的婚姻,自始无效。当事人不具有夫妻的权利和义务。同居期间所得的财产,由当事人协议处理;协议不成时,由人民法院根据照顾无过错方的原则判决。对重婚导致的婚姻无效的财产处理,不得侵害合法婚姻当事人的财产权益。当事人所生的子女,适用本法有关父母子女的规定。”根据该条规定无效婚姻和可撤销婚姻的法律后果,可分两点说明:一是对当事人的后果,经宣告无效或被撤销的婚姻自始至终无效。所谓自始无效,是指不是被宣告之日起才无效,而是指自违法结合之日起便不具有婚姻的法律效力。这是因为双方当事人的结合是违背法律的规定,他们之间不具有基于婚姻而发生的夫妻之间的权利和义务。因此,在人身关系和财产关系上就不适用法律有关规定。在人身关系上就不适用《婚姻法》第 14 条、15 条、16 条的有关规定(在下章进行分析)。在财产关系上,由于无效婚姻、被撤销婚姻的当事人,不适用《婚姻法》关于夫妻财产制的规定。在其同居期间所得的财产,不是夫妻共同财产。对这部分财产是按共同共有处理。如果有证据证明为当事人一方所有的财产,由当事人协议处理。如果双方达不成协议,可由人民法院根据照顾无过错方的原则判决。《婚姻法》第 12 条还规定,对重婚导致的婚姻无效的财产处理,不得侵害合法当事人的财产权益。所谓合法当事人,是指一方重婚前的无过错的原配偶一方。在子女关系上,第 12 条规定,当事人所生的子女,适应本法有关父母子女的规定,因为父母子女关系在性质上不同于婚姻关系,婚姻无效或没撤销的原因是欠缺婚姻成立的法定条件。父母子女关系则是以相互之间的血缘联系为依据的。不能因父母婚姻的条件不成立而受影响,在人身关系、财产关系方面,应适用有关父母子女的法律规定,在父母终止同居关系时,适用有关离婚子女扶养教育法律的规定。

五、事实婚

事实婚姻,是相对于法定婚姻而言,通常是指没有配偶的男女双方未经结婚登记即以夫妻关系同居生活，群众亦认为其为夫妻关系的结合。这种结合包括两种不同情况：一种是双方本人及其关系均符合结婚条件，只是未履行合法登记手续；另一种是既缺乏结婚的形式要件，又不完全具备实质要件。

1994 年 2 月 1 日公布施行的《婚姻登记管理条例》规定，未办理结婚登记即以夫妻名义同居生活的，均属非法同居，不具有婚姻的法律效力。

修改后的《婚姻法》第 8 条规定，男女双方以夫妻名义同居生活而未办理结婚登记的，应当补办登记。根据这条规定，办理结婚登记，取得结婚证，即确立夫妻关系。如果未办理结婚登记，未取得结婚证，就不能确立夫妻关系。2001 年 2 月 24 日最高人民法院《关于适用〈中华人民共和国婚姻法〉若干问题的解释（一）》中指出：未按《婚姻法》第 8 条规定补办婚姻登记而以夫妻名义共同生活的男女，起诉到人民法院要求离婚的，应当区别对待：（1）1994 年 2 月 1 日民政部《婚姻登记管理条例》公布实施以前，男女双方已经符合结婚的实质要件的，按事实婚姻处理。（2）1994 年 2 月 1 日民政部《婚姻登记管理条例》公布实施以后，男女双方符合结婚实质要件的，人民法院应当告知其在案件受理前补办婚姻登记；未办结婚登记的，按解除同居关系处理。

第三节　家　　庭

一、家庭的概念和职能

（一）家庭的概念

家庭，是以婚姻、血缘和共同经济为纽带而组成的，共同生活的成员间互享法定权利、互负法定义务的亲属团体。

从历史上看，婚姻家庭是适应人类社会发展的客观需要而出现的，自其产生时起就担负着一定的社会职能，在社会生产和社会生活中发挥着重要的作用。

（二）家庭的职能

（1）实现人口再生产的职能。人口和人口再生产是社会存在和发展的必要条件。以两性结合和血缘联系为其自然条件的婚姻家庭，必然会通过生育子女繁衍后代。

（2）组织经济生活的职能。以婚姻为基础的家庭，在社会经济生活中起着重要的作用。家庭的经济职能，反映了一定社会生产方式和生活方式的要求。当前在我国，大量的家庭还具有组织生产的职能。同时家庭也是组织消费的经济单位，它仍然是社会分配和个人消费之间的中介。

（3）教育职能。家庭是人们最初的生活环境和活动场所，家庭成员之间的血缘联系、感情联系和经济联系，使家庭教育具有不同于一般社会教育的独特作用,成为社会教育的重要组成部分。

二、家庭关系

家庭关系,包括夫妻关系、父母子女关系和其他家庭成员之间的关系。

(一) 夫妻关系

夫妻关系,是指夫妻在家庭中的地位和相互间的权利义务关系,其中包括人身关系和财产关系。夫妻是家庭的基本成员,担负着实现家庭职能的重要责任。夫妻关系如何,不仅关系到双方的利益和家庭的和睦,而且直接影响社会的安定和生活。所以我国《婚姻法》第13条至第20条以及第24条,对夫妻在家庭中的地位、夫妻在人身和财产方面的权利义务关系,都作了明确的规定。

1. 夫妻在家庭中的地位

我国《婚姻法》第13条规定:“夫妻在家庭中地位平等。”这要求夫妻在家庭中平等地享有权利,平等地履行义务,任何一方都不能只享有权利而不承担义务,或只承担义务而不享有权利,更不能把对方看成是自己的附属物。

2. 夫妻的人身关系

婚姻法对夫妻的人身关系有以下规定:

(1) 夫妻双方都有各用自己姓名的权利。有无使用自己姓名的权利,是有无独立人格的一种标志。在旧中国,由于妇女既无社会地位,又无家庭地位,更谈不上使用自己姓名的权利,往往只有小名,而无正式姓名。结婚后,则在父姓之上冠以夫姓,称为某某氏。解放后,我国妇女获得了与男子平等的社会地位和家庭地位,才获得了使用自己姓名的权利。《婚姻法》第14条规定:“夫妻双方都有各用自己姓名的权利。”这是指无论夫还是妻,都可以保持姓名的独立性,不必因结婚而改变姓名。

除夫妻姓名外,《婚姻法》第22条还规定:“子女可以随父姓,也可以随母姓。”至于子女是随父姓还是随母姓,由父母协商解决。这也是男女平等原则的具体体现。

(2) 夫妻双方都有参加生产、工作、学习和社会活动的自由。《婚姻法》第15条规定:“夫妻双方都有参加生产、工作、学习和社会活动的自由,一方不得对他方加以限制或干涉。”这一规定既是夫妻法律地位平等的标志,又为夫妻平等地行使权利、承担义务提供了法律保障。根据我国实际情况,这一规定主要是为了保障已婚妇女享有参加生产、工作、学习和社会活动的自由权利。

(3) 夫妻双方都有实行计划生育的义务。这项义务的基本精神有两点:一是用法律形式把计划生育这一基本国策固定下来,使它法律化、制度化;二是夫妻双方都有节育的义务,不能片面地把责任都推给女方。

3. 夫妻的财产关系

财产关系,是夫妻关系的重要内容。夫妻的财产关系是否平等,是衡量夫妻地位是否平等的重要标志。夫妻财产关系,是以人身关系为依据的。正确处理夫妻财产关系,对稳定家庭、防止纠纷有很大意义。《婚姻法》第 17 条至第 19 条对夫妻财产关系作了具体规定。

(1) 法定财产制

法定财产制,是指夫妻婚前或婚后,未就夫妻财产关系作出约定,或者作过约定,但约定无效时,按法律规定处理。我国现行《婚姻法》对法定财产制分为夫妻共同财产制和夫妻个人特有财产制两种。《婚姻法》第 17 条对夫妻共同财产制的规定:“夫妻在婚姻关系存续期间所得的下列财产,归夫妻共同所有:(一)工资、奖金;(二)生产、经营的收益;(三)知识产权的收益;(四)继承或赠与所得的财产,但本法第 18 条第 3 项规定的除外;(五)其他应当归共同所有的财产。夫妻对共同所有的财产,有平等的处理权。”该条明确规定了夫妻在婚姻关系存续期间夫妻共同财产的范围和如何正确地行使。在夫妻共同财产的范围中需要说明的有两点,一是继承或赠与所得的财产的规定,并非是所有继承或赠与所得的财产都是共同财产,如在遗嘱或赠与合同中确定只归一方所有的财产不能作为共同财产。二是其他应当归共同所有的财产,这是指夫妻单独取得或共同取得的除了上述共同财产以外的其他财产,如个人财产的孳息和个人财产加以改良后所增加的价值部分;又如夫妻共同所有的动产的添附;夫妻一方在婚姻关系存续期间取得的养老保险金、退休金、失业保险金,也应当作为夫妻共同财产。对如何正确行使夫妻的共同财产,在该条中明确指出夫妻共同所有的财产,有平等的处理权。财产所有权的内容,包括占有、使用和处理的权利。处理权是所有权中最重要的权利,夫妻双方在行使处理权时应平等协商,任何一方无权擅自处理,也不能根据夫妻双方收入的多寡和有无确定其处理权的有无。夫妻在财产上的权利是平等的,义务也是平等的。对共同生活中的消费,要以共同财产来负担,共同生活所负的债务,也应从共同财产中偿付。

夫妻个人特有财产制,是指夫妻一方财产,依据法律规定或夫妻双方约定,夫妻保有个人财产所有权的财产。现行《婚姻法》第 18 条规定:“有下列情形之一的,为夫妻一方的财产:(一)一方婚前财产;(二)一方因身体受到伤害获得的医疗费、残疾人生活补助费等费用;(三)遗嘱或赠与合同中确定只归夫或妻一方的财产;(四)一方专用的生活用品;(五)其他应当归一方的财产。”该条规定了法定夫妻个人特有财产的范围。包括夫妻一方婚前个人享有所有权的财产和在婚姻关系存续期间取得的并依法应当归夫妻一方所有的财产。法定的夫妻特有财产的性质属于公民个人财产的范畴,依法应当受到法律的保护。对夫妻特有财产,夫妻一方可以依自己的意愿独立行使、占有、使用、收益和处分,不需要征得对方的同意。对婚姻关系存续期间夫妻一方所负的个人债务及其特有财产所产生的债务等,均应由其特有财产负担清偿。

（二）约定财产制

约定财产制,是指法律允许夫妻采用协议的方式,对其在婚前和婚姻关系存续期间所有权的归属、管理、使用、收益、处分等事项作出约定,排除了法定财产所有制的适用制度。修正后的《婚姻法》第 19 条对夫妻约定财产制作了规定:"夫妻可以约定婚姻关系存续期间所得的财产以及婚前财产归各自所有、共同所有或部分各自所有、部分共同所有。约定应当采用书面形式。没有约定或约定不明确的,适用本法第 17、第 18 条规定。夫妻对婚姻关系存续期间所得的财产以及婚前财产的约定,对双方具有约束力。夫妻对婚姻关系存续期间所得的财产约定归各自所有的,夫或妻一方对外所负的债务,第三人知道该约定的,以夫或妻一方所有的财产清偿。"该条全面地规定了约定财产制度:一是夫妻约定财产制的范围,其范围既包括夫或妻一方婚前个人财产,也包括夫妻双方在婚姻关系存续期间所得的财产。二是夫妻双方约定财产制的方式,只能采用书面形式,它是因夫妻财产制的约定不仅涉及到夫妻双方的重大财产利益和家庭生活的物质保障,还会影响到第三人的切身利益,夫妻财产约定采取书面形式,能够准确真实地表达夫妻双方的意思表示。这一规定不仅有效地保护了夫妻二人的合法利益,也能很好地保护第三人的合法利益。三是夫妻约定财产制的内容,夫妻可以约定其婚姻存续期间所得的财产和婚前财产归各自所有、共同所有部分各自所有、部分共同所有。四是夫妻约定财产制的效力,第 19 条规定对双方都具有约束力,所谓都具有约束力,即双方对协议都应认真遵守,非经双方同意,任何一方不得擅自修改,如在离婚时,夫妻有约定财产制的,应按协议的约定内容加以处理。五是夫妻约定财产制对第三人的效力,在现实生活中,夫或妻一方对外负的债务,如果第三人知道夫妻之间存在着财产约定的,应由夫或妻一方的财产清偿。对此夫或妻负有举证责任。但是如果夫或妻不能举证证明存在财产约定的,则夫妻双方应向第三人共同承担责任。

4. 夫妻有互相扶养的义务

《婚姻法》第 20 条规定:"夫妻有互相扶养的义务。一方不履行扶养义务时,需要扶养的一方,有要求对方付给扶养费的权利。"夫妻间的扶养义务,主要是指夫妻之间相互为对方提供经济上的供养和生活上的扶助,以维系婚姻家庭日常生活的进行。这是夫妻人身关系平等在物质生活上的体现,目的在于加强夫妻双方物质生活上互相帮助、互相供养的责任感。特别是在一方丧失劳动能力,或在双方分居、一方没有经济收入的情况下,使生活困难的一方获取帮助和照顾。这一规定虽然适用于夫妻双方,但在当前情况下,主要是保护女方的合法权益。

夫妻间的互相扶养,是义务也是权利。夫妻都有扶养对方的义务,同时也都有要求对方扶养的权利。一方不履行扶养义务时,需要扶养的一方,有权通过调解或诉讼程序,要求对方付给扶养费。人民调解委员会或人民法院,应当依照法律规定,对扶养权利坚决给予保护。

5. 夫妻有相互继承遗产的权利

《婚姻法》第 24 条规定:"夫妻有相互继承遗产的权利。"对夫妻间的继承权,我国《民法通则》、《继承法》也都作了规定。夫妻互享遗产继承权,是男女平等原则的体现,也是继承权男女平等在夫妻关系中的反映。夫妻间的继承权,必须以夫妻的人身关系为前提,也就是说,只有合法的配偶身份夫妻之间才能继承,如已经领取结婚证尚未同居一方即死亡,一方可以以配偶身份继承遗产。再如夫妻一方已经提起离婚诉讼未获有效离婚裁决时一方死亡,未亡一方可以以配偶身份享有遗产继承权。反之,如果继承开始前,双方已经离婚,他方无权继承死者的遗产。夫妻相互继承财产时需要划清夫妻共同财产和家庭成员共有财产的界限,夫妻相互继承遗产时,应先分割夫妻共同财产和家庭成员共有财产,确定遗产范围后,夫妻一方才能继承遗产,以防侵害生存一方和家庭其他成员的合法权益。夫妻一方死亡后,另一方不论再婚与否均有权处分继承的遗产,任何人不得干涉。寡妇依法带产改嫁,应予以保护,这是现实生活中存在的一个较为突出的问题。

(二) 父母子女关系

父母子女是关系最密切的直系血亲。父母子女关系既包括自然血亲的父母子女关系,即基于子女出生的事实而发生的婚生的父母子女关系和非婚生的父母子女关系,也包括拟制血亲的父母子女关系,即指本来无血缘关系但法律上确认其与自然血亲有同等的权利与义务,如依法收养而发生的养父母与养子女关系和因父母一方死亡或离婚而再婚所发生的继父母与继子女的关系。所不同的是,自然血亲的父母子女关系是不能解除的,而拟制血亲的父母子女关系可以解除。

父母子女关系是家庭关系的重要组成部分,婚姻法根据男女平等和保护妇女、儿童、老人合法权益的基本原则,对父母子女间的权利和义务,养子女、继子女与养父母、继父母之间的权利和义务,以及非婚生子女的法律地位都作了明确的规定。

1. 父母对子女有抚养教育的义务

《婚姻法》第 21 条规定,父母对子女有抚养教育的义务。抚养是指父母对子女的养育和生活上的照料,这一义务要求父母保证子女的生活和学习的物质条件,承担经济责任。父母对未成年子女的抚养责任是无条件的,任何时候都不能免除,即使父母离婚,仍然负担抚养义务。对成年子女的抚养义务,则是有条件的。只有当成年子女没有劳动能力或因继续上学而不能独立生活时,父母才有抚养义务。《婚姻法》第21条第2款规定,父母不履行抚养义务时,未成年的或不能独立生活的子女,有要求父母付给抚养费的权利,如果父母拒绝付给抚养费,子女可向人民法院提起索要抚养费的诉讼。

父母对子女教育义务是指父母有责任对子女在思想、品德、学业等方面进行全面培养。

此外,《婚姻法》第23条还规定:"父母有保护和教育未成年子女的权利和义务。在未成年子女对国家、集体或他人造成损害时,父母有承担民事责任的义务。"这是上述抚养教育义务的必要补充。父母是未成年子女的监护人和法定代理人。这一规定对加强父母的责任感,保护未成年子女的利益,保护受害人的合法权益,维护社会利益,都是十分必要的。

自子女出生时开始,父母对子女就负有抚养和保护的义务,《婚姻法》第21条第4款规定:"禁止溺婴弃婴和其他残害婴儿的行为。"

2. 子女对父母有赡养、扶助的义务

父母子女间的权利义务是对等的,父母抚养了子女,为社会和家庭尽了责任,当父母年老体衰时,子女有义务赡养父母。《婚姻法》第21条规定父母对子女有抚养教育义务的同时,也规定了子女对父母的赡养、扶助的义务。后者同前者一样都是无条件的。

赡养扶助包括精神上尊敬、经济上供养、生活上照料三项内容。

《婚姻法》第21条第3款还规定:"子女不履行赡养义务时,无劳动能力的或生活困难的父母,有要求子女付给赡养费的权利。"我国刑法还规定,对于拒不承担赡养义务情节恶劣的,应当予以刑事制裁。

3. 父母和子女有相互继承遗产的权利

《婚姻法》第24条第2款规定:"父母和子女有相互继承遗产的权利。"

这一权利是基于双方之间的特定身份而产生的。父母与子女有着极密切的人身关系和财产关系,彼此间有抚养教育和赡养扶助的义务,因此他们之间也有相互继承遗产的权利。依我国《继承法》规定,子女和父母均为第一顺序继承人。子女包括婚生子女、非婚生子女、养子女和有扶养关系的继子女;父母包括生父母、养父母和有扶养关系的继父母。

4. 非婚生子女、养父母养子女、继父母继子女的权利义务

非婚生子女,是指没有夫妻关系所生之子女。男女在婚姻之外发生性关系,虽不是法律所提倡的,但非婚生子女是没有过错的。《婚姻法》从保护儿童利益出发,针对危害、歧视非婚生子女的野蛮行为,在第25条中明确规定:"非婚生子女享有与婚生子女同等的权利,任何人不得加以危害和歧视。"

非婚生子女的父母都应承担抚养教育的义务。在非婚生子女由生母或生父

抚养时,《婚姻法》第25条第2款规定:"不直接扶养非婚生子女的生父或生母,应当负担子女的生活费和教育费,直至子女能独立生活为止。"经生母生父同意,生母或生父也可以将子女领回抚养。

父母子女关系除基于血缘关系发生外,也可以基于收养而发生。收养是指公民依照法律规定领养他人子女为自己子女的法律行为。

我国的收养子女制度,主要是为保护儿童的利益而确立的。因为通过收养关系可使某些无依无靠的孤儿或由于某种原因不能随父母生活的儿童,可以在养父母的关怀下健康成长。同时也可以满足某些缺少子女者的合理愿望,他们不仅通过收养可得到精神上的慰藉,而且年老时也可得到养子女的照料。因此《婚姻法》第26条第1款规定:"国家保护合法的收养关系。"

收养必须符合一定的条件,办理一定的手续。

1999年4月1日起实施的修改后的《中华人民共和国收养法》对此作了专门的规定。根据《收养法》规定,收养关系一经成立,养父母与养子女之间便产生与父母子女相同的权利义务关系,适用婚姻法中对父母子女关系的有关规定。而养子女与生父母之间的权利义务关系,则因收养的成立而解除,也可以通过法定程序加以解除。

关于继父母与继子女间的关系,继子女,是指夫与前妻或妻与前夫所生的子女。继父母,是指父之后妻或母之后夫。《婚姻法》针对歧视、虐待继子女的恶习,在第27条第1款规定:"继父母与继子女之间,不得虐待或歧视。"

在实际生活中,继父母继子女关系大体有三种不同的情况:(1)继子女已成年并独立生活时,父或母再婚。(2)继子女未成年或未独立生活时,父或母再婚,但未受继母或继父的抚养教育。(3)继子女未成年或未独立生活时,父或母再婚,该子女是受继父或继母抚养教育的。《婚姻法》第27条第2款规定:"继父或继母和受其抚养教育的继子女间的权利和义务,适用本法对父母子女关系的有关规定。"

(三)其他家庭成员之间的关系

祖父母与孙子女、外祖父母与外孙子女,是除父母子女以外的最近的直系血亲。兄弟姐妹是最近的旁系血亲。我国《婚姻法》第28条和第29条分别规定:"有负担能力的祖父母、外祖父母,对于父母已经死亡的未成年的孙子女、外孙子女,有抚养的义务。有负担能力的孙子女、外孙子女对于子女已经死亡的祖父母、外祖父母有赡养的义务。""有负担能力的兄、姐,对于父母已经死亡或父母无力抚养的未成年的弟、妹,有抚养的义务。"这一规定有利于家庭成员间尊老爱幼、团结互助,同时也符合广大人民的道德观念和生活习惯。

修改后的《婚姻法》第29条又明确规定,有负担能力的祖父母、外祖父母,对于父母一方死亡另一方确无抚养能力的,或父母虽未死亡,但均丧失抚养能力的未成年的孙子女、外孙子女,有抚养的义务;有负担能力的孙子女、外孙子女,对子女死亡或生存的子女确无赡养能力的祖父母、外祖父母,应予以赡养;由兄姐扶养长大的有负担能力的弟、妹,对缺乏丧失劳动能力、孤老无依的兄、姐,有扶养的义务。该规定充分体现了我国法律权利与义务一致的原则。

第四节 离 婚

一、离婚的原则

离婚,是婚姻关系消失或终止的原因之一。在我国,婚姻关系除因配偶死亡(包括宣告死亡)而自然消失外,在有些情况下,则是由于离婚而引起的。离婚是配偶双方依照法定原因和程序解除夫妻关系的法律行为。离婚会引起一系列的法律后果,它不仅要消灭夫妻间的人身关系和财产关系,而且会直接影响到子女的抚养教育、家庭关系和社会生活,因此,婚姻法对离婚问题作了具体规定。

婚姻法对处理离婚问题的基本指导原则是:既保障离婚自由,又反对轻率离婚,目的是要巩固和发展社会主义婚姻家庭制度。

离婚自由是婚姻自由的一个方面,从根本上说,保障离婚自由是由社会主义制度下婚姻关系的本质所决定的。在社会主义社会,婚姻应当是男女双方基于爱情的结合,婚姻关系的存续也应当以爱情为基础。这种爱情不是单方面的,而是以互爱为前提的。许多夫妻在婚后感情越来越好。但是,也有一些夫妻缺乏应有的婚姻基础,或者婚后在感情上恶化。如果双方的感情完全破裂,无法继续共同生活,婚姻关系就失去了存在的条件,家庭的社会职能也无法正常地发挥。勉强维持这种徒有其表、名存实亡的婚姻关系,不仅会给双方带来莫大的痛苦,对于子女、家庭和社会也是有害无益的。实行离婚自由,通过法定程序解除这种已经失去存在条件的婚姻关系,使当事人有可能重建幸福美满的家庭,对整个社会的婚姻家庭关系的改善和巩固,对全社会安定团结乃至国家的现代化建设,都有着积极意义。

同时,实行离婚自由绝不意味着当事人在离婚问题上可以为所欲为。防止轻率离婚和保障婚姻自由是完全一致的,两者是相辅相成的。在我国,应当允许离异的,只是那些在实质上已经离异的婚姻。因为,婚姻关系是一种极为重要的伦理关系和法律关系,夫妻双方相互承担着确定的道德责任和法律义务。轻率离婚有悖于保障离婚自由的根本目的,也不符合当事人、子女、家庭和社会的利益。

二、离婚的程序

为慎重处理离婚问题,保障离婚自由,我国婚姻法对离婚规定了必要的法律程序。我国的离婚制度分为双方自愿离婚和一方要求离婚，另一方不愿离婚两种，针对这两种不同情况，分别采取不同的法律程序。

（一）离婚登记

《婚姻法》第31条规定："男女双方自愿离婚的，准予离婚。双方须到婚姻登记机关申请离婚。婚姻登记机关查明双方确实是自愿并对子女和财产问题已有适当处理时，应即发给离婚证。"按此规定，离婚登记是男女双方自愿离婚所必经的法律程序。

离婚登记的程序为：申请，审查，登记。对于符合《婚姻法》和《婚姻登记办法》有关规定的双方自愿离婚，应准予登记，发给离婚证，收回结婚证。

婚姻登记机关如果查明仅为夫妻一方要求离婚，或者夫妻双方虽然都同意离婚，但在子女和财产问题上未达成协议的，应不予登记。当事人之间的上述纠纷，应依诉讼程序处理。

办理离婚登记的机关，在农村是乡、民族乡、镇人民政府，在城市是街道办事处或区人民政府、不设区的市人民政府。

（二）离婚诉讼

《婚姻法》第32条第1款规定："男女一方要求离婚的，可由有关部门进行调解或直接向人民法院提出离婚诉讼。"按此规定，对一方要求解除婚姻关系，他方不同意而发生的纠纷，可以通过两种方式处理，一种是由人民法院以外的有关部门进行调解；一种是提出离婚诉讼，由人民法院审理。

这里所说的"有关部门"，一般来讲主要是指当事人所在单位、群众团体、基层调解组织和婚姻登记机关。诉讼程序以外的调解是处理离婚纠纷的有力手段。离婚纠纷经有关部门调解后，必然出现下列情形之一：第一，双方重归于好，继续保持婚姻关系；第二，双方就离婚以及子女、财产问题达成协议，原先的一方要求离婚转化为双方自愿离婚，双方应按《婚姻法》第31条规定，办理离婚登记；第三，调解无效，一方仍然要求离婚，另一方仍然不同意，离婚纠纷可依诉讼程序处理。

由有关部门进行调解，不是提出离婚诉讼的必经程序。要求离婚的一方有权直接向人民法院提起离婚诉讼。

对提出离婚诉讼的案件，《婚姻法》第32条第2款规定："人民法院审理离婚案件，应当进行调解；如感情确已破裂，调解无效，应准予离婚。"按此规定，人民法院进行调解是审理离婚案件的必经步骤，一般不得未经调解即行判决。这种调解是司法机关行使审判职能的一个方面。一般来说，首先应通过调解促使夫妻和好，必要时也可做调解离婚的工作。

如果经过调解双方同意和好，则按撤诉处理；如果双方达成离婚协议，则发给调解书，由双方收执，离婚调解书是解除婚姻关系的正式法律文件，具有法律效力；如果协议不成，调解无效，法院应根据案件事实，依法进行判决。修正后的《婚姻法》第32条第3款对协议不成，调解无效的情况作了明确规定：（一）实施家庭暴力或虐待，遗弃家庭成员的；（二）重婚或有配偶者与他人同居的；（三）有赌博、吸毒等恶习屡教不改的；（四）因感情不和分居满二年的；（五）其他导致夫妻感情破裂的情形。在该条第4款又规定，一方被宣告失踪，另一方提出离婚诉讼的，应准予离婚。

如何正确理解"感情确已破裂"，婚姻法的这一规定是社会主义婚姻关系本质决定的。社会主义婚姻关系是以夫妻感情为基础的。结婚既然是男女双方感情的结合，继续维持夫妻关系必然以感情存在为条件。那么，离婚自然应当以夫妻感情确已破裂为依据。将"感情确已破裂，调解无效"确定为判决离与不离的界限，这不仅坚持了实事求是的原则，便于法院从实际出发，处理离婚纠纷，而且有利于发挥法院在处理离婚纠纷中促进双方和好的能动作用；既可保障离婚自由，又可防止轻率离婚。

如何认定夫妻感情确已破裂，无论在理论上和实践上都是一个十分重要的问题，是正确适用法律处理离婚纠纷的前提。根据我国司法实践的经验，可以从以下四个方面考察夫妻感情是否破裂：第一，婚姻基础，即查明双方在结婚时的感情状况，是自主婚姻还是包办、强迫等；第二，婚后感情，即查明双方感情在婚后的发展变化，是前进还是后退甚至恶化；第三，离婚原因，即夫妻双方的重要分歧及其由来，当事人的陈述是否真实，有何介入的因素，如有无第三者，婆媳关系如何等；第四，有无争取和好的因素，比如在主观上有无和好的诚意，客观上有无子女、亲友、组织等因素来促进和好。只有对以上四个方面进行全面的、综合的、辩证的分析，才能就夫妻感情是否确已破裂作出正确的结论，人民法院也才能以事实为根据，正确适用法律去处理离婚纠纷。

《婚姻法》第33、34条对保护军婚及保护妇女、胎儿、婴儿的利益，在离婚诉讼程序上作了特别规定。《婚姻法》第33条规定："现役军人的配偶要求离婚，须得军人同意。但军人一方有重大过错的除外。"该条所指的现役军人，是指正在人民解放军和人民武装警察部队服役，具有军籍的人员，无军籍的人员不包括在内。该条规定的离婚请求权，只是限制军人配偶的离婚请求权。但是法律在保护现役军人离婚权利时，也重视对非军人婚姻权利的保护，如军人一方有重大过错，导致了夫妻感情破裂时，其配偶要求离婚的，该条规定，可以不必征得军人的同意。

在离婚诉讼的限制方面，在第34条还规定："妇女在怀孕期间、分娩后一年内或中止妊娠后六个月内，男方不得提出离婚，女方提出离婚的，或人民法院认为确有必要受理男方离婚请求的，不在此限。"这些规定是充分保护孕妇、产妇和中止妊娠手术后的妇女的身心健康，也有利于婴儿和胎儿的发育成长。

三、离婚后子女的抚养和财产的处理

（一）离婚后子女的抚养教育问题

离婚只是解除了夫妻之间的婚姻关系，他们与子女之间的血亲关系则不能因离婚而消除，他们仍是原生子女的父母。《婚姻法》第36条规定："父母与子女间的关系，不因父母离婚而消除。离婚后，子女无论由父方或母方抚养，仍是父母双方的子女。离婚后，父母对于子女仍有抚养和教育的权利和义务。"

子女由谁抚育，是处理离婚后子女的抚养教育问题中的首要问题。《婚姻法》第37条第3款规定："离婚后，哺乳期内的子女，以随哺乳的母亲抚养为原则。哺乳期后的子女，如双方因抚养问题发生争执不能达成协议时，由人民法院根据子女的权益和双方的具体情况判决。"这一规定，总的精神是要有利于子女健康成长。哺乳期内的子女，原则上应由哺乳的母亲抚养，这有利于婴儿的发育成长。在特殊情况下也可由父亲抚养，如母亲患有严重的或传染性的疾病，以及出于职业等原因不宜或不能抚养等。哺乳期后的子女归谁抚养，则应根据子女的权益和双方的实际情况，先由双方协议解决，协议不成时，由人民法院判决。对已作绝育手术者、年老者和因疾病不能再婚者，以及子女随其生活时间较长者，要求抚育子女时，应尽量予以照顾。对于已经具有一定判断和选择能力的子女，还应当尊重他们本人的意愿。

对于子女生活费和教育费的负担，《婚姻法》第37条第1款规定："离婚后，一方抚养的子女，另一方应负担必要的生活费和教育费的一部或全部。负担费用的多少和期限的长短，由双方协议；协议不成时，由人民法院判决。"这是根据男女平等的原则，要求父母双方平等地承担抚养义务。当然，如果一方有能力完全负担子女的抚养费，也可以不要对方负担。在确定费用数额时，既要考虑子女的实际需要，又要考虑给予者的实际能力，并参照当地生活水平。至于给付期限，一般情况应到子女有独立生活能力时为止。但为了保护子女的合法权益，《婚姻法》第37条第2款又规定："关于子女生活费和教育费的协议或判决，不妨碍子女在必要时向父母任何一方提出超出协议或判决原定数额的合理要求。"

对于离婚后父或母一方是否有探望子女的权利，《婚姻法》第38条作了明确规定："离婚后，不直接抚养子女的父或母，有探望子女的权利，另一方有协助的义务。"探望子女的权利是指探望人可以探望子女也可以不探望子女，任何人不得限制和干涉，法律并要求一方行使其探望权时，另一方有协助的义务。行使探望权的方式、时间由双方协议解决，如协议不成时，由人民法院判决。人民法院判决是因法院具有审判权，在法院查明案件事实的基础上，对于行使探望权无论在方式或时间上，均作出判决，写在离婚的判决书中，这对于不直接抚养子女

的父或母具有强制性，即必须遵守法院的判决。

但是《婚姻法》第38条第3款又规定："父或母探望子女，不利于子女身心健康的，由人民法院依法中止探望的权利；中止事由消失后，应当恢复探望的权利。"不利于子女身心健康的，主要包括：不直接抚养子女的一方是无民事行为能力人或限制行为能力的人，患有严重疾病不适合行使探望权，或者行使探望权的一方当事人对子女有侵权行为或者犯罪行为而对未成年子女不利的，如有上述情况之一的，另一方当事人有请求中止其行使探望权的权利，人民法院征求双方当事人的意见后，认为需要中止行使探望权的，应依法作出裁定；如果中止事由消失，人民法院经过调查并征询双方当事人的意见后，应当恢复探望权的行使。

（二）离婚后的财产和生活问题

离婚不仅解除了夫妻之间人身关系，而且终止了夫妻之间原有的财产关系。因此，离婚时必然会发生对夫妻共同财产如何分配、对共同债务如何清偿等问题，有时也会发生相互间生活扶助问题。

《婚姻法》第39条第1款规定："离婚时，夫妻的共同财产由双方协议处理；协议不成时，由人民法院根据财产的具体情况，照顾女方和子女权益的原则判决。"该条所指夫妻共同财产，不包括夫妻一方的个人财产（婚前个人所有财产，婚后依法律规定、或者双方约定的财产），也不包括家庭共同财产，而仅是家庭共同财产中属于夫妻共同所有的部分，双方有平等处理权，人民法院在处理夫妻共同财产分割时，应注意：第一，坚持男女平等；第二，照顾女方和子女利益；第三，有利于当事人的生产和生活；第四，照顾无过错一方；第五，不得损害国家、集体和他人利益。

在改革开放的新的历史时期，广大农村出现了家庭土地承包经营的制度，家庭土地承包经营权在家庭财产分割中占着重要的地位，修改后的《婚姻法》第39条第2款规定："夫或妻在家庭土地承包经营中享有的权益等，应当依法予以保护。"该条规定，符合我国的实际，一是有利于发展生产，二是也充分保护了离婚当事人特别是离婚妇女在家庭土地承包经营中的合法权益。

《婚姻法》第40条规定："夫妻书面约定婚姻关系存续期间所得的财产归各自所有，一方因抚育子女、照料老人、协助另一方工作等付出较多义务的，离婚时有权向另一方请求补偿，另一方应当予以补偿。"该条是补偿请求权的根据，也是对家务劳动的正确评价。因家务劳动不能直接产生经济效益，而是为满足家庭成员生活需要所从事的劳动，如果夫妻离婚时，不承认从事家务劳动的效益，则从事家务劳动的一方其生活必然受到很大的影响。这一条规定，赋予从事家务劳动的一方补偿请求权，解决其实际生活的困难，是十分必要的，并且充分体现了法律的公平、公正原则。至于补偿的数额应双方进行协商，人民法院可以参与协商并进行调解，调解不成时由人民法院判决。

《婚姻法》第41条规定："离婚时，原为夫妻共同生活所负的债务，应当共同偿还。共同财产不足清偿的，或财产归各自所有的，由双方协议清偿；协议不成时，由人民法院判决。"该条规定了夫妻离婚时，所欠的债务应如何清偿的问题。首先是夫妻共同生活所欠的共同债务的清偿，是用夫妻共同财产清偿，夫妻共同财产不足或财产归各自所有但不足以清偿债务时，应由双方协议从各自法定个人所有或约定个人的财产中予以清偿。如协议不成时，应由人民法院判决，以保护债权人的权益。离婚时，男女一方单独所负的债务，应由本人偿还。

离婚虽然解除了夫妻之间相互扶养的法律义务，但是在一定条件下，一方仍有向他方提供经济帮助的责任。修正后的《婚姻法》第42条规定："离婚时，如一方生活困难，另一方应从其住房等个人财产中给予适当帮助。具体办法由双方协议；协议不成时，由人民法院判决。"该条规定，说明了经济帮助的性质，它已不是婚姻关系存续期间，夫妻之间的相互扶养的义务，而是解除婚姻关系后的帮助性措施。这种帮助性的措施，必须是在离婚时一方存在着生活上的困难，而不是在离婚后一方生活上发生困难。但是提供帮助的一方需有经济帮助对方的能力，经济帮助不限于金钱，可以是生活用品，也可以是房屋的居住权或者房屋的所有权。对此，最高人民法院《关于适用〈中华人民共和国婚姻法〉若干问题解释（一）》第27条作了说明。

第五节　救助措施与法律责任

一、救助措施与法律责任的概念

修正后的《婚姻法》增加了救助措施和法律责任一节，对违反婚姻法的行为规定了应承担的法律责任，增加这一节十分必要，有利于解决我国当前婚姻家庭中存在的一些实际问题。

救助措施，是指权利主体在实现自己权利的过程中，受到违法行为的侵害，法律允许有关机关依法提供援助，以保护和恢复权利主体合法权利的方法和手段。一般说，救济措施可分为自我救济和公力救济，自我救济是指权利人自己采取各种合法手段保护自己的合法权益，公力救济是指权利人的合法权益受到侵害时，由国家机关如国家行政机关、司法机关予以保护。婚姻法规定的救助措施，是指公力的救助措施。

法律责任，是指行为人由于其所实施的行为违反了法律的规定，依法应承担的法律后果。法律责任是与行为人的违法行为为密切相连的，是对违法行为人的一种惩罚。我国法律责任的规定概括起来可分为行政法律责任、民事法律责任和刑事法律责任三大类。我国婚姻法在救助措施与法律责任中，根据违法行为的轻重,规定了承担不同的法律责任。有的违法行为可以单独承担某一种法律责任,有的违法行为也可以几种法律责任合并使用。

二、救助措施与法律责任的规定

《婚姻法》从第43—49条规定了在婚姻家庭问题中违犯法律行为的救助措施和应负的法律责任。

(一) 追究行政法律责任的救助措施

《婚姻法》第43条第3款规定"实施家庭暴力或虐待家庭成员,受害人提出请求的,公安机关应当依照管理处罚的法律规定予以行政处罚"。家庭暴力一般是指发生在家庭成员之间,以殴打、捆绑、禁闭、残害或其他手段,对家庭成员从身体、性等方面进行伤害和摧残的行为。家庭暴力或虐待行为,具有不同的形式,其采取的手段和所造成的后果也不完全相同。情节比较轻微、后果尚不严重的,根据《婚姻法》第43条第1款的规定可请求居民委员会、村民委员会这种群众性的自治组织进行劝阻、调解的,以阻止其暴力行为的发生。对于正在实施家庭暴力的,受害人有权请求居民委员会、村民委员会以及公安机关应当依法予以制止;以使正在受家庭暴力威胁的受害者能得到救济,保护其人身的安全。但是,上述的劝阻、调解、依法制止等救助措施,并未进入追究法律责任的范围。《婚姻法》第43条第3款规定:"实施家庭暴力或虐待家庭成员,受害人提出请求的,公安机关应当依照治安管理处罚法律规定予以行政处罚。"该款规定是采取行政处罚承担法律责任。根据《中华人民共和国治安管理处罚条例》第22条规定,殴打他人,造成轻微伤害的;虐待家庭成员,受虐待人要求处理的,应处以15日以下拘留、200元以下罚款或者警告。依据该条规定,施暴者承担行政法律的制裁,受害人依据行政法的规定可以得到法律援助。

(二) 追究民事法律责任的救助措施

《婚姻法》第44条第3款、46—48条对民事责任作了具体规定。第44条第1款规定:"对遗弃家庭成员,受害人有权提出请求,居民委员会、村民委员会以及所在单位应当予以劝阻、调解。"第2款规定:"对遗弃家庭成员,受害人提出请求的,人民法院应当依法作出支付扶养费、抚养费、赡养费的判决。"遗弃,是指负有法定扶养、抚养、赡养义务并有负担能力的一方,对需要扶养、抚养和赡养的另一方,不履行其应尽义务的违法行为。对这种违法行为第44条规定,情节轻微的,可以请求居民委员会、村民委员会以及所在单位进行劝阻、调解,令其依法执行义务。如果不能奏效,受害人可以通过诉讼程序,追索其扶养费、抚养费、赡养费,即采取民事诉讼的救济手段,维护其合法权益。

此外,《婚姻法》第46、48条都是规定采取追究民事法律责任,使受害人得到救助。第46条规定,因重婚、有配偶与他人同居、实施家庭暴力及虐待、遗弃家庭成员,导致离婚的,无过错方有权请求损害赔偿。该条规定的四项五种违法行为,是离婚时损害赔偿请求权即救济措施的根据。因为无过错方在离婚时,其在物质和精神上都受到了巨大损害,要求损害赔偿符合法律公平、公正的原则。至于赔偿的数额和具体办法可由当事人协商解决,协商不成由法院判决。值得提出的是离婚时的损害赔偿是我国离婚的一项独立制度,它与婚姻法第39条规定夫妻离婚时共同财产的分割、第40条离婚时的经济补偿和42条关于离婚时对生活困难一方的经济帮助等其性质是不同的,不能相混淆。

《婚姻法》第47条规定:"离婚时,一方隐瞒、转移、变卖、毁损夫妻共同财产,或伪造债务企图侵占另一方财产的,分割夫妻共同财产时,对隐藏、转移、变卖、毁坏夫妻共同财产或伪造债务的一方,可以少分或不分,离婚后,另一方发现有上述行为的,可以向人民法院提起诉讼,请求再次分割夫妻共同财产。""人民法院对前款规定的妨害民事诉讼行为,可以依照民事诉讼法的规定予以制裁。"夫妻在离婚时应依法分割共同财产,如有一方采取各种非法手段,侵害另一方权益的,应追究民事责任,人民法院应依照民事诉讼法的规定,予以民事法律制裁,以对受害人提供法律援助。

（三）追究刑事法律责任的救助措施

《婚姻法》第45条规定:"对重婚的,对实施家庭暴力或虐待、遗弃家庭成员构成犯罪的,依法追究刑事责任。受害人可以依照刑事诉讼法的有关规定,向人民法院自诉;公安机关应当依法侦查、人民检察院应当依法提起公诉。"根据我国《刑法》第258条规定,有配偶而重婚的,或者明知他人有配偶而与之结婚的,处二年以下有期徒刑或者拘役。第260条规定,虐待家庭成员,情节恶劣的,处二年以下有期徒刑、拘役或者管制。若使被害人重伤、死亡的,处二年以上七年以下有期徒刑。第261条又规定,对于年老、年幼、患病或者其他没有独立生活能力的人,负有扶养义务而拒绝扶养,情节恶劣的,处五年以下有期徒刑、拘役或者管制。按上述《刑法》规定来追究犯罪者的刑事责任,是制裁违反婚姻法最严厉的手段。

从上述规定看,修改后的《婚姻法》增加救助措施与法律责任专章,对巩固社会主义婚姻家庭制度,保护当事人的合法权益,维护婚姻法的严肃性,加强社会主义法制,依法调整婚姻家庭关系具有重要意义。

主要参考书目:

1. 巫昌祯、杨大文著:《走向21世纪的中国婚姻家庭》,吉林人民出版社1995年版。

2. 马忆南著:《婚姻家庭法新论》,北京大学出版社2002年版。

3. 王洪著:《婚姻家庭法》,法律出版社2003年版。

4. 杨遂全等著:《婚姻家庭法新论》,法律出版社2003年版。

第九章 刑法概述

第一节 我国刑法的概念、任务、基本原则和适用范围

一、刑法的概念

刑法是规定犯罪刑事责任和刑罚的法律规范的总称。它有广义和狭义之分，广义的刑法包括国家颁布的刑法典、单行刑事法规和其他非刑事法规中有关追究刑事责任的条款。例如，全国人大常委会《关于禁毒的决定》、《关于惩治走私、制作、贩卖、传播淫秽物品的犯罪分子的决定》、《关于严惩拐卖、绑架妇女、儿童的犯罪分子的决定》、《关于严禁卖淫嫖娼的决定》等。又如《中华人民共和国商标法》、《中华人民共和国专利法》、《中华人民共和国矿产资源法》、《中华人民共和国海关法》等非刑事法规中追究刑事责任的法律规范，以上都属于广义的刑法。狭义的刑法仅指刑法典。本章主要分析我国刑法典的有关规定。

1979 年 7 月 1 日中华人民共和国第五届全国人民代表大会第二次会议通过了《中华人民共和国刑法》，它是我国建国三十年来的第一部刑法，是我国社会主义法制建设重新起步的重要标志。十七年来这部刑法对于打击犯罪，保护人民，维护国家的统一和安全，维护人民民主专政的政权和社会主义制度，维护社会秩序，保障社会主义建设事业的顺利进行，发挥了重要的、积极的作用。但是，十多年来由于我国政治、经济、社会生活等多方面都发生了深刻的变化，新情况、新问题的不断涌现，也影响到犯罪现象的变化，原《刑法》与发展变化的社会形势和司法实践已不相适应，况且 1979 年《刑法》是以 1978 年《宪法》为依据而制定的，而我国现行宪法是 1982 年《宪法》，宪法是国家的根本法，是其他部门法的立法依据，所以原刑法与现行宪法已不相适应等原因，需要对 1979 年《刑法》进行修改和补充。早在 1982 和 1983 年全国人大常委会先后通过了《关于严惩严重破坏经济的罪犯的决定》、《关于严惩严重危害社会治安的犯罪分子的决定》、《关于惩治贪污贿赂罪的补充规定》等等，就是对 1979 年《刑法》作的重要补充。1988 年 7 月 1 日第七届全国人大常委会第二次会议通过了《七届全国人大常委会工作要点》，明确提出把刑法修改纳入立法规划，刑法修订工作初步开展。1993 年八届全国人民代表大会产生后，刑法的修订全面展开。在司法工作

者和法学专家的共同研讨的基础上,提出了各种修订意见,经过归纳、整理,提出了《中华人民共和国刑法(修订草案)》于1996年12月提交到八届全国人大常委会第二十三次会议进行审议,并提出了修改意见,于1997年2月19日又提交人大常委会第二十四次会议再次审议。1997年3月14日八届人民代表大会第五次会议正式表决通过了刑法修订草案,至此,历时15年的刑法修订任务圆满完成。刑法的成功修订,标志着我国有了一部适应当前我国新情况的完备刑法典,也反映了我国法制建设的新发展。

修改后的《刑法》仍分总则和分则两篇,并增加了附则。总则分5章101条,分则分10章350条,连同附则共452条。

本章主要介绍1997年新修订的《刑法》。

二、刑法的任务

我国刑法的任务是由我国刑法的社会主义本质决定的。《刑法》第2条对我国刑法的任务作了具体规定。

(一)保卫国家安全,保卫人民民主专政和社会主义制度。这是我国刑法的首要任务。人民民主专政和社会主义制度,是我国人民在中国共产党领导下,经过长期艰苦卓绝的斗争,所取得的胜利成果,是国家和人民利益的根本保证。因此,我国刑法的首要任务就是同一切危害国家安全、危害人民民主专政政权和破坏社会主义制度的犯罪行为作斗争。

(二)保卫社会主义经济基础,包括保护公有财产、公民的合法财产和维护社会主义市场经济秩序。公有财产,即全民所有的财产和劳动群众集体所有的财产,是社会主义的物质基础,也是进行社会主义建设和提高人民生活水平的物质保障。公民私人所有的合法财产,是公民生活和生产的物质保障。经济秩序,是建立社会主义市场经济体系促进经济发展的前提和社会主义各项事业顺利进行的保障。刑法将保护国有财产、劳动群众集体所有财产、保护公民私人所有财产作为其任务之一,既是巩固和发展社会主义经济基础的要求,也是宪法原则的具体体现。

(三)保护公民的人身权利、民主权利和其他权利。我国是人民民主专政的社会主义国家,人民是国家和社会的主人,公民依照宪法享有各项基本权利,包括人身权利、民主权利和其他权利。因此,刑法专章规定了杀人、伤害、强奸、破坏选举等侵犯公民的人身权利、民主权利和其他权利的犯罪,并规定了相应的刑罚,予以坚决地打击。

(四)维护社会秩序。人民群众生活和社会主义经济建设都需要有良好的环境和安定的秩序。因此,惩治各种刑事犯罪活动,维护正常的社会秩序,保障社会主义建设事业的顺利进行,也是我国刑法的一项重要任务。

从上可见，我国刑法不仅具有惩罚一切刑事犯罪行为的任务，而且还具有保卫国家和人民的利益，保卫社会主义建设事业顺利进行的任务。这种惩罚性和保卫性的任务是紧密联结在一起而不分割的。

三、刑法的基本原则

我国《刑法》第 3 条至第 5 条规定了刑法的基本原则。

（一）罪刑法定原则

《刑法》第 3 条规定："法律明文规定为犯罪行为的，依照法律定罪处刑；法律没有明文规定为犯罪行为的，不得定罪处刑。"这是关于罪刑法定原则的规定。

目前，"罪刑法定"原则，作为一项世界公认的法治原则，已得到了绝大多数国家立法上的确认。我国 1979 年《刑法》基本上也体现了罪刑法定原则。但是由于刑法分则只有 103 条，有些犯罪行为必须追究，而法律又没有明文规定，因此，对这种情况即规定了可以适用类推。但在程序上又规定了极为严格的限制，如需经最高人民法院核准，可以比照刑法分则最相类似的条文定罪判刑。从我国司法实践的情况来看却很少适用有关类推的规定。这次新《刑法》由于分则增大，对各种犯罪都作了明确、具体的规定，没有再保留类推的规定。因此，刑法明确载明了罪刑法定原则，这是我国刑事立法法制健全的一个重要标志。

罪刑法定原则，就是法无明文规定不为罪，法无明文规定不处罚。根据这项原则，哪些行为属于犯罪行为，应判什么刑罚，都要由刑法明文加以规定。司法机关认定一个人的行为是否构成犯罪，对于有罪的人判处何种刑罚，要严格依照刑法的规定进行；对于刑法没有明文规定的行为，都不能认为是犯罪。在规定罪刑法定原则的同时，新刑法对犯罪的概念、种类、各种犯罪的构成要件、刑罚的种类和适用的条件以及对各种犯罪的量刑幅度等，都作了明确具体的规定。

（二）法律面前人人平等原则

《刑法》第 4 条规定："对任何人犯罪，在适用法律上一律平等。不允许任何人有超越法律的特权。"

对任何人犯罪，在适用法律上一律平等，这是宪法确定的法治原则在刑法中的具体体现。

根据本条规定，司法机关对任何人犯罪，不分民族、种族、职业、出身、性别、宗教信仰、教育程度、财产状况、职位高低和功劳大小，都应依法追究刑事责任，一律平等地适用刑法，不允许有任何超越法律的特权。对于那些触犯刑律、构成犯罪的人，不论现在地位多高，过去功劳多大，都要依法处理，绝不允许包庇、纵容。对任何人犯罪，在适用刑法时要坚持同一的标准，绝不能违法地轻判、重判。在司法实践中，要维护和实现这一法律原则，最重要的是严格地依法办事。

（三）罪刑相当原则

《刑法》第 5 条规定："刑罚的轻重，应当与犯罪分子所犯罪行和承担的刑事责任相适应。"

罪刑相当原则又称为罪刑相适应原则，就是罪重的量刑要重，罪轻的量刑要轻，各个法律条文之间对犯罪量刑要统一平衡，不能畸轻畸重。这是一项重要的刑法原则。

罪刑相当原则体现在刑事立法中，就是在刑法总则中确立对犯罪的处罚原则时，要以罪刑相当原则为依据。例如对预备犯、未遂犯、中止犯的处罚原则，对共同犯罪中各共同犯罪人不同的处罚规定以及累犯、自首犯的处罚规定，都充分考虑到确定刑罚的轻重，要与犯罪分子所犯罪行和承担的刑事责任相适应。在刑法分则中规定每一种具体犯罪的法定刑时，必须以罪刑相当原则为依据。体现在刑事司法中，就是司法机关在对具体犯罪裁量刑罚时，一定要坚持罪刑相当原则，严格按照《刑法》第 61 条的规定和其他有关规定，根据犯罪的事实、犯罪的性质、情节和对于社会的危害程序确定刑罚。对犯罪分子确定刑罚的轻重，应当与其所犯罪行和承担的刑事责任相适应，罪重的重判，罪轻的轻判，而不是相反。

四、刑法的适用范围

刑法的适用范围，也称刑法的效力范围。包括刑法在空间上的效力范围和时间上的效力范围。空间上的效力范围是指刑法在什么地方有效和对什么人有效。时间上的效力范围是指刑法在什么时间有效和是否有溯及既往的效力。

（一）我国刑法在地域上的效力

《刑法》第 6 条规定："凡在中华人民共和国领域内犯罪的，除法律有特别规定的以外，都适用本法。凡在中华人民共和国船舶或者航空器内犯罪的，也适用本法。"

所谓中华人民共和国领域内，包括我国国境以内的陆地、领水、领海和领空。这里所说的船舶和航空器既包括军用的，也包括悬挂我国国旗的其他船舶和飞机；既包括在航行途中的，也包括在停泊状态中的；既指在公海中的，也指公海上空和别国领域内的。另外，我国驻外大使馆和公使馆，也视为我国领域。

所谓"法律有特别规定的"，主要是指以下三种情况：(1) 对享有外交特权和豁免权的外国人的刑事责任的特殊规定；(2) 对少数民族地域的特别规定，即《刑法》第 90 条规定，民族自治地方不能全部适用本法规定的，可以由自治区或者省的人民代表大会根据当地民族的政治、传统文化的特点和刑法的基本原则，制定变通或者补充规定，提请全国人大常委会批准施行；(3) 刑法公布实行后，国家立法机关制定的特别刑法的规定；(4) 根据《中华人民共和国香港特别行政区基本法》、《中华人民共和国澳门特别行政区基本法》的规定,香港、澳门回归祖国后,刑法不在香港、澳门特别行政区实施。

依据维护国家主权的原则,我国《刑法》第 6 条第 3 款又规定:"犯罪的行为或者结果有一项发生在中华人民共和国领域内的,就认为是在中华人民共和国领域内犯罪。"根据此条规定,对于在我国领域内犯罪,应包括三种情况:一是犯罪行为和结果都发生在我国领域以内的;二是犯罪行为发生在我国领域以外,而结果发生在我国领域以内的;三是犯罪行为发生在我国领域以内,而结果发生在我国领域以外的。

(二)我国刑法对人的效力

1. 对我国公民的效力

《刑法》第 7 条规定:"中华人民共和国公民在中华人民共和国领域外犯本法规定之罪的,适用本法,但是按本法规定的最高刑为 3 年以下有期徒刑的,可以不予追究。中华人民共和国国家工作人员和军人在中华人民共和国领域外犯本法规定之罪的,适用本法。"

依照本条规定,我国公民在中华人民共和国领域外犯本法规定之罪的,适用我国刑法,但是按刑法规定的最高刑为 3 年以下有期徒刑的,可以不予追究。也就是说,我国公民在中华人民共和国领域外犯我国《刑法》规定的最高刑为 3 年以上有期徒刑的犯罪的,都应当适用我国《刑法》,追究其刑事责任。需要注意的是,确定我国公民在我国领域外犯罪,要依据我国《刑法》,只有我国《刑法》规定为犯罪的行为,才属于第 7 条规定的情况。对于我国刑法未规定为犯罪,而行为地法律规定为犯罪的行为,不属于《刑法》第 7 条规定的情况。

依照《刑法》第 7 条第 2 款的规定,我国国家工作人员和军人在我国领域外的行为,我国《刑法》规定为犯罪的,一律应当适用我国刑法,追究其刑事责任。这一规定体现了对国家工作人员和军人犯罪从严处罚的精神。

2. 对外国人的效力

《刑法》第 8 条规定:"外国人在中华人民共和国领域外对中华人民共和国国家或者公民犯罪,而按本法规定的最低刑为 3 年以上有期徒刑的,可以适用本法,但是按照犯罪地的法律不受处罚的除外。"

外国人是指具有外国国籍和无国籍的人。我国《刑法》对外国人效力范围的规定有两种情况:一是在中华人民共和国领域内对我国和公民犯罪的外国人一律适用我国《刑法》,享有外交特权和豁免权的外国人的刑事责任问题,可以通过外交途径解决。二是外国人在我国领域外对我国和公民犯罪的,如果所犯之罪按我国《刑法》规定最低刑为 3 年以上有期徒刑的,可以适用我国《刑法》,但是按照犯罪地的法律不受处罚的除外。如果外国审判机关已经审判,按照我国《刑法》第 10 条规定仍然可以依照我国《刑法》处理,如果在外国已受过刑罚处罚的,可以免除或者减轻处罚。

刑法的上述规定,体现了我国主权不可侵犯的原则,对于保护国家利益,保护我国驻外工作人员、留学生,特别是旅居国外的侨胞有着重要意义。

近年来,我国先后加入了《海牙公约》、《蒙特利尔公约》、《核材料实体保护公约》、《反对劫持人质国际公约》、《关于防止和惩处侵害应受国际保护人员包括外交代表的罪行的公约》等若干国际公约,承担了条约义务。为了给履行这些条约义务提供法律依据,我国《刑法》第 9 条规定:"对于中华人民共和国缔结或者参加的国际条约所规定的罪行,中华人民共和国在所承担条约义务的范围内行使刑事管辖权的,适用本法。"

这是关于刑法普遍管辖权的规定。根据这条规定,在我国行使普遍管辖权的犯罪必须同时具备两个条件:第一,必须是中华人民共和国缔结或者参加的国际公约所规定的罪行;第二,必须是在我国所承担的条约义务的范围内。对于符合上述两个条件的犯罪,不论行为人是何国人或者无国籍人,在何处犯罪,犯罪所侵害的利益归属何国,只要他进入我国领域,我国就有权依照我国《刑法》的有关规定追究其刑事责任。

（三）我国刑法在时间上的效力

《刑法》第 12 条规定:"中华人民共和国成立以后本法施行以前的行为,如果当时的法律不认为是犯罪的,适用当时的法律;如果当时的法律认为是犯罪的,依照本法总则第 4 章第 8 节的规定应当追诉的,按照当时的法律追究刑事责任,但是如果本法不认为是犯罪或者处刑较轻的,适用本法。本法施行以前,依照当时的法律已经作出的生效判决,继续有效。"

这是刑法关于溯及力问题的规定,具体包括以下三个方面:

第一,中华人民共和国成立以后本法施行以前的行为,如果行为时的法律不认为是犯罪,不论修订后的刑法如何规定,都不能根据修订后的刑法追究行为人的刑事责任,即刑法对这种行为没有溯及力。

第二,行为时的法律认为是犯罪,修订后的刑法不认为是犯罪的,适用修订后的刑法,而不能依照行为时的法律追究行为人的刑事责任,即刑法对这种行为有溯及力。

第三,行为时的法律认为是犯罪,修订后的刑法也认为是犯罪,依照修订后的刑法总则第 4 章第 8 节的规定应当追诉的,按照行为时法律追究刑事责任;但是如果修订后的刑法规定处刑较轻的,则应适用修订后的刑法。

修订后的刑法施行以前,依照当时的法律已经作出的生效判决继续有效,在处理申诉案件时,不能因为修订后的刑法不认为是犯罪或者罪名改变、处刑较轻等,而改变过去按当时法律规定已经定罪判刑、发生法律效力的判决、裁定。

由此可见,我国《刑法》对溯及力采取从旧兼从轻的原则,即新法原则上不溯及既往,发生在新法以前的行为,一般适用旧法的规定,但如适用新法的规定对行为人有利则适用新法。

第二节 犯 罪

一、犯罪概念

马克思主义认为,犯罪这一社会现象,不是自古就有的,而是一定历史阶段的产物,有其产生、发展和消亡的过程。马克思、恩格斯在合写的《德意志意识形态》一书中曾指出:“犯罪——孤立的个人反对统治关系的斗争,和法一样,也不是随心所欲地产生的。相反地,犯罪和现行统治都产生于相同的条件。”可见,犯罪是阶级矛盾不可调和的表现,是随着阶级、国家和法律的产生而产生,是阶级社会的一种特有现象。

犯罪具有鲜明的阶级性,不同的阶级对于什么是犯罪,有着不同的理解。在奴隶制社会,由于奴隶主占有一切生产资料和完全占有生产劳动者奴隶本身,奴隶主任意鞭笞、出卖甚至杀死奴隶均不算犯罪。在封建社会,虽然法律规定农奴主不能任意杀害农奴,但是农奴被束缚在农奴主的土地上劳动,农奴主仍然可以将其连同土地一起出卖或转让给别人。在资本主义国家里,资产阶级法律公开宣布废除封建特权,确认法律面前人人平等,对于什么是犯罪,资产阶级学者虽然作了种种解释,但有一点,只要危及资产阶级利益,不论其行为是否符合历史发展的客观规律,都被资产阶级法律确认为犯罪行为。

依据马克思主义理论,剥削制度是产生犯罪的总根源,要消灭犯罪就必须消灭剥削制度。我国是社会主义国家,已经消灭了剥削制度,从根本上铲除了犯罪的总根源。但是,由于我国现在还处在社会主义初级阶段,阶级斗争还将在一定范围内长期存在,在某种条件下还有可能激化,剥削阶级腐朽的思想意识还在广泛影响着人们的思想,国际上敌对势力和敌对分子还在对我国进行颠覆和破坏,这是我国当前存在着犯罪现象的阶级根源、思想根源和外部原因。

我国《刑法》第 13 条规定:“一切危害国家主权、领土完整和安全,分裂国家、颠覆人民民主专政的政权和推翻社会主义制度,破坏社会秩序和经济秩序,侵犯国有财产或者劳动群众集体所有的财产,侵犯公民私人所有的财产,侵犯公民的人身权利、民主权利和其他权利,以及其他危害社会的行为,依照法律应当受刑罚处罚的,都是犯罪,但是情节显著轻微危害不大的,不认为是犯罪。”这是对犯罪概念的高度概括,也是认定犯罪中划分罪与非罪界线的法律依据。根据这一概念,犯罪具有以下三个基本特征:

(一) 犯罪是危害社会的行为。行为的社会危害性是犯罪最本质的特征。

所谓犯罪行为的社会危害性，是指行为人的行为侵害了国家和人民的利益，给国家和人民已经造成或可能造成危害的行为。

如果没有社会危害性，或者虽有社会危害性但情节显著轻微危害不大的行为，均不得认为是犯罪。

（二）犯罪是违反刑法的行为。一切犯罪行为都具有社会危害性，但是，并非一切危害社会的行为都是犯罪。只有危害社会的行为构成违反刑法的行为，才能认为是犯罪。因此，不能把犯罪行为同一般违法行为混为一谈。再有确定行为人的行为是否构成犯罪，必须以刑法的规定为依据，不能随意擅断。

（三）犯罪是应受到刑罚惩罚的行为。具有社会危害性的行为，达到一定严重的程度，依据刑法给予刑罚处罚时才是犯罪，也就是说犯罪还具有受刑罚惩罚性的特征。可见刑罚是对犯罪行为的社会危害程度的评断。也可以说，这一特征是由社会危害性特征所决定的，是在这个前提下概括出来的。

总之，行为的社会危害性、刑事违法性和应受刑罚惩罚性，是犯罪的三个基本特征，这三个特征是密切联系、不可分割的。其中最根本的是社会危害性，后两个特征是由它所决定的。

二、犯罪构成

犯罪构成是确定某种行为构成犯罪所必须具备的主客观要件的总和。任何一种犯罪都是具体的，从具体的犯罪要件中抽出共同性的要件，就是犯罪的共同要件。犯罪的共同要件，包括犯罪客体、犯罪的客观方面、犯罪主体和犯罪的主观方面。这四个方面缺少其中任何一个方面都不构成犯罪。所以，犯罪构成是刑事责任的基础。

犯罪构成与犯罪概念不同。犯罪概念是说明犯罪的属性问题，即回答什么是犯罪和一切犯罪的特征。犯罪构成则是说明犯罪标准问题，即回答构成犯罪必须具备哪些条件。

现将犯罪的四个共同要件分述如下：

（一）犯罪客体

犯罪客体是指犯罪行为所侵害的我国刑法所保护的社会主义社会关系。犯罪客体是构成犯罪的必要条件之一。

犯罪所侵害的社会关系是被刑法所保护的一定的社会关系，只有弄清这个问题，才能正确区分罪与非罪以及此罪与彼罪的界限。比如，某甲从国家仓库偷了一台录音机，后又从广播电台偷了一台正在使用的录音机，某甲的行为是侵犯了刑法所保护的社会关系。但是，某甲盗窃录音机的行为，前者侵犯的客体是国家财产所有权，构成盗窃罪，后者侵犯的客体是公共安全，构成破坏广播电视设施、公用电信设施罪。

从上例可以看出犯罪客体和犯罪对象不是一个概念,犯罪对象是犯罪行为所直接作用的物和人。物是社会关系的体现,人是社会关系的主体,犯罪客体只能是社会关系。

根据行为人所侵犯的社会关系的范围不同,犯罪客体分为一般客体、同类客体和直接客体三类。

一般客体,是指一切犯罪所共同侵害的社会关系。任何犯罪不论其表现形式如何,从整体上说,它们都是对刑法所保护的作为整体的社会主义社会关系(如《刑法》第2条、第13条所规定的内容)造成了危害。区分一般客体的意义,就在于使我们认识犯罪的共同本质和同犯罪作斗争的必要性。

同类客体,是指某一类犯罪所共同侵害的社会关系。比如刑法分则第1章危害国家安全罪侵犯的同类客体,就是中华人民共和国的国家安全。弄清犯罪的同类客体对认识各类犯罪的社会危害性有重要意义。

直接客体,是指某一个犯罪行为所直接侵害的社会关系。比如故意杀人罪侵害的直接客体是他人生命权利,故意伤害罪侵害的直接客体是他人身体健康权利。了解直接客体,对正确认识犯罪的性质有重要意义。

(二)犯罪的客观方面

犯罪的客观方面是指犯罪所采取的危害社会的行为和由这种行为引起的危害结果。犯罪的客观方面与犯罪的客体是紧密相连的。犯罪的客体是说明犯罪所侵犯的社会关系,而犯罪客观方面则是说明行为人在什么条件下采取什么行为使犯罪客体受到侵害。

犯罪的多样性,多数是由于犯罪行为和结果的多样性引起的。例如,盗窃罪和抢劫罪,所侵犯的客体都是公私财物的所有权,主观心理状态都具有犯罪故意,两者之间的差别就在于行为人非法取得财物的行为不同,抢劫罪是以暴力、胁迫或者其他方法抢劫公私财物,盗窃罪则是采取秘密窃取方式取得公私财物。

犯罪的客观方面要件可分为两类:一是犯罪客观方面的必要要件,即犯罪的行为、结果及其因果关系;二是犯罪客观方面的选择要件,即指并非每一犯罪都必须具备的要件,只有刑法明文规定的,才成为该罪的构成要件,如时间、地点、方法等。

行为是表现人的意识和意志的外部动作。如果行为人只有犯罪思想,没有犯罪行为,就不能构成犯罪,我国刑法不承认思想犯罪,因为仅有犯罪思想不见诸实际行动是不可能产生危害社会结果的。

犯罪行为有两类,即作为与不作为。犯罪的作为,就是指行为人以积极的行动去实施我国刑法禁止的危害社会的行为。如盗窃、抢劫、强奸以及进行其他犯罪活动等。犯罪的不作为,是指负有某种行为的义务人,消极地不实行应履行的义务的行为,以致造成危害社会的严重后果。构成犯罪的不作为行为必须具备三条:第一，行为人负有某种特定义务；第二，行为人能履行这一义务；第三，由于不履行该义务引起严重危害后果。比如遗弃罪、玩忽职守罪等。

危害社会的行为，无论是作为或不作为都是行为人有意识的活动。无意识的动作，如睡梦中的举动即使造成危害结果，也不能认为是犯罪行为。

危害结果，是指犯罪行为对刑法所保护的客体所造成的某种损害。在一般情况下，危害结果是否发生，是划分犯罪既遂与未遂的标准。但是，有些犯罪，法律不要求结果之发生，只要实施了犯罪行为，就构成犯罪既遂。如侮辱罪等。

危害结果可分为物质性的和非物质性的两种。物质性的结果，一般说是可以计量的，如盗窃财物、贪污公款等。非物质性的结果往往是无形的、抽象的，不能计量的，如侵犯人身权利中的侮辱罪、诽谤罪等。不能计量的危害结果是根据犯罪事实、手段、情节等方面，来确定其危害的严重程度。

要使行为人对其行为所产生的危害结果负刑事责任，其行为与结果之间必须存在因果关系。刑法中的因果关系传统上是指人的危害行为与之所产生的危害结果有内在的合乎规律的联系。如果没有因果关系，行为人就不能负担刑事责任。但是，我们也不能简单地把因果关系与负担刑事责任等同起来。如果行为人主观上没有故意或过失，尽管其行为与结果存在因果关系，也不应负担刑事责任。

（三）犯罪主体

根据我国刑事法律的规定，犯罪的主体是指实施了危害社会的行为，依法应负刑事责任的人，包括自然人犯罪主体和单位犯罪主体。作为自然人犯罪主体，必须具备如下条件：

1. 犯罪主体是自然人

自然人是有生命的人。原刑法没有规定单位犯罪，随着经济体制改革和对外开放，单位犯罪越来越突出，为打击这类新的犯罪行为，在1979年以后，全国人大常委会陆续制定的“决定”和“补充规定”中，增加了对单位犯罪的处罚。此次新刑法典吸收了这些规定，在第30条明确了单位犯罪的定义。

2. 自然人作为犯罪主体必须达到一定年龄

行为人达到一定年龄对其实施犯罪承担刑事责任，在刑法理论上称为刑事责任年龄。一个人只有达到一定年龄，身体、智力发育成熟，有辨别、控制自己行为的能力，才具备负责刑事责任的资格。我国《刑法》对刑事责任年龄规定，不满14周岁的人实施危害社会行为不负刑事责任，为无刑事责任能力人；已满14周岁不满16周岁的人，犯故意杀人、故意伤害致人重伤或者死亡、强奸、抢劫、贩卖毒品、放火、爆炸、投放危险物质罪的，应当负刑事责任，为相对负刑事责任能力人；已满16周岁的人犯罪应负刑事责任，为完全负刑事责任能力人。另外，我国《刑法》还规定，已满14周岁不满18周岁的人犯罪，应当从轻或减轻处罚，对因不满16周岁的青少年犯罪不追究刑事责任,并不意味着对他们不管,可以责令其家长或监护人加以管教,必要时也可以由政府收容教养。

3. 自然人作为犯罪主体必须是具有刑事责任能力的人

刑事责任能力,是指行为人对自己的行为有辨别和控制的能力。因此,《刑法》第18条规定,精神病人在不能辨认或者不能控制自己行为的时候造成危害结果的,不负刑事责任,间歇性精神病人在精神正常的时候犯罪,仍应负刑事责任。《刑法》还规定醉酒人犯罪应负刑事责任。因为,行为人醉酒只能减弱辨认和控制自己行为的能力,而不能完全丧失这种能力,《刑法》的这一规定是有利于清除酗酒恶习。对又聋又哑的人和盲人犯罪,《刑法》规定可以从轻、减轻或者免除处罚。

自然人作为犯罪主体,分一般主体与特殊主体。只要求具备以上三个条件的犯罪主体,即为一般主体。特殊主体是除具备以上三个条件外,还要求行为人必须具有某种特定职务或身份。比如报复陷害罪的主体必须由国家工作人员才能构成。

(四) 犯罪的主观方面

犯罪的主观方面,是指行为人在主观上存在着故意或过失的心理状态。

《刑法》第14条规定:"明知自己的行为会发生危害社会的结果,并且希望或放任这种结果发生,因而构成犯罪的,是故意犯罪。"根据这一规定可以看出,故意犯罪分为直接故意和间接故意两种。直接故意是行为人明知自己的行为会发生危害社会的结果,并且希望这种结果发生。例如,甲明知自己用刀砍乙头部会将乙杀死,并抱着希望杀死乙的心理举刀将乙砍死,甲即构成直接故意杀人罪。间接故意是行为人知道自己的行为可能发生危害社会的结果,却采取放任态度,听任其危害结果的发生。例如,甲深夜入室行窃,为了毁灭罪证放火烧屋。甲放火时知道主人在屋内睡觉有可能将其烧死,却不计后果,结果放火后把主人烧死,即属间接故意杀人。

直接故意与间接故意相同之处,是两者都知道自己的行为会发生危害结果。所不同之处是前者是希望结果的发生,后者是放任结果的发生。在一般情况下,直接故意犯罪比间接故意犯罪主观恶性大。

《刑法》第15条规定:"应当预见自己的行为可能发生危害社会的结果,因为疏忽大意而没有预见,或者已经预见而轻信能够避免,以致发生这种结果的,是过失犯罪。"过失犯罪分两种:一种是疏忽大意的过失;一种是过于自信的过失。疏忽大意的过失犯罪是应当预见而没有预见危害结果发生。比如某护士给病人打针,误将青霉素当作维生素注入病人体内,导致病人药物过敏而死亡。过于自信的过失犯罪是行为人已经预见危害结果的发生,只是由于轻信能够避免而未能避免,以致发生了危害结果。如甲开拖拉机回村,见乙在路边同方向行走,因路面窄超车可能把乙撞倒,但甲自恃开车技术好,驾车超乙,结果把乙撞死,即属于过于自信的过失犯罪。

过于自信的过失犯罪与间接故意犯罪,虽然两者对危害结果的发生都已预见,但对危害结果所持的心理态度不同:过于自信的过失犯罪是轻信危害结果可以避免而没有避免;间接故意犯罪却是放任危害结果的发生。

故意犯罪行为人的主观恶性比过失犯罪行为人的主观恶性大,因此,《刑法》规定,故意犯罪应负刑事责任,过失犯罪只有法律规定的才负刑事责任。另外两者量刑的幅度也有较大差异。

犯罪的目的和动机也是犯罪构成的主观方面的重要因素。犯罪目的是行为人实施犯罪所希望达到的结果。犯罪目的不同对构成犯罪或对犯罪性质均有重要影响。比如聚众赌博必须以营利为目的,否则不构成赌博罪。

犯罪目的,只存在于直接故意犯罪之中。间接故意犯罪或过失犯罪均无犯罪目的可言。

犯罪动机,是指行为人实施犯罪的内心起因。犯罪动机虽非构成犯罪的必要条件,但却直接反映犯罪人主观恶性大小,对量刑轻重有重要参考作用。

至于行为在客观上虽然造成了损害结果,但行为人既非故意,又非过失,而是由于无法预见甚至是不可抗拒的原因所引起的,根据《刑法》第16条的规定,这类情况,则不属犯罪,也就不承担刑事责任。

三、正当防卫和紧急避险

正当防卫和紧急避险是排除社会危害性的行为,这类行为在表现上具有一定的加害性,然而实际上不仅不具有社会危害性反而有益于社会。这类行为不负刑事责任,《刑法》对此作了具体规定。

(一) 正当防卫

正当防卫是为了使国家、公共利益、本人或者他人的人身和其他权利免受正在进行的不法侵害,对实施侵害人采取的防卫行为。这种防卫,从一定意义上说,就是允许对不法侵害者造成某种侵害,以排除正在发生的社会危害,来保护国家、公共利益、本人或者他人的合法权益。正当防卫是法律赋予公民同犯罪作斗争的一种权利,因而不负刑事责任。

我国《刑法》规定,公民进行正当防卫必须符合以下条件:

1. 必须是对不法侵害行为才能进行正当防卫。不法侵害是指危害社会的违法犯罪行为,包括对国家、公共利益、本人或他人的人身和其他权利的侵害。换句话说,只有当国家、集体利益和公民的权益受到不法侵害时,受害者或其他公民才有权实施正当防卫。

对合法行为,不能实行正当防卫。比如公安人员拘捕、搜查人犯,被拘捕、搜查者或第三人不能进行“防卫”。

对没有达到刑事责任年龄的幼童或没有责任能力的精神病人所实施的不法侵害,原则上也不能进行正当防卫,应进行躲避,只有在躲避不及的情况下,才能进行正当防卫。

2. 必须是不法侵害行为正在进行的时候,才能进行正当防卫。所谓正在进行的不法侵害行为,是指客观上实际存在的不法侵害行为,既不是尚未发生,也不是已经发生过的不法侵害行为,更不是猜想的不法侵害行为。比如杀人犯正举刀杀人,抢劫犯正入户行抢,只有在这种情况下,才能进行正当防卫。对尚未发生的不法侵害行为,不能先下手为强进行所谓防卫,应报公安机关处理。对已经实施终了的不法侵害行为,也不能借口“防卫”而加以自行处置,应向公安、司法机关控告。对猜想而实际并不存在的“侵害”行为,由于没有正当防卫的前提,自无正当防卫可言。如果进行“防卫”给他人造成损害的,应负刑事责任。

3. 必须对实施不法侵害的人进行正当防卫。实行正当防卫,意在制止不法侵害。因此,只能对实施不法侵害的人(包括共同进行不法侵害的人)造成损害,不能对没有实施不法侵害的第三人包括不法侵害者的家属造成损害。如果对第三人造成损害,又不具有紧急避险条件的,应负法律责任。

4. 进行正当防卫不能超过必要限度。实行正当防卫的目的是为了防止公共利益、本人或者他人的人身和其他权利免受不法侵害,绝不是为了报复。因而进行防卫应以有效地制止不法侵害为度。但是,实行正当防卫是同犯罪作斗争的一种手段,不法侵害的发生往往是突然袭击,因而又不能过于苛求防卫人采取防卫手段的强度必须与不法侵害的强度相等,只能基本相当。如何恰当确定正当防卫是否超过了必要限度,还要通观全部案情,综合各种情况进行全面分析。

正当防卫明显超过必要限度,造成重大损害的,叫做“防卫过当”。对防卫过当的,应负刑事责任,但应当减轻或者免除处罚。

根据《刑法》第 20 条第 3 款的规定,对正在进行行凶、杀人、抢劫、强奸、绑架以及其他严重危及人身安全的暴力犯罪,采取防卫行为,造成不法侵害人伤亡的,不属于防卫过当,不负刑事责任。这一规定加大了对正当防卫的保护力度,有利于惩治严重刑事犯罪。

(二) 紧急避险

紧急避险,是指为了国家、公共利益、本人或者他人的人身和其他权利免受正在发生的危险,不得已而采取的侵犯法律所保护的公共利益或者他人利益的行为。这种避险行为虽然给公共利益或者他人利益造成一定损害,但它是在不得已的情况下采取的紧急措施,其目的在于保护国家、集体或公民的更大利益。因而,从整体上看,紧急避险是损失一部分合法权益,排除社会危险,保护另一部分合法权益的行为,所以法律规定不负刑事责任。

进行紧急避险必须符合下列条件:

1. 必须是为了使国家、公共利益、本人或者他人的人身和其他权利免遭危险所采取的紧急措施。这里所说的危险包括来自人的生理原因或他人的不法侵害,还包括自然的力量以及动物的侵袭等等。被保护的利益必须是合法的权利,否则不能实行紧急避险。

紧急避险不适用于职务上、业务上负有特定责任的人。比如消防队员不能因火势凶猛,借口紧急避险而不履行自己的救火义务。

2. 必须是危险正在发生的时候所采取的紧急措施。所谓危险正在发生就是指不是危险尚未到来或者已经过去,也不是想象、推测的危险,而是直接面临的危险。如果不采取紧急措施,延误时机,就会使公共利益、本人或者他人的人身和其他权利遭受更大的危险。当然,危险正在发生,也不是指危险已经形成,而是危险征兆已经出现,预示着危险即将来临。比如远洋货轮在航行中已经收到大风警报,海浪也已袭击而来,此时船长下令实行紧急避险,将一部分货物抛入大海,以免货船沉没,应认为是危险正在发生的时候采取的避险措施。

3. 必须是在不得已的情况下采取的紧急措施。所谓在不得已的情况下采取的措施,就是说除此之外没有其他方法可以避免危险,如果有其他方法避免危险,就不能采取紧急避险。

4. 紧急避险的行为不能超过必要限度。紧急避险是以损害一种合法权益来保全另一种合法权益。它要求被损害的合法权益必须小于所保全的合法权益。如果损害的权益大于或相当于所保全的合法权益即视为超过了必要限度。对紧急避险超过限度造成不应有损害的,应负刑事责任,但应当酌情减轻或者免除处罚。

紧急避险与正当防卫的区别:

1. 两者的危害来源不同。正当防卫的危害来源于他人的不法侵害;紧急避险的危害有的来源于他人的不法侵害,有的来源于自然力量和动物的侵袭。

2. 两者实施的对象不同。正当防卫只能对不法侵害人实施;紧急避险则是对第三者实施的措施,并允许对第三者的合法权益造成一定损害。

3. 对两者实施的要求不同。紧急避险只能在迫不得已的情况下才能实施;正当防卫只要是不法侵害正在进行的时候,就可以实施,无需其他条件限制。

4. 两者过当的界限不同。实行正当防卫以有效地制止不法侵害为度;所引起的损害可以等于或者大于所避免的损害;实行紧急避险则要求引起的损害必须小于所保全的利益受到的损害。

四、犯罪的预备、未遂和中止

犯罪的预备、未遂和中止是相对犯罪既遂而言的。

犯罪既遂是犯罪人实现了犯罪意图,具备了法律规定的要件,是犯罪的完整状态。犯罪既遂又分行为犯、结果犯和结果加重犯等几种犯罪形态。行为犯是实施了法律规定的危害行为,不论危害结果是否发生均构成犯罪既遂。结果犯则是不仅实施了犯罪行为,而且还必须发生危害结果才构成犯罪既遂。结果加重犯是实施了犯罪行为以后发生了犯意以外的严重结果,而法律又明文规定加重处罚的一种犯罪。

犯罪预备、未遂和中止,同犯罪既遂相比,是犯罪不完整的状态。这几种犯罪形态有些也具有社会危害性,因而应当追究刑事责任。但是这类犯罪毕竟同犯罪既遂不同,其所承担的刑事责任也应当有区别。犯罪的预备、未遂和中止,只存在故意犯罪之中,过失犯罪不存在这类问题。

现将犯罪预备、未遂和中止分述如下:

(一)犯罪预备

犯罪预备是指犯罪人在犯罪着手实施前,为了实施犯罪而准备工具、制造条件的行为。犯罪预备行为是多种多样的,但概括起来分为两类:一类是准备犯罪工具。比如为了杀人购买凶器、毒药等。另一类是为犯罪制造条件。比如犯罪前拟定犯罪计划,了解被害人行踪,窥测犯罪地点,寻找犯罪同伙等。

构成预备犯必须具备的要件有三个:

1. 行为人已经进行犯罪预备,即为了犯罪而准备工具或制造条件。

2. 行为人在犯罪预备阶段停顿下来,尚未着手实施犯罪。

3. 在犯罪预备阶段停顿下来而未着手实施犯罪,是出于行为人意志以外的原因,而不是行为人在预备阶段自动中止犯罪的行为。

犯罪预备的社会危害性小于犯罪既遂,也小于犯罪未遂,所以刑法规定,对于预备犯,可以比照既遂犯从轻、减轻或者免除处罚。

犯罪预备与犯意表示不同。犯意表示属于思想范畴,不构成犯罪;犯罪预备则不单纯是犯罪思想,而且还有行为,因此,构成犯罪,应负刑事责任。

根据《刑法》第 22 条规定,对于预备犯,可以比照既遂犯从轻、减轻处罚或者免除处罚。

(二)犯罪未遂

犯罪分子已经着手实行犯罪,由于犯罪分子意志以外的原因,使犯罪未能得逞的,是犯罪未遂。

犯罪未遂必须同时具备以下三个要件:

1. 犯罪人已经着手实行犯罪。所谓着手实行犯罪,是指犯罪分子已经开始实行刑法分则所规定的，某种犯罪构成的客观要件的行为。犯罪人是否着手实行犯罪，这是未遂犯与预备犯的重要区别。

2．犯罪没有得逞。所谓犯罪没有得逞，是指行为人着手实行犯罪以后未达既遂状态而停顿下来。比如杀人未死，骗财未成等。犯罪没有得逞是未遂犯与既遂犯的主要区别。

3．犯罪没有得逞是由于犯罪分子意志以外的原因。所谓犯罪分子意志以外的原因，是指犯罪未得逞不是出于犯罪分子的本意，而是在他实行犯罪时遇到了意志外的主客观障碍，致使犯罪未达既遂状态。基于意志以外的原因使犯罪没有得逞，这是未遂犯与中止犯的重要区别。

犯罪未遂的社会危害性大于预备犯，但小于既遂犯，所以《刑法》对未遂犯的刑事责任只规定可以比照既遂犯从轻或者减轻处罚，而没有规定免除处罚。

（三）犯罪中止

犯罪中止，是指犯罪分子在犯罪过程中自动放弃犯罪的进行，或者自动有效地防止犯罪结果发生的行为。从这一概念可以看出，犯罪中止有两种情况：一是在犯罪过程中，犯罪分子自动放弃犯罪；二是犯罪分子自动有效地防止犯罪结果发生。

构成犯罪中止必须具备三个要件：

1．犯罪中止必须发生在犯罪既遂以前，即必须发生在犯罪过程中。所谓犯罪过程中，是指犯罪处于预备或者着手实施这两个阶段。如果犯罪既遂，犯罪已经处于完成阶段，也就谈不上犯罪中止了。

2．犯罪中止必须是犯罪分子自动放弃犯罪或者自动有效地防止犯罪结果的发生。所谓自动放弃犯罪，就是说犯罪分子的犯罪活动本来可以继续进行，因其自动停止犯罪，从而避免了发生危害结果。

犯罪分子自动放弃犯罪的原因是多种多样的，有的是由于犯罪分子的悔悟，有的是因别人劝阻，还有的是因受害人的哀求等等。不论哪种情况，只要不是基于犯罪分子意志外的障碍而被迫停止犯罪的，都应认为是犯罪中止。

自动有效地防止犯罪结果的发生，是指行为人在实行犯罪行为后，自动采取某种措施，从而避免了犯罪结果的发生的行为。如果犯罪分子虽然采取了措施防止危害结果的发生，但犯罪结果仍然发生了，则不属于犯罪中止。

3．犯罪中止必须是彻底有效的中止。彻底中止，就是指犯罪分子真正放弃了原来的犯罪意图，不是暂时不便动手，等待以后再犯罪。所谓有效的中止，就是指犯罪分子实施犯罪行为后，在危害结果发生前，主动有效地防止了犯罪结果的发生。

中止犯的社会危害性比较小，《刑法》规定对于中止犯，没有造成损害的，应当免除处罚；造成损害的，应当减轻处罚。

五、共同犯罪

(一) 共同犯罪的概念

共同犯罪是指二人以上共同故意犯罪。共同犯罪是犯罪中的一种复杂形式。

共同犯罪有三个特征:

1. 就犯罪主体来说,必须是两个或两个以上具有刑事责任能力的自然人。如果犯罪主体是一人,或犯罪主体虽是两个人,但其中一人具有刑事责任能力,另一人不具有或者丧失刑事责任能力,不构成共同犯罪。

2. 就犯罪主观方面来说,共同犯罪人必须具有共同的犯罪故意。所谓共同犯罪故意,就是共同犯罪人都认识到自己不是单独犯罪,而是与他人共同实施犯罪。共同犯罪人对共同犯罪的行为和结果都抱有统一的意愿和要求。只有这样,他们各自的行为才能互相联系,产生共同危害社会的结果。

3. 就犯罪的客观方面来说,共同犯罪人必须具有共同犯罪行为。所谓共同犯罪行为,是指共同犯罪人在实施犯罪时,各个共同犯罪人实施的行为都指向同一目标,而且是互相结合,互相联系,互为条件的。

以上三点要同时具备,才能构成共同犯罪。下列三种情况从形式上看似乎是共同犯罪,但其实质并不属于共同犯罪:一是同时犯罪,即两人或者两人以上在同一场合实施同一性质的犯罪,但是每一个犯罪分子在其主观方面是以其各自单独的犯罪故意实施犯罪的,不构成共同犯罪。二是共同过失犯罪,即两人或者两人以上共同过失地造成了同一危害社会的结果,不以共同犯罪论处,应负刑事责任的,按照他们所犯的罪分别处罚。三是单方故意犯罪,即实施犯罪的人是出于故意,而给予帮助的人是出于过失,或者是实施犯罪的人是出于过失,而给予帮助的人是出于故意,都不能构成共同犯罪。

(二) 共同犯罪的形式

共同犯罪的形式是指共同犯罪的结构形式,或是共同犯罪人之间的相互关系或相互联系形式。一般对共同犯罪形式的划分是:

第一,事前有通谋的共同犯罪和事前无通谋的共同犯罪。事前有通谋的共同犯罪,是指共同犯罪人的共同故意是在着手犯罪以前形成的。这是共同犯罪中最常见、最普通的形式。事前无通谋的共同犯罪,是指犯罪人的共同故意,不是在着手犯罪以前形成的,而是在着手实施犯罪过程中形成的。一般说,事先有通谋的共同犯罪比事先无通谋的共同犯罪主观恶性大。

第二,一般共同犯罪和特殊共同犯罪。一般共同犯罪,是指不具有特殊组织形式的共同犯罪,各个共同犯罪人为了实施某一犯罪,事先或者临时纠合在一起,实施了犯罪后,其共同犯罪的形式就不再存在,即通常所说的结伙犯罪。特殊共同犯罪,是指3人以上有组织的犯罪,即通常所说的犯罪集团。

犯罪集团具有以下特征:(1) 人数在3人以上;(2) 具有一定的稳定性,即其犯罪组织中的骨干分子基本是固定的;(3) 有明显的共同犯罪故意,即为实现某一犯罪目的而纠集在一起,既可能是有预谋地长期实施犯罪活动,也可以是为实现某一犯罪活动临时纠集在一起,进行有组织的犯罪活动。

(三) 共同犯罪人的种类及其刑事责任

我国刑法就共同犯罪人的地位和作用,将其分为主犯、从犯、胁从犯、教唆犯四种,并对其各自应负的刑事责任分别作了规定。

1. 主犯。依据《刑法》第26条规定,主犯是指组织领导犯罪集团进行犯罪活动,或在犯罪集团中以及在聚众犯罪中起组织、策划、指挥作用的犯罪分子。主犯不仅存在于犯罪集团之中,也存在于其他犯罪形式之中。在共同犯罪中,主犯可能是一人,也可能是几人。主犯不仅要对自己直接实施的犯罪行为负责,而且还要承担共同犯罪的全部责任。主犯的恶性比其他成员大,对社会的危害也比较严重,特别是首要分子社会危害性更大,应当着重打击。

《刑法》第26条第3款规定的"对组织领导犯罪集团的首要分子,按照集团所犯的全部罪行进行处罚",是指犯罪集团预谋、实施的全部犯罪行为由首要分子负责。如果犯罪集团中的个别成员实施了不是该集团预谋、实施的犯罪,则首要分子不对此负责。

对首要分子以外的主犯,应当按照其所参与的或者组织、指挥的全部犯罪处罚。

2. 从犯。从犯是在共同犯罪中起次要或者辅助作用的犯罪分子。比如在共同犯罪中提供犯罪工具,帮助排除犯罪障碍,指示犯罪目标等等。从犯的社会危害性比主犯小,所以《刑法》第27条第2款规定,对于从犯,应当比照主犯从轻、减轻处罚或者免除处罚。

3. 胁从犯。胁从犯是被胁迫参加犯罪的犯罪分子。胁从犯的特点是犯罪不是出于自愿,而是在别人暴力威吓、精神强制之下进行犯罪的。这类犯罪人所起的作用比较小,应当按照他的犯罪情节减轻处罚或者免除处罚。

4. 教唆犯。教唆犯是以授意、劝说和利诱等方法,故意唆使他人犯罪的人。教唆犯是共同犯罪的参与者。教唆犯的特点是自己不直接实施犯罪,而是唆使他人产生犯意,使他人实施犯罪危害社会。因此,教唆犯在共同犯罪中一般处于主犯地位。

刑法规定,构成教唆犯须具备两个条件:

一是在客观上必须有教唆行为,即被教唆人的犯意是教唆人的教唆行为所引起,教唆行为与被教唆人的犯罪行为具有因果关系。二是在主观上必须有教唆的故意,即教唆人明知自己的行为能使被教唆人犯罪而故意进行教唆的。如果出于过失即不构成教唆犯罪。

对教唆犯的刑事责任,《刑法》第29条规定,应当按他在共同犯罪中所起的作用处罚。教唆不满18周岁的人犯罪的,应当从重处罚;如果被教唆人没有犯被教唆的罪,对于教唆犯,可以从轻或者减轻处罚。

六、单位犯罪

(一)单位犯罪的概念

根据《刑法》第30条规定,单位犯罪是指公司、企业、事业单位、机关、团体实施了危害社会的行为,法律规定为单位犯罪。

单位犯罪的特征:

(1)单位犯罪的主体是公司、企业、事业单位、机关、团体。

(2)必须是实施了危害社会的行为。

(3)触犯了法律有关单位犯罪的规定。

鉴于单位犯罪主体的特殊性和情况复杂性,刑法总则只作了原则规定,即法律规定为单位犯罪的,应当负刑事责任,主要是在分则中根据单位的具体情况,对单位犯罪分别作了规定。

(二)对单位犯罪的处罚规定

刑法对单位犯罪的处罚,根据单位犯罪的特点,总体上采用了“双罚制”的原则,即依法除对单位判处罚金外,还将对单位直接主管的负责人员和其他直接责任人员判处刑罚。这种双罚制的原则,也是当前各国刑事立法中所普遍采用的。

第三节 刑 罚

一、刑罚的概念和目的

(一)刑罚的概念

刑罚是掌握国家政权的统治阶级以国家名义对犯罪分子实行惩罚的一种强制手段。

刑罚与犯罪一样也具有鲜明的阶级性。一切剥削阶级国家的刑罚,是剥削阶级对违反剥削制度和社会秩序的行为的一种惩罚手段,是对被剥削阶级实行专政的工具。

我国是人民民主专政的社会主义国家。我国的刑罚是人民法院代表国家对危害国家安全的犯罪分子和其他刑事犯罪分子实行惩罚的一种强制方法,是保护国家和人民合法权益,维护人民民主专政,促进社会主义现代化建设的主要工具。它同一切剥削阶级国家的刑罚有着本质的区别。

(二)我国刑罚的目的

我国刑罚的目的在于预防犯罪和减少犯罪。预防犯罪也是为了减少犯罪。

预防犯罪可分为特殊预防与一般预防。特殊预防是指预防特定的犯罪分子再重新犯罪。我国对犯罪分子进行惩罚不是为惩罚而惩罚,而是着眼于教育和改造。除对极少数罪行极其严重的犯罪分子判处死刑使之无法继续危害社会外,对绝大多数犯罪分子都是力求通过劳动改造使他们养成劳动习惯,学会一定的生产技能,最终变成能自食其力的社会主义劳动者。

一般预防是指通过对犯罪分子适用刑罚,威慑、警戒、防止可能走上犯罪道路的人犯罪。

特殊预防同一般预防是结合一起的。人民法院对犯罪分子适用刑罚,既有特殊预防,也有一般预防的目的。当然,预防犯罪和减少犯罪只靠刑罚是不够的,还要动员社会一切力量进行综合治理,才能达到预期的目的。

二、我国刑罚的种类

犯罪是一种复杂的社会现象,各类犯罪千差万别,因此,惩罚犯罪分子的刑罚也必须是多种形式,才能有效地同犯罪作斗争。

我国《刑法》对刑罚的规定分主刑和附加刑两大类。主刑有管制、拘役、有期徒刑、无期徒刑、死刑五种。附加刑有罚金、剥夺政治权利、没收财产三种。对于犯罪的外国人,还可以独立适用或附加适用驱逐出境。

主刑是人民法院判决刑事案件只能独立适用的刑罚。附加刑则不然,它既可以独立适用,也可以作为主刑的附加刑适用。主刑与附加刑相比有两点不同:一是主刑适用于每一个具体犯罪,附加刑只适用于刑法规定的部分犯罪;二是主刑比附加刑严厉,主刑不仅可以剥夺犯罪分子的人身自由,而且还可以剥夺犯罪分子的生命权利,附加刑只能剥夺犯罪分子的政治权利和财产权利。现将各种刑罚分述如下:

(一)主刑

1. 管制

管制是对犯罪分子不实行关押,只限制一定自由,由公安机关管束和群众监督的一种刑罚。

管制是我国同犯罪作斗争的一个独特的刑种。它适用于犯罪较轻的刑事犯罪。判处管制并非当然剥夺政治权利,如果需要剥夺政治权利,应当附加判处。其剥夺政治权利的期限应与管制的期限相等,同时执行。管制期限为 3 个月以上 2 年以下,数罪并罚时,最高不得超过 3 年。管制期从判决执行之日起算。如果在判决前已经羁押的,羁押 1 日折抵管制期 2 日。被判处管制的犯罪分子在管制期间应遵守法律、法规,服从群众监督,积极参加劳动生产或者工作;定期向执行机关报告自己的活动情况;外出或迁居要经过执行机关批准。对判处管制的犯罪分子,在劳动中应当同工同酬。管制期满,执行机关应向本人和有关群众宣布解除管制。

2. 拘役

拘役是对犯罪分子实行短期剥夺人身自由,由公安机关就近执行劳动改造的一种刑罚。

拘役是在剥夺犯罪分子人身自由的刑罚中最轻的刑罚。它适用于犯罪较轻,又必须关押教育改造的犯罪分子。拘役期限是1个月以上6个月以下,数罪并罚时最高不能超过1年。拘役期限从判决执行之日起算。判决以前先行羁押的,羁押1日折抵刑期1日。被判处拘役的犯罪分子由公安机关就近执行。在执行期间,允许犯罪分子每月回家一天至两天。参加劳动的,可以酌量发给报酬。

3. 有期徒刑

有期徒刑是对犯罪分子剥夺一定期限的人身自由,并实行强迫劳动改造的一种刑罚。

有期徒刑在五种主刑中是适用最多的一种刑罚。有期徒刑的期限为6个月以上15年以下,在死刑缓期执行减为有期徒刑或者在数罪并罚的时候,有期徒刑的最高刑可以判处20年。有期徒刑的刑期从判决执行之日起算,判决执行以前先行羁押的,羁押1日折抵刑期1日。被判处有期徒刑的犯罪分子,应送监狱或其他劳动改造场所执行,凡有劳动能力的,都应当参加劳动,接受教育和改造。

4. 无期徒刑

无期徒刑是对犯罪分子剥夺终身自由,实行强迫劳动改造的一种刑罚。

无期徒刑是仅次于死刑的一种重刑。它主要适用于罪行严重、情节恶劣、需要与社会永久隔离的犯罪分子。无期徒刑的适用,不仅便于人民法院更好地按罪量刑,惩罚改造严重的罪犯,而且对贯彻少杀的政策也有积极意义。

对判处无期徒刑的犯罪分子,送监狱或者其他劳动改造场所执行。凡有劳动能力的,实行劳动改造。在改造期间,如果认罪服法,积极劳动,努力改造,确有悔改立功表现的,可以依法减刑、假释或赦免,也就是说,被判处无期徒刑的犯罪分子,只要真诚悔改,并没有断绝他们重新做人的机会。

无期徒刑减为有期徒刑,其实际执行的刑期不能少于10年。减刑的刑期从法院裁定减刑之日起算。

5. 死刑

死刑是剥夺犯罪分子生命的一种刑罚。它在各类刑罚中是最严厉的惩罚方法。死刑的适用对象,是极少数罪行极其严重的犯罪分子。

根据我国的情况,刑法采取保留死刑和控制死刑的制度,具体表现在:

第一,对适用死刑犯罪情节作了严格限制。适用死刑只限于极少数罪行极其严重的刑事犯罪分子。

第二,对适用死刑的对象作了严格限制。对犯罪时不满18周岁和审判时怀孕的妇女不适用死刑。

第三,对应当判处死刑的犯罪分子,只要不是必须立即执行的,可以判处死刑,缓期两年执行。

对判处死缓的犯罪分子,在死刑缓期执行期限,如果没有故意犯罪,两年期满后,减为无期徒刑,如果确有重大立功表现的,两年期满后减为15年以上20年以下有期徒刑;如果故意犯罪,查证属实的,由最高人民法院裁定核准,执行死刑。

死刑缓期执行的期限,从判决确定之日起算。死刑缓期执行减为有期徒刑的,从死刑缓期执行期满之日起计算。

第四,适用死刑从程序上作了严格限制。刑法规定,除依法由最高人民法院判处死刑的案件外,地方各级人民法院和专门人民法院判处死刑的案件,都应当报请最高人民法院核准,这样就从程序制度上严格控制死刑的适用。

(二)附加刑

1. 罚金

罚金是强迫犯罪分子交纳一定数量金钱的刑罚。这种刑罚主要是适用于刑法规定的某些贪财图利的犯罪分子。罚金数额,应根据犯罪情节决定,并在此前提下考虑犯罪分子的经济状况,以更好地贯彻罪刑相当的原则。被判处罚金逾期不缴纳的,由人民法院强制缴纳。对于不能全部缴纳罚金的,人民法院在任何时候发现被执行人有可以执行的财产,应当随时追缴。如果遭到不可抗拒的灾难,缴纳确有困难的,可以酌情减少或者免除。

2. 剥夺政治权利

剥夺政治权利是剥夺犯罪分子参加国家管理和政治活动权利的刑罚。主要是剥夺选举权和被选举权,言论、出版、集会、结社、游行、示威等自由权利,以及担任国家机关职务和担任国有公司、企业、事业单位和人民团体领导职务的权利。

剥夺政治权利的期限为1年以上5年以下。对于危害国家安全的犯罪分子应当附加剥夺政治权利;对于故意杀人、强奸、放火、爆炸、投放危险物质、抢劫等严重破坏社会秩序的犯罪分子,可以附加剥夺政治权利。

独立适用剥夺政治权利,必须有分则条文的明确规定。如果分则某一条文没有规定可以单独适用剥夺政治权利的,则对该条之罪不能只判处剥夺政治权利,而不判处主刑。

对判处死刑缓期执行和无期徒刑的犯罪分子减为有期徒刑时,应当把附加剥夺政治权利的刑期,改为1年以上10年以下。剥夺政治权利的刑期,从徒刑、拘役执行完毕之日或假释之日起算;剥夺政治权利的效力适用于主刑执行期间。

3. 没收财产

没收财产,是将犯罪分子个人所有的部分或全部财产无偿地强制收归国有的刑罚。

没收财产主要适用于罪行严重的危害国家安全罪、破坏社会主义经济秩序罪、侵犯财产罪、妨害社会管理秩序罪等。没收财产只限于对犯罪分子个人所有的财产,不能没收其家属所有或应有的财产。没收财产,对没收财产前犯罪分子所欠的正当债务,需要以没收财产偿还的,经债权人请求,应当偿还。

三、我国刑罚的具体运用

(一) 量刑

量刑是人民法院根据犯罪分子的犯罪情况而决定其刑罚。量刑是刑事审判工作的重要环节,量刑是否适当,直接关系到审判工作的质量和能否发挥维护社会主义法制、保卫社会主义建设的积极作用。

依据刑法规定,量刑必须遵守以事实为根据,以法律为准绳的基本原则,具体表现为应当根据犯罪的事实,犯罪的性质、情节和对于社会的危害程度,依照刑事法律的规定判处刑罚。具体来讲,量刑时应当考虑以下问题:(1) 要根据犯罪的事实决定刑罚,这是定罪量刑的客观基础和前提。(2) 要根据犯罪的性质决定刑罚。犯罪的性质不同,其行为的社会危害程度就不同,因而相应的法定刑也就不同。(3) 要根据犯罪的情节决定刑罚。这里所说的犯罪"情节",是指除了决定犯罪性质以外的对犯罪的社会危害程度有直接影响的其他事实情况。对于同一性质的犯罪,如果犯罪情节不同,其社会危害性也就不同,因而处刑也就会有轻有重。(4) 要根据犯罪的社会危害程度决定刑罚。行为的社会危害性,是犯罪的最本质的特征,是区分罪与非罪、罪行轻重的主要依据。因此,人民法院在决定刑罚时,要正确认定犯罪危害社会的程度。(5) 要依照刑法的有关规定判处刑罚,既包括刑法总则对于基本原则、犯罪、刑罚及其适用等各方面的规定,也包括刑法分则关于具体犯罪及其处罚的规定。

我国《刑法》第62条和第63条还规定从重、从轻和减轻处罚的具体原则。从重处罚,是指在法定刑的限度内,对犯罪分子适用相对较重的刑种或者相对较重的刑罚;减轻处罚,是指在法定刑的限度内,对犯罪分子适用相对较轻的刑种或者相对较轻的刑罚;减轻处罚,是指对犯罪分子依法在法定刑最低刑以下判处刑罚,即低于法定最低刑,可以由较重的刑种减为较轻的刑种,也可以由较长的刑期减为较短的刑期,但是不能免除刑罚。犯罪分子如果不具有刑法规定的减轻处罚情节，但是根据案件的特殊情况，经最高人民法院核准，也可以在法定刑以下判处刑罚。

（二）累犯和自首

1．累犯

累犯是法定的从重处罚情节。一般累犯就是指被判处有期徒刑以上刑罚，在刑罚执行完毕或赦免后，在5年内再犯应当判处有期徒刑以上刑罚之罪的犯罪分子。危害国家安全的累犯是指刑罚执行完毕或者赦免以后的危害国家安全的犯罪分子，在任何时候再犯危害国家安全罪的，都是危害国家安全的累犯。

构成一般累犯必须具备以下条件：

（1）前罪和新罪都必须是判处有期徒刑以上刑罚的犯罪分子。如果前罪没有被判处有期徒刑以上刑罚，或者新罪不应当判处有期徒刑以上刑罚的，均不构成累犯。

（2）犯罪分子所犯前罪和新罪，都必须是故意犯罪。如果两罪或者其中之一罪为过失犯罪，即使两罪都判处有期徒刑以上刑罚，也不构成累犯。

（3）新罪的发生必须是在前罪执行完毕或者赦免后5年以内。如果超过了5年再犯应当判处有期徒刑以上刑罚的新罪，则不构成累犯。危害国家安全的累犯则不受此限。

2．自首

自首是指犯罪分子犯罪以后，自动向有关机关投案，如实供述自己罪行的行为。

构成自首必须同时具备以下两个条件：

（1）犯罪分子必须自动投案。自动投案一般应是犯罪分子本人直接向司法机关主动投案。但如果犯罪分子就近向所在单位、城乡基层组织或者其他有关人员投案，也应认定为自动投案，接受投案的单位或者个人应及时转报司法机关。犯罪分子先以信件、电话等方式投案，或者在他人陪同下投案的，只要能如实地供述自己的罪行，也应按主动投案对待。犯罪分子投案的动机如何，不影响自首的成立。

（2）必须如实供述自己的罪行。这是自首的本质特征，即犯罪分子在自动投案后要真实地供述自己的主要犯罪事实，否则就不认为是自首。

被采取强制措施的犯罪嫌疑人、被告人和正在服刑的罪犯，如实供述司法机关还未掌握的本人其他罪行的，以自首论。

对于自首的犯罪分子，可以从轻或者减轻处罚。其中，犯罪较轻的，可以免除处罚。

此外，《刑法》第68条还规定，犯罪分子有立功表现的，可以从轻或者减轻处罚；有重大立功表现的，可以减轻或者免除处罚。对于犯罪后自首又有重大立功表现的,应当减轻或者免除处罚,即一律予以减轻或者免除处罚。

（三）数罪并罚

数罪并罚是指一人犯数罪,人民法院对其所犯各罪分别定罪判刑,然后再依法决定应执行的刑罚。所谓数罪,在一般情况下,行为人以一个故意(或过失),实施一个犯罪行为,具备一个独立犯罪构成的,为一罪;行为人以两个以上的故意(或过失),实施两个以上的犯罪行为,具备两个以上犯罪构成的,为数罪。

我国《刑法》对数罪并罚基本上采取限制加重的原则,同时兼取其他原则(如吸收原则、并科原则)中的合理因素。所谓限制加重,就是先将所犯各罪分别定罪判刑,然后在数刑中的最高刑期以上,总和刑期以下酌情决定应执行的刑罚。根据这一原则,刑法作了三种不同的并罚规定。

1. 判决宣告以前一人犯数罪的,根据《刑法》第 69 条规定,除判处死刑和无期徒刑的以外,应在总和刑期以下,数刑中最高刑期以上,酌情决定应执行的刑期,但合并执行的刑期,管制最高不能超过 3 年,拘役最高不能超过 1 年,有期徒刑最高不能超过 20 年。如果数罪中有判处附加刑的,附加刑仍需执行。

2. 判决宣判后,刑罚执行完毕前,又发现罪犯在判决宣告前还有其他罪没有判决的,根据《刑法》第 70 条规定,应当对新发现的罪作出判决,把前后两个判决所判处的刑罚,按《刑法》第 69 条的原则决定应执行的刑罚。已经执行的刑期,应当计算在新判决决定的刑期以内,也就是所谓先并后减。

3. 判决宣判后,刑罚执行完毕前,被判刑的犯罪分子又犯新罪的,根据《刑法》第 71 条规定,应当对新犯的罪作出判决,把前罪没有执行的刑罚和后罪所判处的刑罚,按《刑法》第 69 条的原则决定应执行的刑罚,也就是所谓先减后并。

有些犯罪行为,表面上看似是数罪,而实质不是数罪而是一罪,有的虽是数罪,而只作一罪论处,这两种情况都不适用数罪并罚。根据刑法规定,不适用数罪并罚的犯罪主要有:继续犯、想象竞合犯、结合犯、连续犯、牵连犯、吸收犯。

（四）缓刑、减刑和假释

1. 缓刑

缓刑是法院对于被判处拘役、3 年以下有期徒刑的犯罪分子,根据其犯罪情节和悔罪表现,适用缓刑不致再危害社会的,给予一定的考验期,在此期限内如果不再犯罪,就不再执行原判刑罚的一种制度。换句话说,缓刑就是对原判刑罚有条件地不执行。它不是一个独立的刑种,而是具体运用刑罚的一项制度。

适用缓刑应同时具有三个条件:

（1）犯罪分子被判处的刑罚必须是拘役或者 3 年以下有期徒刑的。

（2）犯罪分子的犯罪情节较轻,并有悔改表现的,对适用缓刑的犯罪分子不执行原判刑罚,确实不致再危害社会的。

(3) 对于累犯,不适用缓刑。

被宣告缓刑的犯罪分子在缓刑考验期,一般根据所判处的刑罚和刑期长短来定。拘役的缓刑考验期为原判刑期以上1年以下,但最少不能少于2个月。有期徒刑的缓刑考验期为原判刑期以上5年以下,但最少不能少于1年,缓刑考验期,一律从判决确定之日起计算。

缓刑的执行,根据《刑法》第79条规定,被宣告缓刑的犯罪分子在缓刑考验期内,由公安机关、所在单位或者基层组织予以考察。被宣告缓刑的犯罪分子在缓刑考验期内犯新罪或者发现判决宣告以前还有其他罪没有判决的,应撤销缓刑,把前罪和后罪所判处的刑罚,依数罪并罚的原则,决定执行的刑罚。被宣告缓刑的犯罪分子,如果判处附加刑,附加刑仍需执行。

2. 减刑

减刑是对正在执行刑罚过程中的犯罪分子,减轻其刑罚的一种制度。

根据《刑法》第78条规定,减刑仅适用于被判处管制、拘役、有期徒刑、无期徒刑并在执行期间确有悔改或立功表现的犯罪分子,对拒不认罪、抗拒改造和判处死刑立即执行的犯罪分子不适用减刑。减刑不受次数限制,但也有一定限度。即经过一次或几次减刑后实际执行的刑期,判处管制、拘役、有期徒刑的不能少于刑期的1/2,判处无期徒刑的不能少于10年。无期徒刑减为有期徒刑的刑期,从裁定减刑之日起计算。

3. 假释

假释是对关押服刑的犯罪分子,执行一定期限后,确有悔改表现,不致再危害社会,而暂时予以释放,经过一定考验期,如果没有再犯新罪,就认为原判刑罚已经执行完毕的制度。

适用假释必须符合下列三个条件:(1) 适用假释只限于判处有期徒刑和无期徒刑的犯罪分子。(2) 适用假释的犯罪分子必须已经执行了一定时期的刑罚。即:被判处有期徒刑的,必须执行原判刑期1/2以上;被判处无期徒刑的,必须执行10年以上。对累犯以及因杀人,爆炸、抢劫、强奸、绑架等暴力性犯罪被判处10年以上有期徒刑、无期徒刑的犯罪分子,不得假释。(3) 适用假释的犯罪分子必须认真遵守监规,接受教育和改造,确有悔改表现,不致再危害社会。这是适用假释的前提条件。

假释是附条件的提前释放,而不是免除尚未执行的刑期。因此,在决定假释时,要同时依法宣布假释考验期。有期徒刑的假释考验期,为没有执行完毕的刑期;无期徒刑的假释考验期为10年。假释的考验期,从假释之日起计算。

被假释的犯罪分子,在假释的考验期内,由公安机关监督执行,如果在监督考验期内又犯新罪,应撤销假释,把前罪没有执行完毕的刑罚和后罪所判处的刑罚,按数罪并罚的原则,决定执行的刑罚。

4. 时效

时效,又称追诉时效,就是对犯罪分子追究刑事责任的有效期限。超过法定追诉期限,就不得再对该犯罪分子提起诉讼,追究其刑事责任。

《刑法》第 87 条规定,犯罪经过下列期限不再追诉:(1) 法定最高刑不满 5 年有期徒刑,经过 5 年;(2) 法定最高刑为 5 年以上不满 10 年有期徒刑,经过 10 年;(3) 法定刑最高刑为 10 年以上有期徒刑,经过 15 年;(4) 法定最高刑为无期徒刑、死刑,经过 20 年。

追诉时效期限,从犯罪之日起计算;犯罪行为有连续或继续状态的,从犯罪行为终了之日起算。追诉期内又犯新罪的,前罪追诉的期限从犯后罪之日起算。

以上是指一般情况而言,但也有例外,根据《刑法》第 87 条第(四)项规定,法定最高刑为无期徒刑、死刑的,如果 20 年后认为必须追诉的,经最高人民检察院批准后,也可追究其刑事责任。《刑法》第 88 条规定,人民检察院、公安机关、国家安全机关立案侦查或者在人民法院受理案件以后,逃避侦查或审判的犯罪分子不受追诉时效的限制,司法机关在任何时候都可追究刑事责任。

我国刑法规定追诉时效制度,充分体现了我国刑罚预防犯罪和消灭犯罪的目的。犯罪分子作案后,在法定追诉期限内不再犯新罪,已说明犯罪分子有悔改表现,不再危害社会,若再追究其刑事责任,就失去刑罚的特殊预防的目的。从刑罚一般预防来看,对经过一定时间行为人没再危害社会的行为,若对过去的行为再追究刑事责任,就难以收到预期警戒和教育的效果,达不到一般预防的目的,甚至会丧失社会的同情。另外规定诉讼时效期限还有利于司法机关集中力量及时侦查和审判现行案件,有利于社会的安定团结,有利于社会主义建设。

第四节 我国刑法分则的基本内容

我国刑法分总则与分则两编。刑法总则规定犯罪和刑罚的一般原理、原则。刑法分则将刑法总则所规定的一般原理、原则具体化,即规定各种犯罪的具体构成要件和应判处的刑罚。总则与分则是相互依存、相互联系的统一体。只有把两者结合起来,才能有效地同各种刑事犯罪作斗争。

刑法分则根据犯罪行为所侵犯的同类客体,把各种具体犯罪归纳为 10 大类。即危害国家安全罪,危害公共安全罪,破坏社会主义市场经济秩序罪,侵犯公民人身权利、民主权利罪,侵犯财产罪,妨害社会管理秩序罪,危害国防利益罪,贪污贿赂罪,渎职罪和军人违反职责罪。刑法分则规定的 10 类罪,每一类罪又分若干具体罪名。现将几类犯罪分述如下:

一、危害国家安全罪

危害国家安全罪,是指故意危害中华人民共和国国家安全的行为。主要指:(1)危害国家独立、主权和领土完整的行为;(2)颠覆国家政权和推翻社会主义制度的行为;(3)分裂国家、破坏国家统一的行为。

1. 侵犯的客体是国家安全,这是危害国家安全罪区别于其他各类犯罪的主要特征。

2. 犯罪的客观方面是危害中华人民共和国国家安全的行为。这里所说的危害中华人民共和国国家安全的行为,是指刑法分则第1章第102条至第114条所规定的各种具体犯罪行为。不属于上述条文规定的行为,不构成危害国家安全罪。

3. 犯罪的主观方面是故意,即具有危害中华人民共和国国家安全的故意。

4. 犯罪的主体,多数是一般主体,少数是特殊主体。例如,背叛国家罪的主体只能是中国公民,而且一般是具有一定政治地位,窃据了社会重要职务和掌握国家重要权力的人;叛逃罪的主体只能是国家机关工作人员。

以上构成危害国家安全罪的四个要件,是认定各种具体危害国家安全罪的共同根据。

刑法分则第1章规定的危害国家安全罪包括:背叛国家罪,分裂国家罪,煽动分裂国家罪,武装叛乱、暴乱罪,颠覆国家政权罪,煽动颠覆国家政权罪,资助危害国家安全犯罪活动罪,投敌叛变罪,叛逃罪,间谍罪,为境外窃取、刺探、收买、非法提供国家秘密、情报罪和资敌罪。

二、危害公共安全罪

危害公共安全罪,是指故意或过失地危害不特定多人的生命、健康或者重大公私财产安全的行为。这种犯罪是普通刑事犯罪中危害性最大的犯罪。

危害公共安全罪的特征是:

1. 危害公共安全罪侵害的客体是社会的公共安全。所谓社会的公共安全是指危害不特定多数人的人身和重大公私财物的安全。例如,在公共饮用的水源里投放危险物质,纵火焚烧公共娱乐场所,都属于这类犯罪。如果只侵犯特定公民人身和财产安全,不危害公共安全,则不构成危害公共安全罪,而属于侵犯人身权利罪和侵犯财产罪。

2. 危害公共安全罪在客观方面必须具有危害公共安全的行为。危害公共安全行为的表现是多种多样的,情况也比较复杂。根据我国《刑法》的规定有两种情况,一是实施某种行为后,已经造成了实际危害公共安全的结果;二是实施足以危害公共安全的行为后,虽然尚未造成实际损害结果,但足以威胁到多数人的生命、健康和重大公共财产的安全。例如,投毒至水源中,企图毒死人畜,后被人发现,犯罪分子的行为虽未造成严重后果,但已危害到公共安全。

3. 危害公共安全罪的主观方面既可以是故意,也可以是过失。其中有些罪只能由故意构成,如非法制造、买卖、运输、邮寄、储存枪支、弹药爆炸物罪。有些罪只能由过失构成,如重大责任事故罪。还有些罪,既可以由过失构成,也可以由故意构成,如决水罪等。由过失构成危害公共安全罪的,必须是已经造成严重危害后果,才构成犯罪。

4. 危害公共安全罪的主体,多数是一般主体,少数是特殊主体。如重大责任事故罪、交通肇事罪。

我国刑法分则第2章规定的危害公共安全罪主要包括爆炸罪,放火罪,失火罪,决水罪,投放危险物质罪,过失投放危险物质罪,以危险方法危害公共安全罪,过失决水罪,过失爆炸罪,破坏交通工具罪,破坏交通设施罪,破坏电力设备罪,破坏易燃易爆设备罪,组织、领导、参加恐怖组织罪,劫持航空器罪,劫持船只、汽车罪,暴力危及飞行安全罪,破坏广播电视设施罪以及因过失破坏这些对象的犯罪,非法制造、买卖、运输、邮寄、储存枪支、弹药、爆炸物罪,非法买卖、运输核材料罪,盗窃、抢夺枪支、弹药、爆炸物罪,抢劫枪支、弹药、爆炸物罪,非法持有、私藏枪支、弹药罪,非法出租、出借枪支罪,丢失枪支不报罪,重大飞行事故罪,铁路运营肇事罪,交通肇事罪,重大责任事故罪,重大劳动安全事故罪,危险物品肇事罪,工程重大安全事故罪,教育设施重大安全事故罪和消防责任事故罪。

三、破坏社会主义市场经济秩序罪

破坏社会主义市场经济秩序罪,是违反国家经济管理法规,破坏国家经济秩序,情节严重的行为。

这种犯罪有以下几个特征:

1. 破坏社会主义市场经济秩序罪侵犯的客体是国家的经济秩序,凡违反国家经济管理法规的行为,必然是破坏社会主义市场经济秩序的行为。

2. 破坏社会主义市场经济管理秩序罪在客观方面,必须具有违反国家财政经济管理法规,如违反《中华人民共和国海关法》、《中华人民共和国个人所得税法》、《中华人民共和国森林法》等等,破坏国家经济秩序且情节严重的行为。

3. 破坏社会主义市场经济管理秩序罪在主观方面,只能是故意,并具有营利或者获取其他非法利益的目的。

4. 破坏社会主义市场经济秩序罪的主体,多数是一般主体,少数是特殊主体。例如,犯走私罪的人,既可以是一般公民,也可以是国家工作人员。又如,非法出具信用证、保函、票据、存单、资信证明罪的犯罪主体,只能是银行或者其他金融机构的工作人员,一般公民不能成为这种犯罪的主体。

刑法分则第3章规定的破坏社会主义市场经济秩序罪共分了8节:(1)生产、销售伪劣商品罪,该罪主要有:生产、销售伪劣产品罪,生产、销售假药罪,生产、销售劣药罪,生产、销售不符合卫生标准的食品罪,生产、销售有毒、有害食品罪,生产、销售不符合标准的医用器材罪,生产、销售不符合安全标准的产品罪,生产、销售伪劣农药、兽药、化肥、种子罪,生产、销售不符合卫生标准的化妆品罪;(2)走私罪,该罪主要有:走私武器、弹药罪,走私核材料罪,走私假币罪,走私文物罪,走私贵重金属罪,走私珍贵动物、珍贵动物制品罪,走私珍稀植物、珍稀植物制品罪,走私淫秽物品罪,走私普通货物、物品罪,走私固体废物罪;(3)妨害对公司、企业的管理秩序罪,主要有:虚报注册资本罪,虚假出资、抽逃出资罪,欺诈发行股票、债券罪,提供虚假财会报告罪,妨害清算罪,公司、企业人员受贿罪,对公司、企业人员行贿罪,非法经营同类营业罪,为亲友非法牟利罪,签订、履行合同失职被骗罪,徇私舞弊造成破产、亏损罪,徇私舞弊低价折股、出售国有资产罪;(4)破坏金融管理秩序的犯罪,主要有:伪造货币罪,出售、购买、运输假币罪,金融工作人员购买假币、以假币换取货币罪,持有、使用假币罪,变造货币罪,擅自设立金融机构罪,伪造、变造、转让金融机构经营许可证罪,高利转贷罪,非法吸收公众存款罪,伪造、变造金融票证罪,伪造、变造国家有价证券罪,伪造、变造股票、公司、企业债券罪,擅自发行股票、公司、企业债券罪,内幕交易、泄露内幕信息罪,编造并传播证券交易虚假信息罪,诱骗投资者买卖证券罪,操纵证券交易价格罪,违法向关系人发放贷款罪,违法发放贷款罪,用账外客户资金非法拆借、发放贷款罪,非法出具金融票证罪,对违法票据承兑、付款、保证罪,逃汇罪,洗钱罪;(5)金融诈骗罪,主要有:集资诈骗罪,贷款诈骗罪,票据诈骗罪,金融凭证诈骗罪,信用证诈骗罪,信用卡诈骗罪,有价证券诈骗罪,保险诈骗罪;(6)危害税收征管罪,主要有:偷税罪,抗税罪,骗取出口退税罪,虚开增值税专用发票、用于骗取出口退税、抵扣税款发票罪,非法出售增值税专用发票罪,非法出售发票罪等;(7)侵犯知识产权罪,主要有:假冒注册商标罪,假冒专利罪,侵犯著作权罪,销售侵权复制品罪和侵犯商业秘密罪;(8)扰乱市场秩序罪,主要有:损害商业信誉、商品声誉罪,虚假广告罪,串通投标罪,合同诈骗罪,非法经营罪,强迫交易罪,伪造、倒卖伪造的有价票证罪,倒卖车票、船票罪,非法转让、倒卖土地使用权罪,中介组织人员提供虚假证明文件罪,逃避商检罪。

四、侵犯公民人身权利、民主权利罪

侵犯公民人身权利、民主权利罪,是侵犯公民的人身权利、民主权利两个方面的犯罪。由于这两者互为条件,紧密相连,在我国刑法分则中,把他们统一规定在一章中。侵犯公民的人身权利罪,是指故意或过失地非法侵犯他人人身及

其他与人身直接有关的权利的行为。侵犯公民民主权利罪,是指非法剥夺或者妨害公民行使其所享有的管理国家和参加政治活动的权利的行为。

侵犯公民人身权利、民主权利罪的特征:

1. 犯罪的客体,是公民的人身权利和民主权利。公民的人身权利是指法律规定的公民人身、自由、人格、名誉和住宅不受非法侵犯的权利。公民的民主权利包括选举和被选举权利,言论、出版、通讯、集会、结社自由权利,申诉、控告、检举和宗教信仰自由权利等。

2. 犯罪客观方面,必须具有侵犯公民人身权利、民主权利的行为。这种行为多数表现为作为,少数表现为不作为。有的表现为暴力形式,有的表现为非暴力形式。

3. 犯罪主观方面,除过失致人死亡罪、过失重伤犯罪外,其他的犯罪均由故意构成。

4. 犯罪主体大部分属于一般主体,其中刑讯逼供、报复陷害、非法剥夺信仰自由、侵犯少数民族风俗习惯犯罪,只能由国家工作人员构成。

刑法分则第4章规定的侵犯公民人身权利、民主权利罪主要包括:故意杀人罪,过失致人死亡罪,故意伤害罪,过失致人重伤罪,强奸罪,非法拘禁罪,绑架罪,拐卖妇女、儿童罪,收买被拐卖的妇女、儿童罪,诬告陷害罪,强迫职工劳动罪,非法搜查罪,非法侵入住宅罪,侮辱罪,诽谤罪,刑讯逼供罪,煽动民族仇恨、民族歧视罪,非法剥夺公民宗教信仰自由罪,侵犯通信自由罪,私自开拆、隐匿、毁弃邮件、电报罪,报复陷害罪,打击报复会计、统计人员罪,破坏选举罪,暴力干涉婚姻自由罪,重婚罪,破坏军婚罪,虐待罪,遗弃罪和拐骗儿童罪等。

五、侵犯财产罪

侵犯财产罪,是用非法手段把公私财物非法占有或者故意破坏公私财物的行为。

侵犯财产罪具有以下特征:

1. 侵犯财产罪侵犯的客体,是公共财产和公民私人合法财产所有权。公共财产包括国家所有财产、集体所有财产以及国家、集体、城镇经济联合体、企业或人民团体管理、使用、运输中的私人财产。公民私人合法财产包括公民合法收入、储蓄、房屋和其他生活资料,以及依法归个人、家庭所有或使用的生产资料。

2. 侵犯财产罪在客观方面,必须具有非法占有公私财物和故意破坏公私财物的行为。

3. 侵犯财产罪在主观方面,只能由故意构成,绝大多数犯罪是出于非法占有的目的和贪财图利的动机。只有个别犯罪是出于嫉妒、报复、泄愤或其他非法目的。

4. 侵犯财产罪的主体,既有一般主体,也有特殊主体。如挪用特定款物罪的主体,必须是对保管、分配、使用这些专项款物负有直接责任的人员。

刑法分则第5章规定的侵犯财产罪有:抢劫罪,盗窃罪,抢夺罪,诈骗罪,敲诈勒索罪,故意毁坏财物罪,聚众哄抢罪,侵占罪,职务侵占罪,挪用资金罪,挪用特定款物罪,破坏生产经营罪。

六、妨害社会管理秩序罪

妨害社会管理秩序罪,是指故意妨害国家机关对社会管理的正常活动,破坏社会秩序,情节严重的行为。

妨害社会管理秩序罪的特征:

1. 这类犯罪侵害的客体,是国家机关对社会管理的正常活动,这是该罪区别于其他各类犯罪的主要特征。

2. 这类犯罪在客观方面,必须具有妨害社会管理秩序的行为。而这种行为,是指刑法分则第6章所指的各种犯罪行为。不能作广义解释,不能将任何犯罪都说成妨害社会管理秩序罪。

3. 这类犯罪在主观方面,只能是故意,其中有些犯罪法律还要求具有特定目的才构成。例如,赌博罪必须以营利为目的。

4. 这类犯罪主体,多数是一般主体,少数是特殊主体。如纵容黑社会性质的组织进行违法犯罪活动罪的主体,只能是国家工作人员,如果不是国家工作人员,不能构成本罪。

刑法分则第6章规定的妨害社会秩序罪分了9节:(1) 扰乱公共秩序罪,主要有:妨碍公务罪,煽动暴力抗拒法律实施罪,招摇撞骗罪,非法获取国家秘密罪,非法持有国家秘密罪,非法生产、销售间谍专用器材罪,非法侵入计算机信息系统罪,破坏计算机信息系统罪,聚众扰乱社会秩序罪,聚众冲击国家机关罪,聚众扰乱公共场所秩序、交通秩序罪,聚众斗殴罪,组织、领导、参加黑社会性质组织罪,包庇、纵容黑社会性质组织罪,传授犯罪方法罪,非法集会、游行、示威罪,侮辱国旗、国徽罪,聚众淫乱罪,盗窃、侮辱尸体罪,赌博罪;(2) 妨害司法罪,主要有:伪证罪,妨害作证罪,打击报复证人罪,扰乱法庭秩序罪,窝藏、包庇罪,拒不执行判决、裁定罪,破坏监管秩序罪,脱逃罪和劫夺被押解人员罪,组织越狱罪,暴动越狱罪,聚众持械劫狱罪;(3) 妨害国边境管理罪,主要有:组织他人偷越国(边)境罪,骗取出境证件罪,出售出入境证件罪,运送他人偷越国(边)境罪,破坏界碑、界桩罪和破坏永久性测量标志罪;(4) 妨害文物管理罪,主要有:倒卖文物罪,盗掘古文化遗址、古墓葬罪;(5) 危害公共卫生罪,主要有:妨害传染病防治罪,妨害国境卫生检疫罪,医疗事故罪,非法行医罪,非法进行节育手术罪,逃避动植物检疫罪;(6) 破坏环境资源保护罪,主要有:重大环境污染事故罪，非法捕捞水产品罪，非法占用耕地罪，盗伐林木罪，滥伐林木罪；(7) 走私、贩卖、运输、制造毒品罪，主要有：走私、贩卖、运输、制造毒品罪，非法持有毒品罪，引诱、教唆、欺骗他人吸毒罪；(8) 组织、强迫、引诱、容留、介绍卖淫罪，主要有：组织卖淫罪，强迫卖淫罪，协助组织卖淫罪，传播性病罪等；(9) 制作、贩卖、传播淫秽物品罪，主要有：制作、复制、出版、贩卖、传播淫秽物品牟利罪，为他人提供书号出版淫秽书刊罪，组织播放淫秽音像制品罪等。

七、危害国防利益罪

危害国防利益罪，是指侵害国防利益，依照法律应当受到刑罚处罚的行为。

近些年来，随着国防事业的发展，也带来利益关系和利益格局的调整。一些地方危害国防利益的犯罪活动日益突出。例如，军事设施遭到破坏，军事禁区被冲闯、骚扰，军事活动受到阻挠，军人依法执行军务的行为受到阻碍，军品质量严重不合格，军人及军事单位的名称、番号、牌照被不法分子冒充、伪造，进行招摇撞骗，等等。这类违法犯罪活动，不仅给武装力量的建设带来严重的危害，而且也损害了国家的国防安全和利益。由于我国已有的刑事立法对上述犯罪行为有的规定过于笼统，量刑过轻，有的没有明文规定，为依法巩固和加强国防建设，这次修订《刑法》增设了危害国防利益罪。

刑法分则第7章规定的危害国防利益罪主要包括：阻碍军人执行职务罪，阻碍军事行动罪，破坏武器装备、军事设施、军事通信罪，聚众扰乱军事管理区秩序罪，冒充军人招摇撞骗罪，煽动军人逃离部队罪，雇用逃离部队军人罪，伪造、变造、买卖武装部队公文、证件、印章罪，非法生产、买卖军用标志罪，战时拒绝、逃避服役罪，战时故意提供虚假敌情罪，战时造谣扰乱军心罪，战时拒绝、故意延误军事订货罪，战时拒绝军事征用罪等。

八、贪污贿赂罪

贪污贿赂罪主要包括贪污罪、受贿罪、行贿罪三个罪名。贪污罪是指国家工作人员利用职务上的便利，侵吞、窃取、骗取或者以其他手段非法占有公共财物的。受贿罪是指国家工作人员利用职务上的便利，索取他人财物，为他人谋取私利的，或者非法收受他人财物的。行贿罪是为谋取不正当利益，给予国家工作人员的财物的。可见以上虽是三个罪名，但有其共同特征，故可以作为贪污贿赂罪一类罪行。

贪污贿赂罪的特征：

1. 侵害客体是公共财产所有权。

2. 客观方面表现为违反有关法律、法规的规定，利用职务上的便利，非法占有公共财物的行为。

3. 犯罪主体既有特殊主体,又有一般主体。如贪污罪、受贿罪、挪用公款罪、巨额财产来源不明罪、私分国有资产罪的犯罪主体是国家工作人员,属于特殊主体。行贿罪、介绍贿赂罪的犯罪主体,是一般主体。它包括具有刑事责任能力的自然人,也包括法人、单位。

4. 在主观方面则表现为直接故意。过失不构成贪污贿赂罪。

该罪包括贪污罪、挪用公款罪、受贿罪、单位受贿罪、行贿罪、对单位行贿罪、介绍贿赂罪、单位行贿罪、隐瞒境外存款罪、巨额财产来源不明罪、私分国有资产罪、私分罚没财物罪。

九、渎职罪

渎职罪,是国家工作人员利用职务上的便利实施或者因玩忽职守而侵害国家机关的正常活动,情节恶劣的行为。

渎职罪的特征:

1. 渎职罪侵犯的客体,是国家机关的正常活动,也就是国家机关各部门所执行的管理职能活动。

2. 渎职罪在客观方面,是利用职务上的便利实施或玩忽职守而侵犯国家机关正常管理的行为。

3. 渎职罪在主观方面,既可能是故意,也可能是过失。因过失而犯渎职罪必须以给国家和人民造成重大损失为前提。

4. 渎职罪主体只能是国家工作人员,属于特殊主体,非国家工作人员只能构成渎职罪的共犯。

刑法分则第 9 章规定的渎职罪主要有:滥用职权罪和玩忽职守罪,故意泄露国家秘密罪,过失泄露国家秘密罪,徇私枉法罪和枉法裁判罪,私放在押人员罪,失职致使在押人员脱逃罪,徇私舞弊减刑、假释、暂予监外执行罪,徇私舞弊不移交刑事案件罪,违法发放林木采伐许可证罪,环保监管失职罪,传染病防治失职罪,非法批准征用、占用土地罪和非法低价出让国有土地使用权罪,放纵走私罪,商检徇私舞弊罪和商检失职罪,动植物检疫徇私舞弊罪,不解救被拐卖、绑架妇女、儿童罪和阻碍解救被拐卖、绑架妇女、儿童罪,招收公务员、学生徇私舞弊罪,失职造成珍贵文物损毁、流失罪。

十、军人违反职责罪

军人违反职责罪,是指军人违反职责,危害国家军事利益,依照法律应当受刑罚处罚的行为。

军人违反职责罪的特征:

1. 军人违反职责罪侵犯的客体,是国家的军事利益,包括国防、作战、后勤保障、军事科研等方面的利益。

2. 军人违反职责罪在客观方面，必须具有违反军人职责，危害国家军事利益的行为。

3. 军人违反职责罪在主观方面，多数是由故意构成，但是也有少数是由过失构成。

4. 军人违反职责罪的主体，必须是《刑法》第450条规定的中国人民解放军的现役军官、文职干部、士兵及具有军籍的学员以及执行军事任务的预备役人员和其他人员。

刑法分则第10章规定的军人违反职责罪主要有：战时违抗命令罪，投降罪，战时临阵脱逃罪，擅离、玩忽军事职守罪，阻碍执行军事职务罪，非法获取军事秘密罪，故意泄露军事秘密罪，战时自伤罪，逃离部队罪，武器装备肇事罪，盗窃、抢夺武器装备、军用物资罪，遗弃武器装备罪，虐待部属罪，遗弃伤病军人罪，战时残害居民、掠夺居民财物罪，私放俘虏罪，虐待俘虏罪等。

主要参考书目：

1. 高铭暄、马克昌主编：《刑法》，北京大学出版社2005年版。

2. 杨春洗、杨敦先、郭自力主编：《中国刑法论》（第二版），北京大学出版社2005年版。

第十章　民事诉讼法概述

第一节　诉讼法的概念和基本原则

一、诉讼法的概念

诉讼，是指司法机关在当事人和其他诉讼参与人的参加下，为解决和处理一定案件，根据法定程序所进行的全部活动。

诉讼法是由国家制定的，调整司法机关、当事人和其他诉讼参与人在诉讼中的活动和关系的法律规范的总称。诉讼法亦称程序法，它与实体法的关系紧密相连，是形式与内容的辩证统一。诉讼法是保证实体法正确实施的重要手段，如果只有实体法没有诉讼法，则实体法就成为无法实现的一纸空文。若只有诉讼法，没有实体法，诉讼活动就失去目的和意义，诉讼程序就成为没有实际内容的形式，失去其存在的价值。根据诉讼案件的不同，诉讼法可分为：民事诉讼法、行政诉讼法和刑事诉讼法三种。

诉讼法与实体法相同，也是由国家制定并依靠国家强制力保证实施。

二、我国诉讼法的共同原则和制度

我国诉讼法的共同原则和制度，是指民事诉讼法、行政诉讼法和刑事诉讼法都适用的原则和制度。除此外，各诉讼法还有其特有的原则。本节只讲述诉讼法共同的原则和制度。

（一）人民法院独立行使审判权的原则

人民法院独立行使审判权，是指民事诉讼案件、行政诉讼案件和刑事诉讼案件，统一由人民法院独立审判，不受行政机关、社会团体和个人干涉。审判权是国家权力的重要组成部分。人民法院独立行使审判权是我国宪法所确认的一项宪法原则。这一原则包括以下几个含义：(1) 外国人、无国籍人和外国组织，在我国境内进行的一切诉讼案件，必须由人民法院统一审理，任何其他国家都无权干涉，这是国家主权的具体体现。(2) 我国国家机关、社会组织和公民所提起的诉讼，由最高人民法院、地方各级人民法院和专门人民法院分工负责，统一行使审判权，其他任何机关和组织都无权审理。(3) 人民法院审理民事案件、行政案件和刑事案件，必须严格依据其诉讼法行使职权，不能各行其是。(4) 人民法院审理民事、行政和刑事案件,统一适用民事的、行政的和刑事的实体法律规范,违背实体法的规定,其判决无效。总之,人民法院独立行使审判权原则,除审判权由人民法院统一审理外,还包含着人民法院在审理案件时必须严格依照法律的规定,绝不能离开法律规定进行独立审判。

(二) 以事实为根据,以法律为准绳的原则

以事实为根据,是指司法机关在处理案件中,依照法定程序深入进行调查,尊重事实,忠于事实真相,以事实作为处理案件的根据,不能凭主观想象、猜测、怀疑等臆造的"事实"为根据。以法律为准绳,是指司法机关在查明案件事实的基础上,严格按照法律规定处理,忠于法律、服从法律,敢于坚持原则,不受任何机关、团体和个人的非法干涉。

以事实为根据,以法律为准绳的原则,是马克思主义唯物论在诉讼法中的具体体现。它在诉讼法的基本原则中处于核心地位。审判员办案,若不坚持以事实为根据,以法律为准绳的原则,就会出现冤假错案,不能达到保护人民,惩罚犯罪,促进社会主义建设发展的目的。

(三) 公民在适用法律上一律平等的原则

公民在适用法律上一律平等的原则,是指司法机关在诉讼活动中,对于一切公民,不分民族、种族、性别、职业、家庭出身、宗教信仰、教育程度、财产状况、居住期限等,在适用法律上都一律平等,不允许任何人享有任何特权。这一原则体现了社会主义法制原则。它包括两方面含义:一是任何公民的合法权益,都受到法律的保护;二是任何人违法犯罪都同样受到法律的制裁,绝不允许有凌驾于法律之上的特权。司法人员只有坚持这一原则,平等、正确地适用法律,真正做到公正审判,才能维护法律的尊严。

(四) 合议制度

合议制度的组织形式是合议庭。由于审级及适用程序不同,合议庭的组成人员也不同。一审合议庭可以由审判员、陪审员共同组成,也可由三个以上的审判人员组成,陪审员在执行陪审职务时与审判员有同等的权利义务。合议庭评议案件时,实行少数服从多数的原则,评议中的不同意见可以保留,并记入笔录。在行政诉讼中,法律规定一律实行合议制。在民事诉讼中,只有简单的案件可由审判员一人独任审判。在刑事诉讼中,除自诉案件和其他轻微的刑事案件可以由审判员一人独任审判外,其他案件都必须由三人以上的单数审判员组成合议庭,实行合议制,合议庭的审判员可以就案件提出不同的看法,以集思广益,故合议制度使案件依法得到正确处理,具有重要意义。

(五) 回避制度

回避制度,是指与案件和案件当事人有利害关系或其他特殊关系的审判员、书记员、翻译人员、鉴定人员等,不得参加该案的审判活动,以防止办案人员不能

公正地处理该案。

回避,分为自行回避和申请回避。自行回避,是指审判人员、书记员、鉴定人员、翻译人员,在承办案件时,因与当事人有利害关系和其他关系,自行不参加该案的审理。申请回避,是指当事人认为审理本案的法庭组成人员,是本案当事人的近亲属,与本案有利害关系,或者与当事人有其他关系,甚至是本案的当事人,可能影响本案的公正审理,可以提出申请,请求他们回避。一般院长的回避,由本院审判委员会决定,审判人员的回避,由院长决定,其他人员回避由审判长决定。

（六）公开审判制度

公开审判,是指人民法院审判案件应向社会公开,向群众公开,向当事人公开,允许公民旁听,允许新闻记者采访、报道。凡公开审判的案件,应先期公布案由、被告人姓名和开庭时间地点,便于群众参加旁听。但是涉及国家机密和个人隐私或其他另有规定案件不公开审理。我国刑法还规定,14 周岁以上不满 16 周岁的未成年人犯罪案件不公开审理;16 周岁以上不满 18 周岁的未成年人犯罪案件原则上也不公开审理。所谓不公开审理,是指审理不公开进行,宣布判决仍应公开进行。

人民法院实行公开审判制度,一是便于吸引群众参加审判活动,把审判工作直接置于广大群众监督之下,有助于提高办案质量;二是便于向群众宣传法律,提高群众的法律意识,自觉守法,敢于同一切违法、犯罪现象作斗争;三是公开审判制度是各项审判制度的核心,贯彻公开审判制度,对推动合议、辩护、回避等制度也有重要意义。

（七）两审终审制度

两审终审,是指案件经过两级审理即告终结,即第二审是对案件的最终审理,第二审法院作出的判决是终审判决。最高人民法院是我国的最高审判机关,它所作出的判决和裁定,是终审判决和裁定。

实行两审终审制度,符合我国的实际。它既能保障诉讼参与人的诉讼权利,保证案件的质量,又便于使群众不致因审级过多而受诉讼的拖累,以避免人力和物力的浪费。若当事人对终审判决仍然不服,还可以依法向原审法院或上级法院提出申诉。

（八）各族公民有使用本民族语言、文字进行诉讼的原则

使用本民族语言、文字,是指人民法院在审理案件时,在少数民族聚居或者多民族共同居住地区,应当用当地民族通用的语言、文字进行审判和发布法律文书。人民法院对不通晓当地民族通用的语言、文字的诉讼参与人应当提供翻译。这一原则是我国宪法关于“各民族公民都有使用本民族语言、文字进行诉讼的权利”这一规定的具体体现。

我国是一个统一的多民族的国家，人民法院在审理民事、行政和刑事案件时，应当充分尊重少数民族当事人和其他诉讼参与人的这项权利，并提供必要的条件予以保证，只有这样，才能保证诉讼活动的顺利进行，也才能真正体现我国宪法所规定的各民族一律平等的原则。若人民法院违背这一原则进行审理，其裁判是无效的，上级法院可在二审和审判监督程序中，依法定程序予以撤销，发回原审法院重新审理。

第二节　民事诉讼法的概念、任务和特有原则

一、民事诉讼法的概念

民事诉讼，是民事诉讼法律关系主体所进行的诉讼活动，以及由此而产生的各种关系的总称。民事诉讼法是国家制定的、规定民事审判程序制度，以规范诉讼法律关系主体的活动并调整他们之间的法律关系的法律规范的总称。民事诉讼法有广义与狭义之分。狭义的民事诉讼法是指民事诉讼法典。广义的民事诉讼法，除民事诉讼法典外，还包括宪法和其他法律中有关民事诉讼的规定。本章重点讲述狭义的民事诉讼法。

1991 年 4 月 9 日第七届全国人民代表大会第四次会议审议通过的《中华人民共和国民事诉讼法》（简称为《民事诉讼法》）分为 4 编 29 章 270 条。它规定了我国民事诉讼法的任务、基本原则和制度；效力范围和管辖；民事诉讼的参加人；证据、期间、送达；调解、财产保全和先予执行、妨碍民事诉讼的强制措施、诉讼费用；审判程序、执行程序和涉外民事诉讼程序的特别规定。

二、民事诉讼法的任务

我国《民事诉讼法》第 2 条规定的民事诉讼法的任务主要有：

（一）保护当事人行使诉讼权利

公民、法人及其他社会组织行使的诉讼权利是我国宪法规定的民主权利在民事诉讼中的具体体现。《民事诉讼法》第 8 条规定："人民法院审理民事案件，应当保障和便利当事人行使诉讼权利。"人民法院审判人员在审判活动中，应保障当事人的诉讼权利，发挥其主动性，引导和启发当事人实施诉讼行为，并为其提供便利条件，使其确实能够行使其享有的各项诉讼权利，保护自己的合法权益。

（二）保证人民法院正确、及时审理民事案件

民事诉讼法，是人民法院审理民事案件的程序法，它的任务之一就是保证人民法院正确、及时审理民事案件。人民法院要正确审理民事案件，必须以事实为

根据,事实搞清了,才能明辨是非,分清责任,依法作出正确的结论。为了保证人民法院查明事实,民事诉讼法对诉讼证据作了具体规定。在总结审判实践的基础上,2001年12月6日最高人民法院审判委员会第1201次会议又通过了《关于民事诉讼证据的若干规定》,它对人民法院搜集判断证据,查明事实,正确适用法律,审理民事案件具有重要意义。民事诉讼法规定人民法院在审理民事案件时,必须在法律规定的审限内审结,不能久拖不决,并对人民法院审理的一审、二审的案件的审理期限都作了具体规定,以保证人民法院及时审理案件。

(三) 确认民事权利义务关系,制裁民事违法行为,保护当事人的合法权益

民事诉讼的发生,一般是因当事人之间的民事权利义务关系不明确,民事诉讼法的任务就是要保证人民法院运用国家强制力,确认当事人之间的权利义务关系是否存在和归属;依法指令义务人履行义务,以实现权利人的权利;使不确定的权利义务重新确定起来;对于违反民事法律规定的民事违法行为判令其承担民事责任,这既是对民事违法行为者的制裁,也是对一方当事人合法权益的保护。

(四) 教育公民自觉遵守法律

人民法院审理民事案件,一般是以公开审理为原则,依法不能公开审理的案件,也要进行公开宣判。一方面,接受群众对审判工作的监督,倾听群众的意见;另一方面,可以使群众和当事人受到法制教育,增强公民的法制观念。

通过上述四项任务的实现,最终达到维护社会秩序、经济秩序,维护公民的合法权益,保障社会主义建设事业顺利进行的目的。

三、民事诉讼法的特有原则

民事诉讼法是国家的基本法律之一,是独立的法律部门,有其自己独特的任务。因此,民事诉讼法除有与刑事诉讼法、行政诉讼法某些共同的原则外,有其独特的原则。

(一) 当事人诉讼权利平等原则

民事诉讼法规定,人民法院审理案件时,应保障诉讼当事人平等地行使诉讼权利。当事人诉讼权利平等,是指当事人不论其出身和社会地位如何,其在民事诉讼中享有的诉讼权利、承担的诉讼义务和可采用的诉讼手段都是平等的,如原告有起诉权,被告有答辩权和反诉权,原、被告双方都有提供证据、申请回避、进行辩论、请求和解、申请执行的权利等。

民事诉讼法赋予当事人诉讼权利平等的根据,一是民事法律关系中双方当事人地位平等,权利义务平等;二是公民的民主权利平等。因此,只有把他们置于平等的法律地位,才有利于保护他们平等的民事权利,调动双方当事人在诉讼中的主动性、积极性,才能做到及时查明事实,分清是非,使案件获得合理解决。

（二）同等原则和对等原则

同等原则和对等原则，是两个既相互联系又相互区别的独立的原则。《民事诉讼法》第 5 条对此分别作了规定。同等原则是指外国人、无国籍人、外国企业和组织在我国人民法院起诉和应诉时同我国公民、法人和其他组织有同等的诉讼权利和义务，不因当事人是外国人、无国籍人、外国企业和组织，而限制其诉讼权利，或者扩大其诉讼义务，只要是民事诉讼当事人，均一视同仁，依法保障其充分行使诉讼权利。它在国际法上称为“国民待遇原则”，该原则是国际上平等互惠原则在司法上的具体体现，它有利于发展不同国家之间的经济贸易交往和人员友好往来。

对等原则，是指外国法院对我国公民、法人和其他组织的民事诉讼权利加以限制的，我国人民法院对该国公民、企业和组织的民事诉讼权利同样加以限制。该原则是基于主权国家之间在司法上平等对待的理论而确立的，也是为国际上公认的一项诉讼原则。如果同等原则受到破坏，国家之间平等互惠关系就会失去平衡，必然会影响一国的尊严及其公民、企业和组织的正当权益，这时可采取对等原则抵销这种不平衡。我国是一个独立自主的国家，为了维护国家的尊严，保护公民、法人及其他组织的正当权益，民事诉讼法规定了这一原则，是必要和可行的。

（三）法院调解自愿、合法的原则

人民法院审理民事案件，进行调解是我国民事审判工作的优良传统，也是我国民事诉讼法的一个重要特点。诉讼中的调解，是指在审判人员的主持下，双方当事人就争议的问题，本着相互谅解的精神进行协商，或者通过协商对权利义务问题达成一定协议的诉讼行为。民事诉讼中的调解，贯彻在诉讼全过程中，无论是在一审、二审和再审中，能够进行调解的，都应进行调解。人民法院对案件进行调解时，必须坚持自愿、合法的原则，自愿就是尊重当事人的意愿，不能强迫双方或一方达成调解协议，合法是解决纠纷在确认权利义务关系上要符合实体法。反之，不符合实体法的规定进行调解是不合法的调解。根据自愿、合法这一原则进行调解，一是可以简化诉讼程序，便利群众；二是有利于及时解决纷争，增进安定团结；三是有给付内容的协议，当事人一般能自觉遵守。但是，法院调解，应当以需要和可能为基础，若调解不成的，应及时判决，不能久调不决。

（四）辩论原则

民事诉讼中的辩论原则，是指民事诉讼活动中的双方当事人在人民法院的主持下，有权就案件事实和争议的问题陈述自己的主张和根据，互相进行辩驳和论证。辩论原则体现了我国人民法院审理民事案件活动的民主性，也是当事人民主权利在诉讼中的具体反映。因此，辩论贯彻于民事诉讼的始终，适用于审判程序的全过程。当事人辩论的内容，既可以围绕案件实体问题进行辩论，也可以就程序问题进行辩论。当事人辩论的形式,可以是口头的,也可以是书面的。起诉状和答辩状属于书面形式的辩论,开庭审理的法庭辩论是当事人口头辩论,也称言词辩论。辩论原则对人民法院弄清事实,分清是非,正确审理民事案件有着重要意义。因此,当事人间辩论,尤其是法庭辩论是人民法院审查证据的必经程序和主要阶段。

（五）处分原则

处分原则,是指民事诉讼中的当事人在法律规定的范围内,有支配自己民事权利和诉讼权利的自由。在民事诉讼活动中,当事人可以行使、放弃、变更自己的权利请求,也可以采取或者放弃某种诉讼方式。处分原则贯彻在诉讼的各个阶段,在第一审程序法院判决后,双方都可以提起上诉,上诉后也可以撤回上诉。判决或调解生效后,当事人可以依法申请强制执行,也可以放弃申请执行的权利。但是当事人行使其处分权时,首先,必须是自己的真实意思表示,审判人员不得给当事人施加压力,“动员”或“强迫”当事人行使处分权;其次,必须是在法律规定的范围内进行,不得损害国家、社会、集体和其他公民的利益;再次,必须经人民法院的批准,才能产生法律效力,人民法院的审判,不受当事人的处分权的限制和约束。人民法院在批准的过程中审查当事人对处分权的行使,对违反法律、政策,或者损害他人权益的,应宣布无效。可见,民事诉讼中当事人的处分原则,是相对的而不是绝对的。

（六）检察监督原则

民事诉讼的检察监督,是指检察机关对民事审判实行法律监督,使人民法院的民事审判活动置于国家法律监督机关的监督之下。人民检察院对民事案件审判活动监督的依据是:(1) 根据我国《宪法》第 129 条规定“中华人民共和国人民检察院是国家的法律监督机关”,《民事诉讼法》第 14 条规定:“人民检察院有权对民事审判活动实行法律监督。”作为国家的法律监督机关,人民检察院不仅应参与刑事诉讼,对刑事审判过程实行监督,而且也应参与民事诉讼,对民事诉讼过程实行监督,检查其法律执行情况。(2) 检察机关监督民事审判活动,有助于提高民事审判工作的质量。(3) 检察院监督民事审判活动,有助于预防和打击因民事纠纷激化而引起的刑事犯罪。检察院监督民事审判活动的方式主要有:第一,最高人民法院对各级人民法院已经发生法律效力的判决、裁定,上级人民检察院对下级人民法院已经发生法律效力的判决、裁定,发现有违法的情形,按照审判监督程序提起抗诉;第二,地方各级人民检察院对同级人民法院已经发生法律效力的判决、裁定,发现有违反法律规定的情形的,提请上级人民检察院按照审判监督程序提出抗诉。对人民检察院的抗诉,人民法院应当再审,人民检察院派员出席法庭。这一原则对保证民事诉讼过程的合法性,维护公民的合法权益和社会主义法制,都具有重要意义。

（七）支持起诉原则

我国《民事诉讼法》第15条规定："机关、团体、企事业单位对损害国家、集体或者个人民事权益的行为，可以支持受损害的单位或者个人向人民法院起诉。"该原则是基于国家、集体和个人利益一致基础上所确立的一项社会主义原则。它的意义在于调动社会力量支持受害者与违法行为作斗争，维护社会主义法制。根据我国民事诉讼法的规定，支持起诉必须符合以下条件：(1) 支持者只能是国家机关、社会团体、企业事业单位，被支持者是受害的单位或者个人。(2) 必须是受害单位或者个人未向人民法院起诉，如果受害人已向人民法院起诉，其合法权益已经置于人民法院的司法保护之下，就不必要予以支持。(3) 加害人的行为必须是侵权行为，不构成侵权行为的，不存在支持他人起诉问题。例如，有关抚养、赡养、扶养案件，如果义务人不履行义务，权利人无力起诉，或不敢起诉的，可以适用本原则。(4) 被支持者，不论是单位，还是个人，必须是因侵权行为，而使其民事合法权益受到侵犯的受害者。(5) 支持起诉的方式一般只限于诉讼外的一些行为，不能以当事人的名义起诉、应诉。如果受害人委托支持起诉人作为代理人的，方可以委托代理人的身份参加诉讼。如人民法院在审理案件的过程中，对损害赔偿的问题进行调解，可以应人民法院的邀请作为协助调解人参加诉讼。

第三节　民事诉讼法的效力

民事诉讼法的效力，是指民事诉讼法发生作用的范围，即对什么人，什么事，在什么地方和什么时间内发生作用。根据我国《民事诉讼法》第4、5及270条的规定，分述如下：

一、民事诉讼法对人的效力

民事诉讼法对人的效力，是指民事诉讼法对哪些人适用，哪些人受民事诉讼法的约束。我国民事诉讼法规定，诉讼当事人不论是哪国国籍，只要在我国领域内进行诉讼，必须适用我国民事诉讼法，遵守民事诉讼法的规定。具体包括：(1) 中国公民、法人和其他组织；(2) 居住在中国领域内不享有民事司法豁免权的外国人、无国籍人以及在中国的外国企业和组织；(3) 申请在中国进行民事诉讼的外国人、无国籍人以及外国企业和组织。

二、民事诉讼法对事的效力

民事诉讼法对事的效力，是指民事诉讼法用以解决哪些案件，即人民法院审理哪些案件应当依照民事诉讼法的规定来进行。依照民事诉讼法规定，由人民法院适用民事诉讼法审理的案件有两类,一是平等主体之间因民事法律关系发生争议,诉诸司法解决时,属于人民法院审理的民事案件。二是法律规定由人民法院按照民事诉讼法的规定审理的其他案件。

三、民事诉讼法的空间效力

民事诉讼法的空间效力,是指民事诉讼法在哪些领域范围内有效。根据《民事诉讼法》第4条规定,在我国领域内进行民事诉讼活动,都适用民事诉讼法的规定。这里所说的领域内包括:领土、领海、领空以及领土的伸延部分。但有些民事纠纷,虽然不发生在我国领域内,当事人愿意在人民法院进行诉讼时,也适用民事诉讼法的规定。

四、民事诉讼法的时间效力

民事诉讼法的时间效力,是指民事诉讼法的有效期间,即发生法律约束力的期间。一般是从国家权力机关制定,国家主席公布实行之日起生效,明令废除之日失效。我国《民事诉讼法(试行)》于1982年3月8日公布,同年10月1日起试行。1991年3月25日召开的七届全国人大第四次会议对《民事诉讼法(试行)》进行修改,1991年4月9日《民事诉讼法》由国家主席公布施行,根据《民事诉讼法》的规定,《民事诉讼法(试行)》同时废止。凡是《民事诉讼法》施行后审理案件,一律适用新的《民事诉讼法》。

第四节　民事诉讼管辖

一、管辖的概念和意义

管辖,是指各级人民法院及同级人民法院之间受理第一审民事案件的分工和权限。即当事人在民事权益受到侵害发生争议时,应到哪一级的哪一个人民法院去起诉或应诉,请求法院给予司法保护。

民事诉讼法对民事案件管辖确立的依据是便于公民、法人和其他组织进行诉讼;便于人民法院行使审判权;便于人民法院裁判的执行;便于人民法院公正审判,保护当事人合法的民事权益,同时也贯彻了原则性和灵活性相结合的原则。

民事诉讼法对人民法院管辖权的确定有重要意义。它便于各级人民法院和同级人民法院之间正确、合法、及时地审理民事案件,解决法院之间互相推诿或互相争执;它有利于当事人行使诉讼权,及时起诉,避免因管辖不明致使当事人投诉无门,合法权益不能得到及时保护;对涉外案件,人民法院依照我国法律规定行使管辖权,既有利于保护当事人的合法权益,也有利于维护国家的主权和发挥各级人民法院行使审判权的积极性。

二、管辖的划分

依据我国民事诉讼法的规定,管辖主要有:级别管辖、地域管辖、移送管辖和指定管辖,现分述如下:

(一) 级别管辖

级别管辖,是指按照人民法院组织系统,划分上级、下级人民法院之间受理第一审民事案件的分工和权限。

我国《民事诉讼法》第 18 条规定:"基层人民法院管辖第一审民事案件,但本法另有规定的除外。"所谓本法另有规定的除外,是指有些案件本应由基层人民法院管辖,但因案情复杂、重大,基层人民法院的审判力量不能胜任,规定由中级以上的人民法院管辖。

中级人民法院管辖的第一审民事案件,依据《民事诉讼法》第 19 条规定有:重大涉外案件;本辖区有重大影响的案件;最高人民法院以通知、决定等形式确定由中级人民法院作为第一审管辖的案件,主要有海事、海商案件和除专利行政案件以外的其他专利纠纷案件。同时,中级人民法院还要审理基层人民法院审结后的上诉案件,并对基层人民法院进行审判监督和指导。

高级人民法院管辖的第一审民事案件,依据《民事诉讼法》第 20 条规定,管辖在本辖区内有重大影响的第一审民事案件,主要是全省、自治区、直辖市范围内的案情重大复杂,涉及面广,影响面大的案件。另外,高级人民法院属于上诉审法院,它除对所辖的省、自治区、直辖市内基层人民法院和中级人民法院的民事审判工作实行监督外,还要审理不服中级人民法院判决、裁定依法提起上诉的案件。

最高人民法院管辖的第一审民事案件,依据《民事诉讼法》第 21 条规定有两种:一是在全国有重大影响的案件;二是认为应当由本院审判的案件,即最高人民法院有权审判地方各级人民法院和专门法院所管辖的民事案件。依照法律规定,由最高人民法院作为第一审管辖的民事案件是一审终审,所作的判决、裁定送达当事人后就发生法律效力。

(二) 地域管辖

地域管辖,是指确定同级人民法院在各自的辖区内管辖第一审民事案件的分工和权限。它是在人民法院组织系统内部,从横向确认人民法院的管辖范围。它与前述的级别管辖的关系是:级别管辖是地域管辖的前提,地域管辖是级别管辖的继续和完成。

根据民事诉讼法第 22 至 35 条的规定,地域管辖有:一般地域管辖、特殊地域管辖、专属管辖、协议管辖。

1. 一般地域管辖

一般地域管辖,是指根据当事人所在地与法院辖区的关系来确定的管辖。在大多数国家,原告提起诉讼的案件,由被告住所所在地人民法院管辖,通俗称为“原告就被告”。按照这一规定,如果被告是一般公民,案件即由被告住所地人民法院管辖。住所地是指公民的户籍所在地。若公民的住所地与经常居住地不一致的,由经常居住地的人民法院管辖。经常居住地是指当事人最后连续居住满一年以上的地方,但当事人住院就医的地方除外。法人和其他组织其住所地为单位所在地的,案件由其单位所在地的人民法院管辖。个体工商户、个人合伙设立了经营场所或办事机构的,若为被告的民事纠纷、经济纠纷,应由其经营场所或办事机构等所在地的人民法院管辖。农村承包经营户由于其住所地、经常居住地、经营地一般都是在同一个人民法院辖区内,所以其管辖法院都是相同的。但是,《民事诉讼法》第23条和《最高人民法院关于适用民事诉讼法若干问题的意见》(以下简称《适用民事诉讼法的意见》)规定了例外情况,这就是遵照被告就原告的原则确定法院管辖,即由原告的住所地人民法院管辖;原告住所地与经常居住地不一致的,由经常居住地人民法院管辖,属于此类情况的主要有:(1) 对不在中华人民共和国领域内居住的人提起的有关身份关系的诉讼;(2) 对下落不明或者宣告失踪的人提起的有关身份关系的诉讼;(3) 对被劳动教养的人提起的诉讼;(4) 对被监禁的人提起的诉讼;(5) 追索赡养费案件的几个被告的住所地、经常居住地都不在同一辖区的;(6) 夫妻一方离开住所地超过一年,另一方起诉离婚的案件;(7) 被告一方注销城镇户口的;(8) 非军人对军人提出的离婚诉讼等等。在《适用民事诉讼法的意见》中,指出了37种属于这种例外的情况。

2. 特殊地域管辖

特殊地域管辖,是指根据诉讼标的所在地或者引起法律关系发生、变更或消灭的法律事实所在地为标准所确定的管辖。我国《民事诉讼法》自第24至33条对特殊地域管辖作了列举规定,共有九种:(1) 因合同纠纷提起的诉讼,由被告住所地或者合同履行地人民法院管辖;(2) 因保险合同纠纷提起的诉讼,由被告住所地或者保险标的物所在地人民法院管辖;(3) 因票据纠纷提起的诉讼,由票据支付地或者被告住所地人民法院管辖;(4) 因铁路、公路、水上、航空运输和联合运输合同纠纷提起的诉讼,由运输始发地、目的地或者被告住所地人民法院管辖;(5) 因侵权行为提起的诉讼,由侵权行为地或者被告住所地人民法院管辖;(6) 因铁路、公路、水上和航空事故请求损害赔偿提起的诉讼,由事故发生地或者车辆、船舶最先到达地、航空器最先降落地或者被告住所地人民法院管辖;(7) 因船舶碰撞或者其他海事损害事故请求损害赔偿提起的诉讼,由碰撞发生地、受碰撞船舶最先到达地、加害船舶被扣留地或被告住所地人民法院管辖;(8)因海难救助费用提起的诉讼,由救助地或者被救助船舶最先到达地人民法院管辖;(9)因共同海损提起的诉讼,由船舶最先到达地、共同海损理算地或者航程终止地的人民法院管辖。

3. 专属管辖

专属管辖,是指根据案件的特殊性质,法律规定必须由特定的法院管辖,其他法院无权管辖,也不允许当事人协议变更管辖的,称为专属管辖。我国《民事诉讼法》第34条规定适用专属管辖的诉讼有:(1)因不动产纠纷提起诉讼,由不动产所在地人民法院管辖;(2)因港口作业中发生纠纷提起的诉讼,由港口所在地人民法院管辖;(3)因继承遗产纠纷提起的诉讼,由被继承人生前住所地或者主要遗产所在地人民法院管辖。

4. 共同管辖与选择管辖

共同管辖,是指对同一诉讼两个以上人民法院都有管辖权。选择管辖是指依照法律规定允许原告选择其中一个法院起诉,接受起诉的人民法院就是本案件的管辖法院。可见共同管辖是选择管辖的前提,无共同管辖,也就不存在选择管辖。若原告向两个以上有管辖权的人民法院起诉,依据《民事诉讼法》第35条规定,"两个以上人民法院都有管辖权的诉讼,原告可以向其中一个人民法院起诉,原告向两个以上有管辖权的人民法院起诉的,由最先立案的人民法院管辖。"最高人民法院《关于适用〈中华人民共和国民事诉讼法〉若干问题的意见》规定,先立案的人民法院不得将案件移送给另一个有管辖权的人民法院。人民法院在立案前发现其他有管辖权的人民法院已先立案的,不得重复立案,如果人民法院在立案后发现其他有管辖权的人民法院已先立案,应将案件移送给先立案的人民法院。

5. 协议管辖

协议管辖,是指双方当事人在合同纠纷发生之前或发生之后,以协议方式选择解决他们之间纠纷的管辖法院。我国《民事诉讼法》第25条规定:"合同的双方当事人可以在书面合同中协议选择被告住所地、合同履行地、合同签订地、原告住所地、标的物所在地的人民法院管辖,但不得违反本法对级别管辖和专属管辖的规定。"根据这条规定,协议管辖仅适用于第一审民事案件和只限于因合同纠纷提起的诉讼。在选择范围方面,仅限于本案的被告住所地、合同履行地、合同签订地、原告住所地和标的物所在地的人民法院,同时,当事人只能协议变更第一审的地域管辖,而不能协议变更级别管辖和专属管辖。

(三)移送管辖

移送管辖,是指人民法院将自己受理的无管辖权的案件,移送到对该案有管辖权的人民法院管辖。根据《民事诉讼法》第36条规定,构成移送管辖案件的条件:(1) 案件必须已由移送人民法院受理;(2) 移送人民法院必须对该案无管辖权;(3) 受移送人民法院必须对该案有管辖权。这三个条件要同时具备才能移送,受移送的人民法院认为移送来的案件本院也无管辖权时,既不能将该案再退回原移送的人民法院,也不能再移送给其他人民法院,而只能依照有关规定报请上级人民法院指定管辖。

(四) 指定管辖

指定管辖,是指上级人民法院用裁定的方式将某一案件指定某一个下级法院管辖。依据《民事诉讼法》第 37 条规定,有两种情况需要上级人民法院指定管辖:一是由于特殊原因有管辖权的人民法院不能行使管辖权(如该法院辖区发生了不可抗力事件,如战争、水灾、地震等严重自然灾害);二是两个以上人民法院对案件管辖发生争议不能自行解决,则由上级法院指定管辖。指定管辖适用于地域管辖,也适用于级别管辖。

此外,根据《民事诉讼法》第 39 条规定,上级人民法院有权审理下级人民法院管辖的第一审民事案件,也可以把自己管辖的第一审民事案件交由下级人民法院审理。下级人民法院对自己管辖的第一审民事案件,认为需要上级人民法院审理的,还可以报请上级人民法院审理。上述规定可称为管辖权的转移。

第五节　民事诉讼参加人

民事诉讼参加人包括诉讼当事人和诉讼代理人。证人、鉴定人、翻译人员虽然也参加诉讼,但他们只是协助人民法院查明案件事实,与诉讼结果并无利害关系,因而是诉讼参与人,不是诉讼参加人。

一、当事人

民事诉讼中的当事人,是指因自己民事上的权利义务关系与他人发生纠纷,以自己名义参加诉讼,并受人民法院裁判约束的利害关系人。它包括原告与被告、共同诉讼人、诉讼代表人和第三人。

民事诉讼当事人必须具有诉讼权利能力和诉讼行为能力。诉讼权利能力是指公民、法人和其他组织在诉讼活动中,依法享有诉讼权利和承担诉讼义务的资格。在民事诉讼活动中,没有诉讼权利能力,就不能具备当事人的法律资格,不能作为民事诉讼主体向人民法院起诉和应诉。凡具有民事权利能力的人,就具有民事诉讼权利能力。具有民事诉讼权利能力的人,如果亲自进行诉讼,还必须具备民事诉讼行为能力。所谓诉讼行为能力,亦称诉讼能力,就是能够亲自从事民事诉讼活动,具有独立行使诉讼权利和履行诉讼义务的能力。凡具有民事行为能力的人,就具有民事诉讼行为能力。作为民事诉讼当事人,只有既有诉讼权利能力,又具有诉讼行为能力,才能独立行使诉讼权利,履行诉讼义务。如果当事人只有诉讼权利能力,而不具有诉讼行为能力,需要进行民事诉讼时,应当由其监护人、配偶、子女或养父母、养子女代为诉讼。精神病患者、未成年人、有生理缺陷的人都是不具备诉讼行为能力的人。

依据民事诉讼法的有关规定,当事人在诉讼中主要的诉讼权利有:有权委托代理人代为进行诉讼活动,行使诉讼权利;有权要求审判人员及其他人员进行回避;有权收集、提供证据;有权进行辩论;有权请求人民法院进行调解;有权提起上诉;有权申请人民法院执行;当事人可以查阅、复制本案有关材料和法律文书;双方当事人可以自行和解;原告在诉讼过程中可以放弃或者变更诉讼请求,被告可以承认或者反驳诉讼请求;有权提出反诉等。当事人的诉讼义务主要有:必须依法行使诉讼权利的义务;遵守诉讼秩序的义务;履行发生法律效力的判决书、裁定书和调解书的义务。若当事人不履行上述义务时,应承担相应的法律责任。

(一) 原告与被告

原告,是指因民事权益发生争议或受到侵害,以自己名义要求人民法院保护合法权益而提出诉讼的人。被告,是指原告起诉侵害了他的民事权益,依法被人民法院传唤应诉的人。公民、法人和其他组织都可以作民事诉讼中的原告和被告。公民又包括一般公民和从事商品生产和商品经营的个体工商户、农村承包经营户、个人合伙等。一般公民发生民事诉讼以自己的名义参加民事诉讼活动。个体工商户,如果是以个人经营的,以个人名义作为民事诉讼的当事人。以家庭经营的,以营业执照上登记的业主为民事诉讼的当事人。农村承包经营户,以个人承包从事商品生产和经营的,以个人作为民事诉讼当事人,以家庭为单位进行承包经营的,以签订合同的户主作为代表人。合伙组织发生诉讼依法核准登记字号的,以其字号作为当事人,由合伙组织的负责人作为代表人,没有字号的个人合伙,可以将全体合伙人在民事诉讼中列为共同诉讼人,分别行使诉讼权利,也可以推举诉讼代表人参加诉讼,但必须由全体合伙人签名出具推举书。

法人成为诉讼主体,由其法定代表人参加诉讼活动。

其他组织,依据最高人民法院《关于适用〈中华人民共和国民事诉讼法〉若干问题的意见》(以下简称《适用民诉法的意见》)第 40 条规定,其他组织是指合法成立,有一定的组织机构和财产,但又不具备法人资格的组织。如企业下属的部门,单位内部的工会、共青团组织等。法人的代表人和其他组织的代表人,可以委托代理人参加民事诉讼。

(二) 共同诉讼人

民事诉讼法规定,当事人一方或双方为二人以上,其诉讼标的是共同的,或者诉讼标的是同一种类,人民法院认为可以合并审理的,为共同诉讼。共同诉讼人是指共同诉讼的当事人一方或双方为二人以上共同起诉或共同应诉的人。

共同诉讼分为必要共同诉讼和普通共同诉讼。必要共同诉讼,是指多数当事人对同一诉讼标的享有共同的权利,或承担共同义务的共同诉讼。必要的共同诉讼大体有以下几种:因共同财产发生纠纷的诉讼;因连带债权或债务而产生的诉讼;因共同侵权而产生的诉讼;因共同继承遗产或共同赡养、抚养、扶养关系而发生的诉讼;以及合伙组织为当事人而发生的诉讼等。最高人民法院《适用民诉法意见》第43、46、47、50、54、55、56条都作了具体说明。普通共同诉讼,是多数当事人对同种类诉讼标的的共同诉讼。前者如甲乙共有一所房屋租与丙住,甲乙共同起诉要求丙增租。这种共同诉讼由于诉讼标的是共同的,属于不可分割之诉,人民法院必须合并审理;又由于共同诉讼人对诉讼标的,有共同的权利义务,所以共同诉讼人中一人的诉讼行为,经全体诉讼人认可后,对他们都发生法律效力。后者如丙有一所房屋,分别租与甲、乙居住,丙起诉要求甲乙赠租,这类共同诉讼不是基于同一事实和法律原因产生的,而是由于诉讼标的属于同一类型,经人民法院决定合并审理。这种共同诉讼人对诉讼标的没有共同的权利义务关系,所以《民事诉讼法》第53条第2款规定,其中一人的诉讼行为对其他共同诉讼人不发生法律效力。

共同诉讼可以由当事人提起,也可以由人民法院依职权决定。共同诉讼的意义在于简化诉讼程序,节省人力物力,避免人民法院对同一问题作出相互矛盾的判决。

(三)诉讼代表人

诉讼代表人,是指众多当事人的一方,推选出代表,为维护本方的利益而进行诉讼活动的人。诉讼代表人不同于共同诉讼人,也不同于诉讼代理人。诉讼代表人的特点:(1)诉讼主体的众多性,即因同一事实问题或法律问题的争议,涉及众多的权利主体,有的权利主体甚至遍布全国各地;(2)诉讼主体的代表性,即代表众多利害相同的主体进行诉讼活动,维护全体诉讼主体的合法权益;(3)承担法律后果的伸展性,即代表人参加的诉讼,人民法院的判决、裁定,不仅对诉讼代表人具有约束力,而且对被代表的主体成员同样具有拘束力。

民事诉讼法规定了代表人参加诉讼,是因为随着民事纠纷的增加,出现了众多当事人为一方的新的类型案件。建立代表人诉讼制度,是适应现实的需要,它对正确、合法、及时解决民事纠纷,对于进一步完善当事人制度有着重要意义。

根据《民事诉讼法》第54、55条规定,代表人诉讼制度有两种不同形式:一是当事人人数确定的诉讼代表人,在这种形式下,由本群体的全体成员推选其中的一人或者数人,代表众多当事人起诉或应诉。二是当事人人数不确定的诉讼代表人,在这种形式下,诉讼标的属于同一种类,当事人一方人数众多,并且在起诉时人数尚未确定,由权利人推选或者人民法院与权利人商定代表人选,由其代表人起诉或者应诉。同时,法院应当及时发出公告,说明案件和诉讼请求,通知其他权利人在规定的期限内向人民法院登记。

诉讼代表人,既是众多当事人中的一员,又是代表其他成员进行诉讼的人,他作为当事人,既应具有一般当事人享有的诉讼权利,也应承担一般当事人应尽的义务,作为诉讼代表人实施诉讼行为时,必须是尽职尽责,最大限度地维护被代表人的合法权益。但是,凡变更、放弃诉讼请求或者承认对方当事人的诉讼请求,进行和解,必须经被代表的当事人同意。

人民法院经过对案件的审理,作出的生效裁判,对参加登记的全体权利人产生法律效力。参加登记的全体权利人必须按照裁判的内容行使权利,承担义务,不得再行起诉。未参加登记的权利人,在诉讼时效期间内向人民法院提起诉讼的,人民法院可以不再进行审理,适用该判决和裁定。如果超过法定的诉讼时效起诉的,其实体权利不再受到法律保护,法院可判决驳回诉讼请求。

(四)诉讼中的第三人

民事诉讼中的第三人,是指在已经开始的诉讼中,对他人的诉讼标的,具有全部和部分的独立请求权,或者虽然不具有独立请求权,但案件的处理结果与他有利害关系,因而参加诉讼的人。第三人的基本特征:一是参加到他人已经开始的、但还没有结束的诉讼。如果诉讼活动尚未开始,或诉讼已结束,都不会有第三人参加诉讼的问题。二是第三人参加诉讼,必须对该诉讼标的有独立请求权,或者无独立请求权,但同案件的处理结果有法律上的利害关系,否则不能称为民事诉讼中的第三人。

诉讼中的第三人分为有独立请求权的第三人和无独立请求权的第三人。

1. 有独立请求权的第三人

有独立请求权的第三人,是指因对其他当事人起诉的诉讼标的有独立请求权而参加诉讼的人。如甲诉乙确认房屋产权,丙闻知后又诉甲乙所争执的房屋为他所有,丙即为有独立请求权的第三人。这里所说的有独立请求权是指程序上的含义,至于他是否具有实体上的独立请求权,如上述案件所争的房屋是否确为丙所有,须经人民法院审理判决后才能确定。

2. 无独立请求权的第三人

无独立请求权的第三人,是指他对其他人的诉讼标的没有独立请求权,但认为诉讼结果与自己有利害关系而参加诉讼的人。如甲店售出电视机一台给乙,乙使用后发现质量不合格,虽即起诉到法院要求退货赔偿损失,但甲店售出的电视机是丙工厂生产的,丙工厂在此案中是属于无独立请求权的第三人,甲店胜诉、败诉与丙工厂有着直接的利害关系。无独立请求权的第三人参加诉讼,经本人申请或人民法院依职权通知均可成立。

二、诉讼代理人

诉讼代理人,是指为了保护被代理人的民事权益,依法律规定,或法院指定或经当事人委托授权,以被代理人的名义,在法律规定或被代理人授权范围内进行民事诉讼活动的人。诉讼代理人的特征:一是诉讼代理人必须以被代理人的名义进行诉讼,为维护被代理人的利益而进行诉讼行为。二是诉讼代理人只能代理当事人一方进行诉讼活动,不能同时代理当事人双方。三是诉讼代理人只能在代理权限范围内进行诉讼活动。法律后果由被代理人承担。四是诉讼代理人必须是有行为能力的人。五是民事诉讼代理人参加诉讼的目的,是为了维护被代理人的合法权益,而不是为了维护自己的权益。

诉讼代理人分为法定代理人和委托代理人三种,现分述如下:

(一)法定代理人

法定代理人,是指根据法律的直接规定而发生的代理。《民事诉讼法》第 57 条规定:"无诉讼行为能力人由他的监护人作为法定代理人代为诉讼。"无诉讼行为能力的人,主要是指未成年人和精神病患者。未成年人的监护人是父母,如父母已死亡或没有监护能力,则是其祖父母、外祖父母、成年的兄姐等作为代理人代为诉讼。精神病患者的监护人是配偶、父母或成年子女及其他近亲属。

由于法定代理人是基于亲权和监护权为基础的,因此,法定代理人在诉讼中与被代理人居于同等地位,其代理权不受限制,有权放弃或承认诉讼请求,进行和解和达成调解协议等。

(二)指定代理人

指定代理人,是指人民法院依职权为被代理人指定代为诉讼的人。指定代理人是在无诉讼行为能力人,又没有法定代理人,或者虽有法定代理人,他们之间互相推诿,不愿担任代理的,在这种情况下《民事诉讼法》第 57 条和《适用民事诉讼法的意见》第 67 条规定:人民法院应从监护人中指定一人作为代理人代为诉讼,这是为保护无诉讼行为能力人的合法权益,而规定的一种代理制度。

指定代理人的诉讼地位与法定代理人相似,能够依法行使当事人的诉讼权利,承担当事人的诉讼义务。但是,指定代理人在处分所代理的当事人的实体权利时,若不损害当事人的合法权益,人民法院应承认其处分行为的效力。

(三)委托代理人

委托代理人,是指受被代理人委托代为诉讼的人。委托代理是由于当事人、法定代理人的委托,其代理的权限和事项,由委托人自行决定。

根据《民事诉讼法》第 58、59 条和《适用民事诉讼法的意见》第 69 条规定,律师、当事人的近亲属、有关的社会团体或者所在单位推荐的人,经人民法院许可的其他公民,都可以担任委托代理人。当事人、法定代理人可以委托一至二人作为诉讼代理人。而这种委托关系的建立，必须遵循法定手续，必须向人民法院提交由委托人签名或盖章的授权委托书。侨居在国外的我国公民，在我国境内发生民事诉讼，需要委托代理人时，可以向人民法院寄交或托交授权委托书，为保证委托书的真实性及其效力，在寄交或托交委托书之前，需经我国驻该国的使领馆证明；没有使领馆的，由与我国有外交关系的第三国驻该国的使领馆证明，再转由我国驻该第三国使领馆证明。若当地有爱国华侨团体的，也可由其出证。侨居国外的我国公民如果亲自来递交委托书的，可以不经使领馆证明，直接递交由他授权的委托书。

授权委托书是委托代理人取得诉讼代理资格，为被代理人进行诉讼的证明文书，因而，授权委托书必须证明委托事项和权限。委托代理人只能在被代理人的授权范围内进行诉讼活动。若超越被代理人的授权范围所为的诉讼行为，除非得到被代理人的承认，否则，对被代理的当事人不发生效力。诉讼代理人的权限如果变更或者解除，当事人应当书面通知人民法院。人民法院自收到当事人的变更或解除通知后，原授权委托书即失效。人民法院还应及时通知对方当事人，以防止损害对方当事人的合法权益。

委托代理人的权利，依据《民事诉讼法》第 61 条规定，诉讼代理的律师和其他诉讼代理人有权调查收集证据，可以查阅本案有关材料，这一规定对有效地代理当事人进行诉讼，增加人民法院审判工作的透明度，体现人民法院的民主作风有着重要意义。

被代理人委托了诉讼代理人后，可以出庭，也可以不出庭。但是离婚案件，由于涉及身份问题和双方的感情问题，民事诉讼法作了特别规定，即离婚案件有诉讼代理人的，本人除不能表达意志外，仍应出庭；确因特殊情况无法出庭的，必须向人民法院提交书面意见，说明对离婚的态度及子女的抚养、财产的分配等意见。

第六节 民事诉讼证据、期间、送达

一、民事诉讼的证据

（一）民事诉讼证据的概念

民事诉讼证据，一般认为是能够证明民事案件真实情况的客观事实材料。

证据必须具备三个特征：一是客观性。证据的客观性是指作为证据的事实，必须是客观存在的事实，不是假定、推测、想象带有主观成分的事实。二是相关性，证据的相关性，就是指作为证据的事实，必须与案件事实存在着某种联系，没有相关性，就起不到证明案件事实的作用，就不能作为定案的证据。三是合法性,证据的合法性,既是指证据的收集、调查必须符合法律规定的程序。我国《民事诉讼法》第64条第3款、第66条都作了具体规定,又如最高人民法院于2002年4月1日颁布实施的《关于民事诉讼证据的若干规定》(以下简称《证据若干规定》)第68条规定:"以侵害他人合法权益或违反法律禁止性规定的方法取得证据,不能作为认定案件事实的证据。"某些事实必须具有法律所要求的特定形式。不符合这点要求收集和调查的证据,就不能作为定案的材料。

(二)证据的种类

我国民事诉讼法对证据的种类作了列举规定,分述如下:

1. 书证,是以书面文字、符号、图案等内容和含义来证明民事案件事实的证据。如合同书、票据、证明书、信件、电报、提单、遗嘱文书等等。《民事诉讼法》规定:书证应当提交原件,如有困难可提交副本,节录本等,是副本的应在调查等条中说明其来源和取证情况。在《证据若干规定》第10条指出,当事人向人民法院提供的证据原件如需要自己保存的原件、原物或者提供原件、原物确有困难可以经人民法院核对无异的复制件或复制品。

2. 物证,是以物品的形状、特征、质量、规格等证明案件事实的一部或全部的物品。当事人提交原物确有困难的,可以提交复制品。

3. 视听资料,是指利用录音、录像反映出的音响、图像,或者以电子计算机储存的资料来证明案件事实的。如录音带、录像带、电话录音、电子计算机贮存的资料等。依据《证据若干规定》,作为证据的视听资料应为无疑点的资料。

4. 证人证言,是指当事人以外知道案件真实情况的第三人,向司法工作人员所作的陈述。证人是民事诉讼法律关系的主体,享有一定的权利和承担一定的义务,不能正确表达意志的人,如精神病患者,或年幼无知不能辨别是非,不能正确表达的人,不能作为证人。证人证言,作为证据,还必须是证人亲眼看到或亲耳听到的。臆想推测的,道听途说的,未来预见的,都不能作为证人证言。但在《证据若干规定》第53条规定:待证事实与其年龄、智力状况或者精神健康状况相适应的无民事行为能力人和限制行为能力人,可以作为证人。在《证据若干规定》第52条还对传唤证人出庭作证程序作了规定,如人民法院应依照职权传唤证人出庭作证,又如当事人申请证人出庭作证,应在举证期限届满10日前提出。

5. 当事人的陈述,是指当事人在民事诉讼中,对案件事实情况所作的叙述。原告的起诉,被告的答辩,所提出的事实根据和理由以及双方争执的问题及其焦点等等,原被告最为了解,因此,认真研究当事人的陈述,对人民法院查明案情,正确处理民事案件十分重要。但是当事人一时不能提交证据,依据《证据若干规定》第76条规定应根据具体情况指定在合理的期限内提交,若在指定的期限内提交仍有困难,应向人民法院申请延长期限。

6. 鉴定结论,是指具有专门知识,经法院决定和通知的鉴定人,对客观事实和案件中的专门性的问题，作出科学的、客观的分析所提出的结论性意见。鉴定结论在民事诉讼活动中，被广泛地采用。常见的鉴定结论有：医学鉴定、文书鉴定、会计鉴定、技术鉴定、化学鉴定，等等。鉴定结论是建立在科学基础上的，对于查明客观事实，有着特殊的作用。目前，我国对司法鉴定制度正处在完善的过程中，《证据若干规定》第25—27条对鉴定机构、鉴定人员的确定及鉴定程序等问题都作了具体规定，总之，无论是法院依职权需要进行鉴定还是由当事人提出申请要求鉴定，都必须由法院委托鉴定机构、鉴定人员来进行鉴定，此外，《证据若干规定》第59、27、29条还对鉴定人的诉讼权利和义务、重新鉴定、对鉴定书的形式和要求作了进一步规定。

7. 勘验笔录，是指人民法院指派的勘验人员或审判人员，为了查明案件的有关事实，对有关的现象或物品进行勘察和检验而作的客观记录。如对双方当事人所争执的标的物、土地、房屋、山林等无法拿到法庭出示，只有进行绘图、测量、照相等制作笔录，以反映案件的真实情况。《证据若干规定》第30条规定，人民法院勘验物证或者现场应制作笔录，记录勘验时间、地点、勘验人、在场人、勘验人应签名盖章等。

根据《证据若干规定》，人民法院就数个证据对同一事实的证明力，可以依照下列原则认定：(1) 国家机关、社会团体依职权制作的公文书证的证明力大于其他书证；(2) 物证、档案、鉴定结论、勘验笔录或者经过公证的书证，其证明力大于其他书证、视听资料和证人证言；(3) 原始证据的证明力大于传来证据；(4) 直接证据的证明力大于间接证据；(5) 证人提供的对与其有亲属或者其他密切关系的当事人有利的证言，证明力一般小于其他证人证言。

（三）举证责任

举证责任，是指谁负有提出证据，证明案件有关事实的责任。

根据《民事诉讼法》第64条规定，当事人在民事诉讼中，对自己所主张的事实，有提供证据加以证明的责任，也就是说民事诉讼是采取谁主张谁提供证据的原则。在《证据若干规定》第2条“当事人对自己提出的诉讼请求所依据的事实或者反驳对方诉讼请求所依据的事实，有责任提供证据加以证明。没有证据或者证据不足以证明当事人的事实主张的，由负有举证责任的当事人承担不利后果”。该条规定完整地表述了民事诉讼的举证责任和承担的法律后果。这一原则是民事诉讼法区别于刑事诉讼法和行政诉讼法的重要特征。民事诉讼法的举证责任是由当事人提供，提供证据是当事人的一项重要诉讼权利，从查清案件的角度来说，它又是当事人义不容辞的义务。在证据的提供问题上，当事人的权利和义务是紧密相连、不可分割的。

（四）质证

质证，是指当事人在庭审中所出示的证据材料，提出质疑。主要是围绕证据的真实性、关联性、合法性，针对证据证明力有无，以及证明力大小，进行质疑、说明与辩驳。质证在证据制度中占着重要地位，它对法院进行公平、公正审判，对保护当事人的合法权益具有重要意义。《民事诉讼法》第 66 条规定："证据应当在法庭上出示，并由当事人相互质证。"而根据《证据若干规定》第 47 条第 1 款明确规定，未经质证的证据不能作为认定案件事实的依据。这说明了质证的重要性。

此外在《证据若干规定》中，对质证的对象、质证的方式、方法、质证的顺序都作了具体规定。质证的对象，即所有当事人提出的所有证据材料。质证的方式，原则上应在开庭时公开出示，但在《证据若干规定》第 48 条规定，涉及国家秘密、商业秘密和个人隐私或者法律规定的其他应当保密的证据，不得在开庭时公开质证。对质证的方法《证据若干规定》第 52 条规定：案件有两个以上独立的诉讼请求的，当事人可以逐个出示证据进行质证。关于质证的顺序，《证据若干规定》第 51 条规定，原告出示证据、被告、第三人与原告进行质证；被告出示证据，原告、第三人与被告进行质证；第三人出示证据，原告、被告与第三人进行质证。

（五）证据的收集与保全

1. 证据收集

证据收集，是指司法人员根据法定的程序，运用科学的方法，将能够查明案件真相的一切事实，加以发现、收集起来作为定案根据的行为。如前所说，虽然举证责任是当事人应尽的义务，若当事人提出的证据不充分或根本提不出证据时，根据《民事诉讼法》第 64 条第 2、3 款规定，人民法院有权调查收集证据，同时，人民法院在收集证据时，必须依据法定程序。根据《民事诉讼法》规定，司法人员询问证人、当事人，都应当有两个以上的司法人员参加，并应分别进行。需要进行鉴定的鉴定人应当提出书面鉴定结论，并在鉴定书上签名或者盖章，鉴定人的单位应加盖公章证明鉴定人的身份。勘验物证或者现场的，勘验人必须出示人民法院的证件，应有当地基层组织或者有关单位派人参加，当事人或者成年家属应当到场；拒不到场的，不影响勘验的进行。勘验结果和情况应当制作笔录，由勘验人、当事人和被邀请参加人签名盖章。对收集的证据，凡涉及国家秘密、商业秘密和个人隐私的应当保守秘密，需要在法庭出示的，不得在公开开庭时出示。

根据《民事诉讼法》第 67 条规定，收集证据时，经过法定程序公证证明的法律行为、法律事实和文书，人民法院可以直接认定，免除当事人的举证责任。但是，如果对方当事人提供了相反的证据和调查收集到了新证据，能推翻公证的证明时，人民法院应重新认定事实，并通报原公证机关撤销其公证书效力的司法建议，以维护国家司法制度的严肃性和统一性，保护当事人的合法权益。《民事诉讼法》第 70 条还规定，凡知道案件情况的单位和个人，都有义务出庭作证，证人单位负责人应支持其作证。若证人确有困难不能出庭作证时,可以提交书面证言。

2. 证据保全

证据保全,是指人民法院受理案件后,在特殊情况下,采取的固定的保护制度。由于证据在诉讼中占重要地位,有的证据可能灭失,或者灭失后难以取得,在这种情况下,诉讼参加人可以向法院申请证据保全,人民法院也可以主动采取保全措施。至于采取什么措施进行保全,要根据证据的具体情况而定,但总的说来,对证据的保全,要做到不变质、不损坏、不丢失,能保持证据的原样和原意,以更好地发挥证据的效力。根据《证据若干规定》,当事人向人民法院申请保全证据,不得迟于举证期限届满前七日,同时人民法院可以要求当事人提供相应的担保。法律、司法解释规定诉前保全证据的,依照其规定办理。这一规定进一步充实了《民事诉讼法》第 74 条关于证据保全的有关规定。

二、期间、送达

(一) 期间

期间,是指人民法院、当事人和其他诉讼参与人单方面进行或者完成某种诉讼行为的期限和日期。期间有法定期间和指定期间。法定期间是指法律规定的期间。也就是法律规定某项诉讼行为,只能在一定的时间内完成,如超越了规定的期间,其所为的诉讼行为就不发生效力。如《民事诉讼法》第 147 条规定,当事人不服地方人民法院第一审判决的,有权在判决书送达之日起 15 日内向上一级人民法院提起上诉。如果当事人超过 15 日就丧失了上诉权。指定期间是指人民法院依职权,对进行某种诉讼行为规定的期限。如法院指定当事人限期补正证据等。指定期限是为适应诉讼需要,法律授权法院确定的期间。指定期间又可分为期限和期日,期限如在一定时间内补正起诉状的缺欠。期日如开庭日期、宣判日期。期间与期日不能混同,两者是存在着区别的:(1) 期间是法院、诉讼参与人单独为一定诉讼行为的期限,期日是法院与诉讼参与人会合为一定诉讼行为的时间;(2) 期间有始期和终期,期日只规定开始时间,不规定终止时间;(3) 期间有的是不能随意变动的,期日可由法院决定变动。

期间的计算方法,是以时、日、月、年计算。期间开始的时和日,不计算在期间内,如当事人不服第一审人民法院判决提起上诉期间为 15 天,期间的计算应从接到判决书的第二天开始计算。期间届满的最后一天是节假日的,以节假日过后的第一天为期间届满日期。期间不包括在途期间,诉讼文书在期满前邮寄的,不算过期。根据《民事诉讼法》第 76 条规定,如果当事人因不可抗拒的事由,如地震、水灾等,或者因其他正当理由耽误期限的,在障碍消除后的 10 日内,可以申请顺延期限,是否准许,由人民法院决定。

（二）送达

1. 送达的概念和特点

送达，是指人民法院依照法律规定，把诉讼文书交付当事人和其他诉讼参与人的诉讼行为。送达是体现人民法院与当事人及其他诉讼参与人之间诉讼法律关系的一种重要诉讼行为，其特点是：

（1）它是人民法院的诉讼行为，若当事人向人民法院递交起诉书，不能称为送达；

（2）送达必须按一定的程序和方式进行；

（3）送达是法院向当事人或其他诉讼参与人所为的诉讼行为，法院内部相互递送材料或对其他单位发送材料，都不是送达；

（4）送达的文书主要是诉讼文书，如起诉状副本、开庭通知书、调解书、裁定书、判决书等。

2. 送达的方式

送达的方式有直接送达、留置送达、委托送达、邮寄送达、转交送达、公告送达六种：

（1）直接送达，即法院送达文书直接交付给受送达人签收，这是最基本的送达方式，本人不在的，交其同住的成年家属签收。受送达人若是法人或者其他组织的，应当由法人的法定代表人、其他组织的主要负责人或者该法人、组织负责收件的人签收。受送达人有诉讼代理人的，可以送交其诉讼代理人签收，受送达人已向人民法院指定代收人的，送交代收人签收。

（2）留置送达，是指受送达人拒收诉讼文书时，把诉讼文书留放在受送达人住处的送达方式。若遇受送达人拒受，送达人应当邀请有关基层组织或者所在单位的代表到场，说明情况，在送达回证上记明拒收事由和日期，由送达人、见证人签名或者盖章，把诉讼文书留在受送达人的住所，即视为送达。

（3）委托送达，是指直接送达有困难，可以委托其他法院代为送达。这是对直接送达的补充，接受委托的只能是人民法院。

（4）邮寄送达，是因人民法院直接送达有困难，将送达文书、送达回证交邮局，寄给受送达人的方法。邮寄送达的，以回执上注明的收件日期为送达日期。

（5）转交送达，是指在不宜或不便采用直接送达的情况下，将诉讼文书通过受送达人所在单位转交送达的方法。转交送达主要适用于，受送达人是军人的，通过其所在部队团以上单位的政治机关转交。受送达人是被监禁的，通过其所在监所或劳改单位转交。受送达人是被劳动教养的，通过其所在劳动教养单位转交。

（6）公告送达，是指人民法院以公告的方式，将需要送达的诉讼文书的有关内容告知受送达人的方式，主要适用于受送达人下落不明，用上述其他方式无法送达的。公告送达自发出公告之日起，经过60日，即视为送达。

第七节 财产保全、先予执行

一、财产保全

（一）财产保全的概念

财产保全，是指人民法院根据当事人的申请或依职权，为保证审理后作出的判决得到执行，对与案件有关的财产所采取的强制性措施。财产保全有诉前财产保全和诉讼财产保全两种。前者是指在起诉前，利害关系人的合法权益面临紧急状况，需要采取保护性的临时措施，使其合法权益免遭严重损失，人民法院批准利害关系人的申请，采取保全措施。后者是指受诉人民法院于办案过程中，可能因一方当事人的行为或其他原因，使人民法院的判决不能执行或者难以执行的，可以根据他方当事人的申请或者依职权对争议的财产，或者对一方当事人的财产采取保全措施，以限制该当事人实施某种行为，或令其实施一定行为，以保证判决的执行。

诉前财产保全应具备的条件是：(1) 在起诉前，利害关系人的合法权益面临紧急情况，有转移、隐藏或灭失的现实可能性；(2) 必须利害关系人向有管辖权的人民法院立即提出申请财产保全，为保护其合法权益不能俟起诉后，申请诉讼财产保全；(3) 申请人应提供担保。

申请诉讼财产保全也必须具备一定条件：(1) 在诉讼过程中，一方当事人可能实施某种行为或发生其他情况，致使人民法院审理后作出的判决不能执行或者难于执行。(2) 申请必须向受诉人民法院提出；(3) 诉讼财产保全主要适用于给付之诉，其他诉讼不适用财产保全制度。

当事人的申请符合上述条件的，人民法院可以裁定采取财产保全措施，并责令申请人提供担保，若申请人不提供，应驳回申请。人民法院接受申请后，对情况紧急的，必须在48小时内作出裁定，凡裁定采取保全措施的，应当立即开始执行。

（二）财产保全的范围和措施

财产保全的范围，限于申请人的请求，或者与本案有关的财物，不能大于权利请求或诉讼请求的价额或金额。对于与本案无关的财物不能保全。

对于财产保全的措施，《民事诉讼法》第94条第2款规定主要有：查封、扣押、冻结等法律规定的其他方法。经人民法院查封、冻结的财产，任何单位不得重复查封、冻结。冻结财产后，人民法院应当立即通知被冻结财产的人。

诉前财产保全的，15日内不起诉，人民法院应当解除财产保全。在诉讼中败诉的，因采取财产保全措施给对方当事人造成损害，应由申请人负责赔偿。申请有错误的，申请人应当赔偿被申请人因财产保全所遭受的损失。

（三）财产保全的撤销

人民法院采取财产保全后，如果情况发生变化，如当事人就所争议的权益自行和解，或者采取诉前财产保全后，申请人在15日内没起诉的，都应当根据当事人的申请或者由法院依职权以裁定撤销财产保全。

二、先予执行

（一）先予执行的概念

先予执行，是指人民法院对一定范围内的给付之诉，在作出判决之前，裁定一方当事人履行一定的义务，并立即执行，保障当事人合法权益的特殊诉讼制度。

根据《民事诉讼法》第98条规定，人民法院裁定先予执行应当符合以下条件：（1）当事人之间权利义务关系明确；（2）不先予执行将严重影响申请人的生活或者生产经营的；（3）被申请人有履行能力；（4）必须根据当事人的申请。

（二）适用先予执行制度的案件范围、担保与损失赔偿

根据《民事诉讼法》第97条的规定，先予执行的案件范围有三类：（1）追索赡养费、抚养费、抚育费、抚恤金、医疗费用的；（2）追索劳动报酬的；（3）因情况紧急，需要先予执行的。除以上三类案件外，其他案件不能适用先予执行。

先予执行的担保，是根据申请人的情况不同而定，如申请人是依靠被申请人的给付维持生活的，应裁定先予执行，不责令申请人提供担保，如是申请人申请生产经营急需的，申请人有提供担保能力，可以责令申请人提供担保，如申请人不提供担保的，驳回申请，不裁定先予执行。

先予执行，是人民法院根据申请人的申请，在推定申请人可能胜诉的假定下作出的，如果经过审理，判决申请人败诉，被申请人因先予执行所受的财产损失，应当由申请人赔偿。

（三）财产保全和先予执行的复议

根据《民事诉讼法》第99条规定，当事人若对人民法院关于财产保全或者先予执行的裁定不服的，可以申请复议一次，在复议期间不停止裁判的执行。复议撤销财产保全裁定，解除财产保全措施的，复议撤销先予执行裁定的，应执行回转，将已执行的财产返还被申请人。

第八节　妨害民事诉讼的强制措施、诉讼费用

一、妨害民事诉讼的强制措施

（一）妨害民事诉讼强制措施的概念和条件

妨害民事诉讼的强制措施，是指在民事诉讼过程中，人民法院为了排除对民

事诉讼的干扰、破坏,保证诉讼活动的顺利进行,依法对实施妨害民事诉讼行为的人所采取的强制手段。

采取民事强制措施的条件是:(1)必须是已经发生了妨害民事诉讼的行为,不能在行为发生前采取强制措施;(2)必须是在诉讼进行中发生的妨害民事诉讼行为,对起诉前或结案执行后发生的行为不能采取强制措施;(3)必须是故意妨害民事诉讼的行为,对过失行为不能采取强制措施;(4)此种行为必须有碍于诉讼的进行而又未严重到构成犯罪的。

(二)妨害民事诉讼强制措施的种类

根据《民事诉讼法》第100至104条规定,强制措施的种类有以下五种:

1. 拘传

拘传,是指人民法院对必须到庭的被告,经两次传票传唤,无正当理由拒不到庭的,强制其到庭参加诉讼活动的一种措施。

2. 训诫

训诫,是人民法院审判人员对妨害民事诉讼秩序但行为情节较轻的人,以口头方式予以批评教育,令其以后不得再犯的一种强制措施。

3. 责令退出法庭

责令退出法庭,是人民法院对违反法庭规则的人,可以责令退出法庭,以维护法庭的秩序,保证审判活动的正常进行。

4. 罚款

罚款,是对妨害民事诉讼的人,根据情节轻重,强制在规定的期限内,交出一定数额金钱的措施。《民事诉讼法》第101至103条对妨害民事诉讼的具体行为作了规定。第104条对个人罚款的金额规定为人民币1000元以下,对单位的罚款金额规定为1000元以上3万元以下。

5. 拘留

拘留,是人民法院对妨害民事诉讼秩序情节严重的人,在一定期间内限制其人身自由的一种强制措施。拘留是对妨害民事诉讼行为的人给予的最严厉的强制教育手段。《民事诉讼法》第104条规定,拘留期限为15日以下。

根据《民事诉讼法》第105条规定,凡采取拘传、罚款、拘留的强制措施,必须经院长批准。拘传必须用传票。罚款、拘留应当用决定书,对决定不服的,可以向上一级人民法院申请复议一次,在复议期间不停止执行。

二、诉讼费用

诉讼费用,是指当事人进行民事诉讼,按照规定应向人民法院交纳和支付进行诉讼所必须的法定费用。

《民事诉讼法》第107条明确规定当事人进行民事诉讼应当按照规定交纳

诉讼费用。其意义主要有:(1)可以减少国家的开支,减轻国家的经济负担;(2)促使当事人正确行使诉讼权利,防止滥用诉权,无理缠讼;(3)有利于促进企业和其他经济组织改善经营管理,遵守合同,维护国家的经济秩序;(4)有利于维护国家主权和人民的利益。

诉讼费用包括案件受理费和其他诉讼费用。

案件受理费,是指当事人向法院交纳进行诉讼所必需的费用。非财产案件只交纳案件受理费用,财产案件除交纳案件受理费外,还应交纳其他诉讼费用。案件受理费的收费标准,最高人民法院根据案件的性质作了不同的规定。

其他诉讼费用,是指财产案件的当事人,除缴纳案件受理费外,还应当交纳其他诉讼费用。它包括:勘验费、公告费、证人、鉴定人、翻译人员的差旅费和误工补贴费、财产保全措施的申请费和实际支出的费用、执行判决、裁定或者调解书所实际支出的费用。上述费用由当事人负担,人民法院按照实际支出收取。

诉讼费用的交纳,案件受理时由原告交纳,财产案件的其他诉讼费用由申请人预交。预交的费用在案件审理终结后,一般由败诉人负担。当事人部分败诉的,按责任大小酌情由双方负担。离婚案件的受理费由有过错的一方负担。其他案件凡经调解成立的,其案件受理费和其他诉讼费,由当事人双方协商解决。上诉案件诉讼费用的负担,若二审人民法院对第一审法院的判决作了改判的,败诉方应负担一审和二审的诉讼费用;若二审人民法院驳回上诉维持原判的,上诉案件的受理费用由上诉人负担;双方都提出上诉的,由双方负担;若人民法院审理上诉案件经调解达成协议的,第一审与第二审全部诉讼费用的负担,由双方协商解决;协商不成的,由第二审人民法院决定。撤诉的案件,诉讼费一律由撤诉人负担。执行费用,执行完毕,预交的执行费和实际支出的执行费,一并由被申请人负担。

诉讼费用的缓交、减交或免交,根据《民事诉讼法》第107条和《民事诉讼收费办法》第27条规定,免交诉讼费用的有:依照特别程序审理的选民资格、宣告失踪或宣告死亡案件、认定公民无民事行为能力、限制民事行为能力的案件和认定财产无主案件;依照审判监督程序提审、再审的案件。当事人缴纳诉讼费用确有困难的,可以向人民法院申请缓交、减交或免交。此外,《民事诉讼收费办法》还作了一些特殊的规定:受理经济纠纷案件过程中,发现本案属于刑事犯罪,需移送有关部门,预交的受理费用予以退还,若经济纠纷还需要继续审理的,受理费不予退还;中止诉讼的案件,预交的案件受理费不予退还,待中止诉讼原因消除后,恢复诉讼时,不再预交案件受理费;终结诉讼的案件,预交的案件受理费不予退还;第二审人民法院发回重审的案件,预交的案件受理费不予退还;重审后又上诉的,不再预交案件受理费。

第九节 民事诉讼程序

民事诉讼程序可划分为审判程序和执行程序两大类。

一、审判程序

审判程序,是指人民法院对民事案件进行审理和作出裁判所适用的程序。审判程序包括:第一审普通程序、简易程序、第二审程序、特别程序、审判监督程序、督促程序、公示催告程序、企业法人破产还债程序,现分述如下:

(一) 第一审普通程序

第一审普通程序,是指人民法院审理第一审民事案件通常适用的程序,是人民法院审判程序的基础。普通程序包括起诉和受理、审理前的准备、开庭审理、诉讼中止和终结、判决和裁定一整套诉讼程序。

1. 起诉和受理

起诉,是当事人为保护自己的民事权益,向人民法院提起诉讼,请求予以法律保护的行为。受理,是人民法院接受当事人起诉,同意立案审理的诉讼活动。

起诉必须符合下列条件:(1) 原告是与本案有直接利害关系的公民、法人和其他组织;(2) 有明确的被告;(3) 有具体诉讼请求和事实、理由;(4) 属于人民法院受理民事诉讼的范围和受诉人民法院管辖。

原告起诉应向人民法院递交起诉状和其副本,书写起诉状有困难的,可以口头起诉,由人民法院记入笔录,并告知对方当事人。人民法院收到起诉状或者口头起诉,经审查,认为符合起诉条件,必须受理,应在7日内立案,并通知当事人;认为不符合起诉条件的,应当在7日内裁定不予受理。在审查起诉期间对出现特殊情况的处理,根据《民事诉讼法》第111条规定,对下列起诉分别予以处理:1. 属于行政诉讼范围的,告知原告提起行政诉讼;2. 双方当事人对合同纠纷自愿达成书面仲裁协议向仲裁机构申请仲裁,不得向人民法院起诉的,告知原告向仲裁机构申请仲裁;3. 依法律规定,应当由其他机关处理的争议,告知原告向有关机关申请解决;4. 不属于本院管辖的案件,告知原告向有管辖权的人民法院起诉;5. 对判决、裁定已经发生法律效力的案件,当事人又起诉的,告知原告按照申诉处理,但人民法院准许撤诉的裁定除外;6. 依法律规定,在一定期限内不得起诉的案件,在不得起诉的期限内起诉的,不予受理;7. 判决不准离婚和调解和好的离婚案件,判决、调解维持收养关系的案件,没有新情况、新理由,原告在六个月内又起诉的,不予受理。

2. 审理前的准备

审理前的准备,是为开庭打好基础。这项工作主要是:(1) 审查起诉手续,如果人民法院发现起诉手续不完备,应尽快通知原告补正,并在5日内将起诉状副本发送被告,通知被告在15日内提出答辩状。人民法院收到答辩状后,应在5日内将答辩状副本发送原告。被告不提交答辩状的,不影响人民法院审理。人民法院对决定受理的案件,应在受理案件通知书和应诉书中向当事人告之上述诉讼权利和义务。(2) 组成合议庭,并将合议庭人员在3日内告知当事人。(3) 审判人员审核诉讼材料,调查收集必要证据。调查笔录经被调查人校阅无误,调查人与被调查人应签名或盖章。人民法院在必要时可以根据法律规定,委托外地人民法院调查。(4) 对必须共同进行诉讼的当事人没有参加诉讼的,人民法院应当通知其参加诉讼。

3. 开庭审理

开庭审理,又称法庭审理,是指人民法院审判人员组成审判庭,在当事人和其他诉讼参与人参加下,依照民事诉讼法规定的形式和顺序,查明案件事实,分清是非,对案件作出处理决定所进行的诉讼活动。

开庭审理是人民法院审理民事案件的中心环节,也是民事诉讼程序的一个重要阶段。开庭审理,除涉及国家机密、个人隐私或者法律另有规定的以外,应当公开进行。离婚案件、涉及商业秘密的案件、当事人申请不公开审理的案件可以不公开审理。

开庭审理可分:开庭前准备、法庭调查、法庭辩论和评议宣判四个阶段。开庭前准备,是指人民法院受理案件后,开庭审理之前,为开庭审理进行必要的准备。如传唤、通知当事人和其他诉讼参与人,发布公告,查明当事人和其他诉讼参与人是否到庭,审判长核对当事人,告知当事人的诉讼权利义务。

法庭调查,是开庭审理的一个重要阶段。它的主要任务是核查各种证据,查明案情,认定事实。进行法庭调查,按下列顺序进行:询问当事人和由当事人陈述;告知证人的权利义务,询问证人;宣读未到庭的证人证言;询问鉴定人,宣读鉴定结论和勘验笔录;出示书证、物证和视听资料等。当事人经审判长许可,可以向证人、鉴定人、勘验人发问,也可以提出新证,要求法庭重新进行鉴定、勘验或调查。

法庭辩论,是在审判长主持下,由当事人围绕诉讼请求和答辩理由,以及对证据进行辩论。先由原告及其诉讼代理人发言、继而由被告及其代理人发言;有第三人及其诉讼代理人的,由第三人及其诉讼代理人发言,然后再由各方互相辩论。法庭辩论终结,由审判长按原告、被告和第三人的先后顺序征询双方最后意见,辩论终结后,判决前能够调解的,还可以进行调解;调解不成的,应当及时判决。

评议宣判,这是开庭审理的最后阶段。通过合议庭评议,作出如何判决的决定。对重大、疑难案件,合议庭作出结论后,必须报经院长提交审判委员会讨论决定,合议庭不能径自宣布判决。人民法院宣布判决,不论是否公开审理,一律公开进行。当庭宣判的,应当在 10 日内发送判决书;定期宣判的,宣判后立即发给判决。宣告判决时,必须告知当事人上诉权利、上诉期限和上诉法院。宣告离婚判决,必须告知当事人在判决发生法律效力前不得另行结婚。

庭审笔录,是书记员在开庭过程中,记载法庭审理的全部活动。依据《民事诉讼》第 133 条规定,庭审笔录应当当庭宣读,也可以告诉当事人和其他诉讼参与人当庭或者五日内阅读。当事人等如认为笔录记载有错,有权申请补正。如果不予补正应当将其申请记录在案。庭审笔录由审判人员、书记员、当事人和其他诉讼参与人签名或者盖章,拒绝签名盖章的应记明情况附卷。

在宣判之前的任何阶段,原告均可申请撤诉。是否准许撤诉应由人民法院裁定,人民法院裁定不准撤诉的,原告经传票传唤无正当理由拒不到庭的,可以按缺席判决。

案件审结期限,根据《民事诉讼法》第 135 条规定,应当在立案之日起 6 个月内审结。有特殊情况需要延长的,由本院院长批准,可以延长 6 个月,如仍不能审结,还需要延长的,报请上级人民法院批准。

4. 诉讼中止和终结

诉讼中止,是在诉讼活动中遇有特殊原因,使诉讼程序暂时停止。《民事诉讼法》第 136 条规定,有下列情形之一的,中止诉讼:(1) 一方当事人死亡,需要等待继承人表明是否参加诉讼的;(2) 一方当事人丧失诉讼行为能力,尚未确定法定代理人的;(3) 作为一方当事人的法人或者其他组织终止,尚未确定权利义务承受人的;(4) 一方当事人因不可抗拒的事由不能参加诉讼的;(5) 本案必须以另一案的审理结果为依据,而另一案尚未审结的;(6) 其他应当中止诉讼的情形。中止诉讼的原因消除后,应即恢复诉讼程序。

诉讼终结,是指在诉讼进行中,由于出现特定情况,使诉讼程序不能继续进行下去,或者失去了继续进行的意义,从而结束诉讼程序。《民事诉讼法》第 137 条规定,有下列情形之一的,终结诉讼:(1) 原告死亡,没有继承人,或者继承人放弃诉讼权利的;(2) 被告死亡,没有遗产,也没有应当承担义务的人的;(3) 离婚案件一方当事人死亡的;(4) 追索赡养费、抚养费、抚育费以及解除收养关系案件的一方当事人死亡的。

5. 判决和裁定

判决,是指人民法院对民事案件审理终结后,就实体问题所作的决定,它是人民法院行使国家审判权的具体表现。判决书采取书面形式。判决书应当写明:(1) 案由、诉讼请求、争议的事实和理由;(2) 判决书认定的事实、理由和适用的法律依据;(3) 判决结果和诉讼费用的负担;(4) 上诉期间和上诉法院。人民法院审理案件,其中一部分事实已经清楚,可以就该部分先行判决。

裁定，是人民法院审理民事案件或在执行过程中就程序问题包括其他需要及时解决的问题所作的决定。裁定分为口头裁定和书面裁定两种。裁定适用于下列范围：(1) 不予受理；(2) 对管辖权有异议的；(3) 驳回起诉；(4) 财产保全和先予执行；(5) 准许或者不准许撤诉；(6) 中止或者终结诉讼；(7) 补正判决书中的笔误；(8) 中止或者终结执行；(9) 不予执行仲裁裁决；(10) 不予执行公证机关赋予强制执行效力的债权文书；(11) 其他需要裁定解决的事项。上述各种裁定中，当事人只能对于不予受理的裁定、对管辖权有异议的裁定以及驳回起诉的裁定，提起上诉。

最高人民法院的判决、裁定，以及依法不准上诉或者超过上诉期没有上诉的判决、裁定，是发生法律效力的判决、裁定。

(二) 简易程序

简易程序，是普通程序的简化，是基层人民法院和它的派出法庭包括人民法庭审理简单民事案件所适用的诉讼程序。所谓简单的民事案件，主要是指审理事实清楚、权利义务关系明确、争议不大的简单民事案件。对简单的民事案件，由审判人员一人独任审理。原告可以口头起诉，双方当事人可以同时到基层人民法院或其派出法庭，请求解决纠纷，该法院和其派出法庭可以当即审理，也可以另定日期审理，可以用简便方式随时传唤当事人、证人。人民法院适用简易程序审理案件，应当在立案之日起 3 个月内审结。

(三) 第二审程序

第二审程序，是第一审程序的对称。我国实行两审终审制，民事诉讼当事人不服第一审法院的判决、裁定，依法提出上诉，由第二审法院对该案进行审理所适用的程序，称为第二审程序。

第二审程序从审级看，称为上诉审程序。第二审程序设立的意义，是从法律制度上保障诉讼当事人行使上诉权利，并使上级法院对下级法院实行审判监督，及时审查或纠正下级法院尚未发生法律效力的判决或裁定中的错误，以保证办案质量，有效地保护当事人的合法权益。

第二审人民法院审理上诉案件一律采取合议制。

第二审程序从当事人提出上诉开始。当事人提起上诉必须符合法律规定的条件：(1) 上诉必须是合格的上诉人对合格的被上诉人提起的；(2) 上诉必须是在法律规定的上诉期限内提起的；(3) 上诉必须要有上诉状。原审法院收到上诉状后，应在 5 日内将上诉状副本送交被上诉人，并注明在法定期间内被上诉人提出答辩，然后由原审法院连同案卷材料一并送上诉审法院。

根据《民事诉讼法》第 151 条规定，第二审人民法院应当对上诉请求的有关事实和适用法律进行审查。第二审人民法院对上诉案件，经过审理，按照下列情形，分别处理：(1) 原判决认定事实清楚，适用法律正确的，判决驳回上诉，维持原判;(2) 原判决适用法律错误的,依法改判;(3) 原判决认定事实错误或者原判决认定事实不清,证据不足,裁定撤销原判决,发回原审法院重新审理,或者查清事实后改判;(4) 原判决违反法定程序,可能影响案件正确判决的,也应裁定撤销原判决,发回原审法院重审。第二审法院经过阅卷和调查,询问当事人,在事实核清楚后,合议庭认为不需要开庭审理的,也可以进行判决、裁定。由于我国实行两审终审制,因而上诉法院的判决为终审判决,判决作出即发生法律效力,当事人不得再上诉。

依据《民事诉讼法》第 155 条规定,第二审人民法院审理上诉案件,可以进行调解。如果当事人就案件的调解达成协议,法院应制作调解书,调解书由审判人员、书记员签名,加盖法院印章。调解书送达后,原审法院的判决视为撤销。

人民法院审理上诉案件,应当在第二审立案之日起 3 个月内审结,有特殊情况需要延长的,由本院院长批准。人民法院审理对裁定的上诉案件,应当在第二审立案之日起 30 日内作出终审裁定。

(四) 特别程序

特别程序,是指审理特殊类型案件的程序。所谓特殊类型案件,即指选民资格案件和非诉案件。具体说,主要适用四类案件:(1) 选民资格案件,即公民不服选举委员会对选民资格的申诉所作的处理决定,而向人民法院提起诉讼的案件;(2) 宣告失踪、宣告死亡案件,即某公民下落不明达到一定时间后与该公民有法律上或事实上利害关系的人,申请法院认定其失踪或死亡的案件;(3) 认定公民无民事行为能力、限制民事行为能力的案件,由公民的亲属或利害关系人,申请法院予以认定;(4) 认定财产无主案件,指公民、法人或其他组织根据法律规定,申请法院认定某一具体财产为无主财产的案件。除上述四类案件外,任何其他案件都不得适用特别程序。依照特别程序审理的案件,实行一审终审。选民资格案件或者重大疑难的案件,由审判员组成合议庭审理,其他案件由审判员一人独任审理。

人民法院在依照特别程序审理案件的过程中,发现本案属于民事权益争议,应当裁定终结特别程序,并告知利害关系人可以另行起诉,人民法院适用特别程序审理的案件,应当在立案之日起 30 日内或者公告期满后 30 日内审结。有特殊情况需要延长的,应由本院院长批准。但审理选民资格的案件,必须在选举日前审结。

(五) 审判监督程序

审判监督程序,又称再审程序,是指有监督权的机关或组织,或者当事人认为已经发生法律效力的法院民事判决、裁定确有错误,提起或申请再审的程序。

《民事诉讼法》对审判监督程序的提起作了如下规定:(1) 各级人民法院院长对本院已经发生法律效力的判决、裁定,发现确有错误,需要再审的,应当提交审判委员会决定。(2) 最高人民法院对地方各级人民法院、上级人民法院对下级人民法院已经发生法律效力的判决、裁定,发现确有错误的,有权提审或者指令下级人民法院再审。(3) 当事人因有新证据,足以推翻原判决、裁定;原判决、裁定,认定事实的主要证据不足;原判决、裁定适用法律确有错误以及法院违反法定程序,可能影响案件正确判决、裁定;审判人员在审理案件时有贪污受贿,徇私舞弊,枉法裁判的行为,当事人向人民法院申请再审,人民法院应当再审。此外,当事人对已经发生法律效力的调解书,提出证据证明调解书违反自愿原则或者违反法律的,可以申请再审。当事人申请再审,应当在判决、裁定发生法律效力后 2 年内提出。但对已经发生法律效力的解除婚姻关系的判决,不得申请再审。(4) 最高人民检察院对各级人民法院、上级人民检察院对下级人民法院发现已经发生法律效力的判决、裁定,在认定事实方面主要证据不足,在适用法律上确有错误以及人民法院违反法定程序可能影响案件正确判决、裁定的和审判人员在审理该案时有贪污受贿,徇私舞弊,枉法裁判的行为的,应按审判监督程序提出抗诉。地方各级人民检察院对同级人民法院已经发生法律效力的判决、裁定发现有上述情形之一的,应提请上级人民检察院按审判监督程序提出抗诉。对人民检察院提出抗诉的案件,人民法院应当再审。

依据民事诉讼法规定,按审判监督程序决定再审的案件,应裁定中止原判决执行。裁定由院长署名,加盖人民法院印章。审理再审案件,原来是第一审的,按第一审程序审判;原来是第二审的,或者是上级法院提审的,按第二审程序审判。按第一审程序审判所作的判决、裁定,允许当事人上诉;按第二审程序审判所作的判决、裁定,是终审的判决、裁定,当事人不能再上诉。人民检察院对人民法院的判决、裁定提出抗诉的,应当制作抗诉书。对人民检察院提出抗诉的案件,人民法院再审时,应当通知人民检察院派员出庭。

(六) 督促程序

督促程序,是指债权人请求人民法院以一定的法律文书,督促债务人履行一定给付义务的特别程序。督促程序是为适应商品经济快速流转的要求而制定的一种新的诉讼程序,它简便、快速,及时保护债权人的合法权益,促进商品加快流转,并能免除债权人和债务人诉讼之累,提高办事效率。

依据民事诉讼法的规定,向人民法院申请支付令,须具备以下条件:(1) 债权人与债务人没有其他债务纠纷的;(2) 支付令能够送达债务人的。

债权人提起督促程序,必须提交申请书。申请书应写明请求给付金钱或者有价证券的数量和所根据的事实和证据。债权人提交申请后,人民法院应进行审查,并应当在 5 日内通知债权人是否受理,符合条件、债权债务关系明确、合法的,应当在受理之日起 15 日内向债务人发出支付令;申请不成立的,裁定予以驳回。债务人应当自收到支付令之日起 15 日清偿债务,或者向人民法院提出书面异议。债务人若在规定的期限内不执行支付令,又提不出异议的,债权人可以向人民法院申请执行。若人民法院收到债务人提出的书面异议后,应当裁定终结督促程序,支付令自行失效,债权人可以向人民法院提起诉讼。

(七)公示催告程序

公示催告程序,是指因票据被盗、遗失或者灭失,票据持有人依法向人民法院申请公示催告,主张票据权利。依据民事诉讼法规定,公示催告程序适用的范围,一是可以背书转让的票据,主要有汇票、支票、本票;二是依照法律可以申请公示催告的其他事项。可见,公示催告程序就是票据持有人丧失票据后采取补救的一种法律程序,它与普通程序和简易程序相比有自己的特点。具体表现在以下几点:1. 公示催告程序审理的案件,是法院根据丧失票据或其他事项人的申请,认定丧失票据或其他事项的事实,不是民事权益之争。2. 公示催告程序的适用范围,仅限于可以背书转让的票据,或其他法律确定事项,因此他在适用范围具有限制性。3. 公示催告程序是丧失票据和其他事项的人,在丧失后申请人民法院宣告票据和其他事项无效的一种制度,它不是解决民事权益的争议,它具有非讼性。4. 公示催告程序实行一审终审。

公示催告程序的申请人应当向人民法院递交申请书,写明票面金额、发票人、持票人、背书人等票据主要内容和申请的理由、事实。公示催告案件的管辖权属于票据支付地的基层人民法院。人民法院收到申请后,应进行审查,决定是否受理,如决定受理申请,应当同时通知支付人停止支付,并在3日内发出公告,催促利害关系人申报权利。公示催告的期间,由人民法院根据情况决定,但不得少于60日。在公示催告期间,该票据的权利即为冻结,不具有支付的效力,也不具有转让效力,即在公示催告期间,转让票据权利的行为无效。

民事诉讼法还规定了申报人申报的效力,在公示催告期间,利害关系人,如果认为自己对该票据享有正当的权利,应在规定期间内向人民法院提交票据,申报权利。人民法院收到利害关系人申报后,经过审查,如果双方对票据问题没有争执,申请人可以撤回申请,或者人民法院裁定终结公示催告程序。如果双方对票据有争执,人民法院除裁定终结公示催告程序外,并告之双方可向人民法院起诉。无人申报的,人民法院即应当根据申请人的申请,作出除权判决,宣告票据无效。申请人可以不凭票据行使权利,根据人民法院的判决,请求支付人支付票据上的权利。人民法院判决还应在法院所在地和支付人所在地公告。自判决公告之日起,申请人有权向支付人请求支付。对逾期申报效力问题,《民事诉讼法》第198条作了具体规定,持有票据的利害关系人,确因有正当理由不能在法院作出判决前向人民法院提出申报的,在其知道或者应当知道判决公告之日起1年期间内,可以向作出判决的人民法院提起诉讼。人民法院经审查受理后,以利害关系人为原告,原公示催告程序申请人为被告,立案进行审理。

（八）企业法人破产还债程序

企业法人破产还债程序，是指企业因严重亏损，无力清偿债务的，债权人可以向人民法院申请宣告债务人破产还债，债务人也可以向人民法院申请宣告破产。民事诉讼法关于企业法人破产还债程序，主要适用于集体企业、私营企业、外商投资企业等破产案件，而不适用于全民所有制企业破产还债案件。全民所有制企业破产还债的案件仍适用1986年制定的《中华人民共和国企业破产法（试行）》。不是法人的企业、个体工商户、农村承包经营户、个人合伙，也不适用民事诉讼法该章规定。

民事诉讼法规定企业法人破产还债的程序有：提出破产申请、公告、成立清算组织、破产和解、破产清偿顺序、破产案件管辖等程序。关于破产申请，依据民事诉讼法规定，能够提出申请的只能是债权人和债务人，其他任何单位和个人都无权提出破产申请，人民法院也不得在无人申请的情况下依职权宣告企业破产。债权人和债务人提出破产还债申请时，应向人民法院提交破产还债申请书。人民法院接到申请人提交的破产宣告申请书后，应当进行认真审查。人民法院审查后认为申请人的申请符合法律要求，人民法院裁定宣告进入破产还债程序。人民法院应当在10日内发出通知和发布公告，通知债务人和已知的债权人。债权人应在收到人民法院通知的30日内向人民法院申报债权。未收到通知的债权人，应当自人民法院发出公告之日起的3个月内向人民法院申报债权。逾期未申报债权的，视为自动放弃债权，丧失参加破产财产分配资格。破产还债程序结束后，未申报债权的债权人的债权即不再清偿。

依据民事诉讼法规定，债权人可以组成债权人会议。债权人会议可以由债权人推定或由人民法院指定债权人会议主席。债权人会议的职权，一是讨论和通过破产财产的处理和分配方案，二是讨论和通过和解协议。人民法院可以组织有关机关和有关人员成立清算组织。清算组织是破产还债程序中临时成立的工作机关，其主要职能是负责破产企业财产的保管、清理、估价，并根据债务总额和破产企业的实际偿还能力，对破产财产的处理和分配提出意见。在破产还债程序中，清算组织可以作为民事主体依法进行必要的民事活动，可依法向人民法院提起民事诉讼，或依法强制财产持有人交付财产。清算组织对人民法院负责并报告工作。

人民法院裁定宣告进入破产还债程序后，破产企业愿意和解的，应当与债权人会议进行协商，并提出和解协议草案。和解协议，必须经人民法院认可。人民法院认可后，应当发布公告，中止破产还债程序。和解协议自公告之日起对债务人、债权人和人民法院都具有约束力。在和解协议规定的期间内，没有特殊原因，人民法院不得终结和解协议的效力，也不能依职权恢复破产还债程序。

破产还债顺序，民事诉讼法首先规定了担保的债权优先受偿。当企业法人不能清偿到期债务，人民法院开始破产还债程序后，银行和其他债权人享有该抵押物优先受偿的权利。也就是说,债务人的财产不足以清偿全部债权人的债务时,应该首先从抵押物中清偿享有抵押权的债权人的债务。抵押物或者其他担保物超过其所担保的债务数额的,超过部分属于破产还债的财产。如果抵押物或者其他担保物的价款不能清偿抵押权人的全部债务的,抵押权人未获得清偿的债权,应当列入破产债权中,有权要求从破产还债的财产中获得清偿。当享有抵押权的人是多数时,应当按照原来设定抵押权的先后顺序清偿抵押权人的债权,先设定抵押权的债权人的债务全部清偿后,才能清偿后设定抵押权的债权人的债务。

《民事诉讼法》第 204 条对破产还债清偿的顺序,作了具体规定。破产财产优先拨付破产费用,包括:破产财产的管理、变卖和分配所需要的费用,聘任工作人员的费用;破产案件的诉讼费用;为债权人的共同利益而破产还债程序中支付的其他费用。然后按照下列顺序清偿:(1) 破产企业所欠职工工资和劳动保险费用;(2) 破产企业所欠税款;(3) 破产债权。若破产财产不足清偿同一顺序的清偿要求的,按照比例分配。

企业法人破产还债案件,由破产企业法人住所地的人民法院管辖,不论是债权人还是债务人提出申请,都必须向破产企业法人住所地,即企业法人登记地或其主要营业机构所在地人民法院提出,其他人民法院均无管辖权。

二、执行程序

(一) 执行程序的概念

执行程序,是指人民法院的执行机构运用国家强制力,强制义务人履行生效的法律文书所确定的义务的程序。执行程序是民事诉讼法的有机组成部分,它与审判程序既有联系又有区别。二者的联系在于,审判程序确定发生争议的民事权利义务关系;执行程序则保证审判程序确定的权利义务关系得以实现。审判程序是执行程序的根据和基础,执行程序是审判程序的继续和发展。只有两者结合起来,才能完成民事诉讼法的任务。二者的区别是:审判程序是人民法院依法确认民事权利义务关系,并作出裁判的程序,而执行程序则是保证人民法院的裁判得以实现的程序;执行程序是民事诉讼的最后的具有特殊意义的阶段,但不是诉讼的必经阶段,而审判程序则是诉讼的必经阶段。

执行程序在民事诉讼中具有重要意义,它是维护社会主义法律尊严必不可少的措施;它可以保证当事人享有的合法权利得以实现;制裁民事违法行为,教育公民自觉遵守法律;搞好涉外民事案件的裁定执行对维护国家主权,保护人民利益有着重要意义。

(二) 执行的根据及执行案件的管辖

执行根据,是指当事人申请执行、人民法院移交执行和人民法院采取强制措施的依据。执行根据是执行程序发生的基础,没有执行根据,当事人不能向人民法院申请执行,人民法院也不得采取强制执行措施。根据《民事诉讼法》第 207 条规定,人民法院执行根据有以下三种:(1) 发生法律效力的民事判决、裁定;(2) 发生法律效力的刑事判决、裁定中的财产部分;(3) 法律规定由人民法院执行的其他法律文书,主要有先予执行的民事裁定书、仲裁机构发生法律效力的裁定书、调解书;公证机关作出的依法赋予强制执行效力的债权文书;人民法院制作的承认和执行外国法院判决的裁定。

执行管辖,因法律的种类不同而不同,依据民事诉讼法规定,无论是第一审还是第二审人民法院作出的生效法律文书均由第一审人民法院执行。对于法律规定由人民法院执行的其他法律文书,由被执行人住所地或者被执行的财产所在地人民法院执行。这一规定便于法院执行工作,有利于及时保护权利人的合法权益。

(三) 执行程序的发生

根据民事诉讼法规定,执行程序的发生有以下三种情况:

(1) 申请执行,是指根据生效的法律文书,享有权利的一方当事人,在义务人拒绝履行义务时,在申请执行的期限内请求人民法院依法强制执行,从而引起执行程序的发生。

申请执行是当事人一项重要的诉讼权利,当事人应正确行使,人民法院也应当依法予以保障。民事诉讼法规定,申请执行的期限,双方或者一方当事人是公民的为 1 年,双方是法人或其他组织的为 6 个月。期限的计算,是从法律文书规定履行期间的最后一日起算;法律文书规定分期履行的,从规定的每次履行期间最后一日算起。

(2) 移送执行,是指人民法院的判决、裁定或者调解书发生效力后,由审理该案的审判组织决定,将案件直接交付执行人员执行,从而引起执行程序的开始。

根据审判实践经验,需要移送执行的案件有:① 人民法院已生效的法律文书中具有给付赡养费、扶养费、抚育费内容的案件;② 人民法院生效的刑事判决、裁定中含有财产执行内容的案件;③ 审判人员认为确属应当移交执行的案件。

(3) 委托执行,执行工作一般由审判本案的人民法院执行,但是,如果被执行人或被执行的财产在外地,原法院执行员前往执行有困难的,可以委托当地人民法院代为执行。委托人民法院应向受委托的人民法院发出委托执行书,并附有执行根据的法律文书。受委托人民法院收到委托函件后,必须在 15 日内开始执行,不得拒绝。受委托人民法院执行完毕后,应将执行结果及时函复委托人民法院;在 30 日内如果还未执行完毕,也应将执行情况函告委托人民法院。若受委托人民法院自收到委托函之日起 15 日内不执行的,委托人民法院可以请求受委托人民法院的上级人民法院指令受委托人民法院执行。

执行员接到当事人的申请执行书或者审判员移交的执行书后,根据有关规定审查其是否符合条件,以决定是否执行。执行人员经过执行前的审查,对符合规定的,应当开始执行。对不符合规定的,裁定不予执行,并将裁定书送达双方当事人或制作机关。

根据《民事诉讼法》的第217条规定,对依法设立仲裁机构的仲裁,一方当事人不履行的,对方当事人可以向有管辖权的人民法院申请执行。受申请的人民法院应当执行。但是,若被申请人提出证据,证明仲裁裁决有下列具体情形的,经人民法院组成的合议庭审查核实后,可裁定不予执行。其具体情形有:①当事人在合同中没有订有仲裁条款或者事后没有达成书面仲裁协议的;② 裁决的事项不属于仲裁协议的范围,或者仲裁机构无权仲裁;③ 仲裁庭的组成或者仲裁程序违反法定程序的;④ 认定事实的主要证据不足的;⑤ 适用法律确有错误的;⑥ 仲裁员在仲裁该案时有贪污受贿等违法行为的;⑦ 人民法院认定执行该裁定违背社会公共利益的。仲裁案件不予执行的裁定书,应当送达双方当事人和仲裁机构。仲裁裁决被人民法院裁定不予执行的,当事人可以根据双方达成的书面仲裁协议,重新申请仲裁,也可以向人民法院起诉。公证债权文书,如不依法制作、债权文书不真实、不合法、超过规定范围的和确有错误的,不予执行。此外法院判决、裁定和调解书,若执行员发现其确有错误,应当提出书面意见,报请院长审查是否裁定不予执行。

（四）执行机构

依据民事诉讼法规定,执行工作由执行员进行,书记员负责记录和其他事务性工作。重大执行措施,如强制迁出房屋和强制退出土地等,必须有司法警察参加,以保证执行工作的顺利进行。采取强制执行措施时,执行员应当向被执行人和其家属出示证件,执行完毕后,应当将执行情况制作笔录,由在场的有关人员签名或者盖章。根据实践的需要,民事诉讼法还规定,在基层人民法院、中级人民法院可以设立执行机构。执行机构由执行员、书记员、司法警察等组成,是基层人民法院、中级人民法院的重要组成部分,它与各级人民法院内部的审判机构是平行的司法行政组织。

（五）执行措施及种类

1. 执行措施的概念

执行措施,是指人民法院的执行机构依法强制执行所采取的方法和手段,使负有义务的一方当事人履行义务。人民法院采取执行措施是国家强制力的体现,只有法律明文规定的措施,人民法院才能在执行中使用,凡是法律没有规定的措施,不能在执行时使用。

2. 执行措施的种类

《民事诉讼法》第221至233条规定了执行措施有以下几种:(1) 向银行、信用合作社或者其他储蓄业务的单位查询、冻结、划拨被执行人的存款;(2) 扣留、提取被执行人的收入、存款;(3)查封、扣押、冻结、拍卖、变卖被执行人的财产;(4)搜查被执行人的财产;(5)强制交付法律文书指定的财物或票证;(6)强制被执行人迁出房屋或退出土地;(7)强制办理有关财产权证照转移手续;(8)强制执行法律文书指定的行为;(9)强制加倍支付迟延履行期间的利息和支付迟延履行金等。采取冻结、划拨存款的执行措施时,不得超出被执行人应当履行义务的范围。人民法院查封、扣押、冻结、拍卖、变卖被执行人应当履行义务的财产时,应当保留被执行人及其所抚养家属的生活必需品。执行机关和执行人员不论采取哪项执行措施,必须严格依据民事诉讼法规定程序办理。

(六)执行阻却和执行回转

1. 执行阻却

执行阻却,是指在执行过程中,由于某种情况的发生,使执行程序暂时不能进行,或者无法进行,这种状态称为执行阻却。根据民事诉讼法规定,执行阻却有以下几种:

(1)执行异议

在执行过程中,案外人对执行标的主张自己的实体权利的,即为执行异议。人民法院执行员对执行异议应当按照法定程序进行审查,审查后如果认为案外人提出异议的理由不成立,执行员应通知案外人予以驳回。如案外人提出异议的理由成立的,由院长批准中止执行,由人民法院对执行根据重新进行审查。如果发现判决、裁定确有错误,按照审判监督程序处理。如果执行根据的法律文书是由其他机关制作的,人民法院应依法交由其他机关审查处理。

(2)执行和解

执行和解,是指在执行过程中,双方当事人就执行标的物的一部或者全部自行协商,互相谅解,自愿达成协议,解决争议,从而结束执行程序的活动。在执行程序中,双方当事人自行和解达成协议可以终结执行程序,但不是撤销原来的法律文书。达成和解协议,执行员应当将协议内容记入笔录,由双方当事人签名盖章,结束执行程序的活动。如果一方当事人不履行和解协议的,人民法院可以根据对方当事人的申请,恢复对原生效法律文书的执行。

(3)执行担保

执行担保,是指在执行过程中,被执行人或者担保人为了保证生效的法律文书所确定的义务得以实现,而向人民法院提供的确保被执行人履行法律文书所规定的义务的保证行为。依据《民事诉讼法》第212条规定,当被执行人向人民法院提供担保时,首先应征得申请执行人的意见,申请执行人同意,人民法院可以决定暂缓执行及暂缓执行的期限。如果被执行人逾期仍不履行的,人民法院有权执行被执行人的担保财产或者担保人的财产。担保人拒不履行时,人民法院可强制执行。

(4) 执行中止

执行中止,是人民法院在执行中遇到某种情况使执行暂时无法进行,因而停止执行程序。《民事诉讼法》第 234 条规定,遇有下列情况之一的,应裁定中止执行:① 申请人表示可以延期执行的;② 案外人对执行标的提出确有理由的异议的;③ 作为一方当事人的公民死亡,需要等待继承人继承权利或者承担义务的;④ 作为一方当事人的法人或者其他组织终止,尚未确定权利义务承受人的;⑤ 人民法院认为应当中止执行的其他情形。

执行中止是执行程序的暂时停止,不是执行程序的结束,执行中止前的一切执行活动,不因执行中止而失去效力。如果造成案件中止的情况消失,人民法院依当事人的申请或依职权恢复执行。中止执行裁定书,送达当事人后立即生效。

(5) 执行终结

执行终结,是指在执行过程中,由于发生某种特殊情况,执行程序没有必要或不可能继续进行,从而结束执行程序的。《民事诉讼法》第 235 条规定,有下列情形之一的,应裁定终结执行:① 申请人撤销申请的;② 据以执行的法律文书被撤销的;③ 作为被执行人的公民死亡,无遗产可供执行,又无义务承担人的;④ 追索赡养费、扶养费、抚育费案件的权利人死亡的;⑤ 作为被执行人的公民因生活困难无力偿还借款,无收入来源,又丧失劳动能力的;⑥ 人民法院认为应当终结执行的其他情形。

终结执行裁定书,送达当事人后立即生效。

2. 执行回转

执行回转,是指在执行程序结束后,执行根据又经过法定程序被撤销,以致使取得利益的一方当事人,将既得利益全部退还给原来的被执行人,使权利义务关系恢复到执行程序开始前的状况。在实践中发生执行回转,主要是因执行的判决、裁定和其他法律文书确有错误,被人民法院撤销,法律文书中确定的权利义务关系也就失去了依据。履行了给付义务的一方当事人,有权请求取得利益的一方当事人返还财物,取得利益的一方当事人也有返还的义务。人民法院对此应主动作出裁定,责令取得财产的人返还。如果当事人拒不返还,人民法院应当依法强制执行。

主要参考书目:

1. 柴发邦主编:《民事诉讼法学》,北京大学出版社 1992 年版。

2. 杨荣馨主编:《民事诉讼法学》,中国政法大学出版社 1997 年版。

3. 李国光主编:《最高人民法院〈关于民事诉讼证据的若干规定〉的理解与适用》,中国法制出版社 2002 年版。

第十一章　行政诉讼法概述

第一节　我国行政诉讼法的概念、任务和特有原则

一、行政诉讼法的概念

行政诉讼,是行政管理相对人,即公民、法人或者其他组织,认为行政机关或法律、法规授权的组织所实施的具体行政行为,侵犯其合法权益,依法向人民法院起诉,人民法院对行政机关行政行为的合法性进行审查,依法作出裁决的活动。简言之,行政诉讼,是解决行政争议的一种法律制度。

行政诉讼有以下特点:(1) 行政诉讼的原告是行政管理相对人公民、法人或者其他组织;(2) 行政诉讼的被告是作为行政主体的国家行政机关或法律、法规授权的组织;(3) 行政诉讼的内容是解决行政争议,即国家行政机关与公民、法人或者其他组织之间因行政活动而引起的纠纷;(4) 行政诉讼解决行政争议的主管机关是各级人民法院;(5) 行政诉讼必须是法律、法规明文规定当事人可以向人民法院起诉的行政争议案件。

行政诉讼有广义和狭义两种理解,广义的行政诉讼,是指行政管理相对方将行政争议提交行政机关,采用行政复议的办法,或者是提请司法机关通过司法程序,采用审理判决的办法加以解决的诉讼活动。狭义的行政诉讼,仅指由司法机关按司法程序处理行政争议的活动。根据我国行政诉讼法规定,除部分行政法律、法规规定了复议前置的以外,主要是由国家司法机关通过司法程序解决行政争议。因此,对于行政诉讼应作狭义理解。

行政诉讼法,是指由国家制定的调整人民法院、当事人和其他诉讼参与人在行政诉讼中的活动所形成的各种诉讼关系的法律规范的总称。行政诉讼法是程序法,是人民法院审理行政案件时,必须遵循的原则、制度和程序,也是当事人进行诉讼活动时必须遵循的行为准则。行政诉讼法和行政诉讼是既有联系又有区别的两个概念。其联系是行政诉讼是制定行政诉讼法的基础,行政诉讼法又是人民法院审理行政案件,当事人进行行政诉讼的行为规范。两者的区别是,行政诉讼是行政诉讼法调整的对象,行政诉讼本身不具有法律属性,行政诉讼法才具有法律属性。

行政诉讼法也有广义和狭义两种理解。广义的行政诉讼法既包括由全国人

民代表大会通过的行政诉讼法典,又包括宪法、民事诉讼法以及其他行政法律、法规中有关行政诉讼的原则、制度和一些具体规定。狭义的行政诉讼法,仅指行政诉讼法典。本章重点讲述狭义的行政诉讼法。

1989 年 4 月 4 日第七届全国人民代表大会第二次会议,正式通过了《中华人民共和国行政诉讼法》(简称为《行政诉讼法》)。《行政诉讼法》共分 11 章 75 条。它规定了我国行政诉讼法的任务、基本原则和制度、受案范围、管辖、诉讼参加人、证据、起诉和受理、审理、判决和执行程序、侵权赔偿责任、涉外行政诉讼程序、附则。《行政诉讼法》的颁布,使我国行政诉讼法律制度进入了一个新的历史时期。

二、行政诉讼法的任务

我国行政诉讼法的任务,根据《行政诉讼法》第 1 条的规定有以下几点:

(一) 保证人民法院正确、及时审理行政案件

首先,要求人民法院在查明案件事实的基础上,正确适用法律,即正确适用实体法和适用程序法,只有这样才能作出正确的裁判。其次,及时审理行政案件,就是要求人民法院在行政诉讼的各个阶段,都要依照行政诉讼法规定的期间审理案件,以避免行政案件久拖不决。

(二) 保护公民、法人和其他组织的合法权益

国家行政机关行使行政权的范围具有广泛性和强制性的特点。其广泛性是指涉及公民、法人和其他组织的政治生活、经济生活和社会生活的各方面。其强制性,是指行政机关可以运用行政处罚、行政强制措施等手段行使其行政权,促使公民、法人和其他组织遵守法律,履行其应尽的义务。行政权的这两个特点,对于维护社会安定,保障政治、经济体制改革,加强社会主义建设,保护全体公民、法人和其他组织的合法权益是十分必要的。行政诉讼法的任务就在于保证行政机关正确行使行政权,以达到保护公民、法人或其他组织的合法权益的目的。

(三) 维护和监督行政机关依法行使行政职权

行政机关掌握着国家的行政管理权,行政权力运用的得当与否,直接关系到国家机器能否正常运转,能否造福社会和人民。要使国家行政机关权力运用得当,必须加强监督。行政诉讼是通过对行政行为有利害关系的人向人民法院提起诉讼,由人民法院进行公开审理实现对行政机关的监督。由于人民法院审理行政案件是依法公开审理,它对国家行政机关的监督具有公开、公正等特点,构成对国家行政机关实行监督的重要组成部分。因此维护和监督行政机关依法行使职权,就是行政诉讼法的一项重要任务。

三、我国行政诉讼法的特有原则

我国行政诉讼法特有的原则有以下几点：

（一）合法性审查原则

《行政诉讼法》第5条规定："人民法院审理行政案件，对具体行政行为是否合法进行审查。"根据该条规定，合法性审查原则，是指人民法院审理行政案件只对具体行政行为是否合法进行审查。至于行政机关在法律、法规范围内所实行的行政行为是否适当、合理，法院一般不予评判。具体行政行为的合法性包括审查具体行政行为的主体、客体、内容、程序以及目的、手段是否合法。可见确定行政行为是否合法属于审判权的范围，确定行政行为是否适当和合理，属于行政权的范围。行政机关不能代替人民法院对行政行为的合法性作出终局评价，侵越司法权，人民法院也不能代替行政机关对如何实行行政行为才适当作出评价，侵越行政权。

（二）行政诉讼期间不停止执行原则

《行政诉讼法》第44条第1款规定："诉讼期间，不停止具体行政行为的执行。"根据该条规定，不停止具体行政行为的执行，是指在行政诉讼中，当事人争议的具体行政行为不因原告提起诉讼而停止执行。如公安机关对违反《治安管理处罚条例》的人进行拘留，被拘留者不服提起诉讼，在提起诉讼过程中，仍然继续执行行政处罚。这一原则的确立，是为维护国家行政机关依法行使职权，保持国家行政管理活动正常进行的需要。

但是，《行政诉讼法》也规定了例外情况，具体说有以下三种：(1) 被告认为需要停止执行的；(2) 原告申请停止执行，人民法院认为该具体行政行为的执行会造成难以弥补的损失，并且停止执行不损害社会公共利益，裁定停止执行的；(3) 法律、法规规定停止执行的。例如，《治安管理处罚条例》第40条第2款规定，被裁决拘留的人或者他的家属能够找到担保人或者按照规定交纳保证金的，在申诉和诉讼期间，原裁决暂缓执行。

（三）不适用调解和反诉原则

《行政诉讼法》第50条规定："人民法院审理行政案件，不适用调解。"这是行政诉讼不同于民事诉讼的一个重要原则。因为行政机关的具体行政行为是一种执法行为。行政案件所反映的法律关系是纵向的管理与被管理的关系，而不是平等主体之间的民事关系。原告对行政机关的行政处理决定不服，起诉于法院后，人民法院要对行政处理决定的合法性进行审查，对合法性的审查，只能依据事实和法律。凡是合法的具体行政行为就判决维持，违法的具体行政行为则予以撤销，不能以争议的双方达成谅解，相互让步，用调解的形式结案。但是依据《行政诉讼法》第67条的规定，"赔偿诉讼可以适用调解"，即公民、法人或其他组织单独就行政损害赔偿问题提起诉讼,人民法院可以对赔偿的数额进行调解,以利于迅速结案。

行政诉讼不适用反诉,因行政机关拥有行政管理的强制权力,它可以依其职权处罚违法者,不需要借助法院的强制力制裁违法者。同时,行政机关的行政行为不是任意作出的,而是严格依法行政,行政机关不能因原告向人民法院提起诉讼,便进行反诉,要求法院处罚原告。

(四)行政损害赔偿责任原则

《行政诉讼法》第 67 条规定:"公民、法人或者其他组织的合法权益受到行政机关或者行政机关工作人员作出的具体行政行为侵犯造成损害的,有权请求赔偿。"该条的规定是依据我国《宪法》第 41 条,"由于国家机关和国家工作人员侵犯公民权利而受到损失的人,有依照法律规定取得赔偿的权利"。赔偿责任的承担问题,《行政诉讼法》第 68 条规定:"行政机关或者行政机关工作人员作出的具体行政行为侵犯公民、法人或者其他组织的合法权益造成损害的,由该行政机关或者该行政机关工作人员所在的行政机关负责赔偿。行政机关赔偿损失后,应当责令有故意或者重大过失的行政机关工作人员承担部分或者全部赔偿费用。"

1994 年 5 月 12 日第八届全国人大常委会第七次会议通过了《中华人民共和国国家赔偿法》,该法对行政损害赔偿的范围、赔偿请求人、赔偿义务机关和赔偿程序作了具体规定。它对进一步保障公民的合法权益,制约和控制国家行政权力,对促进国家民主和法制的完善具有重要作用。

第二节 行政诉讼的受案范围

一、行政诉讼受案范围的概念

行政诉讼受案范围,又称人民法院受理行政诉讼案件的范围,是指人民法院对行政机关的哪些行政行为有审判权。换言之,行政诉讼受案范围对行政管理相对人而言是指对哪些行政行为不服向法院提起诉讼,请求法院保护其合法权益和提供救济的范围;对行政机关来说,行政诉讼受案范围就是接受相对人通过诉讼途径,接受司法机关的监督的范围。《最高人民法院关于执行〈中华人民共和国行政诉讼法〉若干问题的解释》(以下简称《行政诉讼法的解释》)对受案范围作了进一步说明,即公民、法人或其他组织对具有国家行政职权的机关和组织及其工作人员的行政行为不服,依法提起诉讼的,属于人民法院行政诉讼的受案范围。

确立行政诉讼的受案范围,对于划分人民法院与其他国家机关之间权限,解决行政争议,防止职权不明,相互推诿,促使行政机关依法行政,保障人民的诉讼权利得到及时的行使,都具有重要意义。

二、行政诉讼受案的具体范围

《行政诉讼法》第2、11、12条规定了行政诉讼受案范围的基本标准、具体受案范围和行政诉讼的排除行为,现分述如下。

(一) 行政诉讼受案基本标准

《行政诉讼法》第2条确定了受案的基本标准,这就是:(1) 作为受案范围的行政行为必须是具体的行政行为;(2) 作为受案范围的行政行为,必须是行政诉讼法规定的可向法院起诉的具体行政行为;(3) 相对人认为具体行政行为侵犯了其合法权益。

作为行政诉讼受案范围的行政行为必须符合上述三个标准,否则就不能作为行政诉讼案件被起诉,即不能列为行政诉讼的受案范围。

(二) 行政诉讼的具体受案范围

《行政诉讼法》第11条列举了八项具体行政行为,对这八项具体行政行为当事人若不服提起诉讼,人民法院应予受理。

(1) 不服行政处罚决定的案件

行政处罚,是指国家行政机关依法对违反行政管理法律、法规的公民、法人或其他组织给予的行政制裁。它是行政管理活动中,处理违反行政管理法律规范的重要手段。不服行政处罚决定的案件,是人民法院受理行政案件的范围。行政处罚的种类很多,主要有:拘留、罚款、吊销许可证和执照、责令停产停业、没收财物。此外,还有警告、责令退还非法占用的土地、责令停止开垦、恢复植被、责令追回已售出的禁止生产经营的产品、销毁禁止生产经营的食品等多种形式的行政处罚。

(2) 不服行政强制措施决定的案件

行政强制措施,是指行政机关及其工作人员在行政管理活动中,对公民、法人和其他组织采取强制手段,限制其应享的某项权利或者迫使其履行某项义务。行政强制措施分两种:一是限制人身自由的行政强制措施,有劳动教养和收容审查等。二是限制行使财产权的强制措施,有查封、扣押、冻结财产和强行划拨银行存款等。

(3) 认为行政机关侵犯法律规定的经营自主权的案件

经营自主权,是指企业、经济组织或公民在遵守法律规定和国家计划的基础上,拥有自行调配和使用自己的人力、物力、财力和组织生产经营的权利。经营自主权具体包括:国有企业、集体企业、私营企业、个体工商户、中外合资经营企业、中外合作经营企业、外资企业等经营自主权。侵犯经营自主权的内容是十分广泛的,如以行政命令任意调拨企业使用的机器、否决企业依法制定的分配方案、以行政命令强令专业户承包某项专业任务,或者以行政命令撕毁与专业户所签订的合同。

(4) 不履行行政机关应履行的职责的案件

行政机关及其工作人员依法履行其职责是其行政行为的重要表现,如符合法定条件的公民、法人和其他组织请求颁发许可证和执照,行政机关应依法核发。若拒绝颁发或者不予答复,是属于不履行其职责的违法行政行为。

(5) 申请行政机关履行保护人身权、财产权的法定职责,行政机关拒绝履行和不予答复的案件

(6) 认为行政机关没有依法发放抚恤金的案件

行政机关和其工作人员对上述应履行而不履行、应予答复而不答复的消极行为,实际上是一种渎职行为。这类案件也属于人民法院受理的行政案件的范围。

(7) 认为行政机关违法要求履行义务的案件

行政机关违法要求履行义务,是指行政机关要求相对人负担法律、法规没有规定的义务,如非法要求纳税、摊派、滥收费用等等。实质上是对他们合法权益的侵犯。允许公民、法人和其他组织对行政机关的这类行政行为向人民法院提起诉讼,对制止行政机关的违法行政有着重要意义。

(8) 认为行政机关侵犯其他人身权、财产权的案件

人身权,包括生命健康权、姓名权、肖像权、荣誉权、婚姻自由权等。其他财产权主要是指土地所有权、土地使用权、专利权、商标权、版权等。凡行政机关侵犯上述其他人身权和财产权的应向人民法院提起诉讼。

除此以外,《行政诉讼法》第 11 条还规定:"除前款规定外,人民法院受理法律、法规规定可以提起诉讼的其他行政案件。"这一规定充分体现了行政诉讼受案范围的原则性和适应性。所谓原则性是指行政诉讼的受案范围必须严格依据法律的规定。所谓适应性,是随着我国法律、法规的不断制定和完备,如果新颁布的法律、法规规定人民法院应受理的行政案件,法院不应拒绝。

三、行政诉讼的排除范围

行政诉讼的排除范围,也称否定性范围,是指哪些行政行为的行政案件,人民法院不予受理。根据我国《行政诉讼法》第 12 条的规定,下列四类案件,人民法院不受理。

(一) 国家行为

国家行为,是指涉及重大国家利益,具有极强的政治性的行为。根据《行政诉讼法》第 12 条的规定主要有两大类:一是国防方面的国家行为,如有关征兵、

军费、军需、军事设施和建设等；二是有关外交方面的国家行为，如国家的对外政策、外事活动的决定、决议、命令等行为。从上述两类国家行为来看，都是有关国家主权、安全以及在世界上的地位等重大问题。行政机关所为的国家行为都是经过国家权力机关特别授权的，法院无权审查行政机关的这类行为。

（二）抽象行政行为

国家行政机关的抽象行为，主要是指行政机关所制定的行政法规、规章或者行政机关制定、发布的具有普遍约束力的决定、命令。根据我国宪法规定，国务院制定的同宪法、法律相抵触的行政法规以及具有普遍约束力的决定和命令，只有全国人民代表大会常务委员会有权撤销，地方各级人民政府及其部门制定的同宪法、法律、法规相抵触的规章和具有普遍约束力的决定、决议、命令、通告等，上级行政机关或者同级人民代表大会常务委员会或上级人民代表大会常务委员会有权撤销。我国宪法和法律没有赋予法院撤销或者改变抽象行政行为的司法审查权，因此，人民法院不予受理此类案件。

（三）内部行政行为

内部行政行为，是指行政机关管理内部事务的行政行为，主要是行政机关对行政机关工作人员的奖惩、任免等决定。根据我国法律的有关规定，法院对行政机关的内部行为不应干预过问。行政机关工作人员如对行政机关作出的决定不服，可依法向上级行政机关或人事监察机关提出申诉。

（四）终局行政行为

终局行政行为，是指法律规定由行政机关最终裁决的具体行政行为。终局裁决的具体行政行为有两类：一类是当事人对行政机关的行政处理决定不服，可以向上一级机关申请复议，复议决定为终局裁决，如《公民出境入境管理法》第15条和《外国人入境出境管理法》第29条第2款都是属于这类规定；另一类是当事人不服行政机关的行政处理决定只能申请复议，如《商标法》第32条的规定。商标局依法作出终局裁定是行政机关的终局裁决，若当事人对此不服，向人民法院提起诉讼，人民法院不予受理。但是，行政法规或者规章规定行政机关对某些行政行为可以作“最终裁决”的，若当事人不服，依法向人民法院提起诉讼的，人民法院应予以受理。

《行政诉讼法的解释》第1条对行政诉讼排除的范围，作了进一步解释。对下列行为不服提起诉讼的不属于人民法院行政诉讼管理范围：(1) 行政诉讼法第12条规定的行为；(2) 公安、国家安全等机关依照刑事诉讼法的明确授权实施的行为；(3) 调解行为以及法律规定的仲裁行为；(4) 不具有强制力的行政指导行为；(5) 驳回当事人对行政行为提起申诉的重复处理行为；(6) 对公民、法人或者其他组织权利义务不产生实际影响的行为。

第三节 行政诉讼管辖

一、行政诉讼管辖的概念和意义

行政诉讼管辖,是指各级人民法院及同级人民法院之间受理第一审行政案件的分工和权限,即公民、法人或其他组织认为行政机关的具体行政行为侵犯其合法权益时,应向哪个法院起诉,由哪个法院受理,请求法院给予司法保护。

行政诉讼法确定人民法院管辖权的原则:一是便于公民、法人或者其他组织提起诉讼,也便于行政机关应诉。二是便于人民法院之间分工和均衡各级各地人民法院的审判工作任务,便于有管辖权的人民法院及时处理行政争议。三是便于接受广大人民群众和权力机关的监督,作出公正的裁决。

二、行政诉讼管辖的划分

依据我国《行政诉讼法》的规定,行政诉讼管辖可分为:级别管辖、地域管辖和裁定管辖。

(一) 级别管辖

级别管辖,是指按照人民法院组织系统内,划分和确定各级人民法院受理第一审行政案件的分工和权限。专门人民法院、人民法庭不审理行政案件。

我国《行政诉讼法》第 13 条规定:"基层人民法院管辖第一审行政案件。"该条规定说明除法律规定上级人民法院管辖的第一审行政案件外,一般的行政案件都由基层人民法院管辖。

根据《行政诉讼法》第 14 条规定的由中级人民法院管辖的第一审行政案件,具体有以下三类:一是确认发明专利权的案件和海关处理的案件;二是对国务院各部门或者省、自治区、直辖市人民政府所作的具体行政行为提起诉讼的案件;三是本辖区内重大、复杂的案件。哪些是属于本辖区内的重大、复杂的案件,行政诉讼法未作具体规定,而在《行政诉讼法的解释》第 8 条作了说明:(1) 被告为县级以上人民政府,且基层人民法院不适宜审理的案件;(2) 社会影响重大的共同诉讼、集团诉讼案件;(3) 重大涉外或者涉及香港特别行政区、澳门特别行政区、台湾地区的案件;(4) 其他重大、复杂案件。

根据《行政诉讼法》第 15 条规定:"高级人民法院管辖本辖区内重大、复杂的第一审行政案件。"高级人民法院属于上诉审人民法院,它主要的任务有两项,一是对本辖区内的中级人民法院和基层人民法院的审判工作进行监督和指导;二是审理不服中级人民法院的判决和裁定提起上诉的案件。

根据《行政诉讼法》第 16 条规定:"最高人民法院管辖全国范围内重大、复杂的第一审行政案件。”最高人民法院是国家的最高审判机关，对全国和涉外有重大影响的案件为一审行政管辖。依照法律规定，由最高人民法院作为第一审管辖的行政案件是一审终审，所作的判决、裁定是终审裁决，送达当事人后即发生法律效力。

（二）地域管辖

地域管辖，是指确定同级人民法院之间，在各自辖区内受理第一审行政案件的职权分工。

行政诉讼地域管辖可分为一般地域管辖和特殊地域管辖。

1. 一般地域管辖

一般地域管辖，是指由最初作出具体行政行为的行政机关所在地人民法院管辖，即由被告所在地人民法院管辖。

《行政诉讼法》第 17 条规定：“行政案件由最初作出具体行政行为的行政机关所在地人民法院管辖。经复议的案件，复议机关改变原具体行政行为的，也可以由复议机关所在地人民法院管辖。”这是对一般地域管辖所作出的原则性规定。经复议的案件，如果复议机关维持原具体行政行为，作出原具体行政行为的行政机关仍是被告，应由最初作出具体行政行为的行政机关所在地人民法院管辖。若复议机关改变原具体行政行为的，复议机关就是被告，可以由复议机关所在地人民法院进行管辖。对此原告有充分选择人民法院审理该案的权利。

《行政诉讼法》对一般地域管辖作这样规定，一是便于双方当事人进行诉讼，可以节省人力、物力和财力。二是便于人民法院调取证据，了解案情，正确及时地进行审理，有利于判决的执行。

2. 特殊地域管辖

特殊地域管辖，是指根据特殊行政法律关系或特殊行政法律关系所指向的对象，来确定管辖的法院。《行政诉讼法》第 18、19 条对此作了具体规定。

根据《行政诉讼法》对特殊地域管辖的规定有以下两种情况：一是对限制人身自由的行政强制措施不服提起的诉讼，由被告所在地或原告所在地人民法院管辖。原告所在地包括原告的户籍所在地、经常居住地和被限制人身自由地。如对劳教和收容审查不服，提起诉讼，原告可以选择被告所在地的人民法院起诉，也可以向自己所在地的人民法院起诉。这一规定主要体现便于原告进行诉讼的原则，使公民的人身自由权及时得到司法救济。二是因不动产提起的行政诉讼，由不动产所在地人民法院管辖。所谓不动产是指不能移动或者移动后就失去了其使用价值的物，如土地、山岭、草原、滩涂、水塘以及附着物，对不动产的所有权和使用权引起的行政争议，只能由不动产所在地的人民法院管辖，其他人民法院无管辖权，当事人亦无选择的余地。这样规定，便于人民法院进行调查、勘验，同时也便于判决、裁定的执行。

（三）裁定管辖

行政诉讼的裁定管辖，是指人民法院遇到某些特殊情况，依照行政诉讼法的有关规定，进行自由裁定由那个法院管辖。裁定管辖可分为移送管辖、指定管辖和管辖权的转移。

1. 移送管辖

行政诉讼的移送管辖，是指人民法院对已受理的案件，经审查认为该案不属于本院管辖，或者虽属于自己管辖，但由于种种原因不能行使管辖权时，将该案送有管辖权或者能行使管辖权的人民法院审理。

根据《行政诉讼法》第 21 条规定，移送管辖必须是移送法院已受理的案件，而自身对该案件又没有管辖权，接受移送的人民法院对该案件确有管辖权。否则人民法院不能作出移送裁定。

移送裁定对接受移送的人民法院具有约束力，即接受移送的人民法院不能退回移送人民法院，也不能自行转送其他人民法院，如果移送有错误或者审理有困难的，应说明理由，报请上级人民法院指定管辖。行政诉讼法规定了同级人民法院之间的移送管辖，其目的是便于当事人诉讼，便于人民法院审判。

2. 指定管辖

行政诉讼指定管辖，是指上级人民法院以裁定的方式，指定某一下级人民法院管辖某一案件。

根据《行政诉讼法》第 22 条规定有下列两种情形之一的，由上级人民法院指定管辖的法院：一是有管辖权的人民法院由于特殊原因不能行使管辖权时，需要报请上级人民法院指定管辖。所谓特殊原因，有法律的原因和事实上的原因。二是人民法院对管辖权发生争议，协商不成的，主要是指原告向两个有管辖权的人民法院同时提起诉讼，该两法院互相推诿，或互相争夺管辖权，又相持不下，不能协商解决的。另外还有是因行政区域变动期间发生的案件，造成几个法院都有管辖权，或几个法院都没有管辖权。若这两种情况同属一个地区的，市辖区的两个基层人民法院发生争议，应由该地、市的中级人民法院指定管辖；同属一个省、自治区、直辖市的两个人民法院发生争议的，如果双方协商不成由该省、自治区、直辖市高级人民法院指定管辖；跨省、自治区、直辖市的两个人民法院发生争议的，应上报各自的省、自治区、直辖市的高级人民法院，由两个高级人民法院协商解决，经过协商解决不了，报请最高人民法院指定管辖。

行政诉讼法对指定管辖的规定，主要是为避免在一些特殊情况下拖延对案件的审理，以减少当事人的诉讼之累，及时稳定行政法律关系，使当事人的合法权益得到更好的保护。

3. 管辖权的转移

行政诉讼管辖权的转移，是指上级人民法院决定或者同意，把有管辖权的案件,由下级人民法院移交给上级人民法院,或者由上级人民法院移交给下级人民法院审理。

根据《行政诉讼法》第23条规定,管辖权的转移有两种情况:一是上级人民法院有权审判下级人民法院管辖的第一审行政案件,也可以将自己管辖的第一审行政案件移交给下级人民法院审判;二是下级人民法院对其管辖的第一审行政案件,认为案情重大、复杂、专业技术性强、干扰严重,进行审理确有困难,需要由上级人民法院审判的,可以报请上级人民法院决定。

行政诉讼法规定管辖权的转移,主要是因行政案件情况复杂,各地区的情况又不完全相同,仅有法定管辖和指定管辖往往不能适应复杂情况的需要。根据管辖权可以转移的规定,可以使受诉的人民法院更好地行使审判权。

对上述管辖如当事人提出管辖异议,应当在接到人民法院通知之日起10日内以书面形式提出。对当事人提出的管辖异议,人民法院应当进行审查。异议成立的,裁定将案件移送有管辖权的人民法院,异议不成立的裁定驳回。

第四节　行政诉讼参加人

行政诉讼参加人包括行政诉讼当事人和行政诉讼代理人。

行政诉讼当事人是因发生行政纠纷,以自己名义进行诉讼,并受人民法院裁判约束的人,包括行政诉讼的原告、被告、共同诉讼人和诉讼中的第三人。

行政诉讼代理人,包括委托代理人、法定代理人和指定代理人。

一、行政诉讼当事人

(一) 原告

行政诉讼的原告,是指认为行政机关和行政机关的工作人员的具体行政行为侵犯其合法权益,依照行政诉讼法的规定,以自己的名义向法院起诉的公民、法人和其他组织。

行政诉讼的原告所具有的特征是:(1) 必须是自己的合法权益受到行政机关或者行政机关的工作人员的侵犯;(2) 必须以自己名义提起诉讼;(3) 必须受人民法院裁判的约束。

公民是指具有中华人民共和国国籍的自然人。外国人、无国籍人虽然不具有中国国籍,但在中华人民共和国领域内进行行政诉讼,也适用我国行政诉讼法中有关公民作为原告的规定,并享有同中华人民共和国公民同等的诉讼权利和义务。

我国《行政诉讼法》第24条第2款规定,有权提起诉讼的公民死亡,其近亲属可以提起诉讼。近亲属是指夫、妻、父、母、子、女、兄弟姊妹、祖父母、外祖父母、孙子女、外孙子女。该条立法的意义,一是为了切实保护公民的合法权益,尤其是对已死亡者近亲属的合法权益的保护。二是为了对违法的具体行政行为实行监督,若因受损害的公民死亡就不予追究侵犯公民合法权益的行政机关和其行政工作人员,其违法的具体行政行为便得不到纠正,其应负的责任也就得不到追究,这必然会产生不良后果。

近亲属对某一行政机关的行政行为提起诉讼时,是以自己的名义起诉,其法律地位等同于原告,受人民法院判决、裁定的约束,胜诉后可以享受其应享受的权利,败诉后应当履行其应履行的义务。

法人包括两类,一类是企业法人,另一类是机关、事业单位和社会团体法人。法人作为行政诉讼的原告,应由其法人代表作为法定代表人参加诉讼。如果有权提起诉讼的法人或其他组织已终止,承受其权利的法人或者其他组织可以提起诉讼。

《行政诉讼法》还规定公民、法人以外的其他组织可以作为原告。这是指不具备法人条件,没有取得法人资格的社会组织或经济组织。这种组织虽不具备法人条件,但它是经过主管部门认可,准许其进行某种业务活动而成立的,如合伙企业、联营企业,以及经一定主管机关认可、处于筹备阶段的企业、事业单位和群众性团体,还有外国在我国设立的、经营一定业务或从事一定社会活动,但未取得法人资格的组织,例如,外国某公司的商务代办处。《行政诉讼法的解释》第 14 至 18 条对合伙企业、联营企业、中外合资或者合作企业的联营,非国有企业被行政机关注销、撤销、合并的股份制企业的股东大会、股东代表大会、董事会等不具备法人资格,但作为原告提起诉讼,均作了详尽规定。

上述组织在我国实际生活中从事着各种民事和经济活动,接受有关行政机关的管理和监督,如果发生争议,赋予其以原告的资格向人民法院起诉,对于保护他们的合法权益,简化诉讼程序,解决纠纷有积极意义。

(二)被告

行政诉讼的被告,是指被公民、法人或其他组织起诉,指控侵犯其行政上的合法权益,而由人民法院通知其应诉的行政机关。行政诉讼中的行政机关始终是被告,这是行政诉讼的一个重要的特点。

根据《行政诉讼法》第 25 条规定,行政诉讼被告的特征是:

(1)被告必须是作出具体行政行为的行使国家行政管理权的行政机关、行政机关的工作人员。

(2)必须以行政机关的名义应诉。作为当事人一方的被告,必须以行政机关名义进行诉讼,行政机关的负责人出庭应诉,也不是以个人名义应诉的,而是以机关的名义进行诉讼的。

(3)受人民法院裁判的约束。行政机关作为被告,同样要受人民法院裁判的约束，不履行具有法律效力的裁判，人民法院可以采取强制措施。

依据《行政诉讼法》第25条规定，作为行政诉讼的被告还有以下几种情况：

(1) 公民、法人或者其他组织在提起诉讼前先经复议的，若复议机关经复议后，决定维持原具体行政行为的，作出具体行政行为的机关是被告，复议机关若改变原具体行政行为，复议机关是被告。复议机关在法定期限内不作复议决定的，当事人对原具体行政行为不服提起诉讼的，应当以作出原具体行政行为的行政机关为被告；当事人对复议机关不作为不服提起诉讼的，应当以复议机关为被告。

(2) 两个以上行政机关作出同一具体行政行为的，共同作出具体行政行为的行政机关是共同被告。如工商、税务等行政部门共同签署作出的行政行为，工商局和税务局就是共同被告。

(3) 由法律、法规授权的组织所作的具体行政行为，该组织是被告。如卫生防疫站和食品卫生监督检验所，依照食品卫生法授权规定，对违犯食品卫生法的行为进行行政处罚，一旦发生行政诉讼时作出处罚决定的卫生防疫站或者食品卫生监督检验所，就是被告。

(4) 由行政机关委托的组织所作的具体行政行为，委托的行政机关是被告。如村民委员会受乡政府委托实施的行政行为，如果发生行政诉讼，被告是乡政府。因为村民委员会进行这些活动是以乡政府名义进行的，其后果应由乡政府承担。

(5) 行政机关被撤销的，继续行使其职权的行政机关是被告。如果没有继续行使职权的机关，应由作出撤销决定的行政机关或其指定的行政机关作为被告。

如果原告所起诉的被告不适格，人民法院应当告诉原告变更被告，如原告不同意变更，人民法院可以裁定驳回起诉。根据案件情况应当追加被告的，如原告不同意追加的，人民法院应当通知其以第三人的身份参加诉讼。

(三) 共同诉讼人

行政诉讼的共同诉讼人，是指共同诉讼案件的当事人。在共同诉讼中，原告为两个以上的公民、法人或其他组织的，称为共同原告。被告是两个以上的行政机关的，称为共同被告。

依据《行政诉讼法》第26条规定，根据共同诉讼成立的不同条件，可将共同诉讼分为必要的共同诉讼和普通的共同诉讼。

1. 必要的共同诉讼

必要的共同诉讼是指当事人一方或双方为二人以上，其诉讼标的是同一的，法院必须进行合并审理。例如：甲、乙、丙三人合伙经营服装业，工商行政管理机关，经过对服装的检查，认为其生产的服装都不合要求，是劣等产品，并没收了其全部服装,三人均不服,以共同原告提起诉讼。又如某一个体摊贩,因经营的食品,不符合食品卫生法的规定,食品卫生监督机构,经人民政府批准,吊销了其卫生许可证,并进行罚款。对卫生监督部门和同级人民政府共同作出的这一行政行为,若该摊贩不服,向人民法院提起诉讼,卫生监督部门和同级人民政府即是该案的共同被告。共同原告和共同被告有共同的诉讼权利和义务,在法院合并审理时,一人的诉讼行为,往往能得到其中的另一人的承认,故对另一人也发生法律效力。如果行政机关的同一具体行政行为涉及两个以上的利害关系人,其中只有一部分提出诉讼,对另一部分没有起诉的利害关系人,法院应通知其作为第三人参加诉讼。第三人有权提出与本案有关的主张,对判决不服,有权提起上诉。

2. 普通的共同诉讼

普通的共同诉讼,是指当事人一方或双方为二人以上,因同样的具体行政行为发生的行政案件,人民法院认为可以合并审理的诉讼案件。

普通共同诉讼与必要的共同诉讼的区别在于:一是普通共同诉讼,并不必然导致共同诉讼。必要共同诉讼则必然导致共同诉讼;二是普通共同诉讼法院认为可以合并审理,才产生共同诉讼,认为不需要合并审理就不发生共同诉讼。必要共同诉讼法院必须共同审理;三是普通共同诉讼,每个诉讼人的诉讼行为,权利和义务都是各自独立的,对其他诉讼人不发生法律效力,必要共同诉讼一般是共同诉讼人对权利的享有和对义务的负担有不可分割的必然联系。

共同诉讼的目的,是为了简化诉讼程序,节省诉讼时间和费用,避免人民法院对同一类案件作出相互矛盾的判决。它既便利人民群众进行诉讼,又减轻人民法院的负担。

(四) 诉讼中的第三人

行政诉讼中的第三人,是指因行政案件的处理结果,与其有法律上的利害关系,而申请参加或由人民法院通知其参加到正在进行的行政诉讼程序中的公民、法人或其他组织。

根据《行政诉讼法》第 27 条规定,行政诉讼的第三人具有三个基本特征:

(1) 行政诉讼的第三人是原、被告之外的公民、法人或者其他组织。第三人既不是提起诉讼的人,也不是被诉的人,或者说他既不是行政诉讼中的原告,也不是被告,而是在原告起诉之后,根据申请人的申请或者由人民法院通知,参加到已经开始的诉讼中去的人。

(2) 行政诉讼的第三人是同提起诉讼的具体行政行为有利害关系的人。所谓有利害关系,是指与被诉的具体行政行为有法律上的权利和义务关系,包括有直接利害关系和间接利害关系。例如有关专利权的确认案件,经专利局确认专利权为甲所有,乙不服提起诉讼,要求法院撤销专利局的确权决定,这时,甲就面临可能失去专利权的危险,甲可以作为第三人参加诉讼,此时甲是属于直接利害关系的第三人。又如越权许可的行政机关,是属于间接的法律上的利害关系的第三人,因它与被诉的行政行为有间接的法律上的利害关系。

(3) 行政诉讼第三人的存在是以他有行政法上的权利义务为前提。如果他与被诉的具体行政行为没有行政法上的利害关系,也就不能作为行政诉讼的第三人。例如,甲经政府批准建房3间,建房款是向乙借的2万元,但是政府认为甲建房是违法占用耕地,乡政府是越权审批无效,决定没收该栋房屋。甲即向法院起诉县政府的决定,乡政府可以作为第三人参加,因乡政府与被诉方具体行政行为有法律上的利害关系,而该案中的乙不能作为第三人参加本案诉讼,因甲与乙是民事借贷关系,与被诉的具体行政行为没有行政法上的权利义务关系。

第三人参加诉讼的方式有两种:第一种方式是第三人自己申请,经人民法院同意。第二种方式是由人民法院通知第三人参加诉讼。人民法院对某一行政案件审查后,认为需要第三人参加诉讼的,应以书面形式通知其参加诉讼。

在行政诉讼中确立第三人参加诉讼的制度,其意义在于,可以实现诉的合并,简化诉讼程序,有助于人民法院查明事实,保证案件审判质量,提高办案效率。

二、行政诉讼代理人

行政诉讼代理人,是指在行政诉讼活动中,以被代理人的名义,在被代理人的授权范围内,为被代理人进行诉讼活动的人。

行政诉讼代理人的特征与民事诉讼代理人相同,可参见本书第十章第五节二的有关内容。

根据行政诉讼法规定,行政诉讼代理人分为法定代理人、指定代理人和委托代理人。

(一) 法定代理人

法定代理人,是指根据法律规定,行使代理权的人。《行政诉讼法》第28条规定:"没有诉讼行为能力的公民,由其法定代理人代为诉讼。"没有诉讼行为能力的公民是指未成年人、精神病人。当他们的合法权益受到行政行为侵犯时,不能以自己的行为实现其诉讼权利时,应由其法定代理人代其进行诉讼。法定代理人的代理权是基于亲权和监护权而产生的,它既是一种权利,也是一种义务。

当被代理的未成年人已成年、精神病人精神已正常时,即可结束代理,法定代理人的代理权消失。

(二) 指定代理人

指定代理人,是指由人民法院指定代理人为无诉讼行为能力的公民进行诉讼活动的人。根据《行政诉讼法》的规定,指定代理人的产生有两种情况:一是公民无诉讼行为能力,也无法定代理人代为诉讼,而诉讼不能中止的;二是法定代理人之间互相推诿代理责任,而诉讼又不得不进行的。指定代理人依法行使当事人的诉讼权利,承担诉讼义务。

当案件审理终结,或诉讼中被代理人有了诉讼行为能力,或法定代理人可以行使代理权时,指定代理权即告消灭。

(三)委托代理人

委托代理人,是指受当事人、法定代理人的委托,代其进行诉讼行为的人。

根据《行政诉讼法》第29条规定,当事人、法定代理人,可以委托一至二人代为诉讼。委托代理人的范围有:律师、社会团体、提起诉讼的公民的近亲属或者所在单位推荐的人,以及经人民法院许可可以接受委托诉讼的其他公民。

委托代理人代理权的发生,是基于当事人和法定代理人的意思表示,其代理事项和代理权限一般由当事人决定。委托代理人进行代理时,当事人必须向受诉的人民法院递交由委托人签名或盖章的授权委托书。委托书应当载明委托事项和具体权限,公民如无法以书面委托的,也可以口头委托,对口头委托的,人民法院应核实并记录在卷。当事人解除或者变更委托应以书面报告人民法院,由人民法院通知其他当事人。

当诉讼终结、当事人因故解除委托、被委托人辞却委托、被委托人丧失代理能力或死亡等情况发生,委托代理人的代理权即消灭。

第五节 行政诉讼证据

一、行政诉讼证据的概念和种类

(一)行政诉讼证据的概念

行政诉讼证据,是指用来证明案件事实的一切材料和手段。行政诉讼证据的特点,同民事诉讼证据的特点是相同的。它也具有客观性、相关性和合法性。它也是处理一切行政案件的前提和立足点。因此,人民法院在处理行政案件时,必须要掌握充分的证据,才能正确地处理行政纠纷。

(二)行政诉讼证据的种类

根据《行政诉讼法》第31条规定,行政诉讼的证据主要有以下七种:书证、物证、视听材料、证人证言、当事人的陈述、鉴定结论、勘验笔录和现场笔录。行政诉讼法中规定的现场笔录,是指行政机关工作人员在现场当场实施行政处罚和其他处理决定,所作的笔录。它是行政诉讼的重要证据。对上述证据,法庭应进行审查,审查属实后,才能作为定案的材料。其他证据的含义可参见民事诉讼法的有关规定。

二、行政诉讼中的举证责任

行政诉讼中的举证责任与民事诉讼和刑事诉讼中的举证责任都不同。在刑事诉讼中,举证责任主要由控诉方承担。在民事诉讼中,举证责任由主张权利的当事人承担。

行政诉讼中的举证责任根据《行政诉讼法》第32条规定,由被告即行政机关对所作出的具体行政行为负举证责任。因为行政法律关系的产生是基于行政机关作出的某种具体行政行为,以及所依据的事实和法律、法规等文件。因此举证责任就应由作出具体行政行为的行政机关来承担,而相对方往往并不完全了解。

关于证据的调取,《行政诉讼法》第33条规定:"在诉讼过程中,被告不得自行向原告和证人收集证据。"行政诉讼法作出这一规定是为了防止其轻率、片面地作出具体行政行为和防止行政机关取证时向原告施加压力。

行政诉讼法规定由被告一方负举证责任,并非否认原告一方可以提供证据的权利。原告一方可以向人民法院提交有关证据,要求传唤证人和调取有关证据材料,以证实行政机关有违法和不当的行为。原告提供证据有以下几种:(1)证明起诉符合法定条件,但被告认为原告起诉已逾期的除外;(2)在起诉被告不作为的案件中,证明其提出申请的事实;(3)在一并提出行政赔偿诉讼中,证明因受被诉行为侵害而造成损失的事实;(4)其他应当由原告承担举证责任的事实。

人民法院也有权调取证据,主要是原告或第三人及其诉讼代理人提供了证据线索,但无法自行收集而申请人民法院调取的;再就是当事人应当提供而无法提供原件或者原物的而法院有权调取,主要有国家有关部门部门保存的材料,涉及国家机密、商业秘密、个人隐私的证据材料等。

《最高人民法院关于行政诉讼证据若干问题的规定》规定:下列证据不能作为认定被诉具体行政行为合法的根据:(1)被告及其诉讼代理人在作出具体行政行为后或者在诉讼程序中自行收集的证据。(2)被告严重违反法定程序收集的其他证据以及未经法庭质证的证据。

三、行政诉讼中的证据保全

行政诉讼中的证据保全,是指在证据有可能灭失或以后难以取得的情况下,人民法院依据当事人的申请或依其职权采取保全证据的措施。所谓证据可能灭失,如证人有可能死亡,或物品将腐烂变质等。所谓以后难以取得,如证人将要长期离开本国居留国外等。根据上述两种情况,人民法院可以采取不同的保全措施,如采取查封、扣押,对证人证言的保全,可制作笔录或者录音,对物证的保全可以制作笔录、绘图、拍照、录像或者采取防腐、防变措施保存原物，以及制作询问笔录等保全措施。

证据保全的程序，根据《行政诉讼法》的规定，由人民法院主动采取保全措施的，按照取证程序办理。由诉讼参加人申请保全的，应向人民法院提交申请书，写明保全证据的形式、内容、地点、申请保全的原因和理由。人民法院应当审查，决定是否接受申请。

第六节 行政诉讼强制措施

一、行政诉讼强制措施的概念

行政诉讼强制措施，是指人民法院在审理行政案件的过程中，为保证审判活动的正常进行和法院裁判的顺利执行，对有妨害行政诉讼秩序行为的人，依法采取的强制手段。

行政诉讼的强制措施就其本质而言，它是排除违法行政诉讼行为，维护诉讼秩序的一种强制手段，而不是实体法所规定的违法行为的法律制裁。

妨害行政诉讼行为的构成要件：一是妨害行为必须是客观存在的，并且妨害了诉讼的正常进行；二是妨害行为必须是在诉讼过程中实施的；三是妨害行为必须是故意实施的行为。

行政诉讼法规定对妨害行政诉讼行为的人可以采取强制措施，这一规定对树立人民法院审判工作的权威性，保障诉讼活动的顺利进行，保护当事人和其他诉讼参与人的合法权益以及保障人民法院生效裁定和判决的执行都有着重要意义。

二、妨害行政诉讼行为的种类和强制措施的种类

妨害行政诉讼的行为是多种多样的，行政诉讼法根据实践从总体上把妨害行政诉讼的行为分为以下几类：(1) 有义务协助执行的人，对人民法院的协助执行通知书，无故推托、拒绝或者妨碍执行的行为；(2) 以虚假事实伪造证据、隐藏和销毁证据的行为；(3) 唆使、收买、胁迫他人作伪证的行为；(4) 以威胁、恐吓等方式阻止证人作证的行为；(5) 隐藏、转移、变卖、毁损已被查封、扣押、冻结的财产行为；(6) 以暴力、威胁或者其他方法阻碍人民法院工作人员执行职务或者扰乱人民法院工作秩序的行为；(7) 对人民法院工作人员、诉讼参与人、协助执行的人进行侮辱、殴打或者打击报复的行为。

根据上述不同的妨害行政诉讼行为的可采取不同的行政诉讼强制措施，有以下四种：

（一）训诫

训诫，是指人民法院审判人员对实施了轻微妨害行政诉讼行为的人，采用口头批评和警告的方式，指出其错误和违法事实，责令其以后不得再犯的一种强制措施。

（二）责令具结悔过

责令具结悔过，是指人民法院对实施了情节轻微、危害不大的妨害行政诉讼行为的人，责令其写出悔过书，保证不再实施妨害行为的一种强制措施。

（三）罚款

罚款，是人民法院对实施妨害行政诉讼行为的人采取的一种经济制裁的手段，责令行为人按照法律规定交纳一定金额的人民币。行政诉讼法规定罚款最高限额是1000元，具体数额由人民法院根据具体的妨害行政诉讼行为情况而定。

（四）拘留

拘留，是指人民法院对实施了严重妨害行政诉讼行为的人，限制其人身自由的一种强制措施。行政诉讼法规定拘留的最长期限是15日，具体天数，由人民法院根据具体情况确定。

以上四种强制措施在适用时，训诫和责令具结悔过一般是单独适用，罚款和拘留，可以单独适用，也可以合并适用。罚款、拘留须经人民法院批准。当事人如不服可以申请复议。

诉讼参与人或者其他人的行为如构成犯罪的应承担刑事责任。

第七节　行政诉讼程序

行政诉讼程序，是指人民法院依法处理行政案件的步骤。根据行政诉讼法规定，行政诉讼程序分为起诉和受理、审理和判决及执行三个主要阶段。

一、起诉和受理

（一）起诉

1. 起诉和复议

行政诉讼的起诉，是指公民、法人或者其他组织认为行政机关的具体行政行为，侵犯其合法权益，请求人民法院行使国家审判权，保护其合法权益的行为。

根据《行政诉讼法》第37条规定，对属于人民法院受案范围的行政案件，公民、法人或者其他组织可以先向上一级行政机关或者法律、法规规定的行政机关申请复议，也可以直接向人民法院提起诉讼。

行政复议，是指公民、法人或者其他组织不服某一行政机关的具体行政行为，向原行政机关或其上一级行政机关申诉，接受申诉的行政机关对原具体行政行为进行审查,并重新裁决的活动。

行政诉讼是否先经过行政复议,我国行政诉讼法采取的是一般情况下由当事人选择的原则,即可以先向法律规定的行政机关申请复议,对其复议不服,再向人民法院提起诉讼,也可以不经过行政复议直接向人民法院提起诉讼。采取这一原则符合我国当前的实际,便于公民、法人或者其他组织行使诉讼权利。

我国《行政诉讼法》还规定,法律、法规规定应当先向行政机关申请复议,对复议不服再向人民法院提起诉讼的,依照法律、法规的规定。这一规定把行政复议作为提起诉讼的前置条件,如果未经复议直接提起诉讼的,人民法院不予受理。

2. 人民法院受理行政诉讼案件的条件

根据《行政诉讼法》第 41 条规定,当事人向人民法院提起行政诉讼必须符合以下四个条件:

(1) 原告是认为具体行政机关行政行为侵犯其合法权益的公民、法人或者其他组织。也就是说原告必须是受到行政机关行政行为侵犯的直接利害关系人。

(2) 有明确的被告。是指有明确的起诉的行政机关或者法律、法规授权实施具体行政行为的组织。

(3) 有具体的诉讼请求和事实根据。具体诉讼请求,是指原、被告相互争议的问题和原告起诉所要达到的具体目的和要求。原告对争议的具体问题,必须要有充分的事实作为根据,缺乏事实根据,法院难于审理和判决。

(4) 属于人民法院受案范围和受诉人民法院管辖。原告起诉的案件,必须符合行政诉讼法关于受案范围和有关行政诉讼管辖的具体规定,超出法律规定的受案范围和管辖的规定,法院无权受理。

3. 起诉期限

关于起诉期限,行政诉讼法作了具体规定:一是申请行政复议的,复议机关应当在收到申请书之日起两个月内作出决定。申请人不服复议决定的,可以在收到复议决定书之日起 15 日内向人民法院提起诉讼。如果复议机关过期不作决定的,申请人可以在复议期满之日起 15 日内向人民法院提起诉讼。如果单行法律、法规对行政复议期限另有规定的,应依照法律、法规的具体规定。二是公民、法人或者其他组织直接向人民法院提起诉讼的,应当在知道作出具体行政行为之日起 3 个月内提出,超过 3 个月不起诉,就丧失诉讼请求权。所谓知道,是指行政机关的具体行政行为,有书面决定的,公民收到书面决定为知道,没有书面决定的,从口头通知公民时认定为知道。但法律、法规另有规定的依其规定。

《行政诉讼法》第 40 条还规定了起诉期限的延长,当公民、法人或者其他组织因不可抗力或者其他特殊情况耽误法定期限的,在障碍消除后的 10 日内,可以申请延长期限。这里所说的不可抗力,是指不能预见,不能避免,不能克服的客观情况,例如因地震、水灾、火灾等自然情况的发生,或者因战争和其他类似的军事行动等政治、社会等原因而发生的情况。至于其他正当理由,如当事人生病,未成年人的代理人有争议等,上述情况能否延长诉讼期限,由人民法院决定。

(二)受理

行政诉讼受理是人民法院对起诉人的起诉进行审查后认为符合起诉条件决定立案予以受理的行为。根据《行政诉讼法的解释》第 32 条规定,人民法院经过审查认为符合法定受理条件的,应当在 7 日内立案;不符合起诉条件的应当在 7 日内裁定不予受理。如果受诉法院在 7 日内既不立案,又不作出裁定的,起诉人可以向上一级人民法院申诉或者起诉。上一级人民法院认为符合受理条件的应予受理;受理后可以移交或者指定下级人民法院受理,也可以自行审理。

二、审理和判决

我国《行政诉讼法》对一审和二审行政案件的审判和审判监督程序作了具体规定。

(一)第一审程序

根据《行政诉讼法》规定,第一审程序分下列几个步骤:

1. 开庭审理前的准备

(1)向被告发送起诉状,向原告发送答辩状。人民法院受理案件后,应当在立案之日起 5 日内,将起诉状副本发送被告。被告应当在收到起诉状副本之日起 10 日内向人民法院提交作出具体行政行为的有关材料,并提出答辩状。人民法院应当在收到答辩状之日起 5 日内,将答辩状副本发送原告。如果被告不提出答辩状副本,不影响人民法院的审理。

(2)组成合议庭。行政案件的审理是采用合议制的形式,由审判员组成合议庭,或者由审判员、陪审员组成合议庭,合议庭的成员应当是 3 人以上的单数。

(3)审阅行政诉讼材料,进行调查,收集证据。合议庭审判人员,审阅诉讼材料,是作好开庭审理工作的重要环节。在审阅诉讼材料过程中,发现原告提供的证据不足,有的事实需要调查,人民法院应主动调查,调取和收集证据。

2. 开庭审理

开庭审理是指审判人员在当事人和其他诉讼参与人的参加下,在法庭上对案件进行全面审理。根据《行政诉讼法》第 52 条、第 53 条规定,人民法院审理行政案件,以法律和行政法规、地方性法规作为依据。地方性法规适用于本行政区域内发生的行政案件。人民法院审理行政案件,参照国务院部、委根据法律和国务院的行政法规、决定、命令,制定、发布的规章以及省、自治区、直辖市和省、自治区的人民政府所在地的市和经国务院批准的较大的市的人民政府根据法律和国务院的行政法规制定、发布的规章。开庭审理有两种形式:一种形式是公开审理,公开审理一是对当事人和其他诉讼参与人公开审理,二是对社会公开,即开庭审理活动允许群众旁听、记者旁听采访。这是审理行政诉讼案件的主要形式。另一种形式是不公开审理,开庭审理时允许当事人和其他诉讼参与人参加,不允许群众旁听和记者采访报道。不公开审理的案件主要是涉及国家机密和个人隐私及法律另有规定的案件。

开庭审理的步骤是:

(1) 开庭准备。应在开庭前3日通知当事人和其他诉讼参与人。并向被告发送起诉状副本和应诉通知书,采答辩状副本送原告。经人民法院两次合法传唤,原告无正当理由拒不到庭的,视为申请撤诉;被告无正当理由拒不到庭的,可以缺席判决。符合公开审判条件的案件,开庭前应公告当事人的姓名、案由和开庭的时间、地点,以便公开审判。

(2) 庭审开始。庭审开始前,由书记员查询当事人和诉讼参与人是否到庭,宣布法庭纪律。庭审开始,由审判长核对当事人身份,宣布案由和本案合议庭组成人员,宣布当事人的诉讼权利和义务,询问当事人是否申请回避。

(3) 法庭调查。法庭调查是对案件进行实体审理的开始,应首先询问当事人,听取当事人的陈述;告之证人的权利和义务,出示和核对所有证据。行政诉讼当事人可以提出新证,也可以要求合议庭重新进行调查取证,是否被准许由人民法院决定。在法庭调查过程中,原告要求增加诉讼请求,第三人也可以提出与本案有关的诉讼请求,人民法院可以合并审理。

(4) 法庭辩论。法庭调查结束后,进入法庭辩论阶段,首先由原告及其诉讼代理人发言,然后由被告及其代理人答辩,双方还可以互相展开辩论。辩论结束后,审判长询问原、被告双方当事人的最后意见。

3. 宣告判决

人民法院经过庭审,根据案情,依据法律、行政法规、地方性法规和国务院部、委制定、发布的规章分别作出不同的判决。(1) 具体行政行为证据确凿,适用法律、法规正确,符合法定程序的,判决维持原行政机关作出的具体行政行为。(2) 具体行政行为有证据不足,适用法律、法规错误,违反法定程序,超越和滥用职权等情形之一的,可以判决撤销或者部分撤销其行政行为,也可以判决被告重新作出具体行政行为。凡被人民法院判决被告重新作出具体行政行为的,被告不得以同一事实和理由作出与原具体行政行为基本相同的具体行政行为。(3) 被告不履行或者拖延履行法定职责的,判决其在一定期限内履行。(4) 行政处罚显失公正的,可以判决变更。

4. 审理期限

审理期限,是指要求人民法院对行政案件的审理,必须在规定的时间内审结,不能久拖不决。

根据《行政诉讼法》第57条规定，人民法院应当在立案之日起3个月内作出一审判决。如有特殊情况不可能在3个月内审结完毕的，《行政诉讼法》作了延长期限的规定。延长期限审批权和延长的时间，由省、自治区、直辖市高级人民法院批准。高级人民法院审理的第一审案件需要延长的，由最高人民法院批准。《行政诉讼法》对审理期限的规定，对人民法院及时审结案件，稳定社会秩序，保护公民、法人或者其他组织的合法权益，保障行政机关依法行政有着重要意义。

5. 诉讼阻却

诉讼阻却，是因在开庭前存在一些特定的原因，使诉讼过程不能按正常程序进行而中断审理和裁判。诉讼阻却主要有以下几种：一是延期审理，由于出现了某些特殊情况不能按期审理，二是延长审限，即因特殊情况的出现不能按规定审限期审理结案，延长审限需要上一级法院批准，三是撤诉，是指原告在法院宣告判决和裁定前依法律规定程序放弃其起诉的权利。根据《行政诉讼法的解释》第51条规定：有下列情形之一的，应中止诉讼：一是原告死亡，须等待近亲属表明是否参加诉讼的；二是原告丧失行为能力，尚未确定法定代理人的；三是作为一方当事人的行政机关、法人或者其他组织终止，尚未确定权利义务承受人的；四是一方当事人因不可抗力的事由不能参加诉讼的；五是案件涉及法律适用问题，需要送请有权机关作出解释或者确认的；六是案件的审判须以相关民事、刑事或其他行政结果为依据，而相关案件尚未审结的；七是其他应当中止诉讼的情形。以上中止诉讼的原因消除后，恢复诉讼。第52条还规定了终结诉讼的情况，一是原告死亡，没有近亲属或者近亲属放弃诉讼权利的；二是作为原告的法人或者其他组织终止后，其权利义务的承受人放弃诉讼权利的。

(二) 第二审程序

行政诉讼第二审程序，是指行政诉讼当事人对第一审未发生效力的判决、裁定，在法定期限内提起上诉，上级人民法院依法进行审理的程序。具体步骤如下：

1. 上诉的提起

行政诉讼当事人行使上诉权提起上诉，必须符合法定条件：(1) 必须有法定的上诉人和被上诉人，即第一审程序中的原告、被告、第三人、代理人和代表人，被上诉人必须是提起上诉的对方当事人，可能是第一审程序的原告，也可能是第一审程序的被告。(2) 必须有法律允许提起上诉的对象，这是指当事人对尚未发生法律效力的第一审判决和裁定不服依法上诉，请求第二审法院予以纠正。(3) 必须在法定期限内提起上诉，行政诉讼法规定，当事人不服人民法院第一审判决的，在判决书送达之日起15日内向上一级人民法院提起上诉。当事人不服人民法院第一审裁定的，在裁定书送达之日起10日内向上一级人民法院提起上诉。逾期不能再提起上诉。(4) 上诉必须提交上诉状，它是当事人提起上诉的根据，无上诉状就难以判明上诉人能否行使上诉权。(5) 必须交纳诉讼费用。

以上五个条件必须同时具备，上诉才能成立，第二审程序才能发生。

2. 上诉的受理

上诉的受理，是指上诉审人民法院对符合法定条件的上诉予以接受的行为，是人民法院承认上诉人的上诉权利并开始第二审程序的意思表示。上诉人的上诉可以通过第一审法院提出，第一审法院经过审查，认为不符合法定条件的可以裁定驳回，对符合条件的，应当将上诉状连同诉讼案卷送交第二审人民法院。直接向第二审法院上诉的，第二审法院经过全面审查，认为不符合法定条件的，应当裁定驳回，对符合条件的，予以接受。第二审人民法院应当在收案起5日内将上诉状副本发送原审人民法院和被上诉人。原审法院收到上诉状副本应5日内将全部案卷报送第二审法院。被上诉人应当在收到上诉状副本10日内向第二审法院提交答辩状，不提出答辩状的，不影响第二审人民法院的受理。

3. 审理和裁判

第二审法院受理上诉案件后，应做好审理准备工作，组成合议庭、查阅卷宗材料、熟悉案情，进行必要的调查。根据《行政诉讼法》第59条规定，第二审审理方式可以开庭审理，也可以不开庭进行书面审理。进行书面审理的上诉案件必须是事实清楚，所要审理解决的问题是适用法律和法规是否恰当。

第二审法院对上诉的行政案件，审理后应分别按以下三种情况作出裁判：(1) 维持原判。原判决认定事实清楚，适用法律、法规正确的，判决驳回上诉，维持原判决。(2) 依法改判。原判决认定事实清楚，但适用法律、法规错误的，依法改判。(3) 发回原审法院重新审理。原判决认定事实不清，证据不足，或者由于违反法定程序可能影响案件正确判决的，裁定撤销原判，发回原审人民法院重审，也可以查清事实后改判。当事人对重审案件的判决、裁定，如不服可以上诉。

第二审法院经审理后对维持原判和撤销的案件都应采用书面裁定的形式。第二审法院作出的判决、裁定，是终审判决、裁定，当事人不得再提起上诉。如果当事人仍然不服，可以向原审人民法院或上一级人民法院提出申诉，但不停止该判决、裁定的执行。

4. 上诉审的审理期限

根据《行政诉讼法》规定，人民法院审理上诉案件，应当在收到上诉状之日起两个月内作出终审判决。如有特殊情况需要延长的，由高级人民法院批准，高级人民法院审理上诉案件需要延长审限的，由最高人民法院批准。

(三) 审判监督程序

审判监督程序，是人民法院对已经发生法律效力的判决、裁定，认为确有错误而再次进行审理的程序。由于审判监督程序是对确有错误的判决、裁定所采取的补救措施，也称为补救程序。《行政诉讼法》根据我国的具体情况和审判实践，规定了审判监督程序，其意义是按照法定程序纠正确有错误的判决和裁定，以保护公民、法人和其他组织的合法权益,促使行政机关依法行政,保障人民法院裁判的公正性、合法性,进一步维护我国法律的权威性和严肃性。

1. 再审的提起

根据行政诉讼法的规定,再审的提起有以下三种情况:(1) 各级人民法院院长对本院已经发生法律效力的判决、裁定,发现违反法律、法规规定,认为需要再审的,通过审判委员会决定再审;(2) 上级人民法院发现下级人民法院的判决、裁定违反法律、法规规定的,上级人民法院有权提审或者指令下级人民法院再审;(3) 人民检察院对人民法院已经发生法律效力的判决、裁定,发现违反法律、法规提出抗诉的。

2. 再审程序

再审程序:(1) 重新组成合议庭进行审理,原合议庭的成员应自行回避,以确保案件的公正审理。(2) 分别适用一、二审程序,原审法院生效的判决可以由原审法院再审,适用第一审程序,作出的裁判是一审裁判,如果当事人不服,可以上诉。原二审法院作出的裁判,按照二审程序审理,所作的判决为终审判决,不得上诉。当事人对再审后法院作出发生法律效力的裁判仍然不服,应该向作出裁判的上一级人民法院提出申诉。

3. 再审案件的裁判

再审案件的裁判,应根据不同情况,作出相应的处理:(1) 原判决认定事实清楚,适用法律、法规正确,应裁定撤销再审裁定,判决维持原判;(2) 依照第一审程序再审的案件,如果原判决认定事实有错误或者适用法律、法规有错误,应依照法律全部或部分改判;(3) 依照第二审程序再审的案件,根据不同情况作如下处理:如果原一、二审判决认定事实没有错误,但适用法律、法规有错误,撤销原第二审判决,依法全部或部分改判;如果原一、二审判决均认定事实不清、证据不足,或违反法定程序,以致影响案件正确判决,应发回原审第一审人民法院重审,也可以自行改判;如果一审裁判正确,二审改判错误,判决撤销二审裁判,维持一审判决。

人民法院对再审的案件宣告判决,也是公开进行。作出判决的法院,可以委托原审人民法院代为宣判。

三、行政诉讼执行程序

(一) 行政案件执行的概念

行政案件的执行,是指人民法院的执行组织,对负有义务的当事人拒不履行已经发生法律效力的裁判,按照一定程序强制其履行,以实现其生效的裁判的活动。

根据《行政诉讼法》的有关规定,行政案件执行的种类大体分为三种类型:

一是公民、法人或者其他组织拒绝履行法院判决、裁定的,人民法院依据行政机关的申请,而实施强制执行;二是行政机关拒绝履行裁判的,人民法院根据原告和第三人的申请,而实施强制执行;三是公民、法人或者其他组织对具体行政行为在法定期限内不提起诉讼又不履行的,行政机关可以申请人民法院强制执行。

(二)行政案件执行程序

1. 执行程序的提起

公民、法人或者其他组织拒绝履行判决、裁定的,或者公民、法人和其他组织对具体行政行为,在法定期限内不提起诉讼又不履行,而行政机关又无强制执行权的,行政机关即可申请第一审人民法院强制执行,申请期限为180日。行政机关拒绝履行判决、裁定的,在一般情况下,仍应由公民、法人或者其他组织,向原审人民法院申请强制执行,申请期限为1年。

申请人申请执行,必须向人民法院提出申请执行书和作为执行根据的法律文书。当事人向第一审人民法院申请执行的期限从法律文书规定期间的最后一日起计算,法律文书中没有规定履行期间的,从该法律文书生效之日起计算;逾期申请的,除有正当理由外,不予执行。

行政案件执行程序的提起,除上述由当事人申请执行外,还有移送执行和委托执行,前者是指人民法院的审判人员依职权将发生法律效力的法律文书交付执行人员,开始执行的诉讼行为。后者是指被执行人或者被执行的财产在外地,而委托当地人民法院代为执行的行为。

2. 审查立案

执行员接到执行申请书或者移交申请书以及有关法律文书后,应对上述文书进行审查。审查的主要内容有:提起执行的手续是否完备;执行根据是否已经发生法律效力;申请执行是否超过申请期限,申请人是否是合格的当事人。经过审查符合立案条件,即通知申请人和被申请人在10日内了解案情,并通知被执行人在指定的期间内履行。凡不符合条件的,则不予立案,并及时通知申请人。

3. 执行措施

根据《行政诉讼法》第65条第3款规定,行政机关拒绝履行判决、裁定的,第一审人民法院可以采取以下措施:(1)对应当归还的罚款或者应当给付的赔偿金,通知银行从该行政机关的账户内划拨;(2)在规定期限内不履行的,从期满之日起,对该行政机关按日处50元至100元的罚款;(3)向该行政机关的上一级行政机关或监察、人事机关提出司法建议。接受司法建议的机关,根据有关规定进行处理,并将处理情况告知人民法院;(4)拒不履行判决、裁定,情节严重构成犯罪的,依法追究主管人员和直接责任人员的刑事责任。《行政诉讼法解释》第96条还规定,对主要负责人或者直接责任人员予以罚款处罚。

人民法院对公民、法人或者其他组织采取强制执行措施,可以裁定冻结、划拨被执行人的存款或者扣留、提取被执行人的劳动收入；也可以裁定查封、扣押、冻结、拍卖、变卖被执行人的财产。

人民法院对公民、法人或者其他组织采取上述措施时，不得超出被执行人应当履行义务的范围；被执行人是公民的，应当保留被执行人及其所扶养家属的生活必需费用和生活必需品。

4．行政诉讼执行的中止和终结

行政诉讼在执行过程中，由于出现某种特殊情况，人民法院暂时停止执行程序的实施是行政诉讼执行的中止。如果在执行过程中因发生某种特殊情况，执行程序没有必要或不可能继续进行，而结束执行程序的是行政诉讼执行的终结。行政诉讼中止和终结的原因可参见本书第十章第九节(六)(4)、(5)的有关内容。

此外，对明显缺乏事实根据的；明显缺乏法律依据的；其他明显违法并损害被执行人合法权益的，人民法院对被申请执行的具体行政行为应当裁定不准予执行。

第八节　侵权赔偿责任

一、行政侵权赔偿责任的概念和要件

(一) 行政侵权赔偿责任的概念

行政诉讼法中所规定的行政侵权赔偿责任，是指国家行政机关公务人员，在执行职务，行使国家管理职权的过程中，所作出的具体行政行为违反国家法律、法规的具体规定，给公民、法人或者其他组织造成损害，由国家行政机关承担的赔偿责任。

行政侵权赔偿责任的概念，包含下列内容：一是侵权赔偿责任是国家责任的一种；二是产生侵权赔偿责任的原因是具体行政行为的侵权；三是行政侵权赔偿的主体是国家行政机关，而不是具体行政工作人员；四是行政侵权赔偿责任的形式，主要是金钱赔偿或恢复原状。

(二) 行政侵权赔偿责任的要件

行政侵权赔偿责任构成的要件，一是必须有合法权益受到损害的事实，也就是说它必须以损害事实的存在为前提条件。二是损害事实必须是具体行政行为造成的。反之，不是具体行政机关和其工作人员在执行职务时所引起的损害，行政机关不承担赔偿责任。三是损害事实与具体行政行为之间有因果关系，如果具体行政行为与所造成的损害，不存在因果的内在联系，行政机关不承担侵权赔偿责任。

《行政诉讼法》设立赔偿责任制度的意义在于：建立有效的行政赔偿制度，对保证行政机关依法行政，加强行政机关的自我约束机制，避免或减少各种违法

行政、滥用职权，克服官僚主义，使政府成为真正对人民负责的政府，在人民中树立守法、公正、廉洁的榜样，有着重要意义。

二、行政侵权赔偿的范围

行政侵权的赔偿范围是指具体行政行为的赔偿范围。根据《行政诉讼法》的规定大体可分以下几类：(1) 违法行政处罚行为造成的损害赔偿；(2) 违法采取行政强制措施的赔偿；(3) 侵犯法律规定的经营自主权的赔偿；(4) 颁发许可证和执照的违法行为的赔偿；(5) 行政机关不履行保护公民、组织的人身权、财产权的法定职责的赔偿；(6) 行政机关不按照法律规定向烈属、伤残军人发放抚恤金的赔偿；(7) 行政机关违法要求公民、法人或者其他组织履行义务行为的赔偿。按照《中华人民共和国国家赔偿法》的规定，行政赔偿的范围除上述七项外还包括：非法拘禁或者以其他方法剥夺公民人身自由的；以殴打等暴力行为唆使他人以殴打暴力等行为造成公民身体伤害或死亡的；违法使用武器、警械造成公民身体伤害或者死亡的，以及因此造成财产损害的其他违法行为。可见这一范围要比行政诉讼法规定的范围广泛得多。

三、赔偿的主体与追偿

(一) 赔偿的主体

赔偿的主体，是指在行政侵权赔偿中，由谁来直接承担责任。我国《行政诉讼法》第 68 条规定，行政机关或者行政机关工作人员作出的具体行政行为侵犯公民、法人或者其他组织的合法权益造成损害的，由该行政机关或者该行政机关工作人员所在的行政机关负责赔偿。

行政机关赔偿损失后，应当责令有故意或者重大过失的行政机关工作人员承担部分或全部赔偿费用。

行政诉讼法规定赔偿主体的根据，是因为行政机关工作人员作出的具体行政行为，是代表行政机关并以行政机关的名义作出的公务行为，而不是工作人员的个人行为。行政机关与其所属工作人员本身具有一种从属关系，对其工作人员负有监督教育的义务，即使行政工作人员在执行职务中有违法行为，行政机关也负有不可推卸的连带责任。从另一个方面来看，由行政机关首先承担责任，可以使受害人的权益得到充分保护，不致因行政机关工作人员赔偿能力的限制而得不到应有的补救。

行政机关赔偿的费用，从各级财政支出。各级政府可以责令有责任的行政机关由其经费中支付部分或者全部费用。

(二) 追偿

追偿，也称追偿权或求偿权，是指国家和国家机关在承担损害赔偿责任后，向有重大过错或重大过失的行政机关工作人员要求承担部分或全部款项的权利。

追偿权制度的建立,可以教育和敦促国家行政机关工作人员勤恳、谨慎履行职务,减少对管理相对人合法权益的侵害,保护国家利益,使国家利益不至于被忽视。

四、行政侵权赔偿案件的审理

根据《行政诉讼法》第 67 条规定,受害人请求行政赔偿,可以根据不同情况采取两种方式提出:一是附带方式,即提出诉讼的同时提出要求行政机关承担赔偿责任的请求;二是单独方式,即受害人可以单独提出行政赔偿请求,但是,单独提出行政赔偿请求的,应当先向行政机关提出。行政机关收到请求赔偿人的请求后,应当根据有关法律、法规的规定给予答复,请求人如果不同意行政机关的处理,可以在接到行政赔偿决定书之日起 30 日内向人民法院提起诉讼。如果行政机关在一定时间内不予答复,请求人可以直接向人民法院起诉。

行政赔偿案件的审理,根据《行政诉讼法》第 67 条第 3 款规定,可以适用调解。也就是说,无论是行政机关还是人民法院,在处理赔偿问题的时候,受害人可以放弃、变更赔偿请求,行政机关可根据请求人的请求,同请求人协商决定赔偿数额;而人民法院可以在双方当事人间作调解工作,取得谅解,达成赔偿协议。

行政赔偿诉讼中举证责任问题,不适用行政诉讼中规定的由被告负举证责任的规定,而是根据以下原则合理分担。一是有关损害事实的举证,应由原告承担举证责任。二是有关具体行政行为违法性的举证责任应根据不同情况确定,如果是附带提起行政赔偿诉讼的,原告不承担行政违法的举证责任,如果是单独提起行政诉讼的,应提供违法的有关法律文书。三是有关具体行政行为与损害事实之间的因果关系的举证责任,原则上由原告承担。

人民法院经过审理后,认为原告赔偿请求不能成立,应判决驳回原告的诉讼请求,如果原告赔偿请求成立,应依法判决被告承担赔偿责任。如果经过行政机关作出了赔偿的决定的案件,人民法院可以判决维持、改变行政赔偿决定,也可以撤销行政赔偿决定,对赔偿争议可以进行调解解决。

主要参考书目:

1. 姜明安著:《行政诉讼法学》,北京大学出版社 2004 年版。

2. 马怀德著:《行政诉讼原理》,法律出版社 2003 年版。

3. 张正钊著:《行政法与行政诉讼法》,人民大学出版社 1999 年版。

4. 孔祥俊著:《最高人民法院〈关于行政诉讼证据若干问题的规定〉的理解与适用》,公安大学出版社 2003 年版。

第十二章　刑事诉讼法概述

第一节　刑事诉讼法的概念、目的、任务和特有原则

一、刑事诉讼法的概念

刑事诉讼是指国家司法机关处理刑事案件的活动，即国家司法机关在刑事案件的当事人和其他诉讼参与人的参加下，依法解决犯罪嫌疑人是否犯罪和应受到何种惩罚的活动。刑事诉讼法是国家制定的关于刑事诉讼程序的法律规范的总称。

刑事诉讼法通常有广义和狭义之分。狭义的刑事诉讼法专指刑事诉讼法典，广义的刑事诉讼法，除指刑事诉讼法典外，还包括其他法律中有关刑事诉讼程序的法律规范。本章重点讲述刑事诉讼法典。

1979年7月1日第五届全国人民代表大会第二次会议通过了《中华人民共和国刑事诉讼法》(简称为《刑事诉讼法》)，它对于惩治犯罪，维护社会治安，保障公民权利，保障改革开放和社会主义现代化建设，发挥了重要作用。但是，随着我国政治、经济、文化的不断发展，出现了许多新情况和新问题，刑事犯罪日趋复杂，在新形势下如何进一步依法打击形形色色的犯罪活动，需要总结经验，根据现代法制建设的发展，对刑事诉讼法进行补充和修改。在这种形势下，1996年3月17日第八届全国人民代表大会第四次会议通过了《关于修改〈中华人民共和国刑事诉讼法〉的决定》，并自1997年1月1日起施行。刑事诉讼法典的修改，对进一步完善我国社会主义法制具有重大意义。

修改后的《刑事诉讼法》共分4编和附则，共225条。它规定了诉讼法的任务、基本原则、管辖、回避、辩护和代理、证据、强制措施、附带民事诉讼、期间、送达、立案、侦查和提起公诉、审判组织、审判程序和执行。附则中规定了军队保卫部门对军队内部发生的刑事案件行使侦查权。

二、刑事诉讼法的目的和依据

《刑事诉讼法》第1条规定："为了保证刑法的正确实施，惩罚犯罪，保护人民，保障国家安全和社会公共安全，维护社会主义社会秩序，根据宪法，制定本法。"这一规定既说明了刑事诉讼法的立法目的，又指出了刑事诉讼法的立法

依据。

（一）刑事诉讼法的目的

1. 为了保证刑法的正确实施

刑事诉讼法和刑法都是国家制定的刑事基本法律，刑事诉讼法是程序法，刑法是实体法，两者的关系是形式和内容、方法和目的统一，两者相互依存，不可分割。刑事诉讼法的直接目的是保证刑法的正确实施，保证公安机关、司法机关有效地追究犯罪，如果没有刑事诉讼法，刑法的目的、内容就得不到实施。反之仅有刑事诉讼法，没有刑法规定，定罪、量刑就失去了标准，对惩罚什么、保护什么也就缺乏了根据。基于此，刑事诉讼法把保证刑法的正确实施作为目的之一。

2. 惩罚犯罪、保护人民，保障国家安全和社会公共安全，维护社会主义社会秩序

刑事诉讼法规定了公安、司法机关运用刑罚同犯罪作斗争的准则，只有严格按照刑事诉讼法的规定进行刑事诉讼活动，才能保证公安、司法机关的侦查、起诉和审判活动的顺利进行，才能使案件得到正确、合法、及时的处理，才能既不放纵坏人，也不冤枉好人，有效地同犯罪作斗争，达到惩罚犯罪、保护人民、保障国家和社会的安全，维护社会的良好秩序的目的。

（二）刑事诉讼法的依据

《刑事诉讼法》第1条明确规定，制定的根本依据是宪法。我国宪法是国家的根本法，具有最高的法律效力，其他任何一部法律的制定必须以宪法为依据。刑事诉讼法是我国的基本法律之一，它在揭露犯罪，惩罚犯罪中所遵循的原则、诉讼制度、程序和总的目的、任务都不能背离宪法的基本精神和原则规定。新修改的刑事诉讼法进一步体现了宪法的精神，使多项刑事诉讼制度更加具体化。

三、刑事诉讼法的任务

我国《刑事诉讼法》第2条规定，中华人民共和国刑事诉讼法的任务，是保证准确、及时地查明犯罪事实，正确应用法律，惩罚犯罪分子，保障无罪的人不受刑事追究，教育公民自觉遵守法律，积极同犯罪行为作斗争，以维护社会主义法制，保护公民的人身权利、财产权利、民主权利和其他权利，保障社会主义建设事业的顺利进行。

（一）保证准确、及时地查明犯罪事实，正确应用法律，惩罚犯罪分子，保障无罪的人不受刑事追究。在社会主义现代化建设的整个过程中，运用刑罚手段打击各种犯罪活动，惩罚犯罪分子，是正义的事情，也是我国社会主义现代化事业顺利进行的保证。惩罚犯罪分子与保障无罪的人不受刑事追究，是相辅相成、不可分割的两个方面，对犯罪分子的惩罚使他们罚当其罪，也是保障无罪的人不

受刑事追究的有效手段,是保护公民权益的一项积极措施,因此惩罚犯罪分子与保障无罪的人不受刑事追究是相互依存的,两者互为实现的条件和保障。

（二）教育公民自觉遵守法律,积极同犯罪行为作斗争。我国司法机关通过刑事诉讼活动,打击犯罪活动,惩罚犯罪分子,就可以起到教育公民自觉的遵守法律,积极主动地维护社会主义法制,同犯罪行为作斗争的作用。

（三）维护社会主义法制,保护公民的人身权利、财产权利、民主权利和其他权利,保障社会主义建设事业的顺利进行。这一任务是我国任何一个法律都有的一项重要任务。刑事诉讼法就在于是要从诉讼程序上,保障宪法和刑法的正确实施,运用刑罚的手段,达到惩罚犯罪,保护公民的人身权利、财产权利、民主权利和其他权利,保障国家建设事业的顺利进行的目的。

四、刑事诉讼法的特有原则

刑事诉讼法除有诉讼法共同具备的原则外,由于它的性质和特点所决定,还有一些特有的原则。

（一）侦查权、检察权和审判权由专门机关行使的原则

我国《刑事诉讼法》第3条第1款规定:"对刑事案件的侦查、拘留、执行逮捕、预审,由公安机关负责。检察、批准逮捕、检察机关直接受理的案件的侦查、提起公诉,由人民检察院负责。审判由人民法院负责。除法律特别规定的以外,其他任何机关、团体和个人都无权行使这些权力。"刑事诉讼法的这一规定包括两层含义:

1. 公安机关行使侦查权、检察机关行使检察权、法院行使审判权,各司其职、各负其责,公、检、法三机关不能互相推托和取代。

2. 除法律特别规定的以外,其他任何机关、团体和个人都无权行使侦查权、检察权和审判权。如果非法行使这些权力,就是违法犯罪行为,要受法律追究。所以《刑事诉讼法》第3条第2款的规定:"人民法院、人民检察院和公安机关进行刑事诉讼,必须严格遵守本法和其他法律的有关规定。"这就要求,公、检、法三机关进行刑事诉讼,在任何时候,任何情况下,都必须严格遵守刑事诉讼法和其他法律的有关规定,绝不能背离法律的规定,各行其是。这里所指的"其他法律的有关规定",是指其他法律中有关刑事诉讼程序的规定,例如《中华人民共和国地方各级人民代表大会和地方各级人民政府组织法》第30条关于逮捕、拘留县级以上地方各级人民代表大会代表的规定。公、检、法三机关都必须严格按照法定程序进行诉讼,只有严格依法才可以防止冤、假、错案,提高办案质量。

（二）公、检、法三机关在刑事活动中分工负责、互相配合、互相制约的原则

我国宪法和刑事诉讼法都规定,人民法院、人民检察院和公安机关办理刑事案件,应当分工负责、互相配合、互相制约,以保证准确有效地执行法律。该条是

规范公、检、法三机关在刑事诉讼中的职权和相互关系的原则。

1. 分工负责。是指侦查权由公安机关行使、检查权由检察院行使、审判权由法院行使,互相之间不能取代和超越。

2. 互相配合。分工负责是互相配合的前提和基础。公、检、法三机关在刑事诉讼中,为了保证准确有效地实现执行法律这一共同目标,就要求它们在各自的职责范围内,互通情况,互相支援和协助,不能各行其是,互相扯皮,影响整个案件的处理。

3. 互相制约。在诉讼活动中,公、检、法三机关依法互相监督和约束,以防止在办案中出现的错误。

总之,公、检、法三机关分工负责,互相配合,互相制约是统一的整体,不能只强调一方面,忽视另一方面,必须全面理解和执行这一基本原则,才能正确处理公、检、法三机关的关系,保证准确、有效地惩罚犯罪,保护人民。

(三) 人民检察院对刑事诉讼实行法律监督原则

我国《宪法》第129条规定:“中华人民共和国人民检察院是国家的法律监督机关。”法律监督是指对宪法、法律、法令在全国范围内统一正确实施与遵守实行监督。《刑事诉讼法》第8条规定:“人民检察院对刑事诉讼实行法律监督。”作为一项重要原则,人民检察院对刑事诉讼实行法律监督包括:对立案监督、侦察监督、审判监督、执行监督,只有这样全面的实行监督,才能保证刑事程序法的正确实施。

(四) 犯罪嫌疑人、被告人有权获得辩护的原则

我国《宪法》第125条和《刑事诉讼法》第11条都规定,犯罪嫌疑人、被告人有权获得辩护,人民法院有义务保证犯罪嫌疑人、被告人获得辩护权。

1. 犯罪嫌疑人、被告人在刑事诉讼中享有辩护权

辩护权是法律专门赋予刑事犯罪嫌疑人、被告人的一项权利,它是指犯罪嫌疑人、被告人针对指控进行申诉和解释,说明其无罪、罪轻或者认为应当减轻、从轻、免除其刑罚的权利。辩护权是犯罪嫌疑人、被告人在刑事诉讼中依法享有的最重要的诉讼权利,也是刑事诉讼中一条最重要的原则。

所谓人民法院有义务保证被告人获得辩护,是指人民法院在审理案件中,如果被告人没有委托辩护人,人民法院可以为他指定辩护人。

根据刑事诉讼法的有关规定,犯罪嫌疑人、被告人除自己行使辩护权以外,还可以委托1至2人作为辩护人,被委托作为辩护人的可以是律师;人民团体或者犯罪嫌疑人、被告人所在单位推荐的人;犯罪嫌疑人、被告人的监护人、亲友。刑事诉讼法不仅规定了哪些人可以作辩护人,还规定了什么人不能作辩护人:正在被执行刑罚或者依法被剥夺、限制人身自由的人,不得担任辩护人。

2. 公、检、法三机关有义务保证被告人行使辩护权

我国《刑事诉讼法》第33条规定:“公诉案件自案件移送审查起诉之日起,犯罪嫌疑人有权委托辩护人。自诉案件的被告人有权随时委托辩护人。人民检察院自收到移送审查起诉的案件材料之日起3日以内,应当告知犯罪嫌疑人有权委托辩护人。人民法院自受理自诉案件之日起3日以内,应当告知被告人有权委托辩护人。”根据该条规定,提前了犯罪嫌疑人、被告人委托辩护人的时间,即犯罪嫌疑人在被侦查机关第一次讯问或者采取强制措施后,可以聘请律师为其提供法律帮助,这一规定是符合我国的实际情况,是我国刑事诉讼民主化的重要发展。

为了贯彻这一原则,《刑事诉讼法》第34条还规定,对有公诉人出庭的公诉案件,被告人因经济困难或者其他原因没有委托辩护人的,人民法院可以指定承担法律援助义务的律师无偿为其提供辩护。如果被告人是盲、聋、哑或者是未成年人,以及被告人有可能判处死刑而没有委托辩护人的,人民法院也应当指定承担法律援助义务的律师为其提供辩护。以上情况只能由人民法院指定承担法律援助义务的律师提供辩护,其他人不能作为辩护人。

(五) 无罪推定原则

无罪推定原则,是指对犯罪嫌疑人的具体行为是否构成犯罪,需经人民法院进行判决,未经法院依法进行有罪判决,从法律上不得确定犯罪嫌疑人有罪,这是法律拟制的一种表现形式。如《刑事诉讼法》第12条规定的:“未经人民法院依法判决,对任何人都不得确定有罪。”这是无罪推定的一项重要内容,也是关于定罪效力的规定。该条规定包含两个方面的内容:一是在刑事诉讼中,人民法院享有最终确定被告人有罪的权力,其他机关无此权力。我国公、检、法三机关在刑事诉讼中都是具有主体地位的国家机关,但是对被告人定罪的任务只有通过人民法院的审判,作出最终的定罪判决,才能确定被告人构成犯罪,所以被告人最终的定罪权属于人民法院。二是被告人在刑事诉讼过程中,在人民法院依法判决其有罪以前,在法律上不能确定其已构成犯罪。在刑事诉讼中,被告人事实上是否构成犯罪要通过侦查、审查、起诉和审判等程序加以确认,未经法院判决前,被告人是处于一种不确定的状态,被告人在刑事诉讼中依法享有辩护权、辩解权和接受公正审判及在法庭审理中的一系列诉讼权利。因此,无罪推定的规定,有利于在刑事诉讼中有效地保障犯罪嫌疑人、被告人的诉讼权利,更进一步明确了公安、检察、法院三机关在刑事诉讼中的职权,保证刑事诉讼地顺利进行。

(六) 依法不追究刑事责任的原则

我国《刑事诉讼法》第15条规定,有下列情形之一的,不追究刑事责任,已经追究的,应当撤销案件,或者不起诉,或者终止审理,或者宣告无罪:(1) 情节

显著轻微、危害不大，不认为是犯罪的；(2) 犯罪已过追诉时效期限的；(3) 经特赦令免除刑罚的；(4) 依照刑法告诉才处理的犯罪，没有告诉或者撤回告诉的；(5) 犯罪嫌疑人、被告人死亡的；(6) 其他法律规定免予追究刑事责任的。

公、检、法三机关在刑事诉讼开始前，如果发现有上述六种情形之一者，不应立案，不追究犯罪嫌疑人、被告人刑事责任。在立案受理后的诉讼过程中，如果发现具有上述六种情形之一者，应当采取一定措施终止审理，不再追究犯罪嫌疑人、被告人的刑事责任。如果处在侦查阶段，则应当撤销案件；处在审查起诉阶段，则应当作出不起诉的决定；处在审判阶段，则针对不同情况，应当宣告无罪，或者裁定准许撤诉，或者裁定终止审理。

（七）保证诉讼参与人的诉讼权利

《刑事诉讼法》第 14 条第 1 款规定："人民法院、人民检察院和公安机关应当保障诉讼参与人依法享有的诉讼权利。"

诉讼参与人是指当事人、法定代理人、诉讼代理人、辩护人、证人、鉴定人和翻译人员。当事人包括被害人、自诉人、犯罪嫌疑人、被告人、附带民事诉讼的原告人和被告人。法定代理人是指被代理人的父母、养父母、监护人和负有保护责任的机关、团体的代表。诉讼代理人是指受被代理人委托或法院的指定依法参加诉讼的人。刑事诉讼法根据诉讼参与人在刑事诉讼中的地位和作用，分别赋予他们不同的诉讼权利。例如，当事人有提出保护自己合法权利的要求，证人在案件侦查阶段有要求侦查机关为其保密的权利等等。诉讼参与人依法享有的诉讼权利，能否得以行使，关键在于公、检、法机关能否依法给予保障，因此《刑事诉讼法》第 14 条第 1 款的规定，对公、检、法机关在侦查、预审、起诉和审判过程中保障诉讼参与人诉讼权利，对查明犯罪、惩罚犯罪、保障无罪人不受刑事追究，具有重要意义。

为了有效地保障诉讼参与人行使诉讼权利，《刑事诉讼法》第 14 条第 2 款还特别规定，对于不满 18 周岁的未成年人犯罪的案件，在讯问和审判时，可以通知犯罪嫌疑人、被告人的法定代理人到场。因为未成年人在生理和心理等方面的原因，缺乏充分行使诉讼权利的能力，故对未成年的犯罪嫌疑人、被告人的诉讼权要特别给予保护。本条第 3 款还规定，诉讼参与人对于审判人员、检察人员和侦查人员侵犯公民诉讼权利和对人身进行侮辱的行为，有权提出控告。

（八）对外国人追究刑事责任适用我国刑事诉讼法原则

我国《刑事诉讼法》第 16 条规定："对于外国人犯罪应当追究刑事责任的，适用本法的规定。对于享有外交特权和豁免权的外国人犯罪应当追究刑事责任的，通过外交途径解决。"这一原则是国家主权原则在刑事诉讼中的体现。我国是一个主权国家，外国人在我国领域内犯罪，应由我国司法机关管辖，并按我国法律处理，这不仅是维护我国主权的具体表现，也是维护我国利益所必需的。

《刑事诉讼法》第16条的规定,包括两方面的内容:一是外国人在我国领域内的犯罪,应当追究刑事责任的,由我国司法机关按照我国刑事诉讼法规定的程序进行追究。二是对享有外交特权和豁免权的外国人犯罪应当追究刑事责任的,通过外交途径解决。这一规定是保证国与国之间的正常交往所必须的,也是依照国际惯例和国与国之间平等互惠原则所决定的。一般采取的方式有宣布其为不受欢迎的人,限期令其出境,或者建议派遣国依法处理或宣布驱逐出境。

(九)刑事司法协助原则

《刑事诉讼法》第17条规定:"根据中华人民共和国缔结或者参加的国际条约,或者按照互惠原则,我国司法机关和外国司法机关可以相互请求刑事司法协助。"

司法协助,是指一国司法机关或其他主管机关,根据另一国司法机关或其他主管机关或有关当事方的请求,代为或协助实行与诉讼有关的一些司法行为。刑事司法协助是国际司法协助制度的一个重要方面,它是在平等的国际主体之间,在友好合作的前提下,在特定的范围之内的一种互助行为。这种互助行为,首先,是以相互之间存在的条约为前提。条约是国家间开展司法协助的最为可靠的依据,国家间通过条约的这种法律形式将相互提供的司法协助原则、程序确定下来,在相互提供司法协助方面确定其权利义务,缔约双方有义务履行条约的规定,违者应承担相应的国家责任。自1987年以来,我国先后与波兰、蒙古、罗马尼亚等二十多个国家签订了双边司法协助、引渡方面的条约(协定),并参加了一些有关司法协助的国际公约,如《1970年海牙公约》、《1971年蒙特利尔公约》、《1971年精神药物公约》等,这些公约都要求对跨国犯罪缔结国之间给予相互协助。其次,是以互惠为原则。这是指国家间因某种原因没有订立司法协助条约时,即应以互惠作为基础,彼此达成谅解,相互进行刑事司法协助。目前我国已与世界上许多国家建立了这种互惠关系,为对外开展刑事司法协助提供了良好的条件。

第二节　管　　辖

一、刑事诉讼管辖的概念和意义

刑事诉讼的管辖,是指公安机关、人民法院和人民检察院在直接受理刑事案件方面和人民法院组织系统内部在审判第一审刑事案件方面的分工或权限范围的划分。刑事诉讼的管辖分为两类:一类称立案管辖,即公、检、法三机关在受理刑事案件上的分工问题;另一类称审判管辖,主要是解决法院组织系统内在审判第一审刑事案件上的分工。

刑事诉讼法关于管辖权的规定,是侦查权、检察权和审判权的具体化。其意义在于严格实施法律规定的管辖权，能够保证公、检、法三机关各司其职、各负其责，充分调动司法机关和广大司法工作人员的积极性，增强其责任感，既避免因管辖不明互相推诿，又防止竞相争管辖拖延诉讼，影响案件及时正确处理；既便于公民控告检举犯罪和依法诉讼，又保障国家公安司法机关依法行使职权。

二、立案管辖

（一）立案管辖的概念

立案管辖是指公（包括国家安全机关）、检、法三机关在直接受理刑事案件范围上的分工，也称职能管辖。它要解决的是根据刑事案件的性质、案情的严重性和复杂程度不同对具体刑事案件应由公、检、法三机关中的哪一个机关首先受理的问题。

（二）立案管辖的内容

1. 公安机关直接受理的刑事案件

我国《刑事诉讼法》第 18 条第 1 款规定："刑事案件的侦查由公安机关进行，法律另有规定的除外。"依据该款规定，在刑事诉讼中公安机关专门负责刑事案件的侦查，是我国侦查体系中的主要侦查机关。凡是法律没有特别规定的其他刑事案件都由公安机关负责立案侦查。"法律另有规定的"是指刑事诉讼法及有关法律规定人民检察院、国家安全机关、军队保卫部门和监狱负责特定刑事案件的侦查，如国家安全机关负责危害国家安全的刑事案件的侦查，军队保卫部门负责军队内部发生的刑事案件的侦查，监狱负责对罪犯在监狱犯罪的案件的侦查。

2. 人民检察院受理的案件

根据我国《刑事诉讼法》第 18 条第 2 款的规定，人民检察院作为国家的法律监督机关，立案侦查案件的范围需要限定在国家工作人员利用职务实施的犯罪。具体是指：(1) 贪污贿赂犯罪，如贪污案、收受贿赂案、挪用救灾、抢险款物案、巨额财产来源不明案、隐瞒不报境外存款案。(2) 国家工作人员渎职犯罪，如玩忽职守、泄露国家机密案、徇私舞弊案、体罚虐待人犯案、私放罪犯案等。(3) 国家机关工作人员利用职权实施的侵犯公民人身权利的犯罪，如利用职权实施非法拘禁、刑讯逼供、报复陷害、非法搜查的案件。(4) 侵犯公民民主权利的犯罪，如破坏选举案、非法剥夺宗教信仰自由案等。(5) 对于国家机关工作人员利用职权实施的其他重大的犯罪案件，需要由人民检察院直接受理的时候，经省级以上人民检察院决定，可以由人民检察院立案侦查。

3. 人民法院直接受理的案件

根据《刑事诉讼法》第 18 条第 3 款的规定，自诉案件，由人民法院直接受理。自诉案件是指被害人或者他的法定代理人为追究被告人的刑事责任，而向法院直接提出诉讼的案件。根据《刑事诉讼法》第170条规定，自诉案件包括：（1）告诉才处理的案件，如侮辱案、诽谤案、暴力干涉婚姻自由案、虐待案、侵占案、重婚案、破坏军人婚姻案、虐待案和遗弃案；（2）被害人有证据证明的轻微刑事案件；（3）被害人有证据对被告人侵犯自己人身、财产权利的行为应当依法追究刑事责任，而公安机关或者人民检察院不予追究被告人刑事责任的案件。

三、审判管辖

（一）审判管辖的概念

审判管辖是指行使国家审判权的法院组织系统内部在审判第一审刑事案件上的分工。具体说就是上级法院同下级法院之间、同级法院之间、普通法院同专门法院之间受理第一审刑事案件的分工。因为在我国法院系统内部存在着级别、地域、职权范围的不同，刑事案件发生之后，根据审判管辖的规定解决公诉机关或者自诉人向哪一个法院起诉的问题。

（二）审判管辖的分类

审判管辖，分为级别管辖、地域管辖和专门管辖。

1. 级别管辖

级别管辖是我国各级人民法院之间，即基层人民法院、中级人民法院、高级人民法院和最高人民法院之间，在审判第一审案件上的分工。它主要是根据法院级别的高低、刑事案件的性质、判处刑罚的轻重以及案件社会影响的大小来划分的。

我国《刑事诉讼法》第19条至第23条对级别管辖作了具体规定，即：基层人民法院管辖第一审普通刑事案件，但是，依法由上级人民法院管辖的除外。在我国大量的第一审刑事案件由基层人民法院管辖。中级人民法院管辖的第一审刑事案件是：危害国家安全案件；可能判处无期徒刑、死刑的普通刑事案件；外国人犯罪或者我国公民侵犯外国人合法权利的刑事案件。高级人民法院管辖的第一审刑事案件，是全省（直辖市、自治区）性的重大刑事案件。因为高级人民法院大量工作是审理上诉、抗诉案件，复核死刑案件，核准判处死刑缓期2年执行的案件，同时，对下级人民法院进行监督和指导，不宜也不能过多审判第一审案件。同样道理，最高人民法院管辖的第一审刑事案件，是全国性的重大刑事案件。

另外，为了解决级别管辖中遇到的具体困难和特殊问题，刑事诉讼法还作了如下规定：即上级人民法院在必要的时候，可以审判下级人民法院管辖的第一审刑事案件，称为提审。下级人民法院认为案情重大、复杂需要由上级人民法院审判的第一审刑事案件，可以请求移送上一级人民法院审判，称为移送管辖。

最高人民法院《关于执行〈中华人民共和国刑事诉讼法〉若干问题解释规

定》(以下简称《刑事诉讼法若干解释》)规定,一人犯数罪、共同犯罪和其他需要并案审理的案件,其中只要一人或者一罪属于上级人民法院审理的,全案由上级人民法院管辖,称为管辖权的合并。

2. 地区管辖

地区管辖是指同级人民法院之间,在审判第一审刑事案件上的分工。级别管辖解决的是刑事案件发生后,哪一级别法院审理的问题;而地区管辖解决的是同级法院中由哪一地区的法院审理的问题。

我国《刑事诉讼法》第 24 条规定,刑事案件由犯罪地的人民法院管辖。如果由被告居住地的人民法院审判更为适宜的,可以由被告人居住地的人民法院管辖。这就是实行以犯罪地法院管辖为主,以被告人居住地法院管辖为辅的原则。

这里的犯罪地,包括犯罪预备地、犯罪实施地、犯罪结果地及销赃地。如果犯罪地是多处的,即涉及几个不同地区,几个同级人民法院都有管辖权的,则一般由最初受理的人民法院审判;在必要时,可以移送主要犯罪地法院审判,即移送到数个罪行中的主要罪行的犯罪地或一种罪行中的主要犯罪事实情节的犯罪地法院审判。被告人居住地包括被告户籍所在地、居所地、工作学习所在地。适宜被告居住地法院审理的案件,系指被告人流窜作案,居住地群众更为了解其犯罪情况,或者被告人作恶多端,居住地民愤大,群众要求在居住地审判,或者被告人可能适用缓刑或判处管制而在被告人居住地进行监督考察的。

如果出现管辖不明确,或者管辖有争议的刑事案件,按刑事诉讼法的规定,应由双方争议法院的共同上级人民法院指定某一下级人民法院管辖。如果某人民法院受理不属于自己管辖或不宜由自己管辖的刑事案件,应当接受上级人民法院的指定,将案件移送给有管辖权或更适宜管辖该案的人民法院审理。另外《刑事诉讼法若干解释》规定,人民检察院认为可能判处无期徒刑或死刑而向中级人民法院提起公诉的普通刑事案件,中级人民法院受理后,认为不需要判处无期徒刑或死刑的,可以依法审理,而不必再移送到基层人民法院审理。但是,基层人民法院对已经受理的公诉案件认为可能判处被告人无期徒刑或死刑的,应当请求移送至中级人民法院审理。

3. 专门管辖

专门管辖是法律规定的某些刑事案件由专门设立的法院管辖。它解决的是专门人民法院和地方人民法院之间、专门人民法院之间以及每种专门法院系统内部之间在受理案件范围上的分工问题。

我国专门法院的设置有:军事法院、铁路运输法院、海事法院。这些专门法院不管辖普通的刑事案件。如军事法院只管辖现役军人违反职责罪和军内在编职工的刑事犯罪案件;铁路运输法院仅管辖铁路运输系统由公安机关负责侦查的刑事案件及与铁路运输有关的经济案件、法纪案件和涉外案件;海事法院仅管辖关于海事和海商案件,不办理刑事案件。

第三节 证 据

一、证据的概念和种类

(一) 证据的概念和意义

刑事诉讼证据是指证明案件真实情况的一切事实。我国刑事诉讼证据是指公、检、法机关工作人员依法收集和查对核实的同刑事案件有关并对证明案件真实情况有意义的一切事实。

刑事诉讼证据的特点,同民事诉讼证据的特点相同,它也具有客观性、相关性和合法性。它同样是处理一切刑事案件的前提和立足点。刑事诉讼中的一系列环节,开始都是围绕调查研究证据,查清案件事实而展开的。如果没有证据,整个诉讼活动不可能依法正常进行。可以说,无证据就无刑事诉讼。根据《刑事诉讼法解释》第52条,需要运用证据证明的案件事实主要有:(1) 被告人的身份;(2) 指控的犯罪行为是否存在;(3) 被指控的行为是否是被告人所实施的;(4) 被告人有无罪过、行为的动机、目的;(5) 实施行为的时间、地点、手段、后果以及其他情节;(6) 被告人的责任以及与其他同案人的关系;(7) 被告人的行为是否构成犯罪,有无法定或者酌定从重、从轻、减轻处罚以及免除处罚的情节;(8) 其他定罪量刑有关的事实。

(二) 刑事诉讼证据的种类

根据我国《刑事诉讼法》第42条规定,证据有以下七种:(1) 物证、书证;(2) 证人证言;(3) 被害人陈述;(4) 犯罪嫌疑人、被告人供述和辩解;(5) 鉴定结论;(6) 勘验、检查笔录;(7) 视听资料。其中(1)、(2)、(5)、(6)、(7) 关于证据的含义可参见本书第十章第六节的有关内容。现仅将刑事诉讼的特有证据叙述如下:

1. 被害人陈述

被害人陈述,是指犯罪行为的受害者就案件事实的有关情况,向司法工作人员所作的陈述。

被害人是直接遭受犯罪行为的人,具有人身不可替代性,处于一种特殊的诉讼地位。在公诉案件中,被害人属于控诉一方参与人;在自诉案件中,被害人一般就是自诉人。被害人的陈述是一种不同于证人证言的具有独立诉讼意义的证据。

2. 犯罪嫌疑人、被告人供述和辩解

犯罪嫌疑人、被告人供述,是指犯罪嫌疑人、被告人向司法工作人员承认犯有某种罪行所作的交代。犯罪嫌疑人、被告人辩解是指犯罪嫌疑人、被告人向司法工作人员提出否认犯罪或者反驳控诉的申辩和解释。他们的供述、辩解也称口供。

犯罪嫌疑人、被告人是刑事诉讼当事人之一，是独立的诉讼参与人。没有犯罪嫌疑人、被告人，也就没有诉讼。犯罪嫌疑人、被告人是被追诉的对象，处在一种特殊的诉讼地位上，诉讼结果可能使其受到刑罚处罚，因此，对犯罪嫌疑人、被告人口供必须慎重，不能轻信。但是，犯罪嫌疑人、被告人对于自己是否实施犯罪以及犯罪动机、目的、手段及其犯罪行为最为清楚，犯罪嫌疑人、被告人口供如果查证属实，又能成为定案的有力证据。

（三）重证据不轻信口供、严禁刑讯逼供的原则

1. 重证据不轻信口供

我国《刑事诉讼法》第46条规定："对一切案件的判处都要重证据，重调查研究，不轻信口供。只有被告人供述，没有其他证据的，不能认定被告人有罪和处以刑罚；没有被告人供述，证据充分确实的，可以认定被告人有罪和处以刑罚。"重证据不轻信口供的原则，要求认定案情、处理案件必须深入调查研究，必须以确实充分的证据为根据，要求特别注意对于口供以外的其他证据的收集、判断和运用；要求对于口供认真进行查证，辨别真假，不能轻信。重证据不轻信口供原则的实质在于忠实于客观事实，一切案件的处理都要以确实充分的证据为依据。

2. 严禁刑讯逼供

刑讯逼供是使用肉刑或变相肉刑强迫被告人招供的一种审讯方式。我国《刑事诉讼法》第43条规定：严禁刑讯逼供和以威胁、引诱、欺骗以及其他非法的方法收集证据。为保证这一禁止性法律规定能够得以严格遵守，我国刑法还专门设立了刑讯逼供罪，国家工作人员对人犯实行刑讯逼供的，处3年以下有期徒刑或者拘役，情节特别严重的，处3年以上10年以下有期徒刑。致人伤残、死亡的，以伤害罪从重论处。

刑讯逼供不仅是一种野蛮落后的审讯方式，为我国人民民主专政和社会主义法律性质所不容，而且实践已经充分证明它也是造成冤假错案的一个原因，必须严格禁止。

二、证明对象和证明责任

（一）证明对象

证明对象是指必须用证据加以证明的案件事实的范围。它包括两方面事实，即一是案件的实体法事实，二是案件的程序法事实。明确证明对象，恰当地确定证明范围，是及时、全面地查明案情，避免分散精力或遗漏应该证明的重要情节的必要条件。

案件的实体法事实,是指解决案件实体问题具有法律意义的事实。刑事诉讼的证明对象分为下述几类:(1) 犯罪事实是否确已发生。这是首先需要予以证明的问题。因为只有认定行为是否构成了犯罪,是否需要追究刑事责任,才能决定是否进行更为深入的证明活动。(2) 构成犯罪案件事实的各种情节。具体指:什么人、什么时间、地点、以什么方式和手段,实施了侵犯何种犯罪客体的具有社会危害性的行为,造成了何种具体后果。(3) 依法应当从重、加重、从轻、减轻或免除刑罚的事实情节。(4) 犯罪嫌疑人、被告人的一贯表现及其犯罪后的态度。(5) 其他需要运用证据证明的事实。上述的《刑事诉讼法若干解释》第52条规定的八项证明案件的事实,是属于案件的实体法事实。

关于案件程序法事实,是指对解决诉讼程序问题具有法律意义的事实。主要有关于管辖的事实、回避的事实、耽误诉讼期间的理由事实、影响强制措施的事实、违犯法定程序的事实以及刑事执行方面的事实。

《人民检察院刑事诉讼规则》第334条还规定了无需证明的事实,即刑事诉讼中的免证事实,包括有众所周知的事实、司法认知的事实、推定的事实、无争议的程序事实。

(二) 证明责任

证明责任是指对于被告人是否有罪以及犯罪情节轻重,应当由谁提出证据并加以证实的责任,又称举证责任。

我国刑事诉讼法中证明责任的原则,包括三个方面的内容:(1) 公、检、法三机关都应当承担举证责任。由哪个机关控诉,哪个机关就相应承担举证责任。(2) 自诉案件的自诉人应对控诉承担举证责任。(3) 犯罪嫌疑人、被告人不承担证明自己无罪的责任,但应如实陈述案情。

三、证据的收集和判断

(一) 收集证据

收集证据是司法机关的一项重要的基本的诉讼活动。我国《刑事诉讼法》第43条规定:“审判人员、检察人员、侦查人员必须依照法定程序,收集能够证实犯罪嫌疑人、被告人有罪或无罪、犯罪情节轻重的各种证据……”依据上述规定,公安机关、人民法院和人民检察院有权向有关的国家机关、企业、事业单位、人民团体和公民收集、调取证据。

充分确实的证据是定案和处理的前提和基础,也是及时、准确处理案件,完成刑事诉讼活动任务的保障。收集证据应遵循以下原则:收集证据必须主动、及时;要有计划、有目的;要客观全面;要深入细致;要把依靠群众同利用科技手段紧密结合起来;要严格按照法定程序进行;严禁刑讯逼供和以威胁、引诱、欺骗及其他非法手段;注意保守秘密和妥善保管证据等原则。

（二）证据的审查判断

审查判断证据，是指司法工作人员对收集到的证据分析研究，鉴别真伪，确定其证明力并依据查证属实的证据对整个案件的事实作出结论的活动。它是诉讼证明的中心环节和决定性步骤。

审查证据的任务有两个：一是审查证据的真实可靠性。二是审查案件的所有证据组成的证明体系是否足以充分、确实地证明案件的基本事实。

由我国社会主义制度性质决定，我国的证据制度，必须根据辩证唯物主义来确定审查判断证据，坚持实事求是的原则，即验证必须是客观的、实质性的，是从证据材料之间固有的联系中得出的结论，而不是从一些表面现象或偶然的幻想以及司法工作人员的主观臆断、随意取舍而得出的结论。

第四节　强制措施

一、强制措施的性质和意义

（一）强制措施的性质

刑事诉讼中的强制措施，是指公（含国家安全机关）、检、法三机关在刑事诉讼过程中，依法对犯罪嫌疑人、被告人人身自由强行剥夺或者予以一定限制的方法。它是国家权力的一种体现，是为了保证刑事诉讼顺利进行所采取的方法，它既不同于刑事处罚，也不同于行政处罚，而是为了保证侦查和审判的顺利进行所采取的措施。

（二）强制措施的意义

公、检、法机关对犯罪嫌疑人、被告人、现行犯实行强制措施是为了防止犯罪嫌疑人、被告人、现行犯逃避侦查和审判，排除犯罪嫌疑人、被告人、现行犯可能进行妨害迅速查明案情的活动，防止犯罪嫌疑人、被告人、现行犯继续犯罪，防止发生现行犯、被告人自杀等意外事件；同时也为了震慑、教育可能犯罪的人，鼓舞广大群众积极同犯罪作斗争，加强法制，维护社会治安。

强制措施，只有法定的国家机关在刑事诉讼过程中，对被追究刑事责任的人以及具有重大嫌疑而又很可能即将对其追究刑事责任的人依法行使。其他任何机关、团体和个人，或对非追究刑事责任的人，都不能行使强制措施。

二、强制措施的种类

根据我国《刑事诉讼法》的规定，强制措施有五种，即：拘传、取保候审、监视居住、逮捕和拘留。

（一）拘传

拘传是公、检、法机关对于未被羁押的犯罪嫌疑人、被告人，强制其到指定地点接受讯问的一种强制措施。

拘传的适用对象是未被拘留或逮捕即未被羁押的犯罪嫌疑人、被告人，由执行拘传的人员对其强制到指定地点接受讯问，被拘传者不得违抗。拘传必须填写拘传票或拘传通知书，执行人员必须携带拘传票或拘传通知书，向被拘传人宣布。

拘传是一种对人身自由短暂的限制。根据《刑事诉讼法若干解释》第 65 条规定："审判人员对被拘传的人，应当在拘传后 12 小时以内讯问完毕，不得以连续拘传的形式变相关押被拘传人。"如果在讯问之后认为有必要继续限制或剥夺犯罪嫌疑人、被告人的人身自由的，可以依法采取其他强制措施。

（二）取保候审

取保候审，是指公、检、法机关根据需要或有关人员的申请，责令犯罪嫌疑人、被告人提出保证人或交纳保证金，保证犯罪嫌疑人、被告人不逃避侦查和审判、随传随到的一种强制措施。

根据《刑事诉讼法》第 51 条、第 60 条第 2 款和第 74 条的规定，犯罪嫌疑人、被告人申请取保候审必须适合以下几个条件：(1) 可能判处管制、拘役或者独立适用附加刑；(2) 可能判处有期徒刑以上刑罚，但采取取保候审不致发生社会危险性；(3) 依法应当逮捕的人，因患有严重疾病，不宜羁押的；(4) 正在怀孕、哺乳自己婴儿的妇女；(5) 需要逮捕而证据尚不足的；(6) 对已被羁押的犯罪嫌疑人、被告人不能在法定的羁押期限内结案，又有犯罪嫌疑需要继续查证、审理的；(7) 第二审法院审理期间，已被逮捕的被告人被羁押的时间已等于或超过第一审法院对其判刑的刑期的。

取保候审可分为人保和财产保两种：

人保是指公、检、法三机关责令犯罪嫌疑人、被告人提出保证人，由保证人出具保证书，担保被保证人不逃避侦查和审判并随传随到的一种强制方法。《刑事诉讼法》第 54 条规定，保证人必须符合以下条件：(1) 与本案无牵连的；(2) 有能力履行保证义务的；(3) 享有政治权利，人身自由未受到限制的；(4) 有固定的住处和收入的。上述规定，是为了使保证人真正起到保证的作用，而不致使人保流于形式。根据《刑事诉讼法》第 55 条规定，保证人应当履行下列义务：(1) 监督被保证人遵守本法第 56 条的规定；(2) 发现被保证人可能发生或者已经发生违反本法第 56 条规定的行为的，应当及时向执行机关报告。如果被保证人有违反 56 条规定的行为，保证人未能及时报告的，对保证人处以罚款，构成犯罪的依法追究刑事责任。

财产保是指公、检、法三机关责令犯罪嫌疑人、被告人或由其提供的保证人交纳指定金额的保证金,作为不逃避侦查和审判并随传随到的一种担保的强制方法。

不论是人保还是财产保,被羁押的被告人及其法定代理人、近亲属和律师申请取保候审,必须采取书面形式,人民法院应当在接到书面申请后 7 日内作出是否同意的答复。对符合条件并提出了保证人或交纳保证金的,人民法院应当同意并依法办理取保候审手续,对不符合条件的应当先告知申请人,并说明不同意的理由。最高人民法院、最高人民检察院、公安部、国家安全部《关于取保候审若干问题的规定》规定采取保证人形式取保候审的,执行机关发现保证人丧失了担保条件时,应当书面通知决定机关。决定机关收到执行机关的书面通知后,应当责令被取保候审人提出新的保证人或者交纳保证金,或者变更强制措施的决定,并通知执行机关。然后由责令其取保候审的人民法院、人民检察院或县以上公安机关签发取保候审决定书。

《刑事诉讼法》第 56 条还规定了取保候审的犯罪嫌疑人、被告人应当遵守以下规定:(1) 未经执行机关批准不得离开居住的市、县;(2) 在传讯的时候及时到案;(3) 不得以任何形式干扰证人作证;(4) 不得毁灭、伪造证据或者串供。该条还规定,若取保候审的犯罪嫌疑人、被告人违犯上述规定,已交纳保证金的,没收保证金,并区别情况,责令犯罪嫌疑人、被告人具结悔过,重新交纳保证金、提出保证人或者监视居住及逮捕。如果犯罪嫌疑人、被告人在取保候审期间未违反前款规定的,取保候审结束时,应当退还保证金。

取保候审的期限根据《刑事诉讼法》第 58 条规定,公、检、法三机关对犯罪嫌疑人、被告人取保候审最长不得超过 12 个月。在取保候审期间,不得中断对案件的侦查、起诉和审理。对发现不应当追究刑事责任的或者取保候审期限届满的,应当及时解除取保候审,并通知被取保候审人和有关单位。

(三) 监视居住

监视居住,是指公、检、法机关责令犯罪嫌疑人、被告人在规定的期限内不得离开指定居住区域,并对其行动加以监视的一种强制措施。

根据《刑事诉讼法》第 51 条规定,监视居住与取保候审的条件相同,因此,司法机关在采取强制措施时,两者只能取其一,不能并用。

对被监视居住的犯罪嫌疑人、被告人应当遵守以下规定:(1) 未经执行机关批准不得离开住处,无固定住处的,未经批准也不得离开指定的居所;(2) 未经执行机关批准不得会见他人;(3) 在传讯的时候及时到案;(4) 不得以任何形式干扰证人作证;(5) 不得毁灭、伪造证据或者串供。如果被监视居住的犯罪嫌疑人、被告人违反上述规定,情节严重的,应变更强制措施,予以逮捕。

刑事诉讼法规定监视居住最长不得超过 6 个月。在监视居住期间,不得中断对案件的侦查、起诉和审理。如果发现不应当追究刑事责任或者监视居住期限届满的,应当及时解除监视居住,并应及时通知监视居住人和有关单位。

司法机关在决定采用监视居住时,应当制作监视居住决定书,在决定书中应属明被监视居住人的姓名、在监视居住期内不得离开的区域等内容。

根据刑事诉讼法规定,监视居住也由公安机关执行。公安机关要严格执行监督,以防止被监视居住的人离开限定区域,或逃跑、串供、毁灭证据、伪造证据等。

(四) 拘留

拘留是公安机关、人民检察院对罪该逮捕的现行犯或重大嫌疑分子,在紧急情况下采取的临时限制其人身自由的一种强制措施。

公安机关对于罪该逮捕的现行犯或者重大嫌疑分子,如果有下列情形之一的,应先行拘留:(1) 正在预备犯罪、实行犯罪或者在犯罪后即时被发觉的;(2) 被害人或者在场亲眼看见的人指认他犯罪的;(3) 在身边或者住处发现有犯罪证据的;(4) 犯罪后企图自杀、逃跑或者在逃的;(5) 有毁灭、伪造证据或者串供可能的;(6) 不讲真实姓名、住址,身份不明的;(7) 有流窜作案、多次作案、结伙作案重大嫌疑的。从以上规定可见,拘留必须同时具备两个条件:一是被拘留的对象是现行犯或者重大嫌疑分子;二是有上述法定的情形之一,这两个条件必须同时具备,缺一不可。采取拘留强制措施的只能是公安机关,其他任何机关都无权适用。

公安机关执行拘留时,应出示拘留证。拘留以后,除有碍侦查或无法通知外,应当将拘留的原因和羁押场所在 24 小时内通知被拘留人的家属或者所在单位。公安机关应在 24 小时内进行讯问。如果发现不应当拘留应立即释放并发给释放证明。如果需要逮捕的,应当在拘留后的 3 日内,提请人民检察院审查批准。在特殊情况下,提请审查批准的时间可以延长 1 日至 4 日。对于流窜作案、多次作案、结伙作案的重大嫌疑分子,提请审查批准的时间可以延长至 30 日。

人民检察院在接到公安机关提请批准逮捕书后的 7 日以内,作出批准逮捕或者不批准逮捕的决定。人民检察院不批准逮捕的,公安机关应当在接到通知后立即释放,并且将执行情况及时通知人民检察院。对于需要继续侦查的,并且符合取保候审、监视居住条件的,依法取保候审或者监视居住。若是公安机关对人民检察院不批准逮捕的决定,认为有错误的时候,可以要求复议,但是必须将被拘留的人立即释放。如果意见不被接受,可以向上一级人民检察院提请复核。上级人民检察院应当立即复核,作出决定,通知下级人民检察院和公安机关执行。人民检察院在审查批准逮捕工作中,如果发现公安机关的侦查活动中有违法情况,应当通知公安机关予以纠正,公安机关应当将纠正情况通知人民检察院。

根据《刑事诉讼法》第 134 条规定,人民检察院对直接受理的案件中被拘留的人,认为需要逮捕的,应当在 10 日内作出决定,在特殊情况下,决定逮捕的可以延长1—4日。

《刑事诉讼法》第75条还规定,犯罪嫌疑人、被告人及其法定代理人、近亲属或者其委托的律师及其他辩护人对于人民法院、人民检察院或者公安机关采取的强制措施超过法定期限的,有权要求解除强制措施。人民法院、人民检察院或者公安机关对于被采取强制措施超过法定期限的犯罪嫌疑人、被告人应当予以释放、解除取保候审、监视居住或者依法变更强制措施。

(五) 逮捕

逮捕,是公、检、法机关对符合法定条件的犯罪嫌疑人、被告人以羁押方式剥夺其人身自由,强行予以审查的一种强制措施。

根据《刑事诉讼法》第60条规定,逮捕犯罪嫌疑人、被告必须具备三个条件:(1) 有证据证明有犯罪事实;(2) 可能判处有期徒刑以上的刑罚;(3) 采取取保候审、监视居住等方法,尚不足以防止发生社会危险性,而有必要逮捕。

根据三机关分工负责、互相配合、互相制约的原则,对逮捕犯罪嫌疑人三机关的权限有所划分:首先,是人民检察院、人民法院有权决定逮捕;其次,是公安机关提请批捕、人民检察院审查、批准逮捕;最后,是公安机关执行逮捕,也就是说不论在什么情况下,有权批准逮捕犯罪嫌疑人的机关只能是公安机关。总之,逮捕犯罪嫌疑人、被告人,必须经过人民检察院批准或者人民法院决定,由公安机关执行。但对于有下列情形之一的人:(1) 正在实行犯罪或者在犯罪后即时被发觉的;(2) 通缉在案的;(3) 越狱逃跑的;(4) 正在被追捕的,任何公民都可以立即将之扭送至公安机关、人民检察院和人民法院处理。公安机关执行逮捕时,必须出示逮捕证。逮捕后,除有碍侦查或者无法通知的情形以外,应当把逮捕的原因和羁押的处所,在24小时以内通知被逮捕人的家属或者他的所在单位。人民法院、人民检察院、公安机关对于经人民检察院批准逮捕的人,都必须在逮捕后的24小时以内进行讯问,在发现不应当逮捕的时候,必须立即释放,并且发给释放证明。

第五节　附带民事诉讼

一、附带民事诉讼的概念

附带民事诉讼,是指司法机关在追究被告人刑事责任的同时,附带解决被害人因被告人的犯罪行为而遭受经济损失的赔偿活动,亦称为刑事附带民事诉讼。

根据《刑事诉讼法》第77条规定,刑事附带民事诉讼的条件:(1) 必须是被告人的犯罪行为给被害人造成的损失。(2) 必须是被害人因被告人的犯罪行为而遭受的物质损失。(3) 被害人的物质损失必须是被告人犯罪行为直接造成,否则被害人不能提起附带民事诉讼。(4) 附带民事诉讼必须在刑事诉讼过程中提起。如果刑事诉讼案件尚未立案,或者刑事案件已审结,被害人就不能提起附带民事诉讼。

二、附带民事诉讼的当事人

附带民事诉讼的当事人,是指附带民事诉讼的原告人和被告人。原告人可以是公民个人、法人和其他组织。是公民个人的一般是直接遭受犯罪侵害的人。若被害人已死亡,或者是被害人未成年人或是精神病患者,附带民事诉讼的提起和进行,应由其法定代理人以其被害人的名义提起附带民事诉讼。若被害人已死亡,他的继承人以及其他依法享有赔偿权的人,也可以成为附带民事诉讼的原告人。原告人是法人和其他组织的附带民事诉讼的原告是其法定代表人以单位的名义提起诉讼。国家集体财产遭受损失的,如果经营、管理该财产的单位,未提起附带民事诉讼的,人民检察院在提起公诉时,可以公诉人的身份提起附带民事诉讼。

附带民事诉讼的被告人是刑事案件的被告人。未被追究刑事责任的共同加害人,以及刑事被告人的法定代理人,或者是对被告人的行为负有赔偿责任的机关或企事业单位,也可以成为附带民事诉讼的被告人。

附带民事诉讼的当事人是附带民事诉讼的主要诉讼参与人。为了保证附带民事诉讼的顺利进行,法律赋予他们享有的诉讼权利和应承担的义务。附带民事诉讼的原告人权利包括在诉讼过程中有权委托代理人,代理诉讼;有权要求司法机关采取保全措施;有权参与法庭调查和辩论;有权依法提起上诉;有权与被告人和解或者撤诉。附带民事诉讼原告人的义务包括向司法机关如实反映情况、提供证据;遵守法庭纪律等。附带民事诉讼的被告人的权利包括有权委托代理人;依法有权要求审判人员、书记员、鉴定人员回避;有权参加法庭的调查、辩论;有权提起反诉;对附带民事部分不服,在法定期间内可以提起上诉。被告人的义务,除与原告人相同外,还有履行生效的判决、裁定中规定的内容的义务。

三、附带民事诉讼的提起、中止和终结

根据《刑事诉讼法》第 77 条规定:"被害人由于被告人的犯罪行为而遭受物质损失的,在刑事诉讼过程中,有权提起附带民事诉讼。"依据该条规定,被害人提起附带民事诉讼,是在刑事诉讼过程中,就是指从立案以后,到第一审法院宣告判决之前。如果刑事诉讼尚未立案,或者刑事案件第一审已终结,被害人就不能提起附带民事诉讼,而只能按民事诉讼程序提起。提起附带民事诉讼应交附带民事起诉状,如果书写起诉状有困难的也可以口头起诉,由司法人员进行笔录,笔录要向原告人宣读,经其确认无误后签名盖章。如果在诉讼过程中,被害

人应当提起附带民事诉讼，而没有提起时，公安机关、人民检察院应告之被害人行使这一权利。若被害人放弃这一权利，应准予放弃。

附带民事诉讼的中止是指在处理附带民事诉讼过程中，出现或发生了《民事诉讼法》第 136 条规定特定的情况，如一方当事人死亡，需要等待代理人等，使附带民事诉讼无法进行的即是附带民事诉讼的中止。终止诉讼原因有的消失后，应及时恢复诉讼程序。

附带民事诉讼的终结是指在处理附带民事诉讼过程中，由于存在或者发生了《民事诉讼法》第 137 条规定的情况，如原告人死亡，没有代理人、继承人等，使附带民事诉讼根本不能继续进行，或者继续进行已无实际意义，因而宣告附带民事诉讼终结。

四、附带民事诉讼的审判、判决

人民法院对附带民事诉讼的审判，应首先依据实事求是、自愿、合法的原则进行调解。经调解达成协议的，应当制作调解书，送达双方当事人即发生法律效力。如果调解未达成协议，附带民事诉讼应通过审判解决。依据《刑事诉讼法》第 78 条规定，附带民事诉讼应当同刑事案件一并审判。但应协调两种诉讼程序，这就是本着"先刑后民"的原则进行。法庭审理刑事案件所调查核实的证据，查清案件事实情况，适用于附带民事诉讼，不需要重复调查。庭审后经合议庭进行评议时，应对刑事部分和民事部分一并进行作出判决、进行宣判。附带民事诉讼的当事人和检察院，对地方各级法院一审判决、裁定中附带民事部分不服，有权提出上诉和抗诉。

人民法院为了保证附带民事诉讼的判决能够顺利执行，在必要时可以查封、扣押被告人的财产和采取其他财产的保全措施。有附带民事诉讼的判决、裁定生效后，应按照《民事诉讼法》执行程序执行。在执行中，如遇到特殊情况，使判决、裁定无法执行时，应由人民法院依法裁定终结执行。

五、附带民事诉讼的意义

刑事附带民事诉讼是刑事诉讼中的一个重要内容，它的意义在于：第一，是在追究被告人刑事责任的同时，通过附带民事诉讼，责令他赔偿因犯罪行为给被害人造成的经济损失，使他在经济上也承担应负的法律责任，这是严厉惩罚犯罪的表现。第二，通过附带民事诉讼，可以使国家、集体和公民个人因犯罪分子的犯罪行为而遭到的物质损失得到挽回和补偿。第三，刑事诉讼附带民事诉讼，把两项诉讼合并审理，可以节省诉讼参与人参加诉讼的时间，便于司法机关全面调查核实案情，避免对同一事实作出相互矛盾的结论，也便于判决、裁定的执行，提高办案的效率。

第六节 刑事诉讼程序

根据我国刑事诉讼法规定,刑事诉讼程序一般可分为五个阶段,即:立案、侦查、提起公诉、审判和执行。自诉案件立案之后即进入审判阶段,不需要经过侦查和提起公诉。现将各个阶段分述如下:

一、立案

(一) 立案的概念

刑事诉讼中的立案,是指公、检、法机关对报案、控告、检举和犯罪嫌疑人自首的材料,根据事实和法律,决定是否作为一个案件进行侦查或者审判的诉讼活动。立案阶段是刑事诉讼中一个独立的阶段,也是对立案材料审查后的一种处理结果。

刑事案件的立案是国家赋予公、检、法三机关的职权,其他任何机关、团体和个人都无权行使,否则就是违法,应当追究刑事责任。

(二) 立案的材料来源和条件

立案的材料是指有关犯罪事件的材料,是公、检、法机关决定是否立案的主要根据。立案的材料主要来源有:(1) 单位和个人的控告、举报;(2) 被害人及其法定代理人、近亲属的报案或控告;(3) 犯罪人的自首;(4) 公、检、法机关直接发现或获得的材料。

为了保护人民群众同犯罪作斗争的积极性和举报人及其亲属的安全,《刑事诉讼法》第 85 条第 3 款规定,公、检、法三机关应当保障报案人、控告人、举报人及其近亲属的安全。报案人、控告人、举报人如果不愿公开自己的姓名和报案、控告、举报的行为,应当为他保守秘密。

《刑事诉讼法》第 86 条规定,公、检、法机关"认为有犯罪事实需要追究刑事责任的时候,应当立案;认为没有犯罪事实,或者犯罪事实显著轻微,不需要追究刑事责任的时候,不予立案"。由此可见,立案决定必须有两个条件:第一,是有犯罪事实,这是立案的首要条件。也就是说,需要追究的行为必须是构成犯罪的行为,同时,必须有证据证明犯罪事实确已发生。第二,需要依法追究刑事责任。即行为人的行为已经触犯刑律,并应当给予以刑罚处罚的。总之,立案既要有事实上的根据,又要有法律上的理由,两个条件必须同等具备,缺一不可。

(三) 立案程序

根据《刑事诉讼法》第 84 条第 3 款规定,公安机关、人民检察院或者人民法院对于控告、检举和犯罪人的自首,都应当接受,对于不属于自己管辖的,应当移送主管机关处理,并且通知控告人、检举人;对于不属于自己管辖而又必须采取紧急措施的,应当先采取紧急措施,然后移送主管机关。

控告、检举可以用书面或者口头提出。接受口头控告、检举的工作人员,应当写成笔录,经宣读无误后,由控告人、检举人签名或者盖章。接受控告、检举的工作人员,应当向控告人、检举人说明诬告应负的法律责任。但是,只要不是捏造事实,伪造证据,即使控告、检举的事实有出入,甚至是错告的,也不属于诬告。应将错告和诬告严格加以区别。

立案的材料必须要加以审查,审查后认为有犯罪事实需要追究刑事责任的,应当立案。经审查如没有犯罪事实,或者犯罪事实显著轻微,不需要追究刑事责任的时候,不予立案,并且应当将不立案的原因通知控告人。控告人如果不服,可以申请复议。

《刑事诉讼法》第 87 条还规定,人民检察院或者被害人认为公安机关应当立案侦查的案件而不立案侦查的,被害人向人民检察院提出的,人民检察院应当要求公安机关说明不立案的理由。人民检察院认为公安机关不立案的理由不能成立的,应当通知公安机关立案,公安机关接到通知后应予以立案。

对于自诉案件,被害人有权直接向人民法院提起诉讼。如果被害人死亡或者丧失行为能力的,被害人的法定代理人、近亲属有权向人民法院起诉,人民法院应当依法受理。

二、侦查

(一)侦查的概念、任务、原则和意义

侦查是公安机关(包括国家安全机关)、人民检察院和军队保卫部门等在办理案件过程中,依法进行的专门调查和采取有关强制性措施的活动。它是侦查机关在刑事立案后,提起公诉前所进行的收集证据,查明案情,确定是否提起公诉的一个重要诉讼阶段。

侦查权是国家授予公安机关和检察机关、军队保卫部门和监狱的专门职权,侦查活动是一种具有严格法律性质并且是实施强制性措施的专门调查活动。它是刑事诉讼中公诉案件立案后、公诉前的必经的独立程序,是与犯罪作斗争的一种重要手段,是提起公诉和审判的前提和基础,同时也是预防犯罪和进行社会治安综合治理的有力措施。

侦查的任务是为了揭露、证实犯罪和犯罪人,打击和预防犯罪分子的破坏活动,为提起公诉或不起诉提供可靠的证据。

侦查是刑事诉讼中一个重要的诉讼阶段,它不仅关系到能否准确、及时地打击犯罪,而且还直接关系到对公权利的保护。因此侦查活动必须遵循专门机关与群众相结合、迅速及时、客观公正、全面细致和实事求是、保守秘密的原则、遵守法制原则。

（二）侦查活动

1. 讯问犯罪嫌疑人

讯问犯罪嫌疑人，是指公安机关、检察机关的侦查人员用言词方式直接取得犯罪嫌疑人的供述和辩解的一种侦查活动。根据刑事诉讼法规定，讯问犯罪嫌疑人时，侦查人员不得少于2人。对已拘留或逮捕的犯罪嫌疑人必须在拘留和逮捕后24小时内讯问，发现不应拘留和逮捕的应当立即释放。对于不需要逮捕、拘留的犯罪嫌疑人，可以传唤到指定的地点或者到他的住处、所在单位进行讯问，并应出示人民检察院或者公安机关的证明文件。《刑事诉讼法》第92条规定，传唤、拘传持续的时间最长不得超过12小时。不得用连续传唤和拘传的形式搞变相拘禁犯罪嫌疑人。

讯问犯罪嫌疑人时，应将讯问的情况依法制作笔录。讯问笔录应当交犯罪嫌疑人核对，对于没有阅读能力的，应当向他宣读，并允许犯罪嫌疑人对有误的笔录进行补充或更正，并应签名或者盖章，侦查人员也应在笔录上签名。

另外，根据《刑事诉讼法》第96条的规定，犯罪嫌疑人在被侦查机关第一次讯问后或者采取强制措施之日起，可以聘请律师为其提供法律咨询、代理申诉、控告。犯罪嫌疑人被捕的，聘请的律师可以为其申请取保候审。涉及国家机密的案件，犯罪嫌疑人聘请律师，应当经侦查机关批准。受委托的律师有权向侦查机关了解犯罪嫌疑人的罪名，可以会见在押的犯罪嫌疑人，向其了解有关案件情况。律师会见在押的犯罪嫌疑人，侦查机关根据案件情况和需要可以派员在场。涉及国家机密的案件，律师会见在押的犯罪嫌疑人，应当经侦查机关批准。不属这类案件，律师会见犯罪嫌疑人，不需要批准。

2. 询问证人

询问证人，是指侦查人员向了解案件情况的第三人进行调查，取得证据、证言的一种侦查活动。

在刑事诉讼中证人的证言是一种最重要和最普通的证据，因为证人是最了解情况的第三人，他以自己所见所闻进行陈述，对于查明案情的真相，揭露犯罪，证实犯罪，正确处理案件有着重要意义。

根据刑事诉讼法规定，侦查人员询问证人，可以到证人的所在单位或者住处进行，但是侦查人员必须出示证明文件。在必要时也可以通知证人到人民检察院或者公安机关提供证言。询问证人时应当个别进行，询问不满18周岁的证人，可以通知其法定代理人到场。凡询问证人都应当告知他应当如实提供证据、证言和有意作伪证或者隐匿罪证要负的法律责任。询问证人适用《刑事诉讼法》第95条讯问犯罪嫌疑人的规定，也要作笔录、核对，准予修改、补充，并应签名或者盖章。侦查人员也应在笔录上签名。

被害人从广义上讲，也是证人的一种，是一种特殊的证人。《刑事诉讼法》

第 100 条规定，询问被害人与询问证人的方式是相同的。

3. 勘验、检查

勘验、检查，是指侦查人员对于与犯罪有关的场所、物品、人身、尸体等进行查看或检验，是发现、收集和保全证据的一种侦查活动。勘验和检查二者性质一样，只是对象不同，勘验的对象是现场、物品和尸体；而检查的对象则是对人的身体。勘验、检查的任务是查明与犯罪有关的事实，发现和收集证据，因此任何单位和个人，都有义务保护犯罪现场，通知公安机关派员勘验。

根据刑事诉讼法规定，勘验、检查可以分为现场勘验、物证检验、尸体检验、人身检查和侦查实验等五种。需要复验、复查时，还要复验、复查。

勘验、检查活动应当由侦查人员进行。但在必要的时候，可以指派或者聘请具有专门知识的人，在侦查人员的主持下进行。侦查人员在进行勘验和检查时，必须持有人民检察院或者公安机关的证明文件。

勘验、检查的情况应当写成笔录，由参加勘验、检查的人员和见证人签名或者盖章。如果人民检察院审查案件时，对公安机关的勘验、检查认为需要复验、复查时，可以要求公安机关复验、复查，并且可以派检察人员参加。

4. 搜查

搜查，是指侦查人员为收集犯罪证据，查获犯罪人，对被告人以及可能隐藏罪犯或者犯罪证据的人的身体、物品、住处和其他有关的地方进行搜索和检查的侦查活动。任何单位和个人，有义务按照人民检察院和公安机关的要求，交出可以证明犯罪嫌疑人有罪和无罪的物证、书证、视听资料。

侦查人员进行搜查时，必须向被搜查人出示搜查证。但是在执行逮捕、拘留的时候，遇有紧急情况，不另用搜查证也可以进行搜查。

搜查时应当有被搜查人或者他的家属、邻居以及其他见证人在场。搜查的情况应当写成笔录，由侦查人员和被搜查人以及上述的见证人签名或者盖章。如果被搜查人或者他的家属在逃或者拒绝签名、盖章，应当在笔录上注明。搜查妇女的身体，应当由女工作人员进行。

5. 扣押物证、书证

扣押物证、书证，是指侦查人员为取得和保全诉讼证据，在勘验、搜查中发现的可用以证明被告人有罪或者无罪的各种物品和文件，依法予以扣留的侦查活动。

对于扣押的物品、文件，要妥善保管或者封存，不得使用或者损毁。与案件无关的物品、文件，不得扣押。对于扣押的物品、文件，应当会同在场见证人和被扣押物品持有人查点清楚，当场开列清单一式两份，由侦查人员、见证人和持有人签名或盖章，一份交持有人，一份附卷备查。侦查人员认为需要扣押被告人的邮件、电报的时候，经公安机关或者人民检察院批准，即可通知邮电部门将有关的邮件、电报检交扣押。不需要继续扣押的时候,应立即通知邮电机关。人民检察院、公安机关根据侦查犯罪的需要,可以依照规定查询、冻结犯罪嫌疑人的存款、汇款,若其存款、汇款已被冻结的,不得重复冻结。对于扣押物品、文件、邮件、电报或者冻结的存款、汇款,经查明确实与案件无关的,应当在3日以内迅速发还原主或者原邮电机关。

6. 鉴定

鉴定,是指侦查人员为查明案情而解决案件中的某些专门性问题,指派、聘请有专门知识的人进行鉴别和判定的侦查活动。

鉴定人进行鉴定后,应当写出鉴定结论,并且签名。对人身伤害的医学鉴定有争议需要重新鉴定,或者对精神病的医学鉴定,应由省级人民政府指定的医院进行。鉴定人鉴定后写出鉴定结论,除鉴定人签名外,医院要加盖公章。我国《刑事诉讼法》第122条还规定,对犯罪嫌疑人作精神病鉴定的期间不计入办案期限。因为犯罪嫌疑人进行精神鉴定的期间,是确认犯罪嫌疑人有无刑事责任能力的期间,不是追究其刑事责任的期间,所以不应计入办案期限。用作证据的鉴定结论,应当告知犯罪嫌疑人、被害人。如果犯罪嫌疑人、被害人提出申请,可以补充鉴定或者重新鉴定。

7. 通缉

通缉是公安机关对应当逮捕而在逃的犯罪嫌疑人通令缉拿归案的一种侦查措施。

《刑事诉讼法》第123条规定,各级公安机关在自己管辖的地区以内,可以直接发布通缉令;超出自己管辖的地区,应当报请有权决定的上级机关发布。通缉令只能由公安机关发布,其他任何机关、团体或个人都无权发布通缉令。通缉令发布后,任何公民都可以将通缉在案的犯罪嫌疑人扭送至公安机关、人民检察院或者人民法院处理。

(三) 侦查终结

侦查终结,是指侦查人员通过一系列侦查活动对刑事案件的事实已经查清,获得了充分、确实的证据,认为案件事实已经查清,被告人已经查获,可以对案件作出起诉、不起诉或撤销案件的处理结论时,即可终结侦查工作。这是侦查工作的最后一个阶段。可见侦查终结的条件是案件事实已查清,证据充分,法律手续完备,只有同时具备了这三个条件才能终结。

根据《刑事诉讼法》第124条规定,对犯罪嫌疑人逮捕后的侦查羁押期限规定为不得超过2个月。案情复杂、期限届满不能终结的案件,可以经上一级人民检察院批准延长1个月。因为特殊原因在较长时间内不宜交付审判的特别重大、复杂的案件,由最高人民检察院报请全国人民代表大会常务委员会批准延期审理。

我国《刑事诉讼法》第 126 条还规定，下列案件在本法第 124 条规定的期限届满不能侦查终结的，经省、自治区、直辖市人民检察院批准或者决定，可以延长 2 个月：(1) 交通十分不便的边远地区的重大复杂案件；(2) 重大的犯罪集团案件；(3) 流窜作案的重大复杂案件；(4) 犯罪涉及面广，取证困难的重大复杂案件。对犯罪嫌疑人可能判处 10 年有期徒刑以上刑罚，若在 2 个月延长期限届满，仍不能侦查终结的，经省、自治区、直辖市人民检察院批准或者决定，可以再延长两个月。

在侦查期间，如果发现犯罪嫌疑人另有重要罪行的，自从发现之日起，对该嫌疑犯的羁押期限重新开始计算。犯罪嫌疑人不讲真实姓名、住址，身份不明的，侦查羁押期限自查清其身份之日起计算，但是不得停止对其犯罪行为的侦查取证。对于犯罪事实清楚，证据确实、充分的，也可以按其自报的姓名移送人民检察院审查起诉。这一规定对打击故意隐瞒其姓名、身份使案件无法提起诉讼而久拖不决的犯罪分子有着重要意义。

公安机关侦查的案件，侦查终结时，根据事实和法律，对应当起诉和不起诉的，写出意见书，连同案卷材料、证据一并移送同级人民检察院审查决定。在侦查过程中，发现不应对犯罪嫌疑人追究刑事责任的，应当撤销案件；犯罪嫌疑人已被逮捕的，应当立即释放，发给释放证明，并且通知原批准逮捕的人民检察院。

由人民检察院侦查终结的案件，应当作出提起公诉、不起诉或者撤销案件的决定。

三、提起公诉

(一) 提起公诉的概念

提起公诉，是指有公诉权的国家专门机关向审判机关提起刑事诉讼，要求对被告人定罪处刑的活动。在我国有公诉权的国家专门机关是人民检察院。

提起公诉是刑事诉讼的中心环节，它处于侦查和审判阶段之间，既是对侦查工作的审查，又是审判工作的准备。通过提起公诉活动，可以全面审查案件事实和证据，检验批捕工作质量，又可以审查侦查工作是否合法，对侦查工作实行有效监督。

(二) 提起公诉的活动

1. 审查起诉

审查起诉，是指人民检察院对公安机关侦查终结需要提起公诉的案件进行审查，决定是否向人民法院提起公诉的活动。

根据《刑事诉讼法》第 137 条，人民检察院审查案件的时候，必须查明以下五个方面：(1) 犯罪事实、情节是否清楚，证据是否确实、充分，犯罪性质和罪名的认定是否正确；(2) 有无遗漏罪行和其他应当追究刑事责任的人；(3) 是否属于不应追究刑事责任的;(4) 有无附带民事诉讼;(5) 侦查活动是否合法。

人民检察院审查案件,应当讯问犯罪嫌疑人,听取被害人和犯罪嫌疑人、被害人委托人的意见,这是人民检察院审查案件必经的程序。对于需要补充侦查的,可以退回公安机关侦查,也可以自行侦查。人民检察院对于公安机关移送起诉或者不起诉的案件,应当在1个月以内作出决定,重大、复杂的案件,可以延长半个月。人民检察院对于补充侦查的案件,不论自行侦查还是退回公安机关补充侦查应当在1个月内补充侦查完毕。经过三次审查起诉的时间最长可以达到6个半月。

2. 提起公诉

提起公诉,是指人民检察院对公安机关移送起诉的案件以及自己侦查终结的案件,经审查认为需要追究刑事责任的,作出起诉决定,依法向人民法院提起公诉,要求人民法院审判的诉讼活动。

根据《刑事诉讼法》第141条规定,决定提起公诉的案件应当是犯罪嫌疑人犯罪事实已经查清,证据确凿、充分,依法应当追究刑事责任的。人民检察院应当按照审判管辖的规定,向人民法院提起公诉。提起公诉应制作起诉书,主要内容应包括:被告人的基本情况、案由和案件的来源、案件事实、起诉的根据和理由,然后由人民检察院向人民法院移送起诉书。

3. 不起诉

不起诉,是人民检察院对公安机关侦查终结移送起诉的案件或自行侦查终结的案件,经审查认为犯罪嫌疑人的行为不构成犯罪或者依法不应追究刑事责任,而作出不向人民法院提起公诉的一种决定。

根据刑事诉讼法的规定,不起诉的案件有以下几种情况:(1) 犯罪嫌疑人有《刑事诉讼法》第15条规定的六种情形之一的,人民检察院应当作出不起诉的决定。这六种情况是:① 情节显著轻微、危害不大,不认为是犯罪的;② 犯罪已过追诉时效的;③ 经特赦令免除刑罚的;④ 依照刑法告诉才处理的犯罪,没有告诉或者撤回告诉的;⑤ 犯罪嫌疑人、被告人死亡的;⑥ 其他法律规定免予追究刑事责任的。(2) 人民检察院认为证据不足,不符合起诉条件的,可以作出不起诉的决定。若公安机关补充侦查后仍移送起诉的,人民检察院认为证据不足且不宜再发回补充侦查的,应作出不起诉决定;对人民检察院自行侦查后,仍证据不足的可以撤销案件,也可以作出不起诉决定。

人民检察院决定不起诉的案件,应当公开宣布,并将不起诉书送达不起诉人和他的所在单位。对于有被害人的案件,决定不起诉的,人民检察院应当将不起诉书送达被害人。被害人若不服可以自收到起诉书7日以内向上一级人民检察院申诉,请求提起公诉。人民检察院应当将复查决定告知被害人。人民检察院仍维持不起诉决定的,被害人也可以直接向人民法院起诉。

人民检察院决定不起诉的案件,应当同时将侦查中所扣押、冻结的财物解除扣押、冻结,对被不起诉人需要给予行政处罚、行政处分或者需要没收其违法所得的,人民检察院应当提出检查意见,移送有关主管机关处理。处理后应将结果通知人民检察院。

人民检察院作出不起诉决定的,被不起诉人若不服,可以自收到决定书后7日内向人民检察院提出申诉。人民检察院接到申诉后,应当作出复查决定,并通知被不起诉的人,同时抄送公安机关。

四、审判

(一) 审判的概念和意义

刑事诉讼中的审判,是指人民法院依法对刑事案件进行审理和裁判的诉讼活动。根据我国宪法和法律规定,国家审判权由人民法院独立行使,不受行政机关、社会团体和个人的非法干涉。

审判作为诉讼的中心环节和决定性阶段,它对于完成刑事诉讼任务,保证办案质量具有决定性的意义。它是对侦查机关的侦查、检察机关的起诉进行最后的全面审查。人民法院对提起公诉的案件进行审查后,对于起诉书中有明确的指控犯罪事实,并附有证据材料目录、证人名单和主要证据复印件或者照片的,应当决定开庭审判。审判是在充分保障被告人辩护权的条件下进行的,充分体现了诉讼的公正性和民主性。同时,除法律有特别规定的,审判采取公开形式进行,这样可以起到教育群众和有利于群众监督法律实施的作用。

(二) 审判程序

根据我国刑事诉讼法的规定,审判程序可分为:第一审程序、第二审程序、死刑复核程序和审判监督程序。其中第一审程序和第二审程序包括有公诉案和自诉案的程序。

1. 第一审程序

第一审程序,是指人民法院对第一审案件进行审判必须采取的方式、方法和遵循的顺序等。刑事诉讼法对公诉案件的第一审程序和自诉案件的第一审程序都作了具体规定。

(1) 公诉案件的第一审程序

法院在开庭审理公诉案件之前,应当作以下准备工作:① 确定合议庭的组成人员,审判长由院长或者庭长指定的审判员中的人担任,合议庭的其他成员,一般由庭长确定;② 将人民检察院的起诉书副本至迟在开庭10日以前送达被告人,对于被告人未委托辩护人的,告之被告人可以委托辩护人,或者在必要时指定承担法律义务的律师,为其提供辩护;③ 将开庭的时间、地点在开庭3日以前通知人民检察院;④ 通知诉讼参与人,传票与通知书至迟在开庭3日前送达;

⑤ 决定公开审判的案件,在开庭3日以前先期公布案由、被告人姓名、开庭时间和地点,以便公民前来旁听。

上述准备活动,都应由书记员制作笔录,由审判人员和书记员签名后入卷。

第一审程序的法庭审判是审判人员通过开庭的方式,在公诉人、当事人以及其他诉讼参与人的参加下,查对核实证据,弄清案件事实,全面听取各方对案件事实和定罪量刑的意见,确定被告人是否应负刑事责任和应否受刑罚处罚以及为什么处罚的诉讼活动。它共有五个阶段,即:开庭、法庭调查、法庭辩论、被告人最后陈述、评议和宣判。这五个阶段都有其特定内容和任务,缺一不可,否则会影响办案质量。

第一,开庭。在法庭宣布开庭前,书记员应当查明公诉人、当事人及其他诉讼参与人是否到庭;应当宣读法庭规则;然后请审判长及其他审判人员入庭,并当庭向审判长报告开庭前的准备工作已经就绪,以及在审判人员入庭时,请全体人员起立。

宣布开庭是法庭审判的开始。根据《刑事诉讼法》第154条和其他有关规定,开庭时,由审判长宣布开庭,并传唤当事人到庭,问明当事人的姓名、年龄、职业、籍贯、住址等;宣布案由;宣布合议庭的组成人员、书记员、公诉人、辩护人、鉴定人和翻译人员的名单;告知当事人、法定代理人有权对合议庭组成人员、书记员、公诉人、鉴定人和翻译人员申请回避;告知被告人享有辩护等权利;对不公开审理案件,应当庭宣布其理由。

第二,法庭调查。根据《刑事诉讼法》第155条至第160条的规定,该阶段包括以下内容。首先,由公诉人在法庭上宣读起诉书,其次,审判人员开始审问被告人,最后,核实证据,公诉人经审判长许可,可以讯问被告人。被害人、附带民事诉讼的原告人、辩护人、诉讼代理人在审判人员讯问被告人后,经审判长许可,可以向被告人发问。审判人员、公诉人询问证人,应当告知要如实地提供证言和有意作伪证或者隐匿罪证要负的法律责任。公诉人、当事人和辩护人、诉讼代理人经审判长许可可以对证人、鉴定人发问。审判长认为发问的内容与案件无关的时候,应当制止。

在法庭调查过程中,当事人和辩护人有权申请通知新的证人到庭,调取新的物证,申请重新鉴定或者勘验。法庭对于上述申请,应当作出是否同意的决定。人民法院向人民检察院调取、调查、核实需要的材料,或者辩护人、被告人申请向人民检察院调取被告人无罪和罪轻的证据材料,应通知检察院在收到调取证据材料决定书后3日内移交。

法庭审理过程中,合议庭对证据有疑问的,可以宣布休庭,对证据进行调查核实。

第三,法庭辩论。法庭辩论是在法庭调查的基础上,由控诉方和辩护方当众进行辩论和反驳，从而使合议庭听取各方意见，能全面、深入地分析案情，正确判断是非，确认被告有无罪行及作出适当处理。法庭调查后，根据刑事诉讼法的有关规定和司法实践，法庭辩论顺序是应当先由公诉人发言，二是被害人及其诉讼代理人发言，三是由被告人进行陈述和辩解，四是辩护人进行辩护，五是控辩双方互相辩论。但双方发言机会要均等。

第四，被告人的最后陈述。《刑事诉讼法》第160条规定："……审判长在宣布辩论终结后，被告人有最后陈述的权利。"让被告人作最后陈述，是在合议庭评议和判决前再给被告人一次行使辩护权利的机会。被告人可以利用这个机会陈述自己对整个案件的看法和意见，包括自己是否有罪、罪行轻重、犯罪原因、对所犯罪行的认识态度以及对量刑的要求等。如果被告人在最后陈述中提出新的事实和证据以及新的辩解理由，合议庭认为可能影响案件正确裁判的应当恢复调查和辩论。

第五，评议和宣判。在被告人最后陈述后，审判长宣布休庭，合议庭进行评议。根据已经查明的事实、证据和有关法律规定，作出被告人有罪无罪的判决。宣告判决，一律公开进行。当庭宣告判决的，应当在5日以内将判决书送达当事人和提起公诉的人民检察院；定期宣告判决的，应当在宣判后立即将判决书送达当事人和提出公诉的人民检察院。

第六，延期审理与中止审理。在法庭审理过程中，根据《刑事诉讼法》第165条规定有下列三种情况之一的可以延期审理：① 需要通知新的证人到庭，调取新的物证，重新鉴定或者勘验的；② 检察人员发现提起公诉的案件需要补充侦查，提出建议的；③ 由于当事人申请回避不能进行审判的。延期审理后的开庭时间，在影响进行审判的情形消失后确定，但不能超过法定的办案期限。

中止审理是在人民法院审理刑事案件的过程中，出现了许多诉讼外的情况，如被告人患有精神或其他严重疾病，以及案件起诉后被告人逃脱，致使案件无法进行，人民法院可以裁定中止审理。当中止审理的原因消失后，应当恢复审理。

（2）自诉案件的第一审程序

自诉案件是被害人或者其法定代理人，为追究被告人的刑事责任，自行向人民法院提起诉讼，由人民法院直接受理的案件。

根据《刑事诉讼法》第170条规定，自诉案件范围包括：告诉才处理的案件；被害人有证据能够证明的轻微的刑事案件和对被告人侵犯自己人身、财产权利的行为应当依法追究刑事责任，而公安机关或者人民检察院不予追究被告人刑事责任的案件。

人民法院接到自诉人的起诉后，应当对案件进行审查。审查后，可以按照下列情形分别处理：① 犯罪事实清楚，有足够证据的案件，应当开庭审判；② 缺乏罪证的案件，如果自诉人提不出补充证据，应当说服自诉人撤回自诉，或者裁定驳回。自诉人经两次依法传唤,无正当理由拒不到庭的,或者未经法庭许可中途退庭的,按撤诉处理。

人民法院对自诉案件,可以进行调解;自诉人在宣告判决前,可以同被告人自行和解或者撤回自诉。自诉案件的被告人在诉讼过程中,可以对自诉人提起反诉。但是,反诉的对象是同一案件的自诉人,反诉的内容只能是与自诉案件有关联的犯罪行为,反诉案件的范围必须是人民法院可以直接受理的案件。被告人反诉时适用自诉的规定。

(3) 简易程序

简易程序,是基层人民法院对某些案件进行审判时所采用的,比第一审普通程序简便、快捷的方式、方法等的总称。

简易程序主要有以下特点:① 只有基层人民法院审判刑事案件,才可以适用简易程序;② 适用简易程序,可以由审判员一人独任审判;③ 适用简易程序审理案件,人民法院应当在受理后20日以内审结。

适用简易程序的范围:① 案件事实清楚,证据充分;② 对依法可能判决3年以下有期徒刑、拘役、管制,单处罚金的公诉案件;③ 人民检察院建议或者同意适用简易程序的案件;④ 告诉才处理的案件;⑤ 被害人起诉的有证据证明的轻微刑事案件。

根据《刑事诉讼法》第179条的规定,人民法院在审理过程中,发现有下列情形之一的,应当裁定中止审理,不适用简易程序再行组成合议庭,按第一审程序进行审理,主要有以下几种情形:① 依法应当判处3年以上有期徒刑的;② 对案件事实、证据存在较大争议的;③ 人民检察院发现被告人有新的犯罪事实,要求补充侦查或者追加起诉的;④ 被告人是否犯罪、犯有何罪,存在疑问的等。

2. 第二审程序

第二审程序是指上一级人民法院根据当事人的上诉或人民检察院的抗诉,对于下一级人民法院未生效的判决或裁定重新进行审理的程序,又称上诉审程序。

第二审程序是刑事诉讼中的一个独立的诉讼阶段。它的任务是通过对第一审的判决、裁定进行全面审理,维持正确的判决、裁定,纠正错误的判决、裁定,既不放纵犯罪分子,又不错判无辜,切实保证案件的质量。

第二审程序不是每个刑事案件的必经程序。根据《刑事诉讼法》第180条规定,有权提出上诉的人有自诉人、被告人和他们的法定代理人,以及经被告人同意的被告人的辩护人、近亲属,还有附带民事诉讼的当事人及其法定代理人。如果被害人对一审刑事裁判不服,可以在收到一审判决书后5日以内请求检察院提起抗诉。检察院收到被害人及其法定代理人的请求后5日以内,应当作出是否抗诉的决定并且答复请求人。对第一审裁判有抗诉权的是对案件提出公诉的人民检察院。

根据刑事诉讼法规定,不服判决的上诉和抗诉的期限为10日,不服裁定的上诉和抗诉的期限为5日,从接到判决书、裁定书的第2日起算。被告人、自诉人、附带民事诉讼的原告人和被告人通过原审人民法院提出上诉的,原审人民法院应当在3日内将上诉状连同案卷、证据移送上一级人民法院,同时将上诉状副本送交同级人民检察院和对方当事人。上述当事人直接向第二审人民法院提出上诉的,第二审人民法院应当在3日以内将上诉状交原审人民法院送交同级人民检察院和对方当事人。地方各级人民检察院的抗诉,也应该依照法定程序进行。

第二审法院对上诉案件,应当组成合议庭,开庭审理。合议庭经过阅卷、讯问当事人等,对事实清楚的可以不开庭审理。对人民检察院抗诉的案件应当开庭审理。

根据《刑事诉讼法》第186条的规定,第二审人民法院应当就第一审判决认定的事实和适用法律进行全面审查,不受上诉或者抗诉范围的限制。如果共同犯罪的案件只有部分被告人上诉的,应当对全案进行审查,一并处理。经过审理后,根据《刑事诉讼法》第189条、第190条的规定,第二审人民法院应当按照下列情况分别处理:① 原判决认定事实和适用法律正确、量刑适当的,应当裁定驳回上诉或者抗诉,维持原判;② 原判决认定事实没有错误,但适用法律有错误,或者量刑不当的,应当改判;③ 原判决事实不清楚或者证据不足的,可以在查清事实后改判;也可以裁定撤销原判,发回原审人民法院重新审判。

根据最高人民法院《刑事诉讼法若干解释》第239条规定:被告人、自诉人、附带民事诉讼的原告人和被告人及其法定代理人在诉讼期满后要求撤回上诉的,应当由第二审人民法院审查;如果认为原判决认定事实和实用法律正确,量刑适当,应当裁定允许被告人撤回上诉,否则不允许撤回上诉,并按照上诉程序进行审理。

为了有利于保障被告人充分行使辩护权,有利于维护上诉制度,保证法院正确行使审判权和有利于提高审判工作和检察工作的质量,我国《刑事诉讼法》第190条规定了上诉不加刑的原则,即"第二审人民法院审判被告人或者他的法定代理人、辩护人、近亲属上诉的案件,不得加重被告人的刑罚。人民检察院提出抗诉或者自诉人提出上诉的,不受前款规定的限制"。但是人民检察院抗诉的案件,经第二审人民法院审理后,改判被告人死刑立即执行的,应当报请最高人民法院核准。共同犯罪案件中人民检察院只对部分被告人的判决提出抗诉的,第二审人民法院对其他第一审被告人不得加重刑罚。

第二审人民法院受理上诉、抗诉案件后,应当在一个月以内审结,至迟不得超过一个半月。

3. 死刑复核程序

死刑复核程序是人民法院对判处死刑的案件进行审查核准的一种特别审判程序。死刑是剥夺犯罪分子生命的最严厉的一种刑罚方法,适用得当,可以起到惩罚犯罪、维护国家利益和公民权利的作用,如果适用不当,则会给国家和人民造成无法挽回的损失。因此,对于死刑需要采取慎重的方针。死刑复核程序是从制度上防止错案,保证正确适用死刑的一种程序。

刑事诉讼法规定,死刑由最高人民法院核准。中级人民法院判处死刑的第一审案件,被告人不上诉的,应由高级人民法院复核后,报请最高人民法院核准。高级人民法院不同意判处死刑的,可以提审或者发回重新审判。高级人民法院判处死刑的第一审案件被告人不上诉的和判处死刑的第二审案件,都应当报请最高人民法院核准。中级人民法院判处死刑缓期两年执行的案件,由高级人民法院核准。最高人民法院复核死刑案件,高级人民法院复核死刑缓期执行的案件,应当由审判员 3 人组成合议庭进行。依据《人民法院组织法》第 13 条规定,最高人民法院发出的《关于授权高级人民法院核准部分死刑案件的通知》指出,对杀人、强奸、抢劫、爆炸以及其他严重危害公共安全和社会治安判处死刑案件的核准权,本院依法授权各省、自治区、直辖市高级人民法院和解放军军事法院行使。第八届全国人民代表大会第五次会议对《刑法》作了修订,修订后的刑法曾规定死刑除依法由最高人民法院判决的以外,都应当报请最高人民法院核准,但是鉴于目前治安形势和打击犯罪的需要,根据《刑事诉讼法》、《刑法》和《关于授权高级人民法院核准部分死刑案件的通知》明确了今后由省、自治区、直辖市高级人民法院、解放军军事法院核准死刑案件的范围。

4. 审判监督程序

审判监督程序是指人民法院、人民检察院对已经发生法律效力的判决和裁定,认为在认定事实或适用法律上确有错误,依法对案件提出进行重新审理,所应遵循的诉讼程序,又称再审程序。

审判监督程序是刑事诉讼中的一个独立阶段,但并不是每一个案件的必经程序,而是在一定条件下采用的一种特殊程序,其目的在于贯彻"实事求是、有错必纠"的方针,准确适用刑罚;在于上级审判机关对下级审判机关、检察机关对审判机关,以及人民群众对审判工作实施监督,消除社会不安定因素,促进社会治安的综合治理,保障社会主义现代化建设的顺利进行。

根据《刑事诉讼法》第 203 条规定,当事人及其法定代理人、近亲属,对已经发生法律效力的判决、裁定,可以向人民法院或者人民检察院提出申诉,但不能停止判决、裁定的执行。

提起申诉的理由有:(1) 有新证据证明原判决、裁定认定的事实确有错误的;(2) 据以定罪量刑的证据不确实、不充分或者证明案件事实的主要证据之间存在矛盾的;(3) 原判决、裁定适用法律确有错误的;(4) 审判人员在审理该案件时,有贪污受贿、徇私舞弊、枉法裁判行为的。

依据《刑事诉讼法》第 205 条的规定,提起审判监督程序的主体有:(1) 各级人民法院院长对本院已经发生法律效力的判决和裁定,如果发现在认定事实上或者在适用法律上确有错误,必须提交审判委员会处理。(2) 最高人民法院对各级人民法院已经发生法律效力的判决和裁定,上级人民法院对下级人民法院已经发生法律效力的判决和裁定,如果发现确有错误,有权提审或者指令下级人民法院再审。(3) 最高人民检察院对各级人民法院已经发生法律效力的判决和裁定,上级人民检察院对下级人民法院已经发生法律效力的判决和裁定,如果发现确有错误,有权按照审判监督程序提出抗诉。案件由原审人民法院按照审判监督程序重新审理的称之为再审,由上级人民法院按照审判监督程序重新审理的称之为提审。

依据《刑事诉讼法》第 207 条规定,对再审案件审理的期限是人民法院应当在作出提审、再审决定之日起 3 个月审结,需要延长的不得超过 6 个月。对人民检察院抗诉的案件其期限同上,对需要指令下级人民法院再审的,应当自接受抗诉之日起 1 个月内作出决定,其审理案件的期限适用上述规定。

人民法院按照审判监督程序重新审判的案件,应当另行组成合议庭进行。如果原来是第一审案件,应当依照第一审程序进行审判,所作的判决、裁定,可以上诉、抗诉;如果原来是第二审案件,或者是上级人民法院提审的案件,应当依照第二审程序审判,所作的判决、裁定,是终审的判决、裁定,当事人不得上诉或抗诉。

审判监督后案件的处理根据《刑事诉讼法解释》第 312 条规定,可分下列情况处理:(1) 驳回申诉或抗诉,维持原判;(2) 宣告无罪;(3) 依法改判;(4) 发回重审。

五、执行程序

(一) 执行的概念和意义

刑事诉讼中的执行,是指司法机关和法律授权的其他组织将已经发生法律效力的判决、裁定所确定的刑罚等内容付诸实施的活动。

执行是使被判刑的罪犯受到实际的惩罚,使判处无罪和免除刑罚的在押被告人得到释放,完成刑事诉讼任务,有效地维护社会主义法制的尊严和权威,威慑社会不稳定分子,教育广大群众自觉守法,激发公民同犯罪作斗争的积极性,有利于预防和减少犯罪。

(二) 判决、裁定的执行程序

《刑事诉讼法》第 208 条规定,判决和裁定在发生法律效力后执行。发生法律效力的判决和裁定有:(1) 已过法定期限没有上诉、抗诉的判决和裁定;(2) 终审的判决和裁定;(3) 最高人民法院核准的死刑的判决和高级人民法院核准的死刑缓期两年执行的判决。

对各种判决、裁定执行的程序:

1. 第一审人民法院判决被告人无罪、免除刑罚的,如果被告人在押,在宣判后应当立即释放。

2. 最高人民法院判处和核准的死刑立即执行的判决和高级人民法院被授权核准的死刑立即执行的判决,应由最高人民法院院长或高级人民法院院长签发执行死刑的命令,均由高级人民法院交付原审人民法院执行。原审人民法院接到执行死刑的命令后,应当在7日以内交付执行。执行死刑,应当公布,不应示众。

3. 被判处死刑缓期两年执行的罪犯,在监狱或者其他劳动改造场所执行。

4. 无期徒刑、有期徒刑的罪犯由公安机关依法将该罪犯送交监狱执行刑罚,对于被判处有期徒刑的罪犯,在被交付执行刑期前剩余刑期1年以下的,由看守所代为执行。对被判处拘役的罪犯由公安机关执行。对未成年犯应当在未成年犯管教所执行刑罚。被判处有期徒刑、拘役的罪犯,执行期满,应当由执行机关发给刑满释放证。被判处无期徒刑、有期徒刑或者拘役的罪犯,如有严重疾病需要保外就医的;怀孕或者正在哺乳自己婴儿的妇女,可以暂予监外执行。对于暂予监外执行的罪犯,由居住在公安机关执行,执行机关应当对其严格管理监督,基层组织或者罪犯的原所在单位协助进行监督。

5. 对于被判处有期徒刑和缓刑的罪犯,由公安机关交所在单位或者基层组织予以考察。对于被假释的罪犯,在假释考验期限内,由公安机关予以监督。依据《刑事诉讼法解释》,第一审人民法院判决拘役或有期徒刑宣告缓刑的犯罪分子,判决尚未发生法律效力的,不能立即交付执行。如果被宣告缓刑的罪犯在押,第一审人民法院应先行作出变更强制措施的决定,改监视居住或者取保候审,并立即通知公安机关。判决发生法律效力后,应将法律文书送达当地公安机关。

6. 对于被判处管制、剥夺政治权利的罪犯,由公安机关执行。执行期满,应当由执行机关通知本人,并向有关群众公开宣布解除管制或者恢复政治权利。

7. 被判处罚金的罪犯,期满不缴纳的,人民法院应当强制缴纳;如果由于遭遇不能抗拒的灾祸缴纳确实有困难的,可以裁定减少或者免除。没收财产的判决,无论附加适用或独立适用,都由人民法院执行;在必要时,可以会同公安机关执行。

(三) 执行的变更

1. 死刑立即执行的变更。下级人民法院在执行死刑命令前,发现有下列情形之一的,应当停止执行,并且立即报告最高人民法院,由其作出裁定:在执行前发现判决可能有错误的;在执行前罪犯揭发重大犯罪事实或者有其他重大立功表现,可能需要改判的;罪犯正在怀孕的。

2. 死刑缓期两年执行的变更。对这类罪犯的执行期间,如果没有故意犯罪,死刑缓期执行期满,应当予以减刑,由执行机关提出书面意见,报请高级人民法院裁定;如果故意犯罪,查证属实,应当执行死刑,由高级人民法院报请最高人民法院核准。

3. 监外执行案件。对于被判处有期徒刑或者拘役的罪犯有下列情形之一的,可以暂予监外执行:有严重疾病需要保外就医的;怀孕或者正在哺乳自己婴儿的妇女。对判处有期徒刑、拘役,生活不能自理的,适用监外执行不致危害社会的罪犯,可以暂予监外执行。对被宣告监外执行的罪犯,应交付公安机关执行,基层组织或罪犯原所在单位协助进行监督。监外执行的条件消失后,如果刑期未满,应将罪犯收回监狱或其他劳动改造场所;监外执行期间如果刑期已满,应发给刑满释放证明,不再收监。罪犯在监外执行期间死亡的,应当及时通知监狱。

4. 对新罪与漏罪的处理。罪犯在服刑期间有犯罪的,或者发现判决的时候没有发现的罪行,应撤销原判决,由人民法重新审理,审判新罪的人民法院在审判新罪时,对原判决、裁定予以撤销,如果原来是上级人民法院判决的、裁定的,审判新罪的下级人民法院也可以撤销其判决,并应通知原判决的人民法院和执行机关。

5. 对减刑、假释的处理。被判处管制、拘役、有期徒刑或者无期徒刑的罪犯,在执行期间确有悔改或者立功表现,应当依法予以减刑、假释的时候,由执行机关提出建议书,报请人民法院审核裁定。

6. 错判与申诉的处理。监狱和劳动改造机关在刑罚执行中,如果认为判决有错误或者罪犯提出申诉,应当转请人民检察院或原判人民法院处理。

主要参考书目:

1. 张国安主编:《新编刑事诉讼法》,中国人民大学出版社 1996 年版。
2. 易延友著:《刑事诉讼法》(第二版),法律出版社 2004 年版。
3. 王国枢主编:《刑事诉讼法》(新编本),北京大学出版社 1998 年版。
4. 潘天牧主编:《刑事诉讼法学》,上海大学出版社 2004 年版。

第三编 国 际 法

第十三章 国际法概述

第一节 国际法绪论

一、国际法的概念

国际法又称国际公法，是指主要调整国家之间关系的具有拘束力的原则、规则和规章、制度的总体。这一定义包含以下三点内容：

(1) 国际法是国家在其相互交往中产生和发展起来的，没有国家间的交往，国际法就无从产生与存在；

(2) 国际法的调整对象主要是国家之间的关系，此外，还包括国际组织、民族解放运动中形成的政治实体各自和相互间以及它们同国家之间的关系；

(3) 国际法具有法律拘束力，如果违反了，就构成国际不法行为，应当承担国际责任。而国际道德或国际礼让则没有法律拘束力，即使违反了也不构成国际不法行为，不承担国际责任。

国际法是国际社会区分合法与非法的标准，是国际上的行为规则，是国际法主体进行自我约束和相互约束，以及在其相互交往中确立某种权利和义务的法律形式，也是国际裁判的法律依据。

二、国际法的特征

与国内法相比，国际法有三个特征：

(1) 国际法的主体主要是国家。国际法所调整的主要是国家之间的关系，因此国际法的主体主要是国家；类似国家的政治实体(如民族解放组织)和政府间的国际组织在一定条件下、一定范围内也是国际法主体。自然人和法人不是国际法主体。

(2) 国际法是国家以协议的方式来制定的。由于各国都具有独立的主权，是平等的，因此在国际上没有也不应有凌驾于国家之上的国际立法机构来制定国际法。国际法只能由国家在平等的基础上以协议或默认行为创立出来，即国际条约和国际习惯。

(3) 国际法的强制实施方式与国内法不同。国际上没有也不应有超越于国家之上的强制机关来执行实施国际法的职能,国际法的强制实施主要是依靠国家本身的行动。

三、国际法的渊源

国际法的渊源是指国际法原则、规则和规章、制度第一次出现、确立并获得法律效力的地方或事实。关于国际法的渊源有不同的看法,一般来讲,各国普遍承认国际条约和国际习惯是国际法的主要渊源。

1. 国际条约

国际条约有"契约性条约"和"造法性条约"之分。

2. 国际习惯

在国际交往中形成的许多惯例如果被接受为法律,就成为国际习惯。国际习惯的形成应具备两个要素:一是惯例的产生,即"物质因素",二是该惯例要被接受为法律,即"心理因素"。

《国际法院规约》第 38 条规定:法院对于陈述各项争端,应依国际法裁判之。裁判时应适用的法律有:(1) 国际条约;(2) 国际习惯,作为通例之证明而经接受为法律者。由此可见,国际条约和国际习惯是国际法的两个主要渊源。

除上述两个渊源外,其他如一般法律原则为各国所承认者、司法判例及公法学家之学说能否成为国际法的渊源,在国际上有不同的主张;国际组织和国际会议所通过的决议能否成为国际法的渊源,在国际上也有不同的看法。

四、国际法与国内法的关系

国际法与国内法是属于同一法律体系,还是属于两种不同的法律体系,二者之间的关系如何,对此,存在着两种不同的看法。"一元论"认为,国际法与国内法属于同一个法律体系。在这个前提下,有的学者主张国际法从属于国内法,即"国内法优先说",有的学者则主张国内法从属于国际法,即"国际法优先说"。二元论却认为,国际法与国内法分属于两个不同的法律体系,这两个法律体系是对立的、不相隶属的。

在国际法与国内法的关系问题上,我国学者的观点是:国际法与国内法是不同的法律体系,因为这两者在主体、调整对象、法律渊源、效力根据以及实施方式等各方面都不相同。但由于国内法和国际法的制定者都是国家,因而这两个体系彼此不是互相对立而是紧密联系、互相渗透、互为补充的。国家在制定国内法时应考虑国际法的原则和规则,不应违背它所承担的国际义务;国家在参与制定国际法时应考虑到国内法的立场,不能干预国内法。国际法的原则和规则可以从各国的国内法中得到补充和具体化，国内法也可以从国际法的原则和规则中得到充实和发展。因此，这两者的关系应当是协调一致的。

五、国际法的基本原则

（一）国际法基本原则的概念

国际法基本原则是指那些被各国公认的、具有普遍拘束力的、适用于国际法各个领域的、构成国际法基础的法律原则。

作为一项国际法基本原则，应当具备以下条件：

(1) 各国公认。一项原则要成为国际法基本原则，必须得到各国公认。这种公认，或者反复体现在各国缔结的双边或多边条约中，或者作为国际习惯而被各国接受。只有这样，该原则才具有法律根据，才能产生法律拘束力并创设法律上的权利和义务。但各国公认并不要求所有国家一致公认，而是必须具有广泛的普遍性，为多数或绝大多数国家所承认。

(2) 具有普遍约束力。国际法基本原则是适用于国际法一切效力范围的、具有普遍效力的全局性原则，应当对国际法的各个领域都具有指导作用和拘束力。

(3) 构成国际法的基础。其具体体现为：其一，国际法基本原则是国家在国际关系中必须绝对遵守的原则，否则，就从根本上动摇了国际法的法律基础，国际法就无法存在。其二，国际法基本原则对国际法的其他原则、规则和规章、制度具有制约作用，同时也是判断国际法其他原则、规则和规章、制度是否符合国际法的法律标准。其三，国际法基本原则是国际法上其他原则、规则和规章、制度得以产生和确立的法律基础。

（二）国际法基本原则的内容

根据《联合国宪章》、《国际法原则宣言》的宗旨和原则以及中国和印度所共同倡导的和平共处五项原则，并结合有关的国际实践，国际法的基本原则一般认为主要有以下几项：

1. 国家主权平等原则

国家主权是国家本身所固有的最重要的属性。国家主权神圣不可侵犯，而且不可分割，不可让予。国家主权即国家统治的权力，它具体体现为国家对内的最高权和对外的独立权。在对内方面，国家对自己领土内的人和物以及领土外的本国人享有属地优越权和属人优越权；在对外方面，每个国家都是相互平等的国际人格者，有权独立自主地处理本国的对内对外事务，并排除任何外来的侵犯和干涉。

所谓国家主权平等原则，是指各国不问经济、社会、政治或其他方面性质有何不同，主权一律平等，均享有平等权利与责任，并为国际社会之平等的一员。

主权平等应包括以下要素:(1) 各国法律地位平等;(2) 每一国均享有充分主权之固有权利;(3) 每一国均有义务尊重其他国家之人格;(4) 国家领土完整及政治独立不得侵犯;(5) 每一国家均有权利自由选择并发展其政治、社会、经济及文化制度;(6) 每一国家均有责任履行其国际义务。这些要素充分体现了权利和义务的统一,每一国家既享有自身的充分主权,又负有尊重他国主权之义务。

国家主权平等原则是现代国际法基本原则体系中的最重要原则。之所以如此,首先,这是由国际社会的基本特点所决定。国际社会是由主权国家组成的,国家是彼此独立的主权体,它们的关系应当是平等者之间的关系;其次,既然国家间的关系应当是平等者之间的关系,那么主要调整国家间关系的国际法就必须以国家主权平等原则为基础,并根据这项原则来建立国际法律秩序;再次,从国际法基本原则的相互关系来看,国家主权平等原则是其他基本原则的基础,其他基本原则是国家主权平等原则的引申和发展。因此可以说,如果没有国家主权平等原则,其他各项基本原则就失去了存在的法律基础。

2. 不得使用威胁或武力原则

该项原则是从国家主权平等原则引申出来的,它是指各国在国际关系中不得为侵害任何国家领土完整或政治独立之目的,或以与《联合国宪章》宗旨不符之任何其他方式使用威胁或武力,不得以威胁或使用武力的行为作为解决国际争端的方法。在国际上第一个明文规定不得使用威胁或武力这一原则的国际公约是《联合国宪章》。但是,依《联合国宪章》有关规定采取的集体强制措施、单独或集体自卫以及殖民地半殖民地人民为争取民族独立而从事的武装斗争等,不受这一原则的限制。

3. 和平解决国际争端原则

1928 年的《巴黎非战公约》第一次将和平解决国际争端规定为一项普遍性国际义务,《联合国宪章》正式把该原则确立为国际法的基本原则。和平解决国际争端原则是指各国应以和平方法解决相互间的国际争端。其具体内容包括:(1) 各国应以和平方法寻求国际争端的早日及公平解决;(2) 争端各方如未能以一种和平方法解决争端时,有义务继续以商定的其他和平方法寻求争端的解决;(3) 国际争端的当事国及其他国家应避免从事使情势恶化的任何行动;(4) 国际争端应根据国家主权平等并依照自由选择的方法予以解决。

4. 不干涉内政原则

该原则是指国家在其相互关系中,不得以任何借口或任何方式直接或间接地干涉在本质上属于任何国家国内管辖之事项,也不得以任何手段强迫他国接受自己的意志、社会制度和意识形态。判断一个行为是否属于一国内政,其标准是看该行为是否在本质上属于国内管辖之事项以及该管辖和在管辖中的行为是否符合公认的国际法。常见的干涉形式主要有武装干涉、经济干涉、外交干涉、策划内战和颠覆政权等等。

5. 国际合作原则

第二次世界大战后,国际合作迅速上升为一项具有普遍意义的现代国际法基本原则。这一原则是指各国不问在政治、经济及社会制度上有何差异,均有义务在国际关系的各个方面彼此合作。其具体内容包括:(1) 各国应与其他国家合作以维持国际和平与安全;(2) 各国应合作促进对人权及基本自由的普遍尊重;(3) 各国应依主权平等及不干涉内政原则处理其各方面的关系;(4) 联合国会员国均有义务采取共同及个别行动与联合国合作。现代国际合作的发展趋势主要表现在三个方面:即合作的形式多种多样,合作的层次愈来愈多,合作的领域不断拓宽。

6. 民族自决原则

该原则主要是指在外国奴役和殖民统治下的被压迫民族有自由决定自己命运、摆脱殖民统治、建立民族独立国家的权利。这一原则最早是列宁在领导俄国无产阶级革命的斗争中提出的。第一次世界大战和十月革命后,该原则得到了广泛的传播并得到国际上的一定承认。第二次世界大战后,随着民族解放运动的高涨及殖民体系的瓦解,这个原则逐步得到了确认。《联合国宪章》是第一个正式规定民族自决原则的国际条约。

民族自决原则虽然允许国家对行使民族自决权的民族给予支持及援助,但严格禁止任何国家假借民族自决的名义制造并煽动或支持民族分裂、破坏国家的统一和领土完整之任何行为,否则,就不仅是对民族自决原则的曲解和滥用,而且也是对国家主权原则的破坏,是对一国内政的干涉,完全违背了国际法的基本原则。

7. 善意履行国际义务原则

该原则是指一个国家应善意履行《联合国宪章》所提出的、由公认的国际法原则和规则创设的、或依其参加的国际条约所承担的各项义务。当一国参加的国际协议与《联合国宪章》规定的会员国义务相抵触时,应优先履行宪章规定的义务。

善意履行国际义务之所以成为国际法的基本原则,是由国际法本身的特点决定的。国际法是通过互相平等的国家间协议制定的,国际合作也是在国家自愿承担义务的条件下进行的。因此,国际法的有效性和国际法律秩序的稳定性,在很大程度上取决于各国认真遵守国际法规范,并善意履行其自愿承担的国际义务。如果各国可以随意撕毁在平等基础上达成的协议,不履行自愿承担的和按照公认的国际法产生的国际义务,正常的国际关系就将不复存在,国际法本身也将陷于崩溃。可见,善意履行国际义务原则对国际法而言,是至关重要的。当然,善意履行国际义务的前提,必须是那些符合公认的国际法的义务,而不是奴役性的、侵略性的、由非法条约所创设的义务。

（三）和平共处五项原则在国际法基本原则中的地位

和平共处五项原则，即互相尊重主权和领土完整，互不侵犯，互不干涉内政，平等互利，和平共处，是1953年12月31日中印两国政府代表团在北京举行的谈判中，周恩来首先提出来，后由中国与印度所共同倡导的原则，第一次见之于1954年4月29日中印两国《关于中国西藏地方和印度之间的通商和交通协定》的序言中，其适用范围除不同社会制度国家之间的关系外，还包括相同社会制度国家之间的关系，即适用于一切国家间的关系。这些原则现已为国际社会所普遍接受，成为指导当代国际关系的基本准则和现代国际法的基本原则。

和平共处五项原则在国际法基本原则中占有重要地位。首先，和平共处五项原则构成了现代国际法基本原则的重要组成部分。这些原则除具备国际法基本原则的条件外，还与《联合国宪章》的宗旨和原则的精神高度一致，成为当今指导国家关系的基本准则；其次，和平共处五项原则将五项原则作为一个原则体系提出来，以和平共处作为最终目的，以其他四项原则作为措施保证，使得和平共处五项原则具备了比其他单一原则更加全面和完备的内容；再次，和平共处五项原则准确地体现了国际关系所要求的基本特征。这些原则坚持了国际法上国家权利与义务相统一的原则，科学地突出了国际关系中“相互”这一现实，强调了“互”字，使这些原则具有了新的特色。这对于防止片面理解和运用这些原则，更进一步发展友好合作关系，都具有重大的理论和实践意义。

第二节　国际法的主体

一、国际法主体的概念和范围

国际法主体是指具有享受国际法上的权利和承担国际法上的义务之能力的国际法律关系的参加者。

现代国际法主体应当包括：国家、争取独立的民族和政府间的国际组织，但这些主体承受国际法上权利与义务的能力是有差别的。国家是国际法的基本主体，而国际组织和争取独立的民族，只有在一定条件下和一定范围内才是国际法主体。

二、国际法的基本主体——国家

（一）国家是国际法的基本主体

国家是国际法的基本主体，是指国家在国际法律关系中处于一种主要的、基本的地位。这是由国家的特性以及它在国际关系中的地位和作用决定的。因为，第一，国家在国际关系中始终处于最主要的地位和起着最重要的作用；第二，只有国家才拥有完全的法律行为能力和权利能力，因此，国家可以独立自主地对外进行交往，行使国际法上的权利，承受国际法上的义务；第三，国家是国际法的主要调整对象。

（二）国家的要素

作为国际法主体的国家必须具备四个要素：即定居的居民、确定的领土、一定的政权组织和主权。

（1）定居的居民。居民是国家的基本要素，没有这个要素，国家就不能形成和存在。至于各国人口的多少，并不使得国家在国际法上的权利有任何差别。

（2）确定的领土。领土是国家赖以存在的物质基础，也是国家主权活动的空间。世界上没有无领土的国家。至于领土的大小和周围疆界是否完全划定，不是决定国家存在的条件。

（3）政权组织。政权组织是国家在政治上和组织上的体现，是执行国家职能的机构，它代表国家对内实行管辖，对外进行交往。没有政权的国家是不存在的。至于政权组织采取何种形式，是各国自己决定的内政问题。

（4）主权。主权是一个国家独立自主地处理对内对外事务的最高权力，是国家的根本属性。在一个地域之内，尽管有政权组织，有定居的居民，但如果没有主权，还不能构成国家，只能是一个国家的地方行政单位或殖民地。

以上四个要素必须同时具备才能构成国家，从而成为国际法的主体。

（三）国家的种类

国家按其结构形式，可分为单一国和复合国。另外，国际社会还存在一种类型的国家，即永久中立国。

单一国是由若干行政区域构成的单一主权国家。在对外关系上，单一国是国际法主体，而各行政区域的地方政府都不是国际法主体。现代国家大多数是单一国。

复合国是两个或两个以上国家的联合体，有联邦和邦联两种形式。联邦是两个或两个以上的联邦成员组成的国家联合，也称联邦国家。一般来说，由联邦政府统一行使对外交往权，所以联邦本身构成一个统一的国际法主体，而联邦成员国一般不是国际法主体；邦联是两个以上主权国家为了某种特定目的，据国际条约组成的国家联合，邦联成员国仍然是主权国家。在对外关系上，邦联本身不是国际法主体，而组成邦联的成员国才是国际法主体。

永久中立国是根据国际承认或国际条约，在对外关系中承担永久中立义务的国家。这类国家具有两个特点：一是自愿承担永久中立义务，如不对他国进行战争和不加入战争联盟等；二是其永久中立地位由国际条约加以保证。由于它承担了永久中立义务，因此在国际上处于一种特殊地位，但不能因此而否定永久中立国的国际法主体地位。现今世界上的永久中立国有瑞士和奥地利。

（四）国家的基本权利与义务

国家的基本权利与义务是统一而不可分的。国家在享有基本权利的同时，又必须承担尊重他国基本权利之义务。国家的基本权利包括：

（1）独立权。指国家依自己的意志处理本国对内对外事务而不受他国控制和干涉的权利。独立权是国家主权的重要标志。

（2）平等权。指国家在国际法上的地位平等的权利。平等权意味着国家在法律上的地位平等和享受权利的平等。

（3）自卫权。指国家保卫自己生存和独立的权利。它包括两方面的内容：一是指国家有权使用自己的一切力量进行国防建设，防备可能来自外国的侵犯；二是指当国家遭受外国的武力攻击时，有权行使单独或集体的自卫。

（4）管辖权。指国家对其领土内的一切人（除享受豁免权者外）、物和所发生的事件，以及对在其领域外的本国人行使管辖的权利，包括领域管辖、国籍管辖、保护性管辖和普遍性管辖。

（五）国际法上的国家责任

国际法上的国家责任，主要是指国家对其国际不法行为所应承担的法律责任。国际不法行为可分为一般国际不法行为和国际罪行。国家责任的成立，须具备主观要件和客观要件。主观要件是指某一行为可归因于国家从而构成国家行为；客观要件是指该项行为违背了其国际义务。

国际不法行为一经确定，如果没有免责条件，就应当承担相应责任的法律后果。承担国家责任的形式主要有：限制主权、恢复原状、赔偿和道歉等。

（1）限制主权。指限制责任国行使主权的一种责任形式，只适用于对他国进行武装侵略、侵犯他国主权、政治独立和领土完整、破坏国际和平与安全、危害人类并构成国际罪行的责任国。限制主权可分为全面限制主权和局部限制主权。这是国际法律责任中最严厉的责任形式。对犯有国际罪行的国家以限制主权进行制裁的同时，代表这些国家行事并经确定为战犯的个人，还应承担刑事责任。

（2）恢复原状。指将被侵害的事物恢复到不法行为对其侵害前存在的状态，适用于被侵害的事物尚存并保持完好、或虽被损坏但可用恢复原状的方法做成替代物的情况。

（3）赔偿。指对受害国的物质和精神损害付给相应的货币或物质。在不能恢复原状的情况下，可用赔偿来代替。

（4）道歉。指责任国对受害方的非物质损害予以精神上的补偿所采取的法律责任形式，适用于一切国际不法行为，尤其是损害他国荣誉和尊严的国际不法行为。道歉可以采用口头、书面或其他多种形式。

以上国家责任形式,在同一个事件中可以单独使用,也可以合并使用。

国际不法行为的免责条件主要有:同意、对抗措施、不可抗力和偶然事故、危难与紧急状态等。

三、其他国际法主体

(一) 政府间的国际组织

在当代国际社会,政府间的国际组织之国际法主体资格已经得到了国际条约、国际文件以及国际实践的确认。因此,国际组织是具有根据其组织约章独立参加国际关系和直接享受国际权利、承担国际义务的能力的。具体表现为:(1) 它们在一定范围内有参与国际关系的能力;(2) 它们在一定范围内有同其他国际法主体缔结双边或多边国际条约的能力;(3) 它们有直接提起诉讼或采取其他合法手段保护自己以及要求赔偿的能力。

但与国际法基本主体的国家相比,国际组织是若干国家为了达到某一特定目的而创立的国家之间的组织,它参与国际关系和承受国际法上权利和义务的能力受其组织约章的限制,因而是有限的;而且,国际组织的法律行为能力和权利能力,也不像国家那样是自身具有的,而是由其成员赋予的,因而是派生的。所以说,国际组织是一种有限的、派生的国际法主体,是一种特殊的国际法主体。

(二) 争取独立反对殖民统治的民族

争取独立反对殖民统治的民族之所以具有国际法主体资格,是由这些民族具有民族自决权或民族主权所决定的,这是一切争取独立的民族建立自己独立国家的政治法律基础。尽管在其历史发展进程中这些民族尚未取得独立,但根据民族自决原则,它们都有权而且最终将建立自己独立的国家。这些争取独立反对殖民统治的民族,在一定范围内具有参与国际关系和直接承受国际法上权利和义务的能力。但与作为国际法主体的国家相比,这种民族的法律行为能力和权利能力也是受到一定限制的,因此,它是一种准国家的或过渡性的国际法主体,是一种特殊的主体,但不能因此而否定它的国际法主体资格。

根据国际法的理论与实践,一国的自然人和法人不具备参加国际关系和承受国际法上之权利与义务的能力。因此,自然人和法人不是国际法主体。

四、国际法上的承认

(一) 承认的概念

承认是既存国家以一定方式对新国家或新政府出现这一事实的确认,并表明愿意与之建立正式外交关系的国家行为。作为国际法上的一项重要制度,承认具有如下特征:

(1) 承认是既存国家(承认国)对新国家或新政府所做的单方面行为。

(2) 承认包含两个含义:一是指承认国对新国家或新政府出现这一事实的确认;二是指承认国表明它愿意与新国家或新政府建立正式外交关系。但承认并不是建交,而仅仅表明承认国与被承认国建交的愿望。

(3) 承认将会引起一定的法律效果。承认一经宣布,就在承认国与被承认国之间奠定了全面交往的法律基础。因此承认是一种法律行为。

(二) 国家承认

国家承认是指对新国家的承认,一般发生于以下四种情况:(1) 合并。即两个或两个以上的国家合并为一个新国家。(2) 分离。即一国的一部分分离出去成立新国家。(3) 分立。即一国分裂为数国,而母国不复存在。(4) 独立。即原殖民地在取得独立后,成立新国家。

(三) 政府承认

政府承认是指对新政府的承认,即承认新政府为国家的正式代表,并表明愿意与它发生或继续保持正常关系。

对中华人民共和国的承认,属于对新政府的承认,而不是对新国家的承认。因为作为国际法主体,中华人民共和国是旧中国的继续,中国革命的胜利,推翻了旧政权,建立了新政权,从根本上改变了中国的社会制度和国家性质,但它并没有使作为国际法主体的中国因此而消失,也没有因此而增加另一个新的国际法主体。

政府更迭是引起政府承认的原因,但并非一切政府更迭都会引起对政府的承认。一般来说,凡依宪法程序而进行的政府更迭,通过正常选举而产生的新政府,就不发生政府承认的问题;因社会革命或政变而产生的新政府,则发生政府的承认。

(四) 承认的方式

关于承认的方式,可分为明示承认和默示承认两种。明示承认是一种直接的、明文表示的承认,如以宣言、公报、照会或函电等方式正式通知被承认者;默示承认则是一种间接的、通过某种行为表示的承认,如缔结双边条约、建立或继续保持外交关系等。

传统国际法还将承认分为法律上的承认和事实上的承认。法律上的承认也称正式承认,指承认者给予新国家或新政府以一种完全的、永久的承认。这种承认是不可撤销的,它表明承认者愿意与被承认者进行全面的交往。通常情况下,对新国家的承认是法律上的承认;而事实上的承认则是一种非正式承认,它不同于法律上的承认,是可以撤销的,因而具有临时的、不稳定的性质,它表明承认者与被承认者之间只发生业务往来,而不建立全面的正式关系。

(五) 承认的效果

法律上的承认将产生全面的法律效果:(1) 两国关系正常化,双方可以正式建立外交关系和领事关系;(2) 双方可以缔结政治、经济、文化等各方面的条约或协定;(3) 承认被承认国的法律、法令的效力和司法管辖权及行政管辖权;(4) 承认被承认国取得在承认国法院进行诉讼的权利及其本身或国家财产的司法豁免权。

事实上承认的效果不如法律上承认的效果广泛,主要有:承认被承认国的国内立法、司法权力和行政权力;被承认国在承认国法院享有司法豁免权;双方可以建立经济、贸易关系,缔结通商协定或其他非政治协定;接受被承认国的领事和商务代表等。

承认具有溯及的效果,它的效力可以回溯到新国家或新政府成立之时。承认是不能撤销的,但外交关系可以由于某种原因而断绝;即使断绝了外交关系,也不构成对承认的撤销。

五、国际法上的继承

国际法上的继承是指国际法上的权利和义务由一个承受者转移给另一个承受者所发生的法律关系。根据继承主体的不同,可分为国家继承、政府继承及国际组织的继承三种形式。

国家继承是指由于领土变更的事实而引起一国的权利和义务转移给另一国的法律关系。一般分为条约的继承和条约以外事项的继承两个方面。国家继承必须具备两项基本条件:一是条约方面和条约以外事项的权利和义务,必须符合国际法;二是国家继承的权利和义务必须与所涉领土有关联。引起国家继承的领土变更情况大致有五种类型,即分裂、合并、分离、独立、割让。

政府继承是指由于革命或政变而引起政权更迭,使得旧政权的权利和义务为新政权所承受。政权更迭是引起政府继承的原因,但并非一切政权更迭都会导致政府继承。依宪法程序而进行的政权更迭,一般不发生政府继承问题;即使因政变而引起的政府更迭,只要政变后成立的新政府声明尊重前政府的国际条约义务,也不发生政府继承问题。但政府的更迭若是由于社会革命而引起,新政权在本质上不同于旧政权,则发生政府的继承问题,即新政府如何对待旧政府在国际上的权利和义务问题。

国际组织的继承是指一个国际组织同其他国际组织合并、或由于解散而不复存在,依有关国际协议或决议将其职能及权利义务转移于另一国际组织。国际组织的继承包括职能方面的继承,财产、债务和文书档案方面的继承等等,这些均应依照特别协定或决议予以解决。

第三节　国际法上的居民

一、国籍

（一）国籍的概念

国籍是指一个人属于某一国家的国民或公民的法律资格，它表明一个人同某一特定国家之间固定的法律联系。一个人具有某国国籍，便享有该国法律所赋予的公民权利并承担相应的义务。因此，国籍是确定一个人的法律地位的依据，同时也是国家行使管辖权的根据。

国籍问题涉及国家主权和重要利益，因此各国都将国籍问题保留在国内管辖范围之内；同时，国籍问题又具有国际性，成为国际法的一项内容。

（二）国籍的取得

国籍的取得是指一个人取得某一国家的国民或公民的资格。根据各国的国籍立法和实践，国籍的取得主要有以下两种方式：

（1）因出生而取得国籍，亦称原始国籍。这是最主要的一种取得国籍的方式，又分三种情形：第一，依血统原则取得国籍，即以父母的国籍来确定其子女的国籍。根据这一原则，凡本国人所生的子女，不论出生在国内还是国外，当然具有本国国籍；第二，依出生地原则取得国籍，即一个人出生在哪国，就取得哪国国籍，而不问其父母的国籍；第三，依混合原则取得国籍，即血统关系和出生地都是决定国籍的根据。在具体适用时，不同国家有不同的侧重或平衡地兼采这两项原则。混合原则为目前世界上大多数国家的国籍立法所采用。

（2）因加入而取得国籍，亦称继有国籍。包括本人自愿申请获得批准以及由于婚姻、收养、领土变更等原因而取得一国国籍。

（三）国籍的丧失

国籍的丧失是指一个人由于某种原因而丧失他所具有的某一国家的国籍。分为自愿丧失国籍和非自愿丧失国籍。

（1）自愿丧失国籍是指根据本人的意愿而丧失国籍，包括：或者是本人自愿申请退籍，经批准后丧失本国国籍；或者是本人自愿选择某一国国籍，因而导致原有国籍的丧失。

（2）非自愿丧失国籍是指由于法定原因而非出于本人自愿而丧失本国国籍。又有因取得外国国籍、婚姻、收养、认领和被剥夺等原因而丧失本国国籍几种情形。

（四）国籍的冲突

由于各国国籍立法不同，产生了国籍的冲突，表现为双重国籍和无国籍现象。

双重国籍是指一个人同时具有两个或两个以上国家的国籍,属于国籍的积极冲突,是一种不正常的国籍现象。从目前的国际实践来看,一般是通过国内立法、双边条约和国际公约的方式,来避免或消除双重国籍现象。

无国籍是指一个人不具有任何国家的国籍,属于国籍的消极冲突,也是一种不正常的国籍现象。目前通常采取国内立法和签订国际公约的方式,来减少和消除无国籍现象。

二、外国人的法律地位

(一)国家对外国人的管辖权

外国人是指在一国境内、不具有居留国国籍而具有其他国家国籍的人。为了便于管理,无国籍人也往往归入外国人的范畴。外国人包括自然人和法人两类。享有外交和领事特权与豁免的外国人,如外交人员和领事官员,因其具有特殊的法律地位,故不在一般外国人之列。

一国境内的外国人同时隶属于两个国家,因而要受两种法律的管辖,即受居留国的属地管辖和国籍国的属人管辖。

(二)外国人的待遇

对外国人的待遇,通常采取以下几种标准:

(1)国民待遇。指国家在一定范围内给予外国人与本国公民相同的待遇,即在同等条件下,外国人所享受的权利和承担的义务与本国人相同。这包含两层意思:第一,国家给予外国人的待遇不低于本国人的待遇;第二,外国人不得要求任何高于本国人的待遇。根据国际实践,国民待遇往往限定在一定范围内,一般限于民事和诉讼权利,外国人一般不能享有政治权利。国民待遇通常是国家之间在互惠原则的基础上相互给予的,体现了国家间的平等关系。

(2)最惠国待遇。指一国(施惠国)给予另一国(受惠国)的国民或法人的待遇,不低于现在或将来给予任何第三国国民或法人在该国享受的待遇。最惠国待遇一般通过条约中的最惠国条款给予,通常也是国家间在互惠原则的基础上相互给予的。最惠国待遇同样限定在一定范围内,大多适用于经济和贸易等方面,但不适用于一国因相邻、关税同盟、自由贸易区、经济共同体等原因而给予相关国家的优惠。

(3)互惠待遇。指国家之间根据平等互惠的原则,互相给予对方公民在税收优惠、互免入境签证、免收签证费等方面的待遇。

(4)差别待遇。指国家给予外国人不同于本国公民的待遇,或给予不同国籍的外国人以不同的待遇。采取差别待遇不能有任何歧视,否则违反国际法。

三、引渡和庇护

(一) 引渡

引渡是指一国应外国的请求,把在其境内被外国指控为犯罪或判刑的人,移交给请求国审理或处罚的一种国际司法协助行为。引渡应以条约为依据。

从国家间签订的引渡条约、各国国内引渡法以及各国的有关实践来看,在引渡罪犯的问题上,已形成以下一些公认的国际习惯法规则:

(1) 请求引渡的主体。指有权请求引渡的国家,一般是对罪犯主张管辖权的国家。有以下三类:第一,罪犯本人所属国。根据国家的属人优越权,国家对于本国人在本国或外国的犯罪行为具有管辖权;第二,犯罪行为发生地国。根据国家的属地优越权,只要犯罪行为发生在该国,该国就有权请求引渡;第三,受害国。根据国家属地优越权的延伸原则,国家享有保护性管辖权。这三类国家对罪犯都有权提出引渡要求。但如果这三类国家于同时对同一罪犯提出引渡要求时,原则上被请求国有权决定将罪犯引渡给何国。相应国际公约对此作了具体规定。

(2) 引渡的对象。指被某国指控为犯罪或判刑的人。他可以是请求引渡或被请求引渡国家的国民,还可以是第三国的国民。在国际实践中,引渡罪犯通常只局限于外国人,本国国民一般不予引渡,只有英美等极少数国家例外。根据国际实践,政治犯、军事犯一般也不引渡。

(3) 遵循双重犯罪原则。双重犯罪原则是指被请求引渡人的行为,必须是请求引渡国和被请求引渡国双方法律都认定犯罪并可以起诉的行为,反之则不能引渡。

(4) 引渡的程序。引渡的程序通常在引渡条约或有关引渡的国内立法中加以规定。引渡罪犯的请求和回复,一般通过外交途径办理。

(5) 引渡的效果。引渡实现后,请求引渡国即可根据其法律对罪犯进行审判,但必须遵循"罪名特定"原则,否则被请求引渡国有抗议的权利。"罪名特定"原则是指请求国在将被引渡人引渡回国后,只能以请求引渡时所持罪名进行审判或惩处,而不得以不同于引渡罪名的其他罪名进行审判或惩处。至于被引渡的罪犯是否可以由原来的请求国转交给第三国,国际实践并不一致。

(二) 庇护

庇护又称领土庇护,是指国家对于遭受追诉或迫害而前来避难的外国人,准其入境和居留,给予法律保护,并拒绝将他引渡给另一国的行为。受庇护的外国人同一般外国侨民一样,处于所在国的领土管辖和保护之下,应遵守庇护国的一切法律法令,可以在该国居留,不被引渡,也不被驱逐。

庇护是一种国家主权行为,是国家从它的属地优越权引申出来的权利。在本国境内给予某种受迫害的外国人以庇护,属于一国主权范围内的事。从国际法上讲,庇护权是指国家给予个人以庇护的权利,而不是指个人有取得庇护的权利。

庇护的对象主要是政治犯,即指那些不具有庇护国国籍并因从事政治活动而被某一外国追诉或迫害的人,故亦称政治避难。但是现代各国法律对庇护对象范围的规定有了新发展,即除政治犯外,还包括因从事科学和创造活动而受迫害的人。根据联合国大会1967年《领土的庇护宣言》的规定,凡犯有“危害和平罪、战争罪或危害人类罪之人”,不在庇护之列。被国际公约和习惯国际法确认为犯有国际罪行的其他罪犯,如海盗、贩毒、贩奴以及一般公认的普通刑事罪犯,也都不属于庇护对象。

第四节 国 家 领 土

一、国家领土和领土主权

(一) 国家领土的概念及组成部分

国家领土是指地球上隶属于一国主权支配下的特定部分。领土是国家的构成要素之一,是国家行使其权力的对象和范围,也是国家的物质基础。一个国家不可能没有确定的领土。

国家领土由领陆、领水、领空和底土四个部分组成:(1) 领陆。指国家主权管辖下的全部陆地和岛屿。(2) 领水。指国家主权管辖下的全部水域,包括领陆内的水域和沿岸的“内水”及“领海”。(3) 领空。指领陆和领水之上一定高度的空气空间。4. 底土。指领陆和领水下面的全部底土。

(二) 领土主权

领土主权是指国家在其领土范围内行使的最高及排他的权力。领土主权包含三个意义:(1) 国家领土不可侵犯;(2) 国家在其领土范围内享有属地管辖权;(3) 国家对其领土内的自然资源拥有永久权利。

二、国家领土的取得及变更

(一) 国家领土的取得

国家领土的取得,就是国家领土主权的取得;国家领土的变更,也就是国家领土主权的变更。国家领土常以先占、时效、割让、征服、添附而取得,这五种方式在传统国际法上称为“五种领土取得方式”。

(1) 先占。指对“无主地”实行“有效占领”,由此取得该地的主权。

(2) 时效。指占有他国的某块土地,在相当长的时期内不受干扰地连续占有而取得其主权。

（3）割让。指一国根据条约将部分土地的主权转移给他国。19世纪以前，割让有赠与或出卖等形式；20世纪以后，大部分割让是由于战争后的和约及不平等条约造成的。从现代国际法的观点来看，由战争或不平等条约造成的割让都是违反国际法的。

（4）征服。指战争结束后战胜国把战败国灭亡而兼并其领土的行为。征服并非战时占领或兼并，战争中的占领或兼并不构成领土主权的转移。征服只有在被征服国已不复存在时才构成主权的转移。而以征服取得被征服者的领土主权是国际法所不允许的。

（5）添附。指领土因自然状态的变化或人工力量而增添的新部分，包括自然添附和人工添附。前者如涨滩、三角洲等，后者如堤堰、防波堤、人工岛屿等。人工添附不得损害邻国的利益。

从现代国际法观点来看，以上五种领土取得方式的合法性应区分具体情况而加以分析和对待。

（二）国家领土的变更

现代国际法认为，国家领土的变更应以平等和自愿为基础。因此，符合现代国际法的领土变更方式主要有：

（1）交换领土。指为了便于边境管理和适应当地的历史条件，有关国家在平等自愿的基础上交换其部分领土的行为。

（2）全民投票。指在有争议地区进行全民投票以决定该地主权的归属。全民投票应确保该地区全体居民投票的充分自由，其合法性取决于该地居民的意志是否真正得到了充分自由的表达。

（3）收复失地。指国家为恢复其对某些领土的历史性权利，而收回被他国非法侵占的领土的行为。

（4）添附。

三、国家边界与边境制度

（一）国家边界的概念和种类

国家边界是国家领土范围的界限。这些边界分为陆地边界、海上边界、空中边界和地下边界。

确定和标明边界的线称为边界线。以边界线是否确定，国家边界可分为“传统边界线”和“确定边界线”；以边界是否在实地上有一定的表现形式，可分为“自然边界线”和“人为边界线”。

（二）确定边界的程序和原则

1．确定边界的程序

边界的确定是依照一定程序而进行的，通常包括三个重要阶段：

(1) 划界。双方签订边界条约或有关边界问题的专约或和约中的领土条款,在约文中规定边界的位置和大致走向,并将边界线标绘在地图上。这个步骤称为“划界”,该边界条约称为“母约”,是划界的基本法律文件。

(2) 勘界。由根据边界条约设立的勘界委员会进行实地划界、勘界,并在边界上树立界桩,进行“标界”。

(3) 制定边界文件。标界完成后,作为勘界工作的一部分,双方拟定边界议定书,并绘制地图,以作为条约的附件。边界条约、议定书和地图是划定边界的基本法律文件。

划界过程中产生的法律文件的内容应当是一致的,但由于地理情况复杂,有时也会产生不一致的地方。按照惯例,这些问题一般依照下列原则解决:当界桩位置与议定书和附图不符时,以议定书及附图为准;当附图与议定书的规定不符时,以议定书的规定为准;当议定书与条约(母约)不符时,以条约为准。

2. 确定边界的原则

划界时除因特殊历史条件或另有条约规定之外,一般适用以下原则:

(1) 以山脉为界时,通常采用分水岭原则,即以构成分水山岭及其山脊线为界,但也可依传统习惯定界。

(2) 以河流为界时,可通航的河流以主航道中心线为界,不可通航的河流则以河道中心线为界。界河因自然原因发生改道时,如改变是缓慢发生的,界线应随之改变;如改变是急剧发生的,除另有协议外,界线维持不变。

(3) 以湖和内海为界时,除另有协议外,通常将边界定在湖或内海的中央。

(三) 边境制度

边境是边界两侧一定距离的范围。边境制度一般由相邻的两国以双方各自的国内法规定为依据,通过签订边境管理协定而建立起来。边境制度主要包括以下内容:维护边界标志,方便当地居民往来,管理边界河流,处理边境争执。相邻国家通常根据条约设置边界委员会以及时处理边境发生的争执。

第五节 海 洋 法

一、海洋法的概念

海洋法是规定海洋各个海域的法律地位和法律制度并调整各国在其中从事各项活动的原则、规则和规章、制度的总体。

海洋法是国际法中最古老的部分之一,它的大部分原则和规则都来自国际习惯。自19世纪起,某些海洋法制度开始由国际条约确定下来。第二次世界大战以后,随着人类利用海洋的科学技术的发展,为了保证各国和平有效地利用海洋,海洋法的编纂日益受到重视。在联合国的主持下,先后于 1958 年、1960 年和 1973—1982 年召开了三次海洋法会议。第一次海洋法会议通过了四个公约,即《领海与毗连区公约》、《公海公约》、《捕鱼与养护生物资源公约》、《大陆架公约》,这四个公约通称为《日内瓦公约》。第二次海洋法会议因各国在领海宽度问题上出现争议,因而该次会议未能取得任何成果。第三次海洋法会议历时 9 年,与会各国代表签署了《联合国海洋法公约》,它包含有 320 个条款和 9 个附件。该公约已于 1994 年 11 月 16 日生效。我国全国人大常委会已于 1996 年 5 月 15 日批准该公约在我国适用。

根据《联合国海洋法公约》的规定,基线向海一面的海洋因各自法律地位的不同而划分为八个区域,即领海、毗连区、专属经济区、大陆架、用于国际航行的海峡、群岛水域、公海和国际海底区域。它是当前内容最为完备的一部海洋法公约。

二、内水

(一) 概说

领海基线向陆地一面的海域,称为内水,它构成沿海国领水的一部分,其法律地位和内陆水域相同,沿海国在这一水域内享有完全的、排他性的主权。

所谓领海基线是指陆地和海洋的分界线,是测算领海、毗连区、专属经济区和大陆架宽度的起点线。在实践中领海基线又分为正常基线和直线基线两种。

正常基线是指沿着海岸的低潮线,即海水退潮降到最低点的那条线。在正常情况下,这是最容易确定的与海岸绝对平行的一条线,故称为正常基线。它一般适用于海岸线比较平直、沿岸缺少岛屿的海岸。

直线基线是指在海岸线极为曲折或近岸岛屿密布的情况下,因正常基线很难确定,因此沿海国便在其沿岸选定一些基点,用直线将这些基点连接起来形成的一条基线,称为直线基线。

(二) 海湾

海湾是深入陆地形成明显水曲的那一部分海域。从国际法角度看,海水伸入陆地部分所形成的水曲,如果入口的宽度很大,而内曲的程度很小,则不能视为海湾。只有当水曲的面积等于或大于以湾口宽度为直径划成的半圆时,才能视为海湾。

当海湾沿岸属于一国之领土时,此海湾通常被认为是该沿岸国的领湾或称内海湾,湾内水域的法律地位常取决于湾口的宽度。当海湾沿岸分属于两个或两个以上的国家时,该湾的法律地位和分界,一般由有关国家通过协议来解决。

(三) 海峡

海峡是指连接两个海洋的一条狭窄的水道。如海峡两岸属于同一国家,峡宽不超过该国领海宽度之两倍者，此峡纯属该国的领峡，其法律地位相当于内水。

三、领海

（一）领海的概念

领海是连接一国领陆和内水、受国家主权支配及管辖的一定宽度的海域。领海的宽度是从领海的基线量起直到领海的外部界线为止的距离。领海的外部界线，是一条其上每一点与基线的距离都等于领海宽度的线。划定领海外部界限的方法有平行线法、交圆法、共同正切线法三种。根据国际法，各国有确定其领海宽度的权利，因此，各国的领海宽度差别很大，最少的是 3 海里，最多的是 200 海里，但大多数国家采用 12 海里宽度，少数国家还采用 15、20、30 海里等不同的宽度。《联合国海洋法公约》规定，领海宽度不得超过 12 海里。相邻或相向国家之间的领海界限，如两国之间无相反的协议，以一条之上每一点都与两国领海基线的距离相等的线——即“等距离中间线”为准。

（二）领海的法律地位

领海处于沿海国主权管辖之下，但此种主权须受无害通过这一国际惯例的限制，该国际惯例现已获得国际社会普遍接受而成为习惯国际法规则；同时，该习惯国际法规则还明确规定在 1958 年的《领海与毗连区公约》和 1982 年的《联合国海洋法公约》之中。领海的法律地位涉及沿海国的权利和义务以及其他国家的权利和义务两个方面。

根据传统惯例和确定在《领海与毗连区公约》及《联合国海洋法公约》中的有关规则，沿海国的权利和义务主要有：

（1）沿海国的主权及于领海的水域、上空，海床和底土，外国船舶可以在领海上无害通过，但外国飞机未经许可不得飞越他国领海的上空。

（2）沿海国在领海享有属地最高权。因而领海内之一切人和物（除享受外交特权与豁免者外）均受沿海国管辖。领海内之一切外国船舶均应遵守沿海国的法律和规章制度。沿海国有权制定关于外国船舶无害通过的规章。纯属外国船舶的内部事务，除非船长请求，沿海国一般不加干预。

（3）沿海国对领海内的一切资源享有专属权利，任何国家或个人非经沿海国同意不得加以开发或利用。

（4）沿海国享有沿海航运的专属权利。沿海国通常将沿岸两个港口间的航行和贸易权保留给本国人，这个惯例通常订明在各国的通商航海条约中。除非条约有相反的规定，外国船舶是不得从事这类业务的。

（5）沿海国在领海有保持战时中立的权利。战争时期，沿海国若为中立国，交战国不得在该沿海国的领海内交战或伏击敌国船舶，也不得在该国领海内拿捕商船。该沿海国有权对交战国军舰的通过制定规章。如为保护国家安全之必需,沿海国还可在其领海的特定区域内暂时停止外国船舶的无害通过。

非沿海国在沿海国领海的唯一权利是无害通过权。根据《领海与毗连区公约》和《联合国海洋法公约》之规定,无害通过概念的具体含义为:

(1) 通过是指穿过领海但不进入内水或不从内水驶出或进入内水的航行。这种航行必须是“继续不停”和“迅速前进”,只有在遇到不可抗力或遇难的场合下才能停船和下锚。潜水艇通过一国领海时必须上浮至海面航行并展示其国旗。通过时必须遵守沿海国的法律和沿海国为无害通过而制定的规章以及关于防止海上碰撞的国际规则。

(2) 无害是指不损害沿海国的和平、良好秩序或安全。《联合国海洋法公约》第19条列举了12种非无害的情况。如外国船舶在通过时从事其中任何一项活动,其通过就不是无害的。

至于外国军用船舶在一国领海能否享有无害通过权,国际上对此存在着争议,各国实践也不尽一致。很多国家对外国军舰通过其领海要求应事先通知或取得许可。

(三) 我国的领海制度

1992年2月25日第七届全国人大常委会第二十四次会议通过并公布施行的《中华人民共和国领海及毗连区法》规定了我国的领海制度。其中规定:我国领海宽度为12海里,采用直线基线法。关于无害通过问题,该法规定:“外国非军用船舶,享有依法无害通过中华人民共和国领海的权利。外国军用船舶进入中华人民共和国领海,须经中华人民共和国政府批准。”

四、毗连区

毗连区是领海以外而又毗连于领海的一个海域。沿海国在毗连区内行使为下列事项所必要之管制:(1) 防止在其领土或领海内违反其海关、财政、移民或卫生的法律和规章;(2) 惩治在其领土或领海内违反上述法律和规章的行为。为了执行法律,沿海国有权从毗连区内开始对违反者行使紧追权。

在沿海国建立了专属经济区的情况下,毗连区便包含在专属经济区的范围内。但是,这两者的法律地位是不同的。沿海国在专属经济区内对一切自然资源享有主权权利,其权利的客体是资源;但沿海国在毗连区内主要是执行其有关海关、财政、移民或卫生方面的法律,其范围从领海基线量起不得超过24海里,因此沿海国无权在24海里以外的专属经济区内执行上述法律和规章。

五、专属经济区

专属经济区是《联合国海洋法公约》创设的一个新海域。根据该公约的规定,专属经济区是指在领海之外而邻接于领海的一个海域,其范围从领海基线量起不得超过 200 海里。沿海国可以宣布建立其专属经济区。

专属经济区既不像领海那样完全隶属于沿海国,也不像公海那样对一切国家开放,它是一个自成一类的海域。根据《联合国海洋法公约》的规定,专属经济区的法律地位大致如下:

(1) 沿海国对勘探、开发、养护和管理区域内水域和海底的自然资源(不论为生物资源或非生物资源)以及对该区域内的经济性开发和勘探活动享有主权权利。

(2) 沿海国对区域内人工岛屿、设施和结构的建造和使用,以及海洋科学研究和海洋环境保护行使管辖权。

(3) 所有国家在专属经济区内享有航行、飞越、铺设海底电缆和管道的权利,但应适当顾及沿海国的权利,并应遵守沿海国的法律和规章。外国船舶在专属经济区内违反沿海国的法律和规章时,沿海国可从专属经济区开始对该船实施紧追,直至将其拿捕。

六、大陆架

大陆架是沿海国领海底土以外的陆地领土的全部自然延伸。《联合国海洋法公约》规定大陆架的范围是从测算领海宽度的基线量起到大陆边的外缘。对此,公约设置了两个标准:一是如陆地领土向海底的全部自然延伸不足 200 海里的,则扩展到 200 海里;二是如延伸部分超过 200 海里的,则不应超过从测算领海宽度的基线量起 350 海里,或不超过连接 2500 米深度各点的等深线 100 海里。目前各国实践和国际法院的判例均承认自然延伸原则。

自然延伸是沿海国为勘探大陆架和开发其自然资源的目的而对大陆架享有主权权利的法律依据。这一权利是专属性的,即使沿海国未表明它对大陆架已行使有效占领或没有明文宣告,任何国家未经沿海国的明示同意,也不得在该大陆架上进行开发活动。

相邻或相向国家之间的大陆架界限,依据公平原则由有关国家参照国际法之规定协议解决。

根据《联合国海洋法公约》的规定,大陆架具有如下法律地位:

(1) 沿海国对大陆架行使主权权利。大陆架海床和底土的矿物和其他非生物资源以及定居的生物为沿海国专有。沿海国对勘探开发大陆架和开发其自然资源拥有管辖权。

(2) 沿海国可以授权在大陆架上建造人工岛屿和其他人工设施,并对它们行使专属管辖权。

(3) 沿海国对 200 海里以外的大陆架进行资源开发,应向国际海底管理局缴纳一定数量的费用或实物。

(4) 大陆架的上覆水域和水域上空对一切国家开放,任何国家的船舶和飞机有权自由航行和飞越。

(5) 所有国家有权在大陆架上铺设海底电缆和管道,但铺设路线需经沿海国同意,同时应顾及现有的电缆和管道并不得加以损害。

七、群岛水域

按照《联合国海洋法公约》的规定,群岛国可以用连接其最外缘岛屿的直线作为群岛直线基线,并从基线向外量出其领海、毗连区、专属经济区、大陆架等海域,而基线所包围的水域,称为"群岛水域"。

群岛国的主权及于群岛水域、水域的上空、海床和底土以及其中所包含的资源。在群岛水域内的河口、海湾和海港,群岛国可依《联合国海洋法公约》规定的有关规则划定内水的界限。

群岛国应遵守与其他国家签订的有关在其群岛水域中捕鱼权利的协定,并应承认直接相邻国家在群岛水域某些范围内的捕鱼权利和其他合法活动。群岛国应尊重其他国家所铺设的通过其群岛水域但不靠岸的现有海底电缆,并允许其维修及更换。

群岛国可在群岛水域内指定适当的海道和其上空的空中通道,称为"群岛航道",所有国家的船舶和飞机都有权通过这些航道,这称为"群岛航道通过权"。行使通过权的外国船舶和飞机应毫不迟延地通过或飞越,不得对群岛国进行武力威胁或使用武力,并应遵守关于海上安全的国际规章、程序和惯例,飞机应遵守国际民用航空组织制定的《航空规则》。

所有国家的船舶在群岛水域享有无害通过权。群岛国有权暂时停止无害通过权的行使。

八、公海

根据《联合国海洋法公约》之规定,公海是指不包括在国家的专属经济区、领海或内水或群岛国的群岛水域内的全部海域。

1958 年的《公海公约》和 1982 年的《联合国海洋法公约》规定了公海的法律地位,即公海对所有国家开放,不论是沿海国海还是内陆国,都可以在公海上享有"公海自由"的权利。"公海自由"包括:(1) 航行自由;(2) 飞越自由;(3) 铺设海底电缆和管道自由;(4) 建造人工岛屿和设施自由;(5) 捕鱼自由;(6) 科学研究自由。

(一) 航行制度

(1) 航行权。所有国家,无论是沿海国还是内陆国,均有权在公海上行使悬挂其旗帜的船舶。

(2) 船舶的国籍。船舶在公海上航行必须悬挂一国的旗帜。船舶取得船旗国的国籍,因而受船旗国法律的管辖和保护。

(3) 军舰在公海上的权利。军舰和国家的非商业性服务船舶,在公海上享有完全的豁免权。军舰对公海上的船舶有登临权,对在其本国管辖的海域内违反法律的船舶有紧追权。

登临权是指各国军舰在公海上如发现其他船舶具有下列嫌疑,有行使登临和检查的权利:从事海盗行为;从事奴隶贩卖;从事未经许可的广播;没有国籍;虽悬挂一国旗帜或拒不展示其旗帜而事实上与军舰属同一国籍。如最终发现上述怀疑无根据,军舰应对被检查船舶所受损失负赔偿责任。

紧追权是指沿海国如认为外国船舶违反其法律和规章时,可以对该船进行紧追。紧追必须从沿海国的内水、群岛水域、领海及毗连区内开始。如外国船舶在专属经济区或大陆架内违反沿海国有关专属经济区和大陆架的规章时,紧追亦可从该专属经济区或大陆架开始。紧追只有未曾中断,才能在领海和毗连区以外继续进行,并一直追至公海,从而加以拿捕甚至击毁。如该船进入其本国领海或第三国领海时,紧追即应停止。紧追权可以由军舰、军用飞机或其他清楚标明为政府服务并经授权进行紧追的船舶或飞机进行。如紧追不符合上述要求,沿海国应对造成的损失负赔偿责任。

(二) 铺设海底电缆和管道制度

所有国家均有权在公海海床上铺设海底电缆和管道,任何国家对此不得阻止或破坏。但在铺设海底电缆和管道时,必须顾及已有的电缆和管道。若破坏或损害这些电缆及管道,必须加以惩罚和赔偿。

(三) 捕鱼及养护生物资源制度

所有国家均有权在公海捕鱼,但须尊重条约义务、沿海国的利益和有关养护生物资源的通行规则;各国有义务通过合作在公海上养护和管理鱼类及其他生物资源。

(四) 海洋环境保护及保全制度

《联合国海洋法公约》规定,各国应通过外交会议制定国际规章、订出标准,并建议采取某种办法及程序,对海洋环境污染加以防止、减少和控制;各国亦应制定法律和规章,对因其海底开发活动、悬挂其旗帜的船舶、人工岛屿及设施和结构对海洋环境所造成的污染,加以防止、减少或控制,其标准不应低于国际规章所规定的标准。

九、国际海底区域

国际海底区域,简称"区域",是《联合国海洋法公约》创设的新概念。它是指国家管辖范围以外的海床和洋底及其底土,即沿海国大陆架以外的整个海底区域。

根据《联合国海洋法公约》的规定,国际海底区域具有如下法律地位:(1)“区域”及其资源是人类的共同继承财产;(2)任何国家或个人不得将“区域”及其资源占为己有,亦不得主张权利;(3)“区域”内的资源属于全人类所有,由国际海底管理局代表全人类行使对这些资源的权利;(4)“区域”对所有国家开放,专为和平目的使用;(5)“区域”的法律地位不影响其上覆水域或上覆水域上空的法律地位。

对“区域”及其资源的开发活动,由国际海底管理局进行组织及控制,管理局由所有成员国在主权平等的基础上组成。《联合国海洋法公约》规定,对“区域”的开发采用“平行开发制”。开发所带来的经济收益由管理局公平地在各国之间进行分配。国际海底区域的管理和开发制度体现了“区域”及其资源是人类共同继承财产的原则。

第六节　空　间　法

一、空气空间与国际航空法

（一）空气空间

地球表面的空间分为空气空间和外层空间两层,这两层空间之间的界线目前尚无统一的规定,大多数国家主张以人造地球卫星飞行的最低高度(约100—110公里)作为界线,即离地面约100—110公里以下为空气空间,其上为外层空间。

空气空间又分为两部分:一部分是公海和不属于任何国家管辖区域的上空;另一部分是国家领陆和领水的上空,称为领空。前者不属于任何国家的主权管辖,对所有国家开放,各国在此区域均享有“飞越自由”。后者是地面国领土的组成部分,受该国属地最高权支配。1919年的《巴黎航空公约》规定:“缔约各国承认每一国家对其领土的空间享有完全的和排他的主权。”这已成为一项普遍接受的国际法原则——“空中主权原则”。

（二）国际航空法

空气空间是各国进行航空活动的空间,在这部分空间适用的重要法律之一是国际航空法,国际航空法是随着国际航空事业的发展而产生的。国际航空法是指调整各国航空活动中法律关系的原则、规则和规章、制度的总体。国际航空法是国际法律体系中的一个新分支,它的渊源主要是国际条约,基本分为三大类:

1. 确立一般国际航空法律制度的条约

(1)《巴黎航空公约》。1919 年订于巴黎。它对航空法的一般原则、飞行器的国籍、适航证书、航行规则和技术等方面作了详细的规定。第二次世界大战爆发后,该公约的规则已不起作用。

(2)《国际民用航空公约》。1944 年 11 月在美国芝加哥签订,简称《芝加哥公约》。该公约重申航空法的一般原则,并对航空器的性质、国籍、飞行条件和标准作了新的规定。公约还设立了“国际民用航空组织”。这是当前最重要的一个航空公约,我国自 1974 年加入该公约起一直是该组织的理事国。

2. 关于国际航空运输业务的条约

(1)《哈瓦那商务航空公约》。1928 年由美洲国家签订于哈瓦那,内容基本上与《巴黎航空公约》相同,只是增加了商业航空的部分条款。

(2)《统一国际航空运输某些规则的公约》。1929 年 10 月 12 日签订于华沙,简称《华沙公约》。公约对航空运输的业务范围、运输票证,损害赔偿标准等作了具体规定,后来以此为核心形成了国际航空运输上的所谓“华沙体系”。我国于 1958 年 7 月 20 日加入该公约。

(3)《国际航空运输协定》。1944 年签订于芝加哥。协定规定每一缔约国给予其他缔约国的定期航班以“五项自由”。故此协定也称为“五项自由”协定。但该协定因接受国太少,所以作用不大。

(4)《国际航班过境协定》。与上一协定同时在芝加哥签订。它只规定《国际航空运输协定》中所规定的五项自由权利的第一、二项,即不降停而飞越其领土的权利、非运输业务性降停的权利,故亦称“两项自由协定”。目前大部分航空发达的国家均已批准了该协定。

3. 关于国际航空安全的条约

20 世纪 50 年代以后,由于空中劫持事件不断发生,对国际航空安全造成了重大威胁。为了保证国际航空安全和制裁某些非法活动,国际社会订立了三个重要的条约:

(1)《关于在航空器上犯罪和其他某些行为的公约》。1963 年 9 月 14 日签订于东京,简称《东京公约》。该公约主要规定了在航空器上犯罪的性质和管辖问题。我国于 1978 年加入。

(2)《关于制止非法劫持航空器的公约》。1970 年 12 月 16 日签订于海牙,简称《海牙公约》。该公约主要对非法劫持航空器予以定义并认为应给予严厉惩罚,同时规定空中劫持应作为可引渡的罪行。我国于 1980 年加入。

(3)《关于制止危害民用航空安全的非法行为的公约》。1971 年 9 月 23 日签订于加拿大的蒙特利尔,简称《蒙特利尔公约》。该公约进一步补充了上述《海牙公约》的内容。我国于 1980 年加入。

上述三类条约调整着国际航空活动中的各种关系，确立了空气空间的法律制度。各国有权根据国际条约所确立的原则制定本国的航空法。各国还可以制定有关航空器进入或离开其领空的法律及规章，可以设立禁区、保留国内载运权等等。

二、外层空间与外层空间法

(一) 外层空间

外层空间的概念是于20世纪50年代产生的，它是指空气空间以外的整个空域。外层空间不隶属于任何国家主权之下，它对一切国家开放，任何国家均可以在平等的基础上对外层空间进行自由探索和利用，但其目的必须是为全人类谋福利和利益。各国在外层空间的活动所形成的关系由外层空间法来调整。

(二) 外层空间法

外层空间法是指调整各国在外层空间活动中法律关系的原则、规则和规章、制度的总体。由一系列国际条约形成的外层空间法，现已成为国际法律体系中的一个新分支。

在1958年，联合国设立了“联合国和平利用外层空间委员会”，简称“外空委员会”；1963年联合国大会通过了《各国在探索与利用外层空间活动的法律原则的宣言》，宣布各国在探索和利用外层空间时所必须遵守的9项原则，奠定了外层空间及天体的法律构架。其后，外空委员会主持签订了五项条约，成为外层空间法的实体法：

(1)《关于各国探索和利用包括月球和其他天体在内外层空间活动的原则的条约》，简称《外层空间条约》，1967年10月生效，是外层空间的基本法。该条约侧重于重申外层空间活动的法律原则和建立外层空间法律制度，故被称为“外层空间宪章”。它所确立的原则主要有以下七项：探索和利用外层空间必须为全人类谋福利和利益；外层空间不得据为已有；探索和利用外层空间应遵守国际法；对宇宙航行员提供援助和营救；发射国承担国际责任；发射国对发射实体保持管辖和控制权；国际合作与互助。

(2)《营救宇宙航行员、送回宇宙航行员和归还发射到外层空间的物体的协定》，简称《营救协定》，1968年生效。该协定重申营救宇航员的原则，并责成非发射国承担营救及送回宇航员的义务。

(3)《空间物体所造成损害的国际责任公约》，简称《国际责任公约》，1973年生效。该公约规定各国应对发射的实体在外层空间及天体的一切活动负直接责任，并规定了损害的赔偿原则。

(4)《关于登记射入外层空间物体的公约》，简称《登记公约》，1975年签署。该公约规定发射国应设登记册，登记其所发射之实体并上报联合国秘书长。

(5)《关于各国在月球和其他天体上活动的协定》，简称《月球协定》，1979

年签署。该协定规定了月球和其他天体的法律地位和各国在月球和其他天体进行活动的原则。

上述五项条约中规定的原则和规则为大多数国家所接受,已成为具有法律拘束力的国际法律规范。

目前,在外层空间除了航天活动以外,还有卫星遥感地球、卫星电视广播和外层空间使用核能源等活动。后三项活动所应遵守的国际法原则是:为所有国家谋福利;尊重国家主权;国际合作。

第七节 国际条约法

一、条约的定义和基本特征

条约是国际法主体之间以国际法为准则为确立其相互权利与义务而缔结的书面协议。

根据这一定义,条约具有如下基本特征:(1) 条约是国际法主体之间的协议;(2) 条约应以国际法为准则;(3) 条约为缔约国创设权利和义务;(4) 条约必须是书面协议。

二、条约的种类和名称

(一) 条约的种类

关于条约的种类,依不同的标准可作不同的分类:(1) 按缔约国的数目多少,可分为双边条约和多边条约。(2) 按条约的性质划分,可分为造法性条约和契约性条约。前者是各缔约国为创设新的行为规则或确认、改变现有行为规则而签订的,它通常是多边的、开放性的国际条约。后者则是缔约国之间就一般关系或特定事项而签订的条约。(3) 按条约的内容划分,可分为政治、经济、文化、科学等类别条约。(4) 按地理范围划分,可分为区域性的条约和全球性的条约。

(二) 条约的名称

"条约"一词具有广义和狭义之分。广义的条约是指以各种名称出现的国际协议的统称,狭义的条约专指国际协议中以条约为名称的那种协议。

在国际实践中,广义的条约名称主要有以下几种:

(1) 公约。通常是多国就某一重大问题举行国际会议而缔结的多边协议,其内容多系造法性的行为规则和其他制度,如《联合国海洋法公约》、《维也纳外交关系公约》等。

(2) 条约。通常是两个或两个以上国家就有关重大政治、经济、法律等问题达成的协议,如边界条约、领事条约等。

（3）协定。通常是适用于具体问题的国际协议，如贸易协定、航空协定等。

（4）议定书。一般是指修正或补充一项国际协议的文件，可分为补充性议定书和独立性议定书两种。前者主要是一些辅助性的法律文件，诸如对公约特定条款的解释、保留意见等附属事项，这种性质的议定书无需批准。而后者本身就是一个条约，它需要单独批准。

（5）宪章、盟约、规约。这类条约的名称通常用于建立国际组织的国际协议，如《联合国宪章》、《国际法院规约》等。

（6）换文。它是指当事国双方就已经达成协议的事项而变换内容完全相同的文书。

（7）宣言。它是两国或数国会谈后或就某一重大问题召开国际会议后发表的含有具体权利与义务的声明。

（8）联合声明。它是指两个或两个以上国际法主体就某事项公开表示态度或说明真相的文书，如《中英关于香港问题的联合声明》等。

三、条约的缔结程序

缔结条约需要一定的步骤和手续，这就是条约的缔结程序。条约的性质和种类不同，缔结程序也不尽一致。根据国际实践及《条约法公约》的规定，缔约程序一般包括谈判、签字、批准和交换批准书四个阶段。

（1）谈判。指有关各方为了就条约内容达成一致协议而进行的交涉。

（2）签字。指缔约国表示同意承受条约约束的方式。条约在正式签字前，可以由谈判代表草签。草签只表明全权代表对条约约文已经认证，但它不具有法律效力，须待本国政府核准后才能对该国具有拘束力。正式签字则在一定条件下具有拘束力。

（3）批准。指缔约国权力机关对其全权代表所签署条约的认可并表示同意承受条约所载之义务的行为。一些重要的条约签字以后还需经过批准，才能对缔约国有拘束力，如果拒绝批准，条约也就无效或者对拒绝批准国无效。批准是一国的主权行为，属于国内法事项，由哪一机关批准、如何批准均由该国家自行决定。

（4）交换批准书。指缔约双方互相交换各自国家权力机关批准条约的证明文件因而使该条约产生法律效力的行为。多适用于重大条约和协定。

上述缔约程序不是每一项条约的缔结都必须经过的。一般来讲，绝大多数条约的缔结都要经过谈判与签字程序，而有些条约的缔结则无需批准和交换批准书这两个程序。

条约的缔结实行登记及公布制度。条约缔结后，应送往联合国秘书处登记和公布。但《联合国宪章》并未将登记作为条约生效的必备条件。未登记的条约不影响其法律效力，只是不能在联合国内援引。

1990年12月28日我国第七届全国人大第十七次会议通过了《中华人民共和国缔结条约程序法》,对缔结条约的有关事项做出了规定。

五、条约的保留

条约的保留是指一国于签署、批准、接受、赞同或加入条约时所作的单方面声明,不论措辞或名称如何,其目的在于摒除或更除条约中若干规定对该国适用之法律效果。保留的含义,一是排除条约中某项条款对保留国的拘束力;二是就某项条款有所修正,表明一国愿意在保留的基础上接受条约约束。《条约法公约》中对保留问题做出如下规定:

(1) 关于保留的提出。任何一个缔约国都可以对条约提出保留,这是国家主权之固有行为,除非某项条约不加歧视地规定不允许缔约国保留,亦即当条约本身禁止保留或保留不在允许保留范围之内或保留与条约之目的和宗旨相违背时,不得提出保留。

(2) 关于保留的接受与反对。明文允许保留的条约,除条约另有规定外,保留不需经他国接受;谈判国数目有限之多边条约的保留要经全体缔约国同意;对国际组织组织文件的保留,须经该组织主管部门同意。对保留接受国而言,保留提出国是缔约国,而对保留反对国来讲,保留提出国不是缔约国,但保留反对国必须在一定期限内明示提出反对。

(3) 保留及反对保留的法律效果。对保留接受国而言,与保留提出国在保留的范围内修改保留所涉及的条约规定;在保留反对国与保留提出国之间,除前者反对条约在两国间生效外,两国之间仅不适用所保留的规定。

(4) 保留、反对保留均可以由提出国自主撤回,这一撤回自保留接受国或保留提出国收到通知时生效。

(5) 保留、明示接受保留或反对保留,都必须以书面形式做出并通知有关国家。

六、条约的生效和有效期

(一) 条约的生效

双边条约的生效方式主要有:(1) 自签字之日起生效,多涉及经济、贸易或技术合作协定;(2) 自批准之日起生效;(3) 自互换批准书之日或之后若干天起开始生效。

多边条约的生效方式主要有:(1) 自全体缔约国批准或各缔约国明确表示承受拘束之日起生效。这种方式适用于封闭性条约。(2) 自一定数目的国家交存批准书或加入书之日或之后某日起生效。(3) 自一定数目的国家,其中包括某些特定国家提交批准书后生效。

条约本身的生效与条约开始对某一国家生效并不完全相同。

（二）条约的有效期

（1）无期限的条约。除非再订新约，否则条约一直有效。造法性国际公约和边界条约一般是无期限的。

（2）有期限的条约。需要在条约里明文规定，期满后可以延长，不予延长则条约自动失效。

七、条约的效力

（一）条约的适用范围

（1）时间范围。一般条约自生效之日起开始适用且原则上无追溯力，即条约对当事国在条约生效之日以前从事的任何行为或所发生的事实均不具有效力。

（2）空间范围。除条约另有规定外，条约效力及于缔约国全部领土。

（3）条约的冲突。指先后条约产生矛盾，从而引发哪一个条约应优先适用的问题，因为冲突的义务是不可能同时履行的。根据《条约法公约》之规定，在解决条约的冲突时应遵循以下规则：第一，如果联合国会员国相互之间在《联合国宪章》生效以前或以后所缔结的条约与宪章的规定相冲突，宪章的规定应居优先。第二，如果条约中明文规定该条约不得违反先订或后订条约，或不得视为与先订或后订条约不合，则该先订或后订条约应居优先。第三，如果先订条约的全体当事国同时也是后订条约的当事国，而先订条约依法并未终止或停止施行，则先订条约仅在其规定与后订条约相符的范围内才适用，即当两条约相冲突时，适用后订条约。第四，如果后订条约的当事国不包括先订条约的全体当事国，在同为先后两个条约的当事国之间，先订条约仅在其规定与后订条约相符的范围内适用。而在同为两条约的当事国与仅为其中一个条约的当事国之间，其相互间的权利和义务则依两国同为当事国的条约确定。

（二）条约在缔约国间的效力

条约生效以后，缔约国应当切实履行条约的规定。国际法上有一项“条约必须遵守”原则，即一个合法缔结的条约，在其有效期间内，当事国有依约善意履行的义务。这一原则得到了各种国际文件和国际法院判决的确认。同时，需提请注意的是，对条约的遵守不是绝对的，一国得以条约与强行法相冲突、保留或情势变迁为理由而不履行条约。

各国负有以宪法和法律保证条约履行的职责。关于条约执行方法的规定，属于国内法事项。

（三）条约对第三国的效力

第三国是指非条约当事国。从严格意义上说，条约仅对当事国有拘束力，而非当事国则不受条约约束，即“约定对第三方既无益也无损”。当条约赋予第三国权利时,只要第三国未反对接受此项权利,则推定其默示同意;当条约为第三国创设义务时,必须经第三国以书面形式明示接受该项义务,第三国才承担义务。如果条约的条款反映了国际习惯,其对第三国发生拘束力亦以第三国无明示反对为限。

八、条约的终止、停止施行与无效

(一)条约的终止

条约的终止是指条约由于期满或其他原因在法律上终止存在。一般有如下几种情况:(1)条约规定的期限届满且无延长之行为;(2)条约所规定的义务或事项全部执行完毕,条约任务完成后随即失效;(3)条约规定的解除条件成立;(4)退约;(5)条约被代替;(6)条约执行的不可能;(7)全体当事国同意终止;(8)单方面终止条约。但原则上条约不能单方面终止,只有在发生以下三种特殊情形之一时,才允许单方面终止条约:(1)缔约一方违背条约义务。当缔约一方违背条约义务时,其他缔约国有权决定在该国与违约国之间或在全体缔约国之间终止条约。(2)条约执行不可能。指实施条约所必不可少的标的物永久消失或毁坏,致使条约无法执行。(3)情势变迁。指缔结条约时存在一个假设,即以缔约国缔约时所能预见到的情况不变为条约有效的前提,一旦情势发生变化,缔约国就有权终止条约。

(二)条约的停止施行

条约的停止施行是指一个或数个缔约国于一定期间内暂停施行条约之一部或全部,但条约本身并不因此而终止,必要时,依一定程序可以恢复条约的施行。条约可因以下原因而停止施行:(1)一方违约;(2)情势变迁;(3)条约本身的规定;(4)全体当事国的同意。

(三)条约的无效

导致条约无效的情形主要有:(1)无缔约能力;(2)错误;(3)欺诈;(4)贿赂;(5)强迫;(6)条约与强行法相冲突。这些情形导致的条约无效是自始无效。

九、条约的修订

条约的修订是指条约以适应国际形势的变迁,按法定程序进行更改。条约的修订有两种情形:一是全体缔约国对条约的更改,称为条约的修正;二是若干缔约国对条约的更改,称为条约的修改。

关于条约的修正,根据《条约法公约》的规定,一般可由其缔约国协议进行。在全体缔约国间修正多边条约的任何建议,必须通知全体缔约国,各缔约国有权参加对此种建议的决议以及修正条约之任何协定的谈判和缔结。

关于条约的修改,《条约法公约》规定了下述规则:必须是该条约含有修改的规定,或修改不为该条约所禁止,而且不影响其他缔约国的权利和义务;同时该项修改也不涉及到有效实现整个条约的目的和宗旨。条约若干缔约国如果按照这些规则对条约进行了修改,应将修改的内容通知其他当事国。至于双边条约,也可以由当事国达成协议,进行修改。这种协议适用关于条约缔结和生效的全部规则。

十、条约的解释

条约的解释是指对条约的整体、个别条款或词句的意义、内容和适用条件所作的说明。条约解释的主体有:条约当事国解释、国际组织解释、仲裁法庭或国际法院解释。

根据《条约法公约》的有关规定,条约依照以下规则进行解释:

(1) 依条约之用语按其上下文并参照条约之目的及宗旨所具有的通常意义,善意地加以解释;

(2) 对整个条约及其附件全面研究,并考虑缔结条约的所有有关文件进行解释;

(3) 如果按照上述办法仍不能解释清楚,可使用历次草案、谈判记录来解释;

(4) 以两种或两种以上文字写成的条约,除有作准文字作为解释分歧的依据外,每种文字同一作准;

(5) 作准文字以外的其他文字的译文,解释时仅供参考;

(6) 作准文字的用语有分歧的,各方只受本国文字的约束,而且不得从对方文字约文的不同解释中作出对自己有利的解释;

(7) 在两种以上文字同一作准的条约中,解释分歧按上述方法仍不能消除时,应采用考虑条约之目的和宗旨下最能调和各约文本的含义。

第八节　外交和领事关系法

一、概说

(一) 基本概念

外交关系是指国家为了实现其对外政策,由外交机关通过访问、谈判、签订条约、外交文书往来、派出常驻外交代表机关、参加国际会议和国际组织等对外活动而形成的关系。

领事关系是指一国根据与他国达成的协议,相互在对方一定地区设立领事馆和执行领事职务所形成的国家间的关系。

外交关系法主要是调整国家之间外交关系的原则、规则和规章、制度的总称。

领事关系法主要是调整国家之间领事关系的原则、规则和规章、制度的总称。

（二）外交关系的形式

外交关系的形式有以下四种：(1) 正式外交关系。其特点是双方互派常驻使节。(2) 不完全外交关系。其特点是双方互派的外交使节停留在互派代办的级别上。(3) 非正式外交关系。其特点是两个没有正式建交的国家直接进行外交谈判，互设某种联络机构。(4) 国民外交关系。其特点是民间性。

（三）外交关系与领事关系的联系和区别

两者的联系方面：

(1) 两国建立外交关系就意味着同意建立领事关系；但两国间断绝外交关系并不当然断绝领事关系。

(2) 在行政系统上，外交官与领事官同属于外交人员组织系统，由外交部门领导。外交使节可以同时执行领事职务；两国间无外交关系的，领事也可兼办外交事务。

两者的区别方面：

(1) 使馆全面代表派遣国，与接受国政府进行外交往来；而领馆通常就领事职务范围内的事务，与所在国地方当局交涉。

(2) 使馆所保护的利益和活动范围是全面性的；而领馆保护的利益和活动范围则是地方性的，一般限于有关的领事区域。

(3) 外交特权与豁免要高于领事特权与豁免。

二、国内外交机关

外交机关是国家为了实现其对外政策而进行外交活动的国家机关的总称。它可分为国内外交机关和驻外外交机关两大类。

国内外交机关是国家外交活动的领导机关，它们代表本国进行外交活动，与外国建立和发展外交关系。国内外交机关包括国家元首、政府和政府中主管外交工作的外交部门，这些机关的职权范围通常由该国宪法和法律规定。

国家元首是国家在对外关系上的最高代表。在对外关系上，凡以国家元首名义所作的行为和决定，都被视为代表国家的行为和决定。国家元首在对外关系上的职权由其本国宪法加以规定。这些职权通常包括：派遣和接受外交代表；批准和废除条约；宣战和媾和。按照国际惯例，国家元首在出访时，不仅享有全部外交特权与豁免，而且享受特殊的礼遇和殊荣。国家元首可以是个人，也可以是集体。

一国的中央政府是该国的最高行政机关,也是国家对外关系的领导机关。政府在对外关系方面的职权包括:领导外交工作、管理对外事务;就对外关系的重大问题发表声明;同外国政府谈判、签订条约和协定等。政府首脑有权代表本国政府同外国政府进行谈判、出席国际会议和签订国际条约。按照国际惯例,政府首脑在外国时,享有全部外交特权与豁免。

外交部门是政府中负责执行国家对外政策、处理日常外交事务的机关,一般称为外交部。外交部的职权包括:领导和监督驻外使领馆、驻国际组织使团和出席国际会议的代表团的工作和活动;与外国使馆和使团等保持联系和进行谈判;保护本国及本国公民在国外的合法权益等。外交部长领导外交部的工作,其职权主要有:贯彻国家对外政策和处理日常外交事务;参加谈判;出席国际会议和签订条约等。外交部长在外国时,享有全部外交特权与豁免。

三、驻外外交机关

驻外外交机关亦称外交代表机关,分常驻的和临时的两种。常驻的有派驻外国的使馆和驻国际组织(如常驻联合国)的使团。临时的包括特别使团和派往联合国和联合国各专门机构的临时代表团。

国家之间建立外交关系和互设使馆,必须经过双方的协议。两国之间互设使馆,每个国家既是派遣国又是接受国。向他国派遣使馆的国家称为派遣国,接受在其领土上建立使馆的国家称为接受国或驻在国。使馆通常由下列各类人员组成:使馆馆长;外交职员,包括参赞、武官、秘书和各种随员;行政技术职员;事务职员。其中,使馆馆长分为大使、公使和代办三个等级。国家之间交换什么等级的使馆馆长,应由有关国家商定。现今绝大多数国家都互派大使级馆长。不同的使馆人员,其派遣和接受的程序有所差异。根据有关国际条约,使馆馆长和武官的人选须事先征得接受国的同意。

根据1961年《维也纳外交关系公约》(1975年12月25日起对我国生效)的规定,使馆的职务主要有:(1)在接受国中代表派遣国;(2)于国际法许可的限度内,于接受国中保护派遣国及其国民的利益;(3)与接受国政府办理交涉;(4)以一切合法手段调查接受国之状况及发展情形,并向派遣国报告;(5)促进派遣国与接受国间的友好关系,及发展两国间的经济、文化与科学关系。此外,使馆还可以担负国际法许可的其他职务。例如,执行领事职务;经接受国同意,可以受托保护未在接受国派有代表的第三国及其国民的利益等。

特别使团是指一国经另一国邀请或同意,派往该国进行谈判或完成某一特定任务的代表国家的临时使团。特别使团的职务由派遣国和接受国协议决定,概括起来主要有两项:一是与接受国进行谈判;二是完成某项特定任务(如参加重要典礼等),以促进两国间友好关系的发展。

四、外交特权与豁免

外交特权与豁免是指外交代表机关及其人员在接受国所享有的特殊权利和优惠待遇的总称。根据《维也纳外交关系公约》的规定,外交特权与豁免的根据有两方面:一是为有效执行职务所必需;二是对外交代表所代表国家的尊重。

《维也纳外交关系公约》规定,使馆享有的特权和豁免包括:(1)使馆馆舍不受侵犯;(2)使馆档案及文件不受侵犯;(3)通讯自由;(4)免纳捐税、关税;(5)使用派遣国的国旗和国徽。

包括使馆馆长和其他外交职员在内的外交人员,享有全部外交特权与豁免,主要有以下几项:(1)人身不得侵犯;(2)寓所、文书、信件和财产不得侵犯;(3)行动和旅行自由;(4)管辖的豁免;(5)免纳捐税、关税和行李免受查验以及免服各种劳务等。使馆的其他人员,也享有一定的特权与豁免。

外交特权与豁免自有关人员进入接受国国境前往就任之时起,至其离境之时或其离境之合理期间终了之时终止。

根据有关国际条约的规定,特别使团及其各类人员、国家派往联合国和联合国各专门机构的常驻使团及其人员,享有相当于使馆及其人员所享有的各项特权与豁免。

使馆及其人员在享有特权与豁免的同时,也须承担尊重接受国法律、不干涉接受国内政以及不得将使馆馆舍用于与使馆职务不相符合的用途等项义务。

我国于1986年9月5日由第六届全国人大常委会第十七次会议通过了《中华人民共和国外交特权与豁免条例》,对外交特权和豁免作了具体的规定。

五、领事制度

领事是一国根据与他国的协议,派驻他国某一城市或地区执行领事职务,以保护派遣国及其公民和法人在当地合法权益的代表。

领事制度是随着国家之间贸易关系的发展而发展起来的。1963年的《维也纳领事关系公约》(1979年8月1日起对我国生效)对领事制度做了比较全面的规定,它是调整国家之间领事关系的法律依据。根据该公约的规定,两国之间通过协议建立领事关系。领事由派遣国委派,并由接受国承认准予执行职务。派遣国委派领事须将领事委任书通过外交途径或其他适当途径送至接受国政府。接受国须发出领事证书表示准许,如不接受,则无须向派遣国说明其拒绝的理由。

领馆由领事官员(包括领馆馆长)、领事雇员和服务人员等组成。领馆馆长可分总领事、领事、副领事和领事代理人四级,与此相适应,领馆分为总领事馆、

领事馆、副领事馆和领事代理处。领馆馆长取得接受国颁发的领事证书后，开始执行领事职务。

根据《维也纳领事关系公约》的规定，领事的职务主要有：(1) 在国际法许可的限度内，保护派遣国及其侨民与法人在接受国的利益；(2) 增进派遣国与接受国之间商业、经济、文化及科学关系的发展；(3) 以一切合法手段了解接受国内商业、经济、文化和科学活动的状况及发展情形，并向派遣国报告；(4) 办理证件、公证和登记等事务；(5) 传送司法和其他文书；(6) 监督、检查和协助派遣国的船舶、航空器及其航行人员等等。

依照《维也纳领事关系公约》，领馆的特权与豁免主要有：(1) 领馆馆舍在公约规定的限度内不得侵犯；(2) 领馆档案及文件不得侵犯；(3) 通讯自由；(4) 免纳捐税、关税；(5) 使用派遣国的国旗、国徽。领馆官员及其他人员的特权与豁免主要有：(1) 人身自由受公约规定的限度内的保护；(2) 一定限度的管辖豁免；(3) 一定限度的作证义务的免除；(4) 行动自由；(5) 免纳捐税、关税和免受查验。此外，领馆及其人员对接受国也负有一定的义务，其内容与使馆及其人员对接受国所负之义务相同。

领馆人员的职务在遇有下列情形之一时终止：(1) 派遣国通知接受国该员职务业已终了；(2) 撤销领事证书；(3) 接受国通知派遣国，接受国不复承认该员为领馆馆长；(4) 两国领事关系断绝。

我国于 1990 年 10 月 30 日由全国人大常委会通过了《中华人民共和国领事特权与豁免条例》，对有关事项作出了具体规定。

第九节　国际组织法

一、国际组织的法律地位

(一) 国际组织的概念

国际组织指的主要是政府间的国际组织，是国家之间为了处理国际关系中的事务或为了实现特定目的，根据条约而建立的常设国际组织。国际组织具有以下特征：

(1) 国际组织的成员是国家。国际组织建立在国家之间而不是凌驾于国家之上，它只能依照各国的协议进行活动，无权对成员国发号施令或以任何借口干涉成员国的国内事务。

(2) 国际组织的宗旨是处理国际间的特定事务。因为国际组织的职能是由不同的特定事务决定的。

(3) 国际组织根据国际条约创立。但条约必须符合国际法，否则不能成为国际组织取得合法地位的法律依据。

(4) 国际组织应当具有常设机构。具有常设机构并依照一定的程序进行活动,是国际组织的基本特点之一。

国际组织在国际事务中发挥着重要作用,具体表现为以下几个方面:(1) 增加了国际关系的联系渠道;(2) 丰富了国际法的内容;(3) 开辟了国际法的新领域;(4) 促进了国际法的编纂和发展。

(二) 国际组织的法律地位

国际组织在一定范围内和在一定程度上具有国际法主体的资格。这是成员国在组织约章中授予它的法律地位,是从成员国的授权中派生出来的国际法律人格。为了执行其职能和实现其宗旨,国际组织在对外关系中须具有下列主要的权利能力和行为能力:缔约权、对外交往权、承认与被承认权、国际索赔权和承担国际责任、享受特权与豁免的权利。

二、国际组织的主要法律制度

关于国际组织的结构、职能和工作程序的法律,构成该国际组织的组织法。

(一) 会员

国际组织的会员有以下几种不同情况:

(1) 完全会员。完全会员是国际组织的正式参与者,通常参与该组织的全部活动和承受该组织的全部权利和义务。完全会员在该国际组织内的地位是平等的,享有同样权利和承担同样义务。但有些国际组织,如国际金融组织,完全会员承担不同的财政义务和享有不同的决策权力(如加权表决制),这种特殊情况由组织约章加以具体规定。

(2) 部分会员。有些国际组织允许非会员国参与该组织的一个或几个机关的工作,可以作为这些机关的正式成员,但它们不是该组织的会员国。部分会员在其参加的机关内,享有正式会员的权利并承担同样的义务。

(3) 联系会员。有些国际组织接受联系会员。联系会员在该国际组织中只享有有限的权利:出席会议和参加讨论,但没有表决权,也不能在主要机关中任职。同时,它们对组织承担较低的财政义务。

(4) 观察员。大部分国际组织邀请非成员国、民族解放运动、其他政府间或非政府间的国际组织派观察员出席其有关会议。观察员通常是在每次开会时临时邀请的,但也有常设的。观察员在该组织的有关会议上一般没有发言权也没有表决权,但观察员可以取得会议的全部文件,有时也可以提出正式的提议。

从参加国际组织的方式和程序来说,会员可分为“创始会员”与“纳入会员”两种。凡是参与创建该组织的会员国,一般均为创始会员国;凡是成立后加入该组织的国家,均为纳入会员国。在法律地位上,创始会员和纳入会员没有区别。

国际组织的会员资格可因退出或被开除而丧失。如会员国不履行会员义务或违反组织约章,可被该国际组织开除或除名。

国际组织一般是建立在会员国主权平等的基础之上的。凡是正式会员都享有同样的权利(代表权、发言权和表决权),同时承担着相应的义务。部分会员、联系会员和观察员都不是正式的会员,它们只有参加某些活动的权利,享有某些利益和便利,也只承担较小的义务,没有会员国的法律地位。

(二)主要机关及其职能

国际组织一般都设有以下三种机构:

(1)最高权力机关。由全体会员国组成,一般称为"大会",由会员国派代表团或全权代表参加。最高权力机关的职能是制定该组织的方针政策、制定及修改规章、监督其下属各机构的工作、选举下属机构之成员、审核组织的预算及决算等。

(2)执行机关。指国际组织内负责执行其决定的机构,通常称为理事会或执行局或执行委员会。

(3)行政机关。指国际组织内负责处理日常工作的行政机构,一般称为秘书处。其职能是处理行政管理方面的事务。

(三)表决制度

表决制度是国际组织决策程序的核心,所有国际组织的基本文件都有专门条款予以明确规定。

国际组织的表决程序主要有:

(1)全体一致通过。指议案须取得出席及投票之成员国的一致同意才可以通过。第二次世界大战后的国际组织已经很少采用这种制度。

(2)多数通过。指出席及投票的会员国多数同意就可以通过。又有三种情形:一是简单多数。指有过半数会员国的同意票即可通过。二是特定多数。指根据约章的规定,对于重要问题或特定事项的表决,须经规定的过半数多数同意即可通过。三是含特定会员国的特定多数。个别国际组织或机构在其表决制度上除要求特定数目的多数外,还要求包含特定会员国的同意票。

(3)加权表决制。国际金融组织由于带有股份制的性质,表决权方面也反映了股份制的特点。表决时,会员国除了享有同样的表决票之外,还可就其所认缴份额的大小增加一定的票数,即为"加权表决制"。

(4)协商一致和倒协商一致。协商一致是20世纪60年代发展起来的一种决策程序,是在广泛协商、取得一般合意基础上的不经表决而通过决议。倒协商一致亦称反向协商一致,是世界贸易组织所采用的表决制度之一,主要适用于争端解决领域。它是指除非世贸组织争端解决机构协商一致表示反对,否则,有关决定自动予以通过。根据世贸组织的有关规定,该表决方式可以适用于如下三种场合:即设立解决争端的专家小组、通过专家小组或上诉机构的报告、授权采取中止减让和其他义务的对抗性措施。

(四)国际组织的决议

国际组织的决议是指国际组织各机构依其程序规则所通过的决议。这些决议的法律效力取决于通过该决议的机构的职权和该决议本身所包含的实质性内容。

三、联合国

(一)联合国的宗旨和原则

联合国是一个在集体安全原则基础上建立的维持国际和平与安全并具有广泛职能的国际组织。它根据1945年签订的《联合国宪章》于同年成立。《联合国宪章》规定了联合国的宗旨和原则。

联合国的宗旨是:(1)维护国际和平与安全;(2)发展各国以人民的平等权利和自决原则为基础的友好关系;(3)促进国际间有关经济、社会及文化方面的合作;(4)构成协调各国行动的中心。概括起来,就是维护和平与促进发展两大目标。

为实现上述宗旨,《联合国宪章》要求联合国及其会员国应遵循以下原则:(1)会员国主权平等;(2)善意履行《宪章》义务;(3)和平解决国际争端;(4)禁止以武力相威胁或使用武力;(5)集体协助;(6)确保非会员国遵守《宪章》原则;(7)不干涉内政。

(二)联合国的会员国

联合国会员国可分为两类:一类是创始会员国,是指在1942年《联合国家宣言》上签字或1945年出席签订《联合国宪章》的旧金山会议的国家;另一类是纳入会员国(即非创始会员国),是指根据《宪章》规定的条件及参加程序接纳的国家。凡是联合国成立后加入的国家均为纳入会员国。创始会员国和纳入会员国在权利和义务上是完全相同的。我国系联合国的创始会员国。

联合国会员国有履行《宪章》所载各项规定之义务,并须向联合国缴纳会费。《宪章》规定会员国如违反《宪章》义务,将可能受到以下三种组织制裁:

(1)停止会员权利。当会员国被安全理事会实施执行行动时,大会得经安全理事会建议停止该会员国的会员权利及特权之行使。

(2)除名。当会员国屡次违反《宪章》所载之原则,大会经安全理事会建议得将该会员国自本组织除名。

(3)丧失大会投票权。拖欠财政款项之会员国,当其拖欠数额等于或超过其前两年所应缴之数目时,即丧失其在大会上的投票权。

（三）联合国的主要机构

联合国设有以下六个主要机构：

(1) 大会。由联合国全体会员国派代表组成，是一个具有广泛审议和提出建议权力的机构。

(2) 安全理事会。由5个常任理事国(中国、法国、俄罗斯、英国和美国)以及10个非常任理事国组成。非常任理事国由联合国大会选举，任期两年，每年改选5个，不得连选连任。安理会是联合国体系中维持国际和平与安全的行动机构。

(3) 经济及社会理事会。是在联合国大会权力下负责协调联合国以及各专门机构的经济与社会工作的机构。

(4) 托管理事会。是联合国负责监督托管领土行政管理的机构。

(5) 国际法院。是联合国的主要司法机关，在行使司法职能中具有完全独立的地位。

(6) 秘书处。是联合国的行政事务机构。

四、联合国专门机构

联合国专门机构是指根据协定同联合国建立联系、或根据联合国决定而成立的对某一特定业务范围负有国际责任的政府间专门性国际组织。一般来讲，只有主权国家才能加入专门机构，各专门机构是以政府间协定作为其法律基础的。

联合国成立后，为了促进国际联系与合作，有必要使国际专门机构的工作彼此配合并与联合国的活动相协调。为此，《联合国宪章》授权联合国经济及社会理事会与政府间的专门机构订立协定，该协定经大会核准后就将这些专门机构纳入到联合国体系，从而成为联合国专门机构。这些专门机构无论在组织上或者在活动上都是独立的，它们不是联合国的附属机构，只不过是根据有关协定与联合国建立特殊的法律联系而已。目前，与联合国建立这种法律联系的专门性国际组织如世界贸易组织、国际货币基金组织、世界卫生组织、国际劳工组织等，共有18个。

五、区域性国际组织

区域性国际组织是指在特定区域内的若干国家通过协议而建立的政府间组织。这类组织的成员国往往在地理、历史、民族、文化、语言等方面有着悠久的联系，或者在政治、经济等方面有着特殊的关系。这些国家出于维护它们的共同利益，和平解决相互间的争端，维持本地区的和平与安全，发展政治、经济、文化和社会关系等方面的考虑而组成区域性国际组织。

区域性国际组织是当代国际组织体系中的重要组成部分,它们具有独立的法律地位和自主的职权。联合国成立以后,确认了区域性国际组织的法律地位及其同联合国的特殊关系,将区域性国际组织纳入了联合国维持和平与安全的体制。区域性国际组织在执行一部分维持国际和平与安全的任务方面,同联合国安理会发生联系。

现在,有影响的区域性国际组织主要有:美洲国家组织、阿拉伯国家联盟、非洲统一组织、东南亚国家联盟、欧洲联盟等。

第十节 和平解决国际争端

一、概说

以和平解决国际争端是国际法的一项基本原则。《联合国宪章》第2条规定:"各会员国应以和平方法解决其国际争端,避免危及国际和平、安全及正义。"

国际争端是指国家在其相互关系上发生的争端。它可能涉及国家间的政治关系、经济关系、文化关系及法律关系等领域,但国际法上的国际争端仅指国家之间由于政治利益或法律权利的冲突而产生的争端。因而国际争端具有如下特点:(1) 国际争端的主体主要是国家;(2) 国际争端往往涉及国家的重大利益或重要权利;(3) 国际争端的解决方法依其性质不同而有所差异;(4) 国际争端的解决方法由当事国自愿选择适用。

传统国际法认为国际争端的解决方法有强制方法和非强制方法两类。强制方法就是一国为迫使另一国接受其要求而采取的带有强制性的方法,包括反报、报复、平时封锁和干涉等,但战争不包括在内。非强制方法又分为政治解决方法和法律解决方法两种,前者包括谈判、协商、斡旋、调停、调查及和解;后者包括仲裁和司法解决。

二、解决国际争端的政治方法

(一) 概说

政治方法是由有关国家通过外交途径进行的,亦称外交方法。它包括谈判、协商、斡旋、调停、调查及和解等方式。政治方法可以适用于解决任何性质的争端,只要当事国同意即可。

(二) 谈判与协商

谈判与协商是争端当事国为了解决它们之间的争端而直接进行接触的一种外交方式。谈判通常只是在争端当事国之间直接进行;协商则不限于当事国,还可以邀请有关国家或中立国家参加。但谈判和协商是很难严格区分的。实践中谈判与协商紧密相连,在谈判中进行协商,于协商的基础上继续谈判。虽然谈判和协商各有其特点,但往往结合起来作为争端当事国直接解决争端的重要手段。

（三）斡旋与调停

斡旋与调停是由第三方协助争端当事国解决争端的一种方式。斡旋是第三方以各种方法促使当事国开始或继续谈判,斡旋者可以提出建议或转达双方的建议但不直接参与谈判;调停是第三方不仅为当事国提出实质性建议,还直接以调停者身份参加谈判。这种第三方协助解决争端的方式可由当事国提出,也可由第三方提出;第三方可能是国家领导人,也可以是国际组织。但斡旋与调停所提出的建议均无法律拘束力。

（四）调查与和解

调查与和解(调解)是解决因事实不清而无法解决之争端的一种方法。调查是指由争端当事国通过协议成立调查委员会,对争端进行调查并提出调查报告。调查的目的在于查明事实,为双方解决争端创造条件;和解是将争端提交给一个由若干人组成的委员会,由该委员会在查明事实以后提出解决的建议,促使当事国达成协议。调查与和解的主要区别是前者只查明事实;而后者则除查明事实外,还包括在提出解决建议的基础上促使当事国达成协议。调查报告及和解建议均无法律拘束力,当事国没有必须接受的义务。

（五）政治方法的特点

解决国际争端的政治方法具有以下基本特点:(1) 由争端当事国直接进行;(2) 第三方只起促进解决的作用;(3) 当事国仅承担道义责任。

三、解决国际争端的法律方法

（一）概说

法律方法是指争端当事国采用法律程序解决它们之间的争端。法律程序包括仲裁和司法解决两种,它是解决国际争端的最后程序。与政治方法相比,法律方法具有如下特点:(1) 只适用于解决法律性争端;(2) 由临时设立的或常设的机构进行,此种机构必须具有相对完善的组织及程序规则;(3) 仲裁裁决与法院判决对当事国具有法律拘束力,且为终判,不得上诉。

（二）国际仲裁

国际仲裁是指争端当事国自愿签订仲裁协议,将争端交由它们选定的仲裁人解决并承诺遵守其裁决的一种争端解决方法。争端当事国为进行仲裁而签订的仲裁协议,是仲裁的法律依据。

除非仲裁协议另有约定,国际仲裁一般适用国际法,即《国际法院规约》第38条所表述的国际法,包括国际条约、国际习惯、一般法律原则等。在当事国同意的情况下，仲裁庭还可以适用“公允及善良”原则来裁断争端。仲裁庭除适用国际法外，也可根据仲裁协议之约定适用有关国家的国内立法或判例。

（三）司法解决

司法解决是指争端当事国在双方自愿接受的基础上，将争端提交给一个国际性的法院或法庭，由该法院或法庭根据国际法裁断该项争端并做出具有法律拘束力的判决的一种争端解决方法。

司法解决和仲裁都是解决国际争端的法律方法，同样是当事国在自愿接受的基础上诉诸法律解决程序，也同样产生具有法律拘束力的判决或裁决。但与仲裁相比，司法解决具有以下几个特点：(1) 法院和法庭是固定的和事先组成的；(2) 法官是根据法院规约选举产生的，不是当事国指派的；(3) 法院适用国际法，不是适用由当事国选择的法律。

但国际法院或法庭同样没有凌驾于国家之上的权力。法院和法庭对国家的管辖权是建立在国家自愿接受的基础之上的；法院判决虽然具有拘束力，但如果当事国不予执行，法院也没有强制执行的权力。这是国际司法解决与国内司法解决不同的地方。

四、国际法院

国际法院是联合国的主要司法机关，1946 年 4 月 3 日在海牙正式成立。

（一）国际法院的组织

国际法院由 15 名法官组成。法官不代表任何国家，不受其本国政府制约，也不受联合国某一机构的制约。在 15 名法官中不得有两人为同一国家的国民。法官由联合国大会与安理会在常设仲裁法院“各国团体”所提出的名单内选举，但实际上他们都是自各国政府指派的著名国际法学家组成的团体所提出的候选人名单中选举产生的。大会与安理会分别独立进行选举，候选人只有同时在这两个机构中获得绝对多数票时才能当选。对于选举法官，常任理事国没有否决权。在选举法官时，不仅应注意被选举人必须具有《国际法院规约》所规定的资格，而且还应注意使全体法官确能代表世界各大文化和各主要法系。

法官任期 9 年，每 3 年改选 5 名，可以连选连任。国际法院设正、副院长各 1 人，由法院法官自行选举产生，任期 3 年，可连选连任。法官是专职的，不得担任任何政治或行政职务，也不得从事任何其他职业性的活动。

（二）国际法院的职权

国际法院的职权分为诉讼管辖权和咨询管辖权两项。

国际法院行使诉讼管辖权，涉及“对人管辖”和“对事管辖”两个方面。

(1)“对人管辖”是指谁可以成为国际法院的诉讼当事方。《国际法院规约》第 34 条规定,只有国家才能成为国际法院的诉讼当事国。

(2)“对事管辖”是指什么事项可以成为国际法院管辖的对象。根据《国际法院规约》第 36 条,由国际法院管辖的案件有三种:一是争端当事国提交的一切案件。二是《联合国宪章》或其他现行条约所特定的一切事件。由于是有关条约所特定的事件,故又称“协定管辖”。三是国家事先声明接受国际法院管辖之一切法律争端。

根据《联合国宪章》第 96 条的规定,联合国大会、安全理事会、经济及社会理事会、托管理事会以及联合国各专门机构,均可就其工作中遇到的法律问题请求国际法院发表咨询意见。国家不能请求国际法院发表咨询意见,也不能阻止国际法院发表咨询意见。

(三)国际法院适用的法律

根据《国际法院规约》第 38 条,国际法院所适用的法律包括:(1)国际公约或条约;(2)国际习惯;(3)文明各国所承认的一般法律原则;(4)作为确定法律原则补充资料的司法判例及权威最高之公法学家的学说。

根据《国际法院规约》第 38 条第 2 款,如当事国同意,国际法院还可以适用“公允及善良”原则。

在实践中,国际条约和国际习惯是国际法院所适用的最主要的法律,一般法律原则也常常结合国际条约或国际习惯一同使用,司法判例则只能作为确定法律原则的补充资料。

(四)国际法院的判决

国际法院的判决是终局判决,不得上诉。争端当事国如不服判决,可向国际法院请求解释或申请复核,国际法院应以判决形式做出决定。作为联合国的会员国以及《国际法院规约》的当事国,该案的当事国有义务遵守和执行判决。如一方当事国不履行国际法院的判决,他方得向安理会申诉,安理会得做成建议或决定应采取的办法以执行判决。

五、通过国际组织解决国际争端

(一)联合国解决国际争端的方法

1. 联合国大会

根据《联合国宪章》第 10 条至第 14 条的规定,联合国大会在解决国际争端方面具有广泛的讨论和建议的权利。但为了不妨碍安理会的活动,对于安理会正在采取执行行动的任何争端或情势,大会不得提出任何建议。此外,大会有权设立常设的或临时的委员会或机构,对争端或情势进行调查。联合国大会对和平解决国际争端所提出的建议或所通过的决议,不具有法律拘束力,只有政治上和道义上的约束力。

2. 安全理事会

安理会对维持国际和平与安全担负主要责任。由于安理会是联合国唯一有权在维持国际和平与安全方面采取执行行动的机关,因而它在解决国际争端上承担着重要责任。安理会在这一领域的职权可概括为以下几点:

(1) 调查。为了解决足以危及国际和平与安全的重大争端,安理会有权对任何争端或情势进行调查,以断定该项争端或情势的继续存在是否会危及到国际和平与安全。如断定存在着这种情势,则应促请当事国通过谈判、协商、斡旋、调停、调查、和解、仲裁、司法解决、区域组织或区域办法的利用、或各当事国自行选择的其他和平方法,求得争端的解决。

(2) 建议。对于足以危及国际和平与安全的争端或情势,安理会在任何阶段都可以建议适当程序或调整方法。这种建议可以是一般性的,也可以是具体的解决方案,但对当事国只有政治上或道义上的约束力,而没有法律拘束力。

(3) 执行行动。《联合国宪章》第 39 条规定,当争端发展到威胁和平、破坏和平或存在侵略行为时,安理会有权根据《宪章》第 7 章的规定采取下列行动:A. 建议维持国际和平的临时办法。安理会在断定情势已危及国际和平与安全的时候,应做成建议促请争端当事国遵行安理会认为合宜的临时办法,以维持或恢复国际和平与安全。B. 采用武力以外的办法以实施决议。为了执行安理会所通过的有强制意义的决议,安理会有权采取包括局部或全部停止与发动侵略行为之国家的经济关系、铁路、海运、航空、邮电、无线电的联系,甚至断绝外交关系的措施。C. 采取武力行动。在上述办法已证明为不足时,安理会得对实施侵略行为的国家采取必要的海陆空军事行动,以维持及恢复国际和平与安全。

3. 秘书长

秘书长是联合国的行政首长,在和平解决国际争端方面,秘书长应密切注意各地潜在的冲突或争端,提请联合国有关机构和各国重视,直接与争端当事国进行讨论及磋商,开展实况调查活动,参与谈判、斡旋、调停、和解等活动,还可在必要时建议建立国际维持和平部队,在安理会和大会的授权下统率维持和平部队。

(二) 区域组织和区域办法

区域组织或区域办法是作为解决国际争端的方法,与和平解决争端之政治方法和法律方法同时并列的,其特点是以地理接近为基础,以条约为根据,设有共同的机关,以合作互助为目的。

根据《联合国宪章》的规定,区域组织和区域办法只适用于区域性国际争端的解决;区域性国际争端应首先用区域组织,或区域办法解决,如仍不能解决时,再提交联合国安理会解决;区域组织没有安理会的授权,不能采取执行行动;解决国际争端的区域组织和区域办法必须符合《联合国宪章》的宗旨和原则;已开始由区域组织或区域办法进行解决的争端,并不影响安理会职权的行使,也不影响联合国会员国或秘书长就该项争端或情势向大会、安理会提请注意的权利;依据区域办法或由区域组织采取或正在考虑的行动,不论何时,都应向安理会充分报告。

第十一节　战　争　法

一、概说

传统国际法将战争定义为:战争是国家之间的武装冲突所造成的法律状态。该定义表明,战争包含有三项重要内容:战争是国家之间的行为;战争是武装冲突的结果;战争是一种法律状态。

战争是由武装冲突发展而成的,因此一般来说,战争包含武装冲突,但武装冲突不一定就是战争。武装冲突只有发展到了一定的规模和持续了相当长的时间,才形成战争的法律状态。由于在现实生活中武装冲突与战争的界限很难加以区分,所以人们常将这两者统称为战争。但从严格法律意义上讲,它们仍然是两个不同的概念。现代,由于《联合国宪章》禁止使用武力或威胁,二战以来的战争或武装冲突,大多是不宣而战的,以至于"武装冲突"这一概念在关于战争法规的条约或其他文件中代替了"战争"的概念。战争的概念虽没有了,武装冲突的概念广泛运用,但战争的事实和性质并没有变化。

传统国际法认为,战争是解决国际争端的强制手段之一,是从国家主权引申出来的一项固有权利,因而战争权被称为"诉诸战争权"。但随着国际法上和平解决国际争端主张的被普遍接受,"诉诸战争权"逐渐受到了限制。

战争法是指调整交战国之间以及交战国与非交战国之间关系的原则、规则和规章、制度的总称。战争法是国际法最古老的组成部分之一,它由大量习惯规则和条约规则所构成,其渊源主要是国际习惯和国际条约。

战争法规的正式编纂始于19世纪中后期,在20世纪初达到高峰。当时国际社会召开了一系列外交会议,缔结了一系列国际公约或条约,将历史上存在的战争法习惯规则编纂成为条约法规则并创设了大量新规则,形成了战争法的条约体系。这些条约大致上可以分为两类,一类是以历次海牙会议为主而缔结的有关战争规则的条约,称为"海牙规则体系";另一类是以历次日内瓦会议为主而缔结的有关保护平民与战争受难者的条约,称为"日内法规则体系"。此外,现代战争法还包括对战争罪追究国际责任的规则。

二、战争的开始及其法律后果

(一) 战争的开始

战争是一种法律状态,战争开始就是交战国之间的关系从和平状态向战争状态的转变。

战争可因宣战而开始,也可因事实上出现了战争的法律状态而开始。战争状态一旦出现,就意味着交战国之间的关系已经发生了实质性变化。这种关系不仅要由战争法来调整,其结束也应依战争法的规定来实现。

(二) 战争开始的法律后果

(1) 外交与领事关系断绝。战争开始后,交战国之间的外交关系和领事关系就完全断绝,使领馆关闭并撤回外交和领事官员。

(2) 条约关系变化。交战国间的条约关系因战争而发生重要变化:两国间的双边政治性条约立即废除,经济贸易条约失效或停止施行。但关于领土或边界的条约却不能因战争而失效,除非该条约是导致战争的主要原因;双方共同参加的多边条约在交战双方之间停止施行,而它们参加的有关战争和中立的条约则因战争的开始而自动发生作用。

(3) 经济贸易关系中断。交战国之间不论是政府间还是民间的经济贸易往来都因战争而中断,私人间的商业关系也受到严令禁止。

(4) 交战国国民及其财产带有敌性。战争发生后,交战双方均认为对方、彼此的国民及其财产带有敌性,可以采取某些限制性措施。

三、战争法的内容

(一) 对作战方法和手段的限制

根据战争法,应当加以限制的作战方法和手段主要有以下几项:(1) 极度残酷的武器;(2) 有毒、化学和细菌(生物)武器;(3) 原子武器、氢武器和核武器;(4) 不分皂白的作战手段和方法;(5) 改变环境的作战手段和方法;(6) 背信弃义的作战手段和方法。

(二) 对平民、交战者和战争受难者的待遇

1. 对平民的保护

军事行动的目标只限于武装部队和战斗人员,平民应受保护,这是战争法的重要原则。对平民的保护主要涉及对交战国境内敌国平民的保护和对被占领区内被占领国平民的保护两个方面。

2. 对交战者的保护

交战者是指交战双方的武装部队,包括正规军和非正规军。交战者受战争法的保护,也负恪守战争法规的义务。

(1) 武装部队。包括一交战国的全部战斗员和非战斗员。武装部队的人员除医生、牧师外都是战斗员,有权直接参加战斗,如被敌方俘虏,享受战俘待遇。

(2) 非正规武装部队。包括民兵、志愿军和游击队等战斗力量。非正规武装部队在交战中与正规武装部队一样,享受战争法的保护和人道主义待遇。

(3) 军使。是奉交战一方的命令,前往敌方进行谈判的代表。军使及其随员享有不可侵犯权。

(4) 侦察兵。是交战国派往敌方或敌占区侦察军情的人员。侦察兵是合法的战斗人员,如果被俘,享受战俘待遇。

3. 对战俘的待遇

战俘是指在战斗或武装冲突中落在敌方权力之下的合法交战人员。对战俘应根据战争法给予适当的待遇:(1) 战俘不应受侮辱、虐待、报复和杀害;(2) 战俘的衣、食、住应能维持在保障其健康的水平;(3) 战俘的医疗应有保障;(4) 战俘的宗教信仰应受尊重;(5) 战俘保有其被俘时的衣、物、财产和民事权利;(6) 战俘应被允许和家庭通信;(7) 战俘拘留所应设在比较安全的地方;(8) 战事停止后战俘应立即释放和遣返。

4. 对伤病员和战争受难者的待遇

这方面待遇的主要有:(1) 凡军队所属的军人及其他正式随军服务人员,因伤、病或其他原因丧失战斗力者,收容他们的交战国应不分国籍、性别、种族、宗教和政治主张一律给予尊重、保护和治疗,不得加以歧视,严禁施以暴力或杀害;(2) 交战国的伤病员陷入敌手后,享受医疗保护和战俘待遇;(3) 每次战斗后冲突各方应设法搜寻伤者、病者,予以照顾和保护。对落入其手中的敌国伤病员或死者的情况应通过有关部门转达其所属国;(4) 对固定医疗队和医务所不得加以攻击,除非该医疗队或医务所被利用进行军事行动。

四、战时中立

(一) 战时中立的概念

战争时期,不参加战争的任何一方非交战国,保持不偏不倚的立场,这种地位即为战时中立。非交战国有采取战时中立的权利,但并无保持战时中立的义务。中立地位可以明示(如发表声明),也可以默示(如事实上遵守中立)。一经表示中立,在交战国与中立国之间即开始适用中立法。

战时中立与永久中立是两个不同的概念。战时中立是非交战国在战争时期选择的态度和立场,非交战国随时可以宣布中立,也可以随时宣布取消中立。但永久中立则不同,永久中立国是根据条约而承担永久中立义务的,永久中立地位由他国予以保障,不能单方面废除。

战时中立与和平时期的中立政策也不同。前者是一种法律地位,后者只是和平时期某些国家所奉行的政策,这种中立政策不产生法律上的权利和义务。

(二) 战时中立制度

战时中立在实践中已形成为一项国际法制度。在这一制度下,战争时期的交战国与中立国都相互承担着不作为、防止和容忍三项义务。不作为是指自我制约,不从事介入交战任何一方的行为;防止是指防止违反中立义务的行为发生;容忍是指容忍对方施加于自己并造成一定损害的行为。

五、战争的结束及其法律后果

(一) 战争的结束

战争状态的结束通常包含两部分内容:一是停止敌对行动,二是结束战争状态。

战争和武装冲突中的敌对行为可因下列三种情况而停止:即停火、停战和投降。

战争状态的结束是交战国间一切战争行动的终止和与战争有关的一切政治、经济、领土及其他问题的全面和最终的解决。结束战争状态的方式通常有三种:(1) 缔结合约。合约是指结束战争的和平条约,是结束战争状态的最通常和最正式的一种形式。和约一般由交战各方(含战胜国和战败国)在和平会议或外交会议上签订,是结束战争的重要国际文件。(2) 单方面宣布战争结束。一般是由战胜国单方面宣布的。(3) 联合声明。即由交战双方发表联合声明,宣布结束战争状态。

(二) 战争结束的法律后果

战争状态一经宣布结束,交战国间的关系就应重新回复到战前的和平关系。宣布战争状态结束,意味着宣布和平关系的全面恢复:即外交关系恢复、条约关系恢复、国际交往全面恢复。对于武装冲突而言,当冲突停止时和平状态就自然恢复。

六、战争犯罪及其责任

(一) 战争犯罪的概念

在现代战争法上,战争犯罪是指违反国际法基本原则、策划并发动侵略战争、破坏和平、违反战争法规和惯例、违反人道主义准则的各种犯罪行为。

《纽伦堡国际军事法庭宪章》规定了战争犯罪的内容和审判战争罪犯的原则。根据该宪章,战争犯罪包括三种罪行,即破坏和平罪、战争罪和反人道罪。

破坏和平罪是指计划、准备、发动侵略战争,或从事违反条约或保证的战争,或参与这些罪行的共同计划或阴谋等。

战争罪是指违反战争法规和惯例的罪行,包括虐待或放逐占领区的平民、杀害或虐待战俘、杀害人质、掠夺公私财产以及毁灭城镇或乡村的罪行等。

反人道罪是指在战争发生前或在战争进行中,对平民进行谋杀、灭绝、奴化、放逐及其他非人道行为等。

《纽伦堡国际军事法庭宪章》还规定,凡参与或执行上述罪行的共同计划或同谋之领袖、组织者、教唆犯及共犯,应负个人刑事责任。上述人员的官方地位,不论其为国家元首或政府官员,不得作为免除责任的理由。

第二次世界大战后曾经组织过两次国际军事法庭,一个是纽伦堡国际军事法庭,另一个是东京远东国际军事法庭,分别审判德国和日本的首要战犯。前者称为"纽伦堡审判",后者称为"东京审判"。这两个审判确认了追究战争罪犯刑事责任的新战争法原则。

(二) 惩办战争罪犯的国际法原则

现代国际法关于惩办战争罪犯的原则是以纽伦堡审判德国纳粹战犯所适用的各项原则为基础的,故亦称"纽伦堡原则"。其主要内容有:(1) 从事构成违反国际法之犯罪行为的人承担个人责任并应受惩罚;(2) 不违反所在国的国内法不能作为免除国际法责任的理由;(3) 被告的地位不能作为免除国际法责任的理由;(4) 政府或上级的命令不能作为免除国际法责任的理由;(5) 被控有违反国际法罪行的人有权得到公平审判;(6) 违反国际法的罪行是:破坏和平罪、战争罪和反人道罪;(7) 共谋上述罪行是违反国际法的罪行;(8) 战争罪犯无权要求庇护;(9) 战争罪和反人类罪不适用法律时效原则,而追究这类罪犯不受法律时效的限制。

(三) 纽伦堡原则对非国际性战争及武装冲突的适用

上述纽伦堡原则是现代战争法的重要内容。战争法既然可以适用于非国际性战争和一切武装冲突,纽伦堡原则也同样可以适用于这些场合。联合国安理会通过两次决议,分别于 1993 年 6 月设立前南斯拉夫国际法庭,于 1994 年 11 月设立卢旺达国际法庭,对这两国之内部战争或武装冲突中的战争罪犯进行审判。这两个国际法庭的设立,开创了由国际法庭审理国内战争罪犯的先例。

第十二节　国际人权法

一、概说

人权是指人所享有或应享有的基本权利。人权是历史发展的产物。人权不仅指个人的权利和自由,而且包括集体的权利和自由;不仅指政治权利,而且包括国家和民族的生存权、自决权和发展权。

近代人权是 17、18 世纪欧美新兴资产阶级思想家为了同中世纪的神权和封建贵族、僧侣的特权相对抗而提出的一个政治口号。人权被称为人之天赋的、基本的和不可剥夺的权利。人权的基本内容包括个人的人身权、政治权、财产权以及婚姻家庭权等。但在很长一个时期内，人权只是作为国家内部政治生活和立法原则而存在，国际法并未涉及人权问题。第一次世界大战后，人权问题开始进入国际法领域，但仅限于一些保护少数者、禁止奴隶制度、保护劳工以及国际人道主义等领域。直至第二次世界大战以后，人权问题才全面进入国际法领域。人权问题现已成为现代国际关系中的一个重要问题。

二、国际人权法的概念和国际人权公约

（一）国际人权法的概念

国际人权法是国际法主体之间有关规定和保护人的基本权利和自由的原则、规则和规章、制度的总称。广义上的国际人权法，还包括战争和武装冲突期间保护平民、战斗员以及战争和武装冲突的受难者的原则、规则和规章、制度等。

（二）国际人权公约

国际人权公约是国际人权法的重要渊源。主要包括：

(1)《联合国宪章》。它虽然不是一项专门性的人权条约，但它将促进全人类的人权及基本自由作为其宗旨之一，对人权问题的发展以及国际人权公约的制定起着巨大的推动作用。

(2)《世界人权宣言》。于 1948 年由联合国大会通过，是第二次世界大战后第一个关于人权问题的专门性国际文件。它第一次在国际范围内系统地赋予了基本人权以具体内涵，第一次提到经济、社会和文化权利以及人人享有工作权和休息权等对劳动人民有利的内容，并为以后制定国际人权文件奠定了基础，具有深远的国际影响。

(3)《经济、社会、文化权利国际公约》和《公民及政治权利国际公约》。《世界人权宣言》制定后，联合国决定着手将《宣言》中的内容变成对缔约国有法律拘束力的国际公约，以确保《宣言》所确认的权利与自由切实得以实施。经过 18 年的努力，于 1966 年缔结了经联合国大会通过并于 1976 年生效的《经济、社会、文化权利国际公约》和《公民及政治权利国际公约》。这两项公约一般被称为国际人权公约，其重要意义在于它们将《世界人权宣言》的内容进一步完善和法律化，使之对缔约国产生了明确的法律拘束力，从而使国际人权保护由无法律状态进入到有法可循的时代。

(4)《维也纳宣言和行动纲领》。于 1993 年由联合国世界人权大会通过。该文件确认了发展权是一项不可剥夺的人权，是人权与基本自由的组成部分；再次确认国际社会保护各项人权与基本自由的共同目标；要求国际社会把迅速全面地消除种族主义、种族歧视和排外现象作为一项优先任务。为实现这些目标，

该文件还提出了具体任务和行动纲领。

(5) 区域性人权公约。区域性人权公约是国际人权公约不可分割的重要组成部分,主要有1950年的《欧洲保护人权与基本自由公约》、1969年的《美洲人权公约》和1981年的《非洲人权和民族权利宪章》等。

三、国际人权的基本内容

根据现行的主要国际人权公约之规定,国际人权大致可分为集体人权和个人人权两部分。

(一) 集体人权

(1) 自决权。又称民族自决权,指在外国奴役和殖民统治下的民族,有权决定其政治地位及自由从事其经济、社会与文化的发展,并摆脱殖民统治、建立民族独立国家的权利。自决权是国际人权法的重要组成部分,构成了实现和享有其他各项人权和基本自由的基础和前提。

(2) 发展权。指所有国家和民族都有自由决定谋求自己经济、社会和文化发展的权利。发展权是一项不可剥夺的人权,这已获得国际社会的普遍认同和接受。《联合国宪章》为发展权提供了坚实的法律基础。发展权既是个人人权也是集体人权,其最终目的是实现世界各国的共同发展和共同繁荣。

(二) 个人的基本权利和自由

(1) 生存权。生存权在人权中居于首要地位,被称为第一人权或首要人权。它是指人民享有人身自由权和人身安全权。生存权的自然基础是生命权,保障生命权就是人的生命不能被非法剥夺,不受蹂躏,并使人们享有基本的生活保障。

(2) 平等权。指人们在政治、经济、文化、社会等各个方面享有平等权利,并履行平等的义务。该项权利在《经济、社会、文化权利国际公约》和《公民及政治权利国际公约》中均有规定。平等权作为一项基本人权,在人权体系中占有重要地位,它主要包括法律上的平等、种族平等、男女平等。

(3) 政治、经济和文化权利与自由。该项权利和自由,无论是《世界人权宣言》,还是《经济、社会、文化权利国际公约》和《公民及政治权利国际公约》,都给予了高度重视。

四、人权的国际保护

人权的国际保护是指国家按照国际法,通过条约承担国际义务,对实现基本人权的某些方面进行合作与保证,并对侵犯这种权利的行为加以防止与惩治。

(一) 国际人权机构的设置

国际人权机构的设置依其产生的根据不同,可分为以下几种:

(1) 直接根据《联合国宪章》设置的人权机构——人权委员会。它由联合国经济及社会理事会于 1946 年建立,是联合国系统内处理人权问题的主要机构。其基本职责是:负责进行专题研究,拟具建议和起草与人权有关的国际文书,调查关于侵犯人权的指控和处理与这种侵犯有关的来文,协助经社理事会协调联合国系统内有关人权的活动。

(2) 根据国际人权公约而设立的各种人权机构。例如,根据《公民及政治权利国际公约》第 28 条设立的“人权事务委员会”。其职责是保障实施人权条约,受理缔约国的报告,处理有关国家或公民个人的来文。

(3) 根据联合国主要机构的决议或授权而成立的专职人权机构。例如,根据联合国大会第 1761 号决议于 1962 年成立的反对种族隔离特别委员会;根据经社理事会的授权,人权委员会设立的防止歧视和保护少数小组委员会等。

(二) 国际人权保护的实施制度

国际人权保护的实施制度是指有关国际人权公约规定的保护其所列人权的具体程序。国际上对此并无统一规定,但一般来讲,各项国际人权公约在其实施方面主要规定了以下制度:

(1) 报告及审查制度。多数人权条约都规定了报告及审查制度,即规定各缔约国承担将其履行条约的情况向有关机构提交报告的义务;有关机构有权对各缔约国提交的报告进行审查。但报告的审查方式和程序以及审查的机构则有所不同。

(2) 处理缔约国来文及和解制度。一些人权条约规定了一整套处理缔约国来文及和解的程序。例如,《公民及政治权利国际公约》第 40、41 条就有这方面的规定。

(3) 个人申诉制度。一些人权条约规定了个人申诉制度。但这些条约一般都要求应基于条约中的“任择条款”来提出申诉,并且必须是在确认用尽国内救济方法之后,才能受理个人的来文。

五、中国在人权问题上的基本立场

我国非常重视对人权进行保护,并在宪法中对此予以规定。我国在人权问题上的基本立场主要有以下几点:

(1) 尊重基本人权,反对一切践踏民族自决和实行种族歧视的政策。基本人权是指人所固有的、不可剥夺和不可让与的那部分权利。基本人权不仅包括公民的政治、经济、社会和文化等个人权利,还应包括自决权、独立权和发展权等集体权利。我国根据国际法和宪法原则制定了一系列有关的法律,将各项人权和基本自由具体化,并不断健全法制,使我国各族人民的权利得到有效的保护。我国主张,应根据《联合国宪章》之规定,积极促进人权。

（2）反对任何国家利用人权问题推行自己的价值观念、意识形态、政治标准和发展模式，借口人权问题干涉别国内政。人权问题虽然有其国际性的一面，但本质上是属于一国内部管辖的事项，国际公约有关人权的规定需要通过国内法才能得以实现，保护人权的主要责任在于主权国家本身。人权是相对的、具体的，没有绝对的、抽象的人权。任何权利在得到法律保护的同时，又必须受到法律的制约。各国有权根据自己的实际情况，对权利的保护和限制做出立法、司法和行政方面的规定。观察一个国家的人权状况，不能割断该国的历史，不能脱离该国的国情，不能强制世界各国都照搬一国或少数几国的人权标准和模式，否则，将是十分有害的。

（3）积极参与国际人权活动，加强人权领域内的国际合作。我国恢复在联合国的合法席位后，积极参与联合国保护人权的活动，主张联合国的人权活动应当优先解决国际间人权遭受大规模严重侵犯的问题以及种族隔离、一切形式的种族歧视等问题。我国反对殖民主义、外国统治和外国占领，反对侵犯别国主权及国家统一和领土完整，主张国际社会对恐怖活动侵犯人权的严重事件进行干预和制止，实行人权的国际保护。我国政府先后签署、批准和加入了一批国际人权公约。例如，我国政府于 1997 年 10 月 27 日签署了《经济、社会、文化权利国际公约》（我国第九届全国人大常委会第二十次会议于 2001 年 2 月 28 日批准了该公约），还于 1998 年 10 月签署了《公民及政治权利国际公约》，我国政府在严肃认真地履行着自己所承担的条约义务。此外，我国还积极参与联合国系统内国际人权法律文书的起草和制定工作，多次派代表参加国际人权文件起草工作组。总而言之，我国一贯赞赏和支持联合国旨在普遍促进保护人权和基本自由的努力。

第十三节　国际环境法

一、概说

（一）国际环境法的概念

国际环境法是指调整各国在保护环境领域的关系的原则、规则和规章、制度的总称。国际环境法的主体只能是国家，它的渊源是保护环境方面的国际条约和国际习惯。因此，从其主体和渊源来看，国际环境法是国际法的一个新分支。

国际环境法保护的对象是人类赖以生存和活动之空间的一切自然环境，包括陆地、海洋、空气空间和外层空间的一切环境构成因素，例如土壤、水、空气、矿物资源、动植物资源以及人类的文化遗产和自然遗产等。保护有两个意义：一是防止对环境造成损害，二是使环境处于完美的正常状态。所以，防止和保护就是环境保护法的两个主要内容。

(二) 国际环境法的形成和发展

(1) 1815 年《关于保护国际河道的规定》,是国际社会最早的保护国际环境的公约。

(2) 1972 年在瑞典的斯德哥尔摩召开了联合国人类环境会议,通过了《联合国人类环境宣言》和《斯德哥尔摩行动计划》。《联合国人类环境宣言》将环境保护提升到基本人权的高度,指出人人有权能够在尊严得到尊重和获得福利生活的环境中享有自由、平等和充足生活条件的基本权利,并负有保护和改善环境的庄严责任。各国应承担保护环境和自然资源的义务。自斯德哥尔摩人类环境会议以后,开始逐渐形成系统的国际环境保护法,并建立了保护环境的国际制度。该会议是国际环境法发展史上的转折点。

(3) 1982 年联合国大会通过了《世界自然宪章》,重申了《联合国人类环境宣言》的各项原则,并进一步提出如下要求:第一,各国不得损害地球上的遗传活力,要保障必要的生态环境让各种生命必须维持其足以生存繁衍的数量;第二,各国应将养护自然作为其规划和进行社会经济发展活动的组成部分;第三,各国应将《世界自然宪章》中的各项原则载入其法律中予以执行,同时提供必要的资金、计划和行政机构以实现保护大自然的目的。

(4) 1992 年在里约热内卢召开了联合国环境与发展大会,通过了《里约环境与发展宣言》、《气候变化框架公约》、《生物多样性公约》等多项法律文件。《里约环境与发展宣言》强调发展对国际环境保护的重要意义,提出了两项新原则:一是各国在环境保护中承担共同而又有差别的责任原则;二是发达国家有义务给发展中国家在环境保护方面提供可持续发展的财政和技术援助原则。《宣言》还将经济增长、国际贸易与环境保护联系起来,是对国际环境法的进一步发展。

(5) 1997 年在联合国《气候变化框架公约》第三次缔约方会议上通过了《京都议定书》。该议定书于 2005 年 2 月 16 日起正式生效,其目的是要在 2012 年前扭转全球二氧化碳排放量的增长。中国是这一重要的国际环境公约的成员国。根据“共同但有区别的责任”原则,《京都议定书》为发达国家和经济转型国家规定了具体的、具有法律拘束力的温室气体减排目标,要求发达国家和经济转型国家在 2008—2012 年间,总体上要比 1990 年排放总量平均减少 5. 2%。

(三) 国际环境法的特点

国际环境法具有以下特点:

(1) 法律体系尚不完善。有的原则、规则和规章、制度尚在形成中,有的重要国际环境保护文件是以《宣言》、《宪章》等形式出现的,其本身还不是国际条约,因而不具有真正的法律拘束力。

(2) 保护环境措施适用差别待遇原则。鉴于环境问题具有跨国性和全球性,全球环境的保护要求世界各国普遍参与。但各国的经济力量不同,国际环境条约就要为不同发展程度的国家规定不同的权利和义务。发展中国家的经济力量较弱,应得到更多的优惠及援助,承担较少的义务;而发达国家经济力量强大,则应在财政上和技术上提供更大的支援,承担更多的义务。差别待遇是国际环境法中必须适用的一种合理安排。

(3) 国际环境法应通过非强制性的协商程序来实施。环境纠纷通常含有不确定的科学因素和社会经济因素,既涉及国家主权权利,又涉及国际社会的共同利益。因此,国际环境争端一般不适用法律解决程序。环境损害往往不只有一个来源,而且多数是远距离或长期内形成的,有关损害确定地归因于某个国家比较困难。因此,环境条约通常不包含国家责任条款,而是主张通过缔约国定期会议,各国有义务报告本国实施条约的情况,相互审查,通过非强制性的协商程序来保证对环境条约的实施。

二、国际环境保护制度

(一) 对海洋环境的保护

《联合国海洋法公约》第十二部分对海洋环境污染的防止、减少和控制作了详细的规定。国际社会还制定了许多有关防止海洋污染的条约或公约,成为防止海洋污染的重要法律渊源。这些国际条约所涉及的领域主要包括:防止来自陆地和大气层的污染、防止来自船舶的污染、防止船舶事故造成的污染、防止海底开发造成的污染、防止倾倒污染等。

(二) 对空间环境的保护

为了防止大气层受到污染,保护臭氧层和气候系统,并对这些领域进行规范性调整,由联合国主持制定了一系列的议定书和公约。

(三) 处置废弃物制度

经过联合国环境规划署的积极努力,在这方面签订的有关国际公约主要有1972 年的《伦敦倾废公约》和 1989 年的《控制危险废物越境转移及其处置公约》。

(四) 对海洋生物和野生动植物的保护

在这些领域,联合国也主持签订了多项国际公约,主要涉及到对鲸鱼的保护、对水禽的保护、对濒危野生动植物的保护以及对生物多样性的保护等。

三、国际环境影响评价

(一) 概说

国际环境影响评价是指在对一项开发或建设项目做出最终决定之前,首先应对该项目可能给环境造成影响的程度和范围进行调查、预测和评估,以供决策者做出最终决定。环境影响评价的范围很广,涉及对人类健康和安全、对植物群、动物群、土壤、空气、水、气候、风景区、历史纪念物、文化遗产等的影响,因而是最全面、最客观的综合性环境评价。决策者根据这个评价,可以决定该项目能否实行以及如何将其有害的跨界环境影响控制、减少到最低限度。环境影响评价制度始于20世纪60年代,目前,这一制度已为世界各国不同程度地采用。

环境影响的跨国性,使得国际社会有必要建立国际环境影响评价方面的国际法制度。1991年1月25日,联合国欧洲经济委员会通过了《越界情况环境影响评价公约》,这是第一部关于制定国际环境影响评价制度的区域性国际公约。

(二) 国际环境影响评价的基本内容

《越界情况环境影响评价公约》虽然不是全球性的公约,但其规定奠定了国际环境影响评价制度的基础。根据该公约的规定,这一制度包括以下基本内容:

(1) 缔约国承担环境影响评价的义务。缔约国根据公约有义务对拟议中的、可能产生重大越界影响的项目,在开始之前进行环境影响评价。

(2) 环境影响来源国有义务将拟议中可能造成重大影响的活动,通知受影响国。

(3) 环境影响来源国应向受影响国提供有关环境影响评价程序的资料。

(4) 来源国应制订环境影响评价文件。文件内容应包括拟议中项目的内容、目的、替代办法、对环境可能产生的影响、严重程度、缓解措施等内容。文件应送达受影响国当局及受影响区域的公众,他们对文件的评价应交回来源国。

(5) 文件做成后,来源国应与受影响国协商,研究减轻或消除环境影响的措施。来源国根据环境影响评价的结果做出最终决定,并将此决定及做出该项决定的依据或理由通知受影响国。

国家根据它所加入的条约承担对其建设项目做出环境影响评价的义务,是防止越界环境影响的有力措施。国际环境影响评价制度有助于减轻或消除越界环境影响的不良后果。

主要参考书目:

1. 邵津主编:《国际法》,北京大学出版社、高等教育出版社2000年版。

2. 端木正主编:《国际法》(第二版),北京大学出版社1997年版。

3. 张潇剑主编:《国际法(第二版)自学考试指导与题解》,东北财经大学出版社1999年版。

第十四章　国际私法概述

第一节　国际私法的概念和渊源

一、国际私法的概念

国际私法是解决存在着法律冲突的涉外民事关系的法律适用问题的规范的总称。

对于国际私法的这个定义，我们从以下几个方面予以分析：

（一）国际私法的调整对象

国际私法所调整的社会关系是存在着法律冲突的涉外民事关系。

涉外民事关系，是指具有涉外因素的民事关系。所谓“涉外因素”，又叫“国际因素”、“外国因素”或者“外国成分”，是指民事关系的各种因素中有一种或数种因素超出了一个国家的范围，与其他国家有某种联系。涉外因素有下列几种情形：

（1）民事关系的主体有一方或双方是外国人，包括外国自然人和外国法人。例如，中国人和外国人结婚或离婚，中国公司与外国企业订立货物买卖合同等等。

涉外民事关系的主体一般为外国的自然人和法人，在特殊场合，也有外国国家以涉外民事关系主体出现的情况。

（2）民事关系的客体位于国外，例如某华侨死亡，他在国内的子女继承他在国外的遗产。

（3）使法定权利义务产生、变更或消灭的法律事实发生在国外。如本国人在外国结婚，本国公司与外国公司在外国签订合同等等。

在涉外民事关系中，有的仅具有上述一种情况，有的具有上述多种情况。

还须指出，国际私法调整的涉外民事关系是广义的民事关系，包括涉外物权关系、涉外债权债务关系、涉外技术转让关系、涉外劳动关系、涉外票据关系、涉外婚姻家庭关系、涉外继承关系等等。由于国际私法的调整对象是广义的涉外民事关系，所以有人也把国际私法的调整对象说成是涉外民事和商事关系、涉外民事和经济关系。这些说法虽然不同，但实际上都是指广义上的涉外民事关系。

国际私法并不是调整一切涉外民事关系，它只是调整存在着法律冲突的那部分涉外民事关系。

涉外民事关系既然超出了一个国家的范围,与两个或两个以上的国家有联系,那么它就涉及到两个或两个以上的国家的法律,但各国法律对同样的问题的规定很不一致,对同类民事关系当事人权利和义务的规定也不同,这样在具体问题上就会发生不同法律规定相抵触的现象。例如,我国法律规定男子 22 岁、女子 20 岁方可结婚,而意大利法律规定男子 16 岁、女子 14 岁即可结婚。假设有一 20 岁的意大利男子和一 20 岁的中国女子在意大利合法结婚,而后来华,我们是否承认该婚姻为有效? 这就涉及到中国和意大利两国的法律。按照中国法律,女方已达结婚年龄,但男方不够,婚姻无效;而按照意大利法律,两人均已达结婚年龄,婚姻有效。适用不同国家的法律处理同一个具体问题,其结果迥然不同,那么究竟应适用哪国法律? 这就发生了矛盾,这种矛盾,就是在婚姻问题上的法律冲突。

但是并非所有的涉外民事关系都会发生法律冲突,存在法律冲突的涉外民事关系具有下列特征:

第一,民事关系中有涉及外国法律效力的法律事实(法律行为或法律事件)。有的民事关系,虽然具有涉外因素,但并无涉及外国法律效力的法律事实。如外国人在中国商店买东西,外国人在中国乘火车、飞机等,这些关系中虽有涉外因素,但它完全发生在中国法律管辖之下,根本没有涉及外国法律效力的法律事实,因此完全而且只能按中国法律办理,不会发生法律冲突。而另一些涉外民事关系,如在外国按照当地法律签订合同,在外国根据当地法律结婚等,形成这种法律关系的法律事实发生在外国法律管辖之下,双方当事人的权利和义务是根据外国法所确定的。如果上述外国关于合同、婚姻的规定同我国关于合同和婚姻的规定不同,而当事人又来到我国,我们是否承认这种合同与婚姻为有效? 这时才会发生法律冲突。

第二,一个国家在一定范围内能够承认外国法律的效力。有些涉外民事关系,虽然有涉及外国法律效力的法律事实,但本国不承认外国法律的效力,一概用本国法来处理。例如,某人在甲国依甲国法所取得的商标权、专利权,仅在甲国境内有效,如果甲国同乙国没有这方面的国际条约,则这种权利在乙国就无效,如果权利所有人要想在乙国也享有这种权利,就必须按照乙国规定的程序重新进行申请,由乙国的有关主管机关按照乙国法律决定是否授予此项权利。在此情况下就不会发生法律冲突,而在涉外物权、涉外债、涉外合同、涉外婚姻家庭、涉外继承等方面,各国出于对外交往的需要,一般能够在一定范围内承认外国法律的效力,这样才会发生本国法与外国法之间的法律冲突问题。

由此可见,国际私法调整的也就是具有上述特征的涉外民事关系。

为了解决涉外民事关系中发生的法律冲突,就必须在此项涉外民事关系所涉及的几个国家的法律中选用一国的法律,据以确定各方当事人的权利义务。这里所说的选用某个国家的法律,不是随意进行的,而是按照一定规则进行的,这种规则的总称就是国际私法。

(二)国际私法对涉外民事关系的调整

如上述国际私法的调整对象是存在法律冲突的涉外民事关系,但是,调整这种涉外民事关系,处理这方面的案件,仅用国际私法规则是不够的。因为国际私法仅仅规定了对某种存在法律冲突的涉外民事关系适用哪国法律去处理,并没有具体规定各方当事人的权利和义务,没有规定当事人应当做什么,不应当做什么,应当怎样做,不应当怎样做,而这些问题必须也只能由被国际私法规则所指引的那个国家的实体法(实体民商法)来解决。例如,我国《民法通则》第147条规定:"中华人民共和国公民和外国人结婚适用婚姻缔结地法律,离婚适用受理案件的法院所在地法律。"这是一条国际私法规则。然而,仅凭这一条规定还不能够最后解决是否准许某一对具体的中外男女结婚(或离婚)的问题。要最终解决这个问题,还必须根据具体案件中的"婚姻缔结地国家"(或"受理案件的法院所在地国家")的实体婚姻法办理。只有这种实体法才具体地、明确地规定了结婚(或离婚)的条件、手续、双方当事人的权利义务等问题。这就是说,对某一具体的存在法律冲突的涉外民事关系的调整分为两个步骤:

第一步,按照国际私法规则,确定处理该涉外问题应适用哪国实体法。

第二步,适用国际私法所指引的那个国家的实体法,明确各方当事人的权利义务,使涉外问题得到最后解决。

可见,国际私法在调整存在着法律冲突的涉外民事关系中,只是在第一阶段起作用,当按照国际私法的指引确定了适用哪国实体法之后,国际私法的任务就完成了。因此,国际私法对于存在法律冲突的涉外民事关系的调整不是直接进行的,而是通过有关国家的实体法进行的。国际私法就是对于存在着法律冲突的涉外民事关系,指定适用何国实体法来处理的特殊的法律部门。

(三)国际私法的规范

国际私法既然是解决存在法律冲突的涉外民事关系的法律适用问题的,因此国际私法的规范主要是冲突规范,即规定对某种涉外民事关系应适用何国法律的规范,除此之外还包括与之有密切联系的外国人民事法律地位规范及国际民事诉讼与仲裁程序规范,由于冲突规范是国际私法的主要规范,因此国际私法亦名冲突法。

二、国际私法的渊源

国际私法的渊源就是指国际私法存在或表现形式。国际私法的渊源有国内渊源和国际渊源两方面。

（一）国内渊源

国际私法的国内渊源主要是国内立法和判例。

1. 国内立法

关于国际私法的国内立法，主要有下列几种形式：

一是有些国家制定了专门的国际私法法规，如《德国民法施行法》（1896年）、《日本法例》（1898年）、《泰国国际私法》（1939年）、《波兰国际私法》（1966年）、《奥地利联邦国际私法法规》（1978年）、《匈牙利国际私法》（1979年）、《土耳其国际私法和国际诉讼程序法》（1982年）、前《南斯拉夫法律冲突法》（1982年）、《联邦德国关于改革国际私法的立法》（1986年）、《瑞士联邦国际私法》（1987年）等。

二是在民法典中设专门条款规定国际私法问题，如《法国民法典》（1804年）、《意大利民法典》（1978年）、《希腊民法典》（1946年）等。

三是在民法典中设专章或专编规定国际私法问题，如《秘鲁民法典》第十编。我国也基本上采用此种方式。

2. 判例

英美法系国家，判例是法的主要渊源，在国际私法方面也是如此。在这些国家，国际私法规则原来散见于法院判例中，经学者或学术机构加以归纳整理，使之系统化。例如英国学者戴西于1896年编辑出版了《法律冲突论》一书，将判例中采用的国际私法原则加以归类，并逐条解释，后来英国学者莫里斯也参加了编纂工作。在美国，由非官方的律师机构——美国法学会进行了判例编纂工作。美国学者比尔于1934年出版了《美国冲突法重述》，后来另一美国学者瑞斯于1971年又出版了《美国冲突法重述（第二次）》。

（二）国际渊源

国际私法的国际渊源主要是国际条约，包括双边国际条约和多边国际条约。

双边国际条约，主要是各国相互之间签订的领事条约、通商航海条约、贸易关系协定、司法协助条约等。这些条约中一般都有关于国际私法方面的条款。

多边国际条约，包括世界性的多边国际条约和地区性的多边国际条约。世界性的多边国际条约，包括海牙国际私法会议通过的条约、联合国有关机构起草的关于国际私法的条约等。如海牙国际私法会议通过的《国际有体动产买卖法律适用公约》（1955年）、《公路交通事故适用公约》（1971年）、《产品责任法律适用公约》（1973年）、《代理法律适用公约》（1978年）、《国际货物买卖合同法律适用公约》（1985年）等等，联合国主持下签订的《承认及执行外国仲裁裁决公约》（1958年）。

地区性的国际条约，主要是美洲国家、北欧国家和荷兰、比利时、卢森堡三国以及欧洲共同体国家间签订的国际私法方面的条约。如美洲国家间《关于国际私法的公约》(即《布斯塔曼特法典》,1928 年),《美洲国家间关于国际私法通则的公约》(1979 年),北欧国家《关于婚姻、收养和监护的某些国际私法规定的公约》(1931 年),荷兰、比利时、卢森堡《关于国际私法统一法公约》(1951 年),欧洲经济共同体国家《关于合同义务法律适用的公约》(1980 年)等等。

我国与外国缔结的一些双边国际条约中也有国际私法方面的条款。有的多边国际条约(如《承认及执行外国仲裁裁决公约》)我国已经加入。

三、国际私法的作用

国际私法是随着国际间经济贸易关系的发展和民间交往的频繁而形成和发展起来的。国际私法产生后,又促进了国际经济贸易关系的发展和民间联系的加强。在当代,国际私法愈加显示出它的重要作用。

2001 年 12 月 11 日,我国正式成为世界贸易组织(WTO)的成员国。我国的市场要对所有缔约方开放,WTO 的贸易规则在我国得到普遍适用。我国的对外经济贸易活动在 WTO 框架下进行。WTO 的宗旨在于促进各缔约方之间的自由贸易。因此我国加入 WTO 之后,对外开放进一步扩大,对外民事商事交往更加发展。随着我国和一百多个缔约方相互之间在商品、技术、服务、资金、人员等方面更多的、更频繁的流动,国际私法必将在更加广阔的领域中发挥其作用。

(一) 促进国际经济技术合作

作为调整涉外民事关系的国际私法,规定了涉外民事(包括经济)关系领域的各个方面解决法律冲突的原则和制度,并规定了处理涉外民事纠纷的原则、途径和方法。这样外国人或我国侨民在外国依外国法所建立的民事关系,取得的民事权利,只要不违反我国的公共秩序,都会得到我国的承认和保护。这就使外国人在同我国进行经济技术交流和民间交往中,能够预见到其活动的后果,从而有利于鼓励外国法人、自然人向我国投资,或同我们进行其他各种形式的合作。同时,有了国际私法,就使国家对于涉外民事关系的调整规范化、制度化,使我国与其他国家的经济合作、技术交流、贸易活动和人员来往有法可依、有章可循。这样就既能调动外国人与我们合作交往的积极性,又能使我国在对外经济交往中,维护国家主权,保护本国自然人、法人的合法权益,从而促进我国改革开放和对外经济关系的健康发展。

(二) 促进国家关系和各国人民友好关系的发展

国际私法调整的涉外民事关系,大量的是不同国家自然人、法人之间的关系,国家作为涉外民事关系主体出现的情况比较少。但是,对不同国家自然人、法人的相互关系如何调整,对涉外民事关系如何处理,不仅涉及到民间的相互关系,而且也会直接或间接地影响国家与国家的关系。同时,国家与国家之间的交往,有些也是通过自然人、法人的交往而实现的。因此,按照国际私法,正确处理涉外民事关系中的法律冲突,从而正确调整涉外民事关系,处理涉外民事案件,就有利于增进国家与国家之间的友谊关系,发展各国人民的友好交往,有利于维护世界和平。

(三) 保护国外侨民合法权益

国际经济贸易关系的发展,促进了各国之间的人员流动,因而就发生如何保护侨民的合法权益问题,包括如何保护在外国的本国侨民的合法权益,以及如何保护在本国的外国侨民的合法权益。一国根据国际私法原则在一定范围内承认另一国法律的效力,对保护双方侨民都是有利的。我国侨民遍布世界各国,特别是东南亚各国。由华侨作为一方当事人或双方当事人的民事关系是涉外民事关系的重要组成部分,我们在一定限度内承认他们在国外依外国法取得的权益,就是对他们合法权益的保护。同时在我国境内也有一定数量的外国人,由他们作为一方或双方当事人的涉外民事案件也时有发生。我们运用国际私法正确处理上述问题,在不违反我国公共秩序的前提下适用他们本国法,不仅有助于保护这些外侨的合法权益,也有助于促使他们的所属国在同样问题上对与华侨有关的问题适用我国法律去处理。

(四) 为司法机关正确处理涉外民事案件提供法律依据

国际私法是司法机关处理涉外民事案件的法律依据。在我国建国后的一段时间内,由于国际私法制度欠缺和观念淡薄,法院遇到涉外民事案件,本着"外事无小事,一事一请示"的原则,向上级层层请示,最后根据最高人民法院或外事主管部门的批复审案。这种做法,在当时起了一定作用,但随着我国对外开放的扩大和对外交往的发展,这样做已经不能适应形势发展的要求了。况且按照上级批示审案,外国人在同我们进行交往时,难以预见到其行为的后果,不可避免会产生疑虑。随着国际私法规范的健全和完善,除了少数重大的复杂的案件需要请示之外,一般涉外民事案件,法院可以根据国际私法及其他有关法律独立审判,正确解决。

由此可见,国际私法是个重要的法律武器,我们要正确运用这个武器,为贯彻国家对外开放政策,维护我国主权,发展社会主义市场经济服务。

第二节 冲突规范与准据法

一、冲突规范的概念与特征

冲突规范是在涉外民事关系发生法律冲突时,规定应当适用何国法律的规范。冲突规范是国际私法的基本规范,关于冲突规范的理论是国际私法的基础。

前已指出,法律冲突是指:一项涉外民事关系涉及到两个或两个以上国家的法律，而这些法律对具体问题的规定不一致，适用不同国家的法律处理同一问题会得到不同的结果。这种矛盾现象就叫做法律冲突。例如，一个墨西哥人，20岁，住在法国境内，在法国与他人订立一项合同，该合同有无法律效力，就要看当事人有无订约的行为能力。按法国法律规定，18岁为成年人，该墨西哥人已具有订约的行为能力，所订合同有效。而按墨西哥法律规定，23岁为成年，则该墨西哥人尚未成年，不具有订约的行为能力，所订合同无效。这样就发生了法国法和墨西哥法之间的法律冲突。为了解决法律冲突，就需要在互相矛盾的几国法律中确定一个法律为标准，据以处理该涉外民事案件。那么应当以哪个法律为标准呢？欧洲许多国家的国际私法中有这样一条规则，即“人之能力依其本国法”。按此规则，对该墨西哥人的订约行为能力应适用墨西哥法律。以墨西哥的实体法确定该墨西哥人是否具有订约的行为能力，从而确定他所订立的合同是否有效。这里的“人之能力依其本国法”就是一条冲突规范，它规定了在涉外的“人之订约能力”发生法律冲突的情况下应适用当事人本国法去解决。这种规则就叫冲突规范，也叫“法律适用规范”。

许多国家的国际私法中都规定了“物权依物之所在地法”、“侵权行为依侵权行为地法”、“结婚的实质要件依各当事人的本国法，婚姻方式依婚姻举行地法”等，这些都是冲突规范。我国《民法通则》第144条的规定“不动产的所有权，适用不动产所在地法律”和第148条的规定“扶养适用与被扶养人有最密切联系的国家的法律”等也都是冲突规范。

冲突规范的特征在于：

（1）冲突规范没有具体规定当事人的权利和义务，这与其他法律规范都不相同。

（2）冲突规范本身不能直接地、最终地调整涉外民事关系，它必须与它所指向的那个国家的具体的法律（实体法）结合起来，才能实现这个作用，因此冲突规范对涉外民事关系的调整是间接调整。

冲突规范所指向的那个国家的实体法叫做“准据法”，冲突规范和准据法结合起来，才能最后处理涉外民事案件。上例中关于墨西哥人的订约能力问题，其准据法就是墨西哥法。冲突规范（“人之能力依其本国法”）与其所指向的具体国家的法律（墨西哥的实体民法）结合起来，才能最终解决该墨西哥人是否具有订约能力的问题。①

① 现代许多国家，在采用“人之能力依其本国法”时，还有例外规定，即如果当事人按其本国法无行为能力，而按照行为地法为有行为能力，则视为有行为能力。按此规定，该墨西哥人在法国订约可被视为有订约行为能力。

二、冲突规范的结构和种类

(一) 冲突规范的结构

冲突规范是由“范围”和“系属”两部分构成的。

“范围”,即冲突规范所要调整的涉外民事关系的性质,即冲突规范适用的对象。“系属”,即对该涉外民事关系所适用的法律。例如我国《民法通则》第146条规定:“侵权行为的损害赔偿,适用侵权行为地法律。”这条冲突规范中,“侵权行为的损害赔偿”是“范围”,“侵权行为地法律”是“系属”。

在“系属”中还包括“连结点”或称“连结因素”,它把特定的民事关系和某个国家的法律连结起来,例如上例中的“侵权行为地”即为连结点,它把侵权行为的损害赔偿这种民事关系同某一国家的法律连结起来。

(二) 冲突规范的种类

冲突规范按照其系属的不同可以分为以下几种:

1. 单边冲突规范

单边冲突规范是指其系属明确规定对某种涉外民事关系只能适用内国法或只能适用外国法。例如,《法国民法典》第3条规定:“不动产,即使属于外国人所有,仍适用法国法。”又如我国《合同法》第126条第2款规定:“在中华人民共和国境内履行的中外合资经营企业合同、中外合作经营企业合同、中外合作勘探开发自然资源合同,适用中华人民共和国法律。”中华人民共和国法律对于中国(立法者所属国)来说,就是内国法。而1976年《瑞典王国关于外国仲裁协议和裁决的法律》第2条则规定:“仲裁协议规定仲裁在一个特定的外国举行时,该仲裁协议适用该外国的法律。”这就是说如果仲裁协议规定仲裁在德国举行,对该仲裁协议就适用德国法律;在瑞士举行,对该仲裁协议就适用瑞士法律。而德国法律和瑞士法律,对于瑞典(立法者所属国)来说,就是外国法。

2. 双边冲突规范

双边冲突规范是指这种冲突规范的系属没有具体规定适用内国法还是适用外国法,而是规定一个标志(或原则),按此标志确定应适用何国法。这样所确定的应适用的法律,在有些情况下可能是内国法,在有些情况下可能是外国法。例如我国《民法通则》第144条规定:“不动产的所有权,适用不动产所在地法律。”这就是说,对涉外不动产所有权关系,看不动产在哪国就适用哪国法。如果不动产在中国就适用中国法,这对中国来说,就是适用内国法;如果不动产在印度尼西亚,就适用印度尼西亚法,这对中国来说,就是适用外国法。

3. 重叠性冲突规范

重叠性冲突规范是指其系属规定对范围所指出的涉外民事关系,应同时适用两个或两个以上国家的法律。例如《日本法例》第16条规定:"离婚依其原因事实发生时丈夫的本国法,但其原因事实除非依日本法也认为是离婚原因的,法院不得为离婚宣告。"这就是说,对于涉外离婚的实质要件,必须同时适用丈夫的本国法和日本法,即必须符合这两个法律关于离婚的规定,法院才可宣告当事人离婚,上述两个法律缺一不可。

4. 选择性冲突规范

选择性冲突规范是指其冲突规范的系属对范围所指的涉外民事关系,同时指出两个或两个以上的法律,可以选择其一。这里又分为任意性选择与有条件选择两种情况。任意性选择是指对系属所指出的几个法律,没有条件,不分主次,任意选用其中的一个。如《泰国国际私法》第40条规定:"遗嘱的方式,依遗嘱人本国法,或依遗嘱地法。"这就是说,遗嘱方式适用遗嘱人本国法或遗嘱地法中任何一个都可以。有条件选择,就是对系属指出的几个国家的法律,只能有条件地选用其一。如《日本法例》第20条规定:"父母子女之间的法律关系,依父之本国法;如无父时,依母之本国法。"这就是说,父母子女之间的法律关系,首先适用父亲本国法,只有在无父亲时,才适用母亲本国法。

三、几种主要系属公式

双边冲突规范在处理涉外民事关系中是最常使用的。双边冲突规范的系属在长期运用中逐渐固定下来,成为确定的公式或原则。因此叫做"系属公式",或称"冲突原则"。主要的系属公式有:

(一) 属人法

属人法是指与涉外民事关系主体有联系的国家的法律。各国对属人法的理解不同。英美法系国家把属人法理解为当事人住所地法;大陆法系国家把属人法理解为当事人本国法,即当事人国籍所属国法。属人法主要适用于人的身份、能力、结婚的实质要件、涉外继承等问题。例如《奥地利联邦国际私法法规》第12条规定:"人的权利能力和行为能力,依其属人法。"

(二) 物之所在地法

物之所在地法指作为涉外民事关系客体的标的物所在地国家的法律。物之所在地法主要适用于涉外物权,特别是涉外不动产的物权关系。如《瑞士联邦国际私法》第99条规定:"不动产物权适用不动产所在地国家法律。"

(三) 行为地法

行为地法是指法律行为发生地国家的法律。由于法律行为的多样性,这一系属公式又可分为合同缔结地法、合同履行地法、婚姻缔结地法、侵权行为地法、遗嘱成立地法等。行为地法主要适用于涉外的合同、侵权行为、婚姻方式、遗嘱方式等问题。如前《南斯拉夫法律冲突法》第 33 条规定:“对婚姻方式,依婚姻缔结地的法律”。

(四) 当事人共同选择的法律

当事人共同选择的法律是指双方当事人根据“意思自治”原则,共同选择的用以支配他们之间关系、解决他们之间的纠纷的某一国家的法律。这个原则主要适用于涉外合同关系。如《国际货物买卖合同法律适用公约》第 7 条第 1 款规定:“货物买卖合同依双方当事人所选择的法律。”

(五) 最密切联系地法

最密切联系地法是指同涉外民事关系有最密切联系国家的法律。这是国际私法中的一个新的冲突原则,它是由美国学者在 20 世纪中期提出的,主要用于涉外合同问题及涉外侵权行为和其他涉外民事关系。如我国《民法通则》第 148 条规定:“扶养适用与被扶养人有最密切联系的国家的法律。”

(六) 旗国法

旗国法是指船舶所悬挂的国旗或飞机所涂具的国旗所属国法律。这个原则主要用来解决飞机或船舶所有权的法律冲突以及海上侵权行为的法律冲突问题。如我国《海商法》第 270 条规定:“船舶所有权的取得、转让和消灭,适用船旗国法律。”

(七) 法院地法

法院地法是指审理涉外民事案件的法院所在地国家的法律。这一系属公式主要用来解决诉讼程序方面的法律冲突。诉讼程序适用法院地法已是国际上公认的原则。

第三节 冲突规范有关的制度

当冲突规范规定适用外国法为准据法时,是否就立即无条件地适用呢? 不是,根据冲突规范适用外国法还要受许多情况的制约。对于根据冲突规范的规定适用外国法起制约作用的主要有下列几种制度:识别、反致与转致、公共秩序保留、限制法律规避、外国法内容的确定等,下边分别说明。

一、识别

识别是对冲突规范所包含的名词概念进行解释,并以此解释对事实情况进行认定,从而将所要处理的民事问题予以定性和归类。

从前面的论述中可看出,每条冲突规范,不论是其范围或系属,都是用一定的法律上的名词、概念表示的,如“动产”、“不动产”、“物之所在地”、“行为能力”、“契约缔结地”、“侵权行为地”等。各国法律中都有这些名词概念,但由于各国的政治制度、历史传统、风俗习惯及日常用语的不同,对同一名词概念的理解就会有区别。例如动产包括那些,蜂房算不算动产?活动房屋算不算动产?“契约缔结地”,在隔地成立契约情况下是指承诺发出地还是指要约人接到承诺地?“侵权行为地”,在加害行为地和损害发生地不在同一国的情况下,是指何地?按照不同国家的法律对同一问题进行识别,可能定性不同,导致适用不同的冲突规范,从而使涉外民事案件得到不同的处理,这种情况就叫做“识别的冲突”或“隐存的法律冲突”。例如,一个法国人住在荷兰,死后留有遗产,其中包括蜂房。其子女为继承这笔遗产在法国法院提起诉讼。按照法国法(被继承人本国法)和荷兰法(遗产所在地法),都规定动产继承适用被继承人本国法,不动产继承适用物之所在地法。对这点,两国冲突规范是一致的。但是,按照法国法,蜂房属于动产,该问题属于动产继承性质,应适用被继承人本国法,即依法国法处理。而依荷兰法,蜂房是不动产,该问题是属于不动产继承性质,应适用物之所在地法,即依荷兰法处理。

因此,识别是处理涉外民事案件时解决法律冲突的前提。

关于依据何国法律进行识别的问题,多数学者主张用法院地法进行识别,也有人主张用准据法或其他有关国家的法律进行识别。

二、反致与转致

(一) 反致

反致,意即对某一涉外民事关系,甲国根据其冲突规范应适用乙国法,而乙国的冲突规范又规定对此种民事关系应适用甲国法,结果甲国法院最后适用甲国法律处理该案件,这种制度即为反致。

目前各国学术界和立法及司法实践中对反致有两种态度,有的赞成,有的反对;有些国家采用,有的国家不采用。

(二) 转致

转致是指对某一涉外民事关系,甲国根据其冲突规范应适用乙国法,而乙国的冲突规范又规定对该涉外民事关系应适用丙国法,结果甲国法院最后适用丙国法处理了这个案件,这种制度即为转致。

我国法律对于反致和转致尚无明文规定,在理论界看法也不一致,但是按照1988年1月26日最高人民法院审判委员会讨论通过的《关于贯彻执行〈中华人民共和国民法通则〉若干问题的意见(试行)》的规定,对反致、转致是持否定态度的。该《意见》第178条指出:人民法院在审理涉外民事案件时,应当按照民法通则第八章的规定来确定应适用的实体法。由此可见,不管外国法院在审理涉外民事案件时是否对我国法律采取反致和转致的做法,但是我国法院在审理涉外民事案件时,按照民法通则第八章规定去适用的外国法,就是指外国实体法,而不是外国的冲突法,因此不会产生反致、转致的情况。

三、公共秩序保留

公共秩序保留是指一国法院处理涉外民事案件时,根据该国冲突规范的规定应当适用外国法,但法院认为适用该外国法将与自己国家和社会的重大利益或道德及法律的基本原则相抵触,因而排除该外国法的适用。这种制度就是公共秩序保留。

公共秩序保留制度的作用在于限制和排除外国法的适用,从而也就限制冲突规范的效力。

在公共秩序保留中,重要的问题在于如何理解"公共秩序"。对此法律上并无明确规定,学者们的说法也各不相同,如"公共政策"、"善良风俗"、"制度的基础"等等。其实,所谓公共秩序,不过是适合于统治阶级需要的社会秩序,是统治阶级对内对外的基本政策。至于在每种具体情况下,怎样才算合乎公共秩序,怎样为违反公共秩序,完全由法院根据当时形势及统治阶级的政策灵活确定。可见,公共秩序保留条款是"弹性条款",它授予法官很大的自由裁量权,使法官能够随机应变地维护统治者的基本利益,使国家统治者既可以按照冲突规范适当适用外国法,发展对外交往;又能够有效地防止适用外国法产生消极的后果。因此有人把公共秩序保留称作是适用外国法的"安全阀门",是一道"防线"。

对于公共秩序保留,我国一向持肯定态度。我国《民法通则》第 150 条规定:"依照本章规定适用外国法律或者国际惯例的,不得违背中华人民共和国的社会公共利益。"我国《民事诉讼法》第 268 条在关于外国判决、裁定的承认和执行所作的规定中也提到:"违反中华人民共和国法律的基本原则或者国家主权、安全、社会公共利益的,不予承认和执行。"这里所说的"社会公共利益"、"法律的基本原则"、"国家主权、安全"实际上就是"公共秩序"。

对公共秩序保留制度要慎重运用,正确发挥它的作用。如果对各种涉外民事案件,随意借口"公共秩序保留"拒绝适用外国法,这就等于否定冲突规范,这不仅不利于对外交往,而且有可能遭到别国的报复。

四、限制法律规避

法律规避是指涉外民事关系的当事人,有意识地改变构成本国冲突规范连结点的具体事实,从而改变本应适用的准据法,使另一国法律得以适用,借以达到某种目的或取得某种利益。

前已谈到,冲突规范的系属中包含有连结点。例如"当事人本国法"这一系属中"当事人本国"即"当事人的国籍"就是连结点。但在具体的涉外民事案件中,“当事人的国籍”不是抽象的,而是具体的,当事人可能是日本人也可能是印度人或其他国籍的人。总之连结点都是由某一具体事实构成的。但这种具体事实是可以由当事人本人的行为加以改变的。例如,当事人可以退出甲国国籍而加入乙国国籍。如果一个日本当事人,退出日本国籍而加入了印度国籍,则按照“当事人本国法”这一系属,对其适用的准据法就不再是日本法而是印度法了。由于日本法和印度法规定不同,该当事人原来按照日本法达不到的目的,现在根据印度法的规定就有可能达到。

对于法律规避这种行为,各国都是持否定态度的。但各国的具体规定还是有所不同的。对于规避本国法律的行为,一般都是禁止的。而对于规避外国法律的行为,有的国家允许,有的国家不允许。

我国《民法通则》没有关于限制法律规避的规定,但最高人民法院 1988 年 1 月 26 日《关于贯彻执行〈中华人民共和国民法通则〉如于问题的意见(试行)》第 194 条规定:“当事人规避我国强制性或者禁止性法律规范的行为,不发生适用外国法律的效力。”因此当事人规避我国法律的行为是无效的。

五、外国法内容的确定

外国法内容的确定亦称外国法内容的证明或查明。它是指:对于某种涉外民事关系,根据本国冲突规范确定适用某外国法为准据法时,对该外国法,如何证明其中有关于此问题的规定,这种规定的内容如何,这种证明材料由谁提供等。

英美等普通法系国家,把外国法看作“事实”,既然是“事实”,就要求当事人举证证明,这些国家认为法官只知道法律,没有责任去亲自调查事实。而有些大陆法系国家,如意大利、奥地利等国认为外国法是法律,法官应当知法,因此对外国法的内容应由法官依职权查明。还有些欧洲国家,如德国、瑞士等国,规定由法院负责查明,也要求当事人予以协助。

我国最高人民法院《关于贯彻执行〈中华人民共和国民法通则〉若干问题的意见(试行)》第 193 条规定:“对于应当适用的外国法律,可通过下列途径查明:(1) 由当事人提供;(2) 由与我国订立司法协助协定的缔约对方的中央机关提供;(3) 由我国驻该国使领馆提供;(4) 由该国驻我国使馆提供;(5) 由中外法律专家提供。通过以上途径仍不能查明的,适用中华人民共和国法律。”

第四节　外国人民事法律地位

一、外国人民事法律地位的概念

外国人民事法律地位是指一个国家给予其境内的外国人(包括自然人和法人)以何种民事权利和要求他们承担何种民事义务,也就是说一个国家给予其境内的外国人以何种民事待遇。例如,一国是否允许外国人在其境内享有所有权、债权、经商权、受教育权、知识产权、婚姻家庭权、继承权、诉讼权等;是否要求外国人履行民事义务,履行哪些民事义务等等。

一个国家赋予外国人一定的民事权利和要求他们承担一定的民事义务,这是在该国境内发生涉外民事关系的前提。一个国家只有赋予外国人某些民事权利,外国人才能成为相应领域中涉外民事关系的主体,从而在该国境内才会发生这些方面的涉外民事关系,才会在这些方面发生法律冲突和法律适用问题。例如一个国家只有在法律上赋予外国人继承权,在其境内才会发生涉及外国人的遗产继承关系。如果这个国家根本不给予外国人继承权,那么在继承方面就不会发生涉外民事关系,从而也就不会发生涉外继承的法律冲突和法律适用问题。因此关于外国人民事法律地位问题是国际私法应研究的一个问题。

二、外国人民事法律地位的几种主要制度

(一) 国民待遇

国民待遇是指一国赋予其境内的外国人的民事权利及要求他们承担的民事义务同本国人大致相同的待遇。

1804年《法国民法典》就有这种规定,该法典第11条规定:"外国人,如其本国和法国订有条约允许法国人在其国内享有某些民事权利者,在法国亦得享有同样民事权利。"1966年《波兰国际私法》第8条规定:"外国人在波兰享有与波兰公民同等的权利与义务,但法律另有规定时除外。"

关于国民待遇,还应指出下列几点:

第一,国民待遇一般是以互惠为条件的。许多国家的立法和有关的国际条约都有这方面的规定。

第二,国民待遇是原则上给予外国人以同本国人一样的民事待遇,但并不是说在一切民事权利和义务方面,外国人与本国人完全一样。实际情况是:许多国家在对外国人实行国民待遇的制度时,总是要规定某些限制的。例如,在英国,外国人不得充当英国商船的船长、总工程师,不得充当英国领海区域内的引水员。在日本和美国的一些州,不允许外国人取得土地所有权。在我国不允许外国人充当海港引水员和船舶服务员等。

WTO的国民待遇条款要求每一缔结国对任何缔约国的产品进入其国内市场时,在国内税费等经济权利方面应与本国产品享有同等待遇,不应受到歧视。GATT《关税与贸易总协定》第3条规定:"一缔约国领土的产品输入到另一缔结国的领土时,不应对它直接或间接征收高于对相同的国产品所直接或间接征收的国内税或其他国内费用。"以使进口产品与国内产品在同等条件下竞争,避免受到歧视。世贸组织成立后,国民待遇原则的适用范围扩大了,由原来的仅适用

于货物贸易领域，扩展到知识产权、投资和服务贸易领域。世贸组织的国民待遇原则旨在保证国外的产品与服务商和国内的产品与服务商处于平等地位。

（二）最惠国待遇

最惠国待遇是指一国给予另一国公民、法人或国家的优惠待遇不得低于它现时或将来给予任何第三国公民、法人或国家的优惠待遇。这就是说，甲国把已经给予（指现在仍在给予的）或将要给予丙国的优惠待遇，也给予与之新缔约的乙国。这里涉及三个国家：甲国为授予国、乙国为受惠国、丙国为最惠国。例如，法国与意大利签订的条约中有最惠国条款，这就意味着，法国已经或将要给予第三国的优惠待遇都应给予意大利。

最惠国待遇和国民待遇不同。最惠国待遇并不是使外国自然人、法人与本国自然人、法人享有的待遇相同，而是使各个不同国度的自然人、法人、国家在内国所享有的优惠待遇相同，而不能加以歧视。

最惠国待遇主要适用于商品进出口关税、捐税和其他费用的征收，进出口许可证手续的办理，外国人定居及经营活动，对外国人知识产权的保护及外国法院判决和仲裁裁决的执行等方面。

最惠国待遇是国与国通过条约规定下来的，应当是在平等互利的基础上相互给予的，而不应是片面的、单方面的。过去帝国主义强迫旧中国签订不平等条约，其中只规定外国一方享受最惠国待遇，而中国却不能享受。中华人民共和国成立以后，废除了这些不平等条约，与许多国家签订了关于相互给予最惠国待遇的条约。

WTO 实行多边的无条件的最惠国待遇原则。它要求每个缔约国在进出口方面应以同等的标准对待所有其他缔约国，而不应采取附加条件的歧视措施。这种最惠国待遇的实施不得以政治和经济要求为先决条件，GATT 关税与贸易总协定第 1 条规定："一缔约国对来自或运往其他国家的产品所给予的利益、优待、特权或豁免，应当立即无条件地给予来自或运往所有其他缔约国的相同产品。"据此，一缔约国可根据最惠国待遇条款，享有任何缔约国通过谈判达成的所有关税减让和其他贸易上的优惠待遇，从而最惠国待遇就从双边互惠扩展到多边互惠，它较之双边最惠国待遇更具稳定性。世界贸易组织成立后，最惠国待遇原则适用的范围扩大了，它不仅适用于货物贸易领域，而且扩大到知识产权领域、投资领域和服务贸易领域。无条件最惠国待遇原则是 WTO 的基石，它旨在保证国外产品与服务提供商之间处于平等竞争地位。

（三）不歧视待遇

不歧视待遇是和歧视待遇相对而言的，所谓歧视待遇，又叫差别待遇，即指一个国家把某些特殊的限制性规定专门适用于特定的外国人。这就是说，甲国唯独对乙国公民和法人的民事权利规定了一些限制，而对其他国家公民和法人都没有规定这些限制。这就是甲国对乙国公民和法人的歧视性待遇。实行这种待遇的结果,不仅使乙国公民和法人的地位低于甲国公民和法人,而且也低于一切其他国家的公民和法人,因此会引起乙国的抗议或报复。

为了防止歧视性待遇,国家与国家之间签订条约,规定彼此不把对其他国家或仅对个别国家的限制加于对方,从而使对方的公民和法人不致处于比其他国家的公民和法人为低的地位。如1985年中国与丹麦签订的《关于鼓励和相互保护投资协定》第3条第4款规定:"缔约任何一方保证,在不损害其法律和法规的情况下,对缔约另一方国民或公司参股的合资经营企业或缔约另一方国民或公司的投资,包括对该投资的管理、维持、使用、享有或处置,不采取歧视措施。"

非歧视待遇原则是WTO的基本原则,它要求各成员方在实施某种优惠待遇和限制措施时不要对其他成员方实施歧视待遇。WTO通过最惠国待遇制度与国民待遇制度体现出非歧视待遇原则。

(四) 普惠制待遇

普惠制待遇也叫普遍优惠制待遇,它是指发达国家给予发展中国家或地区在经济贸易方面的特别优惠待遇。按此制度,发达国家对于从发展中国家或地区进口的商品,给予减征或免征关税的优惠待遇。其特点是:(1) 普遍性。即发达国家对从发展中国家进口的商品,不论制成品、半成品,普遍给予减征或免征关税待遇。(2) 非互惠性。这种优惠待遇是发达国家单方面给予发展中国家的,不要求发展中国家提供"反向优惠"。(3) 非歧视性。发达国家向发展中国家提供这种优惠,不能有差别待遇,不能只给予某些发展中国家而不给予另一些发展中国家。

普惠制待遇是第二次世界大战结束后广大发展中国家长期斗争的结果。第二次世界大战后,随着资本主义的发展,发达国家与发展中国家经济水平的差距日益拉大,富国与穷国差别悬殊。发展中国家在建立国际经济新秩序斗争中联合起来,经过共同努力,1968年联合国贸易和发展会议通过决议,指出发达国家对于从发展中国家进口的产品和半成品应给予减征关税或免征关税的优惠。1970年联合国第二十五届大会通过建立普遍优惠制的提案。1974年12月12日联合国大会通过了《各国经济权利和义务宪章》,该宪章第19条规定:"发达国家在国际经济合作可行的领域内应给予发展中国家普遍优惠的、非互惠的和非歧视的待遇。"

目前许多发达国家已采取这种制度,对发展中国家(包括我国)提供这种优惠。原GATT《关税与贸易总协定》于1979年东京回合谈判中,通过了"授权条款",为在贸易关系和国际经济上对发展中国家或发展中国家之间的优惠待遇奠定了法律基础,并规定,发达国家根据普惠制对来自发展中国家的产品实施关税待遇。1994年《建立世界贸易组织的马拉喀什协议》前言中指出,WTO各成员“进一步承认有必要作出积极的努力，以确保发展中国家，尤其是最不发达国家，在国际贸易增长中获得与其经济相应的份额”。并允许发展中成员方继续享受普遍优惠制，即发展中成员方享受发达成员方根据联合国贸易与发展会议决议，给予发展中国家以“普遍、非歧视和非互惠”为特点的关税优惠。我国加入 WTO，也有权享受对发展中成员方的特殊待遇。

三、外国人在我国的民事法律地位

中华人民共和国成立前，我国受帝国主义的侵略和压迫，外国人通过不平等条约，在我国取得许多特权，中国主权受到严重损害。中华人民共和国成立后，我国成为独立自主的社会主义国家，取消了帝国主义的一切特权，同时，我国政府也明确宣布，愿意在平等互利、互相尊重国家主权和领土完整的基础上同世界各国建立和发展政治、经济、文化及其他方面的关系，并保护守法的外国侨民。废除帝国主义特权和保护守法外侨，是新中国成立后我国政府采取的两项措施。其中第一项在建国后的最初几年即完成了其历史使命。对第二项，我国在平等互利基础上通过国内立法和所缔结与参加的国际条约，并参照国际惯例，赋予外国人广泛的民事权利，并依法予以保护。

（一）国内立法的规定

我国《民法通则》第 8 条第 2 款规定：“本法关于公民的规定，适用于在中华人民共和国领域内的外国人、无国籍人，法律另有规定的除外。”这是关于我国境内外国人民事法律地位的总原则。

其中“本法关于公民的规定……无国籍人”，是说的国民待遇原则，即在一般情况下，我国境内的外国人，享有同中国人一样的民事权利，承担同中国人同样的民事义务。根据我国法律的规定，外国人在我国享有广泛的民事权利，如劳动权、受教育权、婚姻家庭权、继承权、居留权、旅游权、经商权、知识产权、诉讼权等。同时他们也必须履行我国法律规定的民事义务。

“法律另有规定的除外”，是指在一般实行国民待遇的情况下，还有些特殊的情况除外，在这些情况下，给予外国人的待遇不能与中国人相同。这主要指下述情况：

（1）根据对等原则，如果某外国政府对其境内的华侨的民事权利加以限制的，则我国对我国境内该国公民的民事权利实行对等的限制。

（2）对外国人一般的民事权利也有一定限制，如外国人不得在我国国防及其他机要部门工作；外国人不得与我国现役军人、外交人员、公安人员和其他掌握重大机密的人员及正在接受劳动教养的和服刑的人员结婚；外国人不得担任船长、引水员、领航员等。对外商投资的行业，也有一定限制。这是从我国国家基本利益考虑的，是从国家主权与安全出发的，也是符合国际上习惯做法的。

加入世界贸易组织后,我国应逐步根据世贸组织的原则和我国加入该组织时的承诺,对我国的有关法规进行积极的清理和修订,使之符合 WTO 国民待遇原则的要求。

(二)国际条约的规定

在我国与他国签订的国际条约中有不少关于在某些方面相互给予国民待遇、最惠国待遇和不歧视待遇的规定。例如,《中朝通商航海条约》规定,双方在船舶遇难或倾覆时,相互给予对方船舶和船上货物以与本国船舶及船上货物相同的待遇。这就是国民待遇。我国同也门签订的《商务条约》第 2 条规定:“从一方向另一方领土进口的商品,双方政府给予对方以最惠国待遇;在有关关税和其他进出口税方面,进出口的费用和手续方面,国内任何赋税方面和取得进出口许可证的手续方面都给予最惠国待遇。”这就是最惠国待遇。我国和英国签订的《关于促进和相互保护投资协定》第 2 条规定:“缔约任何一方的国民或公司在缔约另一方领域内的投资,应始终受到公正和公平的待遇及持久的保护和保障。缔约各方同意……不得采取不合理的或歧视性的措施……”这就是不歧视待遇。

第五节 涉外物权和债权关系的法律适用

一、涉外物权的法律适用

所谓物权,是指权利人在法律规定的范围内依其意志对物进行支配,并排除他人干涉的权利。一般的物权关系,属国内民法调整范围,具有涉外因素的物权,属国际私法调整的范围。由于各国法律对物权客体的范围、物权的种类和内容、物权的取得、转移、变更和消灭的条件、物权保护的方法、对动产和不动产的区分等问题的规定不同,在涉外物权问题上不可避免地会发生法律冲突,这就需要解决法律适用问题。

(一)物之所在地法原则

对涉外物权问题,适用物之所在地法,这是国际私法中一个古老的原则,早在 14 世纪,意大利法学家巴塔路斯创立“法则区别说”时,就把当时各城市国家的法则分为“人法”和“物法”。“人法”如发生法律冲突,适用人的住所地法解决;“物法”如发生法律冲突,适用物之所在地法解决。当时他所指的“物”,是指不动产说的,不动产的物权,适用不动产所在地法律,这个原则,被包含国际私法规范的早期民事立法所接受,如 1794 年《普鲁士地产法》、1804 年《法国民法典》、1865 年《意大利民法典》等。现代各国国际私法普遍采用这一原则。这条关于不动产的法律适用原则,是从古到今,在国际私法的理论和实践中争议最少的一条原则。

关于动产，情况较为复杂。14 世纪意大利学者巴塔路斯把动产划入“人法”的范畴，对动产物权的法律冲突，适用所有人的住所地法，被后来许多学者所接受，也为一些国家立法所采纳。他们认为，动产无论在什么地方纯属偶然的现象，动产被认为存在于其所有人所在地，所有人走到哪里动产就被带到哪里，因此有人提出“动产随人”、“动产附骨”、“动产无场所”（这并不是说动产不占有一定空间，而是说它无单独的场所）。因此，从 18 世纪到 19 世纪，一些国家的国际私法立法都规定动产适用所有人的属人法。有些国家规定适用所有人住所地法，有些国家规定适用所有人本国法。但到 19 世纪后期，随着资本主义经济的发展，国际交往日益扩大，人们在国际交往所占有的财产中，动产的比重越来越大，各国都争相把处于自己国内的财产置于本国法律控制之下。在这种情况下，有些国家就规定，动产和不动产一律适用物之所在地法。如 1898 年《日本法例》、1928 年《布斯塔曼特法典》、1978 年《奥地利联邦国际私法法规》、1987 年《瑞士联邦国际私法》等都是这样规定的。这样，在关于不动产物权和动产物权的法律适用原则方面，呈现出由“异则主义”向“同则主义”过渡的趋势。

（二）物之所在地法适用的范围

物之所在地法是解决涉外物权法律冲突普遍采用的原则。物之所在地法主要用来解决以下的问题：

1．物权客体的范围

物权客体除有体物之外，是否还包括无体物？法国规定包括无体物，而德国、日本仅指有体物。一国之内哪些东西可以成为物权的客体？土地、森林、矿山等能否成为外国人所有权的客体？这些问题由物之所在地法解决。

2．物权的种类和内容

对于物权，其中是否包括永佃权？日本和我国台湾地区的规定包括，而许多国家无此规定，是否包括不动产质权和典当权？法国和日本规定有不动产质权，瑞士规定有典当权，而其他国家无此规定。关于物权的内容，有的国家或地区如法国、日本规定为“使用、收益和处分”，我国《民法通则》规定为“占有、使用、收益和处分”，我国台湾地区规定为“使用、收益和处分并排除他人之干涉”。究竟包括哪些内容？由物之所在地法决定。

3．物权取得、转移、变更和消灭的条件

例如在货物买卖合同中，标的物的所有权何时从卖方手里转到买方手里？法国和日本规定，双方当事人之间的买卖合同一经签订，所有权即行转移；而德国、瑞士规定，标的物实际交付时，所有权才转移，那么标的物的所有权何时才转移？这要由物之所在地法解决。

4．物权的保护

如所有人的财产被他人不法占有，权利人有权要求返还，但如果该财产已转到善意第三人手中，权利人是否可以要求第三人返还？有的国家规定不可以，以保护善意第三人。但对于第三人的条件各国规定不同，权利人提出请求的方式各国规定也不同。如何解决这些问题？应适用物之所在地法解决。

5．对动产和不动产的识别

一国之内哪些东西为动产，哪些东西为不动产？蜂房、活动房屋、野生动物资源是动产还是不动产？这要由物之所在地法解决。

（三）物之所在地法适用的例外

物之所在地法适用的例外，也叫物之所在地法适用的限制。在有些特殊情况下，关于物权问题不能适用物之所在地法，而适用其他有关法律。

1．运输途中货物的物权问题

运输途中的货物，其位置不断变化，如果在此过程中对该物进行处置，很难确定处置的瞬间货物处于哪国，即使能够确定其所在国，根据这种偶然因素确定以该国法为准据法处理该物权案件未必公平合理。另外，运输途中的货物有时处于公海上或公海上空，这时，更无法适用物之所在地法。关于运输途中货物的法律适用，各国规定不一，有的国家规定适用起运地法，如捷克；有的国家规定适用目的地法，如瑞士；还有的国家规定适用货物起运时所有人本国法，如泰国。

2．船舶、航空器等运输工具的物权

船舶、航空器等运输工具和运输途中的货物有同样情况，其位置不停地变动，其所在地很难确定，更何况它有时处于公海或公海上空，更无法适用物之所在地法。对于船舶或航空器的物权，一般用船旗国法或登记地法。例如《匈牙利国际私法》、《奥地利国际私法》就是这样规定的。

3．外国法人终止时，其财产的归属

外国法人自行终止、被其所属国解散、因被宣告破产等原因而消灭时，其财产的清算和清算后财产的归属问题，不适用物之所在地法，而适用法人的本国法，但如果外国法人因违反东道国法律而被东道国取缔时，仍应适用其所在国法律，即物之所在地法。

4．被继承的财产

有些国家规定，动产继承适用被继承人属人法，而不用物之所在地法，不动产继承适用不动产所在地法。还有的国家不分动产继承和不动产的继承，一律适用被继承人本国法，如《日本法例》，而不适用物之所在地法。

5．国家财产

根据公认的国际法准则，外国国家及其财产享有豁免权，国家所有的财产享有豁免权，不受当地法律的管辖，不适用物之所在地法，而应适用财产所属国法律。

（四）我国关于涉外物权法律适用的规定

1. 关于不动产物权

我国《民法通则》第 144 条规定："不动产的所有权，适用不动产所在地法律。"最高人民法院《关于贯彻执行〈中华人民共和国民法通则若干问题的意见〉（试行）》第 186 条进一步作了解释，"不动产的所有权、买卖、租赁、抵押、使用等民事关系，均适用不动产所在地法律"。关于动产和不动产的区分，上述《意见》第 186 条规定："土地、附着于土地的建筑物及其他定着物、建筑物的固定附属设备为不动产"。这意味着其他均为动产。另外最高人民法院 1987 年《关于适用〈中华人民共和国涉外经济合同法〉若干问题解答》第 2 条第 6 款 11、12 两项规定在当事人没有选择可适用的法律情况下，关于不动产租赁、买卖或抵押合同，适用不动产所在地法律；动产租赁合同适用出租人营业所所在地法律。但关于动产物权法律适用的一般原则，目前我国法律尚未作具体规定。

2. 船舶和航空器的物权的法律适用

我国《海商法》对船舶物权的法律适用作了如下规定：

（1）船舶所有权的取得、转让和消灭，适用船旗国法律。

（2）船舶抵押权适用船旗国法律，但船舶在光船租赁以前或光船租赁期间设立抵押权的适用原船舶登记国法律。

（3）船舶优先权适用受理案件法院所在地法律。

关于民用航空器的物权，我国《民用航空法》规定：

（1）民用航空器所有权的取得、转让和消灭，适用民用航空器国籍登记国法律。

（2）民用航空器抵押权适用民用航空器国籍登记国法律。

（3）民用航空器优先权适用受理案件法院所在地法律。

二、涉外合同之债的法律适用

涉外合同在国际经济交往中具有重要作用，国际货物买卖、国际技术转让、国际投资等商事活动都是通过签订和履行合同实现的，因此涉外合同是国际商事交往的桥梁。但因各国法律对合同当事人订约能力、合同的内容、合同的形式、合同的成立、合同的履行、合同的解释等问题规定不同，在涉外合同方面不可避免地会发生法律冲突，需要解决法律适用问题。

在解决涉外合同法律适用问题上，主要有三大原则，即意思自治原则、客观标志原则和最密切联系原则。

（一）意思自治原则

这个原则最初是 16 世纪法国学者杜摩林提出的。他认为，在合同发生法律冲突的情况下,应适用双方当事人所协商选择的法律,以确定他们之间的权利义务关系。如果当事人没有明确表示选择法律的意图,法官应从合同的各种迹象来判断出当事人默示的选择法律的意图。他这个观点是在"契约自由"理论基础上提出来的。他认为,既然当事人可以自由地订立契约,设定他们之间的权利义务关系,那么,同样应当自由选择适用于他们之间的契约关系的法律。他的主张是在法国资本主义刚刚萌芽时提出的,适合新兴资本主义的需要,因此后来被各资本主义国家所接受。现在各国国际私法都规定,合同适用当事人所选择的法律,这已成为国际上公认的原则。

现在在运用这个原则中还存在下列问题:一是对当事人选择法律的自由要不要加以限制,有的国家认为不应加以限制,有的国家规定有一定限制;二是是否承认当事人默示的选择法律的意思表示,有些国家承认,有些国家不承认。

(二) 客观标志原则

这个原则又叫客观论,认为合同准据法就是在客观上最适合于解决合同的成立及效力的法律。而合同的成立与效力是与一定场所相联系的,因而最适合于合同的准据法正是合同在那里"场所化"或"地域化"国家的法律。从各国立法实践来看,有三种方式:一是规定一个统一的标志,如果当事人未选择法律,就按这个标志确定准据法。如《日本法例》规定适用合同缔结地法;《泰国国际私法》规定,如果当事人属同一国家,适用其共同本国法;属不同国家,适用合同缔结地法。二是对各类合同分别规定不同标志,如《南斯拉夫法律冲突法》第20条规定,在当事人未选择法律情况下,对动产出售合同,适用接受要约时卖方住所地或居所地法;对劳务合同,适用接受要约时提供劳务人住所或居所地法;对保险合同,适用接受要约时保险人住所或居所地法等等。三是兼用以上两种方式,即首先规定按一种标志确定准据法,若此条件不具备,就按合同类别分别依不同标志确定准据法。如《波兰国际私法》第26条规定,合同当事人没有选择法律时,适用缔结合同时双方当事人住所地法;第27条规定,如果当事人未选择法律,而住所又不在一国,则对动产买卖契约或交货买卖契约,依卖方或交货人缔结契约时的住所地法;对保险契约,依保险人缔结契约时的住所地法;对出版契约,依发行人缔约时的住所地法等等。

(三) 最密切联系原则

这是当代解决法律适用问题广为采用的一个原则,它是第二次世界大战后形成的。早在20世纪50年代,美国法官在审理涉外案件时就提出用"重力中心地法"或"连结因素聚集地法"代替过去一直奉行的合同缔结地法作为合同准据法。1971年《美国冲突法重述(第二次)》使用了"最重大联系"一词,为许多国家所接受。如1978年《奥地利联邦国际私法法规》用了"最强联系"一词,作为解决涉外民事关系准据法的基本指导原则。

现在最密切联系原则已被许多国家的国际私法所采纳，当前的问题是，如何确定哪国与合同有最密切联系？在实践中有下列几种做法：

(1) 法律中列举出几种因素，看各种因素与合同的联系程度加以衡量，以确定何地与合同有最密切联系。如 1971 年《美国冲突法重述(第二次)》列举出合同缔结地、合同谈判地、合同履行地、合同标的物所在地、当事人住所、居所、国籍、公司成立地及营业地等。法官在审理案件时，应对上述因素与案件的联系程度予以衡量。

(2) 要素分析法，即把案件的各种要素加以分解，分别确定各种要素与何国有联系，而后再看各种要素较为集中与哪国有联系，该国即为与合同有最密切联系的国家，就应以该国法为准据法。

(3) 特征履行说。特征履行是指在双务合同中，哪一方当事人履行合同义务的行为反映了该类合同的特点，这方当事人履行合同义务的行为就是"特征履行"，这方当事人就叫做特征履行方，特征履行方的住所地或营业地即为与合同有最密切联系的地点，这个地点所在国家的法律就是与该合同有最密切联系的法律。例如在买卖合同中，买方履行合同义务的行为主要是付款；在运输合同中，托运方履行合同义务的行为也主要是付款；建设工程承包合同中发包方履行合同义务的行为也主要是付款，这种履行合同的行为叫做"金钱履行"，"金钱履行"显然不能体现出以上三种不同合同的特征。但上述合同另一方当事人履行合同义务的行为却有另外一种情况。如买卖合同中卖方履行合同义务的行为主要是交货；运输合同中承运人履行合同义务的行为主要是完成运输任务；建设工程承包合同中承包方履行合同义务的行为主要是完成工程项目。三类合同中的另一方当事人履行合同义务的行为称为"非金钱履行"，"非金钱"履行方履行合同的行为反映出不同合同的特点。这另一方当事人就是特征履行方。他们的住所地或营业机构所在地就是与合同最密切联系地，若依最密切联系原则确定准据法，就适用该地的法律。例如，《瑞士联邦国际私法》第 117 条规定："与合同有最密切联系的国家，是指特征性义务履行人的习惯居所地国家，如果合同涉及业务活动或商务活动的，指营业机构所在地国家。"

最密切联系原则，冲破了过去国际私法连结点的呆板的、僵化的模式，能够根据每个案件的具体情况，灵活地确定准据法，以适应日益复杂的国际民事、商事关系发展的需要。

上述三大原则，意思自治原则是基本的原则，而客观标志原则和最密切联系原则是补充性的原则，只有在当事人没有选择法律时，才按客观标志原则或最密切联系原则确定准据法。

（四）我国对涉外合同法律适用的主要原则

1. 意思自治原则

我国从20世纪80年代的《涉外经济合同法》、《民法通则》，到90年代的《海商法》、《民用航空法》及1999年制定的《合同法》都采用了这一原则。如我国《合同法》第126条第1款规定："涉外合同的当事人可以选择处理合同争议所适用的法律，但法律另有规定的除外。"根据最高人民法院有关司法解释，所谓合同争议，指凡是合同双方当事人对合同是否成立、合同成立的时间、合同内容的解释、合同的履行、违约和责任以及合同的变更、中止、转让、解除、终止等发生的争议都应包括在内。当事人选择的法律必须是双方协商一致的和明示的。关于选择法律的时间，当事人可以在订立合同时，或在争议发生后，直至在人民法院开庭审理之前均可选择。选择法律的范围很宽，当事人可以选择中国法，也可以选择港澳地区的法律或外国法，但这些法律应为现行实体法，而不包括冲突规范和程序法，既然所选的外国法不包括冲突规范，也就不会发生反致的情况。

2. 最密切联系原则

如果当事人没有选择法律，如何确定准据法？我国采用了国际上通行的做法，按照最密切联系原则确定准据法。我国《合同法》第126条第1款还规定：涉外合同的当事人没有选择法律的，适用与合同有最密切联系的法律。《民法通则》、《海商法》和《民用航空法》也有同样规定。为了确定何国与合同有最密切联系，我国最高人民法院在有关司法解释中，参照特征履行说对13种涉外合同规定了确定最密切联系地的标准。①但最后有一句话，即合同明显地与另一个国家或地区有更密切联系时，应以该另一个国家或地区的法律作为处理合同争议的依据。

3. 适用中国法的原则

我国《合同法》第126条第2款规定："在中华人民共和国境内履行的中外合资经营企业合同、中外合作经营企业合同、中外合作勘探开发自然资源合同，适用中华人民共和国法律。"就是说，这三类涉外合同只能适用中国法，不允许当事人选用外国法。

4. 优先适用国际条约原则

我国《民法通则》第142条第2款规定："中华人民共和国缔结或者参加的国际条约同中华人民共和国的民事法律有不同规定的，适用国际条约的规定，但中华人民共和国声明保留的条款除外。"这就是说，我国缔结或参加的国际条约同国内法规定不一致的，应优先适用国际条约，履行条约义务，但我国声明保留的条款除外。我国《海商法》和《民用航空法》也有同样规定。

---

① 参见1987年《最高人民法院关于适用〈中华人民共和国涉外经济合同法〉若干问题的解答》。

5. 适用国际惯例原则

我国《民法通则》第 142 条第 3 款规定:"中华人民共和国法律和中华人民共和国缔结或者参加的国际条约没有规定的,可以适用国际惯例。"我国《海商法》和《民用航空法》也有同样规定。

适用国际惯例是有条件的,其条件是:

第一,按照国际私法规则,应以中国法为准据法。

第二,中国法律和中国缔结或参加的国际条约中都没有相关的规定。

第三,适用国际惯例不得违反我国社会公共利益,即我国的公共秩序。

三、涉外侵权行为之债的法律适用

侵权行为之债是指某人因不法行为(或不行为),侵害了他人的人身权或财产权,应当负民事赔偿责任。在这种关系中,致人损害的人,即加害人是债务人,遭受损害的人,即受害人是债权人,他有权要求加害人赔偿他的损失,加害人有义务给予赔偿。侵权行为之债的关系本属国内民法调整的范畴,具有涉外因素的侵权行为,属国际私法调整范畴。

由于各国法律对侵权行为的构成与范围、侵权行为人的责任能力、对行为人追究责任的依据、行为人承担责任的范围、对各类侵权行为损害赔偿的数额以及诉讼时效等的规定都有很大的差别,因此在涉外侵权行为问题上不可避免地会发生法律冲突,需要解决法律适用问题。

(一) 一般涉外侵权行为的法律适用原则

1. 适用侵权行为地法

这是国际私法中一个古老的原则,至今仍为许多国家所采用,许多学者对此原则进行了论述,其理由有:

(1) 尊重行为地国家的主权。要维护行为地国家法律的权威,维护该国的法律秩序,就应当适用侵权行为地法。这种观点被称为"国家主权论"。

(2) 为了对加害人追究责任。侵权行为是违法行为,它违反的是侵权行为地的法律,因此要对加害人追究法律责任,必须以侵权行为地法为依据。这种观点被称为"责任论"。

(3) 为了保护被害人的求偿权。在侵权行为之债中,被害人享有对加害人的求偿权,而这种权利正是侵权行为地国家的法律所赋予的。因此,为使被害人求偿权能得以实现,就应适用侵权行为地法。这种观点被称为"既得权论"。

(4) 为了恢复人们的权利义务的平衡。各国法律都要使其国内居民的权利与义务达到平衡,而侵权行为,打破了这种平衡,处理侵权行为之债的案件就是为了恢复这种平衡。因此只有适用侵权行为地法,才能恢复这种平衡。这种观点被称为"平衡论"。

2. 适用法院地法

有的学者认为,侵权行为类似于犯罪,法官对犯罪的处理只能适用法院所属国法,而不能适用其他国家的法律,因此,对于类似于犯罪的侵权行为的处理也应适用法院地法。这种主张未被各国所采纳。因为法院地有时与侵权行为本身没有实际联系,用法院地法处理侵权行为案件,不一定公平合理。而且采用这种主张容易助长"挑选法院"的现象,即原告到对自己有利的国家的法院去起诉,从而把对方当事人置于不利的地位。因此,多数国家对此主张并不认同。

3. 侵权行为地法与法院地法重叠适用

有人认为侵权行为与行为地及法院地的社会秩序及公共利益都有联系,因此应同时适用两地所属国的法律,即某一行为,必须依侵权行为地法和法院地法都构成侵权行为时,才能按照侵权行为来处理,加害人才对被害人负赔偿责任,英国国际私法学家沃尔夫即持此观点。这个原则也叫"双重可诉原则"。在立法上,当前许多国家采用此原则。如《日本法例》第 11 条规定:"因无因管理、不当得利或不法行为而产生的债权的成立及其效力,依原因事实发生地法,不法行为的事实发生在国外,依日本法不认为不法行为时,不适用前款之规定"。另如德国、埃及、约旦、泰国、阿联酋等国也有类似规定。英国在实践中也采用这个原则。

4. 适用与侵权行为有最密切联系的法律

这是美国首先提出来的,美国原来对侵权行为也是适用侵权行为地法。但 1960 年美国法院审理了巴布科克诉杰克逊(Babcock v. Jackson)案时提出了适用与侵权行为有最密切联系的法律。1971 年瑞斯主编《美国冲突法重述(第二次)》时肯定了这一原则。

(二)几种特殊侵权行为的法律适用

随着时代的发展,侵权行为的种类越来越复杂,近年来的国际私法立法就出现了按照侵权行为的性质与种类的不同而分别确定准据法的趋势。

1. 公路交通中侵权行为的法律适用

由于国际公路交通运输的迅速发展,公路交通事故发案率也越来越高。1968 年 10 月第 11 届海牙国际私法会议通过了《公路交通事故法律适用公约》,1971 年 5 月开始签字,1975 年 6 月生效。目前有 12 个成员国,对涉外公路交通运输事故原则上适用事故发生地国法律,同时公约还规定了一些例外情况,不适用事故发生地法,而适用其他法律。但公约规定,不论适用哪个国家法律,在决定责任时,应考虑事故发生地国家当时有效的交通管理规则和安全规则。

2. 海上侵权行为的法律适用

海上侵权行为包括发生在一国领海内和不属于任何国家管辖的公海上的侵权行为。

（1）发生在一国领海内的侵权行为的法律适用

一国船舶在另一国领海上发生碰撞事件，排放有害物质或倾倒废物造成水域污染，或船舶撞坏了港口设施，应适用领海所属国法律。因领海属一国领土的组成部分，受国家主权的支配与管辖。侵权行为发生在一国领海内，按侵权行为地法原则，就应适用领海所属国法律。1977 年 9 月在巴西里约热内卢签订了《统一船舶碰撞中有关民事管辖权、法律选择、判决的承认和执行方面若干规则的公约》（简称《里约热内卢公约》），规定："碰撞在一国内水或领海内发生时，适用该国法律"。至于在一国领海上停泊的另一国轮船内部发生的侵权行为其后果未波及到船外的人与物，未损害领海所属国利益，则有不同的处理办法，有的适用领海所属国法，有的适用船旗国法。

（2）发生在公海上的侵权行为的法律适用

在公海上的侵权行为如果发生在船舶内部，其后果未波及到船外的人与物，则应将该船视为侵权行为地，适用侵权行为地法即适用船旗国法。

如果船舶发生碰撞，本着保护受害方的原则，应适用被撞方船旗国法，如双方互有过失，则适用法院地法；若双方具有同一国籍，可适用共同本国法。1977 年《里约热内卢公约》规定："如果碰撞发生在领海以外的水域，适用受理案件法院的法律，但如果有关船舶都在同一国登记或由它出具证件，或虽未登记或由它出具证件，但属同一国所有，则不论碰撞在何处发生，都适用该国法律。如果船舶撞坏公海上的设施，如海底电缆，一般适用法院地法。"

3．航空运输中的侵权行为的法律适用

航空运输中的侵权行为，按下列情况分别确定准据法。

第一，发生在航空器内部的侵权行为，因航空器经常在公海上空活动，无法确定其侵权行为地，一般适用航空器登记国法。

第二，因航空器相互碰撞或航空器与其他物体碰撞发生的侵权行为，一般适用被碰撞方登记国法。如双方互有过失，适用法院地法；如果双方在同一国登记，可适用其共同本国法。

第三，因航空器事故使旅客受到伤亡或物品受到损毁的侵权行为，一般用航空器登记国法，也可适用法院地法。

第四，向外空发射实体造成损害的侵权行为，国际上订立了《空间实体造成损失的国际责任公约》，规定了外层空间的侵权责任问题。关于归责原则，公约分两种情况作了规定。一是空间实体对地球表面及飞行中的飞机造成损害，实行绝对责任；二是一国空间实体给另一国空间实体造成损害，实行过失责任。

4．产品责任的法律适用

产品责任是指企业的产品有缺陷，使消费者遭受人身伤亡或财产损失，生产者、销售者应负赔偿责任。目前多数国家都认为产品责任属侵权行为的民事责任。

关于涉外产品责任的法律适用,1972 年第 12 届海牙国际私法会议上通过了《产品责任法律适用公约》,该公约主要规定对涉外产品责任问题适用侵害地国法,但侵害地还必须同时具备下列三个条件之一:(1) 直接受害人惯常居所所在国;(2) 案件责任人主要营业所所在国;(3) 直接受害人购得产品的国家。

在规定适用侵害地法的同时,公约还规定了在某些例外情况下不适用侵害地法,而适用其他有关法律。

(三) 我国对涉外侵权行为的法律适用

我国《民法通则》第 146 条对一般涉外侵权行为法律适用作了规定。其内容包括以下三点:

(1) 侵权行为之债主要适用侵权行为地法,这符合国际上通行做法。

(2) 对于具有同一国籍或在同一国内有住所的当事人之间发生的侵权行为,也可以适用当事人本国法律或当事人住所地法律。就是说对此类涉外侵权行为案件,既可以适用侵权行为地法律也可以适用其共同本国法或住所地法。这是一条无条件选择性冲突规范。

(3) 在我国领域外发生的行为,我国法律不认为是侵权行为的,不作为侵权行为来处理。这项规定很重要,是防御性条款。因各国法律对侵权行为构成要件及赔偿数额的差别很大,有的国家对侵权行为规定过宽,赔偿数额过高,有人就利用这种情况,受点小的损失就要求高额赔偿。这项规定,就是为了防止这种状况出现,它属于侵权行为地法和法院地法重叠适用,这与多数国家做法一致。

另外我国最高人民法院《关于贯彻执行〈中华人民共和国民法通则〉若干问题的意见(试行)》第 187 条对"侵权行为地法"作了解释:"侵权行为地的法律包括侵权行为实施地法律和侵权结果发生地法律。如果两者不一致时,人民法院可以选择适用。"

关于特殊侵权行为的法律适用,我国法律有下列规定:

对海上侵权行为,根据我国《海商法》的规定,船舶碰撞的损害赔偿,适用侵权行为地法律。

船舶在公海上发生碰撞的损害赔偿,适用受理案件的法院所在地法律。

同一国籍的船舶,不论碰撞发生于何地,碰撞船舶之间的损害赔偿适用船旗国法律。

对航空运输中侵权行为的损害赔偿,根据我国《民用航空法》的规定,民用航空器对地面第三人的损害赔偿,适用侵权行为地法律。

民用航空器在公海上空对水面第三人的损害赔偿,适用受理案件的法院所在地法律。

第六节　涉外婚姻家庭和继承关系的法律适用

涉外婚姻家庭和继承关系是涉外民事关系的重要组成部分，这类案件在法院受理的涉外民事案件中占有较大的比重，国际私法也非常重视对于涉外婚姻、家庭和继承问题的研究。

一、涉外婚姻、家庭关系的法律适用

（一）涉外结婚的法律适用

由于各国社会状况、历史传统、风俗习惯、人口政策、民族的生理心理素质、宗教信仰都不相同，因此，各国法律关于结婚的实质要件（如婚龄、血亲关系、禁止性的规定、是否双方自愿等）和形式要件（婚姻必须办理的手续，是否需要举行某种仪式等）的规定存在巨大差异，因此，这方面的法律冲突普遍存在，需要解决法律适用问题。

1．涉外结婚实质要件的法律适用

对结婚实质要件的法律冲突，一般用下列原则解决：

（1）婚姻举行地法。美国和多数拉美国家如墨西哥、秘鲁、阿根廷、巴拉圭等国采用这一原则。如《美国冲突法重述（第二次）》第 283 条第 2 款规定："婚姻符合缔结地州规定的要求的，其有效性得为普遍承认"。《阿根廷国际私法条例》第 22 条也规定："人之结婚能力……依婚姻缔结地国家的法律。"1940 年拉美国家缔结的《国际民法条约》第 13 条也规定："结婚能力……结婚事实及其有效性，依行为实施地法。"

该原则是一项古老的广为采用的原则，传统国际私法中的"场所支配行为"的原则，引申到结婚实质要件中来，就形成"结婚实质要件依婚姻举行地法"这个原则。

（2）当事人属人法。英国及英联邦国家如加拿大、澳大利亚、新西兰等国，适用当事人住所地法，而欧洲大陆国家及日本、泰国、埃及、约旦、塞内加尔、也门等国适用当事人本国法。

各国除对属人法有不同解释外，在适用上还有差别，主要有两种情况：

第一，适用各方当事人属人法，即对男女双方分别适用其各自的本国或住所地法，即各方的条件须只要符合各自属人法的规定，就准予结婚。例如《日本法例》第 13 条规定："婚姻成立之要件，依各当事人本国法。"设一名 18 岁日本男子与一名年仅 15 岁的意大利女子要在日本结婚。日本法定婚龄为男 18 岁，女 16 岁，男方够条件，而女方不够日本法律规定的条件，但符合意大利法规定的条件，因意大利规定男 16 岁，女 14 岁即可结婚，因此日本主管机关准予其登记结

婚。这种规定比较宽松,为多数国家所接受。

第二,重叠适用双方属人法。也就是说男女各方,必须都同时符合双方属人法规定的条件方能结婚。如匈牙利《关于国际私法的法令》第 37 条第 1 款规定:“婚姻有效的实质要件依双方当事人缔结婚姻时的共同属人法。如果双方当事人的属人法在缔结婚姻时不同,婚姻只有在满足双方当事人属人法所要求的实质要件时才认为有效”。设一中国男子 22 岁,一日本女子 18 岁,在匈牙利结婚,双方均符合其本国法的规定,但女方不符合男方属人法(中国法)的规定(中国规定女 20 岁才能结婚),因此,匈牙利主管机关也不准登记结婚。这种规定过于严格,只有个别国家采用。

(3) 上述两原则结合适用,这中间又有两种情况:第一,以婚姻举行地法为主,以当事人属人法为辅。如瑞士法规定在瑞士结婚适用瑞士法律,若不具备瑞士法律规定的条件,只要其中一方当事人住所地法或本国法认为有效的,则承认其效力。第二,以属人法为主,以婚姻举行地法为辅。如德国 1986 年关于改革国际私法的立法规定,结婚实质要件依当事人各自本国法,不具备上述条件的,如果一方当事人在德国有惯常住所或拥有德国国籍的,可适用德国法。匈牙利和前南斯拉夫联邦成员国中也有这样的规定。

2. 涉外结婚形式要件的法律适用

(1) 适用婚姻举行地法,依“场所支配行为”的原则,法律行为的方式依行为地法,是国际私法公认的原则。

(2) 有的国家除了上述原则外,还规定,本国公民在国外结婚必须符合本国法的规定,如瑞典、西班牙、希腊等主要是要求举行宗教仪式的国家。

(3) 两者兼采,或符合婚姻举行地法,或符合当事人本国法均属有效。如 1902 年《海牙婚姻公约》规定:“在方式上依婚姻举行地法举行的婚姻,不论何国均应认为有效。但规定结婚须依宗教仪式的国家,对其本国人在外国不遵守本国法之规定而缔结的婚姻,得不认为有效。”又规定:“婚姻方式依举行地法认为无效,但符合当事人各自本国法之规定,其他国家应认为有效。”如法国、意大利、奥地利等国均采用此原则。

3. 我国关于涉外结婚的有关规定

(1) 关于准据法,我国《民法通则》第 147 条规定,中国公民和外国人结婚适用婚姻缔结地法。依此推定,中国人与外国人在外国结婚亦适用婚姻缔结地法(包括实质要件和形式要件)。

(2) 涉外结婚的具体程序。依据 2003 年 8 月 8 日国务院发布之《婚姻登记条例》规定办理。

中国公民同外国人,内地居民同香港居民、澳门居民、华侨办理婚姻登记的机关是省、自治区、直辖市人民政府民政部门或上述部门确定的机关。

中国公民同外国人在中国内地结婚的,内地居民同香港居民、澳门居民、台湾居民、华侨在中国内地结婚的,男女双方应当共同到内地居民常住户口所在地的婚姻登记机关办理结婚登记。

办理结婚登记时应出具下列证明材料:

中国人一方应出具户口簿、身份证;本人无配偶证件。

港、澳、台居民出具本人有效通行证、身份证;经居住地公证机关公证的本人无配偶以及与对方当事人没有直系血亲和三代以内旁系血亲关系的声明。

华侨应出具本人有效护照;居住国公证机构或者有权机关出具的、经中国驻该国使馆认证的本人无配偶以及与对方当事人无直系血亲和三代以内旁系血亲关系的证明,或者中国驻该国使馆出具的上述情况的证明。

外国人办理结婚登记应出具的证明材料为:本人的有效护照或其他有效的国际旅行证件;所在国公证机构或者有权机关出具的经中国驻该国使(领)馆认证的本人无配偶证明。[①]

(二)涉外离婚的法律适用

各国法律关于离婚的实质要件(如是否准予离婚、离婚的理由、离婚的后果等)和离婚的形式要件(如离婚的手续和程序等)的规定都不同,不可避免地会发生法律冲突,必须解决法律适用问题。

1. 涉外离婚的准据法

(1) 依夫妻共同本国法

离婚属人的身份问题应受本国法支配。若双方国籍不同,适用法院地法,如捷克、波兰、匈牙利等国用此原则,如匈牙利国际私法规定离婚的要件依诉讼时夫妻共同属人法,如夫妻属人法不同,依最后共同属人法,在无共同属人法时,如一方为匈牙利公民则依匈牙利法,否则依夫妻最后共同住所地法。

(2) 依夫妻共同或一方住所地法

因住所地是当事人活动中心,与当事人关系最密切,因而应适用双方或一方住所地法。如英国、瑞士即如此,瑞士国际私法规定,离婚适用配偶双方共同住所地国家法律,双方无共同住所的,如双方当事人提出适用配偶双方之一方的住所地国家法律,则可适用该国法。

(3) 适用法院地法

如丹麦、挪威、一些拉美国家、英国、美国及中国等。因离婚涉及内国的公共秩序(道德、宗教、法律等),必须绝对受内国法的支配,而且外国法规定的离婚条件与内国差别很大,有时内国难以接受,因而主张适用法院地法。

---

① 参见《婚姻登记条例》第 2 条第 2 款;第 4 条第 2 款;第 5 条第 2、3、4 款。

(4) 适用有利于离婚的法律

西方有些国家从离婚“自由化”政策出发放松了对离婚条件的限制,同时也反映了立法者对婚姻自由原则的认识的发展,其表现为两种方式:其一,允许当事人在一定范围内选择准据法,如瑞士规定,配偶双方无共同国籍,又无共同住所,离婚与别居适用瑞士法律。但如果配偶双方约定适用双方中一方住所地法或本国法的,则可以适用该法律。其二,以允许离婚的法院地法作为补充。如联邦德国关于改革国际私法的立法规定:离婚适用提起离婚诉讼时支配婚姻效力的法律,如果该法律不允许离婚,但原告起诉时或在婚姻缔结时具有德国国籍的,适用德国法。离婚准据法的这些规定,显然增加了涉外离婚之可实现性,另外像捷克、波兰、前南斯拉夫也有类似规定。

2. 我国关于涉外离婚的法律适用的规定

根据我国《民法通则》第 147 条的规定,离婚适用法院地法,我国法院受理的涉外离婚案件,一律以我国法律为准据法。

我国最高人民法院《关于贯彻执行〈中华人民共和国民法通则〉若干问题的意见(试行)》第 188 条规定:“我国法院受理的涉外离婚案件,离婚以及因离婚而引起的财产分割,适用我国法律,认定其婚姻是否有效,适用婚姻缔结地法律。”这就是说,对涉外离婚案件,其离婚理由是否成立,应否准予离婚,离婚双方财产如何分割,依法院地法(中国法),而判定现存的婚姻是否有效,应适用婚姻缔结地法。这就把涉外离婚适用法院地法的范围更加具体化了。

另外根据我国《民事诉讼法》的规定,对于涉外离婚案件,双方当事人都在我国境内的,按原告就被告的原则,由被告住所地法院管辖。所以涉外离婚案件,如果被告在我国,我国法院有管辖权。如果被告不在我国,原告在我国有住所或居所,原告住所地或居所地法院有管辖权。

(三) 涉外夫妻关系的法律适用

夫妻关系,包括夫妻人身关系和财产关系。

1. 夫妻人身关系的法律适用

夫妻人身关系亦即婚姻的人身效力,它反映了夫妻双方在家庭中的地位,包括姓名权、同居义务、相互忠贞及扶助义务、住所决定权、从事职业和社会活动的权利、相互代理权等等,各国法律对这些问题的规定是不同的,解决这方面的法律冲突,主要有下列原则:

(1) 适用当事人属人法

人的身份能力适用当事人属人法,是国际私法中一个普遍适用的原则。欧洲大陆国家和日本均采此原则。如《奥地利国际私法》规定:“婚姻人身的法律效力依配偶双方共同属人法。如无共同属人法依他们最后的共同属人法,只要一方仍保留它。”如无共同属人法,则适用双方最后有共同习惯居所地国家的法律。只要还有一方仍保有它。

1905年《关于婚姻效力的海牙公约》第1条也规定："关于夫妻人身权利与义务适用夫妻双方本国法。"

（2）适用法院地法和行为地法

夫妻人身关系涉及到法院地或行为的公共秩序，因此有人认为夫妻人身关系的某些方面应适用法院地法或行为地法。如1905年《关于婚姻效力的海牙公约》在规定了夫妻身份上的权利与义务适用本国法之后，又规定："前项权利义务的行使，非依行为地法所认可的方式，不得为之。"《布斯塔曼特法典》第43条规定："关于夫妻间保护和服从的相互义务……适用夫妻双方的属人法，如两者不同时，则适用夫的属人法。"而该法典第45条则规定："关于夫妻间共同生活、彼此忠实和相互帮助的义务均依属地法。"

2. 夫妻财产关系的法律适用

夫妻财产关系，又称夫妻财产制，是指男女双方因结婚而对他们的家庭财产产生的权利义务关系，包括婚前财产的和婚姻存续期间所得之财产的归属，夫妻双方对财产的管理、处分及债务的承担等方面的制度。对这方面法律冲突的解决，有如下的原则：

（1）适用当事人自行选择的法律

各国允许夫妻通过约定确定对财产的占有关系，因此，把夫妻财产关系视为特殊的合同关系，适用合同准据法，即按意思自治原则，适用当事人选择的法律。如果当事人未作这种选择，各国的做法就不同了。如瑞士规定，适用双方共同住所地国家的法律，或最后共同住所地国家的法律；奥地利规定，适用结婚时支配婚姻人身效力的法律；英国和美国把财产分为动产和不动产，动产适用当事人住所地法，不动产适用不动产所在地法。

（2）适用当事人属人法

有些国家规定夫妻财产关系和夫妻人身关系适用同一准据法。《日本法例》规定："夫妻财产制，依结婚时丈夫本国法。"（第15条）捷克规定夫妻财产制依夫妇本国法，夫妇国籍不同时，依捷克法。《布斯塔曼特法典》也规定对夫妻共同财产的处分和管理适用夫妻双方的属人法，如双方属人法不同，则适用丈夫的属人法。

（四）涉外父母子女关系的法律适用

父母子女关系，亦称亲子关系，从性质上说，这种关系包括人身关系和财产关系；从范围来说，包括父母和婚生子女的关系、父母和非婚生子女的关系、父母和养子女的关系。关于父母和养子女的关系，后面收养部分专门讲，此处只讲子女是否为婚生的法律适用、非婚生子女准正的法律适用、父母子女间权利义务关系的法律适用等三个问题。

1. 子女是否为婚生的法律适用

在我国非婚生子女享有与婚生子女同等的权利,任何人不得加以危害和歧视。但是在外国,情况就不同了,有些国家对非婚生子女实行歧视,他们的权利受到种种限制。

所谓婚生子女,系指合法的婚姻关系存续期间怀孕所生的子女,或者有效的婚姻关系存续期间怀孕而在婚姻解除后所生的子女。但具体规定,各国是有差别的,对这方面的法律冲突主要用下列的法律适用原则解决:

(1) 适用生父母的属人法

采用此原则的国家有不同情况,有的用生母之夫的本国法(如德国、泰国、意大利等国),有的用生父的住所地法(如丹麦),有的用父母共同属人法(如奥地利)。

(2) 近来有些国家从保护子女的利益出发,在父母子女关系方面适用子女的属人法,如波兰国际私法第 19 条规定,“亲子之间的法律关系依子女之本国法。”捷克和原南斯拉夫也有类似规定。另外布斯塔曼特法典还规定:“关于推定亲生及其条件的规则……在子女的属人法不同于父的属人法时,适用子女属人法。”

(3) 适用支配父母婚姻效力的法律

如《土耳其国际私法和国际诉讼法》规定:“子女的婚生,适用子女出生时调整其父母婚姻效力的法律。”

(4) 适用有利于子女为婚生的法律

奥地利国际私法第 21 条规定:子女婚生的要件适用配偶双方属人法,配偶双方属人法不同时,依其中更有利于子女为婚生的法律。匈牙利国际私法也有类似规定。

2. 非婚生子女准正的法律适用

准正就是非婚生子女取得婚生子女的地位的制度。准正的途径有二:一是因父母的后继婚姻而准正;二是因认领(即孩子的生父母承认孩子是其所生的法律行为)而准正。

此外还有通过诉讼,由法院做出判决而准正。这种情况一般发生在孩子的生父母一方死亡,生父母不可能事后结婚,而活着的一方又不愿认领的时候,就通过确认亲子关系的诉讼,由法院判决而宣布准正。

准正的法律适用原则主要由下列几种:

关于父母事后婚姻的准据法:有的用父母事后婚姻的属人法(如英美等国);有的用父母的属人法(如奥地利);有的用子女属人法(如原南斯拉夫);有的适用支配婚姻效力的法律(如德国)。

关于认领的准据法:有的用父的属人法(如泰国);有的用子女的属人法(如

波兰）；有的用父母或子女属人法中有利于认领成立的法律（如瑞士）；有的分别适用父母子女各自的属人法（如日本）。

关于通过法院判决而准正的准据法，各国专门规定的不多，一般依父母本国法或住所地法，或依法院地法。

3．父母子女间权利义务关系的法律适用

父母子女间权利义务关系，包括人身关系和财产关系，这方面的准据法主要是：

（1）父母属人法（如意大利）。

（2）子女的属人法（如捷克、波兰、匈牙利、瑞士、日本等）。

4．涉外扶养的法律适用

国际私法所讲的扶养是广义上的扶养，包括夫妻之间的相互扶养、父母对子女的抚养、子女对父母的赡养等。扶养涉及家庭全体成员，是他们彼此间的一种权利义务关系，关于扶养的范围和种类，各国规定不一。涉外扶养关系的准据法有：

（1）扶养义务人的属人法（如土耳其）。

（2）扶养权利人的属人法（如德国、匈牙利、泰国等）。

（3）用有条件选择性冲突规范规定准据法。如1973年海牙国际私法会议通过的《扶养义务法律适用公约》规定首先适用扶养权利人（被扶养人）惯常居所地法，如果依该法律被扶养人不能获得扶养，就适用扶养权利人和扶养义务人共同本国法，如双方无共同本国法或依其共同本国法被扶养人仍不能获得扶养时，则依法院地法。可见，该项规定是以被扶养人获得扶养为目的，充分体现了保护弱者原则。

（4）区分不同的扶养关系，分别规定准据法。如匈牙利规定，夫妻间的扶养，适用夫妻共同属人法；父母对子女的扶养，适用子女的属人法；子女对父母的赡养以及其他亲属间的扶养义务、条件、程序和方法，依权利人的属人法。原南斯拉夫也有类似规定。

我国《民法通则》吸取了国际上这方面立法的最新成果，在第148条规定："扶养适用与被扶养人有最密切联系的国家的法律。"关于这项规定，我国最高人民法院《关于贯彻执行〈中华人民共和国民法通则〉若干问题的意见（试行）》第189条规定："扶养人和被扶养人的国籍、住所以及供养被扶养人的财产所在地，均可视为与被扶养人有最密切的关系。"

（五）涉外收养的法律适用

目前世界上多数国家都有收养制度，但各国法律对收养的实质要件和形式要件的规定不同，也会发生法律冲突。下面分别说明收养的实质要件和形式要件法律适用原则。

1．收养的实质要件的法律适用

（1）适用法院地法。《美国冲突法重述(第二次)》第289条规定:法院依其本地法决定是否准许收养。英国也用法院地法。英国1975年《收养法》规定，凡住所在英国的收养人、被收养人(含其生父母或监护人)在收养提供时出现在英国,就由英国法院管辖,适用收养地法——英国法。

（2）适用收养人属人法。如《波兰国际私法》第22条规定收养适用收养人本国法,意大利、法国、德国、捷克、奥地利等国也有类似的规定。

（3）适用被收养人属人法。原苏联适用此原则。

（4）适用收养人和被收养人各自的属人法。如《泰国国际私法》第35条规定:"养亲和养子女同一国籍时,收养依其本国法;不同国籍时,收养的能力及要件,依各当事人本国法。"《日本法例》第19条第1款规定:"收养的要件依各当事人本国法。"匈牙利亦然。

2．收养形式要件的法律适用

关于收养形式要件,几乎各国都依"场所支配行为"的原则,适用行为地法，即收养成立地法。

3．我国对涉外收养关系的有关规定

（1）我国《婚姻法》第26条规定:"国家保护合法的收养关系。养父母和养子女之间的权利和义务,适用本法对父母子女关系的有关规定。"这就保证了养子女和婚生子女具有同等地位。

（2）关于外国人在华收养手续,我国《收养法》第21条规定:"外国人依照本法可以在中华人民共和国收养子女。外国人在中华人民共和国收养子女,应当经其所在国主管机关依照该国法律审查同意。收养人应当提供由其所在国有权机构出具的有关收养人的年龄、婚姻、职业、财产、健康、有无受过刑事处罚等状况的证明材料,该证明材料应当经其所在国外交机关或者外交机关授权的机构认证,并经中华人民共和国驻该国使领馆认证。该收养人应当与送养人订立书面协议,亲自向省人民政府民政部门登记。"如双方或一方要求公证,应到涉外公证机构办理公证。

（3）我国国务院还颁布了《外国人在中华人民共和国收养子女实施办法》,该《实施办法》第3条规定,外国人在华收养子女应符合收养法的规定,并不得违背收养人经常居住地国家的法律,这就是说,外国人在华收养子女,应重叠适用我国《收养法》和收养人经常居住地法律。

（六）涉外监护的法律适用

目前多数国家都有监护制度。由于各国法律对于设置监护的条件,监护人的种类、资格、职责、损害责任、监护的条件等问题的规定不同,就会发生法律冲突,有确定准据法的问题。

1. 涉外监护的法律适用原则

从当代各国的立法和实践来看,对涉外监护问题,主要适用当事人属人法和法院地法两项原则。

(1) 适用当事人属人法。一些国家,如法国、意大利、希腊、日本、泰国等国立法规定,监护适用被监护人的本国法。《日本法例》第23条第1款规定:"监护依被监护人本国法"。《匈牙利国际私法》第48条第1款规定:"设置监护和终止监护的条件,适用被监护人的属人法。"第2款规定:"监护人执行监护义务的范围,适用监护人的属人法。"《土耳其国际私法及国际诉讼程序法》第9条规定:"监护及财产管理的设立和撤销,适用当事人本国法律。"1902年《海牙监护公约》也采用属人法原则。

(2) 适用法院地法。一般来说,这个原则是上一原则的补充,即在适用当事人属人法原则前提下,对某些特殊情况适用法院地法。如《土耳其国际私法及国际民事诉讼程序法》在规定适用当事人本国法之后,规定:"但是根据外国人的本国法律,监护及财产管理无法设立和撤销的,当事人若在土耳其有居所,则可依据土耳其法律做出设立与撤销的判决。"《日本法例》在规定监护依被监护人本国法之后又规定:"在日本有住所或居所的外国人,依其本国法有监护开始原因而无人行使监护的,或在日本宣告禁治产的,其监护依日本法。"

2. 我国的有关规定

我国最高人民法院《关于贯彻执行〈中华人民共和国民法通则〉若干问题的意见(试行)》第190条规定:"监护的设立,变更和终止,适用被监护人的本国法律。但是,被监护人在我国境内有住所的,适用我国的法律。"这就是说,对涉外监护,一般适用被监护人本国法,只有被监护人在我国有住所的情况下,才适用其住所地法。

二、涉外继承问题

涉外继承分为涉外法定继承和涉外遗嘱继承。

(一) 涉外法定继承的法律适用

由于法定继承只能在无遗嘱继承的条件下才能发生,而遗嘱继承本身亦得按法律规定进行,故而为准确起见,许多国家,如英国、美国、加拿大等将法定继承称为"无遗嘱继承"。我国仍沿用习惯上说法,仍适用"法定继承"一词。

由于各国社会状况、历史传统、风俗习惯不同,各国对法定继承规定的差别很大,在继承人的范围、继承顺序、继承份额、代位继承等方面的规定都不相同,法律冲突普遍存在。

各国关于法定继承的法律适用原则,分为"同一制"(也叫"单一制")和"区别制"("分割制")两种做法。"同一制"指不区别动产和不动产,不论遗产分布在多少国家,均适用同一准据法。“区别制”是区分动产与不动产,适用不同准据法。

1. 同一制(“单一制”)

同一制是指对继承适用被继承人属人法。由于各国对属人法理解不同,又有两种情况:

(1) 一般适用被继承人死亡时的本国法。如《奥地利联邦国际私法法规》第28条规定:“死亡继承,依死者死亡时的本国法”。《日本法例》第25条规定:“继承,依被继承人之本国法”,多数欧洲国家及部分拉丁美洲国家和亚洲国家用此原则,如意大利、德国、西班牙、波兰、葡萄牙、荷兰、瑞典、希腊、伊朗、埃及、叙利亚、土耳其、古巴、委内瑞拉、巴拿马、墨西哥、多米尼加等国。

(2) 适用被继承人住所地法。即被继承人死亡时之住所地法,如挪威、丹麦、冰岛、巴西、哥伦比亚、哥斯达黎加等国。

(3) 适用遗产所在地法。这个原则比较古老,后来多数国家已不采用,目前仅有个别国家,如乌拉圭采用。

“同一制”有明显的优点,即简单方便,不论遗产为动产和不动产,也不论分布在多少个国家,都被看作是一个整体,适用同一准据法。因此,许多国家都采用之,有些国际条约,如1928年《布斯塔曼特法典》,1988年第16届海牙国际私法会议上订立的《死者遗产继承法律适用公约》都采用“同一制”原则。

但“同一制”也有很大的缺点,即如果死者遗留的不动产不在他的本国和住所地国内,而他的本国或住所地的继承法与遗产所在地国继承法不同,这样法院适用被继承人属人法作出的判决,能否被遗产(指不动产)所在地国法院所承认和协助执行,就没有保证。

2. 区别制(“分割制”)

区别制是指将遗产分为动产和不动产,分别适用不同准据法,动产适用被继承人属人法,不动产适用不动产所在地法。这个原则的理论来源在于后期注释学派的法则区别说。不动产价值大,与所在地国家利益有密切关系,而动产当时数量和价值都比较小,且被所有人随身携带。因此,将遗产区别为动产与不动产,把动产列入“人法”范畴,适用所有人属人法,把不动产列入“物法”范畴,适用物之所在地法。因此这个原则为许多国家所接受。现在许多国家,如英国、美国、法国、比利时、卢森堡、保加利亚、泰国、智利等国均采用此原则。

在动产继承方面,保加利亚、卢森堡、玻利维亚适用被继承人本国法,其他国家,如英、美、法、比等国适用死者死亡时的住所地法。

采用“区别制”有其优点,即能照顾到不动产所在地国的利益,便于法院审理查明,法院判决也有被承认和执行的保证。但这种制度也有一个缺陷,即同一个人的遗产继承问题,要分别受几个法律支配,因此会引起一些矛盾和不便。例如,依甲国法律,某人有继承权,而依乙国法律,某人无继承权;依其中一国法律,某人应继份额可能较多,而依另一国法律,某人应继份额可能较少。

我国采用“区别制”。我国《继承法》第36条规定:“中国公民继承在中华人民共和国境外的遗产或者继承在中华人民共和国境内的外国人的遗产,动产适用被继承人住所地法律,不动产适用不动产所在地法律。外国人继承在中华人民共和国境内的遗产或者继承中华人民共和国境外的中国公民的遗产,动产适用被继承人住所地法律,不动产适用不动产所在地法律。”我国《民法通则》第149条对此更加明确规定为:“遗产的法定继承,动产适用被继承人死亡时住所地法律,不动产适用不动产所在地法律。”这是明确指出了法定继承,并具体规定了适用被继承人死亡时住所地法。

(二) 涉外遗嘱继承的法律适用

各国公认,在法律允许的限度内,遗嘱继承优于法定继承。

立遗嘱是一种单方法律行为,遗嘱能否发生遗嘱人所希望的法律效力,涉及到遗嘱的实质要件和形式要件方面的许多问题,各国法律对此规定很不相同。

1. 遗嘱能力的法律适用

对遗嘱的能力,多数国家采用遗嘱人的属人法,有些国家适用立遗嘱人的本国法,如奥地利、捷克、埃及、土耳其、日本、韩国等,有些国家适用遗嘱人住所地或习惯居所地法,如英国、美国、阿根廷等国。有的国家规定遗嘱人依其住所地法或习惯居所地法或其本国法具有遗嘱能力的,均视为有遗嘱能力,如瑞士。有的国家规定,对本国境内不动产的遗嘱能力,适用不动产所在地法,如英国。

2. 遗嘱方式的法律适用

关于遗嘱方式,多数国家适用立遗嘱人的属人法或遗嘱作成地法即行为地法,如泰国。还有些国家区分动产遗嘱和不动产遗嘱,对不动产遗嘱方式适用不动产所在地法,对动产遗嘱方式适用立遗嘱人的属人法。

近年来许多国家对遗嘱方式的准据法放宽了限制,采取了灵活做法,用无条件选择性冲突规范规定遗嘱方式的准据法。如日本法律规定,遗嘱的方式符合下列法律之一即为有效:(1) 行为地法;(2) 立遗嘱人立遗嘱时或死亡时国籍所属国法;(3) 立遗嘱人立遗嘱时或死亡时的住所地法;(4) 立遗嘱人立遗嘱时或死亡时的经常居所地法;(5) 不动产遗嘱,依不动产所在地法。实际上一般遗嘱是在其中选一,不动产遗嘱必须符合不动产所在地法。

1961年第九届海牙国际私法会议通过的《遗嘱处分方式法律冲突公约》也有类似规定。

3. 遗嘱内容的法律适用

(1) 依遗嘱人的本国法,如意大利、奥地利、土耳其、埃及、日本等国。其中有的适用遗嘱人立遗嘱时的本国法(多数国家),有的适用遗嘱人死亡时的本国法,也有的两者选用其一。如《奥地利联邦国际私法法规》规定:立遗嘱能力依死者为该法律行为时的属人法;如该法不认为有效,而死者死亡时的属人法认为有效时则以后者为准。

(2) 依遗嘱人住所地法,如阿根廷。

(3) 动产遗嘱依遗嘱人住所地法,不动产遗嘱依物之所在地法。如英、美、法等国。

(4) 适用立遗嘱人死亡时住所地法。如《泰国国际私法》第41条规定:"遗嘱的效力与解释以及遗嘱全部或部分无效,依遗嘱人死亡时住所地法。"

(5) 遗嘱人自己选择的准据法。这是1988年海牙国际私法会议上通过的《死者遗产继承法律适用公约》中规定的新原则。允许当事人有限度的意思自治,给当事人选择的自由,但选择的范围有限,只能在他的本国法和其惯常居所地法中进行选择,只要他在选择时有该国国籍或在该国有惯常居所,其选择即为有效。

4. 遗嘱撤销的法律适用

关于遗嘱撤销,有的国家适用立遗嘱人本国法(如日本、韩国等);有的国家规定适用撤销时立遗嘱人住所地法(如泰国);有的国家规定,适用立遗嘱时支配继承关系的法律(如德国)。

(三) 涉外无人继承财产的处理

涉外无人继承财产,是指一国人死亡后留在另一国的无人继承财产。对无人继承财产,各国都认为应归国家所有,但国家以何种资格或名义取得无人继承财产,就有不同主张与做法。一种主张认为国家以特殊继承人资格取得无人继承财产。如《德国民法典》规定,继承开始时死者无配偶或亲属,其死亡时所属邦的国库为法定继承人,如果死者不属于任何邦,则联邦国库为法定继承人。这种主张被称为"继承权主义"。采取这种主张的除德国外,还有瑞士、意大利、西班牙、匈牙利等国。另有一种主张认为,国家应当根据领土主权原则行使先占权,以免无人继承财产被个人先占引起社会紊乱。这种主张被称为"先占权主义"。采取这种主张的国家,主要有英国、美国、法国、日本、奥地利、土耳其等国。显然按照上两种主张处理无人继承财产,其后果是不同的,根据继承权主义,涉外无人继承财产就归死者所属国所有;根据先占权主义,涉外无人继承财产就归财产所在地国家所有。

关于解决无人继承财产归属问题的法律适用原则有:采用继承权主义国家多适用被继承人属人法,德国就是如此。而采用先占权主义国家多适用财产所在地法,奥地利就是如此。

我国《继承法》、《民法通则》对涉外无人继承财产的归属问题没有作明确规定。我国最高人民法院《关于贯彻执行〈中华人民共和国民法通则〉若干问题的意见(试行)》第191条规定,在我国境内死亡的外国人,遗留在我国境内的财产如果无人继承又无人受遗赠的,依照我国法律处理,两国缔结条约或参加的国际条约另有规定的除外。就是说,有条约规定的,按条约规定处理。例如1987年《中蒙领事条约》规定,缔约一方公民死后留在缔约另一方领土内的无人继承财产中的动产,移交给死者所属国的领事处理。如果我国与死者所属国无这方面的条约规定,则按照我国《继承法》的规定,收归我国国家所有。

第七节　国际民事诉讼程序

一、国际民事诉讼程序的概念

国际民事诉讼程序是法院审理涉外民事案件专用的程序,其作用在于调整法院、当事人和其他诉讼参与人在诉讼中的关系。

审判权是国家主权的体现,各国法院在审理涉外民事案件时只适用本国的程序法,而不适用外国的程序法,这是各国公认的原则。但是,法院在审理涉外民事案件时还会遇到审理国内一般民事案件不会发生的一些问题,例如,外国人在本国有无诉讼权利?若当事人一方在国外,如何向他送达诉讼文书?如果有的证人或证据在国外,如何进行调查取证?如果法院的判决要到外国执行怎么办?外国法院判决要到我国执行应怎样对待?所有这些问题,都是审理涉外民事案件中产生的特殊问题,单有国内一般民事诉讼程序解决不了这些问题,因此就需要有适用于处理涉外民事案件的专门程序。这种专门程序就是国际民事诉讼程序。各国国内立法和国际条约中关于处理涉外民事案件专门程序的规定,就是国际民事诉讼程序规范,它是国际私法的重要组成部分。我国《民事诉讼法》第四编就专门规定了涉外民事诉讼程序问题。

二、涉外民事案件的管辖权

涉外民事案件的管辖权是指一国法院受理涉外民事案件的权限范围及法律依据,它要解决按照哪些标准或原则来确定某国法院是否有权受理某一涉外民事案件的问题。

一国法院对涉外民事案件有无管辖权,直接反映出这个国家主权的状况,而且某一案件归哪国法院管辖,直接影响案件处理的结果,关系到当事人的切身利益。因此,管辖权问题就成为发生涉外民事案件时各国政府及当事人关注的首要问题。各国都尽量扩大自己法院的管辖权,当事人也都力争使其案件归对他有利的那国法院管辖。因此,在涉外民事案件管辖权问题上存在着激烈的斗争。

涉外民事案件的管辖权,根据不同标准,可分为以下几类:

(一) 属地管辖

属地管辖又叫地域管辖或领土管辖,是指一国法院主要根据涉外民事关系的要素(主体、客体、法律行为或法律事实)与某一国家存在着实际联系而行使管辖权。其中包括以下几种情况:

(1) 以被告住所地为标准确定管辖权。这就是原告就被告的原则,即由被告住所地国家法院行使管辖权,这是国际上通行的原则。我国《民事诉讼法》将被告住所地作为行使管辖权的基本依据。

这个原则也有例外,这就是我国《民事诉讼法》第 23 条的有关规定:对于不在中国境内居住的人或者下落不明或宣告失踪的人提起的有关身份关系的诉讼,可由原告住所地或经常居住地法院管辖。

(2) 以诉讼标的物所在地为标准行使管辖权。例如,买卖合同中的货物所在地,运输合同中的货物所在地,物权争议中的物之所在地,特别是不动产所在地,继承案件中的遗产所在地等都可作为法院行使管辖权的依据。

(3) 以法律事实发生地为标准行使管辖权。如合同缔结地、合同履行地、侵权行为地、船舶碰撞地、救助地等作为管辖的依据。

(4) 以被告财产所在地为标准行使管辖权。这里所说的被告的财产,是指为被告人所有但并不是所争议的财产。有些国家采用此原则主要是为有利于判决得到执行。我国《民事诉讼法》第 243 条也规定了这一标准。

(二) 属人管辖

属人管辖是一国法院依据当事人是否具有本国国籍作为行使管辖权的标准。如《法国民法典》第15 条规定:"法国人在外国订约所负的债务,即使对方为外国人的情形,得由法国法院受理。"

(三) 专属管辖

专属管辖是指一国法律规定其法院对某些涉外民事案件有独占的或排他的管辖权,不承认别国法院对这类案件的管辖权。把某些案件列入专属管辖范围,是因为这类案件同本国的社会经济、政治和法律制度及公共利益有密切关系,因而只能由本国法院审理,不承认外国法院对这类案件的判决,也不允许当事人通过协议改变这种管辖。列入专属管辖范围的,主要有两大类案件,一是关于不动产的案件,由不动产所在地法院专属管辖,这一原则已为各国所公认;二是有些国家将与本国公民有关的涉外婚姻、家庭、继承案件也列入专属管辖范围。我国《民事诉讼法》第 34 条规定:因不动产纠纷提起的诉讼,由不动产所在地法院专属管辖;因港口作业中发生纠纷提起的诉讼,由港口所在地法院专属管辖;因继承遗产纠纷提起的诉讼,由被继承人死亡时住所地或主要遗产所在地法院专属管辖。

（四）协议管辖

协议管辖是指法律允许双方当事人达成协议将他们之间已经发生或将来发生的争议交付某一法院审理，该法院根据这一协议而取得管辖权。我国《民事诉讼法》第 244 条规定："涉外合同或者涉外财产权益纠纷的当事人，可以用书面协议选择与争议有实际联系的地点的法院管辖。选择中华人民共和国人民法院管辖的，不得违反本法关于级别管辖和专属管辖的规定。"

三、外国人和外国国家的诉讼地位

外国人和外国国家的诉讼地位，是指外国的自然人、法人和外国国家在民事诉讼中享有的待遇。

外国人和外国国家在民事诉讼中的地位是不同的。

多数国家规定外国自然人和法人与内国人有同等地位，即予以国民待遇。但有的国家也规定，如果外国人作原告时，应交纳诉讼费用的担保，这就使外国人的诉讼权利受到一定限制。

外国人在我国有诉讼权。我国《民事诉讼法》第 5 条第 1 款规定："外国人、无国籍人、外国企业和组织在人民法院起诉、应诉，同中华人民共和国公民、法人和其他组织有同等的诉讼权利义务。"

我国给予外国公民和法人的诉讼地位，是以对等为原则的。我国《民事诉讼法》第 5 条第 2 款规定："外国法院对中华人民共和国公民、法人和其他组织的民事诉讼权利加以限制的，中华人民共和国人民法院对该国公民、企业和组织的民事诉讼权利，实行对等原则。"即对该国公民、企业和组织的诉讼权利实行同样限制。

根据国际法中的"平等者之间无裁判权"的原则，外国国家作为主权者在民事诉讼中享有司法豁免权，其内容有：

（1）司法管辖豁免。即未征得外国国家的同意，不得以它为被告或以其财产为标的提起诉讼；法院也不得受理这类案件。

（2）诉讼程序豁免。即使有关国家放弃管辖豁免，同意别国法院管辖其案件，也不等于放弃诉讼程序的豁免。在未取得外国国家同意之前，不得强令其履行诉讼上的行为，如强制出庭、提供证据、对之采取保全措施等。

（3）强制执行豁免。在外国国家放弃前两项豁免并且败诉的情况下，在未取得该国同意之前，也不得将法院的判决对它强制执行。

国家享有司法豁免权已为国际上所公认。但也有些国家在国际条约中自动宣布放弃某些方面的豁免权。这样，这些国家在其宣布的范围内即不享有豁免权。

关于国家豁免权问题在国际上有两种不同的观点：一为"绝对豁免论"。即认为凡国家所进行的行为，不论其性质如何，在他国均享有豁免权。这种理论得到许多著名国际法学家的支持。二为"限制豁免论",亦称"有限豁免论"或"职能豁免说"。它把国家的活动分为主权行为和非主权行为,主权行为享有豁免权,而非主权行为(主要指民事活动和商业行为)则不享有豁免权。有的国家还根据这种理论进行了立法,用列举的方式规定了国家不享有豁免权的情况,如1976年《美国主权豁免法》、1978年《英国国家豁免法》等。"有限豁免论"是与国家主权原则不相容的,是违背国际交往的基本准则的。

我国坚持认为国家及其财产享有豁免权是一项重要的国际法原则。以国家名义从事的一切活动均应享有豁免权,除非国家自愿放弃豁免。在对外国商事活动中,我国把国家本身的活动和国有公司、企业的活动严格区别开来,国有公司、企业是有独立法律人格的经济实体,不享有豁免权。如果我国同外国缔结的条约或我国参加的国际公约中有关于国家豁免权规定的,按条约规定办理。

我国《民事诉讼法》第239条对此问题作了原则性的规定,即:"对享有外交特权与豁免权的外国人、外国组织或者国际组织提起的民事诉讼,应当依照中华人民共和国有关法律和中华人民共和国缔结或者参加的国际条约规定办理。"

我国目前有关的法律主要是:《中华人民共和国外交特权与豁免条例》(1986年)、《中华人民共和国领事特权与豁免条例》(1990年)。我国所参加的国际条约主要有:《联合国特权及豁免公约》(1946年)、《联合国各专门机构特权及豁免公约》(1947年)、《维也纳外交关系公约》(1961年)、《维也纳领事关系公约》(1963年)、《国际油污损害民事责任公约》(1969年)等。我国与许多国家签订的双边领事条约中也有关于领事特权与豁免的规定。

四、司法协助

司法协助是指一国法院根据另一国法院的请求,代为进行某些诉讼行为,如送达文书、调查取证等。提出这种请求的行为称法院委托,被请求国法院按照这一请求去履行的行为称司法协助。因此法院委托与司法协助是一件事情的两个方面。

司法协助包括哪些内容,各国有不同的理解。有些国家作狭义的理解,即司法协助指代为送达文书、调查取证。另有些国家作广义的理解,即司法协助除了代为送达文书和调查取证之外,还包括承认与协助执行外国法院判决与仲裁裁决。我国的立法和与外国签订的国际条约都采用广义的理解。

(一) 司法文书的送达

司法文书的送达是指受案法院按照规定的程序和方式,向位于境外的当事人及其他诉讼参与人送交诉讼文书,或通知某一诉讼事项的行为。

从各国法律和有关国际条约规定来看,司法文书送达有下列几种方式:

(1) 通过外交途径送达。即请求国有关法院将文书递交本国外交部,由外交部交给被请求国外交代表,该外交代表转交被请求国主管法院,由法院转交有关当事人。在两国只有外交关系,但无司法协助条约亦未共同参加有关国际公约情况下用此方式。

（2）通过中央机关送达。即根据国际条约的规定,各缔约国指定一个中央机关,接受其他缔约国送交的文书,而后按其本国法的规定送交当事人。我国与外国签订的司法协助协定中也有这样的规定。我国司法部是被指定的中央机关。

（3）通过领事途径送达。即受案法院将诉讼文书送交本国驻外国的领事馆,再由领事馆转交给该国有关机关,再由该机关交给当事人。这种方式一般以条约为根据。在被请求国允许的情况下,领事可将文书直接送达给驻在国境内的领事所属国公民。

（4）通过送达官送达。即有些国家有专门的“传票送达员”。受案法院将文书交给本国传票送达员,再由该送达员交给被请求国传票送达员,再由他们转交当事人。

1965 年 11 月,海牙国际私法会议通过了《民商事件诉讼和非诉讼文件国外送达公约》(简称《海牙送达公约》),该公约规定了中央机关送达、领事送达、送达官送达等方式。我国于 1991 年加入该公约。但对送达官送达的方式作了保留。

我国《民事诉讼法》第 247 条规定了下列的送达方式,即:(1) 按国际条约规定的方式送达;(2) 通过外交途径送达;(3) 通过我国驻外使领馆送达;(4) 通过被送达人委托的代理人送达;(5) 向受送达人在我国的代表机构、分支机构、业务代办人送达;(6) 邮寄送达,自邮寄之日起满 6 个月,送达回证没有退回,但根据各种情况,足以认定已经送达的,期间届满之日视为送达;(7) 不能用上述方式送达的,公告送达,自公告之日起 6 个月即视为送达。

（二）域外调查取证

法院审理涉外民事案件,有时需要向外国调查取证,因而就发生域外调取证据问题。

根据我国《民事诉讼法》和我国与外国签订的司法协助条约,关于域外调取证据的主要原则为:

（1）域外调取证据须以我国与有关国家之间存在司法协助条约或互惠关系为前提。据此,我国法院可与缔约对方法院相互协助,代为调查取证。

（2）我国允许外国驻华使领馆直接向住在我国境内的该国侨民调查取证,但不得违反中国法律,并不得采取强制措施。如果某一外国对中国使领馆向该国境内的中国公民调查取证进行限制,则我国对该国驻我国使领馆的调查取证活动也予对等限制。

（3）除条约规定的情况外,未经我国主管机关许可,任何外国机关或个人不得在我国调查取证。

(4) 外国法院的请求如果有损于我国主权、安全或社会公共利益,我国法院不予协助。

1970 年 3 月 18 日海牙国际私法会议通过了《关于从国外调取民事或商事证据公约》,简称《海牙取证公约》,规定了域外调取证据的下列两条途径:

(1) 司法协助途径。即请求国法院作成请求书,交被请求国的中央机关,由它转交给有关主管机关。

(2) 由外交官或领事人员在驻在国境内直接调查取证。此外还规定了特派员取证,即由受案法院派出特派员,直接到有关国家取证。

1997 年 7 月 3 日,我国第八届全国人大常委会第二十六次会议决定我国加入《海牙取证公约》,但同时声明关于前述之第二项途径,我国只适用公约关于外交官、领事人员在所驻在的缔约国境内向其本国侨民取证的规定,而对他们在驻在国向第三国国民调取证据的规定及特派员取证的规定等内容不予适用。

(三) 外国法院判决的承认与执行

一国法院对涉外民事案件的判决,有时要到外国去执行。但根据国家主权原则,一国法院的判决,仅在其境内有效。对涉外民事案件的判决,只有得到别国的承认,才能在该国执行。这里所说的承认,是指法院允许本国境内的当事人自动履行外国法院的判决。而这里所说的执行是指强制执行。承认外国法院的判决,是执行外国法院判决的前提条件,而执行外国法院判决,是承认外国法院判决的必然结果。有些案件,如确认之诉,对外国法院的判决,只要承认即可,无须执行;而给付之诉,对外国法院判决,承认之后还须执行。

承认和执行外国法院的判决,往往涉及本国公民、法人乃至国家的利益,因此各国法律对此都有严格规定。

我国《民事诉讼法》第 266 条至第 268 条对此作了规定,其要点为:

(1) 我国法院和外国法院相互委托协助执行对方法院的判决,必须以所缔结或共同参加的国际条约或互惠原则为依据。

(2) 协助执行的必须是已经发生法律效力的判决。

(3) 外国法院的判决不得违背我国法律的基本原则、主权、安全和社会公共利益。

(4) 我国和外国相互承认和执行对方法院判决的途径有二:一是由有关当事人直接向执行地国家有管辖权的法院申请执行;二是由作出判决的法院根据有关国际条约或互惠原则请求对方协助执行。

(5) 承认和执行外国法院判决的方式,首先对外国法院判决依照中国的有关规定进行审查,如认为不违反我国有关规定的,则裁定承认其效力,需要执行的,发执行令,按我国法律的规定执行。

在我国与法国、波兰、蒙古等国签订的司法协助协定中也对相互承认和协助执行对方法院裁决问题作了规定，其中规定了可承认和执行的裁决的范围、请求承认和执行的方式、请求时应附的文件等事项。还规定了拒绝承认和执行缔约对方法院裁决的情况，这主要是：依被请求国的法律，作出裁决的法院对该案无管辖权；依作出裁决国的法律，该裁决尚未生效或不能执行；依作出裁决国的法律，败诉方未经合法传唤；当事人被剥夺了答辩的可能性，或未得到合理代理；被请求国法院对于相同当事人之间的同一案件已作出发生法律效力的裁决，或正在审理，或第三国法院对该案作出发生法律效力的裁决已为被请求国所承认；承认与执行该裁决有损于被请求国的公共秩序。当被请求国发现有上列情况之一时可以拒绝承认和执行缔约对方法院的裁决。

第八节　国际商事仲裁

一、国际商事仲裁的概念、特点及组织

（一）国际商事仲裁的概念

仲裁亦称公断，它是指双方当事人通过协议，自愿将他们之间的争议交给第三者裁决，这种裁决对双方当事人均有约束力，双方都应服从，这种解决争议的方式叫做仲裁。仲裁分好几种。

解决国家之间争端的，叫国际仲裁；由国家行政部门下设之仲裁机构解决国内各经济组织之间争议的，叫国家仲裁；专门解决国际经济交往及海上事故发生之争议的，叫国际经济贸易及海事仲裁，即国际商事仲裁。国际私法所研究的仅为国际商事仲裁，其余两种不属于国际私法研究的范围。

（二）国际商事仲裁的特点

国际商事仲裁是解决涉外民事关系中发生的争议的一种方式。它与诉讼不同，也与当事人协商解决争议不同，具有下列特点：

（1）民间性。国际商事仲裁，是由设在民间团体（如商会）之下的仲裁机构进行的，这种机构是民间组织，不是国家政权机关。而诉讼，是由法院处理的，法院是国家审判机关，是国家政权机构的组成部分。

（2）自主性。在仲裁中，当事人有较多的选择自由。是否通过仲裁解决争议，可由当事人选择，当事人选择了仲裁这种方式之后，还有权通过协议选择仲裁地点、机构、所适用的法律、程序规则及仲裁员等。在法院诉讼中，尽管在一定条件下也实行协议管辖，也允许当事人选择所适用的法律，但不会有那么多的选择的自由。

（3）灵活性。仲裁在审理过程中与调解结合起来，只要有调解的可能，即进

行调解,调解不成继续进行仲裁。仲裁一审终局,不得上诉。从时间上说,仲裁比诉讼解决问题要快一些。

(4) 强制性。仲裁裁决与法院判决一样具有强制执行的效力,如果一方当事人不执行,对方当事人可向有关法院申请强制执行。这点与当事人自行和解不同。

(三) 仲裁组织

仲裁的组织形式主要有临时仲裁庭和常设仲裁机构两大类。前者是专门为解决某一项争议而成立的临时仲裁组织,它是指双方当事人按仲裁地国家法律规定的条件,选定仲裁人员,由被选定的仲裁人员组成仲裁庭审理案件,在作出裁决之后,仲裁庭即行解散。而后者是根据法律或有关国际条约建立的,它有确定的名称、地址、有完备的组织,有其章程、规则和一定的仲裁员名单,并可送达文件,因此常设仲裁机构比临时仲裁机构有更多的优点,它是当前各国涉外仲裁机构的主要组织形式。

在我国,1954 年 5 月 6 日,中央人民政府政务院通过了《关于在中国国际贸易促进委员会内设立对外贸易仲裁委员会的决定》,依此决定,建立了"对外贸易仲裁委员会"。1980 年,国务院决定将该委员会改名为"对外经济贸易仲裁委员会",1988 年又经国务院批准更名为"中国国际经济贸易仲裁委员会"。另在 1958 年 11 月 21 日,国务院通过了《关于在中国国际贸易促进委员会内设立海事仲裁委员会的决定》,按此决定,建立了"海事仲裁委员会"。这两个仲裁委员会都有其仲裁规则。1994 年 8 月 31 日,八届全国人大常委会九次会议通过了《中华人民共和国仲裁法》,把我国仲裁工作进一步纳入法制轨道。

目前,许多国家都有常设的仲裁机构,比较著名的有英国的"伦敦仲裁院",瑞士的"苏黎世商会仲裁院",瑞典的"斯德哥尔摩商会仲裁院",巴黎的"国际商会仲裁院"等。

二、仲裁协议

仲裁协议是双方当事人自愿将他们之间已经发生或将来可能发生的争议交付仲裁机构解决的书面协议。这种协议包括合同中的仲裁条款,争议发生后签订的专门的仲裁协议书,以及其他相互往来的信函、电报、电传等形式。

仲裁协议的主要内容有:提交仲裁的争议事项;仲裁地点与仲裁机构;所适用的仲裁规则,即适用何国仲裁规则;仲裁裁决的效力,即仲裁裁决是否终局的,对双方当事人有无约束力,能否向法院上诉要求变更等。

仲裁协议对当事人、仲裁机构、仲裁员都有约束力。

仲裁协议是仲裁机构受理案件的法律依据,只有双方当事人在仲裁协议中规定将争议提交某一仲裁机构解决时,该仲裁机构才能受理。无仲裁协议,仲裁机构不予受理。

仲裁协议有排除法院管辖的效力。我国《民事诉讼法》第 257 条规定："涉外经济贸易、运输和海事中发生的纠纷,当事人在合同中订有仲裁条款或者事后达成书面仲裁协议,提交中华人民共和国涉外仲裁机构或者其他仲裁机构仲裁的,当事人不得向人民法院起诉。当事人在合同中没有订立仲裁条款或者事后没有达成书面仲裁协议的,可以向人民法院起诉。"其他国家也大都采用这个原则,有的国际公约也有这样的规定。

仲裁协议(包括合同中的仲裁条款)有独立性,我国《仲裁法》规定:"仲裁协议独立存在,合同的变更、解除、终止或者无效,不影响仲裁协议的效力。"

三、仲裁审理程序

仲裁审理程序是仲裁机构在处理争议案件过程中,仲裁机构、仲裁人员、双方当事人及其他参与人所必须遵循的准则。

仲裁,首先要由一方当事人按照仲裁协议提出仲裁申请书,交仲裁机构。提出仲裁申请的一方当事人叫申诉人,相当于法院审案中的原告;被申诉的一方叫被诉人,相当于法院审案中的被告。

仲裁审理是由仲裁庭进行的。仲裁庭分为独任仲裁员的仲裁庭和合议仲裁庭。前者由双方当事人共同在仲裁委员会的仲裁员名册中选定一人担任,或委托仲裁委员会主任代为指定。合议仲裁庭由三人组成,双方当事人各从仲裁员名册中选定一人,而后由仲裁委员会主任在仲裁员名册中指定第三人为首任仲裁员,组成仲裁庭。

仲裁庭组成后即着手审理。审理有两种方式。一为口头审理,即通知双方当事人到庭,作口头陈述和辩论,接受审理。二为书面审理,即由仲裁庭根据当事人提交的仲裁申请书、答辩书及证据等其他有关材料进行审理,并作出裁决。为了维护有关企业的信誉和保护商业秘密,仲裁审理是不公开进行的。如果双方当事人一致要求公开审理,则由仲裁庭决定。

我国涉外仲裁机构实行仲裁和调解相结合,尽量争取调解解决争议,如调解成功,仲裁庭即根据双方当事人达成协议的内容作出裁决。如调解不成,则由仲裁庭自行作出裁决。我国涉外仲裁机构不仅单独进行调解,而且还曾和外国仲裁机构联合调解,妥善解决了几个重大案件,取得了较好的国际影响。但是调解不是仲裁的必经步骤,可以不经调解直接仲裁。

四、仲裁裁决的执行

仲裁裁决是终局的,当事人不得向法院或其他机关提出变更的要求。对于仲裁裁决,双方当事人应自动履行,如一方当事人不履行,对方当事人可向有关法院申请强制执行。

(一) 我国仲裁裁决的执行

根据我国《民事诉讼法》和《仲裁法》的有关规定,一方当事人不履行仲裁裁决的,对方当事人可向被申请人住所地或财产所在地的中级人民法院申请强制执行。但是,我国《仲裁法》第70条规定当事人提出证据证明涉外仲裁裁决有下列情形之一的,经人民法院组成合议庭审查核实,裁定撤销裁决:

(1) 当事人之间没有仲裁协议的。

(2) 被申请人未曾得到指定仲裁员或进行仲裁程序的通知,或由于其他并非其本人的原因而未能陈述意见,即被申请方在仲裁过程中未得到行使其应有权利的机会的。

(3) 仲裁庭的组成或仲裁程序与仲裁规则不符的。

(4) 裁决的事项不属于仲裁协议的范围或仲裁机构无权仲裁的。

我国《仲裁法》第71条规定如果一方当事人申请执行仲裁裁决,而被申请人提出证据证明裁决有上述情形之一的,经人民法院组成合议庭审查核实,裁定不予执行。

除上述情况外,如果人民法院认定执行该仲裁裁决违背我国社会公共利益,也可裁定不予执行。

当仲裁裁决被人民法院裁定不予执行后,当事人可按双方达成的书面仲裁协议重新提请仲裁或向人民法院起诉。

我国法律的上述规定授予法院对仲裁以必要的监督权,以便在仲裁裁决万一不妥时有补救的办法,有利于保护当事人的合法权益。

(二) 外国仲裁裁决的执行

一国与他国之间相互承认和执行对方的仲裁裁决问题,一般是根据国际条约或互惠原则办理,对此,我国《民事诉讼法》第269条已有规定。1986年我国加入了1958年在纽约签订的《承认及执行外国仲裁裁决公约》,我国与外国相互承认和执行对方仲裁裁决问题,完全按照该公约办理。

公约规定,缔约国应在公约规定的条件下相互承认和执行在缔约国另一方境内作出的仲裁裁决。在下列情况下,可以拒绝承认与执行:(1) 缺乏有效的仲裁协议。(2) 败诉人未得到指定仲裁员或参加仲裁程序的通知,或未得到陈述意见的机会。(3) 裁决事项超出仲裁协议的范围。(4) 仲裁庭的组成或仲裁程序与仲裁协议不符。(5) 仲裁裁决尚未生效,或已为仲裁地国有关当局撤销或停止执行。(6) 争议事项,依被请求承认和执行国家的法律不能用仲裁方式解决。(7) 承认与执行该仲裁裁决与执行地国家公共秩序相抵触。该公约还规定了承认与执行外国仲裁裁决的手续等事项。

我国在加入1958年《承认及执行外国仲裁裁决公约》时作了两项保留:一

为互惠保留，即我国只对在缔约国境内所作的仲裁裁决的承认和执行适用该公约；二为商事保留，即我国只对由契约性和非契约性的商事法律关系引起的争议所作出的仲裁裁决的承认和执行适用该公约。这里所说的契约性和非契约性商事法律关系具体是指由于合同、侵权或者根据有关法律规定而产生的经济上的权利义务关系，但不包括外国投资者与东道国政府之间的争端，此种争端，依据1965年《关于解决国家与他国国民间投资争端公约》所建立的“解决投资争端国际中心”解决。

主要参考书目：

1. 姚壮、任继圣编：《国际私法基础》，中国社会科学出版社1981年版。

2. 韩德培主编，任继圣、刘丁副主编：《国际私法》，武汉大学出版社1989年版。

3. 韩德培主编：《国际私法新论》，武汉大学出版社1997年版。

4. 赵相林主编：《中国国际私法立法问题研究》，中国政法大学出版社2002年版。